東洋古典國譯叢書 4

懸 吐 完 譯

詩經集傳 上

◉成 百 曉 譯註

傳統文化研究會

譯註者 略歷

忠南 禮山 出生
家庭에서 父親 月山公으로부터 漢文 修學
月谷 黃璟淵, 瑞巖 金熙鎭 先生 師事
民族文化推進會 國譯研修院 修了
高麗大學校 教育大學院 漢文教育科 修了
한국고전번역원 부설 고전번역교육원 名譽漢學教授(現)
傳統文化研究會 副會長(現) 해동경사연구소 소장(現)
古典國譯賞 受賞

論文 및 譯書

〈艮齋의 性理說小考〉〈燕岩의 學問思想研究〉
四書集註 《詩經集傳》 《書經集傳》 《周易傳義》
《古文眞寶》 《牛溪集》 등 數十種 國譯
《宣祖實錄》 《宋子大全》 《茶山集》 《退溪集》 등 共譯

東洋古典國譯叢書 刊行辭

어느 서구의 동양학자는 '儒教 르네상스'라는 觀點을 취하면서 "나는 유교는 舊社會의 원리 그 자체이므로 死滅하였다고 생각하고 있다. 復活은 있을 수 없다고 생각한다. 그러나 그 精神만은 살아 있는데 그것은 죽은 유교의 靈安室에 보존되고 있다. 이 영안실이란, 이미지를 풍부하게 포함하고 있는 미디어인 '漢字의 體系'라고 생각한다."라고 말하고 있다.

서구사회의 개인주의 사상이 지금 인간을 산산히 조각내어 사회를 崩壞에로까지 몰아넣고 있다고 하는 危機意識을 강하게 품고 있고, 따라서 유교의 정신을 共同體主義나 儀禮主義(禮)라는 反個人主義의 觀點에서 파악하려 하고 있는 것으로 알려지고 있는 이 학자는 또한 이렇게도 말한다. "유교가 결정적으로 死滅하여 버렸기 때문에 近代化와 모순되지 않으면서 새로운 思惟樣式 속에 그 정신을 再投資할 수 있다. 유럽에서도 기독교가 쇠약해졌지만 福音主義의 정신이 남아 있는 것과 같다."라고 하고 있다.

'영안실에서 뽑아낸 에스프리의 재투자'라는 생각에 문제점이 없는 것도 아니다. 儒教는 과연 죽었는가? 儒教資本主義다 儒教社會主義 또는 심지어 儒教共産主義다라는 造語가 과연 죽은 뒤의 정신의 再投資 속에서 생긴 말인가. 아니면 완전히 사멸하지 않았기 때문에 이 같은 말들이 생겨날 수 있도록 영향력을 행사한 것인가? 유교가 근대화와 모순되지 않기 위해서는 일단 결정적 死滅의 경로를 통과하여야만 한다는 한길[一途]밖에 없는 것인가? 유교사상의 새로운 體系構成을 통해 死滅없이, 산 채로 정신의 재투자는 불가능한 것인가? 산 채로의 투자는, 그러나 民主는 무슨 민주인가, 오로지 동양적 專制만이 倫理秩序 維持의 유일한 길이 아니냐고 하면서 시대착오적 착각에서 헤어나지 못하는 保守의 잔당들이 꼬리표처럼 붙어다녀 영영 이것을 털어낼 수가 없기 때문에 불가능하다는 것인가? 무가치한 瓦礫은 버리고 珠玉만을 걸러 취해 새롭게 再構成할 수는 없는 것인가?

그러나 어느 길을 택하든 '儒教르네상스'의 觀點을 취하고 있는 학자의 수는 늘고 있고, 유교를 비롯한 동양의 전통문화에 대한 새로운 관심도는 날로 높아져 가고 있다.

그런데 현대에 살아 숨쉬고 있는 것으로 생각하든 영안실 안에서 잠자고 있는 것으로 생각하든 漢字의 文字體系로 이루어진 東洋古典은 그것의 讀解를 專業으로 하는 전문학자를 제외한 모든 사람에게는 國譯書 없이는 접근하기가 쉽지 않다. 또한 우리 전통문화의 究明에 있어서는, 그것이 韓國經濟史가 되든 法制史가 되든, 혹은 精神史, 音樂史, 繪畫史, 服飾史, 交通史, 戰爭史 등등이 되든, 그 모든 연구를 위한 一次資料

가 漢文으로 되어 있는데다, 유교의 고전인 四書·五經을 모두 마땅히 알고 있으려니 하는 暗默의 前提 아래 그 成句를 출전을 밝히지 않은 채 인용해 쓰고 있는 例가 허다하여, 四書·五經을 중심으로 한 동양고전은 그 어느 분야의 전공자를 막론하고 필독의 것이 되지 않을 수 없다. 誤譯 없는 동양고전 국역서의 출현을 기다리는 마음은 이에 더욱 절실하다 하겠다.

번역에 있어서는 현대어로의 완전한 번역이 國譯의 최종 목표가 됨은 말할 것도 없으나 誤譯 없는 逐字譯의 실력이 없이는 불가능하다. 멀리 新羅 때의 薛聰이나 麗末鮮初의 權陽村에 의한 經書의 口訣을 거쳐 조선조 세종대왕의 한글 창제 이후의 국역서[諺解本]의 蓄積은 참으로 완전한 번역을 위한 귀중한 참고자료가 아닐 수 없다. 先儒들의 훌륭한 先行業績의 토대 위에 비로소 최상의 현대어 번역은 가능해진다.

우리 전통문화연구회에서는 정성들인 번역서의 출간을 기다리는 輿望에 부응하기 위해 誤譯 없는 번역에 力點을 두어 斯界의 실력자로 번역진을 구성, 공부하는 사람들의 머리맡에 사전처럼 두고 볼 수 있는 번역서의 간행을 기획하여, 이제 그 「東洋古典國譯叢書」중 五經의 첫번째로 斯界의 重鎭인 國防軍史硏究所 先任硏究員 成百曉氏가 四書集註의 飜譯 경험까지 살려 또다시 心血을 기울여 懸吐完譯한 「詩經集傳」을 세상에 내놓게 되었다.

이 「詩經集傳」을 出版함에 漢字 등 어려운 造版에 오랫동안 힘써 준 나라企劃과 株式會社 뿌리文化社에서 많은 漢字 僻字를 解決하여 주시고 協助하여 주신 데 대하여 深甚한 謝意를 표한다.

오랜 역사 위에 축적된 先儒들의 先行業績과 현대어 사이에 튼튼한 架橋가 구축되리라 스스로 자부하여 본다. 江湖諸賢의 鞭撻이 있기를 바란다.

1996年 9月 日

社團法人 傳統文化硏究會

會長 李啓晃

이 책에 대하여

本書는 「詩經」 20卷과 이에 대한 朱子의 集傳에 懸吐하고 譯註한 것이다.

「詩經」은 B.C. 17세기부터 B.C. 11세기 즉 西周로부터 春秋時代 中期에 이르기까지 약 5백 년간의 韻文을 모은 것으로, 세계에서 가장 아름답고 가장 오래된 詩集으로 알려져 있다. 일찍이 「書經」·「易經」과 함께 三經으로 칭해지고, 여기에 「禮經」·「樂經」·「春秋經」을 더하여 六經으로 불리워지며 모든 經의 으뜸으로 손꼽혀 왔다.

儒學의 元祖인 孔子 역시 「詩經」을 최고의 經典으로 重要視하였다. 「禮記」·「孝經」·「春秋傳」에 무수히 引用하였을 뿐만 아니라, 「論語」에는 특히 그의 우월성을 강조하였다. 《述而》에는 "孔子께서 평소에 늘 말씀하신 것은 詩와 書 및 禮를 행하는 일이었다.〔子所雅言 詩書執禮〕" 하였으며, 《泰伯》에는 "學者들은 詩에서 善한 마음을 興起시키고 禮에서 행실을 확립하며 樂에서 완성된다.〔興於詩 立於禮 成於樂〕"고 말씀하였다. 《季氏》에는 그의 아들 伯魚에게 "너는 詩를 배웠는가? 사람이 詩를 배우지 않으면 말을 할 수가 없다.〔學詩乎 … 不學詩 無以言〕" 하였으며, 또한 "사람이 周南·召南을 배우지 않으면 얼굴을 담장에 대고 서있는 것과 같다.〔人而不爲周南召南 其猶正墻面而立也與〕" 하여, 二南의 중요성을 특히 강조하였다. 또 《陽貨》에는 "弟子들아! 너희들은 어이하여 詩를 배우지 않는가? 詩는 善한 마음을 興起시키고 德行과 政事를 관찰할 수 있으며, 여럿이 모여 和하게 지낼 수 있고 완곡한 표현으로 원망스러운 心境을 토로할 수 있으며, 가까이는 어버이를 섬기고 멀리는 군주를 섬기며 鳥獸와 草木의 物名에 대해서도 많이 알게 된다.〔小子何莫學夫詩 詩可以興 可以觀 可以群 可以怨 邇之事父 遠之事君 多識於鳥獸草木之名〕" 하여, 「詩經」이야말로 모든 學問의 근본임을 역설하였다.

孔子는 또 「詩經」은 내용이 忠厚하여 사람의 心性을 수양함을 누누히 말씀하였다. 「論語」《爲政》에는 "「詩經」 3백 편을 한 마디 말로 요약하면 마음에 간사(부정)함이 없는 것이다.〔詩三百 一言以蔽之 曰思無邪〕" 하였으며, 「禮記」《經解》에는 六經의 가르침을 설명하면서 '溫柔敦厚 詩敎也'라 하여, 詩를 배우면 사람의 마음이 溫柔敦厚해진다고 말씀하였다. 즉 「詩經」은 人心을 순화시키고 자신의 의사를 완곡히 표현하여 사람을 감동시키므로, 人間의 倫理·道德으로부터 政治·外交 등 폭넓은 學問을 할 수 있다는 뜻이다.

이 때문에 孔子는 「論語」《子路》에서 "「詩經」 3백 편을 외우면서도 정사를 맡아 제대로 다스리지 못하고 使臣이 되어 四方으로 나가서 마음대로 外交 임무를 수행하지 못한다면 아무리 詩를 많이 외우고 있은들 어디에 쓰겠는가.〔誦詩三百 授之以政 不達

使於四方 不能專對 雖多 亦奚以哉]" 한 것이다.

「詩經」은 모두 311편으로 엮어져 있다. 이 가운데 小雅의 笙詩인《南陔》·《白華》·《華黍》·《由庚》·《崇丘》·《由儀》의 6篇은 歌辭가 없으므로 실제는 305편인 셈이다. 이 때문에 보통 '詩三百'이라고 불리워지고 있다. 또한 詩는 文章의 精華라 하여 葩經이라고도 한다.

「詩經」은 四言이 主宗을 이루고 있지만 三言에서부터 九言에 이르기까지 참으로 多樣하다. 그리하여 後世의 辭賦는 물론이요, 各種 詩體도 이 「詩經」에서 발달되었다. 江有汜 · 振振鷺와 같은 三言詩는 李白의 天馬歌로 이어졌고, '誰謂雀無角 何以穿我屋'과 같은 五言詩는 漢代 五言詩의 기원이 되었으며, 六言과 七言은 특히 樂府에 많은 영향을 주었다.

「詩經」이 만들어지기까지는 採詩 · 獻詩 · 刪詩의 3단계를 거쳤다고 보는 것이 일반적인 說이다. 周代에는 列國의 풍속과 정치상황을 考察하기 위하여 採詩官을 두어 詩를 채집하였으며 또한 卿大夫들로 하여금 詩를 지어 바치게 한 다음 太師와 樂官이 이를 편찬 · 정리했다는 것이다. 刪詩說은 司馬遷의 「史記」에 '孔子가 詩 · 書를 刪定했다'는 말에 근거한 것으로, 孔子가 당시 유행하는 詩篇 중에 勸善懲惡이 될만한 것만을 뽑아 만들었다는 것이다. 물론 이러한 주장은 근거가 확실치 않으며, 唐의 孔穎達과 宋의 朱子, 淸의 朱彝尊 등도 모두 의문을 제기하였다. 다만 「論語」《子罕》에 '吾自衞反魯 然後樂正 雅頌各得其所'란 孔子의 말씀으로 미루어, 孔子가 현재와 같은 체재로 정리한 것이라고 생각된다.

「詩經」은 四始 · 六義로 나누기도 한다. 四始란 風 · 小雅 · 大雅 · 頌을 이르며, 六義란 風 · 雅 · 頌의 三經과 興 · 賦 · 比의 三緯를 이르는바, 風 · 雅 · 頌은 詩의 內容과 性質을 말하고, 興 · 賦 · 比는 詩의 體裁와 敍述方式을 말한다. 또한 風 · 小雅 · 大雅를 正 · 變으로 구분하여, 周南 · 召南을 正風, 邶風 以下 十三列國風을 變風이라 하며, 小雅는《鹿鳴》에서부터《菁菁者莪》까지를 正小雅,《六月》에서부터《何草不黃》까지를 變小雅라 하고, 大雅는《文王》에서부터《卷阿》까지를 正大雅,《民勞》에서부터《召旻》까지를 變大雅라 하는바, 이에 대해서는 朱子의 解說이 集傳에 실려 있거니와 南宋의 王質과 程大昌, 淸代의 顧炎武는 南(周南 · 召南)을 독립시켜 南 · 風 · 雅 · 頌의 넷으로 나눌 것을 주장하기도 하였다.

「詩經」에 실려 있는 詩篇은 원래 모두 音樂으로 연주할 수 있는 것들이었으나 後代 樂譜의 失傳과 原始藝術의 분화과정에서 한갓 歌辭만이 남게 되었다. 하지만 反覆語, 疊語, 또는 보편적인 用韻으로 그 음악성이 무궁하다 하겠다. 특히 淸代에는 古韻의 研究가 활발히 이루어졌는바, 顧炎武는 「詩經」에 다음 세 가지의 末句用韻法이 쓰여졌음을 제시하였다. 즉 제1, 2, 4句의 用韻과 隔句用韻, 그리고 每句用韻이 그것이다. 이밖에도 2句 · 3句의 換韻法과 句首用韻法, 句腹用韻法이 불규칙적으로 사용되었으며, 雙聲疊韻 등이 널리 쓰여졌음을 확인하게 되었다. 앞으로도 「詩經」의 音韻研究가 더욱 深度 있게 이루어지길 기대해 마지 않는다.

「詩經」의 解說書로는 漢代에 申公培의 魯詩, 轅固生의 齊詩, 韓嬰의 韓詩 등 今文(漢隸)에 의한 三家詩가 있었으나 모두 宋代 이전에 失傳되었으며, 지금에 傳하는 것은 오직 漢代에 毛萇이 古文(蝌蚪文字)으로 訓詁한 것 뿐이다. 이 때문에 「詩經」을 '毛詩'라고도 칭한다. 좀더 구체적으로 傳授過程을 설명하면 孔子의 弟子인 子夏가 序를 지어 曾申에게 전하였고, 曾申은 李克에게, 李克은 孟仲子에게, 孟仲子는 根牟子에게, 根牟子는 荀卿에게, 荀卿은 毛亨에게, 毛亨은 訓詁傳을 지어 毛萇에게 전했는바 毛亨을 大毛公, 毛萇을 小毛公이라 칭한다. 그후 後漢 말기 鄭玄이 毛詩를 근거하여 詩箋을 지었으며 唐나라 때 孔穎達이 毛傳과 鄭箋을 취하여 正義를 지음으로써 毛詩만이 세상에 전해지게 되었다. 그러다가 宋代에 이르러 歐陽脩의 「詩本義」, 蘇轍의 「詩集傳」, 王質의 「詩總聞」, 鄭樵의 「詩辨妄」, 朱子의 「詩序辨說」 등이 나옴으로부터 毛傳과 鄭箋에 대한 信奉이 퇴색하였다. 그러나 역시 鄭箋은 朱子의 集傳과 함께 최고 權威 있는 註解書로 인정되고 있음은 물론이다.

朱子의 集傳은 해박한 訓詁와 철저한 考證으로 모든 箋註를 압도하였다. 元代와 明代는 말할 것도 없으며, 특히 우리나라에서는 오직 集傳만을 공부하여 「詩經」이라 하면 '詩傳'을 연상하게 되었다. 淸代 考證學이 나오면서 朱子說에 대한 비판이 없지 않았으나 역시 그 位置는 確固不動하였다.

오늘날 우리가 「詩經」을 공부함에 있어서는 굳이 朱子說에만 집착할 필요는 없다고 본다. 다만 初學者들은 訓詁와 뜻풀이가 비교적 明確한 朱子의 集傳에 立脚하여 經文을 완전히 파악한 다음 타당성 있는 異說을 受容하는 것이 學詩의 捷徑이라고 여겨진다. 이렇게 함으로써 「詩經」을 보다 쉽게 접근할 수 있으며, 또한 우리 先祖들의 詩思想을 엿볼 수 있을 것이다.

本人은 일찍이 15~16세 때에 先親으로부터 「詩集傳」을 읽었으며, 1977년 民族文化推進會 國譯研修院에서 雨田 辛鎬烈先生으로부터 「詩經」 講義를 들은 적이 있다. 雨田先生은 鄭箋과 淸代의 學說까지 두루 受容하여 集傳과 다른 해석을 하시는 경우가 많았다. 그 당시 우물안 개구리였던 本人은 先生의 해박한 지식과 뛰어난 詩語의 표현에 실로 감탄하지 않을 수 없었다. 그후 本人은 國譯研修院에서 10여 년간 「詩經」 강의를 맡으면서 本書의 刊行에 뜻을 두게 되었다. 初學者들이 容易하게 이용할 수 있는 參考書가 없어 안타까웠기 때문이다. 그로부터 어언 十數年, 지난번 四書集註가 마무리되면서부터 本書의 刊行에 본격적으로 착수하여 3년여의 産苦 끝에 이제 비로소 本書가 나오게 된 것이다. 그동안 참으로 수많은 어려움이 수반되었다. 實力이 부족한 本人이 우리나라에서 처음으로 이 作業에 착수한 것 자체가 無理라고 생각된다. 막상 우리 말로 옮기자니 疑問되는 부분이 한두 곳이 아니었으며, 체재의 통일성을 期하기 어려울 뿐더러 표현력의 부족을 통감하였다. 이 때문에 詩의 맛을 살려보려던 당초의 意圖도 散文形式의 표현으로 바뀌고 말았으며, 참고가 될만한 異說을 最大限 수용하려던 계획도 워낙 異說이 분분하여 最少限의 수용으로 변경되고 말았다. 다만 주어진 여건하에서 最善을 다했노라고 自慰할 뿐이다. 本文에 音韻을 표시한 것이라든지, 毛傳의 序를 各篇의 뒤에 붙여 集傳과 대비하게 한 점이 本書의 특징이라면 특징일 것이다. 先後輩 諸賢의 아낌없는 叱正을 기다려 後日을 기약하는 바이다.

끝으로 本書가 나오기까지 始終 協力해 주신 여러분께 感謝의 뜻을 표한다. 原稿整理에서부터 校正에 이르기까지 全作業을 도맡아준 朴勝珠 硏究員을 비롯하여 原稿整理를 도와준 金鎰均君과 崔允禎孃, 그리고 校閱과 校正을 도와준 李鍾德·許鎬九 두 學兄과 林希子·徐大源·咸明淑 세 분께 深甚한 謝意를 表한다.
또한 讀者層이 貧弱한 우리나라의 현실을 고려하지 않고 오로지 傳統文化의 계승과 발전을 위해 東洋古典譯刊에 心血을 傾注하시는 傳統文化硏究會 安炳周 會長님과 李啓晃 副會長님께 거듭 感謝해 마지 않는다.

1993년 歲在癸酉 仲春에 後學 成百曉는 洌上의 觀一軒에서 쓰다.

凡 例

1. 本書는 東洋古典國譯叢書의 한 책이다.
2. 本書는 內閣本을 國譯臺本으로 하고, 庚辰內閣版 詩經諺解本과 中國 中華書局의 「詩集傳」, 日本의 漢文大系本을 參考하여 上下 2冊으로 飜譯하였다.
3. 詩經 原義의 理解를 돕기 위하여 篇마다 毛詩小序를 附記하고 飜譯하였다. 다만 毛詩에는 序가 앞에 있던 것을 集傳의 體裁를 맞추기 위하여 各篇의 맨 뒤에 붙였다.
4. 原文 理解의 도움을 위하여 懸吐하였다.
   本文의 吐는 官本 諺解의 吐를 위주로 하고 다만 必要에 따라 調整하였다.
   集傳의 吐는 譯註者가 懸吐하였다.
5. 飜譯은 原義에 充實하게 하여 原典講讀에 도움이 되도록 하였다.
6. 譯註는 重要한 出典이나 理解하기 어려운 文脈과 妥當性이 있다고 여겨지는 異說 및 誤脫字를 對象으로 하였고, 原文의 難解字는 字義를 下段에 실었다.
7. 本文의 誤字, 假借字 등은 다음 符號를 使用하였다.
   誤字의 例: 豝牡[牝]豕也
   假借字의 例: 妃(配)匹之際
   ※ 다만 本文 反切의 오류는 小字雙行임을 고려하여 부호를 사용하지 않고 곧바로 정정하였다.
8. 詩本文에 韻字를 表示하였다. 詩經의 用韻에 대해서는 굳이 集傳에 따르지 않고 「詩經古韻今注」와 「毛詩韻律」을 참고하였으며, 句首用韻·句腹用韻·句末用韻 등이 있으나 句腹과 句末의 用韻만을 표시하였다.
9. 原文中 本文과 集傳은 活字의 大小로 區分하고 飜譯文도 이에 따랐다.
10. 本書의 理解를 돕고자 詩傳圖를 附錄하였으며, 小雅의 什數는 集傳과 毛傳이 相異하므로 目次 뒤에 毛傳의 什數를 붙여 參考하게 하였다.
11. 本書의 使用 符號는 다음과 같다.

〈 〉: 補充譯　　( ): 間註 및 參考事項
「 」: 書名　　〔 〕: 參考原語 및 漢字
《 》: 篇名　　, : 原文에서는 同格羅列
韻字表示 ●: 平常韻
　　　　 ○: 隔句韻

詩經集傳 目次

東洋古典國譯叢書 刊行辭 …… 3
이 책에 대하여 …… 5
凡例 …… 9
目次 …… 11
(毛詩 小雅 目次)

詩集傳序

卷一 國風 (上卷)

周南
關雎 …… 26
葛覃 …… 31
卷耳 …… 33
樛木 …… 36
螽斯 …… 37
桃夭 …… 38
兎罝 …… 40
芣苢 …… 41
漢廣 …… 42
汝墳 …… 45
麟之趾 …… 47

召南
鵲巢 …… 49
采蘩 …… 51
草蟲 …… 52
采蘋 …… 54
甘棠 …… 56
行露 …… 57
羔羊 …… 59
殷其靁 …… 60
摽有梅 …… 62
小星 …… 63
江有汜 …… 65
野有死麕 …… 67
何彼穠矣 …… 68
騶虞 …… 70

卷 二

邶

柏舟 …… 73
綠衣 …… 77
燕燕 …… 79
日月 …… 81
終風 …… 83
擊鼓 …… 85
凱風 …… 88
雄雉 …… 90
匏有苦葉 …… 92
谷風 …… 94
式微 …… 100
旄丘 …… 101
簡兮 …… 103
泉水 …… 106
北門 …… 109
北風 …… 111
靜女 …… 113
新臺 …… 114
二子乘舟 …… 116

卷 三

鄘

柏舟 …… 118
牆有茨 …… 119
君子偕老 …… 121
桑中 …… 124
鶉之奔奔 …… 126
定之方中 …… 128
蝃蝀 …… 131
相鼠 …… 133
干旄 …… 134
載馳 …… 136

衞

淇奧 …… 140
考槃 …… 143
碩人 …… 145
氓 …… 148
竹竿 …… 154
芄蘭 …… 156
河廣 …… 157
伯兮 …… 159
有狐 …… 161
木瓜 …… 162

卷 四

王

黍離 ………… 165
君子于役 ………… 168
君子陽陽 ………… 169
揚之水 ………… 171
中谷有蓷 ………… 173
兎爰 ………… 176
葛藟 ………… 178
采葛 ………… 179
大車 ………… 180
丘中有麻 ………… 182

鄭

緇衣 ………… 184
將仲子 ………… 185
叔于田 ………… 187
大叔于田 ………… 189
淸人 ………… 191
羔裘 ………… 194
遵大路 ………… 195
女曰雞鳴 ………… 196
有女同車 ………… 199
山有扶蘇 ………… 200
蘀兮 ………… 201
狡童 ………… 202
褰裳 ………… 203
丰 ………… 204
東門之墠 ………… 205
風雨 ………… 206
子衿 ………… 208
揚之水 ………… 209
出其東門 ………… 210
野有蔓草 ………… 212
溱洧 ………… 213

卷五

齊

雞鳴 ………… 216
還 ………… 218
著 ………… 219
東方之日 ………… 220
東方未明 ………… 221
南山 ………… 223
甫田 ………… 225
盧令 ………… 227
敝笱 ………… 228
載驅 ………… 230
猗嗟 ………… 231

魏

葛屨 ………… 234
汾沮洳 ………… 236
園有桃 ………… 238
陟岵 ………… 240
十畝之間 ………… 242
伐檀 ………… 243
碩鼠 ………… 245

卷 六

唐

蟋蟀 …… 248
山有樞 …… 250
揚之水 …… 253
椒聊 …… 255
綢繆 …… 256
杕杜 …… 258
羔裘 …… 259
鴇羽 …… 260
無衣 …… 262
有杕之杜 …… 263
葛生 …… 264
采苓 …… 267

秦

車鄰 …… 269
駟驖 …… 271
小戎 …… 272
蒹葭 …… 276
終南 …… 278
黃鳥 …… 280
晨風 …… 283
無衣 …… 285
渭陽 …… 287
權輿 …… 289

卷 七

陳

宛丘 …… 291
東門之枌 …… 293
衡門 …… 294
東門之池 …… 296
東門之楊 …… 297
墓門 …… 298
防有鵲巢 …… 299
月出 …… 300
株林 …… 302
澤陂 …… 303

檜

羔裘 …… 305
素冠 …… 307
隰有萇楚 …… 308
匪風 …… 310

曹

蜉蝣 …… 311
候人 …… 313
鳲鳩 …… 315
下泉 …… 317

卷 八

豳

七月 …………………………… 321
鴟鴞 …………………………… 332
東山 …………………………… 335
破斧 …………………………… 340
伐柯 …………………………… 343
九罭 …………………………… 344
狼跋 …………………………… 346

卷 九 小雅

鹿鳴之什

鹿鳴 …………………………… 350
四牡 …………………………… 354
皇皇者華 ……………………… 357
常棣 …………………………… 360
伐木 …………………………… 365
天保 …………………………… 369
采薇 …………………………… 372
出車 …………………………… 377
杕杜 …………………………… 382
南陔 …………………………… 385

白華之什

白華 …………………………… 386
華黍 …………………………… 386
魚麗 …………………………… 387
由庚 …………………………… 389
南有嘉魚 ……………………… 390
崇丘 …………………………… 392
南山有臺 ……………………… 392
由儀 …………………………… 394
蓼蕭 …………………………… 395
湛露 …………………………… 397

卷 十

彤弓之什

彤弓 …………………………… 400
菁菁者莪 ……………………… 403
六月 …………………………… 404
采芑 …………………………… 410
車攻 …………………………… 414
吉日 …………………………… 419
鴻鴈 …………………………… 422
庭燎 …………………………… 424
沔水 …………………………… 426
鶴鳴 …………………………… 428

卷 十一 (下卷)

祈父之什

祈父 …… 17
白駒 …… 19
黃鳥 …… 21
我行其野 …… 23
斯干 …… 25
無羊 …… 32
節南山 …… 35
正月 …… 42
十月之交 …… 52
雨無正 …… 59

卷 十二

小旻之什

小旻 …… 65
小宛 …… 69
小弁 …… 73
巧言 …… 80
何人斯 …… 85
巷伯 …… 91
谷風 …… 95
蓼莪 …… 96
大東 …… 100
四月 …… 105

卷 十三

北山之什

北山 …… 110
無將大車 …… 112
小明 …… 114
鼓鍾 …… 117
楚茨 …… 119
信南山 …… 126
甫田 …… 130
大田 …… 134
瞻彼洛矣 …… 138
裳裳者華 …… 139

卷 十四

桑扈之什

桑扈 …… 142
鴛鴦 …… 143
頍弁 …… 145
車舝 …… 148

青蠅 …… 151
賓之初筵 …… 152
魚藻 …… 158
采菽 …… 160
角弓 …… 163
菀柳 …… 167

卷 十五

都人士之什

都人士 …… 170
采綠 …… 173
黍苗 …… 174
隰桑 …… 176
白華 …… 178
綿蠻 …… 182
瓠葉 …… 184
漸漸之石 …… 185
苕之華 …… 187
何草不黃 …… 189

卷 十六 大雅

文王之什

文王 …… 191
大明 …… 198
綿 …… 204
棫樸 …… 211
旱麓 …… 214
思齊 …… 217
皇矣 …… 221
靈臺 …… 230
下武 …… 233
文王有聲 …… 236

卷 十七

生民之什

生民 …… 242
行葦 …… 250
旣醉 …… 254
鳧鷖 …… 257
假樂 …… 260
公劉 …… 262
泂酌 …… 268
卷阿 …… 270
民勞 …… 275
板 …… 278

卷 十八

蕩之什

蕩 ………………………… 285
抑 ………………………… 290
桑柔 ………………………… 300
雲漢 ………………………… 311
崧高 ………………………… 317
烝民 ………………………… 322
韓奕 ………………………… 328
江漢 ………………………… 334
常武 ………………………… 338
瞻卬 ………………………… 343
召旻 ………………………… 348

卷 十九 頌

周頌

清廟之什

清廟 ………………………… 353
維天之命………………………… 355
維清 ………………………… 356
烈文 ………………………… 357
天作 ………………………… 358
昊天有成命………………………… 360
我將 ………………………… 361
時邁 ………………………… 363
執競 ………………………… 365
思文 ………………………… 367

臣工之什

臣工 ………………………… 368
噫嘻 ………………………… 369
振鷺 ………………………… 371
豊年 ………………………… 372
有瞽………………………… 373
潛 ………………………… 375
雝 ………………………… 375
載見 ………………………… 377
有客 ………………………… 379
武 ………………………… 380

閔予小子之什

閔予小子………………………… 381
訪落 ………………………… 383
敬之 ………………………… 384
小毖 ………………………… 386
載芟 ………………………… 387
良耜 ………………………… 390
絲衣 ………………………… 393
酌 ………………………… 394
桓 ………………………… 395
賚 ………………………… 396
般 ………………………… 397

卷 二十

魯頌

駉 ······························ 400
有駜 ···························· 403
泮水 ···························· 405
閟宮 ···························· 409

商頌

那 ······························ 418
烈祖 ···························· 421
玄鳥 ···························· 423
長發 ···························· 426
殷武 ···························· 431

毛詩 小雅 目次

鹿鳴之什 鹿鳴 四牡 皇皇者華 常棣 伐木 天保 采薇 出車 杕杜 魚麗 南陔 白華 華黍

南有嘉魚之什 南有嘉魚 南山有臺 由庚 崇丘 由儀 蓼蕭 湛露 彤弓 菁菁者莪 六月 采芑 車攻 吉日

鴻鴈之什 鴻鴈 庭燎 沔水 鶴鳴 祈父 白駒 黃鳥 我行其野 斯干 無羊

節南山之什 節南山 正月 十月之交 雨無正 小旻 小宛 小弁 巧言 何人斯 巷伯

谷風之什 谷風 蓼莪 大東 四月 北山 無將大車 小明 鼓鍾 楚茨 信南山

甫田之什 甫田 大田 瞻彼洛矣 裳裳者華 桑扈 鴛鴦 頍弁 車舝 青蠅 賓之初筵

魚藻之什 魚藻 采菽 角弓 菀柳 都人士 采綠 黍苗 隰桑 白華 綿蠻 瓠葉 漸漸之石 苕之華 何草不黃

附錄

詩傳圖

詩經集傳 序

或有問於予曰 詩何爲而作也오 予應之曰 人生而靜은 天之性也요 感於物而動은 性之欲也니 夫旣有欲矣면 則不能無思요 旣有思矣면 則不能無言이요 旣有言矣면 則言之所不能盡하여 而發於咨嗟詠歎之餘者 必有自然之音響節族(주)而不能已焉하니 此詩之所以作也니라

或者가 나에게 묻기를 "詩는 어찌하여 지었습니까?" 하였다. 나는 다음과 같이 대답하였다. "사람이 태어나서 靜할 때에는 하늘의 性이 그대로 보존되어 있고, 사물에 감동되어 動하면 性의 欲(情欲)이 나온다. 이미 欲이 있으면 생각이 없을 수 없고, 이미 생각이 있으면 말이 없을 수 없고, 이미 말이 있으면 말로써 다할 수 없어서 咨嗟하고 詠嘆하는 나머지에 發하는 것이 반드시 자연스러운 音響과 가락이 있어 그칠 수 없으니, 이것이 詩를 짓게 된 이유이다."

曰 然則其所以敎者는 何也오 曰 詩者는 人心之感物而形於言之餘也니 心之所感이 有邪正이라 故로 言之所形이 有是非하니 惟聖人在上이면 則其所感者無不正하여 而其言이 皆足以爲敎요 其或感之之雜하여 而所發이 不能無可擇者면 則上之人이 必思所以自反하여 而因有以勸懲之하니 是亦所以爲敎也니라 昔周盛時에 上自郊廟朝廷으로 而下達於鄕黨閭巷히 其言이 粹然無不出於正者는 聖人이 固已協之聲律하여 而用之鄕人하며 用之邦國하여 以化天下하시고 至於列國之詩하여는 則天子巡守에 亦必陳而觀之하여 以行黜陟之典이러시니 降自昭穆而後로 寖以陵夷하여 [1]至於東遷하여 而遂廢不講矣라 孔子生於其時하사 旣不得位하여 無以行勸懲黜陟之政일새 於是에 特擧其籍而討論之하여 去其重複하고 正其紛亂하며 而其善之不足以爲法과 惡之不足以爲戒者는 則亦刊而去之하여 以從簡約, 示久遠하여 使夫學者로 卽是而有以考其得失하여 善者師之而惡者改焉케하시니 是以로 其政은 雖不足以行於一時나 而其敎는 實被於萬世하니 是則詩之所以爲敎者然也니라

"그렇다면 그 가르침이 되는 이유는 무엇입니까?"

"詩는 사람의 마음이 사물에 감동되어 말의 나머지에 나타난 것이니, 마음의 감동하는 바에 邪와 正이 있다. 그러므로 말에 나타나는 바에 是와 非가 있는 것이니, 오직 聖人이 윗자리에 계시면 감동된 것이 바르지 않음이 없어 그 말씀이 모두 족히 가르침이 될 수 있는 것이요, 혹시라도 감동됨이 雜되어 發하는 바가 선택할 것이 없지 못하면 윗사람이 반드시 스스로 돌이킬 바를 생각해서 이것을 인하여 善을 권면하고 惡을 징계함이 있으니, 이 또한 가르침이 된다.

咨：탄식할 자 嗟：탄식할 차 咏：읊을 영 族：풍류가락 주 形：드러날 형
懲：징계할 징 郊：교제사 교 閭：마을 려 巷：거리 항 粹：순수할 수 守：순행 수
黜：내칠 출 陟：올릴 척 昭：밝을 소, 신주차례 소 穆：화목할 목, 신주차례 목
寖：점점 침 夷：평평할 이 刊：깍을 간 卽：나아갈 즉

저 옛날 周나라의 전성기에 위로는 郊祭와 宗廟祭祀와 朝廷으로부터 아래로는 鄕黨과 閭巷에 이르기까지 그 〈詩의〉 말이 순수하여 모두 正道에서 나온 것은 聖人이 진실로 이것을 聲律에 맞추어 지방 사람들에게도 사용하고 국가에도 사용하여 天下를 교화하였고, 列國의 詩에 이르러서는 天子가 巡狩할 때에 또한 반드시 이것을 진열하고 관찰하여 黜陟의 법을 행하였다. 그런데 시대가 내려와서 昭王·穆王 이후부터는 점점 침체하여 동쪽으로 遷都함에 이르러는 마침내 폐지되고 講하지 않았다.

孔子께서는 이때에 태어나시어 이미 지위를 얻지 못하여 勸懲하고 黜陟하는 정사를 행할 수 없으셨다. 이 때문에 다만 그 典籍을 들어 토론하여 중복된 것을 제하고 紛亂한 것을 바로잡으며, 善이 족히 법이 될 수 없는 것과 惡이 족히 경계가 될 수 없는 것은 또한 삭제하여 제거해서 간략함을 따라 久遠함을 보여주어서, 배우는 자로 하여금 이것을 가지고 그 得失을 상고하여 善한 것을 본받고 惡한 것을 고치게 하셨다. 이 때문에 그 정사가 비록 한 시대에 행해지지는 못하였으나, 그 가르침은 실로 萬世에 입혀졌으니 이것은 詩經의 가르침이 됨이 이러한 것이다."

譯註 1. 至於東遷: 平王이 犬戎의 難을 피하여 東都인 洛陽으로 遷都함을 이른다.

曰 然則國風雅頌之體가 其不同若是는 何也오 曰 吾聞之하니 凡詩之所謂風者는 多出於里巷歌謠之作하니 所謂男女相與詠歌하여 各言其情者也라 唯周南召南은 親被文王之化以成德하여 而人皆有以得其性情之正이라 故로 其發於言者 樂而不過於淫하며 哀而不及於傷이라 是以로 二篇이 獨爲風詩之正經이요 自邶而下는 則其國之治亂不同하고 人之賢否亦異하여 其所感而發者 有邪正是非之不齊하니 而所謂先王之風者 於此焉變矣라 若夫雅頌之篇은 則皆成周之世에 朝廷郊廟樂歌之詞라 其語和而莊하고 其義寬而密하여 其作者往往聖人之徒니 固所以爲萬世法程而不可易者也요 至於雅之變者하여는 亦皆一時賢人君子閔時病俗之所爲어늘 而聖人取之하시니 其忠厚惻怛之心과 陳善閉邪之意가 尤非後世能言之士所能及之라 此는 詩之爲經이 所以人事浹於下하고 天道備於上하여 而無一理之不具也니라

"그렇다면 國風·雅·頌의 體가 그 같지 않음이 이와 같음은 어째서입니까?"

"내가 들으니, 무릇 詩 중에 이른바 風이란 것은 里巷의 歌謠의 작품에서 나온 것이 많으니, 이른바 男女가 서로 읊고 노래하여 각기 그 情을 말했다는 것이다. 오직 周南과 召南은 친히 文王의 교화를 입어 德을 이루어서 사람들이 모두 그 性情의 올바름을 얻었다. 그러므로 그 말에 나타난 것이 즐겁되 너무 지나치지 않고, 슬프되 傷함에 미치지 않은 것이다. 이 때문에 周南·召南 두 편은 홀로 風詩의 正經이 되었고, 邶風으로부터 이하는 그 나라의 治亂이 똑같지 않고, 사람의 賢否가 또한 달랐다. 그리하여 감동하여 發한 것이 邪正과 是非의 같지 않음이 있었으니, 이른바 先王의 風이라는 것이 여기에서 변하였다.

雅·頌의 篇으로 말하면 모두 成周의 세대에 朝廷과 郊廟에 쓰는 樂歌의 내용이다. 그 말이 和하면서도 장엄하고, 그 義가 너그러우면서도 치밀하여, 作者가 왕왕 聖人의 무리였으니, 진실로 萬世의 法程이 되어 변할 수 없는 것이다. 雅의 變으로 말하면 또한 이것도 모두 한 때의 賢

雅 : 바를 아　頌 : 기릴 송　謠 : 노래 요　邶 : 패나라 패　閔 : 불쌍히여길 민, 근심할 민
惻 : 슬퍼할 측　怛 : 슬퍼할 달　閉 : 닫을 폐　浹 : 젖을 협

人·君子가 세상을 걱정하고 풍속을 안타깝게 여겨 지은 것인데, 聖人이 이를 취하셨으니, 그 忠厚하고 惻怛한 마음과 善을 말하고 간사함을 막으려는 뜻은 더욱 後世에 문장을 잘하는 선비들이 미칠 수 있는 바가 아니다. 이것이 詩經이 인간의 일이 아래에 무젖고 天道가 위에 갖추어져 한 이치도 구비하지 않음이 없는 이유이다.

曰 然則其學之也는 當奈何오 曰 本之二南하여 以求其端하고 參之列國하여 以盡其變하고 正之於雅하여 以大其規하고 和之於頌하여 以要其止니 此學詩之大旨也라 於是乎章句以綱之하고 訓詁以紀之하며 諷詠以昌之하고 涵濡以體之하여 察之情性隱微之間하고 審之言行樞機之始면 則修身及家, 平均天下之道가 其亦不待他求而得之於此矣리라 問者唯唯而退어늘 余時方輯詩傳일새 因悉次是語하여 以冠其篇云이라
淳熙四年丁酉冬十月戊子에 新安朱熹는 序하노라

"그렇다면 이것을 배우는 것은 어떻게 해야 합니까?"

"二南(周南, 召南)에 근본하여 그 단서를 찾고, 列國의 風을 참고하여 그 變을 다하고, 雅에서 바루어 그 규모를 키우고, 頌에 和하여 그 그침(귀결)을 요약하여야 하니, 이것이 詩經을 배우는 大旨이다. 이에 章句로써 큰 벼리를 삼고, 訓詁로써 작은 벼리를 삼으며, 읊어 창달하고 무젖어 체득하여, 性情의 은미한 사이에서 살피고, 言行의 樞機의 시작에서 살핀다면, 몸을 닦아 집안에 미치고 천하를 平均히 하는 道(방법)가 그 또한 다른 데서 구할 필요 없이 여기에서 얻어질 것이다."

이에 묻는 자가 '예예'하고 물러갔다. 나는 이 당시 막 詩傳을 편집하고 있었으므로 인하여 이 말을 모두 차례로 엮어서 이 篇의 머리말로 적는 바이다.

淳熙 4년 丁酉年(1183) 겨울 10월 戊子日에 新安 朱熹는 序하다.

詁 : 훈고 고　諷 : 풍자할 풍　涵 : 젖을 함　濡 : 젖을 유　樞 : 지도리 추　機 : 기틀 기
唯 : 대답할 유　熹 : 밝을 희

詩經集傳 卷一

國風 一

國者는 諸侯所封之域이요 而風者는 民俗歌謠之詩也라 謂之風者는 以其被上之化以有言이요 而其言이 又足以感人하니 如物因風之動以有聲하고 而其聲이 又足以動物也라 是以로 諸侯采之하여 以貢於天子어든 天子受之하여 而列於樂官하여 於以考其俗尙之美惡하여 而知其政治之得失焉하니라 [1]舊說에 二南은 爲正風이니 所以用之閨門鄕黨邦國而化天下也요 十三國은 爲變風이니 則亦領在樂官하여 以時存肄하여 備觀省而垂監戒耳니 合之凡十五國云이라

國은 諸侯들을 封한 지역이요, 風은 民俗의 歌謠의 詩이다. 이것을 風이라고 이르는 이유는, 윗사람의 교화를 입어서 말이 있고, 그 말이 또 족히 사람을 감동시키니, 마치 물건이 바람의 動함으로 인하여 소리가 있고, 그 소리가 또 족히 물건을 動하는 것과 같기 때문이다. 이러므로 諸侯가 이것을 채집하여 天子에게 바치면, 天子가 받아서 樂官에게 진열하게 하고, 이에 그 풍속이 숭상하는 것의 좋고 나쁨을 상고하여 그 정치의 득실을 알았던 것이다.

舊說에 "二南은 正風이 되니, 이것을 閨門과 鄕黨과 邦國에 사용하여 천하를 교화하는 것이요, 十三國은 變風이 되니, 이 또한 樂官에게 소속되어 있어서 때로 익혀 觀省에 대비하고 監戒를 드리우는 것이다. 합하여 모두 十五國이다." 하였다.

譯註 1. 舊說: 옛날의 해석이란 뜻으로 주로 鄭玄의 箋을 일컫는다.

*周南 一之一

* 周南一之一: 一之一은 1의 1이란 뜻으로, 周南·召南과 列國의 모든 風을 1로 하고 小雅를 2, 大雅를 3, 나머지 頌을 4로 구분하고 다시 이에 따라 細分하였다.

周는 國名이요 南은 南方諸侯之國也라 周國은 本在禹貢雍州境內岐山之陽하니 后稷十三世孫古公亶父(보) 始居其地하니라 傳子王季歷하고 至孫文王昌하여 辟國寖廣이라 於是에 徙都于豊하고 而分岐周故地하여 以爲周公旦,召公奭之采邑하며 且使周公爲政於國中하고 而召公

采: 채집할 채 閨: 규방 규 肄: 익힐 이 雍: 화락할 옹 岐: 산이름 기 亶: 믿을 단
父: 남자이름 보 辟: 열 벽 寖: 점점 침 旦: 아침 단 奭: 클 석 采: 식읍 채

宣布於諸侯하니 於是에 德化大成於內하여 而南方諸侯之國과 江沱汝漢之間이 莫不從化하니 蓋三分天下에 而有其二焉하니라 至子武王發하여 又遷于鎬하고 遂克商而有天下하시니라 武王崩하고 子成王誦立한대 周公相之하여 制作禮樂할새 乃采文王之世 風化所及民俗之詩하여 被之管弦하여 以爲房中之樂하고 而又推之하여 以及於鄕黨邦國하니 所以著明先王風俗之盛하여 而使天下後世之修身齊家治國平天下者로 皆得以取法焉이라 蓋其得之國中者는 雜以南國之詩하여 而謂之周南하니 言自天子之國而被於諸侯요 不但國中而已也라 其得之南國者는 則直謂之召南하니 言自方伯之國으로 被於南方하여 而不敢以繫于天子也라 岐周는 在今鳳翔府岐山縣이요 豊은 在今京兆府鄠縣終南山北하니라 南方之國은 卽今興元府京西湖北等路諸州요 鎬는 在豊東二十五里하니라 小序曰 關雎麟趾之化는 王者之風이라 故로 繫之周公이요 南은 言化自北而南也라 鵲巢騶虞之德은 諸侯之風也니 先王之所以教라 故로 繫之召公이라 하니 斯言이 得之矣로다

周는 國名이요, 南은 남방의 제후국이다. 周나라는 본래 《禹貢》의 雍州 境內인 岐山의 남쪽에 있었으니, 后稷의 13世孫인 古公亶父가 비로소 이 땅에 거주하였다. 아들인 王季 歷에게 전하고 손자인 文王 昌에 이르러 나라를 개척함이 점점 넓어졌다. 이에 도읍을 豊으로 옮기고는 岐周의 옛 땅을 나누어 周公 旦과 召公 奭의 采邑으로 삼았으며, 또 周公으로 하여금 國中에서 정사를 다스리게 하고, 召公은 諸侯들에게 교화를 펴게 하였다. 이에 德化가 크게 안에 이루어져서 南方의 諸侯國과 江·沱·汝·漢의 사이에 있는 나라들이 모두 따라서 교화되지 않음이 없었다. 그리하여 천하를 三分함에 三分의 二를 소유하였다. 아들인 武王 發에 이르러 다시 도읍을 鎬로 옮겼으며, 마침내 商나라를 이기고 천하를 소유하였다. 武王이 崩하고 아들인 成王 誦이 즉위하자, 周公이 成王을 보필하여 禮樂을 제정하였는데, 마침내 文王의 세대에 風化가 미친 바의 民俗의 詩를 채집하여, 이것을 管弦의 樂器에 올려서 房中의 음악으로 삼았고, 또 미루어 鄕黨과 邦國에까지 미쳤으니, 이는 先王의 風俗의 훌륭함을 드러내어 밝혀서 天下 後世에 修身·齊家·治國·平天下 하는 자로 하여금 모두 법을 취함이 있게 하려 해서였다.

國中에서 얻은 것은 南國의 詩를 섞어 '周南'이라 일렀으니, 天子의 나라로부터 諸侯國에 입혀졌고, 단지 國中 뿐만이 아님을 말한 것이다. 南國에서 얻은 것은 다만 '召南'이라고 일렀으니, 方伯의 나라로부터 南方에 입혀져서 감히 天子國에 달 수 없었기 때문이었다.

岐周는 지금의 鳳翔府 岐山縣에 있었고, 豊은 지금의 京兆府 鄠縣 終南山 북쪽에 있었다. 南方의 나라는 바로 지금의 興元府와 京西·湖北 等路의 여러 州이고, 鎬는 豊의 동쪽 25里 지점에 있었다.

小序(毛氏序)에 이르기를 "《關雎》와 《麟趾》의 교화는 王者의 風이므로 이것을 周公에 달았으며, 南은 교화가 北에서 南으로 갔음을 말한 것이다. 《鵲巢》와 《騶虞》의 德은 諸侯의 風이니, 先王이 가르친 것이므로 이것을 召公에 달았다." 하였으니, 이 말이 맞다.

沱 : 물이름 타　筦 : 피리 관　弦 : 줄 현　繫 : 맬 계　翔 : 날 상　鄠 : 땅이름 호
雎 : 증경이 저　趾 : 발가락 지　鵲 : 까치 작　巢 : 둥지 소　騶 : 마부 추, 짐승이름 추
虞 : 생각할 우

關關雎七余反鳩, 在河之洲. 窈烏了反窕徒了反淑女, 君子好逑音求.

關關雎鳩	關關히 우는 雎鳩새
在河之洲로다	河水의 모래섬에 있도다
窈窕淑女	窈窕한 淑女
君子好逑로다	君子의 좋은 짝이로다

興也라 關關은 雌雄相應之和聲也라 雎鳩는 水鳥니 一名王雎라 狀類鳧鷖하니 今江淮間有之라 生有定偶而不相亂하고 偶常竝遊而不相狎이라 故로 毛傳에 以爲摯而有別이라하고 列女傳에 [1]以爲人未嘗見其乘居而匹處者라하니 蓋其性然也라 河는 北方流水之通名이라 洲는 水中可居之地也라 窈窕는 幽閒之意라 淑은 善也라 女者는 未嫁之稱이니 蓋指文王之妃大姒 爲處子時而言也라 君子는 則指文王也라 好는 亦善也라 逑는 匹也라 毛傳之摯字는 與至通하니 言其情意深至也라

○ 興者는 先言他物하여 以引起所詠之詞也라 周之文王이 生有聖德하고 又得聖女姒氏하여 以爲之配하시니 宮中之人이 於其始至에 見其有幽閒貞靜之德이라 故로 作是詩라 言彼關關然之雎鳩는 則相與和鳴於河洲之上矣니 此窈窕之淑女는 則豈非君子之善匹乎아 言其相與和樂而恭敬이 亦若雎鳩之情摯而有別也니 後凡言興者는 其文意皆放此云이라 漢匡衡曰 窈窕淑女, 君子好逑는 言能致其貞淑하여 不貳其操하여 情欲之感이 無介乎容儀하고 宴私之意가 不形乎動靜이니 夫然後에 可以配至尊而爲宗廟主니 此는 綱紀之首요 王敎之端也라하니 可謂善說詩矣로다

興이다. 關關은 雌雄이 서로 응하는 和한 소리이다. 雎鳩는 물새이니, 일명은 王雎이다. 모양이 鳧鷖와 유사하니, 지금 江과 淮水 사이에 있다. 태어나면서부터 정해진 짝이 있어서 서로 난잡하게 하지 않고, 짝이 항상 같이 놀되 서로 親狎하지 않는다. 그러므로 「毛傳」에 이르기를 "정이 두터우면서도 분별이 있다." 하였고, 「列女傳」에는 "사람들이 일찍이 네 마리가 같이 살고 혼자서 처하는 것을 본 자가 없다." 하였으니, 그 天性이 그러한 것이다. 河는 北方으로 흐르는 물의 통칭이다. 洲는 물 속의 居할 만한 땅이다. 窈窕는 그윽하고 고요한 뜻이다. 淑은 善(좋음)이요, 女는 시집가지 않은 여자의 칭호이니, 文王의 妃인 太姒가 處女로 있을 때를 가리켜 말한 것이다. 君子는 文王을 가리킨다. 好 또한 좋음이다. 逑는 짝이다. 「毛傳」의 摯는 至와 통하니, 그 情意가 깊고 지극함을 말한 것이다.

○ 興은 먼저 다른 사물을 말하여 읊을 말을 일으키는 것이다. 周나라 文王은 태어나면서부터 聖德이 있었고, 또 聖女인 姒氏를 얻어 배필로 삼았으니, 宮中에 있는 사람들이 太姒가 처음 시집올 때에 그 幽閒 貞靜한 德이 있음을 보았으므로 이 詩를 지어서, "저 關關然히 우는 雎鳩새

關 : 새우는소리 관　鳩 : 비둘기 구　洲 : 섬 주　窈 : 고요할 요　窕 : 고요할 조
逑 : 짝 구　鳧 : 물오리 부　鷖 : 갈매기 예　狎 : 친압할 압　摯 : 지극할 지, 도타울 지
乘 : 넷 승　匹 : 홑 필　姒 : 언니 사, 성 사　放 : 같을 방　貳 : 변할 이　介 : 낄 개
宴 : 편안할 연

가 서로 더불어 河洲의 위에서 和하게 울고 있으니, 이 窈窕한 淑女가 어찌 君子의 좋은 짝이 아니겠는가."라고 말한 것이다. 〈夫婦간에〉 서로 더불어 和樂하면서도 공경함이 또한 雎鳩새가 정이 두터우면서도 분별이 있음과 같음을 말한 것이니, 뒤에 무릇 興이라고 말한 것은 그 글뜻이 모두 이와 같다.

漢나라 匡衡이 말하기를 "'窈窕淑女 君子好逑'라는 것은 능히 그 정숙함을 지극히 하여 그 志操를 변치 않아서, 情欲의 느낌이 容儀에 개입함이 없고, 宴私의 뜻이 動靜에 나타나지 않음을 말한 것이다. 그러한 뒤에야 至尊(君主)에 짝하여 宗廟의 주인이 될 수 있는 것이니, 이는 紀綱의 머리요, 王敎의 단서이다." 하였으니, 詩를 잘 설명했다고 이를 만하도다.

譯註 1. 乘居而匹處: 乘은 넷이며 匹은 獨의 뜻으로, 여럿이 모여 있거나 또는 외로이 혼자 있음을 가리킨다.

參(初金反)差(初宜反)荇(行猛反)菜, 左右流之. 窈窕淑女, 寤寐求之. 求之不得, 寤寐思服(叶蒲北反). 悠哉悠哉, 輾(哲善反)轉反側.

參差(치)荇菜를	들쭉날쭉한 마름나물을
左右流之로다	左右로 물길따라 취하도다
窈窕淑女를	窈窕한 淑女를
寤寐求之로다	자나깨나 구하도다
求之不得이라	구하여도 얻지 못하는지라
寤寐思服하여	자나깨나 생각하고 그리워하여
悠哉悠哉라	아득하고 아득해라
輾轉反側하소라	輾轉하며 反側하노라

興也라 參差는 長短不齊之貌라 荇은 接余也니 根生水底하고 莖如釵股하며 上青下白하고 葉紫赤하며 圓徑寸餘하니 浮在水面이라 或左或右는 言無方也라 流는 順水之流而取之也라 或寤或寐는 言無時也라 服은 猶懷也라 悠는 長也라 輾者는 轉之半이요 轉者는 輾之周며 反者는 輾之過요 側者는 轉之留니 皆臥不安席之意라

○ 此章은 本其未得而言이라 彼參差之荇菜는 則當左右無方以流之矣요 此窈窕之淑女는 則當寤寐不忘以求之矣라 蓋此人此德은 世不常有하니 求之不得이면 則無以配君子而成其內治之美라 故로 其憂思之深하여 不能自已가 至於如此也라

興이다. 參差는 길고 짧음이 똑같지 않은 모양이다. 荇은 接余이니, 뿌리는 물 밑에서 자라고, 줄기는 비녀다리와 같으며, 위는 푸르고 아래는 희며, 잎은 자주색이요, 둘레는 지름이 한 치 남짓한데, 水面에 떠있다. 혹은 왼쪽에서 하고 혹은 오른쪽에서 함은 일정한 방향이 없음을 말한

參: 들쭉날쭉할 참　差: 어긋날 치　荇: 마름 행　菜: 나물 채　寤: 잠깰 오　寐: 잠잘 매
服: 생각할 복　悠: 아득할 유, 멀 유　輾: 구를 전　轉: 구를 전　側: 기울 측
莖: 줄기 경　釵: 비녀 차　股: 다리 고　徑: 지름 경

것이다. 流는 물의 흐름을 順히 하여 취하는 것이다. 혹은 잠을 깨기도 하고 혹은 잠들기도 하는 것은 때가 없음을 말한 것이다. 服은 懷(그리워함)와 같다. 悠는 깊이다. 輾은 몸을 뒹굴기를 반쯤 하는 것이요, 轉은 輾을 한 바퀴 하는 것이며, 反은 輾을 지남이요, 側은 轉을 멈춤이니, 모두 누워 있으되 자리를 편안히 여기지 못하는 뜻이다.

○ 이 章은 그 배필을 얻지 못했을 때를 근본하여 말한 것이다. 저 들쭉날쭉한 荇菜인즉 마땅히 左右로 일정한 방향이 없이 채집할 것이요. 이 窈窕淑女는 마땅히 자나깨나 잊지 않고 구해야 하는 것이다. 이 사람과 이 德은 세상에 항상 있는 것이 아니니, 구하여 얻지 못하면 君子의 배필이 되어 內治의 아름다움을 이룰 수 없다. 그러므로 그 근심하고 생각함이 깊어서 스스로 그치지 못함이 이와 같음에 이른 것이다.

參差荇菜, 左右采(叶此禮反)之. 窈窕淑女, 琴瑟友(叶羽已反)之. 參差荇菜, 左右芼(莫報反 叶音邈)之. 窈窕淑女, 鍾鼓樂(音洛)之.

參差荇菜를	들쭉날쭉한 마름나물을
左右采之로다	左右로 취하여 가리도다
窈窕淑女를	窈窕한 淑女를
琴瑟友之로다	거문고와 비파로 친히 하도다
參差荇菜를	들쭉날쭉한 마름나물을
左右芼之로다	左右로 삶아 올리도다
窈窕淑女를	窈窕한 淑女를
鍾鼓樂(락)之로다	종과 북으로 즐겁게 하도다

興也라 采는 取而擇之也요 芼는 熟而薦之也라 琴은 五弦 或七弦이요 瑟은 二十五弦이니 皆絲屬이니 樂之小者也라 友者는 親愛之意也라 鍾은 金屬이요 鼓는 革屬이니 樂之大者也라 樂은 則和平之極也라

○ 此章은 据今始得而言이라 彼參差之荇菜를 既得之면 則當采擇而亨(烹)芼之矣요 此窈窕之淑女를 既得之면 則當親愛而娛樂之矣라 蓋此人此德은 世不常有하니 幸而得之면 則有以配君子而成內治라 故로 其喜樂尊奉之意 不能自已가 又如此云이라

興이다. 采는 취하여 가림이요, 芼는 삶아서 올리는 것이다. 琴은 다섯 줄, 또는 일곱 줄이며, 瑟은 25줄이니, 모두 현악기의 등속으로 악기 중에 작은 것이다. 友는 친애하는 뜻이다. 鍾은 쇠로 만든 악기의 등속이요, 鼓는 가죽으로 만든 악기의 등속이니, 악기 중에 큰 것이다. 樂은 화평함이 지극한 것이다.

○ 이 章은 지금에 처음 배필을 얻었을 때를 근거하여 말한 것이다. 저 參差의 荇菜를 이미 얻었으면 마땅히 가려서 삶아 올려야 할 것이요, 이 窈窕淑女를 이미 얻었으면 마땅히 친애하고 즐거워해야 할 것이다. 이 사람과 이 덕은 세상에 항상 있는 것이 아니니, 다행히 얻으면 君子를

琴 : 거문고 금　瑟 : 비파 슬　友 : 친할 우　芼 : 나물 모, 삶아서올릴 모　鼓 : 북 고
亨 : 삶을 팽

짝하여 內治를 이룰 수 있다. 그러므로 그 기쁘고 즐거우며 높이고 받드는 뜻이 스스로 그치지 못함이 또 이와 같은 것이다.

關雎三章이니 一章은 四句요 二章은 章八句라

《關雎》는 三章이니, 한 章은 四句이고 두 章은 章마다 八句이다.

孔子曰 關雎는 樂而不淫하고 哀而不傷이라하시니 愚謂 此言은 爲此詩者 得其性情之正, 聲氣之和也라 蓋德如雎鳩하여 摯而有別이면 則后妃性情之正을 固可以見其一端矣요 至於寤寐反側, 琴瑟鍾鼓하여 極其哀樂而皆不過其則焉이면 則詩人性情之正을 又可以見其全體也라 獨其聲氣之和를 有不可得而聞者 雖若可恨이나 然學者姑即其詞하여 而玩其理以養心焉이면 則亦可以得學詩之本矣리라

○ 匡衡曰 妃(配)匹之際는 生民之始요 萬福之原이니 婚姻之禮正然後에 品物遂而天命全이라 孔子論詩에 以關雎爲始하시니 言太上者는 民之父母라 后夫人之行이 不侔乎天地면 則無以奉神靈之統하여 而理萬物之宜라 自上世以來로 三代興廢가 未有不由此者也니라

孔子께서 말씀하시기를 "《關雎》는 즐겁되 지나치지 않고, 슬프되 傷하지 않았다." 하셨으니, 내 생각하건대, 이 말씀은 이 詩를 지은 자가 性情의 올바름과 聲氣의 和함을 얻었음을 말씀한 것이라고 여겨진다. 德이 雎鳩새와 같아 정이 돈독하면서도 분별이 있다면 后妃의 性情의 올바름을 진실로 그 一端을 볼 수 있고, 寤寐反側하고 琴瑟鍾鼓로 즐거워하여 그 슬픔과 즐거움을 지극히 하되 모두 그 법도에 지나치지 않게 한 것으로 말하면 詩人의 性情의 올바름을 또 그 전체를 볼 수 있다. 다만 그 聲氣의 和함(曲調)을 얻어 들을 수 없는 점이 비록 한스러울 듯하나, 배우는 자가 우선 그 말(歌辭)에 나아가 그 이치를 관찰하여 마음을 기른다면 또한 詩를 배우는 근본을 얻게 될 것이다.

○ 匡衡이 말하였다. "배필의 즈음은 生民의 시초요, 萬福의 근원이니, 婚姻의 禮가 바루어진 뒤에야 品物(萬物)이 이루어져 天命이 온전해진다. 孔子께서 詩를 논할 적에 《關雎》를 시초로 삼으셨으니, 太上(君主)은 백성의 父母이므로, 后夫人의 행실이 天地에 비견할 만하지 못하면 神靈의 전통을 받들어 萬物의 마땅함을 다스릴 수가 없음을 말씀한 것이다. 上古時代 이래로 三代의 興하고 廢함이 이에 말미암지 않은 적이 없었다."

[1]毛序 關雎는 后妃之德也요 風之始也니 所以風天下而正夫婦也라 故로 用之鄉人焉하고 用之邦國焉하니라 風은 風也, 教也니 風以動之하고 教以化之라 詩者는 志之所之也니 在心爲志요 發言爲詩라 情動於中而形於言하나니 言之不足이라 故로 嗟歎之하고 嗟歎之不足이라 故로 永(詠)歌之하고 永歌之不足이면 不知手之舞之足之蹈之也라 情發於聲하니 聲成文을 謂之音이라 治世之音은 安以樂하니 其政和하고 亂世之音은 怨以怒

姑：우선 고 玩：완미할 완, 구경할 완 匡：바로잡을 광 妃：짝 배 遂：이룰 수
侔：짝할 모

하니 其政乖하고 亡國之音은 哀以思하니 其民困이라 故로 正得失, 動天地, 感鬼神은 莫近於詩라 先王이 以是經夫婦하고 成孝敬하고 厚人倫하고 美教化하고 移風俗이라 故로 詩有六義焉하니 一曰風이요 二曰賦요 三曰比요 四曰興이요 五曰雅요 六曰頌이라 上以風化下하고 下以風刺上하여 主文而譎諫하여 言之者無罪하고 聞之者足以戒라 故로 曰風이라 至于王道衰하여 禮義廢, 政教失하여 國異政하고 家殊俗하여 而變風變雅作矣라 國史明乎得失之迹하여 傷人倫之廢하고 哀刑政之苛하여 吟詠情性하여 以風其上하니 達於事變而懷其舊俗者也라 故로 變風은 發乎情하여 止乎禮義하니 發乎情은 民之性也요 止乎禮義는 先王之澤也라 是以로 一國之事 繫一人之本을 謂之風이요 言天下之事하여 形四方之風을 謂之雅라 雅者는 正也니 言王政之所由廢興也라 政有小大라 故로 有小雅焉하고 有大雅焉이라 頌者는 美盛德之形容하여 以其成功告於神明者也니 [2]是謂四始니 詩之至也라 然則關雎麟趾之化는 王者之風이라 故로 繫之周公하니 南은 言化自北而南也라 鵲巢騶虞之德은 諸侯之風也니 先王之所以教라 故로 繫之召公하니라 周南召南은 正始之道요 王化之基라 是以로 關雎는 樂得淑女以配君子하고 憂在進賢하여 不淫其色하여 哀窈窕하고 思賢才하여 而無傷善之心焉하니 是關雎之義也니라

《關雎》는 后妃의 德을 읊은 것이요 風化의 시초이니, 天下를 風動하고 夫婦를 바로잡는 것이다. 그러므로 이 詩를 鄕人들에게도 쓰고 邦國에도 쓴 것이다. 風은 風動하고 教化함이니, 風을 일으켜 움직이게 하고 가르쳐 변화하게 하는 것이다. 詩는 뜻이 가는 것을 나타낸 것이니, 마음속에 있는 것을 志라 하고 말로 나타내면 詩라 한다. 情이 心中에 동하면 말에 나타나니, 말로 부족하기 때문에 嗟歎하고, 嗟歎으로 부족하기 때문에 詠歌하고, 詠歌로 부족하면 자신도 모르게 손으로 춤을 추고 발로 뛰는 것이다. 情은 聲에서 나타나니, 聲이 文을 이룬 것을 音이라 한다.

治世의 음악은 편안하고 즐거우니 그 정사가 和하며, 亂世의 음악을 원망하고 노여워하니 그 정사가 괴리되며, 亡國의 음악은 애처롭고 그리워하니 그 백성이 곤궁하다. 그러므로 得失을 바루고 天地를 동하고 鬼神을 감동시킴은 詩보다 더한 것이 없다.

先王이 이것으로 夫婦를 다스리고 孝敬을 이루고 人倫을 厚하게 하고 教化를 아름답게 하고 風俗을 바꾸었다. 그러므로 詩에는 六義가 있으니, 첫째는 風이요 둘째는 賦요 세째는 比요 네째는 興이요 다섯째는 雅요 여섯째는 頌이다. 위에서는 風으로써 아랫사람을 교화하고 아래에서는 風으로써 웃사람을 풍자하여, 문장을 위주로 하면서 은근히 간하여 이것을 말한 자는 죄를 받지 않고 이것을 듣는 자는 충분히 경계로 삼을 수 있다. 이 때문에 風이라 한 것이다.

王道가 衰하여 禮義가 폐지되고 政教가 잘못되어 나라마다 정사가 다르고 집마다 풍속이 달라짐에 이르러 變風과 變雅가 나오게 되었다. 國史(史官)는 得失의 자취를 밝혀 人倫이 폐함을 서글퍼하고 刑政의 까다로움을 슬퍼하여 情性을 읊어 웃사람을 풍자하니, 事變을 통달하고 옛 풍속을 그리워한 것이다. 그러므로 變風은 情에서 나와 禮義에 그쳤으니, 情에서 나옴은 백성의 性이요, 禮義에 그침은 先王의 遺澤이다. 이 때문에 一國의 일로서 한 사람의 근본에 관계됨을 風이라 하고, 天下의 일을 말하여 四方의 風을 나타

냄을 雅라 이른다. 雅는 正의 뜻이니, 王政이 이로 말미암아 폐하고 興하게 된다. 정사에 小大가 있기 때문에 小雅가 있고 大雅가 있는 것이다. 頌은 盛德의 形容을 찬미하여 그 成功을 神明에게 告한 것이다. 이것을 四始라 하니 詩의 지극함이다.

그렇다면《關雎》와《麟趾》의 敎化는 王者의 風이기 때문에 周公에게 달았으니, 南은 敎化가 북쪽에서 남쪽으로 퍼져나감을 말한 것이다.《鵲巢》와《騶虞》의 德은 諸侯의 風이니, 先王이 가르친 것이다. 그러므로 召公에게 단 것이다. 周南·召南은 시작을 바루는 道요 王化의 基本이다. 이 때문에《關雎》는 淑女를 얻어 君子에 짝함을 즐거워하고 賢者를 등용함을 걱정하여 女色에 빠지지 아니하여 窈窕淑女를 서글퍼하고 賢才를 생각하여 善을 상하려는 마음이 없으니, 이것이《關雎》의 意義이다.

譯註 1.「毛序」의 周南《關雎篇》의 序 일부는 특히 大序라 하니,《關雎篇》의 뜻에만 국한하지 않고「詩經」六義의 전체 뜻을 풀이하였기 때문에 '大序'라 하는바, 朱子는 이 중 '詩者志之所之'부터 '詩之至也'까지를 大序로 보고 그 나머지 앞·뒤에 있는 것은 '關雎小序'라 하였다. 또한 그 뒤의 各篇에 있는 序 역시 小序라 하는바 鄭玄은 '大序는 子夏가, 小序는 子夏와 毛公의 合作'이라고 하였으나 이에 대한 이론이 분분하여 결론짓기 어려운 실정이다.

2. 四始: 風과 小雅·大雅·頌 네 가지를 군주가 행하면 나라가 흥하고 행하지 않으면 나라가 침체한다 하여 이름한 것이다.

葛之覃兮, 施(以豉反)于中谷. 維葉萋萋, 黃鳥于飛, 集于灌木, 其鳴喈喈(叶居奚反).

葛之覃兮	칡덩굴이 뻗어감이여
施(이)于中谷하여	골짜기 가운데에 뻗어
維葉萋萋어늘	잎이 무성도 하거늘
黃鳥于飛	黃鳥가 날아
集于灌木하여	灌木에 모여 앉아
其鳴喈喈러라	울기를 喈喈히 하도다

賦也라 葛은 草名이니 蔓生하고 可爲絺綌者라 覃은 延이요 施는 移也라 中谷은 谷中也라 萋萋는 盛貌라 黃鳥는 鸝也라 灌木은 叢木也라 喈喈는 和聲之遠聞也라

○ 賦者는 敷陳其事而直言之者也라 蓋后妃既成絺綌하고 而賦其事하여 追敍初夏之時에 葛葉方盛而有黃鳥鳴於其上也라 後凡言賦者는 放此하니라

賦이다. 葛은 풀 이름이니, 蔓生하고 絺綌(葛布)을 만들 수 있는 것이다. 覃은 뻗어남이요, 施는 옮겨감이다. 中谷은 골짜기 가운데이다. 萋萋는 盛한 모양이다. 黃鳥는 꾀꼬리이다. 灌木은 叢木이다. 喈喈는 和한 소리가 멀리 들리는 것이다.

覃 : 뻗을 담　施 : 뻗어날 이　萋 : 무성할 처　喈 : 새소리 개　蔓 : 덩굴 만, 뻗을 만
絺 : 가는갈포 치　綌 : 굵은갈포 격　鸝 : 꾀꼬리 리(려)　敷 : 펼 부

○ 賦는 그 일을 그대로 펴서 곧바로 말하는 것이다. 后妃가 이미 絺綌을 이루고 그 일을 읊어, 初夏의 때에 칡잎이 막 성하였는데 黃鳥가 그 위에서 울었음을 追敍한 것이다. 뒤에 모두 賦라고 말한 것은 이와 같다.

葛之覃兮, 施于中谷. 維葉莫莫, 是刈(魚廢反)是濩(胡郭反), 爲絺(恥知反)爲綌(去逆反 叶去略反), 服之無斁(音亦 叶弋灼反).

葛之覃兮	칡덩굴이 뻗어감이여
施于中谷하여	골짜기 가운데에 뻗어
維葉莫莫이어늘	잎이 무성도 하거늘
是刈是濩하여	이에 베며 이에 삶아서
爲絺爲綌호니	絺를 만들고 綌을 만드니
服之無斁이로다	입음에 싫음이 없도다

賦也라 莫莫은 茂密貌라 刈는 斬이요 濩은 煮也라 精曰絺요 麤曰綌이라 斁은 厭也라
○ 此는 言盛夏之時에 葛旣成矣라 於是에 治以爲布하여 而服之無厭이라 蓋親執其勞하여 而知其成之不易일새 所以心誠愛之하여 雖極垢弊나 而不忍厭棄也라

賦이다. 莫莫은 무성하고 빽빽한 모양이다. 刈는 벰이요, 濩은 삶는 것이다. 精한 것을 絺라 하고, 거친 것을 綌이라 한다. 斁은 싫어함이다.
○ 이는 盛夏의 때에 칡이 이미 다 자랐다. 이에 이것을 다루어 葛布를 만들어서 입음에 싫증냄이 없음을 말한 것이다. 친히 수고로운 일을 하여 그 이루어짐이 쉽지 않음을 알기 때문에 마음에 진실로 사랑하여 비록 지극히 때가 끼고 해졌으나 차마 싫어하여 버리지 못하는 것이다.

言告師氏, 言告言歸. 薄汚我私, 薄澣(戶管反)我衣, 害(戶葛反)澣害否(方九反), 歸寧父母(莫後反).

言告師氏하여	師氏에게 여쭈어
言告言歸호라	친정에 갈 것을 말하라고 했노라
薄汚我私며	잠깐 내 便服을 빨며
薄澣我衣니	잠깐 내 禮服을 빠니
害(할)澣害否오	어느 것은 빨고 어느 것은 빨지 않을까
歸寧父母호리라	내 돌아가 父母에게 문안하리라

賦也라 言은 辭也라 師는 女師也라 薄은 猶少也라 汚는 煩撋之하여 以去其汚니 猶治亂而曰亂

莫 : 성할 막　刈 : 벨 예　濩 : 삶을 확　斁 : 싫어할 역　煮 : 삶을 자　麤 : 거칠 추
垢 : 때 구　薄 : 잠깐 박　汚 : 더러울 오, 문대어빨 오　害 : 어찌 할　澣 : 빨 한　撋 : 문댈 연

也라 澣은 則濯之而已라 私는 燕服也요 衣는 禮服也라 害은 何也라 寧은 安也니 謂問安也라 ○ 上章엔 既成絺綌之服矣요 此章은 遂告其師氏하여 使告于君子以將歸寧之意하고 且曰 盍治其私服之汚而澣其禮服之衣乎아 何者當澣而何者可以未澣乎아 我將服之하여 以歸寧於父母矣라하니라

賦이다. 言은 어조사이다. 師는 여스승이다. 薄은 少(잠깐)와 같다. 汚는 번거롭게 문대어서 더러운 때를 제거하는 것이니, 亂을 다스림을 亂이라고 말하는 것과 같다. 澣은 그대로 빨 뿐인 것이다. 私는 燕服이요, 衣는 禮服이다. 害(할)은 어찌이다. 寧은 편안함이니, 문안함을 이른다.
○ 上章에서는 이미 絺綌의 옷을 이루었고, 이 章에서는 마침내 師氏에게 여쭈어 君子(男便)에게 장차 친정에 돌아가 문안할 뜻을 말하게 하였으며, 또 말하기를, "어찌 私服이 더러운 것은 다스리고 禮服의 옷은 빨지 않겠는가. 어느 것은 빨고 어느 것은 빨지 않을 수 있겠는가. 내 장차 이 옷을 입고 돌아가 父母에게 문안하겠다."고 한 것이다.

葛覃三章이니 章六句라

此詩는 后妃所自作이라 故로 無贊美之詞라 然이나 於此에 可以見其已貴而能勤하고 已富而能儉하며 已長而敬不弛於師傅하고 已嫁而孝不衰於父母하니 是皆德之厚而人所難也라 小序에 以爲后妃之本이라하니 庶幾近之로다

이 詩는 后妃가 스스로 지은 것이다. 그러므로 贊美한 말이 없다. 그러나 여기에서 신분이 이미 귀해졌는데도 능히 부지런하고, 이미 富한데도 능히 검소하며, 이미 장성하였는데도 공경이 師傅에게 해이하지 않고, 이미 시집갔는데도 효성이 父母에게 쇠하지 않음을 볼 수 있으니, 이는 모두 德이 후한 것이어서 사람이 하기 어려운 바이다. 小序에 '后妃의 根本'이라 하였으니, 거의 이에 가까울 것이다.

毛序 葛覃은 后妃之本也라 后妃在父母家에 則志在於女功之事하여 躬儉節用하여 服澣濯之衣하고 尊敬師傅하면 則可以歸安父母하여 化天下以婦道也라

《葛覃》은 后妃의 근본을 읊은 것이다. 后妃가 父母의 집(친정집)에 있을 적에 뜻이 女工의 일에 있어 몸소 검소하고 節用하며 빤 옷을 입고 師傅를 존경하면 돌아가 친정父母에게 문안을 올려 婦道로써 天下를 敎化할 수 있는 것이다.

采采卷(上聲)耳, 不盈頃(音傾)筐. 嗟我懷人, 寘彼周行(叶戶郎反).

采采卷耳호되 卷耳를 뜯고 뜯되

濯 : 씻을 탁 燕 : 편안할 연 盍 : 어찌아니 합 盈 : 찰 영 頃 : 기울 경 筐 : 광주리 광 寘 : 둘 치

不盈頃(傾)筐하여서	기운 광주리에도 채우지 못하고서
嗟我懷人이라	아 내 임을 그리워하는지라
寘彼周行호라	저 큰 길가에 버려두노라

賦也라 采采는 非一采也라 卷耳는 枲耳니 葉如鼠耳하고 叢生如盤이라 頃은 欹也라 筐은 竹器라 懷는 思也라 人은 蓋謂文王也라 寘는 舍也라 周行은 大道也라
○ 后妃以君子不在而思念之라 故로 賦此詩라 託言 方采卷耳호되 未滿頃筐하여 而心適念其君子라 故로 不能復采하여 而寘之大道之旁(傍)也라

賦이다. 采采는 한 번만 뜯는 것이 아니다. 卷耳는 枲耳이니, 잎이 鼠耳와 같고 叢生하여 쟁반과 같다. 頃(傾)은 기욺이다. 筐은 대그릇이다. 懷는 그리워함이다. 사람은 아마도 文王을 가리킨 듯하다. 寘는 버려둠이다. 周行은 큰 길이다.
○ 后妃가 남편(君子)이 집에 계시지 않아 그를 그리워하고 생각하였기 때문에 이 詩를 읊은 것이다. 그러므로 가탁해서 말하기를, "막 卷耳를 뜯되 기운 광주리에도 채우지 못하고서 마음에 마침 그 君子를 생각하였다. 그러므로 더 이상 뜯지 못하고 큰 길가에 버려두었다."고 한 것이다.

陟彼崔(徂回反)嵬(五回反), 我馬虺(呼回反)隤(徒回反). 我姑酌彼金罍, 維以不永懷(叶胡隈反).

陟彼崔嵬나	저 높은 산에 오르려 하나
我馬虺隤인댄(란대)	내 말이 비루먹었으니
我姑酌彼金罍하여	내 우선 저 금술잔에 술을 부어
維以不永懷호리라	길이 그리워하지 않으리라

賦也라 陟은 升也라 崔嵬는 土山之戴石者라 虺隤는 馬罷(피)하여 不能升高之病이라 姑는 且也라 罍는 酒器니 刻爲雲雷之象하고 以黃金飾之라 永은 長也라
○ 此又託言 欲登此崔嵬之山하여 以望所懷之人而往從之나 則馬罷病而不能進이라 於是에 且酌金罍之酒하여 而欲其不至於長以爲念也라

賦이다. 陟은 오름이다. 崔嵬는 土山이 돌을 이고 있는 것이다. 虺隤는 말이 파리하여 높은 데 올라가지 못하는 병이다. 姑는 우선이다. 罍는 술그릇인데, 구름과 우뢰의 형상을 새기고 황금으로 장식하였다. 永은 깊이다.
○ 이는 또 가탁하여 말하기를, "이 崔嵬의 산에 올라가서 그리워하는 사람을 바라보고 따라가고자 하나, 말이 파리하고 병들어 능히 나아가지 못하니, 이에 우선 금술잔에 술을 부어 길이 그리워함에 이르지 않고자 한다."고 한 것이다.

枲 : 수삼풀 시　鼠 : 쥐 서　盤 : 서릴 반　欹 : 기울 의　筐 : 광주리 광　旁 : 곁 방
陟 : 오를 척　崔 : 산우뚝할 최　嵬 : 산뾰족할 외　虺 : 비루먹을 회　隤 : 무너질 퇴
姑 : 우선 고　罍 : 뇌문(雷文)놓은술잔 뢰　戴 : 일 대　罷 : 고달플 피, 파리할 피

陟彼高岡, 我馬玄黃. 我姑酌彼兕(徐履反)觥(古橫反 叶古黃反), 維以不永傷.

陟彼高岡이나	저 높은 산마루에 오르려 하나
我馬玄黃인댄(이란대)	내 검은 말이 누렇게 되었으니
我姑酌彼兕觥하여	내 우선 저 뿔잔에 술을 부어
維以不永傷호리라	길이 서글퍼하지 않으리라

賦也라 山脊曰岡이라 玄黃은 玄馬而黃이니 病極而變色也라 兕는 野牛니 一角, 靑色이요 重千斤이라 觥은 爵也니 以兕角爲爵也라

賦이다. 산등성이를 岡이라 한다. 玄黃은 검은 말이 누렇게 된 것이니, 병이 심하여 색이 변한 것이다. 兕는 들소이니, 뿔이 하나이고 청색이며, 무게가 천 근에 이른다. 觥은 술잔이니, 들소의 뿔로써 술잔을 만든 것이다.

陟彼砠(七餘反)矣, 我馬瘏(音塗)矣, 我僕痡(音敷)矣, 云何吁矣.

陟彼砠矣나	저 石山에 오르려 하나
我馬瘏矣며	내 말이 병들었으며
我僕痡矣니	내 마부가 병들었으니
云何吁矣오	어찌 나로 하여금 한숨짓게 하는가

賦也라 石山戴土曰砠라 瘏는 馬病하여 不能進也요 痡는 人病하여 不能行也라 吁는 憂歎也라 爾雅註에 引此作盱하고 張目望遠也라하니 詳見何人斯篇하니라

賦이다 石山에 흙을 이고 있는 것을 砠라 한다. 瘏는 말이 병들어 나아가지 못함이요, 痡는 사람이 병들어 길을 걷지 못하는 것이다. 吁는 근심하고 탄식함이다. 「爾雅」의 註에 이 詩를 인용하면서 盱로 되어 있고, "눈을 뜨고 멀리 바라보는 것이다." 하였으니, 이에 대한 해설이 《何人斯篇》에 자세히 보인다.

卷耳四章이니 章四句라

此亦后妃所自作이니 可以見其貞靜專一之至矣라 豈當文王朝會征伐之時어나 羑里拘幽之日而作歟아 然이나 不可考矣라

이 또한 后妃가 스스로 지은 것이니, 그 貞靜하고 專一함이 지극함을 볼 수 있다. 이는 아마도 文王이 朝會가고 정벌을 나갔을 때이거나 羑里의 감옥에 拘幽되어 있던 때를 당하여 지은 듯하

兕 : 외뿔소 시　觥 : 뿔잔 굉　脊 : 등뼈 척　爵 : 술잔 작　砠 : 흙산에돌박힐 저
瘏 : 피곤할 도　痡 : 병들 부　吁 : 한숨쉴 우　戴 : 일 대　盱 : 바라볼 우　羑 : 권할 유

다. 그러나 상고할 수 없다.

毛序 卷耳는 后妃之志也라 又當輔佐君子하여 求賢審官하여 知臣下之勤勞니 內有進賢之志하고 而無險詖私謁之心하여 朝夕思念하여 至於憂勤也라

《卷耳》는 后妃의 뜻을 읊은 것이다. 또 마땅히 君子(남편)를 보좌하여 賢者를 찾고 관직을 살펴 신하들의 수고로움을 알아야 하니, 안에 賢者를 進用하려는 뜻이 있고, 험하고 편벽되며 사사로이 청탁하려는 마음이 없어, 朝夕으로 思念해서 근심하고 수고로움에 이른 것이다.

南有樛[居虯反]木, 葛藟[力軌反]纍[力追反]之. 樂[音洛]只[之氏反]君子, 福履綏之.

南有樛木하니	남쪽에 樛木이 있으니
葛藟纍之로다	칡덩굴이 감겨 있도다
樂只君子여	즐거운 君子여
福履綏之로다	福祿으로 편안히 하도다

興也라 南은 南山也라 木下曲曰樛라 藟는 葛類라 纍는 猶繫也라 只는 語助辭라 君子는 自衆妾而指后妃니 猶言小君內子也라 履는 祿이요 綏는 安也라
○ 后妃能逮下而無嫉妬之心이라 故로 衆妾樂其德而稱願之曰 南有樛木하니 則葛藟纍之矣요 樂只君子는 則福履綏之矣라하니라

興이다. 南은 南山이다. 나무가 아래로 굽어 있는 것을 樛라 한다. 藟는 칡의 종류이다. 纍는 繫와 같다. 只는 어조사이다. 君子는 여러 妾들이 后妃를 가리킨 것이니, '小君' '內子'라는 말과 같다. 履는 祿이요, 綏는 편안함이다.
○ 后妃의 德이 능히 아랫사람에게 미쳐 질투하는 마음이 없었다. 그러므로 여러 妾들이 그 德을 즐거워하고 稱願하기를 "남쪽에 樛木이 있으니 칡덩굴이 감겨 있고, 즐거운 君子는 복록으로 편안히 한다."고 한 것이다.

南有樛木, 葛藟荒之. 樂只君子, 福履將之.

南有樛木하니	남쪽에 樛木이 있으니
葛藟荒之로다	칡덩굴이 덮혀 있도다
樂只君子여	즐거운 君子여
福履將之로다	福祿이 도와주도다

樛 : 가지늘어질 규　藟 : 칡넝쿨 류　纍 : 맬 루　履 : 복 리　綏 : 편안할 수(유)
逮 : 미칠 체　嫉 : 미워할 질　妬 : 미워할 투　荒 : 덮을 황　將 : 받들 장, 도울 장

興也라 荒은 奄也라 將은 猶扶助也라

興이다. 荒은 가리움이다. 將은 扶助(붙들어주고 도와줌)와 같다.

南有樛木, 葛藟縈(烏營反)之. 樂只君子, 福履成之.

南有樛木하니 남쪽에 樛木이 있으니
葛藟縈之로다 칡덩굴이 얽혀 있도다
樂只君子여 즐거운 君子여
福履成之로다 福祿이 이루어주도다

興也라 縈은 旋이요 成은 就也라

興이다. 縈은 감돎이요, 成은 이룸이다.

樛木三章이니 章四句라

毛序 樛木은 后妃逮下也니 言能逮下而無嫉妬之心焉이라

《樛木》은 后妃의 恩德이 아래에 미침을 읊은 것이니, 恩德이 아랫사람들에게 미치고 질투하는 마음이 없음을 말한 것이다.

螽(音終)斯羽, 詵詵(所巾反)兮. 宜爾子孫, 振振(音眞)兮.

螽斯羽 螽斯의 깃이
詵詵兮니 和하게 모였으니
宜爾子孫이 너의 자손이
振振兮로다 번성함이 당연하도다

比也라 螽斯는 蝗屬이니 長而青하고 長角長股하니 能以股相切作聲하며 一生九十九子라 詵詵은 和集貌라 爾는 指螽斯也라 振振은 盛貌라
○ 比者는 以彼物比此物也라 后妃不妬忌而子孫衆多라 故로 衆妾이 以螽斯之群處和集而子孫衆多로 比之하니 言其有是德而宜有是福也라 後凡言比者는 放此하니라

比이다. 螽斯는 메뚜기의 등속이니, 길고 푸르며 촉각이 길고 다리가 긴데, 다리를 서로 비벼서 소리를 내며, 한 번에 99마리의 새끼를 낳는다. 詵詵은 和하고 모여있는 모양이다. 爾는 螽斯

奄 : 가릴 엄 縈 : 얽힐 영 螽 : 메뚜기 종 詵 : 많을 선 蝗 : 메뚜기 황 股 : 다리 고
切 : 갈 절

를 가리킨 것이다. 振振은 盛한 모양이다.

○ 比는 저 물건을 가지고 이 물건을 비유하는 것이다. 后妃가 妬忌하지 않아 子孫이 많았으므로 여러 妾들이 螽斯가 한 곳에 떼지어 살면서 和하게 모여 있어, 자손이 많음으로써 비유한 것이니, 이러한 德이 있으면 이러한 福을 소유함이 당연함을 말한 것이다. 뒤에 모든 比라고 말한 것은 이와 같다.

螽斯羽, 薨薨兮. 宜爾子孫, 繩繩兮.

螽斯羽	螽斯의 깃이
薨薨兮니	떼지어 날으니
宜爾子孫이	너의 자손이
繩繩兮로다	계속됨이 당연하도다

比也라 薨薨은 群飛聲이요 繩繩은 不絶貌라

比이다. 薨薨은 여럿이 떼지어 날으는 소리요, 繩繩은 끊이지 않는 모양이다.

螽斯羽, 揖揖(側立反)兮. 宜爾子孫, 蟄蟄(直立反)兮.

螽斯羽	螽斯의 깃이
揖揖兮니	모였으니
宜爾子孫이	너의 자손이
蟄蟄兮로다	번성함이 당연하도다

比也라 揖揖은 會聚也라 蟄蟄은 亦多意라

比이다. 揖揖은 모여 있는 것이다. 蟄蟄은 또한 많다는 뜻이다.

螽斯三章이니 章四句라

毛序 螽斯는 后妃子孫衆多也니 言若螽斯不妬忌면 則子孫衆多也라

《螽斯》는 后妃의 子孫이 많음을 읊은 것이니, 螽斯(메뚜기)와 같이 妬忌하지 않으면 子孫이 많음을 말한 것이다.

桃之夭夭(於驕反), 灼灼其華(芳無呼瓜二反). 之子于歸, 宜其室家(古胡古牙二反).

薨 : 메뚜기떼로날으는소리 훙 繩 : 이을 승 揖 : 모을 집 蟄 : 모일 칩 桃 : 복숭아 도 夭 : 어릴 요 灼 : 꽃활짝필 작

桃之夭夭여	복숭아나무의 夭夭함이여
灼灼其華로다	곱고 고운 그 꽃이로다
之子于歸여	이 아가씨의 시집감이여
宜其室家로다	그 室家를 화순하게 하리로다

興也라 桃는 木名이니 華紅이요 實可食이라 夭夭는 少好之貌요 灼灼은 華之盛也니 木少則華盛이라 之子는 是子也니 此는 指嫁者而言也라 婦人謂嫁曰歸라 周禮에 仲春에 令會男女하니 然則桃之有華는 正婚姻之時也라 宜者는 和順之意라 室은 謂夫婦所居요 家는 謂一門之內라 ○ 文王之化가 自家而國하여 男女以正하고 婚姻以時라 故로 詩人이 因所見以起興하여 而歎其女子之賢하여 知其必有以宜其室家也라

興이다. 桃는 나무 이름이니, 꽃이 붉고 열매를 먹을 수 있다. 夭夭는 어리고 예쁜 모양이요, 灼灼은 꽃이 盛함이니, 나무가 어리면 꽃이 성하다. 之子는 이 사람이니, 여기서는 시집가는 자를 가리켜 말한 것이다. 婦人이 시집가는 것을 일러 歸라 한다. 「周禮」에 仲春에 男女를 모이게 한다 하였으니, 그렇다면 복숭아 꽃이 필 무렵은 바로 혼인할 때인 것이다. 宜는 和順한 뜻이다. 室은 夫婦가 거처하는 곳을 이르고, 家는 한 家門의 안을 이른다.

○ 文王의 敎化가 집안으로부터 나라에 미쳐서 男女가 바루어지고 婚姻을 제때에 하였다. 그러므로 詩人이 자신이 본 바를 인하여 起興해서 그 女子가 어질어 반드시 室家를 和順하게 할 줄을 안다고 탄식한 것이다.

桃之夭夭, 有蕡(浮雲反)其實. 之子于歸, 宜其家室.

桃之夭夭여	복숭아나무의 夭夭함이여
有蕡其實이로다	많고 많은 그 열매로다
之子于歸여	이 아가씨의 시집감이여
宜其家室이로다	그 家室을 화순하게 하리로다

興也라 蕡은 實之盛也라 家室은 猶室家也라

興이다. 蕡은 열매가 성함이다. 家室은 室家와 같다.

桃之夭夭, 其葉蓁蓁(側巾反). 之子于歸, 宜其家人.

桃之夭夭여	복숭아나무의 夭夭함이여
其葉蓁蓁이로다	그 잎이 무성하고 무성하도다
之子于歸여	이 아가씨의 시집감이여
宜其家人이로다	그 집안 사람들을 화순하게 하리로다

華 : 꽃 화　蕡 : 열매많이열릴 분　蓁 : 무성할 진

興也라 蓁蓁은 葉之盛也라 家人은 一家之人也라

興이다. 蓁蓁은 잎이 무성함이다. 家人은 한 집안 사람이다.

桃夭三章이니 章四句라

毛序 桃夭는 后妃之所致也라 不妬忌면 則男女以正하고 婚姻以時하여 國無鰥民也라

《桃夭》는 后妃의 德으로 이룬 것을 읊은 詩이다. 后妃가 妬忌하지 않으면 男女가 바루어지고 혼인을 제 때에 하여 나라에 홀아비로 있는 백성이 없게 된다.

肅肅兎罝子斜反 又子余反 與夫叶, 椓之丁丁陟耕反. 赳赳武夫, 公侯干城.

肅肅兎罝여	정돈된 토끼 그물이여
椓之丁丁이로다	말뚝 치기를 丁丁히 하도다
赳赳武夫여	굳세고 굳센 武夫여
公侯干城이로다	公侯의 干城이로다

興也라 肅肅은 整飭貌라 罝는 罟也라 丁丁은 椓杙聲也라 赳赳는 武貌라 干은 盾也니 干城은 皆所以扞外而衛內者라
○ 化行俗美하여 賢才衆多하여 雖罝兎之野人이라도 而其才之可用이 猶如此라 故로 詩人이 因其所事以起興而美之하니 而文王德化之盛을 因可見矣라

興이다. 肅肅은 정돈된 모양이다. 罝는 그물이다. 丁丁은 〈그물을 치기 위해〉 말뚝을 치는 소리이다. 赳赳는 굳센 모양이다. 干은 방패이니, 방패와 城은 모두 밖을 막아 안을 보호하는 것이다.
○ 敎化가 행해지고 풍속이 아름다워서, 어진 사람과 재주 있는 사람이 많아 비록 토끼 그물을 치는 野人이라 하더라도 그 재주의 쓸 만함이 오히려 이와 같았다. 그러므로 詩人이 그 일삼는 바를 인하여 起興하여 찬미하였으니, 文王의 德化의 성함을 인하여 볼 수 있다.

肅肅兎罝, 施于中逵. 赳赳武夫, 公侯好仇叶渠之反.

肅肅兎罝여	정돈된 토끼 그물이여
施于中逵로다	길 가운데 쳤도다
赳赳武夫여	굳세고 굳센 武夫여
公侯好仇(逑)로다	公侯의 좋은 짝이로다

兎 : 토끼 토 罝 : 그물 저 椓 : 칠 탁 赳 : 헌걸찰 규 飭 : 삼갈 칙 罟 : 그물 고
杙 : 말뚝 익 盾 : 방패 순 扞 : 막을 한 逵 : 길거리 규 仇 : 짝 구

興也라 逵는 九逵之道라 仇는 與逑同하니 匡衡引關雎에도 亦作仇字하니라 公侯善匹은 猶曰聖人之耦니 則非特干城而已니 歎美之無已也라 下章放此하니라

興이다. 逵는 아홉 군데로 통하는 길이다. 仇는 逑와 같으니, 匡衡이 《關雎》를 인용한 데에도 또한 仇字로 되어 있다. 公侯의 좋은 짝은 '聖人의 짝'이라는 말과 같으니, 그렇다면 다만 干城일 뿐만이 아니니, 歎美하기를 마지 않은 것이다. 下章도 이와 같다.

肅肅兎罝, 施于中林. 赳赳武夫, 公侯腹心.

肅肅兎罝여	정돈된 토끼 그물이여
施于中林이로다	숲 가운데 쳤도다
赳赳武夫여	굳세고 굳센 武夫여
公侯腹心이로다	公侯의 腹心이로다

興也라 中林은 林中이라 腹心은 同心同德之謂니 則又非特好仇而已也라

興이다. 中林은 숲 속이다. 腹心은 마음이 같고 德이 같음을 이르니, 그렇다면 또 다만 좋은 짝일 뿐만이 아니다.

兎罝三章이니 章四句라

毛序 兎罝는 后妃之化也니 關雎之化行이면 則莫不好德하여 賢人衆多也라

《兎罝》는 后妃의 敎化를 읊은 것이니, 《關雎》의 敎化가 행해지면 德을 좋아하지 않는 이가 없어 賢人이 많은 것이다.

采采芣(音浮)苢(音以), 薄言采(叶此禮反)之. 采采芣苢, 薄言有(叶羽已反)之.

采采芣苢를	캐고 캐는 芣苢를
薄言采之호라	잠깐 뜯노라
采采芣苢를	캐고 캐는 芣苢를
薄言有之호라	잠깐 소유하노라

賦也라 芣苢는 車(차)前也니 大葉長穗하고 好生道旁(傍)이라 采는 始求之也요 有는 旣得之也라

○ 化行俗美하여 家室和平하니 婦人無事하여 相與采此芣苢하여 而賦其事以相樂也라 采之는 未詳何用하니 或曰 其子治産難이라

耦 : 짝 우 芣 : 질경이 부 苢 : 질경이 이 薄 : 잠깐 박 穗 : 이삭 수 旁 : 곁 방

賦이다. 芣苢는 車前이니, 잎이 크고 이삭이 길며, 길가에 자라기를 좋아한다. 采는 처음 구함이요, 有는 이미 얻은 것이다.

○ 교화가 행해지고 풍속이 아름다워서 家室이 화평하니, 婦人이 일이 없어 서로 더불어 이 부이를 뜯으면서 그 일을 읊어 서로 즐거워한 것이다. 뜯은 것은 어디에 쓰는지 상세하지 않으니, 혹자는 말하기를, "그 씨가 難產을 치료한다."고 한다.

采采芣苢, 薄言掇(都奪反)之. 采采芣苢, 薄言捋(力活反)之.

采采芣苢를	캐고 캐는 芣苢를
薄言掇之호라	잠깐 줍노라
采采芣苢를	캐고 캐는 芣苢를
薄言捋之호라	잠깐 훑노라

賦也라 掇은 拾也요 捋은 取其子也라

賦이다. 掇은 주움이요, 捋은 그 씨를 취하는 것이다.

采采芣苢, 薄言袺(音結)之. 采采芣苢, 薄言襭(戶結反)之.

采采芣苢를	캐고 캐는 芣苢를
薄言袺之호라	잠깐 옷소매에 담노라
采采芣苢를	캐고 캐는 芣苢를
薄言襭之호라	잠깐 옷깃에 넣노라

賦也라 袺은 以衣貯之而執其衽也요 襭은 以衣貯之而扱(삽)其衽於帶間也라

賦이다. 袺은 옷에 넣고 그 옷깃을 잡는 것이요, 襭은 옷에 넣고 그 옷깃을 띠 사이에 꽂아두는 것이다.

芣苢三章이니 章四句라

毛序 芣苢는 后妃之美也니 天下和平이면 則婦人樂有子矣라

《芣苢》는 后妃의 아름다움을 읊은 것이니, 천하가 화평해지면 婦人들이 자식을 둠을 즐거워하게 된다.

南有喬木, 不可休息(吳氏曰 韓詩作思). 漢有遊女, 不可求思. 漢之廣(叶古曠反)矣, 不可泳

掇 : 주울 철 捋 : 뽑을 랄 袺 : 옷섶잡을 결 襭 : 옷깃 힐 衽 : 옷섶 임 扱 : 끼울 삽
喬 : 높을 교 泳 : 헤엄칠 영

叶于誑反思. 江之永叶弋亮反矣, 不可方叶甫妄反思.

南有喬木하니	남쪽에 喬木이 있으니
不可休息〔思〕로다	가서 쉴 수가 없도다
漢有遊女하니	漢水에 놀러나온 여자가 있으니
不可求思로다	구할 수 없도다
漢之廣矣	漢水가 넓어
不可泳思며	헤엄쳐 갈 수 없으며
江之永矣	江水가 길어
不可方思로다	뗏목으로 갈 수 없도다

興而比也라 上竦無枝曰喬라 思는 語辭也니 篇內同이라 漢水는 出興元府嶓冢山하여 至漢陽軍大別山하여 入江이라 江漢之俗은 其女好遊하여 漢魏以後猶然하니 [1]如大堤之曲에 可見也라 泳은 潛行也라 江水는 出永康軍岷山하여 東流與漢水合하여 東北入海라 永은 長也라 方은 桴也라

○ 文王之化 自近而遠하여 先及於江漢之間하여 而有以變其淫亂之俗이라 故로 其出游之女를 人望見之하고 而知其端莊靜一하여 非復前日之可求矣라 因以喬木起興하고 江漢爲比하여 而反復詠歎之也라

興而比(興이면서 比)이다. 나무가 위로 쑥 뻗어 올라가고 가지가 없는 것을 喬라 한다. 思는 어조사이니, 篇 안의 思가 모두 같다. 漢水는 興元府 嶓冢山에서 發源하여 漢陽軍 大別山에 이르러 揚子江으로 들어간다. 江漢의 풍속은 女子들이 놀기를 좋아하여, 漢나라와 魏나라 이후에도 그러하였으니, 大堤曲 같은 것에서 볼 수 있다. 泳은 물 속으로 잠겨서 가는 것이다. 江水는 永康軍 岷山에서 發源하여 동쪽으로 흘러서 漢水와 합류하여 東北으로 바다에 들어간다. 永은 긺이다. 方은 뗏목이다.

○ 文王의 교화가 가까운 곳에서부터 먼 데까지 이르러 먼저 江漢의 사이에 미쳐서 그 음란한 풍속을 변하게 함이 있었다. 그러므로 그 놀러나온 여자들을 사람들이 바라보고는 端莊하고 靜一하여 다시 전날처럼 구할 수 있는 바가 아님을 알았다. 인하여 喬木으로써 起興하고 江漢으로 비유하여, 반복하여 詠歎한 것이다.

譯註 1. 大堤曲: 樂府의 西曲 노래 이름으로 襄陽樂에서 나왔는바, 梁나라 簡文帝의 雍州十曲에 보이며, 唐나라 때에 지은 것도 있다 한다.

翹翹祈遙反錯薪, 言刈其楚. 之子于歸, 言秣其馬叶滿補反. 漢之廣矣, 不可泳思. 江之永矣, 不可方思.

方: 뗏목 방　竦: 우뚝솟을 송　嶓: 산이름 파　堤: 둑 제　岷: 산이름 민　桴: 뗏목 부
翹: 빼어날 교　錯: 어긋날 착　刈: 벨 예　楚: 가시나무 초　秣: 먹일 말

翹翹錯薪에	쑥쑥 뻗은 잡목 속에
言刈其楚호리라	회초리나무를 베리라
之子于歸에	이 아가씨가 시집감에
言秣其馬호리라	그 말에게 꼴을 먹이리라
漢之廣矣	漢水가 넓어
不可泳思며	헤엄쳐 갈 수 없으며
江之永矣	江水가 길어
不可方思로다	뗏목으로 갈 수 없도다

興而比也라 翹翹는 秀起之貌라 錯은 雜也라 楚는 木名이니 荊屬이라 之子는 指游女也라 秣은 飼也라

○ 以錯薪起興而欲秣其馬하니 則悅之至요 以江漢爲比而歎其終不可求하니 則敬之深이라

興而比이다. 翹翹는 빼어난 모양이다. 錯은 섞임이다. 楚는 나무 이름이니, 荊(가시나무)의 등속이다. 之子는 놀러 나온 여자를 가리킨 것이다. 秣은 말먹이를 먹이는 것이다.

○ 錯薪으로써 起興하고 그 말을 먹이고자 하였으니, 기뻐함이 지극한 것이요, 江漢으로써 비유하고 끝내 구할 수 없음을 탄식하였으니, 공경함이 깊은 것이다.

翹翹錯薪, 言刈其蔞(音閭). 之子于歸, 言秣其駒. 漢之廣矣, 不可泳思. 江之永矣, 不可方思.

翹翹錯薪에	쑥쑥 뻗은 잡목 속에
言刈其蔞호리라	그 쑥대를 베리라
之子于歸에	이 아가씨가 시집감에
言秣其駒호리라	망아지에게 먹이를 먹이리라
漢之廣矣	漢水가 넓어
不可泳思며	헤엄쳐 갈 수 없으며
江之永矣	江水가 길어
不可方思로다	뗏목으로 갈 수 없도다

興而比也라 蔞는 蔞蒿也니 葉似艾하고 青白色이요 長數寸이니 生水澤中이라 駒는 馬之小者라

興而比이다. 蔞는 물쑥이니, 잎이 쑥과 같고 청백색이며, 길이가 몇 치[寸]쯤 되는데 水澤 가운데에서 자란다. 駒는 말 중에 어린 것이다.

荊 : 가시나무 형　飼 : 기를 사, 먹일 사　蔞 : 물쑥 려(루)　駒 : 망아지 구　蒿 : 다북쑥 호
艾 : 쑥 애

漢廣三章이니 章八句라

毛序 漢廣은 德廣所及也라 文王之道 被于南國하여 美化行乎江漢之域하여 無思犯禮하여 求而不可得也라

《漢廣》은 德澤이 널리 미침을 읊은 것이다. 文王의 道가 남쪽 나라에 입혀져 아름다운 敎化가 江漢의 지역에 행해져서 禮를 범할 것을 생각하지 아니하여 구하여도 얻을 수 없는 것이다.

遵彼汝墳, 伐其條枚(叶莫悲反). 未見君子, 惄(乃歷反)如調(張留反)飢.

遵彼汝墳하여	저 汝水의 제방을 따라
伐其條枚호라	가지의 줄기를 베노라
未見君子라	君子를 보지 못한지라
惄如調(朝)飢호라	허전하여 거듭 굶주린 듯하노라

賦也라 遵은 循也라 汝水는 出汝州天息山하여 徑蔡潁州하여 入淮라 墳은 大防也라 枝曰條요 幹曰枚라 惄은 飢意也라 調는 一作輖하니 重也라

○ 汝旁之國이 亦先被文王之化者라 故로 婦人喜其君子行役而歸하여 因記其未歸之時에 思望之情如此하여 而追賦之也라

賦이다. 遵은 따름이다. 汝水는 汝州의 天息山에서 나와 蔡州와 潁州를 지나 淮水로 들어간다. 墳은 큰 제방이다. 가지를 條라 하고, 줄기를 枚라 한다. 惄은 굶주린다는 뜻이다. 調는 一本에는 輖로 되어 있으니, 거듭이다.

○ 汝水 곁의 나라 또한 文王의 교화를 먼저 입은 곳이었다. 그러므로 婦人이 君子(남편)가 부역을 갔다가 돌아옴을 기뻐하여, 인하여 남편이 돌아오기 전에 그리워하던 情이 이와 같았음을 기억하여 追念하여 지은 것이다.

遵彼汝墳, 伐其條肄(以自反). 旣見君子, 不我遐棄.

遵彼汝墳하여	저 汝水의 제방을 따라
伐其條肄호라	가지와 다시 자란 가지를 베노라
旣見君子호니	이미 君子를 만나 보니
不我遐棄로다	나를 멀리하여 버리지 않는도다

賦也라 斬而復生曰肄라 遐는 遠也라

汝 : 물이름 여　墳 : 둑 분　枚 : 가지 매　惄 : 허전할 녁　調 : 아침굶을 주　徑 : 지날 경
潁 : 물이름 영　幹 : 줄기 간　輖 : 무거울 주, 거듭 주　肄 : 움싹 이　遐 : 멀 하

○ 伐其枚而又伐其肄면 則踰年矣라 至是에 乃見其君子之歸하고 而喜其不遠棄我也라

賦이다. 나무를 베어내고서 다시 싹이 나온 것을 肄라 한다. 遐는 멂이다.
○ 그 가지를 베고 또 다시 자란 가지를 베었으면 해를 넘긴 것이다. 이에 이르러 그제서야 君子가 돌아온 것을 보고는 자기를 멀리하여 버리지 않음을 기뻐한 것이다.

魴(符方反)魚赬(勅貞反)尾, 王室如燬(音毁下同). 雖則如燬, 父母孔邇.

魴魚赬尾어늘	방어의 꼬리가 붉거늘
王室如燬로다	王室이 불타는 듯하도다
雖則如燬나	비록 불타는 듯하나
父母孔邇시니라	父母가 매우 가까이 계시니라

比也라 魴은 魚名이니 身廣而薄하고 少力細鱗이라 赬은 赤也니 魚勞則尾赤이라 魴尾本白而今赤이면 則勞甚矣라 王室은 指紂所都也라 燬는 焚也라 父母는 指文王也라 孔은 甚이요 邇는 近也라
○ 是時에 文王이 三分天下에 有其二호되 而率商之叛國以事紂라 故로 汝墳之人이 猶以文王之命으로 供紂之役이라 其家人이 見其勤苦而勞之曰 汝之勞旣如此어늘 而王室之政이 方酷烈而未已라 雖其酷烈而未已나 然文王之德이 如父母然하여 望之甚近하니 亦可以忘其勞矣라 此는 序所謂婦人能閔其君子로되 猶勉之以正者라 蓋曰 雖其別離之久하여 思念之深이로되 而其所以相告語者 猶有尊君親上之意하고 而無情愛狎昵之私하니 則其德澤之深과 風化之美를 皆可見矣라 一說에 父母甚近하니 不可以懈於王事而貽其憂라하니 亦通이라

比이다. 魴은 고기 이름이니, 몸이 넓고 얇으며, 힘이 적고 비늘이 가늘다. 赬은 붉음이니, 고기가 피로하면 꼬리가 붉어진다. 방어의 꼬리는 본래 흰데, 이제 붉어졌으면 피로함이 심한 것이다. 王室은 紂王이 도읍한 곳을 가리킨다. 燬는 불탐이다. 父母는 文王을 가리킨다. 孔은 심함이요, 邇는 가까움이다.
○ 이때에 文王이 천하를 三分함에 三分의 二를 소유하고도 商나라의 배반한 諸侯國들을 거느리고 紂王을 섬겼다. 그러므로 汝墳의 사람들이 아직도 文王의 命에 따라 紂王의 役事에 일하였다. 그리하여 家人이 그의 勤苦함을 보고 위로하기를 "당신의 수고로움이 이미 이와 같되, 王室의 정사가 아직도 酷烈하여 그치지 않고 있다. 비록 酷烈하여 그치지 않고 있으나, 文王의 德이 父母와 같아 바라보면 매우 가까우니, 또한 그 수고로움을 잊을 수 있다."고 한 것이다. 이는 序에 이른바 "婦人이 능히 그 君子를 걱정하면서도 오히려 正道로써 권면하였다."는 것이다. 이는 그 이별한 지가 오래되어 그리움이 깊으나, 서로 말해준 것은 오히려 군주를 높이고 윗사람을 친히 하는 뜻이 있고 情愛로 친압하는 사사로움이 없으니, 그렇다면 그 德澤의 깊음과 風化의 아름다움을 모두 볼 수 있다. 一說에 "父母가 매우 가까우시니, 王事를 태만히 하여 걱정을

踰 : 넘을 유 魴 : 방어 방 赬 : 붉을 정 燬 : 불탈 훼 孔 : 심할 공 邇 : 가까울 이
紂 : 임금이름 주 勞 : 위로할 로 酷 : 심할 혹 昵 : 친할 닐 貽 : 끼칠 이

끼쳐드릴 수 없다." 하니, 또한 통한다.

汝墳三章이니 章四句라

毛序 汝墳은 道化行也라 文王之化 行乎汝墳之國하니 婦人能閔其君子로되 猶勉之以正也라

《汝墳》은 道와 教化가 행해짐을 읊은 詩이다. 文王의 教化가 汝墳의 나라에 행해지니, 婦人이 부역간 君子(남편)를 걱정하면서도 오히려 正道로써 권면한 것이다.

麟之趾, 振振(音眞)公子(叶獎里反). 于(音吁)嗟麟兮.

麟之趾여	기린의 발이여
振振公子로소니	振振한 公子이니
于嗟麟兮로다	아, 이들이 기린이로다

興也라 麟은 麕身, 牛尾, 馬蹄니 毛蟲之長也라 趾는 足也니 麟之足은 不踐生草하고 不履生蟲이라 振振은 仁厚貌라 于嗟는 歎辭라

○ 文王后妃德修于身하여 而子孫宗族이 皆化於善이라 故로 詩人이 以麟之趾로 興公之子하여 言麟性仁厚라 故로 其趾亦仁厚하고 文王后妃仁厚라 故로 其子亦仁厚라 然이나 言之不足이라 故로 又嗟歎之하여 言是乃麟也니 何必麕身牛尾而馬蹄然後에 爲王者之瑞哉아하니라

興이다. 麟은 고라니의 몸에 소의 꼬리요 말의 발굽을 하였으니, 毛蟲 중에 으뜸이다. 趾는 발이니, 기린의 발은 살아있는 풀을 밟지 않고, 살아있는 벌레를 밟지 않는다. 振振은 仁厚한 모양이다. 于嗟는 감탄사이다.

○ 文王의 后妃가 德을 자기 몸에 닦아서 子孫과 宗族이 모두 善에 교화되었다. 그러므로 詩人이 기린의 발로써 公子를 興하여 말하기를 "기린의 性이 仁厚하기 때문에 그 발 또한 仁厚하고, 文王의 后妃가 仁厚하기 때문에 그 자손 또한 仁厚하다."고 한 것이다. 그러나 말로는 부족하기 때문에 또 감탄하여 말하기를 "이들이 바로 기린이니, 어찌 반드시 고라니의 몸에 소의 꼬리를 하고 말의 발굽을 한 뒤에야 王者의 祥瑞가 되겠는가."라고 한 것이다.

麟之定(都佞反), 振振公姓. 于嗟麟兮.

麟之定이여	기린의 이마여
振振公姓이로소니	振振한 公姓이니
于嗟麟兮로다	아, 이들이 기린이로다

趾 : 발 지　麕 : 고라니 균　蹄 : 발굽 제　定 : 이마 정

興也라 定은 額也니 麟之額은 未聞이라 或曰 有額而不以抵也라 公姓은 公孫也니 姓之爲言은 生也라

興이다. 定은 이마이니, 기린의 이마는 잘 알려져 있지 않다. 혹은 말하기를 "이마가 있어도 떠받지 않는다."고 한다. 公姓은 公孫이니, 姓이란 말은 낳는다의 뜻이다.

麟之角叶盧谷反, 振振公族. 于嗟麟兮.

麟之角이여	기린의 뿔이여
振振公族이로소니	振振한 公族이니
于嗟麟兮로다	아, 이들이 기린이로다

興也라 麟은 一角이니 角端有肉이라 公族은 公同高祖니 祖廟未毁하여 有服之親이라

興이다. 기린은 뿔이 하나인데 뿔 끝에 살이 있다. 公族은 高祖를 함께 한 것이니, 祖廟가 撤毁되지 아니하여 服이 있는 친척이다.

麟之趾三章이니 章三句라

序에 以爲關雎之應이라하니 得之라

序에 "《關雎》의 效應이다." 하였으니, 그 말이 맞는다.

毛序 麟之趾는 關雎之應也라 關雎之化行이면 則天下無犯非禮하여 雖衰世之公子라도 皆信厚如麟趾之時也라

《麟之趾》는 《關雎》의 效應이다. 《關雎》의 教化가 행해지면 天下에 禮가 아닌 것을 범하지 아니하여 비록 衰亡한 세상의 公子일지라도 모두 성실하고 仁厚함이 麟趾의 때와 같은 것이다.

周南之國은 十一篇에 三十四章이요 百五十九句라

周南 國風은 11篇에 34章이요, 159句이다.

按此篇首五詩는 皆言后妃之德하니 關雎는 擧其全體而言也요 葛覃, 卷耳는 言其志行之在己요 樛木, 螽斯는 美其德惠之及人이니 皆指其一事而言也라 其詞雖主於后妃나 然其實則皆所以著明文王身修家齊之效也라 至於桃夭, 兎罝, 芣苢하여는 則家齊而國治之效요 漢廣,

---

抵：떠받을 저 按：살필 안 漸：조짐 점

汝墳은 則以南國之詩附焉하여 而見天下已有可平之漸矣라 若麟之趾는 則又王者之瑞니 有非人力所致而自至者라 故로 復以是終焉이어늘 而序者以爲關雎之應也라하니라 夫其所以至此는 后妃之德이 固不爲無所助矣라 然이나 1)妻道無成하니 則亦豈得而專之哉아 今言詩者或乃專美后妃하고 而不本於文王하니 其亦誤矣로다

이 篇을 살펴보면 첫머리의 다섯 편의 詩는 모두 后妃의 德을 말했으니, 《關雎》는 그 全體를 들어 말한 것이요, 《葛覃》과 《卷耳》는 그 뜻과 행실이 자신에게 있음을 말한 것이요, 《樛木》과 《螽斯》는 그 德과 은혜가 남에게 미침을 찬미한 것이니, 모두 한 가지 일을 가리켜 말한 것이다. 그 내용은 비록 后妃를 위주로 하였으나, 그 실제는 모두 文王의 몸이 닦여지고 집안이 가지런해진 효험을 드러내어 밝힌 것이다. 《桃夭》·《兎罝》·《芣苢》에 이르러서는 집안이 가지런해져 나라가 다스려진 효험이요, 《漢廣》·《汝墳》은 南國의 詩를 붙여, 천하가 이미 平해질 수 있는 조짐이 있음을 나타낸 것이다. 《麟之趾》로 말하면 또 王者의 祥瑞이니, 人力으로 이르게 할 수 있는 바가 아니요, 저절로 이른 것이다. 그러므로 다시 이것으로써 끝을 맺었는데, 序하는 자가 이르기를 "《關雎》의 效應이다." 하였다. 여기에 이르게 된 것은 后妃의 德이 진실로 도운 바가 없지 않으나, 아내의 道는 스스로 완성함이 없으니, 그렇다면 또한 어찌 后妃가 독차지할 수 있겠는가. 지금 詩를 말하는 자가 혹은 마침내 오로지 后妃만을 찬미하고 文王에게 근본하지 않았으니, 또한 잘못이다.

譯註 1. 妻道無成: 아내의 道理는 完成함이 없다는 뜻으로, 「周易」 坤卦 六三爻辭에 '或從王事無成有終'이라고 보이며, 《文言傳》에는 '陰雖有美 含之以從王事 弗敢成也 地道也 妻道也 臣道也 地道無成而代有終也'라고 보인다.

召南一之二

召는 地名이니 召公奭之采邑也라 舊說에 扶風雍縣南에 有召亭하니 卽其地라하니라 今雍縣은 析爲岐山, 天興二縣하니 未知召亭的在何縣이라 餘는 已見周南篇하니라

召는 地名이니, 召公 奭의 采邑이다. 舊說에 "扶風의 雍縣 남쪽에 召亭이 있으니, 바로 그 지역이다." 하였는데, 지금 雍縣은 나뉘어 岐山과 天興 두 縣이 되었으니, 召亭이 분명히 어느 縣에 있었는지 알지 못하겠다. 나머지는 이미 周南篇에 보인다.

維鵲有巢, 維鳩居(叶姬御反)之. 之子于歸, 百兩(如字 音亮) 又 御(五嫁反 叶 魚據反)之.

維鵲有巢에 / 까치가 둥지를 둠에
維鳩居之로다 / 비둘기가 살도다

奭 : 클 석　采 : 채읍 채　鵲 : 까치 작　巢 : 둥지 소　鳩 : 비둘기 구　兩 : 수레 량
御 : 맞을 아

之子于歸에 새아씨가 시집옴에
百兩御(아)之로다 百兩으로 맞이하도다

興也라 鵲, 鳩는 皆鳥名이라 鵲善爲巢하여 其巢最爲完固요 鳩性拙하여 不能爲巢하고 或有居鵲之成巢者라 之子는 指夫人也라 兩은 一車也니 一車兩輪이라 故로 謂之兩이라 御는 迎也라 諸侯之子 嫁於諸侯에 送御皆百兩也라

○ 南國諸侯被文王之化하여 能正心修身하여 以齊其家하니 其女子亦被后妃之化하여 而有專靜純一之德이라 故로 嫁於諸侯에 而其家人美之曰 維鵲有巢면 則鳩來居之라 是以로 之子于歸에 而百兩迎之也라하니라 此詩之意는 猶周南之有關雎也라

興이다. 鵲과 鳩는 모두 새이름인데, 鵲은 둥지를 잘 만들어 그 집이 가장 完固하고, 鳩는 성질이 拙하여 둥지를 잘 만들지 못하고 간혹 까치가 만든 둥지에 사는 경우가 있다. 之子는 夫人을 가리킨 것이다. 兩은 한 대의 수레이니, 한 수레에 바퀴가 둘이기 때문에 兩이라고 이른다. 御는 맞이함이다. 諸侯의 딸이 諸侯에게 시집감에 보내고 맞이함을 모두 수레 百兩으로 한 것이다.

○ 南國의 諸侯가 文王의 교화를 입어 마음을 바루고 몸을 닦아서 그 집안을 가지런히 하니, 그 여자들 또한 后妃의 교화를 입어서 專靜하고 純一한 德이 있었다. 그러므로 諸侯에게 시집감에 그 家人들이 찬미하기를 "까치가 둥지를 두면 비둘기가 와서 居한다. 이 때문에 之子가 시집옴에 수레 百兩으로 맞이한다."고 한 것이다. 이 詩의 뜻은 周南에 《關雎》가 있는 것과 같다.

維鵲有巢, 維鳩方之. 之子于歸, 百兩將之.

維鵲有巢에 까치가 둥지를 둠에
維鳩方之로다 비둘기가 차지하도다
之子于歸에 새아씨가 시집감에
百兩將之로다 百兩으로 전송하도다

興也라 方은 有之也라 將은 送也라

興이다. 方은 소유함이다. 將은 전송함이다.

維鵲有巢, 維鳩盈之. 之子于歸, 百兩成之.

維鵲有巢에 까치가 둥지를 둠에
維鳩盈之로다 비둘기가 가득히 살도다
之子于歸에 새아씨가 시집옴에
百兩成之로다 百兩으로 이루도다

方 : 차지할 방 將 : 보낼 장

興也라 盈은 滿也니 謂衆媵姪娣之多라 成은 成其禮也라

興이다. 盈은 가득함이니, 여러 媵妾인 조카와 여동생이 많음을 이른다. 成은 그 禮를 이룸이다.

鵲巢三章이니 章四句라

毛序 鵲巢는 夫人之德也라 國君이 積行累功하여 以致爵位어늘 夫人起家而居有之하니 德如鳲鳩라야 乃可以配焉이라

《鵲巢》는 夫人의 德을 읊은 것이다. 國君이 훌륭한 행실과 功(업적)을 쌓아 爵位를 이루었는데, 夫人이 집에서 일어나 居有(차지)하니 德이 鳲鳩와 같아야 짝할 수 있는 것이다.

于以采蘩, 于沼于沚. 于以用之, 公侯之事(마上止反).

于以采蘩이	이에 새발쑥을 뜯기를
于沼于沚로다	못가에서 하고 물가에서 하도다
于以用之	이에 이것을 쓰기를
公侯之事로다	公侯의 제사에 하도다

賦也라 于는 於也라 蘩은 白蒿也라 沼는 池也요 沚는 渚也라 事는 祭事也라
○ 南國이 被文王之化하여 諸侯夫人이 能盡誠敬하여 以奉祭祀하니 而其家人이 敍其事以美之也라 或曰 蘩은 所以生蠶이라하니 蓋古者에 后夫人有親蠶之禮라 此詩는 亦猶周南之有葛覃也라

賦이다. 于는 於(이에)이다. 蘩은 흰 쑥이다. 沼는 못이요, 沚는 물가이다. 事는 祭事이다.
○ 南國이 文王의 교화를 입어 諸侯의 夫人이 능히 정성과 공경을 다하여 祭祀를 받듦에 家人들이 그 일을 서술하여 찬미한 것이다. 혹자는 말하기를, "蘩은 누에를 치는 것이다." 하니, 옛날에 后夫人이 친히 누에치는 禮가 있었다. 이 詩는 또한 周南에《葛覃》이 있는 것과 같다.

于以采蘩, 于澗之中. 于以用之, 公侯之宮.

于以采蘩이	이에 새발쑥을 뜯기를
于澗之中이로다	시내 가운데서 하도다
于以用之	이에 이것을 쓰기를

媵 : 잉첩 잉 姪 : 조카 질 娣 : 손아래누이 제 蘩 : 새발쑥 번 沼 : 못 소 沚 : 물가 지
蒿 : 다북쑥 호 渚 : 물가 저 澗 : 시내 간

公侯之宮이로다 　　　公侯의 사당에서 하도다

賦也라 山夾水曰澗이라 宮은 廟也라 或曰 卽記所謂公桑蠶室也라

賦이다. 산이 물을 끼고 있는 것을 澗이라 한다. 宮은 사당이다. 혹자는 말하기를 "바로「禮記」에 이른바 公桑蠶室이란 것이다."라고 한다.

被(皮寄反)之僮僮(音同), 夙夜在公. 被之祁祁, 薄言還歸.

被之僮僮이여 　　　머리꾸밈의 僮僮함이여
夙夜在公이로다 　　　이른 새벽부터 밤늦도록 公所에 있도다
被之祁祁여 　　　머리꾸밈의 祁祁함이여
薄言還(선)歸로다 　　　잠깐 돌아가도다

賦也라 被는 首飾也니 編髮爲之라 僮僮은 竦敬也라 夙은 早也라 公은 公所也라 祁祁는 舒遲貌니 去事有儀也라 祭義曰 及祭之後에 [1]陶陶遂遂하여 如將復入然이라하니 不欲遽去는 愛敬之無已也라 或曰 公은 卽所謂公桑也라

賦이다. 被는 머리꾸밈이니, 머리를 엮어서 만든다. 僮僮은 몸을 곧게 하여 공경함이다. 夙은 일찍이다. 公은 公所이다. 祁祁는 펴지고 느린 모양이니, 일을 마침에 威儀가 있는 것이다.《祭義》에 이르기를, "제사를 다 지낸 뒤에는 陶陶하고 遂遂해서 장차 다시 사당에 들어가는 것처럼 한다." 하였으니, 대번에 떠나고자 하지 않음은 사랑과 공경이 다함이 없어서이다. 혹자는 말하기를 "公은 바로 이른바 公桑이란 것이다."라고 한다.

譯註 1. 陶陶遂遂: 陶陶는 父母를 생각하는 마음이 안에 있는 것이요, 遂遂는 父母를 생각하는 마음이 外貌에 나타나는 것이라 한다.

采蘩三章이니 章四句라

毛序 采蘩은 夫人不失職也니 夫人可以奉祭祀면 則不失職矣라

《采蘩》은 夫人이 직분을 잃지 않았음을 읊은 것이니, 夫人이 제사를 받들면 직분을 잃지 않은 것이다.

喓喓(於遙反)草蟲, 趯趯(託歷反)阜螽. 未見君子, 憂心忡忡(勅中反). 亦旣見止, 亦旣覯止, 我心則降(戶江反 叶乎攻反).

被: 머리꾸밀 피 　僮: 굽신거릴 동 　祁: 느릴 기 　陶: 따라갈 요 　遂: 따를 수
遽: 급할 거 　喓: 벌레소리 요 　趯: 뛸 적 　阜: 언덕 부 　螽: 메뚜기 종 　忡: 근심할 충
覯: 만나볼 구 　降: 가라앉을 항

喓喓草蟲이며	喓喓히 우는 풀벌레며
趯趯阜螽이로다	펄쩍펄쩍 뛰는 메뚜기로다
未見君子라	君子를 만나보지 못한지라
憂心忡忡호라	근심하는 마음 두근거리노라
亦既見止며	또한 이미 그를 보며
亦既覯止면	또한 이미 만나면
我心則降(항)이로다	내 마음 가라앉으리로다

賦也라 喓喓는 聲也라 草蟲은 蝗屬이니 奇音青色이라 趯趯은 躍貌라 阜螽은 蠜也라 忡忡은 猶衝衝也라 止는 語辭라 覯는 遇요 降은 下也라
○ 南國이 被文王之化하여 諸侯大夫行役在外에 其妻獨居할새 感時物之變하여 而思其君子如此하니 亦若周南之卷耳也라

賦이다. 喓喓는 소리이다. 草蟲은 메뚜기 등속이니, 音이 기이하고 색이 푸르다. 趯趯은 뛰는 모양이다. 阜螽은 메뚜기이다. 忡忡은 衝衝과 같다. 止는 어조사이다. 覯는 만남이다. 降은 내림이다.

○ 南國이 文王의 교화를 입어 諸侯의 大夫가 부역을 가서 밖에 있자, 그 아내가 홀로 거처하면서 時物의 변화에 감동하여 그 남편을 생각하기를 이와 같이 한 것이니, 또한 周南의《卷耳》와 같은 것이다.

陟彼南山，言采其蕨. 未見君子，憂心惙惙張劣反. 亦既見止，亦既覯止，我心則說音悅.

陟彼南山하여	저 南山에 올라가
言采其蕨호라	고사리를 뜯노라
未見君子라	君子를 만나보지 못한지라
憂心惙惙호라	근심하는 마음이 간절하노라
亦既見止며	또한 이미 그를 보며
亦既覯止면	또한 이미 만나면
我心則說(열)이로다	내 마음 기쁘리로다

賦也라 登山은 蓋託以望君子라 蕨은 鼈也니 初生無葉時可食이니 亦感時物之變也라 惙은 憂也라

賦이다. 산에 올라감은 이를 칭탁하여 君子를 바라보려고 하는 것이다. 蕨은 고사리이니, 처음 나서 잎이 없을 때에 먹을 수 있으니, 이 또한 時物의 변화에 감동한 것이다. 惙은 근심함이다.

蝗：메뚜기 황　蠜：메뚜기 번　蕨：고사리 궐　惙：근심할 철　鼈：고사리 별

陟彼南山, 言采其薇. 未見君子, 我心傷悲. 亦旣見止, 亦旣覯止, 我心則夷.

陟彼南山하여	저 南山에 올라가서
言采其薇호라	고사리를 뜯노라
未見君子라	君子를 만나보지 못한지라
我心傷悲호라	내 마음 슬프노라
亦旣見止며	또한 이미 그를 보며
亦旣覯止면	또한 이미 만나면
我心則夷로다	내 마음 和平해지리로다

賦也라 薇는 似蕨而差大하고 有芒而味苦하니 山間人食之하고 謂之迷蕨이라 胡氏曰 疑卽莊子所謂迷陽者라 夷는 平也라

賦이다. 薇는 蕨과 같은데 조금 크고 가시가 있으며 맛이 쓰다. 山間 사람들이 이것을 먹고, 〈蕨과 혼동된다 하여〉 迷蕨이라 이른다. 胡氏는 말하기를 "의심컨대, 「莊子」에 이른바 迷陽이라는 것인 듯하다." 하였다. 夷는 和平함이다.

草蟲三章이니 章七句라

毛序 草蟲은 大夫妻能以禮自防也라

《草蟲》은 大夫의 아내가 禮로써 스스로 防閑(단속함)하였음을 읊은 것이다.

于以采蘋, 南澗之濱. 于以采藻, 于彼行潦音老.

于以采蘋이	이에 마름을 뜯기를
南澗之濱이로다	南澗의 물가에서 하도다
于以采藻	이에 마름을 뜯기를
于彼行潦로다	저 흐르는 물에서 하도다

賦也라 蘋은 水上浮萍也니 江東人謂之薸라 濱은 厓也라 藻는 聚藻也니 生水底하고 莖如釵股하며 葉如蓬蒿라 行潦는 流潦也라

薇 : 고사리 미 夷 : 평할 이 芒 : 가시 망 蘋 : 마름 빈 濱 : 물가 빈 藻 : 마름 조
潦 : 장마물 로(료) 萍 : 마름 평 薸 : 머구리밥 표 厓 : 물가 애 聚 : 모을 취 底 : 밑 저
莖 : 줄기 경 釵 : 비녀 차 蓬 : 쑥 봉

○ 南國이 被文王之化하여 大夫妻能奉祭祀하니 而其家人이 敍其事以美之也라

賦이다. 蘋은 물 위에 떠있는 마름이니, 江東 사람들은 薸라고 이른다. 濱은 물가이다. 藻는 聚藻(마름)이니, 물 밑에서 자라며, 줄기는 두 갈래 비녀다리와 같고 잎은 쑥과 같다. 行潦는 흐르는 물이다.

○ 南國이 文王의 교화를 입어 大夫의 아내가 제사를 잘 받드니, 家人들이 그 일을 서술하여 찬미한 것이다.

于以盛(音成)之, 維筐及筥(居呂反). 于以湘之, 維錡(宜綺反)及釜(符甫反).

于以盛之　　이에 담기를
維筐及筥로다　　네모진 광주리와 둥근 광주리에 하도다
于以湘之　　이에 삶기를
維錡及釜로다　　세 발 가마솥과 가마솥에 하도다

賦也라 方曰筐이요 圓曰筥라 湘은 烹也니 蓋粗熟而淹以爲菹也라 錡는 釜屬이니 有足曰錡요 無足曰釜라

○ 此는 足以見其循序有常하여 嚴敬整飭之意라

賦이다. 네모진 것을 筐이라 하고, 둥근 것을 筥라 한다. 湘은 삶음이니, 대강 삶아서 담가 김치를 만드는 것이다. 錡는 가마솥의 등속이니, 솥에 발이 있는 것을 錡라 하고, 발이 없는 것을 釜라 한다.

○ 이는 족히 순서를 따라 일정함이 있어서, 嚴敬하고 整飭한 뜻을 볼 수 있다.

于以奠之, 宗室牖下(叶後五反). 誰其尸之, 有齊(側皆反)季女.

于以奠之　　이에 올리기를
宗室牖下로다　　宗室의 창문 아래에 하도다
誰其尸之오　　누가 이것을 주장하는고
有齊(재)季女로다　　공경하는 季女로다

賦也라 奠은 置也라 宗室은 大宗之廟也니 大夫士祭於宗室이라 牖下는 室西南隅니 所謂奧也라 尸는 主也라 齊는 敬이요 季는 少也라 祭祀之禮는 主婦主薦豆하니 實以菹醢라 少而能敬하니 尤見其質之美하여 而化之所從來者遠矣라

賦이다. 奠은 둠이다. 宗室은 大宗의 사당이니, 大夫와 士는 宗室에서 제사를 지낸다. 牖下는

盛 : 담을 성　筐 : 광주리 광　筥 : 광주리 거　湘 : 삶을 상　錡 : 세발가마솥 기
淹 : 담글 엄　菹 : 김치 저　奠 : 올릴 전　牖 : 들창 유　尸 : 주장할 시
奧 : 아랫목 오　豆 : 제기 두　實 : 담을 실　醢 : 육장 해

방의 서남쪽 모퉁이이니, 이른바 奧라는 것이다. 尸는 주장함이다. 齊는 공경함이요, 季는 어림이다. 祭祀의 禮는 主婦가 豆를 올리는 것을 주장하는데, 豆에는 김치와 젓갈을 담는다. 나이가 어리면서도 공경하니, 더욱 그 자질이 아름다워서 교화의 所從來가 멂을 볼 수 있다.

采蘋三章이니 章四句라

毛序　采蘋은 大夫妻能循法度也니 能循法度면 則可以承先祖, 共(供)祭祀矣라

《采蘋》은 大夫의 아내가 法度를 잘 따랐음을 읊은 것이니, 法度를 따른다면 先祖를 받들고 제사를 올릴 수 있을 것이다.

蔽芾(非貴反)甘棠, 勿翦勿伐, 召伯所茇(蒲曷反).

蔽芾甘棠을	무성한 甘棠나무를
勿翦勿伐하라	자르지 말고 베지 말라
召伯所茇이니라	召伯이 초막으로 삼으셨던 곳이니라

賦也라 蔽芾는 盛貌라 甘棠은 杜梨也니 白者爲棠이요 赤者爲杜라 翦은 翦其枝葉也요 伐은 伐其條榦也라 伯은 方伯也라 茇은 草舍也라
○ 召伯이 循行南國하여 以布文王之政할새 或舍甘棠之下러니 其後에 人思其德이라 故로 愛其樹而不忍傷也라

賦이다. 蔽芾는 성한 모양이다. 甘棠은 杜梨이니, 흰 것을 棠이라 하고, 붉은 것을 杜라 한다. 翦은 가지와 잎을 잘라내는 것이요, 伐은 가지와 줄기를 치는 것이다. 伯은 方伯이다. 茇은 草舍이다.

○ 召伯이 남쪽 나라를 巡行하면서 文王의 정사를 펼 적에 혹 감당나무 아래에 머물렀었는데, 그 뒤에 백성들이 그의 德을 그리워하였다. 그러므로 그 나무를 아껴 차마 손상하지 못한 것이다.

蔽芾甘棠, 勿翦勿敗(叶蒲寐反), 召伯所憩(起例反).

蔽芾甘棠을	무성한 甘棠나무를
勿翦勿敗하라	자르지 말고 꺾지 말라
召伯所憩이니라	召伯이 쉬어가신 곳이니라

賦也라 敗는 折이요 憩는 息也라 勿敗면 則非特勿伐而已니 愛之愈久而愈深也라 下章放此하

蔽：우거질 폐　芾：우거질 패　棠：팥배나무 당　翦：벨 전　茇：초막 발
杜：팥배나무 두　榦：줄기 간　舍：머무를 사, 집 사　憩：쉴 게

니라

賦이다. 敗는 꺾음이요, 憩는 쉼이다. 꺾지 말라고 하였으면 다만 베지 말라 할 뿐만이 아니니, 사랑함이 더욱 오랠수록 더욱 깊어진 것이다. 下章도 이와 같다.

蔽芾甘棠, 勿翦勿拜(叶變制反), 召伯所說(始銳反).

蔽芾甘棠을	무성한 甘棠나무를
勿翦勿拜하라	자르지 말고 휘지 말라
召伯所說(세)니라	召伯이 머무셨던 곳이니라

賦也라 拜는 屈이요 說는 舍也라 勿拜면 則非特勿敗而已라

賦이다. 拜는 굽힘이요, 說는 머무름이다. 굽히지 말라 하였으면 다만 꺾지 말라 할 뿐만이 아닌 것이다.

甘棠三章이니 章三句라

毛序 甘棠은 美召伯也니 召伯之教 明於南國하니라

《甘棠》은 召伯을 찬미한 詩이니, 召伯의 教化가 남쪽 나라에 밝혀진 것이다.

厭(於葉反)浥(於及反)行露, 豈不夙夜(叶羊茹反), 謂行多露.

厭(엽)浥行露에	함초롬히 이슬젖은 길에
豈不夙夜리오마는	어찌 아침저녁에 다니지 않으리오마는
謂行多露니라	길에 이슬이 많아서 못하느니라

賦也라 厭浥은 濕意라 行은 道요 夙은 早也라
○ 南國之人이 遵召伯之教하고 服文王之化하여 有以革其前日淫亂之俗이라 故로 女子有能以禮自守하여 而不爲強暴所汚者 自述己志하여 作此詩以絕其人이라 言道間之露方濕하니 我豈不欲早夜而行乎리오마는 畏多露之沾濡而不敢爾라 蓋以女子早夜獨行이면 或有強暴侵陵之患이라 故로 託以行多露而畏其沾濡也라

賦이다. 厭浥은 젖었다는 뜻이다. 行은 길이요, 夙은 이른 아침이다.
○ 南國의 사람들이 召伯의 가르침을 따르고 文王의 교화에 복종하여, 옛날의 음란한 풍속을 변혁함이 있었다. 그러므로 女子가 능히 禮로써 스스로 자신을 지켜서 強暴한 자에게 더럽힘을

拜 : 굽힐 배, 휠 배 說 : 머무를 세 厭 : 축축할 엽 浥 : 젖을 읍 夙 : 일찍 숙
沾 : 젖을 점 濡 : 젖을 유 託 : 핑계댈 탁

당하지 않은 자가 스스로 자기의 뜻을 기술하여 이 詩를 지어 그 사람을 거절한 것이다. 길 사이의 이슬이 한창 축축하니, 내 어찌 이른 새벽과 늦은 밤에 다니고자 하지 않으리오마는 이슬이 많아 옷이 젖을까 두려워 감히 그렇게 하지 못한다고 한 것이다. 女子가 이른 새벽과 밤늦게 홀로 다니면 혹 強暴한 자에게 侵奪을 당하고 陵辱을 당할 우려가 있다. 그러므로 길에 이슬이 많아서 옷을 적실까 두렵다고 칭탁한 것이다.

誰謂雀無角(叶盧谷反), 何以穿我屋. 誰謂女(音汝)無家(叶音谷), 何以速我獄. 雖速我獄, 室家不足.

誰謂雀無角이리오	누가 "참새가 뿔이 없으리오
何以穿我屋고하며	〈없다면〉 어떻게 내 지붕을 뚫었겠는가." 하며
誰謂女(汝)無家리오	누가 "네가 室家의 禮가 없으리오
何以速我獄고컨마는	〈없다면〉 어찌 나를 옥사에 불러들였겠는가." 하건만
雖速我獄이나	비록 나를 獄事에 불러들였으나
室家는 不足하니라	室家의 禮는 부족하니라

興也라 家는 謂以媒聘으로 求爲室家之禮也라 速은 召致也라

○ 貞女之自守如此나 然이나 猶或見訟而召致於獄하니 因自訴而言하되 人皆謂雀有角이라 故로 能穿我屋이라하니 以興人皆謂汝於我嘗有求爲室家之禮라 故로 能致我於獄이라 然이나 不知汝雖能致我於獄이나 而求爲室家之禮는 初未嘗備하니 如雀雖能穿屋이나 而實未嘗有角也라

興이다. 家는 중매로써 맞이하여 室家의 禮를 구함을 이른다. 速은 불러들임이다.

○ 貞女가 스스로 자신을 지킴이 이와 같았으나 오히려 혹 訟事를 당하여 獄에 불려가자, 인하여 스스로 하소연하기를 사람들이 모두 "참새가 뿔이 있다. 그러므로 능히 나의 지붕을 뚫는 것이다."고 말하니, 이것을 가지고 사람들이 모두 "네가 나에게 일찍이 室家의 禮를 구한 적이 있었다. 그러므로 능히 나를 옥사에 불러들인다."고 말함을 興한 것이다. 그러나 네가 비록 나를 獄事에 불러들였으나, 室家를 구한 禮가 애당초 일찍이 갖추어지지 않았으니, 참새가 비록 지붕을 뚫었으나 실제로 뿔이 있지 않은 것과 같음을 모르는 것이다.

誰謂鼠無牙(叶五紅反), 何以穿我墉. 誰謂女無家(叶各空反), 何以速我訟(叶祥容反). 雖速我訟, 亦不女從.

誰謂鼠無牙리오	누가 "쥐가 어금니가 없으리오
何以穿我墉고하며	〈없다면〉 어떻게 내 담을 뚫었겠는가." 하며

穿 : 뚫을 천　速 : 부를 속　獄 : 옥 옥　媒 : 중매 매　聘 : 부를 빙, 초청할 빙
致 : 이를 치, 부를 치　牙 : 어금니 아　墉 : 담 용

誰謂女無家리오	누가 "네가 室家의 禮가 없으리오
何以速我訟고컨마는	〈없다면〉 어찌 나를 訟事에 불러들였겠는가." 하건만
雖速我訟이나	비록 나를 訟事에 불러들였으나
亦不女從호리라	또한 나는 너를 따르지 않으리라

興也라 牙는 牡齒也라 墉은 墻也라
○ 言汝雖能致我於訟이나 然이나 其求爲室家之禮 有所不足하니 則我亦終不汝從矣라

興이다. 牙는 큰 이빨이다. 墉은 담이다.
○ 네가 비록 나를 訟事에 불러들였으나, 室家를 구하는 禮에 부족한 바가 있으니, 내 또한 끝내 너를 따르지 않겠다고 한 것이다.

行露三章이니 一章은 三句요 二章은 章六句라

毛序 行露는 召伯聽訟也라 衰世之俗微하고 貞信之教興하여 彊暴之男이 不能侵陵貞女也라

《行露》는 召伯이 송사를 다스림을 읊은 詩이다. 衰亡한 세상의 풍속이 衰微하고 貞信의 가르침이 일어나 彊暴한 男子들이 貞女를 침범하지 못한 것이다.

羔羊之皮(叶蒲何反), 素絲五紽(徒何反). 退食自公, 委(於危反)蛇(音移 叶唐何反)委蛇.

羔羊之皮여	羔羊의 가죽이여
素絲五紽로다	흰 실로 다섯 곳을 꿰맸도다
退食自公하니	물러와서 먹기를 公所로부터 하니
委蛇(이)委蛇로다	의젓하고 의젓하도다

賦也라 小曰羔요 大曰羊이라 皮는 所以爲裘니 大夫燕居之服이라 素는 白也라 紽는 未詳하니 蓋以絲飾裘之名也라 退食은 退朝而食於家也라 自公은 從公門而出也라 委蛇는 自得之貌라
○ 南國이 化文王之政하여 在位皆節儉正直이라 故로 詩人이 美其衣服有常而從容自得이 如此也라

賦이다. 작은 것을 羔라 하고, 큰 것을 羊이라 한다. 皮는 갖옷을 만드는 것이니, 大夫가 사사로이 거처할 때의 의복이다. 素는 백색이다. 紽는 상세하지 않으니, 실로써 갖옷을 꾸미는 것의

牡 : 숫짐승 모, 클 모(무)　羔 : 염소 고　紽 : 꿰맬 타　蛇 : 늘어질 이, 든든할 이
裘 : 갖옷 구

이름일 것이다. 退食은 조정에서 물러나와 집에서 먹는 것이다. 自公은 公門으로부터 나오는 것이다. 委蛇는 自得한 모양이다.

○ 南國이 文王의 정사에 교화되어 지위에 있는 자들이 모두 節儉하고 正直하였다. 그러므로 詩人이 그 의복에 떳떳함이 있고, 從容하고 自得함이 이와 같음을 찬미한 것이다.

羔羊之革(叶訖力反), 素絲五緎(音域). 委蛇委蛇, 自公退食.

羔羊之革이여	羔羊의 가죽이여
素絲五緎이로다	흰 실로 다섯 곳을 꿰맸도다
委蛇委蛇하니	의젓하고 의젓하니
自公退食이로다	公所로부터 물러와 먹도다

賦也라 革은 猶皮也라 緎은 裘之縫界也라

賦이다. 革은 皮와 같다. 緎은 갖옷의 꿰맨 솔기이다.

羔羊之縫(符龍反), 素絲五總(子公反). 委蛇委蛇, 退食自公.

羔羊之縫이여	羔羊의 꿰맨 솔기여
素絲五總이로다	흰 실로 다섯 곳을 꿰맸도다
委蛇委蛇하니	의젓하고 의젓하니
退食自公이로다	물러와서 먹기를 公所로부터 하도다

賦也라 縫은 縫皮合之하여 以爲裘也라 總亦未詳이라

賦이다. 縫은 가죽을 꿰매어, 합쳐서 갖옷을 만드는 것이다. 總 또한 자세하지 않다.

羔羊三章이니 章四句라

毛序 羔羊은 鵲巢之功致也라 召南之國이 化文王之政하여 在位皆節儉正直하여 德如羔羊也라

《羔羊》은《鵲巢》의 功效로 이룬 것이다. 召南의 나라들이 文王의 정사에 교화되어 지위에 있는 자들이 모두 검소하고 정직하여 德이 羔羊과 같았다.

殷(音隱)其靁, 在南山之陽. 何斯違斯, 莫敢或遑. 振振(音眞)君子, 歸哉歸哉.

緎 : 혼솔 역　縫 : 꿰맬 봉　靁 : 우뢰 뢰　違 : 떠날 위　遑 : 한가할 황, 겨를 황

殷其靁는	殷殷히 울리는 우뢰는
在南山之陽이어늘	南山의 남쪽에 있거늘
何斯違斯라	어찌하여 이 분은 이 곳을 떠나
莫敢或遑고	감히 겨를이 없단 말인가
振振君子는	성실한 君子는
歸哉歸哉인저	돌아오실진저 돌아오실진저

興也라 殷은 靁聲也라 山南曰陽이라 何斯斯는 此人也요 違斯斯는 此所也라 遑은 暇也라 振振은 信厚也라

○ 南國이 被文王之化하여 婦人以其君子從役在外而思念之라 故로 作此詩라 言殷殷然靁聲은 則在南山之陽矣어늘 何此君子는 獨去此而不敢少暇乎아 於是에 又美其德하고 且冀其早畢事而還歸也라

興이다. 殷은 우뢰 소리이다. 산의 남쪽을 陽이라 한다. 何斯의 斯는 이 사람이요, 違斯의 斯는 이 곳이다. 遑은 겨를이다. 振振은 성실하고 厚함이다.

○ 南國이 文王의 교화를 입어, 婦人이 그 君子가 부역을 나가 밖에 있어 그를 그리워하였으므로 이 詩를 지은 것이다. "殷殷然히 울리는 우뢰소리는 南山의 남쪽에 있는데, 어찌하여 이 君子는 홀로 이 곳을 떠나 조금도 겨를이 없단 말인가."라고 하고, 이에 또 그 德을 찬미하고, 또 일찍 일을 끝내고 돌아오기를 바란 것이다.

殷其靁, 在南山之側(叶莊力反). 何斯違斯, 莫敢遑息. 振振君子, 歸哉歸哉.

殷其靁는	殷殷히 울리는 우뢰는
在南山之側이어늘	南山의 곁에 있거늘
何斯違斯라	어찌하여 이 분은 이 곳을 떠나
莫敢遑息고	감히 쉴 겨를이 없단 말인가
振振君子는	振振한 君子는
歸哉歸哉인저	돌아오실진저 돌아오실진저

興也라 息은 止也라

興이다. 息은 그침이다.

殷其靁, 在南山之下(叶後五反). 何斯違斯, 莫或遑處(尺煮反). 振振君子, 歸哉歸哉.

殷其靁는	殷殷히 울리는 우뢰는
在南山之下어늘	南山의 아래에 있거늘

冀 : 바랄 기　側 : 곁 측

何斯違斯라 어찌하여 이 분은 이 곳을 떠나
莫或遑處오 혹시라도 편안할 겨를이 없단 말인가
振振君子는 振振한 君子는
歸哉歸哉인저 돌아오실진저 돌아오실진저

興也라

興이다.

殷其靁三章이니 章六句라

毛序 殷其靁는 勸以義也라 召南之大夫 遠行從政하여 不遑寧處한대 其室家能閔其勤勞하여 勸以義也라

《殷其靁》는 義로움으로 권면한 詩이다. 召南의 大夫가 멀리 길을 떠나 정사에 종사하여 편안히 거처할 겨를이 없으니, 그 室家(아내)가 그의 수고로움을 민망히 여기면서 義로움으로 권면한 것이다.

摽(婢小反)有梅, 其實七兮. 求我庶士, 迨其吉兮.

摽有梅여 떨어지는 梅實이여
其實七兮로다 그 열매가 일곱이로다
求我庶士는 나를 찾는 庶士들은
迨其吉兮인저 그 吉日에 미칠진저

賦也라 摽는 落也라 梅는 木名이니 華白이요 實似杏而酢라 庶는 衆이요 迨는 及也라 吉은 吉日也라

○ 南國이 被文王之化하여 女子知以貞信自守하니 懼其嫁不及時하여 而有強暴之辱也라 故로 言梅落而在樹者少하여 以見時過而太晩矣라 求我之衆士는 其必有及此吉日而來者乎인저

賦이다. 摽는 떨어짐이다. 梅는 나무 이름이니, 꽃이 희고 열매는 살구와 같은데 맛이 시다. 庶는 많음이요, 迨는 미침이다. 吉은 吉日이다.

○ 南國이 文王의 교화를 입어 女子들이 정조와 신의로써 스스로 지킬 줄을 알았으니, 시집가는 것이 제때에 미치지 못하여 強暴한 자에게 陵辱을 당할까 두려워하였다. 그러므로 梅實이 떨어져 나무에 달려 있는 것이 적음을 말하여, 때가 지나 너무 늦었음을 나타낸 것이다. 나를 찾는 여러 선비들은 반드시 이 吉日에 미쳐 오는 자가 있을진저.

摽 : 떨어질 표 迨 : 미칠 태 杏 : 살구 행 酢 : 실 초

摽有梅, 其實三(叶蔬簪反)兮. 求我庶士, 迨其今兮.

摽有梅여 — 떨어지는 梅實이여
其實三兮로다 — 그 열매가 셋이로다
求我庶士는 — 나를 찾는 庶士들은
迨其今兮인저 — 그 오늘에 미칠진저

賦也라 梅在樹者三이면 則落者又多矣라 今은 今日也니 蓋不待吉矣라

賦이다. 매실이 나무에 달려 있는 것이 셋이면 떨어진 것이 더 많은 것이다. 今은 今日이니, 굳이 吉日을 기다릴 것이 없는 것이다.

摽有梅, 頃(音傾)筐塈(許器反)之. 求我庶士, 迨其謂之.

摽有梅여 — 떨어지는 梅實이여
頃(傾)筐塈之로다 — 광주리를 기울여 모두 담도다
求我庶士는 — 나를 찾는 庶士들은
迨其謂之인저 — 그 말함에 미칠진저

賦也라 塈는 取也니 頃筐取之면 則落之盡矣라 謂之는 則但相告語而約可定矣라

賦이다. 塈는 취함이니, 광주리를 기울여 취했으면 떨어진 것이 모두 다한 것이다. 謂之는 다만 서로 말만 하고도 약속을 정할 수 있는 것이다.

摽有梅三章이니 章四句라

毛序 摽有梅는 男女及時也라 召南之國이 被文王之化하여 男女得以及時也라

《摽有梅》는 男女가 제때에 혼인함을 읊은 詩이다. 召南의 나라가 文王의 教化를 입어 男女들이 제때에 혼인한 것이다.

嘒(呼惠反)彼小星, 三五在東. 肅肅宵征, 夙夜在公. 寔命不同.

嘒彼小星이여 — 반짝이는 저 작은 별이여
三五在東이로다 — 세 개와 다섯 개가 동쪽에 있도다
肅肅宵征이여 — 肅肅히 밤길을 감이여
夙夜在公호니 — 이른 새벽부터 밤늦도록 公所에 있으니

筐 : 광주리 광 塈 : 담을 기(게) 嘒 : 반짝거릴 혜 宵 : 밤 소 寔 : 진실로 식

寔命不同일새니라	이는 운명이 똑같지 않기 때문이니라

興也라 嘒는 微貌라 三五는 言其稀니 蓋初昏或將旦時也라 肅肅은 齊遫貌라 宵는 夜요 征은 行也라 寔은 與實同이라 命은 謂天所賦之分也라

○ 南國夫人이 承后妃之化하여 能不妬忌하여 以惠其下라 故로 其衆妾이 美之如此하니라 蓋衆妾進御於君에 不敢當夕하여 [1]見星而往하고 見星而還이라 故로 因所見以起興하니 其於義에 無所取요 特取在東在公兩字之相應耳라 遂言其所以如此者는 由其所賦之分이 不同於貴者라 是以로 深以得御於君으로 爲夫人之惠하여 而不敢致怨於往來之勤也라

興이다. 嘒는 작은 모양이다. 三, 五는 그 드묾을 말한 것이니, 초저녁이나 혹은 장차 새벽이 되려 할 때인 것이다. 肅肅은 공경하는 모양이다. 宵는 밤이요, 征은 길을 감이다. 寔은 實과 같다. 命은 하늘이 부여해 준 바의 분수를 이른다.

○ 南國의 夫人이 后妃의 교화를 받아, 능히 妬忌하지 않아 그 아랫사람들에게 은혜를 입혔다. 그러므로 그 衆妾들이 찬미하기를 이와 같이 한 것이다. 衆妾들이 나아가 군주를 모실 적에 감히 저녁을 당하지 못하여, 새벽에 별을 보고 갔다가 밤에 별을 보고 돌아온다. 그러므로 본 바를 인하여 起興하였으니, 뜻에는 취한 바가 없고, 다만 在東·在公 두 글자가 서로 응함을 취했을 뿐이다. 마침내 말하기를, 그 이와 같은 까닭은 부여받은 바의 분수가 귀한 자와 같지 않기 때문이다. 그러므로 군주를 모시는 것을 깊이 夫人의 은혜로 여겨, 감히 往來의 수고로움을 원망하지 못한 것이다.

譯註 1. 見星而往 見星而還: 새벽에 갔다가 저녁이 되면 돌아옴을 이른다.

嘒彼小星, 維參(所森反)與昴(叶力求反). 肅肅宵征, 抱衾與裯(直留反). 寔命不猶.

嘒彼小星이여	반짝이는 저 작은 별이여
維參與昴로다	參星과 昴星이로다
肅肅宵征이여	肅肅히 밤길을 감이여
抱衾與裯호니	이불과 홑이불을 안고 가니
寔命不猶일새니라	이는 운명이 같지 않기 때문이니라

興也라 參, 昴는 西方二宿之名이라 衾은 被也요 裯는 襌被也라 興은 亦取與昴與裯二字相應이라 猶亦同也라

興이다. 參星과 昴星은 西方에 있는 두 별의 이름이다. 衾은 이불이요, 裯는 홑이불이다. 興은 또한 與昴·與裯의 두 글자가 서로 응함을 취한 것이다. 猶 또한 같음이다.

稀 : 드물 희　遫 : 공경할 속　昴 : 별이름 묘　衾 : 이불 금　裯 : 홑이불 주　被 : 이불 피
襌 : 홑옷 단

小星二章이니 章五句라

呂氏曰 夫人無妬忌之行하여 而賤妾安於其命하니 所謂上好仁而下必好義者也라

呂氏가 말하였다. "夫人이 妬忌하는 행실이 없어, 賤妾들이 그 운명을 편안히 여겼으니, 이른바 '윗사람이 仁을 좋아하면 아랫사람들이 반드시 義를 좋아한다.'는 것이다."

毛序 小星은 惠及下也라 夫人이 無妬忌之行하여 惠及賤妾하니 進御於君에 知其命有貴賤하여 能盡其心矣라

《小星》은 은혜가 아래에 미침을 읊은 詩이다. 夫人이 妬忌하는 행실이 없어 은혜가 천한 妾에게 미치니, 妾들이 나아가 군주를 모실 적에 그 命에 貴賤이 있음을 알아 그 마음을 다한 것이다.

江有汜(音祀 叶羊里反), 之子歸, 不我以. 不我以, 其後也悔(叶虎洧反).

江有汜어늘	강에 갈라진 물줄기가 있거늘
之子歸에	之子가 시집갈 적에
不我以로다	나를 데리고 가지 않았도다
不我以나	나를 데리고 가지 않았으나
其後也悔로다	그 뒤에는 뉘우쳤도다

興也라 水決復入爲汜니 今江陵漢陽安復之間에 蓋多有之라 之子는 媵妾이 指嫡妻而言也라 婦人謂嫁曰歸라 我는 媵自我也라 能左右之曰以니 謂挾己而偕行也라
○ 是時汜水之旁에 媵有待年於國이로되 而嫡不與之偕行者러니 其後에 嫡被后妃夫人之化하여 乃能自悔而迎之라 故로 媵見江水之有汜而因以起興하여 言 江猶有汜어늘 而之子之歸에 乃不我以로다 雖不我以나 然其後也亦悔矣라하니라

興이다. 물줄기가 갈라졌다가 다시 들어감을 汜라 하니, 지금 江陵과 漢陽, 安州·復州 사이에 많이 있다. 之子는 媵妾이 嫡妻를 가리켜 말한 것이다. 婦人이 시집가는 것을 歸라 한다. 我는 媵妾 자신이다. 능히 좌지우지함을 以라 하니, 자기를 데리고 함께 감을 이른다.
○ 이때에 汜水의 곁에 媵妾이 本國에서 나이가 차기를 기다리고 있는데도 嫡妻가 함께 데리고 가지 않은 자가 있었다. 그 후 嫡妻가 后妃의 교화를 입어 스스로 뉘우치고 그를 맞이하였다. 그러므로 媵妾이 江水에 갈라진 물줄기가 있음을 보고, 인하여 起興하여 말하기를 "江에도 오히려 갈라진 물줄기가 있는데, 之子가 시집갈 때에 마침내 나를 데리고 가지 않았도다. 비록 나를 데리고 가지 않았으나, 그 뒤에는 또한 뉘우쳤도다." 한 것이다.

汜 : 물갈라졌다가다시합할 사 以 : 거느릴 이 決 : 터질 결 媵 : 잉첩 잉

江有渚, 之子歸, 不我與. 不我與, 其後也處.

江有渚어늘	강에 작은 모래섬이 있거늘
之子歸에	之子가 시집갈 적에
不我與로다	나를 데리고 가지 않았도다
不我與나	나를 데리고 가지 않았으나
其後也處로다	그 뒤에는 편안히 처하도다

興也라 渚는 小洲也니 水岐成渚라 與는 猶以也라 處는 安也니 得其所安也라

興이다. 渚는 작은 모래섬이니, 물줄기가 갈라져 작은 모래섬을 이룬 것이다. 與는 以와 같다. 處는 편안함이니, 그 편안한 바를 얻은 것이다.

江有沱(徒河反), 之子歸, 不我過(音戈). 不我過, 其嘯也歌.

江有沱어늘	강에 갈라진 물줄기가 있거늘
之子歸에	之子가 시집갈 적에
不我過로다	나를 방문하지 않았도다
不我過나	나를 방문하지 않았으나
其嘯也歌로다	휘파람 불다가 즐거워 노래부르도다

興也라 沱는 江之別者라 過는 謂過我而與俱也라 嘯는 蹙口出聲하여 以舒憤懣之氣니 言其悔時也요 歌則得其所處而樂也라

興이다. 沱는 강이 따로 갈라진 것이다. 過는 나를 방문하여 함께 데리고 감을 이른다. 嘯는 입을 오무려 소리를 내어 憤懣한 기운을 펴는 것이니, 뉘우칠 때를 말한 것이요, 歌는 편안히 거처할 바를 얻고 즐거워하는 것이다.

江有汜三章이니 章五句라

陳氏曰 小星之夫人은 惠及媵妾하여 而媵妾盡其心이요 江沱之嫡은 惠不及媵妾이로되 而媵妾不怨이니 蓋父雖不慈나 子不可以不孝니 各盡其道而已矣니라

陳氏가 말하였다. "《小星》의 夫人은 은혜가 媵妾에게 미쳐 媵妾이 그 마음을 다하였고, 《江沱》의 嫡妻는 은혜가 媵妾에 미치지 않았는데도, 媵妾이 원망하지 않았다. 아버지가 비록 사랑하지 않으나, 자식은 효도를 하지 않을 수 없는 것이니, 각기 그 道理를 다할 뿐이다."

渚 : 물가 저　岐 : 갈래질 기　沱 : 물갈라질 타　過 : 방문할 과　嘯 : 휘파람불 소
蹙 : 오무릴 축　懣 : 번민할 만

毛序 江有汜는 美媵也니 勤而無怨하여 嫡能悔過也라 文王之時에 江沱之間에 有嫡不以其媵備數러니 媵遇勞而無怨한대 嫡亦自悔也라

《江有汜》는 媵妾을 찬미한 詩이니, 수고롭되 원망하지 아니하여 嫡妻가 잘못을 뉘우치게 한 것이다. 文王의 때에 江沱의 사이에 媵妾의 數를 갖추지 않은 嫡妻가 있었는데, 媵妾이 수고로움을 당하면서도 원망하지 않자, 嫡妻 또한 자신의 잘못을 스스로 뉘우친 것이다.

野有死麕(俱倫反 與春叶), 白茅包(叶補苟反)之. 有女懷春, 吉士誘之.

野有死麕이어늘	들에 죽은 노루가 있거늘
白茅包之로다	흰 띠풀로 싸도다
有女懷春이어늘	아가씨가 봄을 그리워하거늘
吉士誘之로다	吉士가 유인하도다

興也라 麕은 獐也니 鹿屬이니 無角이라 懷春은 當春而有懷也라 吉士는 猶美士也라
○ 南國이 被文王之化하여 女子有貞潔自守하여 不爲強暴所汚者라 故로 詩人이 因所見以興其事而美之라 或曰賦也니 言美士以白茅包其死麕하여 而誘懷春之女也라

興이다. 麕은 노루이니, 사슴의 등속이니, 뿔이 없다. 懷春은 봄을 당하여 그리움이 있는 것이다. 吉士는 美士와 같다.
○ 南國이 文王의 교화를 입어 女子가 정조를 지키고 몸을 깨끗이 하여 스스로 지켜, 強暴한 자에게 더럽힘을 당하지 않은 자가 있었다. 그러므로 詩人이 본 바를 인하여 그 일을 홍기하여 찬미한 것이다. 혹자는 "賦이니, 아름다운 선비가 흰 띠풀로 죽은 노루를 싸서, 봄을 그리워하는 여자를 유인한 것이다."라고 한다.

林有樸(蒲木反)樕(音速), 野有死鹿. 白茅純(徒尊反)束, 有女如玉.

林有樸樕하며	숲에 떡갈나무가 있으며
野有死鹿이어늘	들에 죽은 사슴이 있거늘
白茅純(돈)束하나니	흰 띠풀로 묶으니
有女如玉이로다	여자가 玉처럼 아름답도다

興也라 樸樕은 小木也라 鹿은 獸名이니 有角이라 純束은 猶包之也라 如玉者는 美其色也라 上三句는 興下一句也라 或曰賦也니 言以樸樕藉死鹿하고 束以白茅하여 而誘此如玉之女也라

麕：고라니 균 茅：띠 모 獐：노루 장 樸：떡갈나무 복 樕：떡갈나무 속 純：묶을 돈
藉：깔 자

興이다. 樸樕은 작은 나무이다. 鹿은 짐승의 이름이니, 뿔이 있다. 純束은 包之와 같다. 玉과 같다는 것은 아름다운 姿色을 찬미한 것이다. 위의 세 句는 아래의 한 句를 興한 것이다. 혹자는 말하기를 "賦이니, 떡갈나무로 죽은 사슴을 싸고 흰 띠로 묶어서 이 옥처럼 아름다운 여자를 유인한 것이다."라고 한다.

舒而脫脫勑外反兮, 無感我帨始銳反兮, 無使尨美邦反也吠符廢反.

舒而脫脫兮하여	가만가만 徐徐히 와서
無感(撼)我帨兮하며	내 수건을 움직이게 하지 말며
無使尨也吠하라	삽살개가 짖게 하지 말라

賦也라 舒는 遲緩也요 脫脫는 舒緩貌라 感은 動이요 帨는 巾이라 尨은 犬也라
○ 此章은 乃述女子拒之之辭라 言姑徐徐而來하여 毋動我之帨하며 毋驚我之犬이라하니 以甚言其不能相及也라 其凜然不可犯之意를 蓋可見矣라

賦이다. 舒는 느림이요, 脫脫는 느린 모양이다. 感은 動함이요, 帨는 수건이다. 尨은 개이다.
○ 이 章은 마침내 여자가 거절하는 말을 기술한 것이다. 우선 서서히 와서 내 수건을 움직이지 말며, 내 삽살개를 놀라게 하지 말라고 하였으니, 능히 서로 미칠 수 없음을 심히 말한 것이다. 그 凜然하여 범할 수 없는 뜻을 볼 수 있다.

野有死麕三章이니 二章은 章四句요 一章은 三句라

毛序 野有死麕은 惡無禮也라 天下大亂하니 彊暴相陵하여 遂成淫風이로되 被文王之化하여 雖當亂世나 猶惡無禮也라

《野有死麕》은 無禮함을 미워한 詩이다. 天下가 크게 혼란하여 彊暴한 자들이 서로 능멸하여 마침내 淫風을 이루었는데, 文王의 敎化를 입어 비록 亂世를 당했으나 오히려 無禮함을 미워한 것이다.

何彼穠奴容反 與雝叶矣, 唐棣徒帝反之華芳無胡瓜二反. 曷不肅雝, 王姬之車斤於尺奢二反.

何彼穠矣오	어쩌면 저리도 성한가
唐棣之華로다	唐棣의 꽃이로다
曷不肅雝이리오	어찌 엄숙하고 화하지 않으리오
王姬之車로다	王姬의 수레로다

脫 : 더딜 태 感 : 움직일 감, 흔들 감 帨 : 수건 세 尨 : 삽살개 방 吠 : 짖을 폐
凜 : 늠름할 름 穠 : 무성할 농 棣 : 아가위 체 雝 : 화락할 옹

興也라 襛은 盛也니 猶曰戎戎也라 唐棣는 移也니 似白楊이라 肅은 敬이요 雝은 和也라 周王之女姬姓이라 故로 曰王姬라

○ 王姬下嫁於諸侯에 車服之盛如此로되 而不敢挾貴以驕其夫家라 故로 見其車者 知其能敬且和以執婦道라 於是에 作詩以美之曰 何彼戎戎而盛乎아 乃唐棣之華也로다 此何不肅肅而敬, 雝雝而和乎아 乃王姬之車也라하니라 此乃武王以後之詩니 不可的知其何王之世나 然文王太姒之教 久而不衰를 亦可見矣라

興이다. 襛은 성함이니, 戎戎이라는 말과 같다. 唐棣는 산배나무이니, 白楊과 같다. 肅은 공경함이요, 雝은 화함이다. 周王의 딸이 姬姓이기 때문에 王姬라고 한 것이다.

○ 王姬가 諸侯에게 下嫁함에 수레와 의복의 성함이 이와 같았으나, 감히 귀함을 믿고서 남편의 집안에 교만히 하지 못하였다. 그러므로 그 수레를 본 자들이 능히 공경하고 또 화하여 婦道를 잘 행할 줄을 알았다. 이에 詩를 지어 찬미하기를 "어쩌면 저리도 戎戎히 성한가? 이것은 바로 唐棣의 꽃이로다. 이 어찌 肅肅하여 공경하며 雝雝하여 화하지 않겠는가? 바로 王姬의 수레이다."라고 한 것이다. 이것은 바로 武王 이후의 詩이니, 그 어느 王의 세대인지는 분명히 알 수 없으나, 文王과 太姒의 가르침이 오래되어도 쇠하지 않음을 또한 볼 수 있다.

何彼襛矣, 華如桃李. 平王之孫, 齊侯之子(叶奬里反).

何彼襛矣오	어쩌면 저리도 성한가
華如桃李로다	꽃이 桃李와 같도다
平王之孫과	平王의 손녀와
齊侯之子로다	齊侯의 아들이로다

興也라 李는 木名이니 華白이요 實可食이라 舊說에 平은 正也니 武王女, 文王孫이 適齊侯之子라 或曰 平王은 即平王宜臼요 齊侯는 即襄公諸兒니 事見春秋라하니 未知孰是라 以桃李二物로 興男女二人也라

興이다. 李는 나무 이름이니, 꽃이 희고 열매를 먹을 수 있다. 舊說에 "平은 바름이니, 武王의 따님이요, 文王의 손녀가 齊侯의 아들에게 시집간 것이다." 하였다. 혹자는 말하기를 "平王은 바로 平王인 宜臼요, 齊侯는 바로 襄公인 諸兒이니, 이 일이 「春秋」에 보인다." 하니, 누가 옳은지는 알지 못하겠다. 桃·李 두 물건을 가지고 男·女 두 사람을 興하였다.

其釣維何, 維絲伊緡. 齊侯之子, 平王之孫(叶須倫反).

其釣維何오	낚시하는 것이 무엇인가
維絲伊緡이로다	실로 낚싯줄을 만들었도다

栘 : 산앵도나무 체(이) 挾 : 낄 협 戎 : 성할 융 適 : 시집갈 적 釣 : 낚시 조
緡 : 낚시줄 민

齊侯之子와	齊侯의 아들과
平王之孫이로다	平王의 손녀로다

興也라 伊亦維也라 緡은 綸也니 絲之合而爲綸은 猶男女之合而爲昏也라

興이다. 伊 또한 維(어조사)이다. 緡은 綸이니, 실을 합쳐서 綸을 만드는 것은 男女가 합하여 혼인을 하는 것과 같은 것이다.

何彼襛矣三章이니 章四句라

毛序 何彼襛矣는 美王姬也라 雖則王姬라 亦下嫁於諸侯하여 車服이 不繫其夫하고 下王后一等하여 猶執婦道하여 以成肅雝之德也라

《何彼襛矣》는 王姬를 찬미한 詩이다. 비록 王姬이나 또한 諸侯에게 下嫁하여 수레와 복장을 그 남편의 身分에 관계치 않고 王后보다 한 등급 낮게 하여 오히려 婦道를 잡아서 엄숙하고 和한 德을 이룩한 것이다.

彼茁(側劣反)者葭(音加). 壹發五豝(百加反), 于(音吁)嗟乎騶虞(叶音牙).

彼茁者葭에	저 무성한 갈대에
壹發五豝로소니	한 번 화살을 쏘아 다섯 암퇘지를 잡노니
于嗟乎騶虞로다	아 이것이 騶虞로다

賦也라 茁은 生出壯盛之貌라 葭는 蘆也니 亦名葦라 發은 發矢요 豝는 牡[牝]豕也니 一發五豝는 猶言中必疊雙也라 騶虞는 獸名이니 白虎黑文이요 不食生物者也라
○ 南國諸侯承文王之化하여 修身齊家하여 以治其國하고 而其仁民之餘恩이 又有以及於庶類라 故로 其春田之際에 草木之茂와 禽獸之多가 至於如此하니 而詩人述其事以美之하고 且歎之曰 此其仁心自然이요 不由勉強이니 是卽眞所謂騶虞矣라하니라

賦이다. 茁은 生出하기를 장성하게 하는 모양이다. 葭는 갈대이니, 또한 葦라고도 이름한다. 發은 화살을 발사함이요, 豝는 암돼지이니 一發五豝는 맞추면 반드시 거듭으로 하고 쌍으로 한다는 말과 같다. 騶虞는 짐승의 이름이니, 흰 범에 검은 무늬가 있으며, 살아있는 것을 먹지 않는다.

○ 南國의 諸侯가 文王의 교화를 받아 修身하고 齊家하여 그 나라를 다스리고, 백성을 사랑한 남은 은혜가 또 庶類(萬物)에게 미침이 있었다. 그러므로 그 봄에 사냥할 즈음에 草木의 무성함과 禽獸의 많음이 이와 같은 데에 이르니, 詩人이 그 일을 서술하여 찬미하고, 또 탄식하기를

茁 : 풀싹 줄, 자랄 촬　葭 : 갈대 가　豝 : 두살돼지 파　騶 : 짐승이름 추　蘆 : 갈대 로
葦 : 갈대 위　牝 : 암컷 빈　疊 : 거듭 첩　田 : 사냥할 전

"이는 그 仁心의 자연스러움이요, 억지로 힘씀을 말미암은 것이 아니니, 이것이야말로 참으로 이른바 騶虞란 것이다." 하였다.

彼茁者蓬. 壹發五豵子公反. 于嗟乎騶虞叶五紅反.

彼茁者蓬에	저 무성한 쑥대에
壹發五豵이로소니	한 번 발사하여 다섯 햇돼지를 잡노니
于嗟乎騶虞로다	아 이것이 騶虞로다

賦也라 蓬은 草名이라 一歲曰豵이니 亦小豕也라

賦이다. 蓬은 풀 이름이다. 1년된 돼지를 豵이라 하니, 또한 작은 돼지이다.

騶虞二章이니 章三句라

文王之化始於關雎하여 而至於麟趾면 則其化之入人者深矣요 形於鵲巢하여 而及於騶虞면 則其澤之及物者廣矣라 蓋意誠心正之功이 不息而久면 則其熏烝透徹하고 融液周徧하여 自有不能已者하니 非智力之私所能及也라 故로 序에 以騶虞爲鵲巢之應이니 而見王道之成이라하니 其必有所傳矣리라

文王의 교화가 《關雎》에서 시작하여 《麟趾》에 이르면 그 교화가 사람에게 들어간 것이 깊은 것이요, 《鵲巢》에 나타나서 《騶虞》에 미치면 그 은택이 사물에 미침이 넓은 것이다. 意誠하고 心正한 공부를 쉬지 않고 오래하면 熏烝하고 透徹하고 融液하고 두루하여 자연히 그만둘 수 없는 것이 있으니, 사사로운 지혜와 힘으로 능히 미칠 수 있는 바가 아니다. 그러므로 序에 "《騶虞》는 《鵲巢》의 효응이니, 王道의 이룸을 볼 수 있다." 하였으니, 그 반드시 전수받은 바가 있을 것이다.

毛序　騶虞는 鵲巢之應也라 鵲巢之化行하여 人倫旣正하고 朝廷旣治하여 天下純被文王之化하니 則庶類蕃殖하고 蒐田以時하여 仁如騶虞면 則王道成也라

《騶虞》는 《鵲巢》의 效應이다. 《鵲巢》의 敎化가 행해져 인륜이 이미 바루어지고 조정이 이미 다스려져 天下가 크게 文王의 敎化를 입으니, 여러 종류가 번식하고 사냥을 농한기에 하여 仁함이 騶虞와 같으면 王道가 이루어지는 것이다.

召南之國은 十四篇에 四十章이요 百七十七句라

蓬 : 쑥 봉　豵 : 햇돼지 종　熏 : 훈증할 훈　烝 : 찔 증　徹 : 통할 철　融 : 녹을 융
徧 : 두루미칠 편(변)

愚按 鵲巢至采蘋은 言夫人大夫妻하여 以見當時國君大夫被文王之化하여 而能修身以正其家也요 甘棠以下는 又見由方伯能布文王之化하여 而國君能修之家以及其國也라 其詞雖無及於文王者나 然文王明德新民之功이 至是而其所施者溥矣라 抑所謂其民皥皥而不知爲之者與인저 唯何彼穠矣之詩는 爲不可曉하니 當闕所疑耳라

내가 살펴보건대, 《鵲巢》로부터 《采蘋》까지는 夫人과 大夫의 아내를 말하여, 당시의 國君과 大夫가 文王의 교화를 입어 능히 몸을 닦아 그 집안을 바로잡았음을 나타낸 것이요, 《甘棠》 이하는 또 方伯이 능히 文王의 교화를 펴서 國君이 능히 집안을 닦아 나라에 미침을 나타낸 것이다. 그 말은 비록 文王을 언급한 것이 없으나, 文王이 德을 밝히고 백성을 새롭게 한 공이 이에 이름에 그 베풂이 넓은 것이다. 이것이 〈「孟子」의〉 이른바 "그 백성이 皥皥하여 누가 이렇게 만드는 것인지를 모른다."는 것이다. 다만 《何彼穠矣》의 詩는 이해할 수 없으니, 마땅히 의심나는 것은 빼놓아야 할 것이다.

○ 周南召南二國은 凡二十五篇이니 先儒以爲正風이라하니 今姑從之하노라

○ 孔子謂伯魚曰 女爲周南召南矣乎아 人而不爲周南召南이면 其猶正牆面而立也與인저하시니라

○ 儀禮鄕飮酒, 鄕射, 燕禮에 皆合樂周南關雎葛覃卷耳, 召南鵲巢采蘩采蘋하고 燕禮에 又有房中之樂하니 鄭氏註曰 弦歌周南召南之詩而不用鍾磬이라하니 云房中者는 后夫人之所諷誦以事其君子라

○ 程子曰 天下之治는 正家爲先이니 天下之家正이면 則天下治矣라 二南은 正家之道也라 陳后妃夫人大夫妻之德하니 推之士庶人之家에 一也라 故로 使邦國至於鄕黨에 皆用之하고 自朝廷至於委巷에 莫不謳吟諷誦하니 所以風化天下니라

○ 周南·召南 두 國風은 모두 25篇인데, 先儒는 이것을 正風이라 하였으니, 이제 우선 이를 따른다.

○ 孔子께서 伯魚에게 이르시기를 "너는 周南과 召南을 배웠느냐? 사람으로서 周南과 召南을 배우지 않으면 바로 얼굴을 담에 맞대고 선 것과 같다." 하셨다.

○ 「儀禮」의 《鄕飮酒》·《鄕射》·《燕禮》에 모두 周南의 《關雎》·《葛覃》·《卷耳》와 召南의 《鵲巢》·《采蘩》·《采蘋》을 합하여 연주하였고, 《燕禮》에 또 房中의 음악이 있는데, 鄭氏의 注에 이르기를 "周南·召南의 詩를 絃樂器에 맞추어 노래하고, 鍾과 경쇠를 쓰지 않는다." 하였다. 房中이라 말한 것은 后夫人이 諷誦하여 그 君子를 섬기는 것이다.

○ 程子가 말씀하였다. "천하의 다스림은 집안을 바로잡는 것이 최우선이니, 천하의 집안이 바루어지면 천하가 다스려질 것이다. 二南은 집안을 바루는 道이다. 后妃夫人과 大夫의 아내의 德을 말하였으니, 士庶人의 집안에 미룸에 똑같은 것이다. 그러므로 국가로부터 鄕黨에 이르기까지 모두 쓰고, 조정으로부터 委巷에 이르기까지 모두 노래하고 읊으며 諷誦하게 한 것이니, 이는 천하를 風化하는 것이다."

蘋 : 마름 빈　溥 : 넓을 부　皥 : 훨 호　燕 : 잔치 연　磬 : 경쇠 경　謳 : 노래할 구

詩經集傳 卷二

邶一之三

邶, 鄘, 衛는 三國名이니 在禹貢冀州라 西阻太行하고 北逾衡漳하고 東南跨河하여 以及兗州桑土之野하니라 及商之季而紂都焉이러니 武王克商하시고 分自紂城朝歌而北하여 謂之邶하고 南謂之鄘하고 東謂之衛하여 以封諸侯하니 邶鄘은 不詳其始封이요 衛則武王弟康叔之國也라 衛本都河北하니 朝歌之東이요 淇水之北이요 百泉之南이라 其後不知何時幷得邶鄘之地며 至懿公하여 爲狄所滅하고 戴公이 東徙渡河하여 野處漕邑하고 文公이 又徙居于楚丘하니라 朝歌故城은 在今衛州衛縣西二十二里하니 所謂殷墟요 衛故都는 卽今衛縣이요 漕, 楚丘는 皆在滑州하니 大抵今懷衛澶相滑濮等州와 開封大名府界가 皆衛境也라 但邶鄘은 地旣入衛하고 其詩皆爲衛事어늘 而猶繫其故國之名은 則不可曉라 而舊說에 以此下十三國을 皆爲變風焉하니라

邶·鄘·衛는 세 나라의 이름이니, 《禹貢》의 冀州에 있었다. 서쪽으로는 太行山이 막혀 있고, 북쪽으로는 衡漳을 넘고, 동남으로는 黃河 유역을 차지하여 兗州의 桑土의 들에까지 미쳤었다. 商나라 말엽에 紂王이 도읍하였는데, 武王이 商나라를 이기시고는 紂王의 都城인 朝歌로부터 나누어 朝歌 이북을 邶라 이르고, 南을 鄘이라 이르고, 東을 衛라 일러 諸侯들을 봉하였으니, 邶와 鄘은 처음 봉한 것이 상세하지 않고, 衛는 武王의 아우인 康叔의 나라이다. 衛는 본래 河北에 도읍하니, 朝歌의 동쪽이요 淇水의 북쪽이요 百泉의 남쪽이었다. 그 후 어느 때에 邶·鄘의 땅을 함께 얻었는지는 알지 못하며, 懿公에 이르러 狄에게 멸망을 당하고, 戴公이 동쪽으로 옮겨가 黃河를 건너 漕邑에 임시로 居處하였으며, 文公이 또다시 옮겨 楚丘에 거주하였다. 朝歌의 옛 城은 지금의 衛州 衛縣의 서쪽 22리 지점에 있었으니, 이른바 殷墟이며, 衛의 故都는 바로 지금의 衛縣이요, 漕와 楚丘는 모두 滑州에 있다. 대저 지금의 懷州·衛州·澶州·相州·滑州·濮州 등과 開封府·大名府의 경계가 모두 衛나라의 국경이었다. 다만 邶와 鄘은 땅이 이미 衛나라로 들어갔고, 그 詩는 모두 衛나라 일인데, 아직도 그대로 옛 나라의 이름을 달고 있는 것은 이해할 수 없다. 舊說에 이하 13國을 모두 變風이라 하였다.

汎(芳劍反)彼柏舟, 亦汎其流. 耿耿(古幸反)不寐, 如有隱憂. 微我無酒, 以敖(五羔反)以

邶 : 패나라 패　鄘 : 용나라 용　阻 : 막을 조　逾 : 넘을 유　漳 : 물이름 장
跨 : 넘을 과, 걸칠 고　兗 : 믿을 연　紂 : 임금이름 주　淇 : 기수 기　懿 : 아름다울 의
漕 : 땅이름 조　墟 : 터 허　滑 : 미끄러울 활　澶 : 물이름 전　濮 : 물이름 복　汎 : 뜰 범
柏 : 잣나무 백　耿 : 까막거릴 경　隱 : 가엾어할 은　微 : 아닐 미　敖 : 놀 오

遊.

汎彼柏舟여	두둥실 떠있는 저 잣나무배여
亦汎其流로다	또한 흐르는 물에 떠있도다
耿耿不寐하여	耿耿히 잠을 이루지 못하여
如有隱憂호라	隱憂가 있는 듯하노라
微我無酒	내가 술이 없어
以敖以遊니라	즐기고 놀 수 없는 것은 아니니라

比也라 汎은 流貌라 柏은 木名이라 耿耿은 小明이니 憂之貌也라 隱은 痛也라 微는 猶非也라
○ 婦人不得於其夫라 故로 以柏舟自比라 言以柏爲舟면 堅緻牢實이어늘 而不以乘載하여 無所依薄하여 但汎然於水中而已라 故로 其隱憂之深如此하니 非爲無酒可以敖遊而解之也라 列女傳에 以此爲婦人之詩라하니 今考其辭氣컨대 卑順柔弱하고 且居變風之首하여 而與下篇相類하니 豈亦莊姜之詩也歟아

比이다. 汎은 흐르는 모양이다. 柏은 나무 이름이다. 耿耿은 조금 밝음이니, 근심하는 모양이다. 隱은 아파함이다. 微는 非와 같다.

○ 婦人이 그 남편에게 사랑을 받지 못하였다. 그러므로 잣나무 배로써 자신을 比하여 말하기를 "잣나무로 배를 만들면 견고하고 치밀한데도 이것을 버려두고 타지 않아 정박할 곳이 없어 다만 水中에 둥둥 떠있을 뿐이다. 그러므로 그 애통하고 근심함의 깊음이 이와 같으니, 술이 없어 즐기고 놀아서 근심을 풀 수 없는 것은 아니다."라고 한 것이다. 「列女傳」에 이것을 婦人의 詩라 하였으니, 지금 그 말한 내용을 상고해보면 卑順하고 柔弱하며 또한 變風의 첫머리에 있어 下篇과 서로 유사하니, 아마도 또한 莊姜의 詩인 듯하다.

我心匪鑒, 不可以茹(如預反). 亦有兄弟, 不可以據. 薄言往愬, 逢彼之怒.

我心匪鑒이라	내 마음 거울이 아니니
不可以茹며	헤아릴 수 없으며
亦有兄弟나	또한 兄弟가 있으나
不可以據로소니	依據할 수가 없으니
薄言往愬요	잠깐 가서 하소연하다가
逢彼之怒호라	저의 노여움만 만났노라

賦也라 鑒은 鏡이요 茹는 度이요 據는 依요 愬는 告也라
○ 言我心既匪鑒而不能度物이요 雖有兄弟나 而又不可依以爲重이라 故로 往告之而反遭其

緻: 치밀할 치 牢: 굳을 뢰 薄: 이를 박 匪: 아닐 비 鑒: 거울 감
茹: 헤아릴 여 薄: 잠깐 박 愬: 하소할 소 遭: 만날 조

怒也라

賦이다. 鑒은 거울이요, 茹는 헤아림이요, 據는 의지함이요, 愬는 하소연함이다.
○ 내 마음이 이미 거울이 아니어서 남을 헤아릴 수 없고, 비록 兄弟가 있으나 또한 의지하여 重함을 삼을 수 없다. 그러므로 가서 하소연하였다가 도리어 그 노여움을 만났다고 말한 것이다.

我心匪石, 不可轉也. 我心匪席, 不可卷(眷勉反)也. 威儀棣棣, 不可選也.

我心匪石이라	내 마음 돌이 아니니
不可轉也며	굴릴 수 없으며
我心匪席이라	내 마음 자리가 아니니
不可卷也며	말아둘 수도 없도다
威儀棣棣라	威儀가 성하고 성하니
不可選也로다	가릴 것이 없도다

賦也라 棣棣는 富而閑習之貌라 選은 簡擇也라
○ 言石可轉而我心不可轉이요 席可卷而我心不可卷이며 威儀無一不善하여 又不可得而簡擇取舍라하니 皆自反而無闕之意라

賦이다. 棣棣는 풍부하고 익숙한 모양이다. 選은 簡擇함이다.
○ 돌은 굴릴 수 있으나 내 마음은 굴릴 수 없으며, 자리는 말아둘 수 있으나 내 마음은 말아둘 수가 없으며, 威儀가 하나도 나쁜 것이 없어서 또 選擇하고 取捨할 것이 없다고 말하였으니, 이는 모두 스스로 돌이켜 봄에 잘못이 없다는 뜻이다.

憂心悄悄(七小反), 慍于群小. 覯(古豆反)閔旣多, 受侮不少. 靜言思之, 寤辟(避亦反)有摽(符小反).

憂心悄悄어늘	마음에 근심하기를 심히 하거늘
慍于群小호라	여러 小人들에게 노여움을 받노라
覯閔旣多어늘	폐해를 당한 것이 이미 많거늘
受侮不少호라	受侮를 받은 것도 적지 않노라
靜言思之요	고요히 이를 생각하고
寤辟(擗)有摽호라	잠을 깨어 가슴을 치노라

卷 : 말 권　棣 : 많을 체　閑 : 익힐 한　悄 : 근심할 초　慍 : 성낼 온　羣 : 무리 군
覯 : 만날 구　閔 : 병들 민, 해로울 민　辟 : 가슴두드릴 벽　摽 : 가슴칠 표

賦也라 悄悄는 憂貌라 慍은 怒意요 群小는 衆妾也니 言見怒於衆妾也라 覯는 見이요 閔은 病也라 辟은 拊心也요 摽는 拊心貌라

賦이다. 悄悄는 근심하는 모양이다. 慍은 노여워하는 뜻이요, 群小는 여러 妾이니, 여러 첩들에게 노여움을 받음을 말한 것이다. 覯는 당함이요, 閔은 병(폐해)이다. 辟은 가슴을 어루만지는 것이요, 摽는 가슴을 어루만지는 모양이다.

日居月諸, 胡迭(待結反)而微. 心之憂矣, 如匪澣(戶管反)衣. 靜言思之, 不能奮飛.

日居月諸여	해여 달이여
胡迭而微오	어찌 뒤바뀌어 이지러지는가
心之憂矣여	마음의 근심함이여
如匪澣衣로다	빨지 않은 옷을 입은 듯하노라
靜言思之요	고요히 이를 생각하고
不能奮飛호라	떨치고 일어나 날아가지 못함을 한하노라

比也라 居, 諸는 語辭라 迭은 更(경)이요 微는 虧也라 匪澣衣는 謂垢汚不濯之衣라 奮飛는 如鳥奮翼而飛去也라
○ 言日當常明이요 月則有時而虧니 猶正嫡當尊이요 衆妾當卑어늘 今衆妾이 反勝正嫡하니 是는 日月更迭而虧라 是以로 憂之하여 至於煩冤憒眊하여 如衣不澣之衣로되 恨不能奮起而飛去也라

比이다. 居, 諸는 어조사이다. 迭은 바뀌는 것이요, 微는 이지러짐이다. 匪澣衣는 때가 껴 더러운 빨지 않은 옷을 이른다. 奮飛는 새가 날개를 떨치고 날아가는 듯한 것이다.
○ 해는 마땅히 항상 밝고, 달은 때로 이지러짐이 있으니, 正嫡은 마땅히 높아야 하고, 衆妾은 마땅히 낮아야 함과 같거늘, 이제 衆妾이 도리어 正嫡을 이기니, 이는 해와 달이 뒤바뀌어 이지러지는 것이다. 이 때문에 근심하여 번민하고 원통해 하며 심란함에 이르러 빨지 않은 옷을 입은 듯한데도 능히 떨치고 일어나 날아가지 못함을 한한다고 말한 것이다.

柏舟五章이니 章六句라

毛序 柏舟는 言仁而不遇也라 衛頃公之時에 仁人不遇하고 小人在側하니라

《柏舟》는 仁하면서도 不遇함을 읊은 詩이다. 衛나라 頃公 때에 仁人이 不遇하고 小人이 군주의 측근에 있었다.

見 : 당할 견　拊 : 두드릴 부　迭 : 갈마들 질, 바꿀 질　澣 : 빨 한　虧 : 이지러질 휴
憒 : 심란할 궤　眊 : 눈어둘 모

綠兮衣兮, 綠衣黃裏. 心之憂矣, 曷維其已.

[1]綠兮衣兮여	녹색 옷이여
綠衣黃裏로다	녹색이 웃옷이요 황색이 속옷이로다
心之憂矣여	마음의 근심함이여
曷維其已오	언제나 그칠런고

譯註 1. 綠兮衣兮 : 鄭玄의 箋에는 綠을 褖의 오자로 보았는데 전의(褖衣)는 후비(后妃)의 예복이다.

比也라 綠은 蒼勝黃之間色이요 黃은 [2]中央土之正色이라 間色은 賤而以爲衣하고 正色은 貴而以爲裏하니 言皆失其所也라 已는 止也라
○ 莊公惑於嬖妾하여 夫人莊姜이 賢而失位라 故로 作此詩라 言綠衣黃裏로 以比賤妾尊顯而正嫡幽微하여 使我憂之하여 不能自已也라

比이다. 綠은 蒼色이 黃色을 이긴 中間色이요, 黃은 中央土의 正色이다. 間色은 천한데 이것으로 상의를 만들고, 正色은 귀한데 이것으로 속옷을 만들었으니, 이는 모두 제자리를 잃었음을 말한 것이다. 已는 그침이다.

○ 莊公이 嬖妾에게 惑하여, 夫人 莊姜이 어진데도 지위를 잃었다. 그러므로 이 詩를 지은 것이다. 綠衣黃裏로써 賤妾이 尊顯하고 正嫡이 幽微함을 比하여, 나로 하여금 근심하여 스스로 그치지 못하게 한다고 말한 것이다.

譯註 2. 中央土之正色 : 陰陽五行說에 따르면 東은 木으로 靑色, 西는 金으로 白色, 南은 火로 赤色, 北은 水로 黑色, 中央은 土로 黃色이며, 이 靑·黃·赤·白·黑의 다섯 가지 색깔을 正色(바른 색깔)이라 하여 소중히 여기는 반면 紫·綠·碧 따위의 中間色을 천하게 여겼다.

綠兮衣兮, 綠衣黃裳. 心之憂矣, 曷維其亡.

綠兮衣兮여	녹색 옷이여
綠衣黃裳이로다	녹색이 웃옷이요 황색이 치마로다
心之憂矣여	마음의 근심함이여
曷維其亡고	언제나 잊힐런고

比也라 上曰衣요 下曰裳이라 記曰 衣正色이요 裳間色이라하니 今以綠爲衣하고 而黃者自裏轉而爲裳하니 其失所益甚矣라 亡之爲言은 忘也라

比이다. 웃옷을 衣라 하고, 아래옷을 裳이라 한다. 「禮記」의 《玉藻》에 "衣는 正色으로 하고

裏 : 속옷 리 嬖 : 사랑할 폐

裳은 間色으로 한다" 하였는데, 이제 녹색으로 衣를 만들고, 황색은 속옷에서 더 전락하여 裳이 되었으니, 제자리를 잃음이 더욱 심한 것이다. 亡이란 말은 잊다의 뜻이다.

綠兮絲兮, 女(音汝)所治(平聲)兮. 我思古人, 俾無訧(音尤 叶于其反)兮.

綠兮絲兮라	녹색 실이여
女(汝)所治兮로다	네가 다스리는 바로다
我思古人하여	내 古人을 생각하여
俾無訧兮로다	허물이 없게 하노라

比也라 女는 指其君子而言也라 治는 謂理而織之也라 俾는 使요 訧는 過也라
○ 言綠方爲絲어늘 而女又治之하여 以比妾方少艾어늘 而女又嬖之也라 然則我將如之何哉오 亦思古人有嘗遭此而善處之者하여 以自勵焉하여 使不至於有過而已라

比이다. 女는 君子(남편)를 가리켜 말한 것이다. 治는 다스려 짬을 이른다. 俾는 하여금이요, 訧는 허물함이다.

○ 지금 녹색으로 막 실을 물들였는데 네가 또 이것을 다스린다고 말하여, 妾은 이제 어려 예쁜데 네가 또 그를 총애함을 비유한 것이다. 그렇다면 내 장차 어떻게 하겠는가. 또한 옛 사람 중에 일찍이 이러한 경우를 만나고도 잘 대처한 자가 있음을 생각하여, 스스로 힘써서 잘못이 있음에 이르지 않게 할 뿐이라고 말한 것이다.

絺兮綌兮, 凄(七西反)其以風(叶孚愔反). 我思古人, 實獲我心.

絺兮綌兮여	가는 葛布와 굵은 葛布여
凄其以風이로다	쌀쌀한 바람 불어오도다
我思古人호니	내 古人을 생각하니
實獲我心이로다	실로 내 마음을 아셨도다

比也라 凄는 寒風也라
○ 絺綌而遇寒風은 猶己之過時而見棄也라 故로 思古人之善處此者하니 眞能先得我心之所求也라

比이다. 凄는 찬 바람이다.

○ 絺綌이 찬 바람을 만난 것은 자기가 때가 지나 버림을 받음과 같다. 그러므로 옛 사람 중에 이런 경우에 잘 대처한 자를 생각해보니, 진실로 내 마음의 구하는 바를 먼저 안 것이다.

俾 : 하여금 비 訧 : 허물 우 艾 : 예쁠 애 勵 : 힘쓸 려 絺 : 가는갈포 치
綌 : 굵은갈포 격 凄 : 써늘할 처

綠衣四章이니 章四句라

莊姜事는 見春秋傳이나 此詩는 無所考하니 姑從序說하노라 下三篇同이라

莊姜의 일은 「春秋傳」에 보이나 이 詩는 상고할 곳이 없으니, 우선 序說을 따른다. 아래 세 篇도 이와 같다.

毛序 綠衣는 衛莊姜이 傷己也라 妾上僭하여 夫人失位하여 而作是詩也라

《綠衣》는 衛나라 莊姜이 자신을 서글퍼한 詩이다. 妾이 위로 참람하여 夫人이 지위를 잃자, 이 詩를 지은 것이다.

燕燕于飛, 差(初宜反)池其羽. 之子于歸, 遠送于野(叶上與反). 瞻望弗及, 泣涕如雨.

燕燕于飛여	제비와 제비의 날음이여
差(치)池其羽로다	가지런하지 않은 그 깃이로다
之子于歸에	之子가 돌아감에
遠送于野호라	멀리 들에서 전송하노라
瞻望弗及이라	멀리 바라보아도 미치지 못하여
泣涕如雨호라	눈물 흘리기를 비오듯이 하노라

興也라 燕은 鳦也니 謂之燕燕者는 重言之也라 差池는 不齊之貌라 之子는 指戴嬀也라 歸는 大歸也라

○ 莊姜無子하여 以陳女戴嬀之子完으로 爲己子러니 莊公卒하고 完卽位한대 嬖人之子州吁弑之라 故로 戴嬀大歸于陳이어늘 而莊姜送之할새 作此詩也라

興이다. 燕은 제비이니, 燕燕이라고 말한 것은 거듭 말한 것이다. 差池는 가지런하지 않은 모양이다. 之子는 戴嬀를 가리킨다. 歸는 크게(영영) 돌아감이다.

○ 莊姜이 아들이 없어서 陳나라에서 시집온 戴嬀의 아들 完을 자기의 아들로 삼았는데, 莊公이 죽고 完이 즉위하자, 嬖人의 아들인 州吁가 그를 시해하였다. 그러므로 戴嬀가 陳나라로 영영 돌아감에 莊姜이 그를 전송하면서 이 詩를 지은 것이다.

燕燕于飛, 頡(戶結反)之頏(戶郎反)之. 之子于歸, 遠于將之. 瞻望弗及, 佇立以泣.

燕燕于飛여	제비와 제비의 날음이여
頡之頏之로다	오르내리도다

燕 : 제비 연 差 : 어긋날 치 瞻 : 볼 첨 涕 : 눈물 체 鳦 : 제비 을 嬀 : 성 규
吁 : 한숨쉴 우 頡 : 날아오를 힐 頏 : 날아내릴 항 將 : 보낼 장 佇 : 오래서있을 저

之子于歸에	之子가 돌아감에
遠于將之호라	멀리 전송하노라
瞻望弗及이라	멀리 바라보아도 미치지 못하여
佇立以泣호라	우두커니 서서 눈물만 흘리노라

興也라 飛而上曰頡이요 飛而下曰頏이라 將은 送也라 佇立은 久立也라

興이다. 날아서 위로 올라가는 것을 頡이라 하고, 날아서 아래로 내려가는 것을 頏이라 한다. 將은 전송함이다. 佇立은 오랫동안 서 있는 것이다.

燕燕于飛, 下上(時掌反)其音. 之子于歸, 遠送于南(叶尼心反). 瞻望弗及, 實勞我心.

燕燕于飛여	제비와 제비의 날음이여
下上其音이로다	오르내리는 그 소리로다
之子于歸에	之子가 돌아감에
遠送于南호라	멀리 남쪽에서 전송하노라
瞻望弗及이라	멀리 바라보아도 미칠 수 없으니
實勞我心호라	실로 내 마음 괴롭게 하도다

興也라 鳴而上曰上音이요 鳴而下曰下音이라 送于南者는 陳在衛南일새라

興이다. 울면서 올라가는 것을 上音이라 하고, 울면서 내려가는 것을 下音이라 한다. 남쪽에서 전송한 것은 陳나라가 衛나라의 남쪽에 있기 때문이다.

仲氏任(而今反)只(音紙), 其心塞淵(叶一均反). 終溫且惠, 淑愼其身. 先君之思, 以勗寡人.

仲氏任只하니	仲氏가 미더우니
其心塞(색)淵이로다	그 마음 진실하고 깊도다
終溫且惠하여	끝내 온순하고 또 순하여
淑愼其身이요	그 몸을 잘 삼가하였고
先君之思로	先君을 생각하라는 말로써
以勗寡人이로다	寡人을 권면하도다

賦也라 仲氏는 戴嬀字也라 以恩相信曰任이라 只는 語辭라 塞은 實이요 淵은 深이라 終은 竟이요 溫은 和요 惠는 順이요 淑은 善也라 先君은 謂莊公也라 勗은 勉也라 寡人은 寡德之人이니 莊姜自稱也라

任：믿을 임　塞：진실할 색　淵：깊을 연　淑：착할 숙, 잘할 숙　勗：힘쓸 욱

○ 言戴嬀之賢如此하고 又以先君之思勉我하여 使我常念之而不失其守也라 楊氏曰 州吁之暴와 桓公之死와 戴嬀之去는 皆夫人失位하여 不見答於先君所致也어늘 而戴嬀猶以先君之思로 勉其夫人하니 眞可謂溫且惠矣로다

賦이다. 仲氏는 戴嬀의 字이다. 은혜로써 서로 믿는 것을 任이라 한다. 只는 어조사이다. 塞은 진실함이요, 淵은 깊음이다. 終은 끝냄이요, 溫은 和함이요, 惠는 順함이요, 淑은 善(잘함)이다. 先君은 莊公을 이른다. 勗은 권면함이다. 寡人은 德이 적은 사람이니, 莊姜이 자신을 칭한 것이다.

○ 戴嬀의 어짊이 이와 같고, 또 先君을 생각하라는 말로써 나를 권면하여, 나로 하여금 항상 先君을 생각하여 그 지킴을 잃지 않게 하였다고 말한 것이다.

楊氏가 말하였다. "州吁의 포악함과 桓公의 죽음과 戴嬀의 떠남은 모두 夫人이 지위를 잃어 先君에게 보답을 받지 못한 所致인데도 戴嬀는 오히려 先君을 생각하라는 말로써 夫人을 권면하였으니, 참으로 온순하고 또 순하다고 이를 만하다."

燕燕四章이니 章六句라

毛序 燕燕은 衛莊姜이 送歸妾也라

《燕燕》은 衛나라 莊姜이 친정으로 돌아가는 妾을 전송한 詩이다.

日居月諸, 照臨下土. 乃如之人兮, 逝不古處昌呂反. 胡能有定, 寧不我顧協果五反.

日居月諸	해와 달이
照臨下土시니	下土를 굽어 살피시니
乃如之人兮	이와 같은 사람이여
逝不古處하나다	옛 道理로 처하지 않는구나
胡能有定이리오마는	어찌 정함이 있으리오마는
寧不我顧오	어찌하여 나를 돌아보지 않는고

賦也라 日居月諸는 呼而訴之也라 之人은 指莊公也라 逝는 發語辭라 古處는 未詳하니 或云以古道相處也라 胡, 寧은 皆何也라

○ 莊姜이 不見答於莊公이라 故로 呼日月而訴之하여 言日月之照臨下土久矣어늘 今乃有如是之人하여 而不以古道相處라 是其心志回惑하니 亦何能有定哉리오마는 而何爲其獨不我顧也오하니라 見棄如此로되 而猶有望之之意焉하니 此詩之所以爲厚也니라

寧 : 어찌 녕

賦이다. 日居月諸는 해와 달을 부르면서 하소연한 것이다. 之人은 莊公을 가리킨다. 逝는 發語辭이다. 古處는 未詳이니, 혹자는 "옛 도리로써 서로 처하는 것이다." 한다. 胡와 寧은 모두 어찌이다.

○ 莊姜이 莊公에게 보답(사랑)을 받지 못하였다. 그러므로 해와 달을 부르면서 하소연하여 말하기를 "해와 달이 下土를 굽어보신 지가 오래되었는데, 이제 이와 같은 사람이 있어서 옛 도리로써 서로 처하지 않는도다. 그의 心志가 간사하고 惑하니 또한 어찌 정함이 있으리오마는, 어찌하여 홀로 나를 돌아보지 않는가." 하였다. 버림을 받음이 이와 같은데도 오히려 그에게 기대하는 뜻이 있으니, 이것이 詩의 厚함이 되는 이유이다.

日居月諸, 下土是冒. 乃如之人兮, 逝不相好呼報反. 胡能有定, 寧不我報.

日居月諸	해와 달이
下土是冒시니	下土를 덮어주시니
乃如之人兮	이와 같은 사람이여
逝不相好하나다	서로 좋아하지 않는구나
胡能有定이리오마는	어찌 정함이 있으리오마는
寧不我報오	어찌하여 나에게 보답하지 않는고

賦也라 冒는 覆也요 報는 答也라

賦이다. 冒는 덮음이요, 報는 답함이다.

日居月諸, 出自東方. 乃如之人兮, 德音無良. 胡能有定, 俾也可忘.

日居月諸	해와 달이
出自東方이삿다	東方에서 나오도다
乃如之人兮	이와 같은 사람이여
德音無良이로다	德音이 좋지 못하도다
胡能有定이리오마는	어찌 정함이 있으리오마는
俾也可忘가	어찌하여 나를 잊어도 된다고 여기는가

賦也라 日旦必出東方하고 月望亦出東方이라 德音은 美其辭요 無良은 醜其實也라 俾也可忘은 言何獨使我爲可忘者邪아

賦이다. 해는 아침이면 반드시 東方에서 나오고, 달은 보름이면 또한 東方에서 나온다. 德音은 그 말을 아름답게 여긴 것이요, 無良은 그 실제를 추하게 여긴 것이다. 俾也可忘은 어찌하여 홀로 나를 잊을 수 있다고 여기느냐고 한 것이다.

冒 : 덮을 모　覆 : 덮을 부　醜 : 추악할 추

日居月諸, 東方自出. 父兮母兮, 畜我不卒. 胡能有定, 報我不述.

日居月諸	해와 달이
東方自出이샷다	東方에서 나오도다
父兮母兮	아버지와 어머니가
畜(휵)我不卒이샷다	나를 길러주심을 마치지 못하셨도다
胡能有定이리오마는	어찌 정함이 있으리오마는
報我不述하나다	나에게 보답하기를 도리로 하지 않도다

賦也라 畜은 養이요 卒은 終也니 不得其夫하여 而歎父母養我之不終이라 蓋憂患疾痛之極이면 必呼父母는 人之至情也라 述은 循也니 言不循義理也라

賦이다. 畜은 기름이요, 卒은 마침이니, 그 남편에게 사랑을 얻지 못하여 父母가 나를 길러주심을 끝마치지 못했다고 탄식한 것이다. 憂患과 疾痛이 지극하면 반드시 父母를 부름은 사람의 지극한 情이다. 述은 따름이니, 義理를 따르지 않음을 말한다.

日月四章이니 章六句라

此詩는 當在燕燕之前이니 下篇放此하니라

이 詩는 마땅히《燕燕》의 앞에 있어야 하니, 下篇도 이와 같다.

毛序 日月은 衛莊姜이 傷己也라 遭州吁之難하여 傷己不見答於先君하여 以至困窮之詩也라

《日月》은 衛나라 莊姜이 자신을 서글퍼한 것이다. 州吁의 난을 당하여, 자신이 先君(莊公)에게 답례를 받지 못해 곤궁함에 이른 것을 悲傷한 詩이다.

終風且暴, 顧我則笑(마音燥). 謔(許約反)浪笑敖(五報反), 中心是悼.

終風且暴나	하루내내 바람불고 또 빠르나
顧我則笑하나니	나를 돌아보면 웃기도 하나니
謔浪笑敖라	해학하며 웃고 즐거워하는지라
中心是悼로다	中心에 이 슬퍼하노라

比也라 終風은 終日風也라 暴는 疾也라 謔은 戲言也요 浪은 放蕩也라 悼는 傷也라
○ 莊公之爲人이 狂蕩暴疾하니 莊姜이 蓋不忍斥言之라 故로 但以終風且暴爲比하여 言雖其

畜:기를 휵 暴:급할 포 謔:해학할 학 敖:거만할 오 悼:슬플 도

狂暴如此나 然亦有顧我則笑之時로되 但皆出於戲慢之意하고 而無愛敬之誠하니 則又使我不敢言而心獨傷之耳라 蓋莊公暴慢無常이어늘 而莊姜正靜自守하니 所以忤其意而不見答也라

比이다. 終風은 하루내내 바람부는 것이다. 暴는 빠름이다. 謔은 농담하는 것이요, 浪은 방탕함이다. 悼는 서글퍼함이다.

○ 莊公의 사람됨이 狂蕩하고 暴疾하였는데, 莊姜이 차마 指斥하여 말할 수 없었다. 그러므로 다만 終風且暴로써 비유하여 말하기를 "비록 그 狂暴함이 이와 같으나, 또한 나를 돌아보면 웃을 때도 있다. 다만 이것이 모두 戲慢의 뜻에서 나오고 愛敬의 정성이 없으니, 또 나로 하여금 감히 이것을 말하지 못하고 마음에 홀로 서글퍼 할 뿐이다." 한 것이다. 莊公이 暴慢하여 떳떳함이 없었는데, 莊姜은 올바름과 고요함으로 스스로 지켰으니, 이 때문에 그 뜻을 거슬려 보답을 받지 못한 것이다.

終風且霾[亡皆反 叶音貍], 惠然肯來[叶如字 又陵之反]. 莫往莫來, 悠悠我思[叶新才新齎二反].

終風且霾나	하루내내 바람불고 또 흙비가 내리나
惠然肯來언마는(하나니)	惠然히 즐겨 오기도 하건마는
莫往莫來라	가지도 않고 오지도 않는지라
悠悠我思로다	아득하고 아득한 내 그리움이로다

比也라 霾는 雨土蒙霧也라 惠는 順也라 悠悠는 思之長也라
○ 終風且霾로 以比莊公之狂惑也라 雖云狂惑이나 然亦或惠然而肯來로되 但又有莫往莫來之時하니 則使我悠悠而思之라 望其君子之深하니 厚之至也라

比이다. 霾는 흙비가 내려 캄캄한 것이다. 惠는 順함이요, 悠悠는 그리움이 긴 것이다.

○ 終風且霾로써 莊公의 狂惑함을 비유하였다. 비록 狂惑하다고는 하나 혹 惠然히 즐겨 오기도 하는데, 다만 또 가지도 오지도 않을 때가 있으니, 나로 하여금 悠悠히 그립게 한다. 그 君子를 바램이 깊으니, 厚함이 지극하다.

終風且曀[於計反], 不日有曀. 寤言不寐, 願言則嚏[都麗反].

終風且曀요	하루내내 바람불고 또 음산하고는
不日有曀로다	하루가 못되어 또다시 음산하도다
寤言不寐하며	잠깨어 잠 못이루며
願言則嚏호라	이것을 생각하면 눈물콧물이 나오노라

比也라 陰而風曰曀라 有는 又也라 不日有曀는 言旣曀矣어늘 不旋日而又曀也니 亦比人之狂惑이 暫開而復蔽也라 願은 思也라 嚏는 鼽嚏也니 人氣感傷閉鬱하고 又爲風霧所襲이면 則

忤 : 거스릴 오　霾 : 흙비 매　蒙 : 어두울 몽　霧 : 캄캄할 무　曀 : 음산할 에　有 : 또 유
願 : 사모할 원　嚏 : 재치기 체　鼽 : 코막힐 구　霧 : 안개 무

有是疾也라

比이다. 음산하고 바람부는 것을 曀라 한다. 有는 又(또)이다. 不日有曀는 이미 음산하였는데, 하루가 못되어 또다시 음산함을 말한 것이니, 또한 사람의 狂惑함이 잠시 열렸다가 다시 가리워짐을 비유한 것이다. 願은 생각함이다. 嚏는 코가 막히고 재채기하는 것이니, 사람의 기운이 鬱閉함에 감촉하여 상하고, 또 바람과 안개에 侵襲을 당하면 이러한 병이 있게 된다.

曀曀其陰, 虺虺(許鬼反)其靁. 寤言不寐, 願言則懷(叶胡椳反).

曀曀其陰이며	曀曀한 그 음산함이며
虺虺其靁로다	虺虺한 그 우뢰소리로다
寤言不寐하며	잠깨어 잠 못이루며
願言則懷호라	이것을 생각하면 그리워지노라

比也라 曀曀는 陰貌요 虺虺는 靁將發而未震之聲이니 以比人之狂惑이 愈深而未已也라 懷는 思也라

比이다. 曀曀는 음산한 모양이요, 虺虺는 장차 천둥이 치려하면서 아직 진동하지 않는 소리이니, 사람의 狂惑함이 더욱 깊어지고 그치지 않음을 비유한 것이다. 懷는 그리워함이다.

終風四章이니 章四句라

說見上하니라

해설이 위에 보인다.

毛序　終風은 衛莊姜이 傷己也라 遭州吁之暴하여 見侮慢而不能正也라

《終風》은 衛나라 莊姜이 자신을 서글퍼한 詩이다. 州吁의 포악함을 만나 侮慢을 당하면서 바로잡지 못해서였다.

擊鼓其鏜(吐當反), 踊躍用兵(叶晡芒反). 土國城漕, 我獨南行(叶戶郞反).

擊鼓其鏜이어늘	북을 치기를 鏜鏜히 하거늘
踊躍用兵호라	踊躍하여 병기를 쓰노라
土國城漕어늘	서울에서 흙일도 하고 漕邑에서 築城도 하거늘
我獨南行호라	나만이 홀로 남쪽으로 길을 떠나노라

虺：우뢰소리 훼　靁：천둥 뢰　鏜：북소리 당　踊：뛸 용　漕：땅이름 조

賦也라 鏜은 擊鼓聲也라 踊躍은 坐作擊刺之狀也라 兵은 謂戈戟之屬이라 土는 土功也라 國은 國中也라 漕는 衛邑名이라

○ 衛人從軍者自言其所爲하고 因言 衛國之民이 或役土功於國하고 或築城於漕어늘 而我獨南行하여 有鋒鏑死亡之憂하여 危苦尤甚也라

賦이다. 鏜은 북을 치는 소리이다. 踊躍은 앉고 일어나며 치고 찌르는 모양이다. 兵은 戈戟의 등속을 이른다. 土는 土功(土木工事)이다. 國은 國中(서울)이다. 漕는 衛나라의 邑 이름이다.

○ 衛나라 사람으로서 從軍하는 자가 스스로 자기가 하는 바를 말하고, 인하여 "衛나라 백성들이 혹은 서울에서 土功을 하고 혹은 漕邑에서 築城도 하는데, 나만이 홀로 남쪽으로 출정가서 鋒鏑(창끝과 화살촉에 부상당함)과 死亡의 우환이 있어 위험과 고생이 더욱 심하다."고 말한 것이다.

從孫子仲, 平陳與宋. 不我以歸, 憂心有忡(敷中反 叶 敷衆反).

從孫子仲하여	孫子仲을 따라
平陳與宋하소라	陳과 宋을 和平하게 하였노라
不我以歸라	나를 데리고 가지 않는지라
憂心有忡호라	마음에 근심하기를 忡忡히 하노라

賦也라 孫은 氏요 子仲은 字이니 時軍帥也라 平은 和也니 合二國之好也라 舊說에 以此爲春秋隱公四年 州吁自立之時에 宋衛陳蔡伐鄭之事라하니 恐或然也라 以는 猶與也니 言不與我而歸也라

賦이다. 孫은 氏요, 子仲은 字이니, 당시의 장수이다. 平은 和함이니, 두 나라의 友好를 합하는 것이다. 舊說에 이것을 「春秋」의 隱公 4년에 州吁가 스스로 즉위했을 당시 宋·衛·陳·蔡가 鄭을 친 일이라고 하였는데, 혹 그럴 듯하다. 以는 與와 같으니, 나(자신)를 데리고 돌아가지 않음을 말한 것이다.

爰居爰處, 爰喪(息浪反)其馬(叶 滿補反). 于以求之, 于林之下(叶 後五反).

爰居爰處하여	이 곳에 居하며 이 곳에 處하여
爰喪其馬하고	이에 그 말을 잃고
于以求之	이에 찾기를
于林之下호라	숲 아래에서 하노라

賦也라 爰은 於也라 於是居하고 於是處하여 於是喪其馬하고 而求之於林下하니 見其失伍離次

刺 : 찌를 척(자) 戟 : 갈라진창 극 鋒 : 칼날 봉 鏑 : 화살촉 적 忡 : 가슴두근거릴 충
蔡 : 채나라 채 爰 : 이에 원 次 : 머무를 차

하여 無鬪志也라

賦이다. 爰은 於(이에)이다. 이에 거하고 이에 처하여 이에 그 말을 잃고는 숲 아래에서 찾았다 하니, 대오를 잃고 위치를 떠나서 鬪志가 없음을 나타낸 것이다.

死生契苦結反闊叶苦劣反, 與子成說. 執子之手, 與子偕老叶魯吼反.

死生契(결)闊에	죽든 살든 멀리 떨어져 있든
與子成說호라	그대와의 약속 이루자고 하였노라
執子之手하여	그대의 손잡고
與子偕老라호라	그대와 百年偕老하자고 하였노라

賦也라 契闊은 隔遠之意라 成說은 謂成其約誓之言이라
○ 從役者念其室家하고 因言始爲室家之時에 期以死生契闊에 不相忘棄하고 又相與執手하여 而期以偕老也라

賦이다. 契闊은 멀리 떨어져 있다는 뜻이다. 成說은 그 誓約한 말을 이룸을 이른다.
○ 부역에 종사한 자가 그 室家를 생각하고, 인하여 말하기를 "처음 室家를 맞이할 때에 죽든 살든 멀리 떨어져 있든 서로 잊거나 버리지 말자고 약속하였으며, 또 서로 손을 잡고 百年偕老하자고 약속했었다."고 한 것이다.

于音吁下同嗟闊叶苦劣反兮, 不我活叶戶劣反兮. 于嗟洵音荀兮, 不我信叶師人反兮.

于嗟闊兮여	아 멀리 떨어져 있음이여
不我活兮로다	우리 함께 살지 못하리로다
于嗟洵兮여	아 약속함이여
不我信兮로다	우리 이 약속 펴지 못하리로다

賦也라 于嗟는 歎辭也라 闊은 契闊也라 活은 生이요 洵은 信也라 信은 與申同이라
○ 言昔者에 契闊之約如此로되 而今不得活하고 偕老之信如此로되 而今不得伸하니 意必死亡하여 不復得與其室家遂前約之信也라

賦이다. 于嗟는 탄식하는 말이다. 闊은 契闊이다. 活은 삶이요, 洵은 信(약속)이다. 信은 申(伸)과 같다.
○ 옛날에 契闊의 약속이 이와 같았는데도 이제 함께 살 수가 없고, 백년해로의 약속이 이와 같았는데도 이제 펼 수가 없으니, 생각컨대 반드시 사망하여 室家와 더불어 옛날에 약속한 말을 이룰 수 없을 것이라고 한 것이다.

鬪 : 싸울 투　契 : 근고(勤苦)할 결, 소원할 결　闊 : 넓을 활, 근고할 활　偕 : 함께 해
洵 : 진실로 순, 약속할 순　信 : 펼 신

擊鼓五章이니 章四句라

毛序 擊鼓는 怨州吁也라 衛州吁用兵暴亂하여 使公孫文仲으로 將而平陳與宋하니 國人이 怨其勇而無禮也라

《擊鼓》는 州吁를 원망한 詩이다. 衛나라 州吁가 用兵하여 포악하고 난을 일으켜 公孫文仲을 장수로 삼아 陳나라와 宋나라를 和平하게 하니, 國人들이 용맹하기만 하고 無禮함을 원망한 것이다.

凱風自南(叶尼心反), 吹彼棘心. 棘心夭夭(於驕反), 母氏劬勞(叶音僚).

凱風自南으로	凱風이 남쪽으로부터
吹彼棘心이로다	저 棘心에 불어오도다
棘心夭夭어늘	棘心이 여리고 여리거늘
母氏劬勞샷다	어머니 매우 수고하셨도다

比也라 南風을 謂之凱風이니 長養萬物者也라 棘은 小木이니 叢生, 多刺, 難長이요 而心은 又其稚弱而未成者也라 夭夭는 少好貌라 劬勞는 病苦也라
○ 衛之淫風流行하여 雖有七子之母나 猶不能安其室이라 故로 其子作此詩하여 以凱風比母하고 棘心比子之幼時라 蓋曰 母生衆子하여 幼而育之하여 其劬勞甚矣라하니 本其始而言하여 以起自責之端也라

比이다. 南風을 凱風이라 이르니, 만물을 자라게 하고 기르는 것이다. 棘은 작은 나무이니, 叢生하고 가시가 많으며 자라기가 어렵고, 心은 또 어리고 약하여 아직 成長하지 않은 것이다. 夭夭는 어리고 예쁜 모양이다. 劬勞는 병들고 괴로움이다.

○ 衛나라에 淫風이 유행하여 비록 일곱 아들을 둔 어머니도 오히려 그 집안을 편안히 여기지 못하였다. 그러므로 그 아들들이 이 詩를 지어 凱風으로써 어머니를 比하고, 棘心으로써 아들이 어릴 때를 比한 것이다. 이는 어머니가 여러 아들을 낳아 어린 것들을 기르느라 그 수고로움이 심하였음을 말한 것이다. 이는 그 처음을 근본하여 말해서 自責하는 단서를 일으킨 것이다.

凱風自南, 吹彼棘薪. 母氏聖善, 我無令人.

凱風自南으로	凱風이 남쪽으로부터
吹彼棘薪이로다	저 棘薪에 불어오도다
母氏聖善이어시늘	母氏가 聖스럽고 善하시거늘
我無令人하소라	우리들은 훌륭한 사람 없도다

凱 : 즐거울 개, 화할 개 吹 : 불 취 棘 : 가시나무 극 劬 : 힘쓸 구 刺 : 가시 자
稚 : 어릴 치 薪 : 섶 신 令 : 훌륭할 령

興也라 聖은 叡요 令은 善也라

○ 棘可以爲薪則成矣라 然이나 非美材라 故로 以興子之壯大而無善也라 復以聖善稱其母하고 而自謂無令人하니 其自責也 深矣로다

興이다. 聖은 밝음이요, 令은 좋음이다.

○ 가시나무가 섶이 될 만하면 다 자란 것이다. 그러나 아름다운 材木이 아니기 때문에 이것으로써 아들이 壯大하여도 善함이 없음을 興하였다. 다시 聖善으로써 그 어머니를 칭송하고, 스스로 훌륭한 사람이 없다고 말했으니, 그 自責함이 깊은 것이다.

爰有寒泉, 在浚之下叶後五反. 有子七人, 母氏勞苦.

爰有寒泉이	이에 차가운(맑은) 샘물이
在浚之下로다	浚邑의 아래에 있도다
有子七人호되	아들 일곱 명이 있으되
母氏勞苦아	어머니를 고생시킨단 말인가

興也라 浚은 衛邑이라

○ 諸子自責하여 言寒泉在浚之下라도 猶能有所滋益於浚이어늘 而有子七人호되 反不能事母하여 而使母至於勞苦乎아하니 於是에 乃若微指其事하고 而痛自刻責하여 以感動其母心也라 母以淫風流行하여 不能自守어늘 而諸子自責에 但以不能事母 使母勞苦爲詞하니 婉詞幾諫하여 不顯其親之惡하니 可謂孝矣라 下章放此하니라

興이다. 浚은 衛나라의 邑이다.

○ 여러 아들들이 自責하여 말하기를 "寒泉이 浚邑의 아래에 있어도 오히려 浚邑을 적셔주고 유익하게 하는 바가 있거늘, 아들 일곱 명이 있으되 도리어 어머니를 잘 섬기지 못해서 어머니로 하여금 勞苦함에 이르게 한단 말인가." 한 것이다. 이에 마침내 그 일을 은미하게 가리키고, 통렬히 스스로 꾸짖어서 어머니의 마음을 감동시키려 한 것이다. 淫風이 유행하여 어머니가 스스로 정조를 지키지 못하는데도 여러 아들들이 자책하기를, 다만 어머니를 잘 섬기지 못하여 어머니로 하여금 勞苦스럽게 한다고만 말하였다. 이는 완곡한 말로 은미하게 간하여 어버이의 惡을 드러내지 않았으니, 孝라고 이를 만하다. 下章도 이와 같다.

睍胡顯反睆華板反黃鳥, 載好其音. 有子七人, 莫慰母心.

睍睆黃鳥	곱고 고운 黃鳥여
載好其音이로다	그 소리를 아름답게도 하도다
有子七人호되	아들 일곱 명이 있으되
莫慰母心가	어머니 마음 위안하지 못하는가

浚 : 깊을 준 滋 : 불어날 자 婉 : 완곡할 완 幾 : 살필 기 睍 : 고울 현 睆 : 고울 환

興也라 睍睆은 淸和圓轉之意라
○ 言黃鳥猶能好其音以悅人이어늘 而我七子 獨不能慰悅母心哉아

興이다. 睍睆은 淸和하고 圓轉한 뜻이다.
○ "黃鳥도 오히려 그 소리를 아름답게 하여 사람들을 기쁘게 하는데, 우리 일곱 아들들은 홀로 어머니의 마음을 위로하고 기쁘게 하지 못하는가." 라고 말한 것이다.

凱風四章이니 章四句라

毛序 凱風은 美孝子也라 衛之淫風流行하여 雖有七子之母나 猶不能安其室이라 故로 美七子能盡其孝道하여 以慰其母心而成其志爾라

《凱風》은 孝子를 찬미한 詩이다. 衛나라에 淫風이 流行하여 비록 일곱 명의 아들을 둔 어머니였으나 오히려 집을 편안히 여기지 못하였다. 그러므로 일곱 아들들이 효도를 다하여 어머니 마음을 위안시켜 그 뜻을 이룬 것을 찬미한 것이다.

雄雉于飛, 泄泄(移世反)其羽. 我之懷矣, 自詒伊阻.

雄雉于飛여	숫꿩의 날음이여
泄(예)泄其羽로다	느릿느릿한 그 날개로다
我之懷矣여	나의 그리워함이여
自詒伊阻로다	스스로 隔阻함을 끼치도다

興也라 雉는 野雞니 雄者는 有冠, 長尾하고 身有文采하며 善鬬라 泄泄는 飛之緩也라 懷는 思요 詒는 遺요 阻는 隔也라
○ 婦人以其君子從役于外라 故로 言雄雉之飛 舒緩自得如此어늘 而我之所思者는 乃從役於外하여 而自遺阻隔也라

興이다. 雉는 野雞이니, 수컷은 벼슬이 있고 꼬리가 길며, 몸에 문채가 있고 싸움을 잘한다. 泄泄는 날기를 느리게 하는 것이다. 懷는 그리워함이요, 詒는 끼침이요, 阻는 隔阻함이다.
○ 婦人이 남편이 외지로 부역을 나갔기 때문에 "숫꿩의 날음은 느리고 펴져서 自得(자유로움)함이 이와 같은데, 내 그리워하는 분은 마침내 외지로 부역을 나가서 스스로 隔阻함을 끼친다."고 말한 것이다.

雄雉于飛, 下上(時掌反)其音. 展矣君子, 實勞我心.

雉 : 꿩 치 泄 : 느릴 예 詒 : 끼칠 이 阻 : 막힐 조 鬬 : 싸울 투 展 : 진실로 전

雄雉于飛여	숫꿩의 날음이여
下上其音이로다	오르내리는 그 소리로다
展矣君子여	진실로 君子여
實勞我心이로다	실로 내 마음을 수고롭게 하도다

興也라 下上其音은 言其飛鳴自得也라 展은 誠也라 言誠, 又言實은 所以甚言此君子之勞我心也라

興이다. 下上其音은 그 날고 울기를 自得하게 함을 말한 것이다. 展은 진실로이다. 誠이라고 말하고 또 實이라고 말한 것은 이 君子가 내 마음을 수고롭게 함을 심히 말한 것이다.

瞻彼日月, 悠悠我思(叶新齋反). 道之云遠, 曷云能來(叶陵之反).

瞻彼日月호니	저 해와 달을 보니
悠悠我思로다	아득하고 아득한 내 그리움이로다
道之云遠이어니	길이 멀기도 하니
曷云能來리오	언제나 오실까

賦也라 悠悠는 思之長也라 見日月之往來하고 而思其君子從役之久也라

賦이다. 悠悠는 그리움이 긴 것이다. 해와 달이 왕래함을 보고는 君子가 부역을 나간 지 오래되었음을 생각한 것이다.

百爾君子, 不知德行(下孟反 戶郞反 叶). 不忮(之豉反)不求, 何用不臧.

百爾君子는	모든 君子들이
不知德行가	德行을 모르실까
不忮不求면	해치지 않고 탐하지 않는다면
何用不臧이리오	어찌 善하지 않으리오

賦也라 百은 猶凡也라 忮는 害요 求는 貪이요 臧은 善也라
○ 言凡爾君子 豈不知德行乎아 若能不忮害하고 又不貪求면 則何所爲而不善哉아하니 憂其遠行之犯患하여 冀其善處而得全也라

賦이다. 百은 凡과 같다. 忮는 害함이요, 求는 貪함이요, 臧은 善함이다.
○ "모든 君子들이 어찌 德行을 알지 못하겠는가. 만일 남을 해치지도 않고 탐하지도 않는다면 무엇을 함에 善하지 않겠는가."라고 말한 것이다. 이는 遠行함에 患難을 범할까 근심하여, 이에 잘 대처하여 온전함을 얻기를 바란 것이다.

忮 : 해칠 기 臧 : 착할 장

雄雉四章이니 章四句라

毛序 雄雉는 刺衛宣公也라 淫亂하여 不恤國事하고 軍旅數(삭)起하여 大夫久役하여 男女怨曠하니 國人患之하여 而作是詩하니라

《雄雉》는 衛나라 宣公을 풍자한 詩이다. 음란하여 國事를 생각하지 않고 군대를 자주 일으켜 大夫들이 오랫동안 부역하여 男女들이 원망하고 홀아비로 있으니, 國人들이 이를 걱정하여 이 詩를 지은 것이다.

匏有苦葉, 濟有深涉. 深則厲, 淺則揭(苦例反).

匏有苦葉이어늘	박에 쓴 잎이 있거늘
濟有深涉이로다	건너는 곳에 깊은 물턱이 있도다
深則厲요	깊으면 옷을 벗어 가지고 건너고
淺則揭니라	얕으면 옷을 걷고 건너야 한다

比也라 匏는 瓠也니 匏之苦者는 不可食이요 特可佩以渡水而已라 然이나 今尙有葉이면 則亦未可用之時也라 濟는 渡處也라 行渡水曰涉이라 [1]以衣而涉曰厲요 褰衣而涉曰揭라
○ 此는 刺淫亂之詩라 言匏未可用이어늘 而渡處方深하니 行者 當量其淺深而後可渡하여 以比男女之際에 亦當量度禮義而行也라

比이다. 匏는 박이니, 박이 쓴 것은 먹을 수가 없고, 다만 허리에 차고서 물을 건널 뿐이다. 그러나 지금 아직 잎이 달려있다면 또한 사용할 수 없는 때이다. 濟는 물을 건너는 곳이다. 걸어서 물을 건너는 것을 涉이라 한다. 옷을 벗어 가지고 건너는 것을 厲라 하고, 옷을 걷고 건너는 것을 揭라 한다.
○ 이는 淫亂함을 풍자한 詩이다. 박을 아직 사용할 수 없는데 물을 건널 곳은 막 깊으니, 길을 가는 자가 마땅히 물의 淺深을 헤아린 뒤에 건너야 함을 말하여, 男女의 즈음에도 또한 禮義를 헤아린 뒤에 행해야 함을 비유한 것이다.

譯註 1. 以衣而涉曰厲: 이 내용은 「論語」《憲問》에도 인용되었는바, 첫째는 '以衣'를 옷을 입은 채 건너는 것으로 보는 해석인데, 옷을 입은 채로 깊은 물을 건너는 것은 현실적으로 불가능하기 때문에 厲를 다리로 보아 '깊은 물은 옷을 입은채 다리 위로 건넌다.'고 해석한다. 그러나 厲와 揭가 모두 교량이 없는 상황에서 물의 깊고 얕음에 따라 徒涉하는 것이며, 만일 교량이 가설되어 있다면 얕은 물이라도 교량을 이용하지 않고 굳이 옷을 걷고 건널 이유가 없는 것이다. 둘째는 以衣而涉의 '衣'를 쇠코잠방이(지금의 팬티 따위)로 보고, 褰衣而涉의 '衣'를 치마(바지)로 보아, 깊은 물에서는 겉옷은 벗고 쇠코잠방이

匏 : 박 포　厲 : 옷걷지않고물건널 려　揭 : 옷걷고물건널 게　瓠 : 박 호　佩 : 찰 패
褰 : 옷걷을 건

만 입은 채로 건넌다는 해석이다. 茶山 丁若鏞도 이 說을 주장하였으나 똑같은 '衣'字를 하나는 쇠코잠방이로, 하나는 치마로 보는 것도 곤란하다. 이 때문에 程樹德의 「論語集釋」에는 '春秋傳 師克左右之曰以 當時凡據邑提兵 皆曰以 以有提持之意 故手持物亦可謂之以 以衣涉水曰厲 言水之尙淺 可揭衣以渡 水之深也 必解衣持之 負戴以涉也'라 하여 '以'를 '갖다'의 뜻으로 보아 겉옷은 벗어 손에 쥐고 속옷만을 입고 가는 것으로 해석하였는바, 여기서는 後者의 해석을 따랐음을 밝혀둔다.

有瀰(瀰爾反)濟盈, 有鷕(以小反)雉鳴. 濟盈不濡軌(居美反 居有反 叶), 雉鳴求其牡.

有瀰濟盈이어늘	건너는 곳에 물이 가득하거늘
有鷕雉鳴이로다	鷕鷕히 암꿩이 울도다
濟盈不濡軌하며	물이 가득하되 수레바퀴 자국을 적시지 않으며
雉鳴求其牡로다	꿩이 울면서 숫짐승을 찾도다

比也라 瀰는 水滿貌라 鷕는 雌雉聲이라 軌는 車轍也라 飛曰雌雄이요 走曰牝牡라
○ 夫濟盈이면 必濡其轍이요 雉鳴엔 當求其雄이니 此常理也어늘 今濟盈而曰不濡軌하고 雉鳴而反求其牡하니 以比淫亂之人이 不度禮義하여 非其配耦어늘 而犯禮以相求也라

比이다. 瀰는 물이 가득한 모양이다. 鷕는 암꿩이 우는 소리이다. 軌는 수레바퀴 자국이다. 날짐승을 雌雄이라 하고, 길짐승을 牝牡라 한다.

○ 건너는 곳에 물이 가득하면 반드시 그 수레바퀴 자국을 적실 것이요, 꿩이 울 때에는 마땅히 그 숫꿩을 구해야 하니, 이것이 떳떳한 이치이다. 그런데 지금 건너는 곳에 물이 가득한데도 수레바퀴 자국을 적시지 않고, 꿩이 울면서 도리어 그 숫짐승을 구한다 하였으니, 이것으로써 淫亂한 사람이 禮義를 헤아리지 아니하여 配耦(짝)가 아닌데도 禮를 범하여 서로 구함을 비유한 것이다.

雝雝鳴鴈(魚旰反 叶), 旭(許玉反)日始旦. 士如歸妻, 迨冰未泮.

雝雝鳴鴈은	雝雝히 우는 기러기는
旭日始旦이니라	해 떠올라 아침이 될 제 우느니라
士如歸妻인댄	남자가 만일 아내를 데려오려면
迨冰未泮이니라	얼음이 풀리기 전에 해야 하느니라

賦也라 雝雝은 聲之和也라 鴈은 鳥名이니 似鵝하고 畏寒하여 秋南春北이라 旭은 日初出貌라 昏禮에 納采用鴈하며 親迎以昏하고 而納采請期以旦이라 歸妻는 以冰泮하고 而納采請期는 迨冰未泮之時니라

瀰 : 물가득할 미 鷕 : 암꿩우는소리 요 濡 : 젖을 유 軌 : 수레굴대 궤 牡 : 수컷 무
耦 : 짝 우 雝 : 화할 옹 旭 : 아침해 욱 迨 : 미칠 태 泮 : 얼음풀릴 반 鵝 : 거위 아
采 : 폐백 채

○ 言古人之於婚姻에 其求之不暴而節之以禮如此하여 以深刺淫亂之人也라

賦이다. 雝雝은 소리가 화함이다. 雁은 새 이름이니, 거위와 같은데 추위를 두려워하여 가을엔 남쪽으로 내려오고, 봄에는 북쪽으로 올라간다. 旭은 해가 처음 나오는 모양이다. 昏禮에 納采할 때에는 기러기를 쓰며, 親迎은 어두울 때에 하고, 納采와 請期는 아침에 한다. 아내를 데려오는 것은 얼음이 풀릴 때에 하고, 納采와 請期는 얼음이 채 풀리지 않았을 때에 하는 것이다.

○ 옛 사람이 婚姻에 대하여 구하기를 갑작스럽게 하지 않고 禮로써 절제함이 이와 같음을 말하여, 음란한 사람을 깊이 풍자한 것이다.

招招(照遙反)舟子(叶獎里反), 人涉卬(五郎反)否(叶補美反). 人涉卬否, 卬須我友(叶羽軌反).

招招舟子에	손짓하여 부르는 뱃사공에
人涉卬否호라	남은 건너도 나는 건너지 않노라
人涉卬否는	남은 건너도 나는 건너지 않음은
卬須我友니라	나는 내 짝을 기다려서이니라

比也라 招招는 號召之貌라 舟子는 舟人이니 主濟渡者라 卬은 我也라
○ 舟人招人以渡에 人皆從之어늘 而我獨否者는 待我友之招而後從之也라 以比男女必待其配耦而相從하여 而刺此人之不然也라

比이다. 招招는 고함쳐 부르는 모양이다. 舟子는 뱃사람이니, 나루를 건네주는 일을 맡은 자이다. 卬은 나이다.

○ 뱃사공이 사람들을 불러 건너라 함에 사람들이 모두 따라가되 나만이 홀로 따르지 않음은 내 짝이 부르기를 기다린 뒤에 따르려고 해서이다. 이것으로써 男女가 반드시 자기의 配耦를 기다려 서로 따라야 함을 비유하여, 이 사람은 그렇지 않음을 풍자한 것이다.

匏有苦葉四章이니 章四句라

毛序 匏有苦葉은 刺衛宣公也니 公與夫人이 並爲淫亂하니라

《匏有苦葉》은 衛나라 宣公을 풍자한 詩이니, 公이 夫人(宣姜)이 함께 음란한 짓을 하였다.

習習谷風, 以陰以雨. 黽勉同心, 不宜有怒(叶暖五反). 采葑(孚容反)采菲(妃鬼反), 無以下體. 德音莫違, 及爾同死(叶想止反).

習習谷風이	習習한 谷風에

卬 : 나 앙　須 : 기다릴 수　黽 : 힘쓸 민　葑 : 순무 봉, 배추 봉　菲 : 순무 비

以陰以雨나니　　날씨가 흐려지며 비가 내리나니
黽勉同心이언정　　힘쓰고 힘써 마음을 함께 할지언정
不宜有怒니라　　노함을 두어서는 안되느니라
采葑采菲는　　순무우를 캐고 순무우를 뜯음은
無以下體니　　下體(뿌리) 때문이 아니니
德音莫違인댄　　德音이 어긋남이 없을진댄
及爾同死니라　　그대와 죽을 때까지 함께 할지니라

比也라 習習은 和舒也라 東風을 謂之谷風이라 葑은 蔓菁也라 菲는 似葍하니 莖麤, 葉厚而長하고 有毛라 下體는 根也라 葑菲는 根莖皆可食이로되 而其根則有時而美惡이라 德音은 美譽也라 ○ 婦人爲夫所棄라 故로 作此詩하여 以敍其悲怨之情이라 言 陰陽和而後雨澤降하니 如夫婦和而後家道成이라 故로 爲夫婦者 當黽勉以同心이언정 而不宜至於有怒라하고 又言采葑菲者不可以其根之惡而棄其莖之美니 如爲夫婦者 不可以其顏色之衰而棄其德音之善이니 但德音之不違면 則可以與爾同死矣라

比이다. 習習은 화하고 펴짐이다. 東風을 谷風이라 이른다. 葑은 蔓菁이다. 菲는 葍과 같은데, 줄기가 거칠고, 잎이 두껍고 길며 털이 있다. 下體는 뿌리이다. 葑과 菲는 뿌리와 줄기를 다 먹을 수 있으나, 뿌리는 때로 좋고 나쁠 수가 있다. 德音은 아름다운 칭찬이다.

○ 婦人이 남편에게 버림을 받았다. 그러므로 이 詩를 지어서 슬프고 원망스러운 심정을 서술한 것이다. 말하기를 "陰陽이 화한 뒤에 雨澤이 내리니, 夫婦가 화한 뒤에 家道가 이루어지는 것과 같다. 그러므로 夫婦가 된 자는 마땅히 힘쓰고 힘써 마음을 함께 할지언정 노여운 마음을 둠에 이르러서는 안된다." 하였으며, 또 말하기를 "葑菲를 캐는 자는 그 뿌리가 나쁘다 하여 줄기의 아름다움을 버리지 말아야 하니, 이는 夫婦가 된 자가 顏色이 쇠했다 하여 德音의 좋음을 버려서는 안됨과 같은 것이다. 다만 德音이 어긋남이 없으면 그대와 함께 죽을 때까지 같이 할 수 있다."고 한 것이다.

行道遲遲, 中心有違. 不遠伊邇, 薄送我畿(音祈). 誰謂荼(音徒)苦, 其甘如薺(音齊). 宴爾新昏, 如兄如弟(待禮反).

行道遲遲하여　　길 가기를 더디고 더디하여
中心有違어늘　　中心에 어김이 있거늘
不遠伊邇하여　　멀리 전송하지 않고 가까이서 하여
薄送我畿하나다　　잠깐 나를 문 안에서 전송하누나
誰謂荼苦오　　누가 씀바귀가 쓰다 하는가
其甘如薺로다　　그 달기가 냉이와 같도다

蔓 : 순무 만　菁 : 무우 정　葍 : 잔무 복　莖 : 줄기 경　麤 : 거칠 추　邇 : 가까울 이
畿 : 문안 기　荼 : 씀바귀 도　薺 : 냉이 제　宴 : 즐길 연　昏 : 혼인할 혼

宴爾新昏하여	그대는 新婚과 즐겨서
如兄如弟하나다	형 같고 아우 같구나

賦而比也라 遲遲는 徐行貌라 違는 相背也라 畿는 門內也라 荼는 苦菜니 蓼屬也니 詳見良耜하니라 薺는 甘菜라 宴은 樂也라 新昏은 夫所更(경)娶之妻也라

○ 言我之被棄하여 行於道路에 遲遲不進하니 蓋其足欲前而心有所不忍하여 如相背然이어늘 而故夫之送我에 乃不遠而甚邇하여 亦至其門內而止耳라 又言荼雖甚苦나 反甘如薺하여 以比己之見棄가 其苦有甚於荼어늘 而其夫方且宴樂其新昏하여 如兄如弟而不見恤이라 蓋婦人은 從一而終하니 今雖見棄나 猶有望夫之情하니 厚之至也라

賦而比이다. 遲遲는 徐行하는 모양이다. 違는 서로 위배됨이다. 畿는 문 안이다. 荼는 씀바귀이니, 蓼(여뀌)의 등속인 바, 《良耜》에 자세히 보인다. 薺는 단 나물이다. 宴은 즐김이다. 新昏은 남편이 다시 장가든 아내이다.

○ 내가 버림을 받아 길을 감에 더디고 더뎌 나아가지 못하니, 발은 앞으로 가고자 하나 마음에 차마 하지 못하는 바가 있어 마치 마음과 발이 서로 위배되는 듯한 것이다. 그런데도 옛 남편이 나를 전송하는 것은 마침내 멀리 나오지 않고 매우 가까이에서 하여 또한 그 문 안에 이르러 그칠 뿐이라고 말하였다. 또 "씀바귀가 비록 매우 쓰나 도리어 달기가 냉이와 같다."고 말하여, 이것으로써 자기가 버림을 받음은 그 고통이 씀바귀보다도 더 쓰거늘, 남편은 지금 막 그 新婚과 즐겨서 형제처럼 다정하게 지내어 자기는 걱정해줌을 받지 못함을 비유하였다. 婦人은 한 남편을 좇아 마쳐야 하니, 지금 비록 버림을 받았으나 아직도 남편을 바라는 정이 있으니, 이는 厚함이 지극한 것이다.

涇以渭濁, 湜湜(音殖)其沚(音止). 宴爾新昏, 不我屑以. 毋逝我梁, 毋發我笱(古口反). 我躬不閱, 遑恤我後(胡口反).

涇以渭濁이나	涇水가 渭水 때문에 흐려보이나
湜湜其沚니라	그 물가는 맑고 맑으니라
宴爾新昏하여	그대는 新婚과 즐겨
不我屑以하나다	나를 좋게 여기지 않누나
毋逝我梁하여	내 魚梁에 가지 말아서
毋發我笱언마는	내 통발 꺼내지 말았으면 좋겠지만
我躬不閱이온	내 몸도 주체할 수 없는데
遑恤我後아	하물며 내 뒤를 걱정하랴

蓼:여뀌 료　耜:쟁기보습 사　恤:걱정할 휼　涇:물이름 경　渭:물이름 위
湜:맑을 식　沚:물가 지　屑:깨끗할 설, 좋게여길 설　梁:어량 량　笱:통발 구
閱:용납할 열　遑:겨를 황

比也라 涇, 渭는 二水名이라 涇水는 出今原州百泉縣笄頭山東南하여 至永興軍高陵入渭하고 渭水는 出渭州渭源縣鳥鼠山하여 至同州馮翊縣入河라 湜湜은 淸貌라 沚는 水渚也라 屑은 潔이요 以는 與요 逝는 之也라 梁은 堰石障水而空其中하여 以通魚之往來者也라 笱는 以竹爲器하여 而承梁之空하여 以取魚者也라 閱은 容也라

○ 涇濁渭淸이나 然涇未屬渭之時엔 雖濁而未甚見이러니 由二水旣合하여 而淸濁益分이라 然이나 其別出之渚에 流或稍緩이면 則猶有淸處하니 婦人以自比其容貌之衰久矣요 又以新昏形之에 益見憔悴라 然이나 其心則固猶有可取者라 但以故夫之安於新昏이라 故로 不以我爲潔而與之耳라 又言毋逝我之梁, 毋發我之笱하여 以比欲戒新昏하여 毋居我之處하여 毋行我之事하고 而又自思호되 我身且不見容이어든 何暇恤我已去之後哉아하니 知不能禁而絶意之辭也라

比이다. 涇·渭는 두 물의 이름이다. 涇水는 지금의 原州 百泉縣 笄頭山에서 나와 동남쪽으로 흘러 永興軍 高陵에 이르러 渭水로 들어가고, 渭水는 渭州 渭源縣의 鳥鼠山에서 나와 同州의 馮翊縣에 이르러 黃河로 들어간다. 湜湜은 맑은 모양이다. 沚는 물가이다. 屑은 깨끗함이요, 以는 더불이다. 逝는 감이다. 梁은 돌을 쌓아 물을 막고 그 가운데를 비워 놓아 고기가 왕래하도록 통하게 한 것이다. 笱는 대나무로써 기구를 만들어 魚梁의 빈 곳에 잇대어서 고기를 잡는 것이다. 閱은 용납함이다.

○ 涇水는 흐리고 渭水는 맑으나, 涇水가 渭水에 속하지 않았을 때에는 비록 흐리더라도 흐린 것이 심히 나타나지 않았었는데, 두 물이 이미 합침으로 말미암아 淸濁이 더욱 구별되었다. 그러나 그 따로 나온 물가에 혹 물의 흐름이 다소 늦으면 그래도 맑은 곳이 있다. 婦人이 이것으로써 그 용모의 쇠함이 오래되었고, 또 新婚으로써 대비해 보면 더욱 초췌함을 볼 수 있으나 그 마음만은 진실로 취할 만한 것이 있음을 比한 것이다. 다만 옛 남편이 新婚에 편안하기 때문에 나를 깨끗이 여겨 상대하려 하지 않을 뿐이다. 또 내 魚梁에 가지 말아서 내 통발을 꺼내지 말았으면 함을 말하여, 新婚에게 경계하여 내가 거처하던 곳에 거처하지 말아 나의 일을 행하지 말기를 바람을 비유하고, 또 스스로 생각하기를 "내 몸도 오히려 용납을 받지 못하는데, 어느 겨를에 내가 떠나간 뒤를 걱정하겠는가." 하였으니, 금지하지 못할 줄을 알고서 마음에 단념하는 말이다.

就其深矣, 方之舟之. 就其淺矣, 泳之游之. 何有何亡, 黽勉求之. 凡民有喪, 匍(音蒲)匐(蒲卜反)救(叶居尤反)之.

就其深矣란	깊은 곳에 나아갈 때는
方之舟之요	뗏목을 타고 배를 타며
就其淺矣란	얕은 곳에 나아갈 때에는

笄 : 비녀 계　馮 : 성 풍　翊 : 도울 익　堰 : 방죽 언, 막을 언　形 : 나타낼 형
憔 : 파리할 초　悴 : 파리할 췌　方 : 뗏목 방　游 : 헤엄칠 유　匍 : 기어다닐 포
匐 : 기어다닐 복

泳之游之호라	수영을 하고 헤엄을 쳤노라
何有何亡(無)오하여	무엇은 있고 무엇을 없는고 하여
黽勉求之하며	부지런히 구하였으며
凡民有喪에	모든 사람이 喪事가 있을 적에는
匍匐救之호라	匍匐하여 달려가 구원하였노라

興也라 方은 桴요 舟는 船也라 潛行曰泳이요 浮水曰游라 匍匐은 手足竝行이니 急遽之甚也라
○ 婦人自陳其治家勤勞之事라 言我隨事盡其心力而爲之하여 深則方舟하고 淺則泳游하여 不計其有與亡하고 而勉強以求之하며 又周睦其隣里鄕黨하여 莫不盡其道也라

興이다. 方은 뗏목이요, 舟는 배이다. 물 속에 잠겨 가는 것을 泳이라 하고, 물 위에 떠가는 것을 游라 한다. 匍匐은 手足을 함께 행함이니, 急遽함이 심한 것이다.
○ 婦人이 스스로 집안을 다스릴 적에 勤勞한 일을 진술한 것이다. 내가 일에 따라 그 마음과 힘을 다하여, 깊으면 뗏목을 타고 배를 타며, 얕으면 수영을 하고 헤엄을 쳐서 집안에 살림살이가 있고 없음을 따지지 않고 勉強히 구했으며, 또 그 隣里와 鄕黨을 구휼해주고 화목하게 하여 도리를 다하지 않음이 없었노라고 말한 것이다.

不我能慉[許六反], 反以我爲讎. 既阻我德, 賈[音古]用不售[市救反 市周反 마]. 昔育恐育鞫[居六反], 及爾顚覆[芳服反]. 既生既育, 比予于毒.

不我能慉이요	나를 잘 길러주지 못하고
反以我爲讎하나다	도리어 나를 원수로 여기는구나
既阻我德하니	이미 내 德을 물리치니
賈用不售로라	장사꾼의 물건이 팔리지 않노라
昔育恐育鞫하여	옛날 길러줄 때에 생활이 곤궁하여
及爾顚覆이러니	그대와 함께 顚覆할까 두려웠었는데
既生既育하얀	이미 살게 되고 이미 생육하게 되자
比予于毒가	나를 害毒에 비한단 말인가

賦也라 慉은 養이요 阻는 却이요 鞫은 窮也라
○ 承上章하여 言我於女家에 勤勞如此어늘 而女既不我養하고 而反以我爲仇讎로다 惟其心에 既拒却我之善이라 故로 雖勤勞如此나 而不見取하니 如賈之不見售也라 因念其昔時相與爲生엔 惟恐其生理窮盡하여 而及爾皆至於顚覆이러니 今既遂其生矣하여는 乃反比我於毒而棄之乎아 張子曰 育恐은 謂生於恐懼之中이요 育鞫은 謂生於困窮之際라하니 亦通이니라

桴 : 뗏목 부　亡 : 없을 무　慉 : 기를 휵　阻 : 막을 조　賈 : 장사 고　售 : 팔 수
鞫 : 곤궁할 국　顚 : 넘어질 전　覆 : 넘어질 복

賦이다. 慉은 기름이요, 阻는 물리침이요, 鞠은 궁함이다.

○ 上章을 이어 말하기를 "내 그대의 집에서 勤勞하기를 이와 같이 하였는데, 그대가 이미 나를 길러주지 않고 도리어 나를 원수로 여기는구나. 다만 그 마음에 이미 나의 좋은 점을 거절하고 퇴각하기 때문에 비록 이와 같이 근로하였으나 내가 취함을 보지 못하니, 마치 장사꾼의 물건이 팔림을 보지 못하는 것과 같다. 인하여 생각하기를 그 옛날에 서로 더불어 생활을 할 때에는 그 生理(생활)가 곤궁하고 다하여 그대와 함께 모두 顚覆됨에 이를까 두려워했었는데, 이제 이미 생활을 이루자, 도리어 마침내 나를 害毒에 비하여 버리는가." 한 것이다.

張子가 말씀하기를 "育恐은 恐懼한 가운데에서 사는 것이요, 育鞠은 困窮한 즈음에서 사는 것이다." 하니, 또한 통한다.

我有旨蓄(敕六反), 亦以御(魚呂反下同)冬. 宴爾新昏, 以我御窮, 有洸(音光)有潰(戶對反), 旣詒我肄(羊至反). 不念昔者, 伊余來墍.

我有旨蓄은	내가 맛있는 채소를 저장해 둠은
亦以御冬이니라	또한 겨울을 대비하기 위해서이니라
宴爾新昏이여	그대 新婚을 즐김이여
以我御窮이랏다	나를 궁할 때에 이용하였구려
有洸有潰하여	성을 내며 노기를 띠어
旣詒我肄하니	이미 나에게 수고로움을 주니
不念昔者에	그 옛날에
伊余來墍로다	내가 와서 쉬던 때를 생각하지 않는도다

興也라 旨는 美요 蓄은 聚요 御는 當也라 洸은 武貌요 潰는 怒色也라 肄는 勞요 墍는 息也라

○ 又言我之所以蓄聚美菜者는 蓋欲以禦冬月乏無之時니 至於春夏면 則不食之矣라 今君子安於新昏而厭棄我하니 是但使我禦其窮苦之時요 至於安樂則棄之也라 又言於我極其武怒하여 而盡遺我以勤勞之事하니 曾不念昔者我之來息時也라 追言其始見君子之時接禮之厚하니 怨之深也라

興이다. 旨는 아름다움이요, 蓄은 모음이요, 御는 당함이다. 洸은 굳센 모양이요, 潰는 노한 기색이다. 肄는 수고로움이요, 墍는 쉼이다.

○ 또 말하기를 "내가 아름다운 채소를 저축해두고 모아두는 이유는 겨울철 채소가 없을 때를 대비하고자 해서이니, 봄과 여름철에 이르면 이것을 먹지 않는다. 지금 君子가 新婚에 편안하여 나를 싫어하고 버리니, 이는 다만 나로 하여금 궁하고 고생할 때를 때우게 하고는, 安樂에 이르러서는 나를 버린 것이다." 하였다. 또 말하기를 "나에게 위엄과 노여움을 지극히 하여 나에게 근로한 일을 모두 끼쳐주니, 일찍이 옛날 내가 와서 쉬던 때를 생각하지 않는다." 하였다.

洸 : 굳셀 광　潰 : 성낼 궤　詒 : 끼칠 이　肄 : 수고로울 이　墍 : 쉴 게　聚 : 모을 취
禦 : 막을 어

이는 처음 君子를 만났을 때에 접대하고 예우함의 후함을 追言한 것이니, 원망함이 깊은 것이다.

谷風六章이니 章八句라

毛序 谷風은 刺夫婦失道也라 衛人化其上하여 淫於新昏而棄其舊室하여 夫婦離絶하여 國俗傷敗焉하니라

《谷風》은 夫婦間에 도리를 잃음을 풍자한 詩이다. 衛나라 사람들이 웃사람의 나쁜 행위에 교화되어 新婚에 빠지고 옛 아내를 버려 夫婦가 서로 헤어져서 나라의 풍속이 傷敗(무너짐)하였기 때문이다.

式微式微, 胡不歸. 微君之故, 胡爲乎中露.

式微式微어늘	쇠미하고 쇠미하거늘
胡不歸오	어이하여 돌아가지 않는고
微君之故면	군주의 연고가 아니라면
胡爲乎中露리오	어이하여 이슬 가운데 있으리오

賦也라 式은 發語辭라 微는 猶衰也니 再言之者는 言衰之甚也라 微는 猶非也라 中露는 露中也니 言有霑濡之辱而無所芘覆也라
○ 舊說에 以爲 黎侯失國하여 而寓於衛하니 其臣勸之曰 衰微甚矣니 何不歸哉오 我若非以君之故면 則亦胡爲而辱於此哉리오하니라

賦이다. 式은 발어사이다. 微는 衰와 같으니, 두 번 말한 것은 쇠함이 심함을 말한 것이다. 微는 非와 같다. 中露는 露中이니, 이슬에 젖는 辱이 있는데도 덮어주는 바가 없음을 말한 것이다.
○ 舊說에 "黎侯가 나라를 잃고 衛나라에 寓居하니, 그 신하들이 권면하기를 '衰微함이 심하니, 어찌 돌아가지 않겠는가. 내 만일 군주의 연고가 아니라면 또한 어찌하여 여기에서 욕을 당하겠는가.'라고 말했다." 하였다.

式微式微, 胡不歸. 微君之躬, 胡爲乎泥中.

式微式微어늘	쇠미하고 쇠미하거늘
胡不歸오	어이하여 돌아가지 않는고
微君之躬이면	군주의 몸이 아니라면
胡爲乎泥中이리오	어이하여 진흙 속에 있으리오

式：발어사 식 微：쇠할 미, 아닐 미 胡：어찌 호 霑：젖을 점 濡：젖을 유
芘：비호할 비 黎：검을 려 寓：붙일 우 泥：진흙 니

賦也라 泥中은 言有陷溺之難而不見拯救也라

賦이다. 泥中은 〈함정과 물에〉 빠지는 어려움이 있는데도 구원을 받지 못함을 말한 것이다.

式微二章이니 章四句라

此無所考하니 姑從序說하노라

이것은 상고할 바가 없으니, 우선 序說을 따른다.

毛序　式微는 黎侯寓于衛하니 其臣이 勸以歸也라

《式微》는 黎나라 임금이 衛나라에 붙여 있으니, 그 신하들이 돌아갈 것을 권한 詩이다.

旄丘之葛(叶居謁反)兮, 何誕(徒旱反)之節兮. 叔兮伯(叶音逼)兮, 何多日也.

旄丘之葛兮	旄丘의 칡이
何誕之節兮오	어쩌면 이리도 마디가 긴고
叔兮伯兮	叔이여 伯이여
何多日也오	어찌 이리도 여러 날이 걸리는고

興也라 前高後下曰旄丘라 誕은 闊也라 叔伯은 衛之諸臣也라
○ 舊說에 黎之臣子自言 久寓於衛하여 時物變矣라 故로 登旄丘之上하여 見其葛長大而節疎闊하고 因託以起興曰 旄丘之葛이 何其節之闊也오 衛之諸臣이 何其多日而不見救也오하니라 此詩는 本責衛君이어늘 而但斥其臣하니 可見其優柔而不迫也라

興이다. 앞은 높고 뒤가 낮은 것을 旄丘라 한다. 誕은 넓음이다. 叔·伯은 衛나라의 여러 신하이다.
○ 舊說에 "黎나라의 臣子가 스스로 말하기를 '오랫동안 衛나라에 붙어 살아, 時物이 변하였다. 그러므로 旄丘의 위에 올라가 그 칡이 長大하여 마디가 성글고 넓은 것을 보고, 인하여 이에 가탁하여 起興하기를, 「旄丘의 칡이여, 어찌 그리도 마디가 넓은가. 衛나라의 여러 신하들은 어찌하여 그리도 여러 날이 지났는데도 구원을 받지 못하는가.」라고 한 것이다.'" 하였다. 이 詩는 본래 衛나라의 군주를 꾸짖은 것인데 다만 그 신하만을 指斥하였으니, 優柔하여 박절하지 않음을 볼 수 있다.

何其處也, 必有與也. 何其久(叶擧里反)也, 必有以也.

拯 : 구원할 증　旄 : 깃발 모　誕 : 넓을 탄　迫 : 핍박할 박

何其處也오	어쩌면 그리도 편안히 있는고
必有與也로다	반드시 與國이 있기 때문이로다
何其久也오	어쩌면 그리도 오래 걸리는고
必有以也로다	반드시 이유가 있으리로다

賦也라 處는 安處也라 與는 與國也라 以는 他故也라
○ 因上章何多日也而言호되 何其安處而不來오 意必有與國相俟而俱來耳라하고 又言何其久而不來오 意其或有他故而不得來耳라하니 詩之曲盡人情이 如此하니라

賦이다. 處는 편안히 처함이다. 與는 與國(同盟國)이다. 以는 다른 이유이다.
上章의 "어찌 이리도 여러 날이 걸리는고."를 인하여 말하기를 "어찌 그리도 편안히 처하고 오지 않는가. 생각하건대 반드시 與國이 있어 서로 기다려 함께 오려고 하기 때문일 것이다." 하고, 또 말하기를 "어찌 그리도 오래도록 오지 않는가, 생각하건대 그 혹 다른 이유가 있어서 오지 못하는가보다."라고 한 것이다. 詩가 人情을 곡진히 함이 이와 같다.

狐裘蒙戎, 匪車不東. 叔兮伯兮, 靡所與同.

狐裘蒙戎하니	狐裘가 해졌으니
匪車不東이라	수레가 동쪽으로 가지 않은 것이 아니라
叔兮伯兮	叔이여 伯이여
靡所與同이로다	더불어 마음이 같지 않아서로다

賦也라 大夫는 狐蒼裘라 蒙戎은 亂貌니 言弊也라
○ 又自言 客久而裘弊矣니 豈我之車不東告於女乎아 但叔兮伯兮不與我同心하여 雖往告之나 而不肯來耳라하니 至是에 始微諷切之니라 或曰 狐裘蒙戎은 指衛大夫而譏其憒亂之意요 匪車不東은 言非其車不肯東來救我也라 但其人不肯與俱來耳라하니 今按黎國在衛西하니 前說近是하니라

賦이다. 大夫는 여우의 蒼色 갖옷을 입는다. 蒙戎은 어지러운 모양이니, 해짐을 말한 것이다.
○ 또 스스로 말하기를 "객지에 있은 지가 오래되어 갖옷이 해졌다. 어찌 내 수레가 동쪽으로 가서 그대에게 말하지 않았으리오마는, 다만 叔과 伯이 나와 마음을 함께 하지 않아서, 내 비록 가서 하소연하나 즐겨 오려 하지 않을 뿐이다."라고 한 것이니, 이에 이르러 비로소 은미하게 풍자한 것이다. 혹자는 말하기를 "狐裘蒙戎은 衛나라 大夫를 가리키면서 그 어지러운 뜻을 기롱한 것이요, 匪車不東은 그 수레가 즐겨 동쪽(衛나라)으로 와서 우리를 구원해주려고 하지 않은 것이 아니라, 다만 그 사람들이 즐겨 함께 오려 하지 않을 뿐이다."라고 한다. 지금 살펴보면 黎나라는 衛나라의 서쪽에 있으니, 앞의 해설이 옳을 듯하다.

裘：갖옷 구　蒙：어지러울 몽　戎：어지러울 융　弊：해질 폐　憒：심란할 궤

瑣素果反兮尾兮, 流離之子叶奬里反. 叔兮伯兮, 褎由救反如充耳.

瑣兮尾兮	자잘하며 자잘한
流離之子로다	이 流離하는 사람이로다
叔兮伯兮	叔이여 伯이여
褎如充耳로다	褎然히 귀를 막은 듯하도다

賦也라 瑣는 細요 尾는 末也라 流離는 漂散也라 褎는 多笑貌요 充耳는 塞耳也니 耳聾之人은 恒多笑라

○ 言黎之君臣이 流離瑣尾하여 若此其可憐也어늘 而衛之諸臣이 褎然如塞耳而無聞은 何哉오하니 至是然後에 盡其辭焉이라 流離患難之餘에 而其言之有序而不迫이 如此하니 其人을 亦可知矣로다

賦이다. 瑣는 가늚이요, 尾는 끝이다. 流離는 표류하고 흩어짐이다. 褎는 웃음이 많은 모양이요, 充耳는 귀를 막은 것이니, 귀먹은 사람은 항상 웃음이 많다.

○ "黎나라의 君臣이 流離하고 瑣尾함이 이와 같이 가련한데도 衛나라의 여러 신하들은 褎然히 귀를 막고 못들은 체함은 어째서인가."라고 말하였으니, 이에 이른 뒤에야 하고자 하는 말을 다한 것이다. 流離와 患難을 당한 뒤에도 그 말이 차례가 있고 박절하지 않음이 이와 같으니, 그 사람을 또한 알 만하다.

旄丘四章이니 章四句라

說同上篇하니라

해설은 上篇과 같다.

毛序 旄丘는 責衛伯也라 狄人이 迫逐黎侯하여 黎侯寓于衛하니 衛不能修方伯連率(帥)之職한대 黎之臣子以責於衛也라

《旄丘》는 衛나라 임금을 꾸짖은 詩이다. 오랑캐 사람들이 黎侯를 축출하여 黎侯가 衛나라에 붙여 있으니, 衛나라가 方伯·連帥의 직책을 닦지 못하였다. 이에 黎나라의 臣子(신하)들이 衛나라를 꾸짖은 것이다.

簡兮簡兮, 方將萬舞. 日之方中, 在前上處.

簡兮簡兮	간략하며 간략하여
方將萬舞호라	바야흐로 萬으로 춤을 추노라
日之方中이어늘	해가 바야흐로 중천에 떠 있거늘

瑣 : 작을 쇄　褎 : 웃을 우　聾 : 귀머거리 롱

在前上處호라	앞의 上處에 있노라

賦也라 簡은 簡易不恭之意라 萬者는 舞之總名이니 武用干戚하고 文用羽籥也라 日之方中, 在前上處는 言當明顯之處라
○ 賢者不得志而仕於伶官하여 有輕世肆志之心焉이라 故로 其言如此하니 若自譽而實自嘲也라

賦이다. 簡은 簡易(소탈함)하여 공손하지 않은 뜻이다. 萬은 춤의 총칭이니, 武舞는 방패와 도끼를 쓰고, 文舞는 깃과 피리를 쓴다. 日之方中, 在前上處는 밝게 드러나는 곳에 있음을 말한 것이다.
○ 賢者가 뜻을 얻지 못하여 伶官으로 벼슬함에 세상을 가볍게 여기고 뜻을 방자하게 하는 마음이 있었다. 그러므로 그 말이 이와 같았으니, 스스로 칭찬한 듯하나 실제는 스스로 嘲笑한 것이다.

碩人俁俁(疑矩反), 公庭萬舞. 有力如虎, 執轡如組(音祖).

碩人俁俁하니	碩人이 크기도 하니
公庭萬舞로다	公庭에서 萬으로 춤을 추도다
有力如虎며	힘이 범과 같으며
執轡如組로다	고삐를 잡기를 실끈처럼 하도다

賦也라 碩은 大也라 俁俁는 大貌라 轡는 今之韁也라 組는 織絲爲之하니 言其柔也라 御能使馬면 則轡柔如組矣라
○ 又自譽其才之無所不備하니 亦上章之意也라

賦이다. 碩은 큼이다. 俁俁는 큰 모양이다. 轡는 지금의 韁(고삐)이다. 組는 실을 짜서 만드니, 그 부드러움을 말한 것이다. 御者(馬夫)가 말을 잘 부리면 고삐의 부드러움이 실끈처럼 자유자재로 한다.
○ 또 그 재주가 구비되지 않은 바가 없음을 스스로 칭찬하였으니, 또한 上章의 〈스스로 嘲笑하는〉 뜻이다.

左手執籥(餘若反), 右手秉翟(亭歷反 叶直角反). 赫如渥(於角反)赭(音者 叶陟略反). 公言錫爵.

左手執籥하고	왼손에는 피리를 잡고
右手秉翟호라	오른손에는 꿩깃을 잡았노라
赫如渥赭어늘	얼굴빛이 깊이 물든 적색과 같거늘

籥 : 피리 약 伶 : 악공 령 肆 : 함부로할 사, 방사할 사 嘲 : 비웃을 조 俁 : 클 우
轡 : 고삐 비 組 : 끈 조 韁 : 고삐 강 翟 : 꿩 적 渥 : 담글 악 赭 : 붉을 자
錫 : 줄 석 爵 : 술잔 작

公言錫爵하시다　　　　公께서 술잔을 주시도다

賦也라 執籥秉翟者는 文舞也라 籥은 如笛而六孔이니 或曰三孔이라 翟은 雉羽也라 赫은 赤貌라 渥은 厚漬也요 赭는 赤色也니 言其顏色之充盛也라 公言錫爵은 卽儀禮燕飮而獻工之禮也라 以碩人而得此면 則亦辱矣어늘 乃反以其賚予之親洽爲榮하여 而誇美之하니 亦玩世不恭之意也라

賦이다. 피리를 잡고 꿩깃을 잡는 것은 文舞이다. 籥은 피리와 같은데 구멍이 여섯이니, 혹자는 구멍이 셋이라고 한다. 翟은 꿩깃이다. 赫은 붉은 모양이다. 渥은 푹 담금이요, 赭는 赤色이니, 그 얼굴빛이 충만하고 성함을 이른다. 公言錫爵은 「儀禮」에 燕飮할 때에 樂工에게 술잔을 내려주는 禮이다. 碩人으로서 이것을 얻었으면 또한 恥辱스러운 일인데도 마침내 도리어 그 내려주어 직접 은혜에 무젖음을 영광으로 여겨 과시하고 찬미하였으니, 또한 세상을 우습게 여겨 공손하지 않은 뜻이다.

山有榛(側巾反), 隰有苓(音零). 云誰之思, 西方美人. 彼美人兮, 西方之人兮.

山有榛이며　　　　산에는 개암이 있으며
隰有苓이로다　　　　습지에는 감초가 있도다
云誰之思오　　　　누구를 그리워하는고
西方美人이로다　　　　西方의 미인이로다
彼美人兮여　　　　저 미인이여
西方之人兮로다　　　　西方의 사람이로다

興也라 榛은 似栗而小라 下濕曰隰이라 苓은 一名大苦니 葉似地黃하니 卽今甘草也라 西方美人은 託言以指西周之盛王이니 如離騷亦以美人目其君也라 又曰西方之人者는 歎其遠而不得見之辭也라

○ 賢者不得志於衰世之下國하여 而思盛際之顯王이라 故로 其言如此하니 而意遠矣라

興이다. 榛은 밤과 같은데 작다. 下濕한 것을 隰이라 한다. 苓은 일명 大苦인데 잎이 地黃과 같으니, 바로 지금의 甘草이다. 西方美人은 가탁하여 말해서 西周의 훌륭한 王을 가리킨 것이니, 「離騷」에 또한 美人으로 그 군주를 지목한 것과 같다. 또 西方之人이라고 말한 것은 그 멀어서 볼 수 없음을 탄식한 말이다.

○ 賢者가 쇠한 세상의 下國에서 뜻을 얻지 못하여, 다만 성했을 때의 훌륭한 王을 생각하였다. 그러므로 그 말이 이와 같으니, 뜻이 遠大하다.

簡兮四章이니 三章은 章四句요 一章은 六句라

笛 : 피리 적　漬 : 담글 지　賚 : 줄 뢰　洽 : 젖을 흡　玩 : 놀릴 완　榛 : 개암나무 진
隰 : 진펄 습　苓 : 감초 령　騷 : 소란할 소

舊三章 章六句어늘 今改定하노라

舊說에는 "三章이니, 章마다 六句이다." 하였는데, 이제 改定하였다.

○ 張子曰 爲祿仕而抱關擊柝이면 則猶恭其職也어니와 爲伶官이면 則雜於侏儒俳優之間하여 不恭甚矣어늘 其得謂之賢者는 雖其迹如此나 而其中固有以過人이요 又能卷而懷之하니 是亦可以爲賢矣라 東方朔이 似之하니라

○ 張子가 말씀하셨다. "祿仕를 위하여 관문을 지키고 목탁을 친다면 그래도 그 직분을 공손히 수행하는 것이다. 그러나 伶官이 되었다면 난장이와 배우의 사이에 섞여 있어 不恭함이 심하다. 그런데도 그를 賢者라고 이를 수 있는 것은, 비록 그 행적이 이와 같으나 心中이 진실로 남보다 뛰어난 것이 있기 때문이요, 또 이것을 능히 거두어 감추었으니, 이 또한 賢者가 될 수 있는 것이다. 東方朔이 이와 유사하다.

毛序 簡兮는 刺不用賢也라 衛之賢者仕於伶官하니 皆可以承事王者也라

《簡兮》는 賢者를 등용하지 않음을 풍자한 詩이다. 衛나라의 賢者가 伶官(樂官)으로 벼슬하고 있었는데, 그 재주가 모두 王을 받들어 섬길 만하였다.

毖(悲位反) 彼泉水, 亦流于淇. 有懷于衛, 靡日不思(叶新齎反). 孌(力轉反)彼諸姬, 聊與之謀(叶謨悲反).

毖彼泉水도	졸졸 흐르는 저 泉水도
亦流于淇로다	淇水로 흐르도다
有懷于衛하여	衛나라에 그리움이 있어
靡日不思호니	날마다 생각하지 않음이 없노라
孌彼諸姬와	예쁜 저 여러 姬들과
聊與之謀호라	애오라지 상의하노라

興也라 毖는 泉始出之貌라 泉水는 卽今衛州共城之百泉也라 淇水는 出相州林慮縣하여 東流하니 泉水自西北而東南來注之라 孌은 好貌라 諸姬는 謂姪娣也라
○ 衛女嫁於諸侯러니 父母終에 思歸寧而不得이라 故로 作此詩라 言毖然之泉水도 亦流於淇矣라 我之有懷於衛하니 則亦無日而不思矣라 是以로 卽諸姬而與之謀하여 爲歸衛之計하니 如下兩章之云也라

興이다. 毖는 샘물이 처음 나오는 모양이다. 泉水는 바로 지금의 衛州 共城의 百泉이다. 淇水

柝 : 목탁 탁 侏 : 난장이 주 儒 : 난장이 유 毖 : 샘물흐를 비 淇 : 물이름 기
孌 : 예쁠 련 聊 : 애오라지 료

는 相州의 林慮縣에서 나와 동쪽으로 흐르니, 泉水가 서북쪽에서 동남쪽으로 흘러와서 淇水로 들어간다. 孌은 아름다운 모양이다. 諸姬는 〈시집올 때 媵妾으로 따라온〉 조카와 동생을 이른다.

○ 衛나라 딸이 諸侯에게 시집갔는데 父母가 별세함에 친정에 돌아가 문안할 것을 생각하였으나 할 수가 없었다. 그러므로 이 詩를 지었다. 말하기를 "졸졸 흐르는 泉水도 또한 淇水로 흐른다. 내 衛나라에 그리움이 있어 또한 날마다 생각하지 않음이 없다. 이 때문에 諸姬들에게 찾아가 더불어 상의하여 衛나라로 돌아갈 계책을 한다." 하였으니, 아래 두 章에서 말한 것과 같다.

出宿于泲(子禮反), 飮餞(音踐)于禰(乃禮反). 女子有行, 遠(于萬反)父母兄弟(待禮反). 問我諸姑, 遂及伯姊(叶獎禮反).

出宿于泲하고	泲땅에 나가 유숙하고
飮餞于禰호니	禰땅에서 전별주를 마시니
女子有行이	여자가 시집감은
遠父母兄弟라	父母와 兄弟를 멀리하는지라
問我諸姑하고	내 여러 고모들에게 묻고
遂及伯姊호라	마침내 伯姊에게 미치노라

賦也라 泲는 地名이라 飮餞者는 古之行者 必有祖道之祭하니 祭畢에 處者送之하여 飮於其側而後行也라 禰亦地名이니 皆自衛來時所經之處也라 諸姑伯姊는 卽所謂諸姬也라
○ 言始嫁來時에 則固已遠其父母兄弟矣라 況今父母旣終하니 而復可歸哉아 是以로 問於諸姑伯姊하여 而謀其可否云耳라 鄭氏曰 國君夫人은 父母在則歸寧이요 沒則使大夫寧於兄弟니라

賦이다. 泲는 지명이다. 飮餞은 옛날 길을 떠나는 자는 반드시 祖道의 제사가 있었는데, 제사를 마친 다음, 머물러 있는 자가 그를 전송하여, 그 옆에서 술을 마신 뒤에 길을 떠났다. 禰 또한 지명이니, 모두 衛나라로부터 시집올 때에 경유했던 곳이다. 諸姑와 伯姊는 바로 이른바 諸姬이다.

○ 처음 시집올 때에 진실로 이미 그 父母와 兄弟를 멀리하였다. 더구나 지금 父母가 이미 별세하였으니, 다시 어떻게 돌아갈 수 있겠는가. 이 때문에 諸姑와 伯姊에게 물어 그 可否를 도모한다고 말한 것이다.

鄭氏가 말하였다. "國君의 夫人은 친정 父母가 생존해 계시면 돌아가 문안하고, 별세하면 大夫로 하여금 친정 형제들에게 안부를 묻게 한다."

出宿于干(叶居焉反), 飮餞于言. 載脂載舝(胡瞎反 下介反 叶), 還(音旋)車言邁. 遄(市專反)臻于衛

泲 : 땅이름 제　餞 : 전송할 전　禰 : 아비사당 녜　姊 : 언니 자, 누이 자　祖 : 길제사 조
脂 : 기름 지　舝 : 걸쇠 할　還 : 돌릴 선　邁 : 갈 매　遄 : 빠를 천　臻 : 이를 진

此字本與邁害叶 今讀誤, 不瑕有害.

出宿于干하고	干땅에 나가 유숙하고
飮餞于言하여	言땅에서 전별주를 마시고는
載脂載舝하여	수레에 기름치고 수레에 걸쇠 걸어
還(旋)車言邁하면	수레를 돌려 돌아가면
遄臻于衛언마는	대번에 衛나라에 이르련만
不瑕(何)有害아	이러면 해로움이 있지 않을까

賦也라 干, 言은 地名이니 適衛所經之地也라 脂는 以脂膏塗其舝하여 使滑澤也라 舝은 車軸也니 不駕則脫之라가 設之而後行也라 還은 回旋也니 旋其嫁來之車也라 遄은 疾이요 臻은 至也요 瑕는 何이니 古音相近하여 通用하니라

○ 言如是則其至衛疾矣라 然이나 豈不害於義理乎아하니 疑之而不敢遂之辭也라

賦이다. 干·言은 지명이니, 衛나라로 갈 때에 경유하는 지역이다. 脂는 기름을 수레 걸쇠에 발라서 미끄럽고 윤택하게 하는 것이다. 舝은 수레의 軸이니, 멍에하지 않을 때는 벗겨놓았다가 이것을 설치한 뒤에야 길을 떠난다. 還은 되돌림이니, 시집올 때 타고 왔던 수레를 되돌리는 것이다. 遄은 빠름이요, 臻은 이름이다. 瑕는 何이니, 옛날 音이 서로 가까워 통용하였다.

○ "이와 같이 하면 衛나라에 이름이 매우 빠를 것이다. 그러나 어찌 의리에 해가 되지 않겠는가."라고 말하였으니, 의심하여 감히 이루지 못하는 말이다.

我思肥泉, 茲之永歎叶它消反. 思須與漕叶徂侯反, 我心悠悠. 駕言出遊, 以寫我憂.

我思肥泉하여	내 肥泉을 생각하여
茲之永歎호라	이에 길이 탄식하노라
思須與漕호니	須邑과 漕邑을 생각하니
我心悠悠로다	내 마음 아득하고 아득하도다
駕言出遊하여	말에 멍에하고 나가 놀아
以寫我憂아	내 근심을 쏟아볼까

賦也라 肥泉은 水名이라 須, 漕는 衛邑也라 悠悠는 思之長也라 寫는 除也라

○ 旣不敢歸라 然이나 其思衛地하여 不能忘也하니 安得出遊於彼而寫其憂哉아

賦이다. 肥泉은 물 이름이다. 須와 漕는 衛나라의 邑이다. 悠悠는 생각함이 긺이다. 寫는 除去함이다.

○ 이미 돌아갈 수 없다. 그러나 衛나라 땅을 그리워하여 잊을 수 없으니, 어떻게 하면 저 곳

塗:바를 도 軸:속바퀴 축 疾:빠를 질 瑕:옥티하, 어찌 하 漕:땅이름 조
寫:쏟을 사 安:어찌 안

에 나가 놀아서 나의 근심을 쏟을 수 있을까.

泉水四章이니 章六句라

楊氏曰 衛女思歸는 發乎情也요 其卒也不歸는 止乎禮義也라 聖人著之於經하여 以示後世하사 使知適異國者는 父母終이면 無歸寧之義하시니 則能自克者 知所處矣리라

楊氏가 말하였다. "衛나라로 시집온 딸이 친정에 돌아갈 것을 생각함은 情에서 發한 것이요, 끝내 돌아가지 않음은 禮義에 그친 것이다. 聖人이 이것을 經書에 드러내어 후세에 보여주시어, 他國으로 시집간 자는 父母가 별세하면 歸寧하는 의리가 없음을 알게 하셨으니, 그렇다면 스스로 克服하는 자가 자처할 바를 알게 될 것이다."

毛序　泉水는 衛女思歸也라 嫁於諸侯러니 父母終에 思歸寧而不得이라 故로 作是詩以自見也라

《泉水》는 衛나라로 시집온 女人이 친정으로 돌아갈 것을 생각한 詩이다. 諸侯에게 시집갔는데, 친정 父母가 이미 죽었으므로 돌아가 안부를 묻고 싶었으나 할 수가 없었다. 그러므로 이 詩를 지어 자신의 서글픈 심정을 나타낸 것이다.

出自北門(叶眉貧反), 憂心殷殷. 終窶(其矩反)且貧, 莫知我艱(叶居銀反). 已焉哉(叶將其反 下同), 天實爲之, 謂之何哉.

出自北門하여	北門으로부터 나가며
憂心殷殷호라	마음에 근심하기를 많이 하였노라
終窶且貧이어늘	끝내 어렵고 또 가난하거늘
莫知我艱하나다	나의 어려움 알아주는 이 없구나
已焉哉라	어쩔 수 없다
天實爲之시니	하늘이 실로 이렇게 만드셨으니
謂之何哉리오	말한들 무엇하리오

比也라 北門은 背陽向陰이라 殷殷은 憂也라 窶者는 貧而無以爲禮也라
○ 衛之賢者 處亂世하고 事暗君하여 不得其志라 故로 因出北門而賦以自比하고 又歎其貧窶어늘 人莫知之하여 而歸之於天也라

比이다. 北門은 양지를 등지고 음지를 향한 것이다. 殷殷은 근심함이다. 窶는 가난하여 禮를 할 수 없는 것이다.

適 : 시집갈 적　窶 : 가난할 구　艱 : 어려울 간

○ 衛나라의 賢者가 亂世에 처하고 暗君을 섬겨 그 뜻을 얻지 못하였다. 그러므로 인하여 北門으로 나가서 시를 지어 스스로를 비유하고, 또 몹시 가난한데도 남들이 알아주는 이가 없음을 탄식하여 하늘에 죄를 돌린 것이다.

王事適我, 政事一埤(避支反)益我. 我入自外, 室人交徧讁(知革反 竹棘反)(叶)我. 已焉哉, 天實爲之, 謂之何哉.

王事適我어늘	國事가 나에게 몰려들거늘
政事一埤益我로다	정사가 한결같이 나에게 加해지도다
我入自外호니	내 밖으로부터 들어오니
室人交徧讁我하나다	집안사람들은 돌아가며 나를 꾸짖는구나
已焉哉라	어쩔 수 없다
天實爲之시니	하늘이 실로 이렇게 만드셨으니
謂之何哉리오	말한들 무엇하리오

賦也라 王事는 王命使爲之事也라 適은 之也라 政事는 其國之政事也라 一은 猶皆也라 埤는 厚요 室은 家요 讁은 責也라

○ 王事旣適我矣어늘 政事又一切以埤益我하여 其勞如此하고 而窶貧又甚하여 室人이 至無以自安하여 而交徧讁我하니 則其困於內外極矣로다

賦이다. 王事는 王命으로 시키는 일이다. 適은 감이다. 政事는 그 나라의 정사이다. 一은 皆와 같다. 埤는 厚함이요, 室은 집이요, 讁은 꾸짖음이다.

○ 王事가 이미 나에게 몰려드는데, 정사가 또 일체 나에게 더욱더 加해져 그 수고로움이 이와 같고 가난함이 더욱 심하였다. 그리하여 집안식구들이 스스로 편안할 수가 없어서 서로 돌아가면서 나를 꾸짖음에 이르렀으니, 그 內外에 곤궁함이 지극한 것이다.

王事敦(叶都回反)我, 政事一埤遺(唯季反 夷回反)(叶)我. 我入自外, 室人交徧摧(徂回反)我. 已焉哉, 天實爲之, 謂之何哉.

王事敦(퇴)我어늘	王事가 나에게 던져지거늘
政事一埤遺我로다	政事는 더더욱 나에게 加해지도다
我入自外호니	내 밖으로부터 들어오니
室人交徧摧我하나다	집안사람들은 돌아가며 나를 저지하는구나
已焉哉라	어쩔 수 없다
天實爲之시니	하늘이 실로 이렇게 만드셨으니
謂之何哉리오	말한들 무엇하리오

埤 : 두터울 비　讁 : 꾸짖을 적　敦 : 던질 퇴, 핍박할 퇴　摧 : 꺾을 최

賦也라 敦는 猶投擲也라 遺는 加요 摧는 沮也라

賦이다. 敦는 投擲과 같다. 遺는 加함이요, 摧는 저지함이다.

北門三章이니 章七句라

楊氏曰 忠信重祿은 所以勸士也라 衛之忠臣이 至於窶貧而莫知其艱이면 則無勸士之道矣니 仕之所以不得志也라 先王은 視臣如手足하시니 豈有以事投遺之而不知其艱哉리오 然이나 不擇事而安之하여 無懟憾之辭하고 知其無可奈何而歸之於天하니 所以爲忠臣也라

楊氏가 말하였다. "忠信으로 대하고 祿을 중히 줌은 선비를 권면하는 것이다. 衛나라의 忠臣이 가난하되 그 어려움을 알아주는 이가 없는 데에 이르렀다면 이는 선비를 권면하는 道가 없는 것이니, 벼슬하는 자가 이 때문에 뜻을 얻지 못한 것이다. 先王은 신하를 보기를 手足과 같이 여기시니, 어찌 일을 던져주고 그 어려움을 알아주지 않음이 있겠는가. 그러나 일을 가리지 않고 편안히 여겨 원망하는 말이 없으며, 그 어쩔 수 없음을 알아 하늘에 죄를 돌리니, 이 때문에 忠臣이 되는 것이다.

毛序 北門은 刺仕不得志也니 言衛之忠臣이 不得其志爾라

《北門》은 벼슬함에 뜻을 얻지 못함을 풍자한 詩이니, 衛나라의 忠臣이 그 뜻을 얻지 못함을 말한 것이다.

北風其涼, 雨(于付反)雪其雱(普康反). 惠而好(呼報反下同)我, 攜手同行(叶戶郎反). 其虛其邪(音徐下同), 旣亟只(音紙下同)且(子餘反下同).

北風其涼이며	北風이 차갑게 불어오며
雨雪其雱이로다	함박눈이 펑펑 내리도다
惠而好我로	사랑하여 나를 좋아하는 이와
攜手同行호리라	손잡고 함께 길을 가리라
其虛其邪(徐)아	여유 있으며 느리게 할 수 있으랴
旣亟只且로다	이미 급박하게 되었도다

比也라 北風은 寒涼之風也라 涼은 寒氣也라 雱은 雪盛貌라 惠는 愛요 行은 去也라 虛는 寬貌라 邪는 一作徐하니 緩也라 亟은 急也라 只且는 語助辭라

○ 言北風雨雪하여 以比國家危亂將至하여 而氣象愁慘也라 故로 欲與其相好之人으로 去而

擲 : 던질 척 沮 : 막을 저 懟 : 원망할 대 雱 : 눈펑펑쏟아질 방 攜 : 잡을 휴
邪 : 느릴 서 亟 : 급할 극

避之하고 且曰 是尙可以寬徐乎아 彼其禍亂之迫已甚하여 而去不可不速矣라하니라

比이다. 北風은 찬 바람이다. 涼은 찬 기운이다. 雱은 눈이 성한 모양이다. 惠는 사랑함이요, 行은 떠남이다. 虛는 여유있는 모양이다. 邪는 一本에는 徐로 되어 있으니, 느림이다. 亟은 급함이다. 只且는 어조사이다.

○ 北風雨雪을 말하여 국가의 危亂이 장차 이르러 氣象이 서글프고 참혹함을 비유하였다. 그러므로 서로 좋아하는 사람과 더불어 떠나가서 난리를 피하고자 하였고, 또 말하기를 "이 오히려 여유있고 서서히 할 수 있겠는가. 저 禍亂의 닥침이 이미 심하여 떠나기를 속히 하지 않으면 안된다."고 한 것이다.

北風其喈(音皆 叶 居奚反), 雨雪其霏(芳非反). 惠而好我, 携手同歸. 其虛其邪, 旣亟只且.

北風其喈며　　北風이 세차게 불어오며
雨雪其霏로다　　함박눈이 흩어져 내리도다
惠而好我로　　사랑하여 나를 좋아하는 이와
携手同歸호리라　　손잡고 함께 돌아가리라
其虛其邪아　　여유 있으며 느리게 할 수 있으랴
旣亟只且로다　　이미 급박하게 되었도다

比也라 喈는 疾聲也라 霏는 雨雪分散之狀이라 歸者는 去而不反之辭也라

比이다. 喈는 빠른 소리이다. 霏는 함박눈이 흩어져 내리는 모양이다. 歸는 떠나가고 돌아오지 않는다는 말이다.

莫赤匪狐, 莫黑匪烏. 惠而好我, 携手同車. 其虛其邪, 旣亟只且.

莫赤匪狐며　　붉지 않다고 여우가 아니며
莫黑匪烏아　　검지 않다고 까마귀가 아니랴
惠而好我로　　사랑하여 나를 좋아하는 이와
携手同車호리라　　손잡고 한 수레 타고 가리라
其虛其邪아　　여유 있으며 느리게 할 수 있으랴
旣亟只且로다　　이미 급박하게 되었도다

比也라 狐는 獸名이니 似犬하고 黃赤色이요 烏는 鵶니 黑色이라 皆不祥之物이니 人所惡見者也라 所見이 無非此物이면 則國將危亂을 可知라 同行, 同歸는 猶賤者也어니와 同車則貴者亦去矣라

喈 : 새소리 개　霏 : 눈펄펄날릴 비　狐 : 여우 호　鵶 : 까마귀 아

比이다. 狐는 짐승의 이름이니, 개와 같고 黃赤色이며, 烏는 까마귀로 黑色이다. 모두 불길한 물건이니, 사람들이 보기 싫어하는 것이다. 보이는 바가 이러한 물건 아님이 없다면 나라가 장차 危亂해질 것임을 알 수 있다. 同行과 同歸는 그래도 천한 자이거니와 수레를 함께 타고 간다면 귀한 자도 또한 떠나가는 것이다.

北風三章이니 章六句라

毛序 北風은 刺虐也라 衛國이 並爲威虐하니 百姓不親하여 莫不相携持而去焉하니라

《北風》은 사나움을 풍자한 詩이다. 衛나라 사람들이 모두 위엄과 사나운 짓을 하니, 百姓들이 친하지 못하여 서로 손을 잡고 떠나가지 않는 이가 없었다.

靜女其姝(赤朱反), 俟我於城隅. 愛而不見, 搔(蘇刀反)首踟(直知反)蹰(直誅反).

靜女其姝하니	얌전한 아가씨 예쁘기도 한데
俟我於城隅러니	나를 성 모퉁이에서 기다리더니
愛而不見하여	사랑하되 만나지 못하여
搔首踟蹰호라	머리 긁으며 머뭇거리노라

賦也라 靜者는 閒雅之意라 姝는 美色也라 城隅는 幽僻之處라 不見者는 期而不至也라 踟蹰는 猶躑躅也라 此는 淫奔期會之詩也라

賦이다. 靜은 얌전하고 단아한 뜻이다. 姝는 얼굴이 아름다운 것이다. 城隅는 그윽하고 궁벽한 곳이다. 만나지 못했다는 것은 만나기로 약속했으나 오지 않은 것이다. 踟蹰는 躑躅과 같다. 이것은 淫奔한 자가 만나기로 약속한 詩이다.

靜女其孌, 貽我彤(徒冬反)管(叶古寬反). 彤管有煒(于鬼反), 說(音悅)懌(音亦)女美.

靜女其孌하니	얌전한 아가씨 아름답기도 한데
貽我彤管이로다	나에게 붉은 대통을 선물하도다
彤管有煒하니	붉은 대통 붉기도 하니
說懌女美호라	너의 아름다움 좋아하노라

賦也라 孌은 好貌니 於是則見之矣라 彤管은 未詳何物이니 蓋相贈以結慇懃之意耳라 煒는 赤貌라 言旣得此物하고 而又悅懌此女之美也라

姝 : 예쁠 주　搔 : 긁을 소　踟 : 머뭇거릴 지　蹰 : 머뭇거릴 주　躑 : 머뭇거릴 척
躅 : 머뭇거릴 촉　孌 : 예쁠 련　貽 : 줄 이　彤 : 붉을 동　管 : 대통 관
煒 : 밝을 위, 붉을 위　懌 : 기쁠 예(역)　慇 : 은근할 은, 간곡할 은　懃 : 은근할 근

賦이다. 孌은 아름다운 모양이니, 이 때에 서로 만난 것이다. 彤管은 무슨 물건인지 상세하지 않으니, 서로 선물하여 은근한 뜻을 맺은 것이다. 煒는 붉은 모양이다. 이미 이 물건을 얻고, 또 이 아가씨의 아름다움을 좋아한다고 말한 것이다.

自牧歸荑(徒兮徒計二反), 洵美且異(夷曳二音). 匪女(音汝)之爲美, 美人之貽(與異同).

自牧歸荑하니	교외로부터 삐비를 선물하니
洵美且異로다	진실로 아름답고 또 특이하도다
匪女之爲美라	네가 아름다워서가 아니라
美人之貽니라	美人이 선물해서이니라

賦也라 牧은 外野也라 歸亦貽也라 荑는 茅之始生者라 洵은 信也라 女는 指荑而言也라
○ 言靜女又贈我以荑하니 而其荑亦美且異라 然이나 非此荑之爲美요 特以美人之所贈이라 故로 其物亦美耳라

賦이다. 牧은 바깥 들이다. 歸 또한 줌이다. 荑는 띠풀이 처음 나온 것이다. 洵은 진실로이다. 女는 삐비를 가리켜 말한 것이다.
○ 얌전한 아가씨가 또 나에게 삐비를 선물하였는데, 그 삐비가 아름답고 또 특이하다. 그러나 이 삐비가 아름다워서가 아니요, 다만 美人이 주었기 때문에 또한 아름답다고 한 것이다.

靜女三章이니 章四句라

毛序 靜女는 刺時也니 衛君無道하고 夫人無德하니라

《靜女》는 時代를 풍자한 詩이니, 衛나라 君主는 無道하고 夫人은 德이 없었다.

新臺有泚(此禮反), 河水瀰瀰(莫邇反). 燕婉之求, 籧(音渠)篨(音除)不鮮(斯淺反 想止反 마).

新臺有泚하니	新臺가 선명도 하니
河水瀰瀰로다	河水가 넘실넘실 흐르도다
燕婉之求에	燕婉을 구했는데
籧篨不鮮이로다	籧篨가 적지 않도다

賦也라 泚는 鮮明也라 瀰瀰는 盛也라 燕은 安이요 婉은 順也라 籧篨는 不能俯하니 疾之醜者也라 蓋籧篨는 本竹席之名이니 人或編以爲囷하니 其狀이 如人之擁腫而不能俯者라 故로 又因

荑：삐비 제 洵：진실로 순 匪：아닐 비 泚：선명할 자 瀰：물철철넘어흐를 미
婉：순할 완 籧：하늘바래기 거 篨：하늘바래기 제 鮮：적을 선 囷：곳간 균
腫：종기 종 俯：구부릴 부

以名此疾也라 鮮은 少也라

○ 舊說에 以爲衛宣公爲其子伋하여 娶於齊러니 而聞其美하고 欲自娶之하여 乃作新臺於河上而要之한대 國人惡之하여 而作此詩以刺之라 言齊女本求與伋爲燕婉之好어늘 而反得宣公醜惡之人也라

賦이다. 泚는 선명함이다. 瀰瀰는 성함이다. 燕은 편안함이요, 婉은 순함이다. 籧篨는 능히 구부리지 못하는 것이니, 병 중에 추악한 것이다. 籧篨는 본래 대자리의 이름인데, 사람들이 혹 엮어서 곳집을 만드니, 그 모양이 마치 사람이 붓고 종기가 나서 구부리지 못하는 것과 같았다. 그러므로, 사람들이 또 인하여 이 병을 이름한 것이다. 鮮은 적음이다.

○ 舊說에 이르기를 "衛宣公이 그 아들 伋을 위하여 齊나라에 장가를 들게 하였는데, 그 여자가 아름답다는 말을 듣고는 자기가 그를 취하고자 하여 마침내 新臺를 河水가에 짓고 그를 맞이하니, 國人들이 그를 미워하여 이 詩를 지어 풍자했다." 하였다. 齊나라 여자는 본래 伋과 더불어 燕婉의 좋음을 구하려고 했는데, 도리어 추악한 사람 宣公을 얻었다고 말한 것이다.

新臺有洒(七罪反 先典反 마), 河水浼浼(每罪反 美辯反 마). 燕婉之求, 籧篨不殄.

新臺有洒하니	新臺가 높기도 하니
河水浼浼로다	河水가 넘실넘실대도다
燕婉之求에	燕婉을 구했는데
籧篨不殄이로다	籧篨가 끊이지 않도다

賦也라 洒는 高峻也라 浼浼는 平也라 殄은 絶也니 言其病不已也라

賦이다. 洒는 높음이다. 浼浼는 평평함이다. 殄은 끊어짐이니, 그 병이 그치지 않음을 말한 것이다.

魚網之設, 鴻則離之. 燕婉之求, 得此戚施.

魚網之設에	고기 그물을 설치했는데
鴻則離之로다	기러기가 걸렸도다
燕婉之求에	燕婉을 구했는데
得此戚施(이)로다	이 戚施를 얻었도다

興也라 鴻은 雁之大者라 離는 麗(리)也라 戚施는 不能仰하니 亦醜疾也라

○ 言設魚網而反得鴻하여 以興求燕婉而反得醜疾之人하니 所得이 非所求也라

興이다. 鴻은 기러기 중에 큰 것이다. 離는 걸림이다. 戚施는 우러러보지 못하는 것이니, 또한

伋 : 생각할 급　洒 : 우뚝할 최　浼 : 물편편히흐를 매　殄 : 다할 진　離 : 걸릴 리

추악한 병이다.

○ 고기 그물을 설치했는데 도리어 기러기를 얻었음을 말하여, 燕婉을 구했는데 도리어 추악한 사람을 얻었음을 興하였으니, 얻은 것이 구하던 바가 아닌 것이다.

新臺三章이니 章四句라

凡宣姜事는 首末이 見春秋傳이라 然이나 於詩則皆未有考也하니 諸篇放此하니라

무릇 宣姜의 일은 그 首末이 「春秋傳」에 보인다. 그러나 詩에는 모두 상고할 것이 없으니, 모든 篇이 이와 같다.

毛序 新臺는 刺衛宣公也라 納伋之妻하고 作新臺于河上而要之하니 國人惡之하여 而作是詩也라

《新臺》는 衛나라 宣公을 풍자한 것이다. 伋의 아내를 들이고 하수가에 新臺를 지어 맞이하니, 國人들이 이를 미워하여 이 詩를 지은 것이다.

二子乘舟, 汎汎(芳劍反)其景(叶舉兩反). 願言思子, 中心養養(以兩反).

二子乘舟하니	두 사람이 배를 타고 가니
汎汎其景(影)이로다	둥둥 떠가는 그 그림자로다
願言思子라	그리워하여 그대를 생각하는지라
中心養養호라	中心이 울렁거리노라

賦也라 二子는 謂伋, 壽也라 乘舟는 渡河如齊也라 景은 古影字라 養養은 猶漾漾이니 憂不知所定之貌라

○ 舊說에 以爲宣公納伋之妻하니 是爲宣姜이라 生壽及朔이러니 朔與宣姜으로 愬伋於公하니 公令伋之齊하고 使賊先待於隘而殺之하다 壽知之하고 以告伋한대 伋曰 君命也라 不可以逃라하니 壽竊其節而先往이러니 賊殺之하다 伋至曰 君命殺我어늘 壽有何罪오한대 賊又殺之하니 國人傷之하여 而作是詩也라

賦이다. 二子는 伋과 壽를 이른다. 乘舟는 黃河를 건너 齊나라로 간 것이다. 景은 影의 古字이다. 養養은 漾漾과 같으니, 근심하여 진정할 줄을 모르는 모양이다.

○ 舊說에 이르기를 "宣公이 伋의 아내를 받아들이니, 이가 宣姜이었다. 壽와 朔을 낳았는데, 朔이 宣姜과 더불어 伋을 宣公에게 참소하니, 宣公이 伋으로 하여금 齊나라에 가게 하고는 賊으로 하여금 먼저 골목길에서 기다리고 있다가 죽이게 하였다. 壽가 이것을 알고 伋에게 알렸는

願 : 사모할 원 漾 : 물결 양 愬 : 하소연할 소 隘 : 좁을 애 節 : 깃발 절

데, 伋은 '군주의 命이니, 도망할 수 없다.' 하였다. 壽가 그 節(깃발)을 훔쳐가지고 먼저 가니, 賊이 그를 죽였다. 伋이 뒤에 도착하여 말하기를 '군주가 나를 죽이라고 명령했는데, 壽가 무슨 죄가 있단 말인가.' 하니, 賊이 또 그를 죽였다. 이에 國人들이 이를 슬퍼하여 이 詩를 지었다." 하였다.

二子乘舟, 汎汎其逝(此字本與害叶 今讀誤)**. 願言思子, 不瑕有害.**

二子乘舟하니	두 사람이 배를 타고 가니
汎汎其逝로다	둥둥 떠 가도다
願言思子호니	그리워하여 그대를 생각하니
不瑕(何)有害아	아니 어떤 害를 당하였는가

賦也라 逝는 往也라 不瑕는 疑辭라 義見泉水하니 此則見其不歸而疑之也라

賦이다. 逝는 감이다. 不瑕는 의문사이다. 뜻이 《泉水》에 보이니, 이것은 그 돌아오지 않음을 보고 의심한 것이다.

二子乘舟二章이니 章四句라

太史公曰 余讀世家言이라가 至於宣公之子以婦見誅하고 弟壽爭死以相讓하니 此與晉太子申生이 不敢明驪姬之過同하니 俱惡傷父之志라 然이나 卒死亡하니 何其悲也오 或父子相殺하고 兄弟相戮은 亦獨何哉오

太史公이 말하였다. "내가 世家를 읽다가 宣公의 아들이 婦人 때문에 죽임을 당하고, 아우 壽가 죽기를 다투어 서로 사양하는 데 이르렀다. 이것은 晉나라 太子 申生이 감히 驪姬의 과실을 밝히지 못한 내용과 같으니, 모두 아버지의 뜻을 상할까 두려워해서였다. 그러나 끝내 사망하였으니, 어쩌면 그리도 비참한가. 혹 父子간에 서로 죽이며 兄弟간에 서로 죽이는 자들은 또한 홀로 무슨 마음인가."

毛序 二子乘舟는 思伋壽也라 衛宣公之二子 爭相爲死하니 國人傷而思之하여 作是詩也라

《二子乘舟》는 伋과 壽 두 사람을 그리워한 것이다. 衛나라 宣公의 두 아들이 서로 죽으려고 다투니, 國人들이 서글퍼하고 그리워하여 이 詩를 지은 것이다.

邶는 十九篇에 七十二章이요 三百六十三句라

驪 : 검을 려(리) 戮 : 죽일 륙 邶 : 나라이름 패

詩經集傳 第三

鄘一之四

說見上篇하니라

해설이 上篇에 보인다.

汎彼柏舟, 在彼中河. 髧(徒坎反)彼兩髦(音毛), 實維我儀(叶牛何反). 之死矢靡他(湯河反). 母也天(叶鐵因反)只(音紙下同), 不諒人只.

汎彼柏舟여	둥둥 떠있는 잣나무 배여
在彼中河로다	저 黃河 가운데 있도다
髧彼兩髦	더풀거리는 저 兩髦한 분이
實維我儀니	실로 나의 짝이니
之死언정 矢靡他호리라	죽을지언정 맹세코 다른 데로 가지 않으리라
母也天只시니	어머니는 하늘이시니
不諒人只아	이처럼 사람마음 몰라주시는가

興也라 中河는 中於河也라 髧은 髮垂貌라 兩髦者는 翦髮夾囟이니 子事父母之飾이라 親死然後去之하니 此는 蓋指共伯也라 我는 共姜自我也라 儀는 匹이요 之는 至요 矢는 誓요 靡는 無也라 只는 語助辭라 諒은 信也라
○ 舊說에 以爲 衛世子共伯이 蚤(早)死어늘 其妻共姜이 守義러니 父母欲奪而嫁之라 故로 共姜作此以自誓라하니라 言柏舟則在彼中河요 兩髦則實我之匹이니 雖至於死라도 誓無他心이라 母之於我에 覆育之恩이 如天罔極이어늘 而何其不諒我之心乎아하니라 不及父者는 疑時獨母在어나 或非父意耳라

興이다. 中河는 河水의 한 가운데이다. 髧은 머리가 드리워진 모양이다. 兩髦는 머리를 잘라 숨구멍의 좌우에 끼고 있는 것이니, 아들이 父母를 섬기는 꾸밈이다. 父母가 별세한 뒤에야 이것을 제거하니, 이는 아마도 共伯을 가리킨 듯하다. 我는 共姜 자신이다. 儀는 짝이요, 之는 이름이요, 矢는 맹세요, 靡는 없음이다. 只는 어조사이다. 諒은 믿음이다.

鄘 : 나라이름 용　髧 : 머리늘일 담　髦 : 다팔머리 모　儀 : 짝 의　矢 : 맹세할 시
靡 : 아닐 미　諒 : 믿을 량　翦 : 자를 전　夾 : 낄 협　囟 : 숨구멍 신　蚤 : 일찍 조

○ 舊說에 이르기를 "衛나라 世子 共伯이 일찍 죽자, 그의 아내 共姜이 義(절개)를 지키려 하였는데, 父母들이 그의 뜻을 빼앗아 改嫁시키려 하였다. 그러므로 共姜이 이를 지어 스스로 맹세했다." 하였다. "잣나무 배는 저 황하 가운데 떠 있으며, 兩髦를 하신 분이 진실로 나의 배필이니, 비록 죽음에 이르더라도 맹세코 딴 마음을 먹지 않겠다. 어머니는 나에게 있어 덮어주고 길러주신 은혜가 하늘과 같이 망극하거늘 어쩌면 그리도 나의 마음을 믿어주지 않으시는가?" 한 것이다. 아버지를 언급하지 않은 것은 이때 어머니만 홀로 있었거나 혹은 아버지 뜻이 아니기 때문인 듯하다.

汎彼柏舟, 在彼河側. 髧彼兩髦, 實維我特. 之死矢靡慝(他得反). 母也天只, 不諒人只.

汎彼柏舟여	둥둥 떠있는 잣나무 배여
在彼河側이로다	저 黃河가에 있도다
髧彼兩髦	더풀거리는 저 兩髦한 분이
實維我特이니	실로 나의 짝이니
之死언정 矢靡慝호리라	죽을지언정 맹세코 나쁜 마음 품지 않으리라
母也天只시니	어머니는 하늘이시니
不諒人只아	이처럼 사람마음 몰라주시는가

興也라 特亦匹也라 慝은 邪也니 以是爲慝이면 則其絶之甚矣라

興이다. 特 또한 짝이다. 慝은 사특함이니, 이것을 사특하다고 한다면 그 끊음이 심한 것이다.

柏舟二章이니 章七句라

毛序 柏舟는 共姜自誓也라 衛世子共伯이 蚤死어늘 其妻守義러니 父母欲奪而嫁之한대 誓而弗許라 故로 作是詩以絶之하니라

《柏舟》는 共姜이 스스로 맹세한 詩이다. 衛나라 世子인 共伯이 일찍 죽자, 그 아내(共姜)가 義(절개)를 지키고 있었는데, 친정 父母들이 守節하려는 뜻을 빼앗아 시집보내려 하였으므로 共姜은 맹세하고 허락하지 않았다. 그러므로 이 詩를 지어 거절한 것이다.

牆有茨, 不可埽(叶蘇后反)也. 中冓(古候反)之言, 不可道(叶徒厚反)也. 所可道也, 言之醜也.

特 : 짝 특 慝 : 사악할 특 牆 : 담 장 茨 : 납가새 자 埽 : 쓸 소 冓 : 침방 구
道 : 말할 도

牆有茨하니	담장에 납가새가 있으니
不可埽也로다	쓸어버릴 수 없도다
中冓之言이여	中冓(閨中)의 말이여
不可道也로다	입에 올릴 수 없도다
所可道也인댄	만일 말할진댄
言之醜也로다	말이 추해지도다

興也라 茨는 蒺藜也니 蔓生, 細葉이요 子有三角하여 刺人이라 中冓는 謂舍之交積材木也라 道는 言이요 醜는 惡也라

○ 舊說에 以爲宣公卒하고 惠公幼한대 其庶兄頑이 烝於宣姜이라 故로 詩人作此詩以刺之라 言其閨中之事 皆醜惡而不可言이라하니 理或然也라

興이다. 茨는 蒺藜이니, 덩쿨로 자라고 잎이 가늘며, 씨에 세 개의 가시가 있어 사람을 찌른다. 中冓는 집에 재목이 서로 쌓여진 곳이다. 道는 말함이요, 醜는 추악함이다.

○ 舊說에 이르기를 "宣公이 죽고 惠公이 어리자, 庶兄 頑이 宣姜과 간통하였다. 그러므로 詩人이 이 詩를 지어 풍자하였다. 그러므로 '閨中의 일이 모두 추악하여 말할 수 없다.'고 말했다." 하였으니, 이치가 혹 그럴 듯하다.

牆有茨, 不可襄也. 中冓之言, 不可詳也. 所可詳也, 言之長也

牆有茨하니	담장에 납가새가 있으니
不可襄也로다	제거할 수가 없도다
中冓之言이여	中冓의 말이여
不可詳也로다	상세히 말할 수 없도다
所可詳也인댄	상세히 말할진댄
言之長也로다	말이 길어지도다

興也라 襄은 除也라 詳은 詳言之也라 言之長者는 不欲言而託以語長難竟也라

興이다. 襄은 제거함이다. 詳은 상세히 말하는 것이다. 말이 길어진다는 것은 말하고 싶지 않아 말이 길어 다하기 어렵다고 칭탁한 것이다.

牆有茨, 不可束也. 中冓之言, 不可讀也. 所可讀也, 言之辱也.

牆有茨하니	담장에 납가새가 있으니
不可束也로다	묶어서 제거할 수가 없도다

蒺 : 찔레 질　藜 : 명아주 려　蔓 : 덩굴 만　刺 : 찌를 자　頑 : 완악할 완
烝 : 위로간통할 증　襄 : 제거할 양　託 : 핑계댈 탁

中冓之言이여
不可讀也로다
所可讀也인댄
言之辱也로다

中冓의 말이여
되뇌일 수 없도다
입으로 외울진댄
말이 욕되도다

興也라 束은 束而去之也라 讀은 誦言也라 辱은 猶醜也라

興이다. 束은 묶어서 제거함이다. 讀은 외워서 말하는 것이다. 辱은 醜와 같다.

牆有茨三章이니 章六句라

楊氏曰 公子頑이 通乎君母하여 閨中之言이 至不可讀하니 其汙甚矣어늘 聖人이 何取焉而著之於經也오 蓋自古淫亂之君이 自以爲密於閨門之中하여 世無得而知者라 故로 自肆而不反하나니 聖人이 所以著之於經하여 使後世爲惡者로 知雖閨中之言이라도 亦無隱而不彰也시니 其爲訓戒深矣로다

楊氏가 말하였다 "公子 頑이 君母와 사통하여 閨中의 말이 외울 수 없을 지경에 이르렀으니, 그 더러움이 심하거늘, 聖人이 어찌하여 이것을 취하여 經書에 드러내었는가? 예로부터 음란한 군주들은 스스로 생각하기를, '閨門의 가운데에서 은밀히 한 것이라 세상에 알 자가 없다.'고 여긴다. 그러므로 스스로 방사하여 바른 길로 돌아오지 않는다. 聖人이 이 때문에 이것을 經書에 드러내어 後世에 惡行을 하는 자들로 하여금 비록 閨中의 말이라도 또한 숨겨져 드러나지 않는 것이 없음을 알게 하신 것이니, 그 훈계함이 깊도다."

毛序　牆有茨는 衛人이 刺其上也라 公子頑이 通乎君母하니 國人疾之而不可道也라

《牆有茨》는 衛나라 사람들이 웃사람을 풍자한 詩이다. 公子 頑이 군주의 어머니와 간통하니, 國人들이 이를 미워하였으나 입에 올려 말할 수가 없었기 때문이다.

君子偕老, 副笄六珈(音加 叶居河反). 委委(於危反)佗佗(待河反), 如山如河, 象服是宜(叶牛何反). 子之不淑, 云如之何.

君子偕老라
副笄六珈니
委委佗佗며
如山如河라
象服是宜어늘

君子와 百年偕老해야 하는지라
副笄에 여섯 곳을 옥으로 꾸미니
委委하고 佗佗하며
山과 같고 河水와 같아
象服이 어울리거늘

閨：규방 규　汙：더러울 오　彰：드러날 창　偕：함께 해　副：첩지 부　笄：비녀 계
珈：비녀치장 가　委：늘어질 위　佗：늘어질 타

子之不淑은	그대의 善하지 못함은
云如之何오	어찌해서 인고

賦也라 君子는 夫也라 偕老는 言偕生而偕死也라 女子之生은 以身事人하니 則當與之同生하고 與之同死라 故로 夫死에 稱未亡人이라하니 言亦待死而已요 不當復有他適之志也라 副는 祭服之首飾이니 編髮爲之라 笄는 衡(橫)笄也니 垂于副之兩旁하여 當耳하고 其下에 以紞懸瑱이라 珈之言은 加也니 以玉加於笄而爲飾也라 委委佗佗는 雍容自得之貌라 如山은 安重也요 如河는 弘廣也라 象服은 法度之服也라 淑은 善也라

○ 言夫人은 當與君子偕老라 故로 其服飾之盛如此하고 而雍容自得하며 安重寬廣하여 又有以宜其象服이어늘 今宣姜之不善이 乃如此하니 雖有是服이나 亦將如之何哉오하니 言不稱也라

賦이다. 君子는 남편이다. 偕老는 함께 살고 함께 죽음을 말한다. 女子의 삶은 몸으로써 남을 섬기니, 그렇다면 마땅히 남편과 더불어 함께 살고 함께 죽어야 한다. 그러므로 남편이 죽으면 未亡人(아직 죽지 못한 사람)이라고 칭하니, 이 또한 죽음을 기다릴 뿐이요, 다시 다른 데로 시집가려는 뜻을 두어서는 안됨을 말한 것이다. 副는 祭服의 머리 꾸밈이니, 머리털을 엮어서 만든다. 笄는 衡笄(가로로 된 비녀)이니, 副의 양 곁에 드리워 귀에 닿게 하고, 그 아래에는 면류관 끈으로써 귀걸이옥을 매단다. 珈란 말은 加하다의 뜻이니, 玉을 비녀에 加하여 꾸밈을 한 것이다. 委委와 佗佗는 雍容하고 자득한 모양이다. 山과 같다는 것은 편안하고 후중함이요, 河水와 같다는 것은 크고 넓음이다. 象服은 법도에 맞는 옷이다. 淑은 善함이다.

○ "夫人은 마땅히 君子와 백년해로를 해야 한다. 그러므로 그 服飾의 성함이 이와 같고, 雍容하고 自得하며 安重하고 寬廣하여 또 그 象服에 걸맞음이 있거늘, 지금 宣姜의 不善함이 마침내 이와 같으니, 비록 이러한 服飾이 있으나 또한 장차 어쩌겠는가."라고 하였으니, 이것은 걸맞지 않음을 말한 것이다.

玼(音此)兮玼兮. 其之翟(叶去聲)也. 鬒(眞忍反)髮如雲, 不屑(先結反)髢(徒帝反)也. 玉之瑱(吐殿反)也, 象之揥(勅帝反)也, 揚且(子餘反)之晳(星曆反 叶征例反)也. 胡然而天也, 胡然而帝也.

玼兮玼兮하니	옥빛처럼 깨끗하고 깨끗하니
其之翟也로다	그 분의 翟衣로다
鬒髮如雲하니	검은 머리 구름과 같으니
不屑髢也로다	머리씌우개를 할 것이 없도다
玉之瑱也며	옥으로 만든 귀막이며
象之揥也며	상아로 만든 머리빗이며
揚且(저)之晳也로소니	훤칠한 이마로소니

適：갈 적　紞：면류관끈 담　瑱：귀막이옥 진　雍：화할 옹　稱：걸맞을 칭　玼：옥빛 차
翟：꿩 적　鬒：검은머리 진　屑：깨끗할 설, 좋게여길 설　髢：땋은머리 체
揥：빗 체, 족집개 체　晳：흴 석, 훤칠할 석

胡然而天也며	어쩌면 그리도 하늘과 같으며
胡然而帝也오	어쩌면 그리도 上帝와 같은고

賦也라 玼는 鮮盛貌라 翟衣는 祭服이니 刻繒爲翟雉之形하고 而彩畫之하여 以爲飾也라 鬒은 黑也라 如雲은 言多而美也라 屑은 潔也라 髢는 髲髢也니 人少髮則以髢益之요 髮自美則不潔於髢而用之矣라 瑱은 塞耳也라 象은 象骨也라 揥는 所以摘髮也라 揚은 眉上廣也라 且는 語助辭라 晳은 白也라 胡然而天, 胡然而帝는 言其服飾容貌之美하여 見者驚猶鬼神也라

賦이다. 玼는 선명하고 성한 모양이다. 翟衣는 祭服이니, 비단을 오려 꿩의 모양을 만들고 채색으로 그려서 꾸밈을 한 것이다. 鬒은 검음이다. 구름과 같다는 것은 머리숱이 많고 아름다움을 말한 것이다. 屑은 조촐하게 여김이다. 髢는 머리쓰우개이니, 사람이 머리숱이 적으면 머리쓰우개를 하여 더 보태며, 머리가 본래 아름다우면 굳이 머리쓰우개를 하는 것을 좋게 여겨 사용하지 않는다. 瑱은 귀를 막는 것이다. 象은 코끼리 뼈이다. 揥는 머리를 빗는 것이다. 揚은 이마 위가 넓은 것이다. 且는 어조사이다. 晳은 흼이다. 胡然而天, 胡然而帝는 그 服飾과 용모가 아름다워 보는 자가 귀신과 같음에 놀람을 말한 것이다.

瑳(七我反)兮瑳兮, 其之展(陟戰反 叶諸延反)也. 蒙彼縐(側救反)絺, 是紲(息列反)袢(薄慢反 叶汾乾反)也. 子之淸揚, 揚且之顔(叶魚堅反)也. 展如之人兮, 邦之媛(于眷反 叶于權反)也.

瑳兮瑳兮하니	선명하고 선명하니
其之展也로다	그 분의 展衣로다
蒙彼縐絺하니	저 葛布옷 위에 덧입으니
是紲袢也로라	이것을 단단히 동여매도다
子之淸揚이며	그대의 맑고 훤칠한 眉目이며
揚且之顔也로다	훤칠하고 얼굴이 풍만하도다
展如之人兮여	진실로 이와 같은 사람이여
邦之媛也로다	나라의 아름다운 분이로다

賦也라 瑳亦鮮盛貌라 展은 衣也니 以禮見於君及見賓客之服也라 蒙은 覆也라 縐絺는 絺之蹙蹙者니 當暑之服也라 紲袢은 束縛意라 以展衣蒙絺綌而爲之紲袢은 所以自斂飭也라 或曰 蒙은 謂加絺綌於褻衣之上이니 所謂表而出之也라 淸은 視淸明也요 揚은 眉上廣也요 顔은 額角豐滿也라 展은 誠也라 美女曰媛이라 見(현)其徒有美色而無人君之德也라

賦이다. 瑳 또한 깨끗하고 성한 모양이다. 展은 옷이니, 禮로써 군주와 빈객을 뵐 때 입는 禮

繪 : 그림 회 瑳 : 옥빛깨끗할 차 蒙 : 뒤집어쓸 몽 縐 : 가는갈포 추 絺 : 가는갈포 치
紲 : 맬 설 袢 : 동여맬 반 展 : 진실로 전 媛 : 아름다울 원 蹙 : 쭈그러질 축
縛 : 묶을 박 斂 : 거둘 렴 飭 : 삼갈 칙, 단정히할 칙 綌 : 굵은갈포 격 褻 : 속옷 설

服이다. 蒙은 위에 덮어쓰는 것이다. 縐絺는 葛布 중에 蹙蹙(촘촘)한 것이니, 여름을 맞는 옷이다. 紲袢은 동여맨다는 뜻이다. 展衣를 絺綌 위에 덧입고 동여매는 것이니, 이는 스스로 몸을 거두고 단정히 하는 것이다. 혹자는 말하기를 "蒙은 褻衣(속옷) 위에다가 絺綌을 加하는 것이니, 〈「論語」에〉 이른바 '옷 위에 입어 表出한다.'는 것이다."한다. 淸은 보는 것이 청명함이요, 揚은 눈썹 위가 넓은 것이요, 顔은 이마 모서리가 풍만한 것이다. 展은 진실로이다. 美女를 媛이라 한다. 이는 다만 아름다운 모양만 있고 人君(后妃)다운 德이 없음을 나타낸 것이다.

君子偕老三章이니 一章七句요 一章九句요 一章八句라

東萊呂氏曰 首章之末云 子之不淑은 云如之何는 責之也요 二章之末云 胡然而天也며 胡然而帝也는 問之也요 三章之末云 展如之人兮여 邦之媛也는 惜之也니 辭益婉而意益深矣로다

東萊呂氏가 말하였다. "首章의 끝에 '그대의 善하지 못함은 어찌해서 인고.' 한 것은 꾸짖은 것이요, 第二章의 끝에 '어쩌면 그리도 하늘과 같으며, 어쩌면 그리도 上帝와 같은고.' 한 것은 물은 것이며, 第三章의 끝에 '진실로 이와 같은 사람이여, 나라의 아름다운 분이로다.' 한 것은 그를 애석히 여긴 것이니, 말이 더욱 완곡하면서도 뜻이 더욱 깊다."

毛序 君子偕老는 刺衛夫人也라 夫人淫亂하여 失事君子之道라 故로 陳人君之德, 服飾之盛하여 宜與君子偕老也라

《君子偕老》는 衛나라 夫人을 풍자한 詩이다. 夫人이 음란하여 君子를 섬기는 道理를 잃었으므로 人君(小君)의 德과 服飾의 성대함을 말하여 君子와 더불어 百年偕老하여야 한다고 한 것이다.

爰采唐矣, 沬(音妹)之鄕矣. 云誰之思, 美孟姜矣. 期我乎桑中(叶諸良反), 要(於遙反)我乎上宮(叶居王反), 送我乎淇之上(叶辰羊反)矣.

爰采唐矣를	唐을 캐기를
沬之鄕矣로다	沬邑의 시골에서 하도다
云誰之思오	누구를 그리워하는고
美孟姜矣로다	아름다운 孟姜이로다
期我乎桑中이며	나와 桑中에서 만나기로 약속하였으며
要我乎上宮이요	나를 上宮에서 맞이하였고
送我乎淇之上矣로다	나를 淇水가에서 전송하였도다

賦也라 唐은 蒙菜也니 一名兎絲라 沬은 衛邑也니 書所謂妹邦者也라 孟은 長也라 姜은 齊女니

沬 : 고을이름 매　要 : 맞이할 요　淇 : 물이름 기

言貴族也라 桑中, 上宮, 淇上은 又妹鄕之中小地名也라 要는 猶迎也라
○ 衛俗淫亂하여 世族在位 相竊妻妾이라 故로 此人自言 將采唐於沬하여 而與其所思之人相期會迎送을 如此也라

賦이다. 唐은 蒙菜이니, 일명은 兎絲이다. 沬는 衛나라의 고을이니, 「書經」에 이른바 妹邦이란 것이다. 孟은 長(맏이)이다. 姜은 齊나라의 여자이니, 귀족임을 말한 것이다. 桑中, 上宮, 淇上은 또한 沬鄕의 가운데 작은 지명이다. 要는 迎과 같다.

○ 衛나라 풍속이 음란하여 世臣의 집안으로 지위에 있는 자들이 서로 妻妾을 도둑질하였다. 그러므로 이 사람이 스스로 말하기를 "장차 沬땅에서 唐을 캐면서 그리워하는 사람과 더불어 서로 만나기로 약속하며 맞이하고 전송하기를 이와 같이 했다."고 한 것이다.

爰采麥(마력반, 力乾反)矣, 沬之北矣. 云誰之思, 美孟弋矣. 期我乎桑中, 要我乎上宮, 送我乎淇之上矣.

爰采麥矣를	이에 보리를 베기를
沬之北矣로다	沬邑의 북쪽에서 하도다
云誰之思오	누구를 그리워하는고
美孟弋矣로다	아름다운 孟弋이로다
期我乎桑中이며	나와 桑中에서 만나기로 약속하였으며
要我乎上宮이요	나를 上宮에서 맞이하였고
送我乎淇之上矣로다	나를 淇水가에서 전송하였도다

賦也라 麥은 穀名이니 秋種夏熟者라 弋은 春秋에 或作姒하니 蓋杞女라 夏后氏之後니 亦貴族也라

賦이다. 麥은 곡식 이름이니, 가을에 심어 여름에 익는 것이다. 弋은 「春秋」에 혹 姒로 되어 있으니, 杞나라의 여자이다. 夏后氏의 후손이니, 또한 귀족이다.

爰采葑矣, 沬之東矣. 云誰之思, 美孟庸矣. 期我乎桑中, 要我乎上宮, 送我乎淇之上矣.

爰采葑矣를	이에 순무를 캐기를
沬之東矣로다	沬邑의 동쪽에서 하도다
云誰之思오	누구를 그리워하는고
美孟庸矣로다	아름다운 孟庸이로다
期我乎桑中이며	나와 桑中에서 만나기로 약속하였으며

爰 : 이에 원 采 : 캘 채 姒 : 형수 사, 성 사 葑 : 무우 봉

要我乎上宮이요　　　나를 上宮에서 맞이하였고
送我乎淇之上矣로다　　　나를 淇水가에서 전송하였도다

賦也라 葑은 蔓菁也라 庸은 未聞하니 疑亦貴姓也라

賦이다. 葑은 蔓菁이다. 庸은 알려지지 않았으니, 의심컨대 이 또한 귀족인 듯하다.

桑中三章이니 章七句라

樂記曰 鄭衛之音은 亂世之音也니 比於慢矣요 桑間濮上之音은 亡國之音也니 其政散하고 其民流하여 誣上行私而不可止也라하니라 按桑間은 卽此篇이라 故로 小序에 亦用樂記之語하니라

「樂記」에 이르기를 "鄭나라와 衛나라의 음악은 亂世의 음악이니, 慢에 가깝고《桑間》과《濮上》의 음악은 亡國의 음악이니, 정사가 산만하고 백성이 흩어져서 윗사람을 속이고 私를 행하여 그치게 할 수 없다." 하였다. 살펴보건대,《桑間》은 바로 이 篇이다. 그러므로 小序에도《樂記》에 있는 말을 그대로 인용하였다.

毛序　桑中은 刺奔也라 衛之公室淫亂하여 男女相奔하여 至于世族在位 相竊妻妾하여 期於幽遠하니 政散民流而不可止하니라

《桑中》은 淫奔을 풍자한 詩이다. 衛나라의 公室(王室)이 음란하여 男女가 서로 좇아 다녀 世族으로서 지위에 있는 자들까지도 서로 妻妾을 도둑질하여 아득하고 먼 곳에서 만나기로 약속하니, 정치가 散亂하고 백성들이 流離하여 그칠 수 없었다.

鶉(音純)之奔奔, 鵲之彊彊(音姜). 人之無良, 我以爲兄(叶虛王反).

鶉之奔奔이며　　　메추라기는 奔奔하며
鵲之彊彊이어늘　　　까치는 彊彊하거늘
人之無良을　　　선량하지 못한 사람을
我以爲兄가　　　내 兄이라고 한단 말인가

興也라 鶉은 鵪屬이라 奔奔, 彊彊은 居有常匹하고 飛則相隨之貌라 人은 謂公子頑이라 良은 善也라
○ 衛人이 刺宣姜與頑이 非匹耦而相從也라 故로 爲惠公之言以刺之曰 人之無良은 鶉鵲之不若이어늘 而我反以爲兄은 何哉오하니라

蔓：순무 만　菁：무우 정　濮：물이름 복　鶉：메추리 순　奔：달릴 분　鵲：까치 작
彊：강할 강　鵪：메추리 암

興이다. 鶉은 메추라기 등속이다. 奔奔과 彊彊은 거처할 때에 떳떳한 짝이 있고, 날 때에는 서로 따르는 모양이다. 人은 公子 頑을 이른다. 良은 善함이다.

○ 衛나라 사람이 宣姜이 頑과 제 짝이 아닌데도 서로 따름을 풍자하였다. 그러므로 惠公의 말인 것처럼 하여 풍자하기를 "선량하지 못한 사람은 메추라기와 까치만도 못한데, 내 도리어 兄이라고 함은 어째서인가." 한 것이다.

鵲之彊彊, 鶉之奔奔叶逋珉反. 人之無良, 我以爲君.

鵲之彊彊이며	까치는 彊彊하며
鶉之奔奔이어늘	메추라기는 奔奔하거늘
人之無良을	선량하지 못한 사람을
我以爲君가	내 小君이라고 한단 말인가

興也라 人은 謂宣姜이라 君은 小君也라

興이다. 人은 宣姜을 이른다. 君은 小君이다.

鶉之奔奔二章이니 章四句라

范氏曰 宣姜之惡을 不可勝道也라 國人疾而刺之호되 或遠言焉하고 或切言焉하니 遠言之者는 君子偕老是也요 切言之者는 鶉之奔奔是也라 衛詩至此에 而人道盡하고 天理滅矣라 中國이 無以異於夷狄이요 人類無以異於禽獸하여 而國隨以亡矣니라 胡氏曰 楊時有言호되 詩載此篇은 以見衛爲狄所滅之因也라 故로 在定之方中之前이라하니 因以是說로 考於歷代컨대 凡淫亂者 未有不至於殺身敗國而亡其家者하니 然後에 知古詩垂戒之大어늘 而近世有獻議하여 乞於經筵不以國風進講者하니 殊失聖經之旨矣로다

范氏가 말하였다. "宣姜의 악함을 이루 다 말할 수 없었다. 그리하여 國人들이 그를 미워하여 풍자하되, 혹은 멀리 돌려서 말하고 혹은 간절히 말하였으니 멀리 돌려서 말한 것은《君子偕老》가 이것이요, 간절히 말한 것은《鶉之奔奔》이 이것이다. 衛나라 詩가 이에 이름에 人道가 다하였고 天理가 없어졌다. 그리하여 中國이 夷狄과 다름이 없고 人類가 禽獸와 다름이 없어, 나라가 따라서 망하였다."

胡氏가 말하였다. "楊時가 말하기를 '「詩經」에 이 篇을 기재한 것은 衛나라가 오랑캐에게 멸망당한 원인을 나타내려고 한 것이다. 그러므로《定之方中》의 앞에 있는 것이다.' 하였으니, 인하여 이 말을 가지고 歷代를 살펴보건대, 모든 음란한 자들이 자신을 죽이고 나라를 그르치며 집안을 망침에 이르지 않은 자가 없었으니, 그러한 뒤에야 古詩의 경계를 드리움이 큰 것을 알 수 있다. 그런데 近世에는 獻議하여 經筵에서 國風을 進講하지 말 것을 요청하는 자가 있으니, 이는 자못 聖經의 本旨를 잃은 것이다."

范 : 성 범　乞 : 빌 걸, 구할 걸　筵 : 자리 연

毛序 鶉之奔奔은 刺衛宣姜也니 衛人이 以爲宣姜은 鶉鵲之不若也라하니라

《鶉之奔奔》은 衛나라 宣姜을 풍자한 詩이니, 衛나라 사람들은 宣姜을 메추리나 까치만도 못하다고 여긴 것이다.

定丁佞反之方中, 作于楚宮. 揆之以日, 作于楚室. 樹之榛栗, 椅於宜反桐梓漆, 爰伐琴瑟.

定之方中이어늘	定星이 바야흐로 昏中星이 되거늘
作于楚宮하니	楚宮을 지으니
揆之以日하여	해그림자로써 헤아려
作于楚室이요	楚丘에 宮室을 짓고
樹之榛栗	개암나무와 밤나무
椅桐梓漆하니	가래나무와 오동나무 자나무와 옻나무를 심으니
爰伐琴瑟이로다	이것을 베어 거문고와 비파를 만들도다

賦也라 定은 北方之宿니 營室星也라 此星이 昏而正中이면 夏正十月也니 於是時에 可以營制宮室이라 故로 謂之營室이라 楚宮은 楚丘之宮也라 揆는 度(탁)也니 樹八尺之臬하여 而度其日之出入之景(影)하여 以定東西하고 又參日中之景하여 以正南北也라 楚室은 猶楚宮이니 互文以協韻耳라 榛, 栗은 二木이니 其實은 榛小栗大하니 皆可供籩實이라 椅는 梓實桐皮요 桐은 梧桐也라 梓는 楸之疎理白色而生子者라 漆은 木有液한대 黏黑하여 可飾器物이라 四木은 皆琴瑟之材也라 爰은 於也라
○ 衛爲狄所滅이어늘 文公이 徙居楚丘하여 營立宮室한대 國人悅之하여 而作是詩以美之라 蘇氏曰 種木者는 求用於十年之後하나니 其不求近功이 凡此類也니라

賦이다. 定은 北方에 있는 별이니 營室星이다. 이 별이 어두워질 때에 한 가운데(제자리)에 나타나면 夏正의 10월이니, 〈1년중〉 이 때에 宮室을 경영하고 짓는다. 그러므로 營室星이라 이른다. 楚宮은 楚丘의 궁궐이다. 揆는 헤아림이니, 여덟 자 되는 나무를 세워놓고는 해가 뜨고 질 때의 그림자를 헤아려 東西를 정하고, 또 한낮의 그림자를 참고하여 南北을 바루는 것이다. 楚室은 楚宮과 같으니, 互文하여 韻을 맞췄을 뿐이다. 榛과 栗은 두 나무이니, 그 열매는 榛이 작고 栗이 큰 데, 모두 籩實에 바칠 수 있다. 椅는 梓나무 열매에 오동나무 껍질이요, 桐은 오동나무이다. 梓는 추자나무 중에 결이 거칠고 색깔이 희며 열매가 있는 것이다. 漆은 나무에 진액이 있는데, 차지고 검어서 기물을 장식할 수 있다. 이 네 가지의 나무는 모두 琴瑟의 재목감이다. 爰은 於(이에)이다.

○ 衛나라가 오랑캐에게 멸망을 당하자, 文公이 도읍을 옮겨 楚丘에 거처하면서 宮室을 경영

揆 : 헤아릴 규　榛 : 개암나무 진　椅 : 가래나무 의　梓 : 가래나무 재　臬 : 나무 얼
籩 : 대나무제기 변　楸 : 가래나무 추　黏 : 차질 점

하여 세우니, 國人들이 기뻐하여 이 詩를 지어 찬미한 것이다. 蘇氏가 말하였다. "나무를 심는 자는 10년 뒤에 사용하려고 하니, 가까운 효과를 구하지 않음이 모두 이와 같다."

升彼虛起居反起呂反 叶矣, 以望楚矣. 望楚與堂, 景山與京叶居良反, 降觀于桑. 卜云其吉, 終焉允臧.

升彼虛(墟)矣하여	저 옛 성터에 올라가
以望楚矣로다	楚丘를 바라보노라
望楚與堂하며	楚丘와 堂邑을 바라보며
景山與京하며	산과 언덕을 해그림자로 헤아려보며
降觀于桑하니	내려와 뽕나무가 적당한가를 관찰하니
卜云其吉이러니	점괘에 길하다 하더니
終焉允臧이로다	끝내 진실로 좋도다

賦也라 虛는 故城也요 楚는 楚丘也요 堂은 楚丘之旁邑也라 景은 測景以正方面也니 [1]與旣景迺岡之景同이라 或曰 景은 山名이니 見商頌하니라 京은 高丘也라 桑은 木名이니 葉可飼蠶者니 觀之는 以察其土宜也라 允은 信이요 臧은 善也라

○ 此章은 本其始之望景觀卜而言하여 以至於終에 而果獲其善也라

賦이다. 虛는 옛 城이다. 楚는 楚丘이고 堂은 楚丘의 옆에 있는 고을이다. 景(影)은 그림자를 헤아려서 方面을 바로잡는 것이니, '旣景迺岡'의 景과 같다. 혹자는 말하기를 "景은 산 이름이니, 商頌에 보인다." 한다. 京은 높은 언덕이다. 桑은 나무 이름이니, 잎은 누에를 먹일 수 있다. 이를 관찰함은 그 토질이 뽕나무에 적당한가를 살피려고 한 것이다. 允은 진실로요, 臧은 좋음이다.

○ 이 章은 그 처음에 山을 바라보고 그림자로 헤아려보며 관망하고 점친 것을 근본하여 말해서 終末에 이르러 과연 그 좋음을 얻었다고 한 것이다.

譯註 1. 旣景迺岡: 뒤의 大雅《公劉》에 보이는 내용으로, '이미 해그림자로 헤아려보고 마침내 높은 산등성이에 올라가 관망한다.'는 뜻이다.

靈雨旣零, 命彼倌音官人, 星言夙駕, 說始銳反于桑田叶徒因反. 匪直也人, 秉心塞淵叶一均反, 騋音來牝三千叶倉新反.

靈雨旣零이어늘	단비가 이미 내리거늘
命彼倌人하여	저 倌人을 명하여

迺 : 이에 내 飼 : 먹일 사 蠶 : 누에 잠 靈 : 좋을 령 零 : 떨어질 령

倌 : 수레부리는사람 관 說 : 멈출 세 匪 : 아닐 비 直 : 다만 직

騋 : 키큰말 래 牝 : 암컷 빈

星言夙駕하여	별을 보고 일찍 멍에하여
說(세)于桑田하니	桑田에 멈추니
匪直也人의	다만 이 사람의
秉心塞淵이라	마음가짐이 착실하고 깊을 뿐만 아니라
騋牝三千이로다	큰 암말이 3천 필이나 되도다

賦也라 靈은 善이요 零은 落也라 倌人은 主駕者也라 星은 見星也라 說는 舍止也라 秉은 操요 塞은 實이요 淵은 深也라 馬七尺以上이 爲騋라

○ 言 方春에 時雨旣降하여 而農桑之務作이라 文公이 於是에 命主駕者하여 晨起駕車하여 亟往而勞勸之라 然이나 非獨此人所以操其心者 誠實而淵深也라 蓋其所畜之馬 七尺而牝者亦已至於三千之衆矣라하니라 蓋人操心誠實而淵深이면 則無所爲而不成이니 其致此富盛이 宜矣라 記曰 問國君之富어든 數馬以對라하니 今言騋牝之衆如此면 則生息之蕃을 可見이요 而衛國之富를 亦可知矣라 此章은 又要其終而言也니라

賦이다. 靈은 좋음이요, 零은 떨어짐이다. 倌人은 멍에를 주관하는 자이다. 星은 별을 보는 것이다. 說는 멈춤이다. 秉은 잡음이요, 塞은 착실함이요, 淵은 깊음이다. 말이 7尺 이상인 것을 騋라고 한다.

○ "바야흐로 봄이 되어 단비가 이미 내려, 農桑의 일이 시작되었다. 文公이 이에 멍에를 주관하는 자를 명하여 새벽에 일어나 수레에 멍에하게 하고 빨리 가서 위로하고 권면한 것이다. 그러나 다만 이 사람이 그 마음가짐이 성실하고 깊을 뿐만 아니라, 그 기르는 말로서 7尺 이상인 암말이 또한 이미 3천 필이나 많은 데에 이르렀다." 한 것이다. 사람이 마음가짐을 성실하고 깊게 하면 하는 일마다 이루어지지 않음이 없으니, 이 富盛함을 이룸이 당연하다. 「禮記」에 이르기를 "國君의 富를 묻거든 말[馬]을 세어 대답한다." 하였는데, 지금 騋牝의 많음이 이와 같다면 生息의 번성함을 볼 수 있고, 衛나라의 부유함을 또한 알 수 있다. 이 章은 그 종말을 요약하여 말한 것이다.

定之方中三章이니 章七句라

按春秋傳컨대 衛懿公九年冬에 狄入衛어늘 懿公이 及狄人戰于熒澤而敗死焉한대 宋桓公이 迎衛之遺民하여 渡河而南하여 立宣姜子申하여 以廬於漕하니 是爲戴公이라 是年卒이어늘 立其弟燬하니 是爲文公이라 於是에 齊桓公이 合諸侯하여 以城楚丘而遷衛焉하니라 文公은 大布之衣와 大帛之冠으로 務材訓農하고 通商惠工하며 敬教勸學하고 授方任能하여 元年에 革車三十乘이러니 季年에 乃三百乘이러라

「春秋傳」을 상고해보면 "衛나라 懿公 9년 겨울에 오랑캐가 衛나라를 침입하자, 懿公이 오랑캐와 熒澤에서 싸우다가 패전하여 죽었다. 宋桓公이 衛나라의 遺民들을 맞이하여 黃河를 건너

駕：멍에할 가 懿：아름다울 의 熒：밝을 형 桓：굳셀 환 廬：초막 려 燬：불탈 훼

남쪽으로 가서 宣姜의 아들 申을 세워 漕邑에 임시로 초막을 짓고 살게 하니, 이가 戴公이다. 이 해에 戴公이 죽자, 그 아우 燬를 세우니, 이가 文公이다. 이에 齊桓公이 諸侯들을 규합하여 楚丘에 城을 쌓고 衛나라의 수도를 옮기게 하였다. 文公은 거친 삼베옷과 거친 명주비단 관으로, 인재 교육에 힘쓰고 농사를 가르치며, 상업을 통하고 工人들에게 혜택을 주며, 교육을 공경히 하고 학문을 권장하며, 정치의 방법을 제시해 주고 능력이 있는 자에 직책을 맡겨서, 元年에는 革車가 30乘이었는데 말년에는 마침내 3백 乘에 이르렀다." 하였다.

毛序 定之方中은 美衛文公也라 衛爲狄所滅하여 東徙渡河하여 野處漕邑이러니 齊桓公이 攘戎狄而封之한대 文公이 徙居楚丘하여 始建城市而營宮室하여 得其時制하니 百姓說之하여 國家殷富焉하니라

《定之方中》은 衛나라 文公을 찬미한 詩이다. 衛나라가 오랑캐에게 멸망을 당하고 동쪽으로 옮겨 黃河를 건너 漕邑에 임시로 여막을 치고 들에 居住하였는데, 齊나라 桓公이 戎狄을 물리치고 다시 衛나라를 봉해 주었다. 이에 文公이 楚丘로 옮겨와 비로소 城市를 세우고 宮室을 경영하였는데, 때와 제도에 맞게 하니, 百姓들이 기뻐하여 국가가 번성하고 부유하게 되었기 때문이었다.

蝃(丁計反)蝀(都動反)在東, 莫之敢指. 女子有行, 遠(于萬反)父母兄弟(叶待里反).

蝃蝀在東하니	무지개가 동쪽에 있으니
莫之敢指로다	감히 이것을 가리킬 수 없도다
女子有行은	여자의 시집감은
遠父母兄弟니라	父母 兄弟를 멀리하는 것이니라

比也라 蝃蝀은 虹也니 日與雨交에 倏然成質하여 似有血氣之類하니 乃陰陽之氣不當交而交者니 蓋天地之淫氣也라 在東者는 莫(暮)虹也라 虹隨日所映이라 故로 朝西而莫東也라
○ 此는 刺淫奔之詩라 言蝃蝀在東에 而人不敢指하여 以比淫奔之惡을 人不可道라 況女子有行은 又當遠其父母兄弟니 豈可不顧此而冒行乎아

比이다. 蝃蝀은 무지개이니, 해가 비와 사귐에 갑자기 質을 이루어 血氣가 있는 類와 같으니, 이는 바로 陰陽의 기운이 사귀어서는 안될 때에 사귀는 것이니, 天地의 淫氣이다. 동쪽에 있는 것은 저녁 무지개이다. 무지개는 햇빛이 비추는 바를 따르기 때문에 아침에는 서쪽에 있고, 저녁에는 동쪽에 있다.

○ 이는 淫奔을 풍자한 詩이다. 무지개가 동쪽에 있음에 사람들이 감히 가리킬 수 없음을 말하여 淫奔의 악함을 사람들이 말할 수 없음을 比한 것이다. 더구나 여자가 시집가면 또 마땅히

蝃 : 무지개 체　蝀 : 무지개 동　虹 : 무지개 홍　倏 : 빠를 숙　冒 : 무릅쓸 모

그 父母와 兄弟를 멀리해야 하니, 어찌 이것을 돌아보지 않고 무릅쓰고 행동할 수 있겠는가.

朝隮(子西反)于西, 崇朝其雨. 女子有行, 遠兄弟父母(叶滿補反).

朝隮于西하니	아침에 무지개가 서쪽에 오르니
崇(終)朝其雨로다	아침만 비가 오도다
女子有行은	여자의 시집감은
遠兄弟父母니라	父母 兄弟를 멀리하는 것이니라

比也라 隮는 升也라 [1]周禮十煇에 九曰隮니 註에 以爲虹이라하니 蓋忽然而見하여 如自下而升也라 崇은 終也니 從旦至食時爲終朝라 言方雨而虹見이면 則其雨終朝而止矣니 蓋淫慝之氣有害於陰陽之和也라 今俗謂虹能截雨라하니 信然이니라

比이다. 隮는 오름이다. 「周禮」의 十煇에 아홉째가 隮인데, 註에 이르기를 무지개라 하였으니, 갑자기 나타나서 마치 아래에서 위로 올라가는 것과 같기 때문이다. 崇은 마침이니, 날이 샐 때부터 아침밥을 먹을 때까지를 終朝라고 한다. 막 비가 오다가 무지개가 나타나면 비가 아침만 오고 그침을 말하였으니, 이는 淫慝한 기운이 陰陽의 화합을 해침이 있는 것이다. 지금 시속에서 이르기를 "무지개가 비를 끊는다." 하니, 그 말이 사실이다.

譯註 1. 十煇: 태양 주위에 나타나는 열 가지 모양. 첫째는 침(祲)으로, 음기(陰氣)와 양기(陽氣)가 서로 침입하는 것을 이르는데 붉은 구름을 양기라 하고 검은 구름을 음기라 한다. 둘째는 상(象)으로 모양이 붉은 가마귀와 같은 것이며, 셋째는 휴(鑴)로 송곳 모양의 구름이 태양을 찌르는 것이며, 넷째는 감(監)으로 관자(貫子) 모양의 붉은 구름이 태양 주위에 있는 것이며, 다섯째는 암(闇)으로 일식(日蝕)과 월식(月蝕)을 이르며, 여섯째는 몽(瞢)으로 해와 달의 빛이 희미한 것이며, 일곱째는 미(彌)로 구름이 태양을 뚫고 지나가는 것이며, 여덟째는 서(敍)로 산 모양의 구름이 질서정연하게 태양의 위에 있는 것이며, 아홉째는 제(隮)로 무지개이며, 열째는 상(想)으로 어떤 모양으로 상상할 수 있는 기운이 섞여 있는 것이라 한다. 이 내용은 「周禮」《春官》에 보이는데, 이러한 현상을 가지고 국가의 길흉을 점치는데 사용하였다.

乃如之人也, 懷昏姻也, 大無信(叶斯人反)也, 不知命(叶彌幷反)也.

乃如之人也여	이러한 사람이여
懷昏姻也로다	昏姻을 생각하도다
大無信也하니	크게 신의가 없으니
不知命也로다	天命을 알지 못하도다

賦也라 乃如之人은 指淫奔者而言이라 昏姻은 謂男女之欲이라 程子曰 女子는 以不自失爲信

隮: 오를 제, 무지개 제 崇: 마칠 종 煇: 해무리 운 慝: 사악할 특 截: 끊을 절

이라 命은 正理也라

○ 言此淫奔之人은 但知思念男女之欲하니 是不能自守其貞信之節하여 而不知天理之正也라 程子曰 人雖不能無欲이나 然當有以制之니 無以制之하여 而惟欲之從이면 則人道廢而入於禽獸矣요 以道制欲이면 則能順命이니라

賦이다. 乃如之人은 淫奔한 자를 가리켜 말한 것이다. 婚姻은 남녀간의 情欲(性慾)을 이른다. 程子가 말씀하였다. "여자는 스스로 정조를 잃지 않음을 信으로 삼는다." 命은 正理이다.

○ "이 淫奔한 사람은 단지 남녀간의 정욕만을 생각할 줄 아니, 이는 스스로 그 貞信의 절개를 지키지 못하여 天理의 올바름을 알지 못한다."고 말한 것이다.

程子가 말씀하였다. "사람은 비록 욕심이 없을 수 없으나 마땅히 이것을 제재함이 있어야 한다. 이것을 제재하지 못하여 오직 욕심을 따른다면 人道가 폐하여 禽獸에 들어갈 것이요, 道로써 욕심을 제재하면 天命을 順히 할 수 있다."

蝃蝀三章이니 章四句라

毛序 蝃蝀은 止奔也라 衛文公이 能以道化其民하니 淫奔之恥하여 國人不齒也라

《蝃蝀》은 淫奔을 금지할 것을 읊은 詩이다. 衛나라 文公이 道로써 백성들을 敎化하니, 淫奔하는 것을 부끄러워하여 淫奔하는 자는 國人들이 사람으로 끼워주지 않았다.

相(息亮反)鼠有皮(叶蒲何反), 人而無儀(叶于何反), 人而無儀, 不死何爲(叶吾何反).

相鼠有皮하니	쥐를 보건대 가죽이 있으니
人而無儀아	사람으로서 威儀가 없단 말인가
人而無儀는	사람으로서 威儀가 없는 이는
不死何爲오	죽지 않고 무엇하는고

興也라 相은 視也라 鼠는 蟲之可賤惡者라

○ 言視彼鼠而猶必有皮하니 可以人而無儀乎아 人而無儀면 則其不死亦何爲哉오

興이다. 相은 봄이다. 鼠는 짐승 중에 천하고 미워할 만한 것이다.

○ "저 쥐를 보건대 오히려 반드시 가죽이 있는데, 사람으로서 威儀가 없단 말인가. 사람으로서 威儀가 없다면 죽지 않고 또 무엇하겠는가." 하고 말한 것이다.

相鼠有齒, 人而無止. 人而無止, 不死何俟(叶羽已反 又音始).

相 : 볼 상 俟 : 기다릴 사

相鼠有齒하니	쥐를 보건대 이빨이 있으니
人而無止아	사람으로서 容止가 없단 말인가
人而無止는	사람으로서 容止가 없는 이는
不死何俟오	죽지 않고 무엇을 기다리는고

興也라 止는 容止也라 俟는 待也라

興이다. 止는 容止이다. 俟는 기다림이다.

相鼠有體, 人而無禮. 人而無禮, 胡不遄死(市想止反).

相鼠有體하니	쥐를 보건대 四體가 있으니
人而無禮아	사람으로서 禮가 없단 말인가
人而無禮는	사람으로서 禮가 없는 이는
胡不遄死오	어찌하여 빨리 죽지 않는고

興也라 體는 支體也라 遄은 速也라

興이다. 體는 支體이다. 遄은 빠름이다.

相鼠三章이니 章四句라

毛序 相鼠는 刺無禮也라 衛文公이 能正其群臣하여 而刺在位承先君之化하여 無禮義也라

《相鼠》는 無禮함을 풍자한 詩이다. 衛나라 文公이 群臣을 바로잡아 지위에 있어 先君의 敎化를 받들면서 禮義가 없음을 풍자한 것이다.

孑孑(居熱反)干旄, 在浚(蘇俊反)之郊(叶音高). 素絲紕(符至反)之, 良馬四之. 彼姝(赤朱反)者子, 何以畀(必寐反)之.

孑孑干(竿)旄여	펄럭이는 干旄여
在浚之郊로다	浚邑의 교외에 있도다
素絲紕之코	흰 실로 짜서 매달고
良馬四之로소니	좋은 말 네 필을 멍에하니
彼姝者子는	저 아름다운 그대는
何以畀之오	무엇으로써 보답해 주려는고

遄 : 빠를 천 孑 : 펄럭일 혈 干 : 장대 간 旄 : 들소 모, 깃발 모 紕 : 꾸밀 비
姝 : 예쁠 주 畀 : 줄 비

賦也라 孑孑은 特出之貌라 干旄는 以旄牛尾注於旗干之首하여 而建之車後也라 浚은 衛邑名이라 邑外를 謂之郊라 紕는 織組也니 蓋以素絲織組而維之也라 四之는 兩服, 兩驂이니 凡四馬以載之也라 姝는 美也라 子는 指所見之人也라 畀는 與也라

○ 言衛大夫乘此車馬하고 建此旌旄하여 以見賢者하니 彼其所見之賢者 將何以畀之하여 而答其禮意之勤乎아

賦이다. 孑孑은 특별히 드러난 모양이다. 干旄는 물소 꼬리를 깃대 머리에 매달아서 수레 뒤에 꽂는 것이다. 浚은 衛나라 邑의 이름이다. 邑 밖을 郊라 이른다. 紕는 織組한 것이니, 흰 실로 織組하여 동여맨 것이다. 四之는 두 服馬와 두 驂馬이니, 모두 네 필의 말로써 〈수레에 멍에하여 사람을〉 태우는 것이다. 姝는 아름다움이다. 子는 만나보는 사람을 가리킨 것이다. 畀는 줌이다.

○ "衛나라 大夫가 이 車馬를 타고 이 旌旄를 꽂고서 賢者를 만나보니, 저 만나보려는 賢者는 장차 무엇을 주어서 그 禮意의 부지런함에 보답하려는가."라고 한 것이다.

孑孑干旟, 在浚之都. 素絲組(音祖)之, 良馬五之. 彼姝者子, 何以予(音與)之.

孑孑干旟여	펄럭이는 干旟여
在浚之都로다	浚邑의 도읍에 있도다
素絲組之코	흰 실로 짜서 매달고
良馬五之로소니	좋은 말 다섯 필을 멍에하니
彼姝者子는	저 아름다운 그대는
何以予之오	무엇을 주려는고

賦也라 旟는 州里所建鳥隼之旗也니 上設旌旄하고 其下繫斿하고 斿下屬縿하니 皆畫鳥隼也라 下邑曰都라 五之는 五馬니 言其盛也라

賦이다. 旟는 州里에 세우는 새와 새매를 그린 깃발이니, 위에는 旌旄를 설치하고 그 아래에는 깃발을 달고, 깃발 아래에 술을 달았는데, 모두 새와 새매를 그렸다. 下邑을 都라 한다. 五之는 다섯 마리의 말이니, 그 성함을 말한 것이다.

孑孑干旌, 在浚之城. 素絲祝之, 良馬六之. 彼姝者子, 何以告(姑沃反)之.

孑孑干旌이여	펄럭이는 干旌이여
在浚之城이로다	浚邑의 城에 있도다
素絲祝之코	흰 실로 짜서 매달고
良馬六之로소니	좋은 말 여섯 필을 멍에하니

注 : 달 주 維 : 동여맬 유 驂 : 곁말 참 旌 : 깃발 정 旟 : 새매그린기 여 隼 : 새매 준
斿 : 깃발 유 縿 : 기폭 삼 祝 : 짤 축

彼姝者子는	저 아름다운 그대는
何以告之오	무엇을 말해주려는고

賦也라 析羽爲旌이니 干旌은 蓋析翟羽하여 設於旗干之首也라 城은 都城也라 祝은 屬(촉)也라 六之는 六馬니 極其盛而言也라

賦이다. 깃털을 갈라 旌을 만드니, 干旌은 꿩의 깃털을 갈라 깃대의 머리에 설치한 것이다. 城은 都城이다. 祝은 연결함이다. 六之는 여섯 마리의 말이니, 그 성함을 지극히 하여 말한 것이다.

干旄三章이니 章六句라

此上三詩는 小序에 皆以爲文公時詩라하니 蓋見其列於定中載馳之間故爾요 他無所考也라 然이나 衛本以淫亂無禮하여 不樂善道하여 而亡其國이러니 今破滅之餘에 人心危懼하니 正其有以懲創往事而興起善端之時也라 故로 其爲詩如此하니 蓋所謂生於憂患, 死於安樂者라 小序之言이 疑亦有所本云이라

이상 세 편의 詩는 小序에 "모두 文公 때의 詩이다." 하였으니, 이는 《定之方中》과 《載馳》 사이에 나열되어 있음을 보았기 때문일 뿐이요, 다른 것은 근거한 바가 없다. 그러나 衛나라는 본래 음란하고 無禮하여 善道를 좋아하지 않음으로써 그 나라를 망하게 하였는데, 이제 파멸한 뒤에 人心이 위태롭고 두려워하니, 바로 지난 일을 경계하여 善端을 興起할 수 있는 시기이다. 그러므로 그 詩를 지은 것이 이와 같았으니, 이는 〈「孟子」에〉 이른바 "憂患에서는 살고 安樂에서는 죽는다."는 것이다. 小序의 말도 의심컨대 또한 근본한 바가 있는 듯하다.

毛序 干旄는 美好善也라 衛文公臣子多好善하니 賢者樂告以善道也라

《干旄》는 善을 좋아함을 찬미한 詩이다. 衛나라 文公의 臣子들이 善을 좋아하는 자가 많으니, 賢者들이 善道로써 말해주기를 즐거워한 것이다.

載馳載驅叶祛尤反**, 歸唁衛侯. 驅馬悠悠, 言至於漕**叶徂侯反**. 大夫跋**蒲末反**涉, 我心則憂.**

載馳載驅하여	말 달리고 수레 몰아
歸唁衛侯호리라	돌아가 衛侯를 위문하리라
驅馬悠悠하여	말 몰기를 멀리 하여
言至於漕러니	漕邑에 이르려 하였는데

創 : 징계할 창 唁 : 위문할 언 跋 : 걷고건널 발

大夫跋涉이라	大夫들이 跋涉하고 뒤좇아 오는지라
我心則憂호라	내 마음에 근심하노라

賦也라 載는 則也라 吊失國曰唁이라 悠悠는 遠而未至之貌라 草行曰跋이요 水行曰涉이라
○ 宣姜之女 爲許穆公夫人이라 閔衛之亡하여 馳驅而歸하여 將以唁衛侯於漕邑이러니 未至에 而許之大夫 有奔走跋涉而來者하니 夫人知其必將以不可歸之義來告라 故로 心以爲憂也라 旣而終不果歸하고 乃作此詩하여 以自言其意爾라

賦이다. 載는 則이다. 국가를 잃은 것을 위문함을 唁이라 한다. 悠悠는 멀어서 이르지 못하는 모양이다. 풀섶 길을 걷는 것을 跋이라 하고, 물 길을 걷는 것을 涉이라 한다.

○ 宣姜의 딸이 許穆公의 夫人이 되었다. 그는 衛나라가 멸망함을 민망히 여겨 말을 달리고 수레를 몰아 돌아가서 장차 漕邑으로 가서 衛侯를 위문하려 하였는데, 도착하기 전에 許나라의 大夫들이 奔走히 跋涉하고 뒤좇아오는 자가 있었으니, 夫人이 장차 그들이 돌아가서는 안되는 義로써 와서 고하려는 것임을 알았다. 그러므로 마음에 이것을 근심하였다. 그는 이윽고 끝내 돌아가지 못하고는 마침내 이 詩를 지어 스스로 그 뜻을 말한 것이다.

既不我嘉, 不能旋反. 視爾不臧, 我思不遠. 既不我嘉, 不能旋濟. 視爾不臧, 我思不閟.

旣不我嘉일새	이미 나를 좋게 여기지 않는지라
不能旋反호라	곧바로 돌아가지 못하노라
視爾不臧이나	너에게 좋지 않게 여김을 당하나
我思不遠호라	내 그리움은 잊을 수 없노라
旣不我嘉일새	이미 나를 좋게 여기지 않는지라
不能旋濟호라	곧바로 물을 건너가지 못하노라
視爾不臧이나	너에게 좋지 않게 여김을 당하나
我思不閟호라	내 그리움은 그치지 않노라

賦也라 嘉, 臧은 皆善也라 遠은 猶忘也라 濟는 渡也니 自許歸衛면 必有所渡之水也라 閟는 閉也, 止也니 言思之不止也라
○ 言大夫旣至하여 而果不以我歸爲善하니 則我亦不能旋反而濟하여 以至於衛矣라 雖視爾不以我爲善이나 然我之所思는 終不能自已也라

賦이다. 嘉와 臧은 모두 좋음이다. 遠은 忘과 같다. 濟는 건넘이니, 許나라로부터 衛나라로 돌아가려면 반드시 건너야 할 바의 물이 있는 것이다. 閟는 닫음이며 그침이니, 생각이 그치지 않음을 말한 것이다.

旋 : 곧바로 선　臧 : 착할 장　閟 : 닫을 비

○ "大夫가 이미 이르러서는 과연 내가 친정 나라로 돌아가는 것을 좋게 여기지 않으니, 내 또한 곧바로 돌아가 물을 건너서 衛나라에 이를 수가 없다. 비록 내가 너에게 좋게 여기지 않음을 당하였으나, 내 그리워하는 바는 끝내 스스로 그만둘 수가 없다."고 한 것이다.

陟彼阿丘, 言采其蝱(音盲 叶謨郎反). 女子善懷, 亦各有行(叶戶郎反). 許人尤之, 衆穉(直吏反)且狂.

陟彼阿丘하여	저 阿丘에 올라가
言采其蝱호라	貝母를 캐노라
女子善懷	여자가 근심을 잘하는 것은
亦各有行이어늘	또한 각기 道가 있거늘
許人尤之하니	許나라 사람들은 이를 허물하니
衆穉且狂이로다	저 사람들 어리고 또 미쳤도다

賦也라 偏高曰阿丘라 蝱은 貝母니 主療鬱結之疾이라 善懷는 多憂思也니 猶漢書云 岸善崩也라 行은 道요 尤는 過也라

○ 又言 以其旣不適衛而思終不止也라 故로 其在塗에 或升高以舒憂想之情하고 或采蝱以療鬱結之疾이라 蓋女子所以善懷者는 亦各有道어늘 而許國之衆人이 以爲過하니 則亦少不更事而狂妄之人爾이라 許人守禮하니 非穉且狂也요 但以其不知己情之切至하여 而言若是爾라 然而卒不敢違焉하니 則亦豈眞以爲穉且狂哉리오

賦이다. 한쪽이 치우치게 높은 것을 阿丘라 한다. 蝱은 貝母이니, 鬱結의 병을 주로 치료한다. 善懷는 근심하는 생각이 많은 것이니, 「漢書」에 "江岸이 무너지기를 잘한다[岸善崩]."는 것과 같다. 行은 道요, 尤는 허물함이다.

○ 또 말하기를 "이미 衛나라에 갈 수 없으나, 그리움이 끝내 그치지 않는다. 그러므로 길에 있으면서, 혹은 높은 언덕에 올라가 憂想의 情을 펴고, 혹은 貝母를 캐어 鬱結의 병을 치료하였다. 여자가 근심을 잘하는 것은 또한 각기 道理가 있거늘, 許나라의 여러 사람들은 이것을 잘못이라 하니, 이것은 또한 나이가 어려 일을 경험해보지 않아서 狂妄한 사람이기 때문일 뿐이다." 한 것이다. 許나라 사람들은 禮를 지킨 것이니, 이는 어리고 또 狂妄한 것이 아니요, 다만 자기 심정의 간절하고 지극함을 몰라주기 때문에 말이 이와 같을 뿐이다. 그러나 끝내 감히 그를 어기지 못했으니, 그렇다면 또한 어찌 참으로 어리고 또 狂妄하다고 한 것이겠는가.

我行其野, 芃芃(蒲紅反)其麥(叶訖力反). 控(苦貢反)于大邦, 誰因誰極. 大夫君子, 無我有尤(叶于其反). 百爾所思(叶新齋反), 不如我所之.

蝱：패모 맹 尤：허물할 우 穉：어릴 치 岸：언덕 안 善：잘할 선 崩：무너질 붕
舒：펼 서 更：지날 경 芃：풀무성할 봉 控：하소연할 공 因：통할 인

我行其野호니	내 들판을 걸어가니
芃芃其麥이로다	우북한 보리로다
控于大邦이나	큰 나라에 하소연하고프나
誰因誰極고	누구를 통하며 누구에게 가야 하나
大夫君子아	大夫와 君子들아
無我有尤어다	나를 허물하지 말지어다
百爾所思나	그대들이 생각을 백방으로 하나
不如我所之니라	내가 가는 것만 못하니라

賦也라 芃芃은 麥盛長貌라 控은 持而告之也라 因은 如因魏莊子之因이라 極은 至也라 大夫는 卽跋涉之大夫요 君子는 謂許國之衆人也라

○ 又言歸途在野하여 而涉芃芃之麥하고 又自傷許國之小而力不能救라 故로 思欲爲之控告于大邦이나 而又未知其將何所因而何所至乎아 大夫君子는 無以我爲有過어다 雖爾所以處此百方이나 然不如使我得自盡其心之爲愈也라

賦이다. 芃芃은 보리가 무성하게 자라는 모양이다. 控은 붙들고 말하는 것이다. 因은 "魏莊子를 통한다[因魏莊子]."는 因과 같다. 極은 이름이다. 大夫는 바로 跋涉해온 大夫요, 君子는 許나라의 衆人들을 이른다.

○ 또 말하기를 "돌아오는 길에 들판에서 芃芃한 보리를 지나오면서, 또 스스로 許나라가 작아서 힘이 구원할 수 없음을 서글퍼하였다. 그러므로 衛나라를 위해 큰 나라에 하소연하고자 하나, 또 장차 어느 누구를 통하고 누구에게 가야 할지를 알 수가 없었다. 大夫와 君子들은 나더러 잘못이 있다고 말하지 말라. 비록 그대들이 이에 百方으로 대처하려 하나, 나로 하여금 스스로 마음을 다하게 하는 것이 나음만 못하다." 한 것이다.

載馳四章이니 二章은 章六句요 二章은 章八句라

事見春秋傳하니라 舊說에 此詩五章이니 一章六句요 二章三章四句요 四章六句요 五章八句라하고 蘇氏는 合二章三章하여 以爲一章이라 按春秋傳컨대 叔孫豹 賦載馳之四章에 而取其控于大邦誰因誰極之意하니 與蘇說合일새 今從之하노라 范氏曰 先王制禮에 父母沒則不得歸寧者는 義也니 雖國滅君死라도 不得往赴焉은 義重於亡故也니라

이 사실은 「春秋傳」에 보인다. 舊說에 "이 詩는 五章이니, 第一章은 六句요, 第二章과 第三章은 四句요, 第四章은 六句요, 第五章은 八句이다." 하였고, 蘇氏는 二章과 三章을 합하여 한 章이라 하였다. 「春秋傳」을 살펴보건대, 叔孫豹가 《載馳》의 第四章을 읊었는데, '控于大邦 誰因誰極'이라는 뜻을 취했으니, 蘇氏의 말과 부합하므로 이제 이를 따른다.

范氏가 말하였다. "先王이 禮를 만들 적에 父母가 별세하면 친정 나라에 돌아가 문안하지 못

愈：나을 유　豹：표범 표

하게 함은 義이니, 비록 국가가 멸망하고 군주가 죽더라도 달려가지 못함은 義가 망함보다 중하기 때문이다."

毛序　載馳는 許穆夫人作也니 閔其宗國顚覆하고 自傷不能救也라 衛懿公이 爲狄人所滅하여 國人分散하여 露於漕邑하니 許穆夫人이 閔衛之亡하고 傷許之小力不能救하여 思歸唁其兄이나 又義不得이라 故로 賦是詩也라

《載馳》는 許나라 穆夫人이 지은 것이니, 宗國이 전복됨을 민망히 여기고 능히 구원하지 못함을 스스로 서글퍼한 것이다. 衛나라 懿公이 오랑캐 사람들에게 멸망당하여 國人이 분산되어 漕邑에 露宿하고 있으니, 許나라 穆夫人이 衛나라의 멸망을 안타까워하고 許나라가 힘이 적어 구원하지 못함을 슬퍼하여 돌아가 그 兄(오라비)을 위문하려 하였으나 또 의리상 할 수가 없었다. 그러므로 이 詩를 읊은 것이다.

鄘國은 十篇에 二十九章이요 百七十六句라

衛一之五

瞻彼淇奥(於六反), 綠竹猗猗(於宜反 叶於何反). 有匪君子, 如切如磋(七河反), 如琢如磨. 瑟兮僩(遐版反 下同)兮, 赫兮咺(況晩反 下同)兮. 有匪君子, 終不可諼(況元反 叶況遠反 下並同)兮.

瞻彼淇奥한대	저 淇水 벼랑을 보니
綠竹猗猗로다	푸른 대나무 야들야들하도다
有匪(斐)君子여	문채나는 君子여
如切如磋하며	잘라놓은 듯 다듬어 놓은 듯
如琢如磨로다	쪼아놓은 듯 갈아놓은 듯하도다
瑟兮僩兮며	치밀하고 굳세며
赫兮咺兮니	빛나고 점잖으니
有匪君子여	문채나는 君子여
終不可諼兮로다	끝내 잊을 수 없도다

興也라 淇는 水名이요 奥은 隅也라 綠은 色也라 淇上多竹하니 漢世猶然하니 所謂淇園之竹이 是也라 猗猗는 始生柔弱而美盛也라 匪는 斐通이니 文章著見之貌也라 君子는 指武公也라 治

奥 : 벼랑 욱　猗 : 야들야들할 의　匪 : 문채날 비　磋 : 다듬을 차　琢 : 쪼을 탁
瑟 : 치밀할 슬　僩 : 굳셀 한　咺 : 점잖을 훤　諼 : 잊을 훤　隈 : 벼랑 외
斐 : 문채날 비

骨角者는 既切以刀斧하고 而復磋以鑢鐋하며 治玉石者는 既琢以椎鑿하고 而復磨以沙石하니 言其德之修飭이 有進而無已也라 瑟은 矜莊貌요 僩은 威嚴貌요 咺은 宣著貌라 諼은 忘也라 ○ 衛人이 美武公之德하여 而以綠竹始生之美盛으로 興其學問自修之進益也라 大學傳曰 如切如磋者는 道學也요 如琢如磨者는 自修也요 瑟兮僩兮者는 恂慄也요 赫兮咺兮者는 威儀也요 有斐君子 終不可諼兮者는 道盛德至善을 民之不能忘也라하니라

興이다. 淇는 물 이름이요, 奧은 벼랑이다. 綠은 色이다. 淇水가에는 대나무가 많으니, 漢나라 시대에도 그러했으니, 〈「史記」에〉 이른바 '淇園의 대나무'라는 것이 이것이다. 猗猗는 처음 나와서 유약하고 美盛한 것이다. 匪는 斐와 통하니, 文章이 드러나는 모양이다. 君子는 武公을 가리킨다. 뼈와 뿔을 다루는 자는 이미 칼과 도끼로 잘라놓고 다시 줄과 대패로 갈며, 옥과 돌을 다루는 자는 이미 망치와 끌로 쪼아놓고 다시 모래와 돌로 가니, 德의 닦여지고 삼감이 전진함이 있고 그침이 없음을 말한 것이다. 瑟은 矜莊한 모양이요, 僩은 위엄스러운 모양이요, 咺은 드러나는 모양이다. 諼은 잊음이다.

○ 衛나라 사람들이 武公의 德을 찬미하여, 푸른 대나무가 처음 나와서 아름답고 성함으로써 그 學問과 自修(스스로 수행함)의 進益됨을 興한 것이다. 「大學」의 傳文에 이르기를 "如切如磋는 학문을 말한 것이요, 如琢如磨는 自修를 말한 것이요, 瑟兮僩兮는 마음으로 두려워함이요, 赫兮咺兮는 威儀요, 문채나는 君子여 끝내 잊을 수 없다는 것은 성한 德과 지극한 善을 백성들이 잊지 못함을 말한 것이다." 하였다.

瞻彼淇奧, 綠竹青青(子丁反). 有匪君子, 充耳琇瑩(音營), 會(古外反)弁如星. 瑟兮僩兮, 赫兮咺兮. 有匪君子, 終不可諼兮.

瞻彼淇奧한대	저 淇水 벼랑을 보니
綠竹青青이로다	푸른 대나무 青青하도다
有匪君子여	문채나는 君子여
充耳琇瑩이며	귀막이가 琇瑩이며
會弁如星이로다	皮弁에 꿰맨 것이 별과 같도다
瑟兮僩兮며	치밀하고 굳세며
赫兮咺兮니	빛나고 점잖으니
有匪君子여	문채나는 君子여
終不可諼兮로다	끝내 잊을 수 없도다

興也라 青青은 堅剛茂盛之貌라 充耳는 瑱也요 琇瑩은 美石也라 天子玉瑱이요 諸侯以石이라 會는 縫也요 弁은 皮弁也니 以玉飾皮弁之縫中하여 如星之明也라

鑢：줄 려　鐋：줄 탕　椎：망치 퇴(추)　鑿：끌 착　矜：씩씩할 긍　恂：두려울 순
慄：두려울 률　琇：옥돌 수　瑩：귀막이옥 영　弁：갓 변, 고깔 변　瑱：귀막이옥 진
縫：꿰맬 봉

○ 以竹之堅剛茂盛으로 興其服飾之尊嚴하여 而見其德之稱也라

興이다. 靑靑은 堅剛하고 무성한 모양이다. 充耳는 귀막이요, 琇瑩은 아름다운 돌이다. 天子는 옥으로 귀막이를 하고, 諸侯는 돌을 사용한다. 會는 꿰맴(솔기)이요, 弁은 皮弁이니, 옥으로써 皮弁의 솔기 가운데를 장식하여 별의 빛남과 같은 것이다.

○ 대나무의 堅剛茂盛함으로써 服飾의 尊嚴함을 興하여, 그 德이 의복에 걸맞음을 나타낸 것이다.

瞻彼淇奧, 綠竹如簀(音責 叶側歷反). 有匪君子, 如金如錫, 如圭如璧. 寬兮綽兮, 猗(於綺反)重(直恭反)較(古岳反)兮. 善戲謔兮, 不爲虐兮.

瞻彼淇奧한대	저 淇水 벼랑을 보니
綠竹如簀이로다	푸른 대나무가 살평상과 같도다
有匪君子여	문채나는 君子여
如金如錫이며	金과 같고 錫과 같으며
如圭如璧이로다	圭와 같고 璧과 같도다
寬兮綽兮하니	너그럽고 여유 있으니
猗重較(각)兮로다	아, 重較이로다
善戲謔兮하니	戲謔을 잘하니
不爲虐兮로다	지나침이 되지 않도다

興也라 簀은 棧也니 竹之密比似之면 則盛之至也라 金, 錫은 言其鍛鍊之精純이요 圭, 璧은 言其生質之溫潤이라 寬은 宏裕也요 綽은 開大也라 猗는 歎辭也라 重較은 卿士之車也라 較은 兩輢上出軾者니 謂車兩傍也라 善戲謔不爲虐者는 言其樂易而有節也라

○ 以竹之至盛으로 興其德之成就하고 而又言其寬廣而自如하며 和易而中節也라 蓋寬綽은 無斂束之意요 戲謔은 非莊厲之時니 皆常情所忽하여 而易致過差之地也라 然이나 猶可觀而必有節焉이면 則其動容周旋之間에 無適而非禮를 亦可見矣라 禮曰 張而不弛면 文武不能也요 弛而不張이면 文武不爲也시니 一張一弛가 文武之道也라하니 此之謂也니라

興이다. 簀은 대나무를 엮은 것이니, 대나무의 빽빽함이 이와 같다면 성함이 지극한 것이다. 金·錫은 鍛鍊함이 精純함을 말한 것이요, 圭·璧은 타고난 자질이 溫潤함을 말한 것이다. 寬은 宏裕함이요, 綽은 開大함이다. 猗는 감탄사이다. 重較은 卿士의 수레이니, 較은 두 輢가 軾 위로 솟아나온 것이니, 수레의 양 곁을 이른다. "戲謔을 잘하니 지나침이 되지 않는다."는 것은 즐겁고 화하면서도 절도가 있음을 말한 것이다.

簀 : 살평상 책　綽 : 넉넉할 작　猗 : 감탄할 의　較 : 수레귀 각　棧 : 엮을 잔
鍛 : 단련할 단　宏 : 클 굉　輢 : 수레에병장기꽂는틀 의　軾 : 수레앞가로댄나무 식
厲 : 엄숙할 려

○ 대나무가 지극히 성함으로써 그 德의 성취함을 興하였고, 또 寬廣하면서도 自如하며 和易하면서도 절도에 맞음을 말한 것이다. 너그럽고 여유 있음은 斂束하는 뜻이 없고, 戱謔은 장엄히 하는 때가 아니니, 이는 모두 보통사람의 마음에 소홀히 하여 過差를 이루기가 쉬운 곳이다. 그런데 오히려 볼 만하여 반드시 절도가 있었으니, 그렇다면 動容周旋하는 사이에 가는 곳마다 禮 아님이 없음을 또한 볼 수 있다. 「禮記」에 이르기를 "조이기만 하고 풀어놓지 않는다면 文王·武王도 능히 다스리지 못하실 것이요, 풀어 놓기만 하고 조이지 않는다면 文王·武王은 하지 않으실 것이니, 한 번 조이고 한 번 풀어놓는 것이 文王·武王의 道이다." 하였으니, 이것을 말한 것이다.

淇奧三章이니 章九句라

按國語컨대 武公이 年九十有五로되 猶箴儆于國曰 自卿以下로 至于師長士히 苟在朝者는 無謂我老耄而舍我하고 必恪恭於朝하여 以交戒我하라하고 遂作懿戒之詩以自警하며 而賓之初筵도 亦武公悔過之作이라하니 則其有文章而能聽規諫하여 以禮自防也를 可知矣라 衛之他君은 蓋無足以及此者라 故로 序에 以此詩爲美武公이어늘 而今從之也하노라

「國語」를 살펴보면 "武公은 나이가 95세였는데도 오히려 나라에 경계하기를 '卿으로부터 이하로 師長과 士에 이르기까지 만일 조정에 있는 자들이면 내가 늙었다고 하여 나를 버리지 말고, 반드시 조정에서 삼가고 공손히 하여 서로 나를 경계하라.' 하였고, 마침내 懿(抑)戒의 詩를 지어 스스로 경계하였으며, 《賓之初筵》 역시 武公이 과오를 뉘우치고 지은 것이다."라고 하였으니, 그렇다면 그 문장력이 있고 능히 간하는 말을 받아들여 禮로써 스스로 방비했음을 알 수 있다. 衛나라의 다른 군주들은 족히 여기에 미칠 자가 없었다. 그러므로 序에 이 詩를 武公을 찬미한 것이라고 하였는데, 지금 그것을 그대로 따른다.

毛序 淇奧은 美武公之德也라 有文章하고 又能聽其規諫하여 以禮自防이라 故로 能入相于周하니 美而作是詩也라

《淇奧》은 武公의 德을 찬미한 詩이다. 文章이 있고 또 신하들의 規諫을 들어 禮로써 스스로 防閑(단속함)하였다. 이 때문에 周나라 조정에 들어가 도우니, 이것을 찬미하여 이 詩를 지은 것이다.

考槃在澗(叶居賢反), 碩人之寬(叶區權反). 獨寐寤言, 永矢弗諼(況元反).

考槃在澗하니 　考槃이 시냇가에 있으니
碩人之寬이로다 　碩人의 마음이 넉넉하도다
獨寐寤言이나 　홀로 자고 깨어 말하나

箴 : 경계할 잠(침) 儆 : 경계할 경 耄 : 늙을 모 恪 : 조심할 각 規 : 타이를 규
槃 : 즐길 반 矢 : 맹세할 시 諼 : 잊을 훤

永矢不諼이로다　　길이 잊지 않기로 맹세하도다

賦也라 考는 成也요 槃은 盤桓之意니 言成其隱處之室也라 陳氏曰 考는 扣也요 槃은 器名이니 蓋扣之以節歌이니 如鼓盆拊缶之爲樂也라하니 二說未知孰是라 山夾水曰澗이라 碩은 大요 寬은 廣이요 永은 長이요 矢는 誓요 諼은 忘也라

○ 詩人이 美賢者隱處澗谷之間하여 而碩大寬廣하여 無戚戚之意하여 雖獨寐而寤言이나 猶自誓其不忘此樂也라

賦이다. 考는 이룸이요, 槃은 盤桓의 뜻이니, 隱居하는 집을 이룸을 말한 것이다. 陳氏는 말하기를 "考는 두드림이요, 槃은 그릇 이름이니, 그릇을 두들겨 노래가락을 맞추는 것이니, 동이를 두드리고 질장구를 쳐서 즐거움을 삼는 것과 같다." 하였으니, 두 해설이 어느 것이 옳은지 알지 못하겠다. 산이 물을 끼고 있는 것을 澗이라 한다. 碩은 큼이요, 寬은 넓음이요, 永은 긺이요, 矢는 맹세요, 諼은 잊음이다.

○ 詩人이 賢者가 澗谷의 사이에서 隱居하면서 碩大하고 寬廣하여 근심하는 뜻이 없어서, 비록 홀로 자고 깨어 말을 하나, 오히려 스스로 이 樂을 잊지 않겠다고 맹세함을 찬미한 것이다.

考槃在阿, 碩人之薖(苦禾反). 獨寐寤歌, 永矢弗過(古禾反).

考槃在阿하니　　考槃이 언덕에 있으니
碩人之薖로다　　碩人의 마음이 넉넉하도다
獨寐寤歌나　　홀로 자고 깨어 노래하나
永矢不過로다　　길이 이 樂에 지나지 않기로 맹세하도다

賦也라 曲陵曰阿라 薖는 義未詳이라 或云 亦寬大之意也라 永矢弗過는 自誓所願不踰於此하니 [1]若將終身之意也라

賦이다. 굽은 언덕을 阿라 한다. 薖는 뜻이 상세하지 않다. 혹자는 또한 寬大한 뜻이라고 한다. 永矢弗過는 스스로 소원이 이 樂에서 넘지 않기를 맹세한 것이니, 장차 이대로 終身할 듯이 한다는 뜻이다.

譯註 1. 若將終身之意也: 장차 가난한 그대로 편안히 일생을 바치려는 듯함을 이르는 말로, 「孟子」《盡心下》에 "舜之飯糗茹草也 若將終身焉"이라고 보인다.

考槃在陸, 碩人之軸. 獨寐寤宿, 永矢弗告(姑沃反).

考槃在陸하니　　考槃이 높은 육지에 있으니
碩人之軸이로다　　碩人이 한가로히 盤桓하도다

扣 : 두드릴 고　拊 : 칠 부　缶 : 질장구 부　戚 : 슬플 척, 근심할 척　薖 : 넉넉할 과
踰 : 넘을 유　軸 : 머뭇거릴 축

獨寐寤宿이나	홀로 자고 깨었다가 다시 누웠으나
永矢不告(곡)이로다	길이 이 樂을 남에게 말하지 않기로 맹세하도다

賦也라 高平曰陸이라 軸은 盤桓不行之意라 寤宿은 已覺(교)而猶臥也라 弗告者는 不以此樂告人也라

賦이다. 높고 평평한 곳을 陸이라 한다. 軸은 盤桓(머뭇거림)하고 떠나지 않는다는 뜻이다. 寤宿은 이미 잠이 깨었으나 아직 누워 있는 것이다. 弗告는 이 樂을 남에게 말하지 않는 것이다.

考槃三章이니 章四句라

毛序　考槃은 刺莊公也니 不能繼先公之業하여 使賢者退而窮處라

《考槃》은 莊公을 풍자한 詩이니, 先公의 業을 계승하지 못하여 賢者로 하여금 물러나 곤궁하게 살도록 해서였다.

碩人其頎(其機反), 衣(於既反)錦褧(苦迥反)衣. 齊侯之子, 衛侯之妻, 東宮之妹, 邢侯之姨, 譚公維私(息夷反).

碩人其頎하니	碩人이 키가 훤칠하니
衣錦褧衣로다	비단옷을 입고 그 위에 홑옷을 덧입었도다
齊侯之子요	齊侯의 자식이요
衛侯之妻요	衛侯의 아내요
東宮之妹요	東宮의 妹氏요
邢侯之姨요	邢侯의 姨요
譚公維私로다	譚公이 私로다

賦也라 碩人은 指莊姜也라 頎는 長貌라 錦은 文衣也요 褧은 禪也니 錦衣而加褧焉은 爲其文之太著也라 東宮은 太子所居之宮이니 齊太子得臣也라 繫太子言之者는 明與同母하니 言所生之貴也라 女子後生曰妹요 妻之姊妹曰姨요 姊妹之夫曰私라 邢侯, 譚侯는 皆莊姜姊妹之夫니 互言之也라 諸侯之女 嫁於諸侯則尊同이라 故로 歷言之하니라

○ 莊姜事는 見邶風綠衣等篇하니라 春秋傳曰 莊姜이 美而無子어늘 衛人이 爲之賦碩人이라하니 卽謂此詩니 而其首章은 極稱其族類之貴하여 以見其爲正嫡小君하니 所宜親厚하여 而重歎莊公之昏惑也라

頎：헌걸찰 기　褧：홑옷 경　邢：나라이름 형　姨：이모 이　譚：말씀 담
私：형제의남편 사　禪：홑옷 단

賦이다. 碩人은 莊姜을 가리킨 것이다. 頎는 긴 모양이다. 錦은 문채나는 옷이요, 褧은 홑옷이니, 비단옷에 홑옷을 加하는 것은 그 문채가 너무 드러나기 때문이다. 東宮은 太子가 거처하는 宮이니, 齊나라 太子인 得臣이다. 太子에게 연결시켜 말한 것은 太子와 어머니를 함께 하였음을 밝힌 것이니, 태어남이 귀함을 말한 것이다. 여자가 나중에 태어난 것을 妹라 하고, 아내의 자매들을 姨라 하고, 자매의 남편을 私라 한다. 邢侯와 譚侯는 모두 莊姜 자매의 남편이니, 여기서는 서로 바꾸어서 말한 것이다. 諸侯의 딸이 諸侯에게 시집가면 존귀함이 똑같기 때문에 일일이 말한 것이다.

○ 莊姜의 일은 邶風의《綠衣》등 篇에 보인다.「春秋傳」에 이르기를 "莊姜이 아름다웠으나 아들이 없자, 衛나라 사람들이 그를 위하여,《碩人》을 지었다." 하였으니, 바로 이 詩를 말한 것이다. 그 首章에서는 族類의 귀함을 지극히 말하여, 正嫡의 小君이 되었으니 마땅히 親厚해야 함을 나타내어 莊公의 昏惑함을 거듭 탄식한 것이다.

手如柔荑(徒奚反). 膚如凝脂. 領如蝤(似修反)蠐(音齊). 齒如瓠(戶故反)犀. 螓(音秦)首蛾(我波反)眉.
巧笑倩(七薦反)兮. 美目盼(匹莧反 匹見反 叶)兮.

手如柔荑요	손은 부드러운 삐비와 같고
膚如凝脂요	살은 엉긴 기름과 같고
領如蝤蠐요	목은 굼벵이와 같고
齒如瓠犀요	치아는 박씨와 같고
螓首蛾眉로소니	매미 머리에 나비 눈썹이로소니
巧笑倩兮며	예쁘게 웃음에 보조개가 보이며
美目盼兮로다	아름다운 눈에 黑白이 분명하도다

賦也라 茅之始生曰荑니 言柔而白也라 凝脂는 脂寒而凝者니 亦言白也라 領은 頸也라 蝤蠐는 木蟲之白而長者라 瓠犀는 瓠中之子니 方正潔白而比次整齊也라 螓은 如蟬而小하니 其額이 廣而方正이라 蛾는 蠶蛾也니 其眉細而長曲이라 倩은 口輔之美也요 盼은 黑白分明也라
○ 此章은 言其容貌之美하니 猶前章之意也라

賦이다. 띠풀이 처음 난 것을 荑라 하니, 부드럽고 흼을 말한 것이다. 凝脂는 기름이 추워 엉긴 것이니, 또한 살결이 흼을 이른다. 領은 목이다. 蝤蠐는 나무 벌레 중에 희고 긴 것이다. 瓠犀는 박의 씨이니, 方正하고 潔白하며 나란히 있어 整齊하다. 螓은 매미와 같은데 작으니, 그 이마가 넓고 방정하다. 蛾는 누에의 나비이니, 그 눈썹이 가늘고 길게 굽어져 있다. 倩은 입의 보조개가 아름다운 것이요, 盼은 눈의 흑백이 분명한 것이다.

○ 이 章은 그 容貌의 아름다움을 말한 것이니, 前章의 뜻과 같다.

荑：삐비 제 膚：살결 부 凝：엉길 응 領：목 령 蝤：좀벌레 추 蠐：굼벵이 제
瓠：박 호 犀：박씨 서 螓：매미 진 蛾：누에나비 아 倩：예쁠 천 盼：눈매예쁠 변
蟬：매미 선

碩人敖敖(五刀反), 說(始銳反)于農郊(叶音高). 四牡有驕(起橋反 叶音高), 朱幩(符云反)鑣鑣(表驕反 叶音褒), 翟茀(音弗)以朝(直遙反 叶直豪反). 大夫夙退, 無使君勞.

碩人敖敖하니	碩人이 키가 훤칠하니
說(세)于農郊로다(하여)	農郊에 머물도다
四牡有驕하며	四牡가 건장하며
朱幩鑣鑣어늘	붉은 말재갈 선명도 한데
翟茀以朝하니	翟車를 타고가 조회하니
大夫夙退하여	大夫들은 일찍 물러가
無使君勞러니라	군주를 수고롭게 말라고 하였다

賦也라 敖敖는 長貌라 說는 舍也라 農郊는 近郊也라 四牡는 車之四馬라 驕는 壯貌라 幩은 鑣飾也라 鑣者는 馬銜外鐵이니 人君은 以朱纏之也라 鑣鑣는 盛也라 翟은 翟車也니 夫人은 以翟羽飾車라 茀은 蔽也니 婦人之車는 前後設蔽라 夙은 早也라 玉藻曰 君은 日出而視朝하고 退適路寢聽政하며 使人視大夫하여 大夫退然後에 適小寢釋服이라하니라

○ 此는 言莊姜自齊來嫁할새 舍止近郊하여 乘是車馬之盛하여 以入君之朝하니 國人이 樂得以爲莊公之配라 故로 謂諸大夫朝於君者는 宜早退하여 無使君勞於政事하여 不得與夫人相親이러니 而歎今之不然也라

賦이다. 敖敖는 긴 모양이다. 說는 머무름이다. 農郊는 가까운 교외이다. 四牡는 수레의 네 마리 말이다. 驕는 건장한 모양이다. 幩은 말재갈의 꾸밈이다. 鑣는 말재갈 밖의 쇠이니, 군주는 붉은 끈으로써 이것을 감는다. 鑣鑣는 성함이다. 翟은 翟車이니, 夫人은 꿩의 깃털로 수레를 꾸민다. 茀은 수레의 가리개이니, 婦人의 수레는 앞뒤에 가리개를 설치한다. 夙은 일찍이다. 《玉藻》에 이르기를 "군주는 해가 뜨면 나가 조회를 보고, 路寢으로 물러와 政事를 들으며, 사람으로 하여금 大夫를 보게 하여 大夫가 물러간 뒤에야 小寢으로 가서 옷을 벗는다." 하였다.

○ 이것은 莊姜이 齊나라로부터 시집올 때에 가까운 교외에 머물면서 이 성대한 車馬를 타고서 군주의 조정에 들어오니, 國人들이 莊姜을 얻어 莊公의 배필로 삼음을 즐거워하였다. 그러므로 이르기를 "여러 大夫로서 군주에게 조회하는 자들은 마땅히 일찍 물러가서 군주로 하여금 정사에 너무 수고로워 夫人과 더불어 서로 친하지 못하게 하지 말라."고 했었는데, 지금엔 그렇지 못함을 탄식한 것이다.

河水洋洋, 北流活活(古闊反 叶戶劣反). 施罛(音孤)濊濊(呼活反 叶許月反), 鱣(陟連反)鮪(于軌反)發發(補末反 叶方月反), 葭(音加)菼(他覽反)揭揭(居謁反), 庶姜孼孼(魚竭反), 庶士有朅(欺列反).

敖：클 오 幩：말재갈끈 분 鑣：성할 표, 말재갈 표 翟：꿩 적 茀：수레가림 불
銜：말재갈 함 纏：묶을 전 活：물흐를 괄 罛：그물 고 濊：그물소리 활 鱣：전어 전
鮪：상어 유 葭：갈대 가 菼：갈대 담 孼：치장할 얼 朅：훤칠할 걸

河水洋洋하여	河水가 넘실넘실 흘러
北流活活이어늘	북으로 콸콸 흐르거늘
施罛濊濊하니	그물을 치는 소리 활활하게 들리니
鱣鮪發發하며	전어와 상어가 팔딱거리며
葭菼揭揭이어늘	갈대가 길쭉길쭉 하거늘
庶姜孽孽하며	여러 姜氏들은 치장이 거창도 하며
庶士有朅이러니라	여러 남자들은 건장도 하더니라

賦也라 河는 在齊西衛東하니 北流入海라 洋洋은 盛大貌요 活活은 流貌라 施는 設也라 罛는 魚罟也라 濊濊은 罟入水聲也라 鱣魚는 似龍하고 黃色, 銳頭요 口在頷下하며 背上腹下에 皆有甲하니 大者는 千餘斤이라 鮪는 似鱣而小하고 色青黑이라 發發은 盛貌라 菼은 薍也니 亦謂之荻이라 揭揭은 長也라 庶姜은 謂姪娣라 孽孽은 盛飾也라 庶士는 謂媵臣이라 朅은 武貌라

○ 言齊地廣饒하여 而夫人之來에 士女佼好하고 禮儀盛備가 如此하니 亦首章之意也라

賦이다. 河는 齊나라의 서쪽, 衛나라의 동쪽에 있으니, 북쪽으로 흘러 바다로 들어간다. 洋洋은 성대한 모양이요, 活活은 흐르는 모양이다. 施는 설치함이다. 罛는 고기의 그물이다. 濊濊은 그물이 물에 들어가는 소리이다. 鱣魚는 龍과 같은데, 색깔이 黃色이고 머리가 뾰죽하며, 입은 턱 밑에 있고 등 위와 배 아래에 모두 단단한 껍질이 있으니, 큰 것은 천여 근이나 된다. 鮪는 전어와 같은데 작으며 색깔이 青黑色이다. 發發은 성한 모양이다. 菼은 갈대이니, 또한 荻이라고도 이른다. 揭揭은 긺이다. 庶姜은 조카와 동생을 이른다. 孽孽은 성대하게 꾸민 것이다. 庶士는 媵臣을 이른다. 朅은 굳센 모양이다.

○ 齊나라 땅이 넓고 비옥하여 夫人이 시집올 때에 士女들이 아름답고 禮儀가 성하게 구비됨이 이와 같음을 말한 것이니, 또한 首章의 뜻이다.

碩人四章이니 章七句라

毛序　碩人은 閔莊姜也라 莊公이 惑於嬖妾하여 使驕上僭하니 莊姜이 賢而不答하여 終以無子라 故로 國人이 閔而憂之하니라

《碩人》은 莊姜을 민망히 여긴 詩이다. 莊公이 사랑하는 妾에게 迷惑되어 〈妾으로 하여금〉 교만하여 위로 참람하게 하니, 莊姜은 어질어도 答禮를 하지 않아 끝내 자식이 없었다. 그러므로 國人들이 민망히 여기고 걱정한 것이다.

氓之蚩蚩(尺之反), 抱布貿(莫豆反)絲(叶新齊反). 匪來貿絲, 來卽我謀(叶謨悲反). 送子涉淇, 至于頓丘(叶祛奇反). 匪我愆期, 子無良媒(叶謨悲反). 將(七羊反)子無怒, 秋以爲期.

頷 : 턱 함　薍 : 갈대 완　荻 : 갈대 적　媵 : 잉첩 잉　佼 : 예쁠 교　氓 : 백성 맹
蚩 : 어리석을 치　貿 : 살 무　愆 : 허물 건, 어길 건　將 : 원할 장

氓之蚩蚩	미련하고 미련한 백성이
抱布貿絲러니	베를 안고 실을 사러 오더니
匪來貿絲라	실을 사러 온 것이 아니라
來卽我謀러라	와서 나에게 도모하더라
送子涉淇하여	그대를 전송하느라 淇水를 건너
至于頓丘호라	頓丘에 이르렀노라
匪我愆期라	내가 약속을 어긴 것이 아니라
子無良媒니라	그대에게 좋은 중매가 없어서이니라
將子無怒어다	청컨대 그대는 노하지 말지어다
秋以爲期라호라	가을로 기약하자 하였노라

賦也라 氓은 民也니 蓋男子而不知其誰何之稱也라 蚩蚩는 無知之貌니 蓋怨而鄙之也라 布는 幣라 貿는 買也니 貿絲는 蓋初夏之時也라 頓丘는 地名이라 愆은 過也라 將은 願也, 請也라 ○ 此는 淫婦爲人所棄하고 而自敍其事하여 以道其悔恨之意라 夫旣與之謀而不遂往하고 又責所無以難其事하며 再爲之約以堅其志하니 此其計亦狡矣니 以御蚩蚩之氓에 宜其有餘로되 而不免於見棄라 蓋一失其身이면 人所賤惡니 始雖以欲而迷이나 後必以[有]時而悟라 是以로 無往而不困耳라 士君子立身一敗면 而萬事瓦裂者 何以異此리오 可不戒哉아

賦이다. 氓은 백성이니, 남자로서 그 누군지를 알 수 없는 이의 칭호이다. 蚩蚩는 無知한 모양이니, 원망하여 그를 더럽게 여긴 것이다. 布는 폐백이다. 貿는 사는 것이니, 실을 사는 것은 아마도 初夏의 때인 듯하다. 頓丘는 지명이다. 愆은 지나침이다. 將은 원함이며 청함이다.

○ 이것은 淫婦가 남에게 버림을 당하고는 스스로 그 일을 서술하여 悔恨의 뜻을 말한 것이다. 이미 더불어 도모하고는 마침내 가지 않고, 또 없는 것을 責하여 그 일을 어렵게 하였으며, 또 다시 가을로 약속을 하여 그 뜻을 견고히 하였으니, 이는 그 계책이 또한 교활한 바, 미련하고 미련한 백성을 어거하기에 마땅히 有餘할 터인데도 버림받음을 면치 못하였다. 이는 여자가 한번 그 몸(정조)을 잃으면 남들이 천히 여기고 미워하는 바이니, 처음에는 비록 욕심 때문에 혼미하나 뒤에는 반드시 깨달을 때가 있는 것이다. 이 때문에 가는 곳마다 困하지 않음이 없는 것이다. 士君子가 몸을 세움에 한번 패하면 萬事가 와해되는 것이 무엇이 이와 다르리오. 경계하지 않을 수 있겠는가.

乘彼垝(俱毁反)垣(音袁), 以望復關(叶圭員反). 不見復關, 泣涕漣漣(音連). 旣見復關, 載笑載言. 爾卜爾筮, 體無咎言. 以爾車來, 以我賄(呼罪反)遷.

乘彼垝垣하여	저 무너진 담장에 올라가
以望復(복)關호라	復關을 바라보노라

狡：교활할 교　垝：무너진담 궤　垣：담 원　涕：눈물 체　漣：눈물흐를 련
筮：주역점칠 서　賄：재물 회

不見復關하여	復關을 보지 못하여
泣涕漣漣이러니	눈물을 줄줄 흘리더니
旣見復關하여	이미 復關을 보고는
載笑載言호라	곧 웃으며 곧 말했노라
爾卜爾筮에	그대의 거북점과 그대의 주역점에
體無咎言이어든	점괘에 나쁜 말이 없거든
以爾車來하라	그대의 수레를 가지고 오라
以我賄遷이라호라	내 재물을 가지고 옮겨가리라 하였노라

賦也라 垝는 毁요 垣은 墻也라 復關은 男子之所居也니 不敢顯言其人이라 故로 託言之耳라 龜曰卜이요 蓍曰筮라 體는 兆卦之體也라 賄는 財요 遷은 徙也라

○ 與之期矣라 故로 及期而乘垝垣以望之하고 旣見之矣라 於是에 問其卜筮所得卦兆之體하고 若無凶咎之言이어든 則以爾之車來迎하라 當以我之賄往遷也라하니라

賦이다. 垝는 무너짐이요, 垣은 담이다. 復關은 남자가 거처하는 곳이니, 감히 그 사람을 드러내놓고 말할 수 없으므로 칭탁하여 말한 것이다. 거북 점을 卜이라 하고, 蓍草 점을 筮라 한다. 體는 거북점의 점괘와 周易卦의 體이다. 賄는 재물이요, 遷은 옮김이다.

○ 그와 더불어 만나기로 약속하였다. 그러므로 약속한 날짜에 미쳐 무너진 담장에 올라가서 그가 있는 곳을 바라보았으며, 이미 만나보고는 이에 그 卜筮에 얻은 卦兆의 體를 묻고 "만일 나쁜 말이 없거든 그대의 수레를 가지고 와서 나를 맞이해 가라. 내 마땅히 나의 재물을 가지고 옮겨 가겠다."고 한 것이다.

桑之未落, 其葉沃若. 于(音吁 下同)嗟鳩兮, 無食桑葚(音甚 叶知林反). 于嗟女兮, 無與士耽(叶持林反). 士之耽兮, 猶可說也, 女之耽兮, 不可說也.

桑之未落에	뽕잎이 떨어지기 전에는
其葉沃若이러니라	그 잎이 검고 윤택했더니라
于嗟鳩兮여	아, 비둘기여
無食桑葚이어다	뽕나무 오디를 먹지 말지어다
于嗟女兮여	아, 여자여
無與士耽이어다	남자와 놀아나지 말지어다
士之耽兮는	남자의 놀아남은
猶可說也어니와	오히려 말할 수 있거니와
女之耽兮는	여자의 놀아남은
不可說也니라	말할 수 없느니라

蓍: 시초 시　兆: 조짐 조　徙: 옮길 사　咎: 허물 구　沃: 윤택할 옥　鳩: 비둘기 구
葚: 오디 심　耽: 즐길 탐, 놀아날 탐

比而興也라 沃若은 潤澤貌라 鳩는 鶻鳩也니 似山雀而小하고 短尾, 靑黑色이요 多聲이라 葚은 桑實也니 鳩食葚多則致醉라 耽은 相樂也라 說은 解也라

○ 言桑之潤澤하여 以比己之容色光麗라 然이나 又念其不可恃此而從欲忘反이라 故로 遂戒鳩無食桑葚하여 以興下句戒女無與士耽也라 士猶可說이어니와 而女不可說者는 婦人被棄之後에 深自愧悔之辭라 主言婦人無外事하여 唯以貞信爲節이니 一失其正이면 則餘無足觀爾요 不可便謂士之耽惑이 實無所妨也라

比而興이다. 沃若은 윤택한 모양이다. 鳩는 鶻鳩이니, 山雀과 같은데 작으며, 꼬리가 짧고 靑黑色이며, 소리를 많이 지른다. 葚은 뽕나무의 열매이니, 비둘기가 뽕나무 열매를 많이 먹으면 취한다. 耽은 서로 좋아함이다. 說은 해명함이다.

○ 뽕나무의 윤택함을 말하여 자신의 容色이 빛나고 화려함을 比하였다. 그러나 또 이것만을 믿고 욕심을 따라 바른 길로 돌아올 것을 잊어서는 안됨을 생각하였다. 그러므로 마침내 비둘기는 뽕나무 오디를 먹지 말라고 경계하여, 아래 句에 여자는 남자와 더불어 놀아나지 말라고 경계한 말을 興한 것이다. 남자는 오히려 말할 수 있거니와 여자는 말할 수 없다는 것은 婦人이 버림받은 뒤에 깊이 스스로 부끄러워하고 뉘우친 말이다. 婦人은 바깥 일이 없어 오직 貞信으로써 절개를 삼으니, 한번 그 올바름을 잃으면 나머지는 족히 볼 것이 없음을 주장하여 말했을 뿐이요, 곧 남자의 耽惑함은 실로 해로운 바가 없다고 말한 것은 아니다.

桑之落矣, 其黃而隕(叶于貧反). 自我徂爾, 三歲食貧. 淇水湯湯(音傷), 漸(子廉反)車帷裳. 女也不爽(叶師莊反), 士貳其行(下孟反 叶戶郎反). 士也罔極, 二三其德.

桑之落矣니	뽕잎이 떨어지니
其黃而隕이로다	누렇게 되어 떨어지도다
自我徂爾함으로(하나로)	내 그대의 집에 시집간 뒤로
三歲食貧호라	삼년 동안 가난하게 살았노라
淇水湯湯하니	淇水가 넘실넘실 흐르니
漸車帷裳이로다	수레의 휘장을 적시도다
女也不爽이라	여자가 잘못한 것이 아니라
士貳其行이니라	남자가 행실을 이랬다 저랬다 해서이니라
士也罔極하니	남자가 極이 없으니
二三其德이로다	그 마음을 이랬다 저랬다 하도다

比也라 隕은 落이요 徂는 往也라 湯湯은 水盛貌라 漸은 漬也라 帷裳은 車飾이니 亦名童容이니 婦人之車則有之라 爽은 差요 極은 至也라

鶻 : 송골매 골　妨 : 해로울 방　隕 : 떨어질 운　徂 : 갈 조　湯 : 물넘실거릴 상
漸 : 젖을 점　帷 : 휘장 유　爽 : 어긋날 상

○ 言桑之黃落하여 以比己之容色凋謝하고 遂言自我往之爾家로 而値爾之貧이러니 於是見棄하여 復乘車而度水以歸라하고 復自言其過不在此而在彼也라

比이다. 隕은 떨어짐이요, 徂는 감이다. 湯湯은 물이 성한 모양이다. 漸은 적심이다. 帷裳은 수레의 꾸밈이니, 또한 童容이라고 하니, 婦人의 수레에 있다. 爽은 어그러짐이요, 極은 이르름이다.

○ 뽕잎이 누렇게 되어 떨어짐을 말하여 자신의 容色이 凋謝함을 比하고, 마침내 말하기를 "내가 그대의 집에 시집간 뒤로부터 그대의 가난함을 만났는데, 이에 버림을 받아 다시 수레를 타고 물을 건너 돌아왔다."고 하였으며, 다시 스스로 그 과실이 이쪽(자기)에 있지 않고 저쪽(상대)에 있다고 말한 것이다.

三歲爲婦, 靡室勞矣. 夙興夜寐, 靡有朝(叶直豪反)矣. 言既遂矣, 至于暴矣. 兄弟不知, 咥(許意反)其笑(叶音燥)矣. 靜言思之, 躬自悼矣.

三歲爲婦하여	삼년 동안 婦人이 되어
靡室勞矣며	집안 일을 수고롭게 여기지 않았으며
夙興夜寐하여	일찍 일어나고 밤늦게 자서
靡有朝矣호라	하루아침의 겨를도 없었노라
言既遂矣어늘	약속한 말이 이미 이루어지자
至于暴矣하니	포악함에 이르니
兄弟不知하여	兄弟들은 이것을 알지 못하여
咥其笑矣하나다	희희 웃는구나
靜言思之요	고요히 생각해보고
躬自悼矣호라	몸소 스스로 서글퍼하노라

賦也라 靡는 不이요 夙은 早요 興은 起也라 咥는 笑貌라

○ 言我三歲爲婦하여 盡心竭力하여 不以室家之務爲勞하고 早起夜臥하여 無有朝旦之暇하여 與爾始相謀約之言이 既遂어늘 而爾遽以暴戾加我라 兄弟見我之歸하고 不知其然하고 但咥然其笑而已라 蓋淫奔從人하여 不爲兄弟所齒라 故로 其見棄而歸에 亦不爲兄弟所恤이니 理固有必然者니 亦何所歸咎哉리오 但自痛悼而已라

賦이다. 靡는 아님이다. 夙은 일찍이요, 興은 일어남이다. 咥는 웃는 모양이다.

○ 내가 3년 동안 婦人이 되어 마음을 다하고 힘을 다하여 집안일을 수고롭게 여기지 않았으며, 일찍 일어나고 밤늦게 누워서 하루아침의 한가로운 여가도 없었다. 그리하여 그대와 더불어 처음에 서로 도모하고 약속한 말이 이미 이루어지자, 그대는 갑자기 포악함과 어그러짐을 나에게 가하였다. 兄弟들은 내가 친정으로 돌아온 것을 보고는 그러한 연유를 알지 못하고 다만 咥

凋 : 시들 조　謝 : 시들 사　咥 : 허허웃을 희　戾 : 어그러질 려　齒 : 길 치

然히 웃을 뿐이라고 한 것이다. 淫奔하여 남을 따라감에 형제 축에 끼이지 못하였다. 그러므로 버림을 받고 돌아옴에 또한 兄弟들의 걱정해줌을 받지 못하는 것이니, 이치상 진실로 必然的인 것이니, 또한 어디로 잘못을 돌리겠는가. 다만 스스로 애통해 하고 서글퍼할 뿐이다.

及爾偕老, 老使我怨. 淇則有岸(叶魚戰反), 隰則有泮(音畔 叶匹見反). 總角之宴, 言笑晏晏(叶伊佃反). 信誓旦旦(叶得絹反), 不思其反(叶孚絢反). 反是不思(叶新齎反), 亦已焉哉(叶將黎反).

及爾偕老러니	그대와 백년해로하려 했더니
老使我怨이로다	늙어서 나로 하여금 원망하게 하도다
淇則有岸이며	淇水에는 벼랑이 있고
隰則有泮이어늘	습지에는 물가가 있거늘
總角之宴에	總角시절 그대와 즐거워함에
言笑晏晏하며	웃고 말하기를 晏晏히 하였으며
信誓旦旦일새	약속하고 맹세하기를 旦旦히 하였기에
不思其反호라	그 뒤집어질 줄을 생각지 못했노라
反是不思어니	뒤집어질 줄을 생각지 않았으니
亦已焉哉엇다	또한 어쩔 수 없도다

賦而興也라 及은 與也라 泮은 涯也니 高下之判也라 總角은 女子未許嫁則未笄하고 但結髮爲飾也라 晏晏은 和柔也요 旦旦은 明也라

○ 言我與汝本期偕老러니 不知老而見棄如此하여 徒使我怨也라 淇則有岸矣요 隰則有泮矣어늘 而我總角之時에 與爾宴樂言笑하며 成此信誓일새 曾不思其反復以至於此也라하니 此則興也라 旣不思其反復而至此矣니 則亦如之何哉리오 亦已而已矣라 傳曰 思其終也하며 思其復也라하니 思其反之謂也니라

賦而興이다. 及은 더불이다. 泮은 물가이니, 높고 낮은 것이 판별되는 곳이다. 總角이란 여자가 시집가기를 허락하지 않았으면 비녀를 꽂지 않고 다만 머리를 묶어 꾸밈을 하는 것이다. 晏晏은 화하고 부드러움이요, 旦旦은 분명함이다.

○ "내 그대와 더불어 본래 백년해로할 것을 기약했었는데, 늙어서 버림을 받음이 이와 같아 한갓 나로 하여금 원망하게 할 줄은 알지 못하였다. 淇水에는 언덕이 있고 습지에는 물가가 있는데, 내 總角이었을 때에 그대와 더불어 宴樂하고 言笑하며 약속과 맹세를 이루었기에 그 뒤집어져 이 지경에 이를 줄은 생각하지 못하였다." 하였으니, 이것은 興이다. 그 뒤집어져 이에 이를 줄을 생각하지 않았으니, 또한 어쩔 수 있겠는가. 또한 어쩔 수 없을 뿐이다. 傳(左傳)에 이르기를 "그 종말을 생각하며 그 다시 그렇게 될 것을 생각한다." 하였으니, 思其反을 말한 것이다.

泮 : 물가 반　晏 : 온화할 안　涯 : 물가 애

氓六章이니 章十句라

毛序 氓은 刺時也라 宣公之時에 禮義消亡하여 淫風大行하니 男女無別하여 遂相奔誘하고 華落色衰면 復相棄背러니 或乃困而自悔喪其妃耦라 故로 序其事以風焉하니 美反正이요 刺淫泆也라

《氓》은 세속을 풍자한 詩이다. 宣公의 때에 禮義가 사라져 淫風이 크게 유행하니, 男女가 분별이 없어 마침내 서로 달려가고 유혹하였으며, 아름다운 容色이 쇠하면 다시 서로 버리고 등졌는데, 혹은 곤궁해지면 그 配耦를 잃은 것을 스스로 후회하였다. 그러므로 그 일을 서술하여 풍자하였으니, 正道로 돌아옴을 찬미하고 음탕함을 풍자한 것이다.

籊籊(他歷反)竹竿, 以釣于淇. 豈不爾思, 遠莫致之.

籊籊竹竿으로	길쭉길쭉한 낚시대로
以釣于淇를	淇水에서 낚시질함을
豈不爾思리오마는	어찌 이것을 생각지 않으리오마는
遠莫致之로다	멀어서 이를 수가 없도다

賦也라 籊籊은 長而殺(쇄)也라 竹은 衛物이요 淇는 衛地也라
○ 衛女嫁於諸侯하여 思歸寧而不可得이라 故로 作此詩라 言思以竹竿釣于淇水나 而遠不可至也라

賦이다. 籊籊은 길면서 줄어드는 것이다. 竹은 衛나라의 물건이요, 淇는 衛나라의 땅이다.
○ 衛나라의 딸이 諸侯에게 시집가서 친정에 근친할 것을 생각하였으나, 될 수가 없었다. 그러므로 이 詩를 지은 것이다. "낚시대로 淇水에서 낚시질하고픈 생각이 있으나 멀어서 이를 수 없다."고 말한 것이다.

泉源在左, 淇水在右(叶羽軌反). 女子有行, 遠(于萬反)兄弟父母(叶滿彼反).

泉源在左요	泉源은 왼쪽에 있고
淇水在右하니라	淇水는 오른쪽에 있느니라
女子有行이여	여자가 시집감이여
[1]遠兄弟父母로다	父母兄弟를 멀리 하였도다

譯註 1. 遠兄弟父母 : 內閣本에는 遠父母兄弟로 되어 있으나 母가 韻이므로 바로잡았다.

賦也라 泉源은 卽百泉也니 在衛之西北하여 而東南流入淇라 故로 曰在左라 淇는 在衛之西南

籊 : 대쭉쭉올라갈 적　竿 : 대줄기 간　殺 : 줄어들 쇄

하여 而東流與泉源合이라 故로 曰在右라
○ 思二水之在衛하고 而自歎其不如也라

賦이다. 泉源은 바로 百泉이니, 衛나라의 서북쪽에 있는데, 동남쪽으로 흘러 淇水로 들어간다. 그러므로 왼쪽에 있다고 한 것이다. 淇는 衛나라의 서남쪽에 있는데 동쪽으로 흘러 泉源과 합류한다. 그러므로 오른쪽에 있다고 한 것이다.

○ 두 물이 衛나라에 있음을 생각하고 스스로 그만도 못함을 탄식한 것이다.

淇水在右, 泉源在左. 巧笑之瑳(七可反), 佩玉之儺(乃可反).

淇水在右요	淇水는 오른쪽에 있고
泉源在左하니라	泉源은 왼쪽에 있느니라
巧笑之瑳며	예쁘게 웃음에 이가 하얗게 보이며
佩玉之儺아	佩玉차고 아장아장 걸어갈 수 있을까

賦也라 瑳는 鮮白色이라 笑而見齒에 其色瑳然이니 猶所謂粲然皆笑也라 儺는 行有度也라
○ 承上章하여 言二水在衛어늘 而自恨其不得笑語遊戲於其間也라

賦이다. 瑳는 곱고 흰 색깔이다. 웃음에 이가 보여 그 색깔이 흰 것이니, 이른바 〈穀梁傳에〉 "粲然히 모두 웃는다."는 말과 같은 것이다. 儺는 걸음걸이가 법도가 있는 것이다.

○ 上章을 이어 "두 물은 衛나라에 있는데, 스스로 그 사이에서 웃고 말하며 遊戲할 수 없음이 한스럽다."고 한 것이다.

淇水滺滺(音由), 檜楫松舟. 駕言出遊, 以寫我憂.

淇水滺滺하니	淇水가 유유히 흐르니
檜楫松舟로다	檜나무로 만든 노이며 소나무로 만든 배로다
駕言出遊하여	이것을 타고 나가 놀아서
以寫我憂아	나의 근심을 쏟아볼까

賦也라 滺滺는 流貌라 檜는 木名이니 似柏이라 楫은 所以行舟也라
○ 與泉水之卒章同意라

賦이다. 滺滺는 흐르는 모양이다. 檜는 나무 이름이니, 잣나무와 비슷하다. 楫은 배를 가게 하는 것이다.

○《泉水》의 마지막 章과 같은 뜻이다.

瑳 : 옥빛 차　儺 : 아장아장걸을 나　滺 : 물철철흐를 유　檜 : 회나무 회
楫 : 돛대 집, 노 집　寫 : 쏟을 사

竹竿四章이니 章四句라

毛序 竹竿은 衛女思歸也니 適異國而不見答하여 思而能以禮者也라

《竹竿》은 衛나라 女人이 친정으로 돌아갈 것을 생각한 詩이니, 異國으로 출가하였으나 答禮를 받지 못하여 친정을 그리워하였는데 禮에 맞게 한 것이다.

芄(音丸)蘭之支, 童子佩觿(許規反). 雖則佩觿, 能不我知. 容兮遂兮, 垂帶悸(其季反)兮.

芄蘭之支여	芄蘭의 가지여
童子佩觿로다	童子가 뿔송곳을 찼도다
雖則佩觿나	비록 뿔송곳을 차고 있으나
能不我知로다	나보다 지혜롭지 못하도다
容兮遂兮하니	늘어져 있으며 처져 있으니
垂帶悸兮로다	드리운 띠가 늘어져 있도다

興也라 芄蘭은 草이니 一名蘿摩니 蔓生이요 斷之有白汁可啖이라 支는 枝同이라 觿는 錐也니 以象骨爲之라 所以解結이니 成人之佩요 非童子之飾也라 知는 猶智也니 言其才能不足以知於我也라 容, 遂는 舒緩放肆之貌요 悸는 帶下垂之貌라

興이다. 芄蘭은 풀이니, 일명은 蘿摩이니, 蔓生하고 자르면 흰 즙이 있어서 먹을 수 있다. 支는 枝와 같다. 觿는 송곳이니, 象骨로 만든다. 맺힌 것을 푸는 것이니, 成人이 차는 것이요, 童子의 꾸밈이 아니다. 知는 智와 같으니, 그 才能이 족히 나보다 지혜롭지 못함을 말한 것이다. 容과 遂는 풀어지고 放肆한 모양이요, 悸는 띠가 아래로 늘어진 모양이다.

芄蘭之葉, 童子佩韘(失涉反). 雖則佩韘, 能不我甲(叶古叶反). 容兮遂兮, 垂帶悸兮.

芄蘭之葉이여	芄蘭의 잎이여
童子佩韘이로다	童子가 깍지를 차고 있도다
雖則佩韘이나	비록 깍지를 차고 있으나
能不我甲이로다	나보다 뛰어나지 못하도다
容兮遂兮하니	늘어져 있으며 처져 있으니
垂帶悸兮로다	드리운 띠가 늘어져 있도다

芄 : 왕골 환　觿 : 뿔송곳 휴　悸 : 띠늘어질 계　蘿 : 댕댕이넌출 라　摩 : 만질 마
啖 : 먹을 담　錐 : 송곳 추　韘 : 깍지 섭

興也라 韘은 決也니 以象骨爲之라 著右手大指하니 所以鉤弦闓體라 鄭氏曰 沓也니 卽大射所謂朱極三이 是也라 以朱韋爲之하니 用以彄沓右手食指將指無名指也라 甲은 長也니 言其才能不足以長於我也라

興이다. 韘은 깍지이니, 象骨로 만든다. 오른손의 엄지 손가락에 끼우니, 활시위를 당겨 활의 몸통을 여는 것이다. 鄭氏는 말하기를 "깍지이니, 바로 《大射禮》에 이른바 "朱極三"이 이것이다. 붉은 가죽으로 만드는데, 이것을 사용하여 오른손의 食指와 將指 · 無名指에 씌우는 것이다." 하였다. 甲은 뛰어남이니, 그 재능이 족히 나보다 뛰어나지 못함을 말한 것이다.

芄蘭二章이니 章六句라

此詩는 不知所謂하니 不敢強解로라

이 詩는 무엇을 말한 것인지 알 수 없으니, 감히 억지로 해석하지 못하겠다.

毛序 芄蘭은 刺惠公也라 驕而無禮하니 大夫刺之라

《芄蘭》은 惠公을 풍자한 詩이다. 교만하고 無禮하니, 大夫가 이것을 풍자한 것이다.

誰謂河廣, 一葦(韋鬼反)杭(戶郎反)之. 誰謂宋遠, 跂(丘豉反)予望(叶武方反)之.

誰謂河廣고	누가 河水가 넓다 이르는고
一葦杭(航)之로다	한 갈대로 건널 수 있도다
誰謂宋遠고	누가 宋나라가 멀다 이르는고
跂予望之로다	발돋움하면 내 바라볼 수 있도다

賦也라 葦는 蒹葭之屬이라 杭은 度(渡)也라 衛在河北이요 宋在河南이라

○ 宣姜之女爲宋桓公夫人하여 生襄公하고 而出歸于衛러니 襄公卽位에 夫人思之而義不可往이라 蓋嗣君은 承父之重하여 與祖爲體하니 母出이면 與廟絶하여 不可以私反이라 故로 作此詩라 言誰謂河廣乎아 但以一葦加之면 則可以渡矣요 誰謂宋國遠乎아 但一跂足而望이면 則可以見矣라하니 明非宋遠而不可至也요 乃義不可而不得往耳니라

賦이다. 葦는 蒹葭의 등속이다. 杭은 건넘이다. 衛나라는 河水의 북쪽에 있고, 宋나라는 河水의 남쪽에 있다.

決 : 깍지 결　鉤 : 갈구리쇠 구　弦 : 줄 현　闓 : 열 개　沓 : 무릅쓸 답　彄 : 가락지 구
長 : 나을 장　葦 : 갈대 위　杭 : 건널 항　跂 : 발돋움할 기　蒹 : 갈대 겸　葭 : 갈대 가
襄 : 멍에 양

○ 宣姜의 딸이 宋桓公의 夫人이 되었는데, 襄公을 낳고는 쫓겨나 衛나라로 돌아왔다. 그후 襄公이 즉위하자, 夫人이 아들을 그리워하였으나 義理에 갈 수가 없었다. 嗣君은 아버지의 傳重을 이어서 할아버지와 體(血統)가 되니, 어머니가 쫓겨나면 사당과 끊어져서 私情으로 돌아오게 할 수가 없다. 그러므로 이 詩를 지은 것이다. 말하기를 "누가 河水가 넓다 이르는가. 다만 한 갈대를 가하면 건널 수 있다. 누가 宋나라가 멀다 이르는가. 다만 한번 발돋움을 하고 바라보면 볼 수 있다." 하였으니, 宋나라가 멀어서 이르지 못하는 것이 아니요, 바로 義理에 不可하여 갈 수 없음을 밝힌 것이다.

誰謂河廣, 曾不容刀. 誰謂宋遠, 曾不崇朝.

誰謂河廣고	누가 河水가 넓다 이르는고
曾不容刀로다	일찍이 거룻배도 용납하지 못하도다
誰謂宋遠고	누가 宋나라가 멀다 이르는고
曾不崇(終)朝로다	일찍이 하루아침 거리도 못되도다

賦也라 小船曰刀니 不容刀는 言小也라 崇은 終也니 行不終朝而至는 言近也라

賦이다. 작은 배를 刀라 하니, 刀를 용납하지 못한다는 것은 작음을 말한다. 崇은 마침이다. 길을 감에 하루 아침을 마치지 않고 도착함은 가까움을 말한 것이다.

河廣二章이니 章四句라

范氏曰 夫人之不往은 義也라 天下豈有無母之人歟아 有千乘之國而不得養其母면 則人之不幸也라 爲襄公者 將若之何오 生則致其孝하고 沒則盡其禮而已라 衛有婦人之詩 自共姜至於襄公之母히 六人焉이니 皆止於禮義而不敢過也라 夫以衛之政敎淫僻하고 風俗傷敗로되 然而女子乃有知禮而畏義如此者는 則以先王之化 猶有存焉故也니라

范氏가 말하였다. "夫人이 가지 않은 것은 義이다. 천하에 어찌 어머니가 없는 사람이 있겠는가. 千乘의 나라를 소유하고도 그 어머니를 봉양할 수 없다면 이는 사람의 불행인 것이다. 襄公이 된 자는 장차 어찌해야 하겠는가. 살아서는 그 효성을 지극히 하고, 죽어서는 그 禮를 다할 뿐이다. 衛나라에 婦人의 詩가 共姜으로부터 襄公의 어머니에 이르기까지 여섯 사람이 있는데, 이들은 모두 禮義에 그치고 감히 넘지 못하였다. 衛나라의 政敎가 음탕하고 간사하며 風俗이 傷敗하였는데도 女子들이 마침내 禮를 알고 義를 두려워함이 이와 같았던 것은 先王의 교화가 아직도 남아있는 것이 있었기 때문이다."

毛序 河廣은 宋襄公母歸于衛하여 思而不止라 故로 作是詩也라

刀 : 거룻배 도 崇 : 마칠 종 沒 : 죽을 몰 僻 : 간사할 벽

《河廣》은 宋나라 襄公의 어머니가 쫓겨나 衛나라로 돌아와서 아들을 그리워하여 그치지 않았다. 그러므로 이 詩를 지은 것이다.

伯兮朅丘列反兮, 邦之桀兮. 伯也執殳市朱反, 爲于僞反王前驅.

伯兮朅兮하니	伯이 굳세기도 하니
邦之桀兮로다	나라의 영걸이로다
伯也執殳하여	伯이 창을 잡고서
爲王前驅로다	왕의 前驅가 되었도다

賦也라 伯은 婦人目其夫之字也라 朅은 武貌라 桀은 才過人也라 殳는 長丈二而無刃이라
○ 婦人以夫久從征役而作是詩라 言其君子之才之美如是하여 今方執殳而爲王前驅也라

賦이다. 伯은 婦人이 자기 남편의 字를 지목한 것이다. 朅은 굳센 모양이다. 桀은 재주가 남보다 뛰어난 것이다. 殳는 길이가 두 길이요, 칼날이 없다.

○ 婦人이 남편이 오랫동안 征役에 나갔기 때문에 이 詩를 지은 것이다. 말하기를 "그 君子의 재주의 아름다움이 이와 같아 이제 막 창을 잡고 왕의 前驅가 되었다."고 한 것이다.

自伯之東, 首如飛蓬. 豈無膏沐, 誰適都歷反爲容.

自伯之東하여	伯이 동쪽으로 간 뒤로부터
首如飛蓬호라	내 머리 나는 쑥대와 같노라
豈無膏沐이리오마는	어찌 기름이 없고 목욕할 수 없으리오마는
誰適爲容이리오	누구를 위하여 모양을 내리오

賦也라 蓬은 草名이니 其華如柳絮하여 聚而飛면 如亂髮也라 膏는 所以澤髮者요 沐은 滌首去垢也라 適은 主也라
○ 言我髮亂如此하니 非無膏沐可以爲容이언마는 所以不爲者는 君子行役하여 無所主而爲之故也라 傳曰 女爲悅己容이라하니라

賦이다. 蓬은 풀 이름이니, 그 꽃이 버들개지와 같아 모여서 날리면 어지러운 머리털과 같다. 膏는 머리를 윤택하게 하는 것이요, 沐은 머리를 감아서 때를 제거하는 것이다. 適은 주장함이다.

○ "내 머리털의 어지러움이 이와 같으니, 기름 바르고 머리를 감아 모양을 낼 수 없는 것은 아니지만, 이를 하지 않는 까닭은 君子가 부역을 가서 주장하여 모양을 낼 상대가 없기 때문이다."라고 말한 것이다. 傳(戰國策)에 이르기를 "여자는 자기를 좋아하는 이를 위하여 모양을 낸

朅：헌칠할 걸　桀：호걸 걸　殳：창 수　蓬：쑥 봉　適：주장할 적　絮：솜 서
滌：씻을 척

다." 하였다.

其雨其雨, 杲杲(古老反)出日. 願言思伯, 甘心首疾.

其雨其雨에	비가 오려나 비가 오려나 했는데
杲杲出日이로다	杲杲히 해가 나오도다
願言思伯이라	생각하여 伯을 그리워하는지라
甘心首疾이로다	首疾을 마음에 달게 여기노라

比也라 其者는 冀其將然之辭라

○ 冀其將雨而杲然日出로 以比望其君子之歸而不歸也라 是以로 不堪憂思之苦하여 而寧甘心於首疾也라

比이다. 其는 그 장차 그러하기를 바라는 말이다.

○ 그 장차 비가 오기를 바랐는데 杲然히 해가 나온 것으로써, 君子가 돌아오기를 바랐는데 돌아오지 않음을 比한 것이다. 이 때문에 憂思의 괴로움을 견디지 못하여, 차라리 머리 아픈 것을 마음에 달게 여긴 것이다.

焉(於虔反)得諼(況袁反)草, 言樹之背(音佩). 願言思伯, 使我心痗(呼內反).

焉得諼草하여	어떻게 하면 諼草를 얻어
言樹之背오	이것을 北堂에 심을꼬
願言思伯이라	생각하여 伯을 그리워하는지라
使我心痗로다	내 마음 병들게 하도다

賦也라 諼은 忘也라 諼草는 合歡이니 食之면 令人忘憂者라 背는 北堂也라 痗는 病也라

○ 言焉得忘憂之草하여 樹之北堂하여 以忘吾憂乎아 然이나 終不忍忘也라 是以로 寧不求此草하고 而但願言思伯하여 雖至於心痗나 而不辭爾라 心痗則其病益深이니 非特首疾而已也라

賦이다. 諼은 잊음이다. 諼草는 合歡이니, 먹으면 사람으로 하여금 근심을 잊게 한다. 背는 北堂이다. 痗는 병듦이다.

○ "어떻게 하면 忘憂草를 얻어 北堂에 심어서 내 근심을 잊을 수 있겠는가. 그러나 끝내 차마 잊을 수가 없다. 이 때문에 차라리 이 풀을 구하지 않고, 다만 伯을 그리워하여 비록 마음이 병듦에 이를지라도 사양하지 않는다."고 말한 것이다. 마음이 병들었다면 그 병이 더욱 깊으니, 다만 首疾일 뿐만이 아닌 것이다.

伯兮四章이니 章四句라

杲 : 밝을 고　寧 : 차라리 녕　焉 : 어찌 언　諼 : 잊을 훤　痗 : 병들 매

范氏曰 居而相離則思하고 期而不至則憂는 此人之情也라 文王之遣戍役과 周公之勞歸士에 皆敍其室家之情, 男女之思以閔之라 故로 其民悅而忘死라 聖人은 能通天下之志라 是以能成天下之務하시니라 兵者는 毒民於死者也라 孤人之子하고 寡人之妻하여 傷天地之和하고 召水旱之災라 故로 聖王重之하시니 如不得已而行이면 則告以歸期하고 念其勤勞하여 哀傷慘怛을 不啻在己라 是以로 治世之詩則言其君上閔恤之情하고 亂世之詩則錄其室家怨思之苦하니 以爲人情不出乎此也일새니라

范氏가 말하였다. "같이 살다가 서로 떨어지면 그리워하고, 약속했다가 이르지 않으면 근심하는 것은 이것은 사람의 情이다. 文王이 戍役을 보낼 때와 周公이 돌아오는 將兵들을 위로할 때에 모두 그 室家의 情과 男女의 그리움을 서술하여 민망히 여겼다. 그러므로 백성들이 좋아하여 죽음을 잊었던 것이다. 聖人은 능히 천하 사람들의 마음을 통한다. 이 때문에 능히 천하의 일을 이루는 것이다. 兵은 백성을 죽음의 해독으로 몰아넣는 것이어서, 남의 아들을 고아로 만들고 남의 아내를 과부로 만들어, 天地의 화한 기운을 손상하고 水旱의 재앙을 불러 일으킨다. 그러므로 聖王이 이를 신중히 하였으니, 만일 부득이하여 행하게 되면, 돌아올 시기를 미리 말해주고 그들의 근로를 생각하여, 哀傷하고 서글퍼하기를 자기 몸에 당한 것보다도 더하게 여겼다. 이 때문에 治世의 詩는 君上이 〈백성을〉 근심하는 정을 말하였고, 亂世의 詩는 室家들이 원망하고 그리워하는 괴로움을 기록하였으니, 이는 人情이 여기에서 벗어나지 않기 때문이다."

毛序 伯兮는 刺時也니 言君子行役하여 爲王前驅하여 過時而不反焉이라

《伯兮》는 時代(세상)를 풍자한 詩이니, 君子가 부역을 가서 王의 前驅가 되어 때가 지났으나 돌아오지 못함을 읊은 것이다.

有狐綏綏, 在彼淇梁. 心之憂矣, 之子無裳.

有狐綏綏하니	여우가 綏綏히 걸어가니
在彼淇梁이로다	저 淇水의 돌다리에 있도다
心之憂矣는	마음의 근심은
之子無裳이로다	之子가 치마가 없기 때문이로다

比也라 狐者는 妖媚之獸라 綏綏는 獨行求匹之貌라 石絶水曰梁이니 在梁이면 則可以裳矣라 ○ 國亂民散하여 喪其妃耦하니 有寡婦見鰥夫而欲嫁之라 故로 託言有狐獨行而憂其無裳也라

比이다. 狐는 요망하고 홀리는 짐승이다. 綏綏는 홀로 걸어가며 짝을 구하는 모양이다. 돌로 물을 건너게 한 것을 梁이라 하니, 梁에 있다면 치마를 입을 수 있는 것이다.

戍 : 수자리 수　怛 : 슬플 달　啻 : 뿐 시　梁 : 돌다리 량　媚 : 홀릴 미　鰥 : 홀아비 환

○ 나라가 혼란하여 백성이 흩어져서 그 配耦를 잃으니, 어떤 寡婦가 홀아비를 보고는 그에게 시집가고자 하였다. 그러므로 "여우가 홀로 걸어가는데 그 치마가 없음을 근심한다."고 칭탁하여 말한 것이다.

有狐綏綏, 在彼淇厲. 心之憂矣, 之子無帶叶丁計反.

有狐綏綏하니	여우가 綏綏히 걸어가니
在彼淇厲로다	저 淇水의 건널목에 있도다
心之憂矣는	마음의 근심은
之子無帶니라	之子가 띠가 없기 때문이니라

比也라 厲는 深水可涉處也라 帶는 所以申束衣也니 在厲면 則可以帶矣라

比이다. 厲는 깊은 물로서 건널 수 있는 곳이다. 띠는 옷을 단단히 묶는 것이니, 厲에 있다면 띠를 맬 수 있는 것이다.

有狐綏綏, 在彼淇側. 心之憂矣, 之子無服叶蒲北反.

有狐綏綏하니	여우가 綏綏히 걸어가니
在彼淇側이로다	저 淇水가에 있도다
心之憂矣는	마음의 근심은
之子無服이니라	之子가 옷이 없기 때문이니라

比也라 濟乎水면 則可以服矣라

比이다. 물을 건넜다면 옷을 입을 수 있는 것이다.

有狐三章이니 章四句라

毛序 有狐는 刺時也니 衞之男女失時하여 喪其妃耦焉이라 古者에 國有凶荒이면 則殺(쇄)禮而多昏하여 會男女之無夫家者하니 所以育人民也라

《有狐》는 시대를 풍자한 詩이니, 衞나라의 男女들이 혼인할 시기를 놓쳐 배우를 잃었다. 옛날에 나라에 凶荒(흉년)이 들면 禮를 낮추고 혼인을 많이 하여 男女 중에 남편의 집이 없는 자들을 모았으니, 이는 人民을 生育하려 해서였다.

投我以木瓜叶攻乎反, 報之以瓊琚音居. 匪報也, 永以爲好呼報反也.

厲 : 물건널 려 瓊 : 붉은옥 경 琚 : 패옥 거

投我以木瓜에	나에게 木瓜를 던져줌에
報之以瓊琚요	瓊琚로써 보답하고도
匪報也는	보답했노라고 여기지 않음은
永以爲好也니라	길이 우호를 하고자 해서이니라

比也라 木瓜는 楙木也니 實如小瓜하고 酢可食이라 瓊은 玉之美者요 琚는 佩玉名이라
○ 言人有贈我以微物에 我當報之以重寶요 而猶未足以爲報也는 但欲其長以爲好而不忘耳라하니 疑亦男女相贈答之辭니 如靜女之類라

比이다. 木瓜는 楙木이니, 열매는 작은 오이와 같으며, 맛이 시고 먹을 만하다. 瓊은 玉의 아름다운 것이요, 琚는 佩玉의 이름이다.

○ "사람이 나에게 하찮은 물건을 선물하였는데, 내 마땅히 중한 보물로써 보답을 하고도 오히려 보답했다고 여기지 않음은 다만 그 길이 우호하여 잊지 않고자 해서이다."라고 말한 것이다. 이것은 의심컨대 또한 男女가 서로 선물하고 답례한 말인 듯하니, 《靜女》의 類와 같은 것이다.

投我以木桃, 報之以瓊瑤. 匪報也, 永以爲好也.

投我以木桃에	나에게 木桃를 던져줌에
報之以瓊瑤요	瓊瑤로써 보답하고도
匪報也는	보답했노라고 여기지 않음은
永以爲好也니라	길이 우호를 하고자 해서이니라

比也라 瑤는 美玉也라

比이다. 瑤는 아름다운 옥이다.

投我以木李, 報之以瓊玖(音久 叶 舉里反). 匪報也, 永以爲好也.

投我以木李에	나에게 木李를 던져줌에
報之以瓊玖요	瓊玖로써 보답하고도
匪報也는	보답했노라고 여기지 않음은
永以爲好也니라	길이 우호를 하고자 해서이니라

比也라 玖亦玉名也라

比이다. 玖 또한 옥의 이름이다.

楙 : 모과나무 무　酢 : 실 초　瑤 : 아름다운옥 요　玖 : 검은옥돌 구

木瓜三章이니 章四句라

毛序 木瓜는 美齊桓公也라 衛國이 有狄人之敗하여 出處于漕러니 齊桓公이 救而封之하고 遺之車馬器服焉하니 衛人思之하여 欲厚報之하여 而作是詩也라

《木瓜》는 齊나라 桓公을 찬미한 詩이다. 衛나라가 오랑캐 사람들에게 패하여 나가 漕邑에 居處하고 있었는데, 齊나라 桓公이 구원하여 나라를 봉해주고 車馬와 器服을 보내주니, 衛나라 사람들이 이것을 생각하고 厚히 보답하려 하여 이 詩를 지은 것이다.

衛國은 十篇에 三十四章이요 二百三十句라

張子曰 衛國은 地濱大河하여 [1]其地土薄이라 故로 其人氣輕浮하며 其地平下라 故로 其人質柔弱하며 其地肥饒하여 不費耕耨라 故로 其人心怠惰하니 其人情性如此면 則其聲音亦淫靡라 故로 聞其樂이면 使人懈慢而有邪僻之心也니 鄭詩放此하니라

張子가 말씀하였다. "衛나라는 땅이 大河와 접하여 그 땅이 薄하기 때문에 사람들의 氣가 輕薄하고 들떠있으며, 땅이 평평하고 낮기 때문에 사람들의 자질이 柔弱하며, 土質이 비옥하여 밭갈고 김매는 노력을 허비하지 않기 때문에 사람들의 마음이 태만하다. 그 사람들의 情性이 이와 같으면, 그 聲音 또한 음탕하고 화려하기 마련이다. 그러므로 그 음악을 들으면 사람으로 하여금 태만해져서 邪僻한 마음을 갖게 하니, 鄭나라 詩도 이와 같다."

譯註 1. 土薄: 땅이 척박하다는 뜻이 아니요, 水位가 높아 물과 육지의 높낮이가 얕음을 말한 것이다.

濱 : 물가 빈 饒 : 풍요할 요 耨 : 김맬 누 靡 : 사치할 미 懈 : 게으를 해

詩經集傳 卷四

王一之六

王은 謂周東都洛邑이니 王城畿內方六百里之地라 在禹貢豫州太華外方之間하니 北得河陽하고 漸冀州之南也하니라 周室之初에 文王居豊하시고 武王居鎬러시니 至成王하여 周公始營洛邑하여 爲時會諸侯之所하시니 以其土中하여 四方來者道里均故也라 自是로 謂豊鎬爲西都하고 而洛邑爲東都하니라 至幽王하여 嬖褒姒하여 生伯服이어늘 廢申后及太子宜臼하니 宜臼奔申한대 申侯怒하여 與犬戎攻宗周하여 弑幽王于戲하니라 晉文侯, 鄭武公이 迎宜臼于申而立之하니 是爲平王이라 徙居東都王城하니 於是에 王室遂卑하여 與諸侯無異라 故로 其詩不爲雅而爲風이라 然이나 其王號未替也라 故로 不曰周而曰王이라 其地則今河南府及懷孟等州是也라

王은 周나라의 東都인 洛邑을 이르니, 王城의 畿內 方 6백 리의 땅이다. 《禹貢》의 豫州, 太華山·外方山의 사이에 있었으니, 북으로는 河陽을 차지하고 冀州의 남쪽 경계까지 걸쳐 있었다. 周나라 초기에 文王은 豊땅에 거주하고 武王은 鎬京에 거주하셨는데, 成王 때에 이르러 周公이 비로소 洛邑을 경영하여 때로 諸侯들을 만나는 장소로 삼으셨으니, 이는 지역의 한 중앙이어서 사방에서 오는 자의 道里(길의 里數)가 균등하기 때문이었다. 이로부터 豊·鎬를 일러 西都라 하고, 洛邑을 東都라 하였다. 幽王에 이르러 褒姒를 총애하여 伯服을 낳자, 申后와 太子 宜臼를 폐출하니, 宜臼가 申나라로 도망을 갔다. 申侯가 노하여 犬戎과 함께 宗周를 쳐서 幽王을 戲땅에서 시해하였다. 晉文侯와 鄭武公이 宜臼를 申나라에서 맞이하여 세우니, 이가 平王이다. 平王이 東都의 王城으로 옮겨 居하니, 이에 王室이 마침내 낮아져 諸侯와 다름이 없게 되었다. 그러므로 그 詩를 雅라 하지 않고 風이라 한 것이다. 그러나 王의 칭호가 변하지 않았기 때문에 周라고 말하지 않고 王이라고 말한 것이다. 그 지역은 지금의 河南府와 懷州·孟州 등지가 이 곳이다.

彼黍離離, 彼稷之苗. 行邁靡靡, 中心搖搖. 知我者, 謂我心憂, 不知我者, 謂我何求. 悠悠蒼天(叶鐵因反), 此何人哉.

彼黍離離어늘	저 기장 이삭이 늘어져 있거늘
彼稷之苗로다	저 피는 싹이 났도다

鎬 : 호경 호　嬖 : 사랑할 폐　褒 : 기릴 포　替 : 바꿀 체, 폐할 체　黍 : 메기장 서
稷 : 찰기장 직　邁 : 갈 매

行邁靡靡하여	길 가기를 더디고 더디하여
中心搖搖호라	중심에 울렁거리노라
知我者는	이내마음 아는 자는
謂我心憂어늘	나더러 마음에 근심한다 하거늘
不知我者는	이내마음 알지 못하는 자는
謂我何求오하나니	나더러 무엇을 구하는고 하니
悠悠蒼天아	아득하고 아득한 蒼天아
此何人哉오	이 어떤 사람이 이렇게 하였는고

賦而興也라 黍는 穀名이니 苗似蘆하고 高丈餘요 穗黑色, 實圓重이라 離離는 垂貌라 稷亦穀也라 一名穄니 似黍而小라 或曰粟也라 邁는 行也라 靡靡는 猶遲遲也라 搖搖는 無所定也라 悠悠는 遠貌라 蒼天者는 據遠而視之에 蒼蒼然也라

○ 周既東遷에 大夫行役이라가 至于宗周하여 過故宗廟宮室하니 盡爲禾黍어늘 閔周室之顚覆하여 彷徨不忍去라 故로 賦其所見黍之離離與稷之苗하여 以興行之靡靡, 心之搖搖라 既歎時人莫識己意하고 又傷所以致此者 果何人哉오하니 追怨之深也라

賦而興이다. 黍는 곡식 이름이니, 苗는 갈대와 같고 높이는 한 길이 넘으며, 이삭은 흑색이요, 열매는 둥글고 무겁다. 離離는 드리워진 모양이다. 稷 또한 곡식이다. 일명은 穄이니, 黍와 같으나 작다. 혹자는 粟[조]이라 한다. 邁는 길을 감이다. 靡靡는 遲遲와 같다. 搖搖는 정한 바가 없는 것이다. 悠悠는 먼 모양이다. 蒼天은 먼(높은) 곳을 의거하여 보면 蒼蒼한 것이다.

○ 周나라가 이미 東遷하자, 大夫들이 부역을 갔다가 宗周(鎬京)에 이르러 옛 宗廟와 宮室을 지나보니, 모두 기장밭이 되어 있었다. 이에 周室의 顚覆함을 민망히 여겨 彷徨하여 차마 떠날 수가 없었다. 그러므로 그 본 바 기장의 離離함과 피의 싹을 읊어 길 감의 靡靡함과 마음의 搖搖함을 興하였다. 이미 당시 사람들 중에 자기의 뜻을 알아주는 이가 없음을 탄식하고, 또다시 이렇게 만든 자는 과연 어느 사람이냐고 서글퍼한 것이니, 追怨함이 깊다.

彼黍離離, 彼稷之穗(音遂). 行邁靡靡, 中心如醉. 知我者, 謂我心憂, 不知我者, 謂我何求. 悠悠蒼天, 此何人哉.

彼黍離離어늘	저 기장 이삭이 늘어져 있거늘
彼稷之穗로다	저 피는 이삭이 패었도다
行邁靡靡하여	길 가기를 더디고 더디하여
中心如醉호라	중심에 취한 듯하노라
知我者는	이내마음 아는 자는
謂我心憂어늘	나더러 마음에 근심한다 하거늘
不知我者는	이내마음 알지 못하는 자는

穗 : 이삭 수　穄 : 메기장 제

謂我何求오하나니　　나더러 무엇을 구하는고 하니
悠悠蒼天아　　아득하고 아득한 蒼天아
此何人哉오　　이 어느 사람이 이렇게 하였는고

賦而興也라 穗는 秀也라 稷穗下垂가 如心之醉라 故로 以起興이라

賦而興이다. 穗는 이삭이 팬 것이다. 피의 이삭이 아래로 늘어진 것이 마음이 취한 것과 같으므로 이로써 起興한 것이다.

彼黍離離, 彼稷之實. 行邁靡靡, 中心如噎於結反 於悉反 叶**. 知我者, 謂我心憂, 不知我者, 謂我何求. 悠悠蒼天, 此何人哉.**

彼黍離離어늘　　저 기장 이삭이 늘어져 있거늘
彼稷之實이로다　　저 피는 열매가 영글었도다
行邁靡靡하여　　길 가기를 더디고 더디하여
中心如噎호라　　중심에 목이 꽉 메인 듯하노라
知我者는　　이내마음 아는 자는
謂我心憂어늘　　나더러 마음에 근심한다 하거늘
不知我者는　　이내마음 알지 못하는 자는
謂我何求오하나니　　나더러 무엇을 구하는고 하니
悠悠蒼天아　　아득하고 아득한 蒼天아
此何人哉오　　이 어느 사람이 이렇게 하였는고

賦而興也라 噎은 憂深不能喘息하여 如噎之然이라 稷之實이 猶心之噎이라 故로 以起興이라

賦而興이다. 噎은 근심이 깊어 喘息(呼吸)을 못해서 목이 꽉 메인 듯한 것이다. 피가 영글어 꽉 찬 것이 마음이 근심스러워 목이 멘 것과 같으므로 이로써 起興한 것이다.

黍離三章이니 章十句라

元城劉氏曰 常人之情은 於憂樂之事에 初遇之면 則其心變焉하고 次遇之면 則其變少衰하고 三遇之면 則其心如常矣라 至於君子忠厚之情하여는 則不然하여 其行役往來에 固非一見也라 初見稷之苗矣요 又見稷之穗矣요 又見稷之實矣로되 而所感之心이 終始如一하여 不少變而愈深하니 此則詩人之意也니라

元城劉氏가 말하였다. "常人의 情은 근심스럽고 즐거운 일에 대하여 처음 만나면 그 마음이 변하고, 다음에 만나면 그 변함이 조금 쇠하고, 세 번째 만나면 그 마음이 평상시와 같아진다.

秀 : 이삭팰 수　噎 : 목멜 열　喘 : 숨찰 천

君子의 忠厚한 情에 이르러는 그렇지 아니하여, 그 부역을 가서 가고 옴에 진실로 한번만 본 것이 아니었다. 처음에는 피의 苗를 보았고, 다음에는 피의 이삭을 보았고, 또 피의 영그는 것을 보았는데도, 감동한 바의 마음이 始終如一하여 조금도 변치 않고 더욱더 깊었으니, 이는 詩人의 〈忠厚한〉 뜻이다."

毛序 黍離는 閔宗周也라 周大夫行役하여 至于宗周하여 過故宗廟宮室하니 盡爲禾黍어늘 閔周室之顚覆하여 彷徨不忍去而作是詩也라

《黍離》는 宗周의 멸망을 민망히 여긴 것이다. 周나라 大夫가 부역을 가서 宗周에 이르러 옛날의 宗廟와 宮室의 터를 지나가니, 모두 기장밭이 되어 있었다. 그러므로 周나라 王室의 전복함을 민망히 여겨 방황하고 차마 떠나가지 못하여 이 詩를 지은 것이다.

君子于役, 不知其期, 曷至哉(叶將黎反). 雞棲(音西)于塒(音時), 日之夕矣, 羊牛下來(叶陵之反). 君子于役, 如之何勿思(叶新齎反).

君子于役이여	君子의 부역 감이여
不知其期로소니	돌아올 기약을 모르나니
曷至哉오	지금 어디에 가 계신고
雞棲于塒며	닭은 홰에 깃들며
日之夕矣라	날이 저물어
羊牛下來로소니	양과 소가 내려오나니
君子于役이여	君子의 부역 감이여
如之何勿思리오	어찌 그리워하지 않을 수 있으리오

賦也라 君子는 婦人目其夫之辭라 鑿墻而棲曰塒라 日夕則羊先歸而牛次之라
○ 大夫久役于外하니 其室家思而賦之曰 君子行役이여 不知其反還之期로소니 且今亦何所至哉오 雞則棲于塒矣요 日則夕矣라 羊牛則下來矣니 是則畜產出入도 尙有旦暮之節이어늘 而行役之君子는 乃無休息之時하니 使我如何而不思也哉오하니라

賦이다. 君子는 婦人이 그 남편을 지목한 말이다. 담장을 뚫고 깃드는 것을 塒라 한다. 날이 저물면 양이 먼저 돌아오고 소가 그 다음에 돌아온다.
○ 大夫가 오랫동안 밖에 부역을 가 있으니, 그 室家들이 그리워하여 읊기를 "君子의 부역가심이여, 돌아올 기약을 알지 못하겠으니, 우선 또한 지금 어느 곳에 이르러 계신고? 닭은 홰에 깃들고, 날이 저물어 소와 양이 내려오니, 이는 畜產의 나가고 들어옴도 오히려 아침 저녁의 절도가 있거늘, 부역간 君子는 마침내 휴식할 때가 없으니, 나로 하여금 어찌하여 생각하지 않게 할 수 있겠는가." 한 것이다.

棲 : 깃들일 서　塒 : 횃대 시　鑿 : 뚫을 착

君子于役, 不日不月, 曷其有佸戶括反 戶劣反 叶. 雞棲于桀, 日之夕矣, 羊牛下括古活反 古劣反 叶. 君子于役, 苟無飢渴叶巨列反.

君子于役이여	君子의 부역 감이여
不日不月이로소니	날짜와 달 수로 계산할 수 없으니
曷其有佸고	언제나 오실까
雞棲于桀이며	닭은 말뚝에 깃들며
日之夕矣라	날이 저물어
羊牛下括이로소니	소와 양이 내려오니
君子于役이여	君子의 부역 감이여
苟無飢渴이어다	우선 飢渴이나 없을지어다

賦也라 佸은 會요 桀은 杙이요 括은 至요 苟는 且也라
○ 君子行役之久하여 不可計以日月이요 而又不知其何時可以來會也하니 亦庶幾其免於飢渴而已矣라 此는 憂之深而思之切也라

賦이다. 佸은 모임이요, 桀은 말뚝이요, 括은 이름이요, 苟는 우선이다.
○ 君子가 부역을 간지 오래되어 날짜와 달 수로 계산할 수 없으며, 또 그 어느 때에나 와서 모일지 알 수 없으니, 또한 행여 飢渴이나 면하기를 바랄 뿐이다. 이는 근심함이 깊고 생각함이 간절한 것이다.

君子于役二章이니 章八句라

毛序 君子于役은 刺平王也라 君子行役하여 無期度하니 大夫思其危難以風焉하니라

《君子于役》은 平王을 풍자한 詩이다. 君子가 부역을 가서 돌아올 기한이 없으니, 大夫가 그 危難을 생각하여 풍자한 것이다.

君子陽陽, 左執簧音黃, 右招我由房. 其樂音洛只音止且子餘反.

君子陽陽하여	君子가 陽陽하여
左執簧하고	왼쪽에는 簧을 잡고
右招我由房하나니	오른쪽으로 나를 부르되 방으로부터 하니
其樂只且(저)로다	그 즐겁도다

佸 : 모을 활　桀 : 말뚝 걸　括 : 이를 괄　苟 : 진실로 구　杙 : 말뚝 익　簧 : 생황 황

賦也라 陽陽은 得志之貌라 簧은 笙竽管中金葉也라 蓋笙竽는 皆以竹管植(치)於匏中하고 而竅其管底之側하여 以薄金葉障之하여 吹則鼓之而出聲하니 所謂簧也라 故로 笙竽를 皆謂之簧이라 笙은 十三簧, 或十九簧이요 竽는 十六簧也라 由는 從也라 房은 東房也라 只且는 語助辭라

○ 此詩疑亦前篇婦人所作이라 蓋其夫既歸에 不以行役爲勞하고 而安於貧賤以自樂하며 其家人이 又識其意而深歎美之하니 皆可謂賢矣라 豈非先王之澤哉아 或曰 序說亦通이라하니 宜更詳之니라

賦이다. 陽陽은 得志(得意)한 모양이다. 簧은 笙과 竽의 대통 속에 있는 金葉(얇은 쇠조각)이다. 笙과 竽는 모두 대통을 박 속에 꽂아놓고 그 대통 밑의 옆에 구멍을 뚫어 얇은 金葉으로 이 곳을 막아서 불면 〈공기가〉 이것을 두드려 소리를 내게 하니, 이른바 簧이다. 그러므로 笙과 竽를 모두 簧이라고 한다. 笙은 簧이 13개이거나 또는 19개이며, 竽는 16개이다. 由는 부터이다. 房은 동쪽 방이다. 只且는 語助辭이다.

○ 이 詩는 의심컨대 또한 前篇의 婦人이 지은 것인 듯하다. 그 남편이 이미 돌아옴에 부역갔다 옴을 수고롭게 여기지 않고 貧賤을 편안히 여겨 스스로 즐거워하며, 그 家人도 그 뜻을 알고 깊이 탄미한 것이니, 모두 어질다고 이를 만하다. 어찌 先王의 遺澤이 아니겠는가. 혹자는 "序說 또한 통한다." 하니, 마땅히 다시 살펴보아야 할 것이다.

君子陶陶, 左執翿(徒刀反), 右招我由敖(五刀反). 其樂只且.

君子陶陶하여	君子가 陶陶하여
左執翿하고	왼쪽에는 깃일산을 잡고
右招我由敖하나니	오른쪽으로 나를 부르되 춤추는 자리로부터 하니
其樂只且로다	그 즐겁도다

賦也라 陶陶는 和樂之貌라 翿는 舞者所持니 羽旄之屬이라 敖는 舞位也라

賦이다. 陶陶는 和樂한 모양이다. 翿는 춤추는 자가 잡는 것이니, 羽旄의 등속이다. 敖는 춤추는 자리이다.

君子陽陽二章이니 章四句라

毛序 君子陽陽은 閔周也니 君子遭亂하여 相招爲祿仕하여 全身遠害而已라

《君子陽陽》은 周나라를 민망히 여긴 詩이니, 君子가 난을 만나자, 서로 불러 祿仕(녹을 받기 위한 벼슬)를 하여 몸을 보전하고 해를 멀리 할 뿐이기 때문이었다.

笙 : 생황 생 竽 : 피리 우 植 : 꽂을 치 匏 : 박 포 竅 : 구멍 규 薄 : 얇을 박
陶 : 기뻐할 도 翿 : 깃일산 도 敖 : 춤추는자리 오 旄 : 기 모

揚之水, 不流束薪. 彼其(音記)之子, 不與我戍申. 懷(叶胡威反)哉懷哉, 曷月予還(音旋)歸哉.

揚之水여	느릿느릿 흐르는 물이여
不流束薪이로다	묶어놓은 섶단도 떠내려보내지 못하도다
彼其之子여	저 그 사람이여
不與我戍申이로다	나와 함께 申나라로 오지 못하였도다
懷哉懷哉로니	그리고 그립나니
曷月에 予還(선)歸哉오	어느 달에나 내 집에 돌아갈런고

興也라 揚은 悠揚也니 水緩流之貌라 彼其之子는 戍人이 指其室家而言也라 戍는 屯兵以守也라 申은 姜姓之國이니 平王之母家也니 在今鄧州信陽軍之境하니라 懷는 思요 曷은 何也라 ○ 平王以申國近楚하여 數(삭)被侵伐이라 故로 遣畿內之民戍之하니 而戍者怨思하여 作此詩也라 興은 [1]取之不二字하니 如小星之例라

興이다. 揚은 悠揚함이니, 물이 느리게 흐르는 모양이다. 彼其之子는 수자리간 사람이 室家를 가리켜 말한 것이다. 戍는 군대를 주둔하여 지키는 것이다. 申은 姜姓의 나라이니, 平王의 母家(外家)이니, 지금의 鄧州 信陽軍의 경내에 있었다. 懷는 그리워함이요, 曷은 어찌이다.

○ 平王은 申나라가 楚나라에 가까워 자주 侵伐을 당하기 때문에 畿內의 백성을 보내어 수자리시키니, 수자리 간 자들이 원망하고 그리워하여 이 詩를 지은 것이다. 興은 之, 不 두 字를 취한 것이니,《小星》의 예와 같다.

譯註 1. 取之不二字 如小星之例: 여기에서의 興은 특별한 뜻이 없고 다만 揚之水·彼其之子의 두 之字와 不流束薪·不與我戍申의 두 不字를 맞추었을 뿐인바, 이는 앞의《小星》에서 三五在東·夙夜在公의 두 在字와 維參與昴·抱衾與裯의 두 與字를 맞추어 興한 것과 같음을 말한 것이다.

揚之水, 不流束楚. 彼其之子, 不與我戍甫. 懷哉懷哉, 曷月予還歸哉.

揚之水여	느릿느릿 흐르는 물이여
不流束楚로다	묶어 놓은 나뭇단도 떠내려보내지 못하도다
彼其之子여	저 그 사람이여
不與我戍甫로다	나와 함께 甫나라에 오지 못하였도다
懷哉懷哉로니	그립고 그립나니

揚 : 날릴 양　戍 : 수자리 수　鄧 : 나라이름 등　楚 : 가시나무 초　甫 : 겨우 보

曷月에 予還歸哉오 어느 달에나 내 집에 돌아갈런고

興也라 楚는 木也라 甫는 卽呂也니 亦姜姓이라 書呂刑을 禮記에 作甫刑하니 而孔氏以爲呂侯後爲甫侯是也라 當時에 蓋以申故而幷戍之라 今未知其國之所在나 計亦不遠於申許也리라

興이다. 楚는 나무이다. 甫는 바로 呂이니, 또한 姜姓이다. 「書經」의 '呂刑'을 「禮記」에는 '甫刑'으로 기록하였는데, 孔氏가 이르기를 "呂侯가 뒤에 甫侯가 되었다." 하였으니, 이것이 옳다. 당시에 아마도 申나라 연고 때문에 함께 수자리를 시킨 듯하다. 지금 그 나라의 소재를 알 수가 없으나, 계산컨대 또한 申나라와 許나라에서 멀지 않을 것이다.

揚之水, 不流束蒲叶滂古反. 彼其之子, 不與我戍許. 懷哉懷哉, 曷月予還歸哉.

揚之水여 느릿느릿 흐르는 물이여
不流束蒲로다 묶어 놓은 蒲柳단도 떠내려보내지 못하도다
彼其之子여 저 그 사람이여
不與我戍許로다 나와 함께 許나라에 오지 못하였도다
懷哉懷哉로니 그립고 그립나니
曷月에 予還歸哉오 어느 달에나 내 집에 돌아갈런고

興也라 蒲는 蒲柳라 春秋傳云 董澤之蒲라한대 杜氏云 蒲는 楊柳니 可以爲箭者是也라 許는 國名이니 亦姜姓이니 今潁昌府許昌縣이 是也라

興이다. 蒲는 蒲柳이다. 「春秋傳」에 "董澤의 蒲"라 하였는데, 杜氏의 註에 이르기를 "蒲는 楊柳이니, 화살을 만들 수 있는 것이다." 한 것이 이것이다. 許는 나라 이름이니, 또한 姜姓이니, 지금의 潁昌府 許昌縣이 이 지역이다.

揚之水三章이니 章六句라

申侯與犬戎으로 攻宗周而弑幽王하니 則申侯者는 王法必誅不赦之賊이니 而平王與其臣庶不共戴天之讐也라 今平王이 知有母而不知有父하여 知其立己爲有德이요 而不知其弑父爲可怨하여 至使復讐討賊之師로 反爲報施酬恩之擧하니 則其忘親逆理하여 而得罪於天이 已甚矣라 又況先王之制에 諸侯有故어든 則方伯連帥以諸侯之師討之하고 王室有故어든 則方伯連帥以諸侯之師救之하여 天子鄕遂之民은 供貢賦, 衛王室而已라 今平王은 不能行其威令於天下하여 無以保其母家하여 乃勞天子之民하여 遠爲諸侯戍守라 故로 周人之戍申者 又以

蒲 : 부들 포 董 : 바로잡을 동 箭 : 화살 전 潁 : 물이름 영 赦 : 놓아줄 사 戴 : 일 대
酬 : 갚을 수 以 : 거느릴 이 遂 : 행정구획이름 수

非其職而怨思焉하니 則其衰懦微弱而得罪於民을 又可見矣라 嗚呼라 [1]詩亡而後春秋作이 其不以此也哉아

申侯가 犬戎와 함께 宗周를 쳐서 幽王을 시해하였으니, 그렇다면 申侯는 王法에 반드시 誅罰하고 용서하지 말아야 할 賊이니, 平王과 그 臣庶들이 한 하늘 아래서 같이 살 수 없는 원수이다. 그런데 지금 平王은 어머니가 있음만 알고 아버지가 있음을 알지 못하여, 자기를 세워준 것이 은덕이 됨만 알고 아버지를 시해한 것이 원수가 됨을 알지 못하였다. 그리하여 심지어는 復讐하고 討賊해야 할 군대로 하여금 도리어 베풀어준 은혜에 보답하고 은덕을 갚는 행동을 하게까지 하였으니, 그 어버이를 잊고 이치를 거슬려 하늘에 죄를 얻음이 너무 심하다. 또 더구나 先王의 제도에 諸侯國에 연고가 있으면 方伯과 連帥(수)가 諸侯의 군대를 거느리고 가서 토벌하며, 王室에 연고가 있으면 方伯과 連帥가 諸侯의 군대를 거느리고 가서 구원하여, 天子國의 鄕遂의 백성들은 貢賦를 바치고 王室을 호위할 뿐이었다. 그런데 지금 平王은 그 위엄과 명령을 天下에 행하지 못하여 그 外家를 보존할 수가 없어서 마침내 天子의 백성을 수고롭게 하여 멀리 諸侯를 위하여 수자리살고 지키게 하였다. 그러므로 周나라 사람으로서 申나라에 수자리간 자들이 또 자기의 직무가 아니라 하여 원망하고 그리워한 것이니, 衰懦하고 微弱하여 백성에게 죄를 얻음을 또 볼 수 있다. 아! 詩가 없어진 뒤에 「春秋」가 지어졌다는 것은 이 때문이 아니겠는가.

譯註 1. 詩亡而後春秋作: 원래 「孟子」《離婁下》에 "王者之迹熄而詩亡 詩亡然後春秋作"이라고 보이는데, 朱子는 이것을 周나라가 東遷한 이후에 政治와 王權이 弱化됨으로써 王風인 《黍離》가 列國風으로 강등되어 雅가 없어졌으며, 이 때문에 孔子께서 「春秋」를 짓게 되었다고 설명하였다.

毛序 揚之水는 刺平王也라 不撫其民하고 而遠屯戍于母家하니 周人怨思焉하니라

《揚之水》는 平王을 풍자한 詩이다. 그 백성들을 어루만지지 않고 멀리 母家(申나라)에 주둔시켜 수자리살게 하니, 周나라 사람들이 원망한 것이다.

中谷有蓷(吐雷反), 暵(呼但反)其乾矣. 有女仳(匹指反)離, 嘅(口愛反)其嘆(土丹反)矣. 嘅其嘆矣, 遇人之艱難矣.

中谷有蓷하니	골짜기 가운데 익모초가 있으니
暵其乾矣로다	바짝 말랐도다
有女仳離라	여자가 이별을 한지라
嘅其嘆矣호라	嘅然히 탄식하노라
嘅其嘆矣호니	嘅然히 탄식하니

懦 : 나약할 라　蓷 : 익모초 퇴　暵 : 마를 한　乾 : 마를 간　仳 : 이별할 비　嘅 : 탄식할 개　艱 : 어려울 간

遇人之艱難矣로다　　　　사람의 어려운 때를 만났도다

興也라 蓷는 鵻也니 葉似萑하고 方莖白華하며 華生節間하니 卽今益母草也라 暵은 燥요 仳는 別也라 嘅는 歎聲이라 艱難은 窮厄也라
○ 凶年饑饉에 室家相棄하니 婦人覽物起興하여 而自述其悲歎之詞也라

興이다. 蓷는 鵻이니, 잎이 萑과 같은데 줄기가 네모지고 꽃이 희며, 꽃이 마디 사이에서 나오니, 바로 지금의 益母草이다. 暵은 건조함이요, 仳는 이별함이다. 嘅는 탄식하는 소리이다. 艱難은 窮厄이다
○ 凶年에 饑饉이 들어 室家가 서로 버리니, 婦人이 물건을 보고 起興하여 스스로 그 悲歎하는 말을 서술한 것이다.

中谷有蓷, 暵其脩叶式竹反矣. 有女仳離, 條其歗叶息六反矣. 條其歗矣, 遇人之不淑矣.

中谷有蓷하니　　　　골짜기 가운데 익모초가 있으니
暵其脩矣로다　　　　그 긴 것도 말랐도다
有女仳離라　　　　여자가 이별을 한지라
條其歗矣호라　　　　條然히 휘파람을 부노라
條其歗矣호니　　　　條然히 휘파람을 부니
遇人之不淑矣로다　　　　사람의 좋지 못한 때를 만났도다

興也라 脩는 長也라 或曰 乾也니 如脯之謂脩也라 條는 條然歗貌라 歗는 蹙口出聲也니 悲恨之深하여 不止於嘆矣라 淑은 善也라 古者에 謂死喪饑饉을 皆曰不淑이라하니 蓋以吉慶爲善事하고 凶禍爲不善事니 雖今人語라도 猶然也라
○ 曾氏曰 凶年而遽相棄背하니 蓋衰薄之甚者어늘 而詩人乃曰遇斯人之艱難이라하고 遇斯人之不淑이라하여 而無怨懟過甚之辭焉하니 厚之至也니라

興이다. 脩는 긺이다. 혹자는 말하기를 "건조함이니, 脯를 脩라고 이르는 것과 같다."한다. 條는 條然히 휘파람부는 모양이다. 歗는 입을 오무려 소리를 내는 것이니, 悲恨이 깊어서 탄식함에 그치지 않는 것이다. 淑은 좋음이다. 옛날에 死喪과 饑饉을 일러 모두 不淑이라 하였으니, 吉慶을 좋은 일이라 하고 凶禍를 좋지 못한 일이라 하였으니, 비록 지금 사람들의 말이라도 그렇다.
○ 曾氏가 말하였다. "凶年에 대번에 서로 버리고 배반하였으니, 衰薄함이 심한 것인데, 詩人이 마침내 이 사람의 어려움을 만났다 하고, 이 사람의 좋지 못함을 만났다 하여, 원망하기를 너

鵻 : 익모초 추　萑 : 익모초 추, 물억새 환　莖 : 줄기 경　華 : 꽃 화　厄 : 재앙 액
饑 : 흉년들 기　饉 : 흉년들 근　脩 : 길 수　條 : 휘파람불 조　歗 : 휘파람 소　淑 : 착할 숙
脯 : 포 포　脩 : 포 수　蹙 : 오무릴 축　懟 : 원망할 대

무 지나치게 하고 심하게 하는 말이 없으니, 厚함이 지극하다.”

中谷有蓷, 暵其濕矣. 有女仳離, 啜張劣反其泣矣. 啜其泣矣, 何嗟及矣.

中谷有蓷하니	골짜기 가운데 익모초가 있으니
暵其濕矣로다	습지의 것도 말랐도다
有女仳離라	여자가 이별을 한지라
啜其泣矣호라	철철 우노라
啜其泣矣호니	철철 우니
何嗟及矣리오	슬퍼한들 어찌 미치리오

興也라 暵濕者는 旱甚則草之生於濕者亦不免也라 啜은 泣貌라 何嗟及矣는 言事已至此하여 末如之何니 窮之甚也라

興이다. 습지의 것도 말랐다는 것은 가뭄이 심하면 습지에서 자라는 풀도 또한 말라죽음을 면치 못한다. 啜은 우는 모양이다. 何嗟及矣는 일이 이미 이 지경에 이르러 어쩔 수 없음을 말한 것이니, 궁함이 심한 것이다.

中谷有蓷三章이니 章六句라

范氏曰 世治則室家相保者는 上之所養也요 世亂則室家相棄者는 上之所殘也일새라 其使之也勤하고 其取之也厚하면 則夫婦日以衰薄하여 而凶年不免於離散矣리라 伊尹曰 匹夫匹婦不獲自盡이면 民主罔與成厥功이라하니 故로 讀詩者 於一物失所에 而知王政之惡하고 一女見棄에 而知人民之困하나니 周之政荒民散하여 而將無以爲國을 於此亦可見矣로다

范氏가 말하였다. “세상이 다스려지면 室家가 서로 보호하는 것은 윗사람이 잘 길러주기 때문이요, 세상이 어지러우면 室家가 서로 버리는 것은 윗사람이 殘害하기 때문이다. 백성을 부리기를 수고롭게 하고, 백성에게 취하기를 많이 하면 夫婦의 정이 날로 衰薄해져서 흉년에 離散을 면치 못할 것이다. 伊尹이 말하기를 “匹夫, 匹婦가 스스로 〈마음을〉 다함을 얻지 못하면 백성의 임금은 더불어 그 功을 이룰 수 없다.” 하였다. 그러므로 詩를 읽는 자는 한 물건이 제자리를 잃음에 王政의 나쁨을 알고, 한 여자가 버림을 받음에 人民의 곤궁함을 아니, 周나라의 정치가 황폐하고 백성이 흩어져 장차 〈훌륭한〉 나라가 될 수 없음을 여기에서도 볼 수 있다.”

毛序 中谷有蓷는 閔周也라 夫婦日以衰薄하여 凶年饑饉에 室家相棄爾라

《中谷有蓷》는 周나라를 민망히 여긴 詩이다. 夫婦의 情이 날로 衰薄해져서 흉년에 기근이 들자, 室家가 서로 버린 것이다.

啜 : 훌쩍거릴 철 殘 : 잔인할 잔

有兎爰爰, 雉離于羅. 我生之初, 尙無爲叶吾禾反. 我生之後, 逢此百罹叶良何反. 尙寐無吪.

有兎爰爰이어늘	토끼는 여유만만 하거늘
雉離于羅로다	꿩은 그물에 걸렸도다
我生之初에	내가 태어난 초기에는
尙無爲러니	할 일이 없었는데
我生之後에	내가 태어난 뒤에
逢此百罹호니	이 온갖 걱정을 만났으니
尙寐無吪엇다	행여 잠들어 움직이지 말지어다

比也라 兎性陰狡라 爰爰은 緩意라 雉性耿介라 離는 麗요 羅는 網이요 尙은 猶요 罹는 憂也라 尙은 庶幾也라 吪는 動也라

○ 周室衰微에 諸侯背叛하니 君子不樂其生하여 而作此詩라 言張羅는 本以取兎어늘 今兎狡得脫하고 而雉以耿介로 反離于羅하니 以比小人致亂而以巧計幸免하고 君子無辜而以忠直受禍也라 爲此詩者 蓋猶及見西周之盛이라 故로 曰 方我生之初엔 天下尙無事러니 及我生之後에 而逢時之多難이 如此라 然이나 旣無如之何면 則但庶幾寐而不動以死耳라 或曰 興也니 以兎爰興無爲하고 以雉離興百罹也라하니 下章放此하니라

比이다. 토끼의 성질은 음흉하고 교활하다. 爰爰은 느리다는 뜻이다. 꿩의 성질은 耿介(꼿꼿함)하다. 離는 걸림이요, 羅는 그물이다. 尙은 오히려요, 罹는 근심이다. 尙은 행여이다. 吪는 움직임이다.

○ 周나라 王室이 쇠미함에 諸侯들이 배반하니, 君子가 그 사는 것을 즐거워하지 아니하여 이 詩를 지은 것이다. "그물을 친 것은 본래 토끼를 잡고자 한 것이었는데, 지금 토끼는 교활하여 빠져나가고, 꿩은 耿介하여 도리어 그물에 걸렸다."고 말하였으니, 이것으로써 小人은 亂을 이루고도 교묘한 꾀로 요행히 화를 면하고, 君子는 허물이 없으면서도 忠直함으로써 화를 받음을 비유한 것이다. 이 詩를 지은 자는 오히려 西周의 성함을 보았었다. 그러므로 말하기를 "내가 태어난 초기에는 天下가 오히려 할 일이 없었는데, 내가 태어난 뒤에 이르러 세상의 多難함을 만남이 이와 같다."고 한 것이다. 그러나 이미 어쩔 수가 없다면, 다만 행여 잠들어 움직이지 아니하여 죽기를 바랄 뿐이다. 혹자는 말하기를 "興이니, 兎爰으로 無爲를 興하였고, 雉離로 百罹를 興하였다."하니, 下章도 이와 같다.

有兎爰爰, 雉離于罦音孚 叶步廟反. 我生之初, 尙無造. 我生之後, 逢此百憂叶一笑反. 尙寐無覺居孝反 叶居笑反.

爰 : 느즈러질 원 離 : 걸릴 리 罹 : 근심 리 吪 : 움직일 와 耿 : 곧을 경 介 : 곧을 개
麗 : 걸릴 리 網 : 그물 망 辜 : 허물 고 罦 : 그물 부 覺 : 잠깰 교

有兎爰爰이어늘 　토끼는 여유만만 하거늘
雉離于罦로다 　꿩은 새그물에 걸렸도다
我生之初에 　내가 태어난 초기에는
尙無造러니 　오히려 할 일이 없었는데
我生之後에 　내가 태어난 뒤에
逢此百憂호니 　이 온갖 근심을 만났으니
尙寐無覺(교)엇다 　행여 잠들고 깨어나지 말지어다.

比也라 罦는 覆(부)車也니 可以掩兎라 造亦爲也라 覺는 寤也라

比이다. 罦는 수레 위에 덮는 것이니, 토끼를 덮칠 수 있다. 造 또한 할 일이다. 覺는 잠을 깸이다.

有兎爰爰, 雉離于罿(音衝). 我生之初, 尙無庸. 我生之後, 逢此百凶. 尙寐無聰.

有兎爰爰이어늘 　토끼는 여유만만 하거늘
雉離于罿이로다 　꿩은 새그물에 걸렸도다
我生之初에 　내가 태어난 초기에는
尙無庸이러니 　오히려 쓸 일이 없었는데
我生之後에 　내가 태어난 뒤에
逢此百凶호니 　이 온갖 흉한 일을 만났으니
尙寐無聰이엇다 　행여 잠들고 듣지 말지어다

比也라 罿은 罬也니 卽罦也라 或曰 施羅於車上也라 庸은 用이라 聰은 聞也니 無所聞이면 則亦死耳라

比이다. 罿은 새그물이니, 바로 罦이다. 혹자는 "수레 위에 그물을 설치하는 것이다."라고 한다. 庸은 씀이다. 聰은 들음이니, 듣는 바가 없다면 또한 죽은 것이다.

兎爰三章이니 章七句라

毛序 兎爰은 閔周也라 桓王失信한대 諸侯背叛하여 構怨連禍하여 王師傷敗하니 君子不樂其生焉하니라

掩 : 덮칠 엄, 덮 엄 　罿 : 새그물 동 　庸 : 쓸 용 　罬 : 새그물 철

《兎爰》은 周나라를 민망히 여긴 詩이다. 桓王이 信義를 잃자, 諸侯들이 배반하여 원한을 맺고 禍를 연이어 王의 군대가 패하니, 君子들이 그 삶을 즐거워하지 않은 것이다.

綿綿葛藟力軌反**, 在河之滸**呼五反**. 終遠**于萬反**兄弟, 謂他人父**叶夫矩反**. 謂他人父, 亦莫我顧**叶果五反**.**

綿綿葛藟여	綿綿한 칡덩쿨이여
在河之滸로다	河水의 가에 있도다
終遠兄弟라	끝내 兄弟를 멀리한지라
謂他人父호라	타인을 아버지라 이르노라
謂他人父나	타인을 아버지라 이르나
亦莫我顧로다	또한 나를 돌아보지 않도다

興也라 綿綿은 長而不絕之貌라 岸上曰滸라

○ 世衰民散하여 有去其鄕里家族而流離失所者 作此詩以自歎이라 言綿綿葛藟는 則在河之滸矣어늘 今乃終遠兄弟하여 而謂他人爲已父로다 已雖謂彼爲父나 而彼亦不我顧하니 則其窮也甚矣라

興이다. 綿綿은 길게 자라서 끊이지 않는 모양이다. 江岸의 위를 滸라 한다.

○ 세상이 쇠하고 백성들이 흩어져서 그 鄕里와 家族을 버리고 流離하여 갈 곳을 잃은 자가 이 詩를 지어서 스스로 탄식한 것이다. 말하기를 "綿綿한 칡덩쿨은 河水의 물가에 있거늘, 나는 지금 마침내 兄弟를 멀리하여 타인을 나의 아버지라고 이른다. 내 비록 저를 아버지라고 이르나, 저는 또한 나를 돌아보지 않는다." 하였으니, 그렇다면 그 궁함이 심한 것이다.

綿綿葛藟, 在河之涘音俟 叶矣始二音**. 終遠兄弟, 謂他人母**叶滿彼反**. 謂他人母, 亦莫我有**叶羽已反**.**

綿綿葛藟여	綿綿한 칡덩쿨이여
在河之涘로다	河水의 가에 있도다
終遠兄弟라	끝내 兄弟를 멀리한지라
謂他人母호라	타인을 어머니라 이르노라
謂他人母나	타인을 어머니라 이르나
亦莫我有로다	또한 나를 기억해주지 않도다

興也라 水涯曰涘라 謂他人父者는 其妻則母也라 有는 識(지)有也니 春秋傳曰 不有寡君이라하니라

藟 : 덩쿨 류　滸 : 물가 호　涘 : 물가 사　有 : 기억할 유

興이다. 물가를 涘라 한다. 타인을 아버지라고 했다면 그 아내는 어머니가 된다. 有는 기억해 두는 것이니, 「春秋傳」에 이르기를 "寡君을 기억해두지 않는다.〔不有寡君〕" 하였다.

綿綿葛藟, 在河之漘順春反. 終遠兄弟, 謂他人昆叶古勻反. 謂他人昆, 亦莫我聞叶微勻反.

綿綿葛藟여	綿綿한 칡덩쿨이여
在河之漘이로다	河水의 물가에 있도다
終遠兄弟라	마침내 兄弟를 멀리한지라
謂他人昆호라	타인을 형이라 이르노라
謂他人昆이나	타인을 형이라 이르나
亦莫我聞이로다	또한 나에게 소식을 알리지 않도다

興也라 夷上洒下曰漘이니 漘之爲言은 脣也라 昆은 兄也라 聞은 相聞也라

興이다. 위는 평평하고 아래는 물에 깎여진 것을 漘이라 하니, 漘이란 입술이라는 뜻이다. 昆은 兄이다. 聞은 서로 알리는 것이다.

葛藟三章이니 章六句라

毛序 葛藟는 王族刺平王也라 周室道衰하여 棄其九族焉하니라

《葛藟》는 王族이 平王을 풍자한 詩이다. 周나라 王室이 道가 쇠하여 九族을 버렸기 때문이었다.

彼采葛叶居謁反兮. 一日不見, 如三月兮.

彼采葛兮여	저 칡을 채취함이여
一日不見이	하루동안 보지 못함이
如三月兮로다	三月과 같도다

賦也라 采葛은 所以爲絺綌이니 蓋淫奔者託以行也라 故로 因以指其人하고 而言思念之深하여 未久而似久也라

賦이다. 칡을 채취함은 絺綌을 만들려는 것이니, 淫奔한 자가 이것을 칭탁하고 간 것이다. 그러므로 인하여 그 사람을 가리키고는 思念함이 깊어서 오래되지 않았는데 오래된 것같다고 말

漘 : 물가 순　昆 : 맏 곤　聞 : 알릴 문　夷 : 평할 이　洒 : 물깊을 선, 깍일 선
絺 : 가는갈포 치　綌 : 굵은갈포 격

한 것이다.

彼采蕭叶疎鳩反兮. 一日不見, 如三秋兮.

彼采蕭兮여 저 쑥을 캠이여
一日不見이 하루동안 보지 못함이
如三秋兮로다 三秋와 같도다

賦也라 蕭는 荻也니 白葉, 莖麁요 科生, 有香氣하니 祭則焫以報氣라 故로 采之라 曰三秋면 則不止三月矣라

賦이다. 蕭는 荻이니, 잎이 희고 줄기가 거칠며 무더기로 자라고 향기가 있으니, 제사에 이것을 태워 氣(魂)에 알린다. 그러므로 채취하는 것이다. 三秋라고 말했다면 三月에 그치지 않은 것이다.

彼采艾兮, 一日不見, 如三歲本與艾叶兮.

彼采艾兮여 저 약쑥을 뜯음이여
一日不見이 하루동안 보지 못함이
如三歲兮로다 三歲와 같도다

賦也라 艾는 蒿屬이니 乾之可灸라 故로 采之라 曰三歲면 則不止三秋矣라

賦이다. 艾는 蒿의 등속이니, 말리면 뜸질에 쓸 수 있다. 그러므로 채취하는 것이다. 三歲라고 말했다면 三秋에 그치지 않은 것이다.

采葛三章이니 章三句라

毛序 采葛은 懼讒也라

《采葛》은 참소하는 말을 두려워한 詩이다.

大車檻檻, 毳尺銳反衣如菼吐敢反. 豈不爾思, 畏子不敢.

大車檻檻하니 大夫의 수레가 檻檻히 가니

蕭 : 쑥 소 荻 : 물억새 적 麁 : 클 추, 거칠 추 焫 : 불사를 설 艾 : 쑥 애 蒿 : 쑥 호
灸 : 뜸질할 구 檻 : 수레소리 함 毳 : 터럭 췌 菼 : 갈대 담

毳衣如菼이로다　　毳衣가 갈대처럼 푸르도다
豈不爾思리오마는　　어찌 그대를 그리워하지 않으리오마는
畏子不敢이니라　　저 분이 두려워 감히 달려가지 못하느니라

賦也라 大車는 大夫車라 檻檻은 車行聲也라 毳衣는 天子大夫之服이라 菼은 蘆之始生也라 毳衣之屬은 衣繪而裳繡하여 五色皆備하니 其靑者如菼이라 爾는 淫奔者相命之詞也라 子는 大夫也라 不敢은 不敢奔也라

○ 周衰로되 大夫猶有能以刑政治其私邑者라 故로 淫奔者畏而歌之如此라 然이나 其去二南之化則遠矣니 此可以觀世變也라

賦이다. 大車는 大夫의 수레이다. 檻檻은 수레가 가는 소리이다. 毳衣는 天子國 大夫의 옷이다. 菼은 갈대가 처음 나온 것이다. 毳衣의 등속은 上衣에는 그림을 그리고 치마에는 수를 놓아 五色이 다 갖추어졌으니, 그 푸른 것은 갈대와 같다. 爾는 淫奔한 자가 서로 부르는 말이다. 子는 大夫이다. 不敢은 감히 달려가지 못하는 것이다.

○ 周나라가 쇠했는데도 大夫로서 아직도 刑政으로 그 私邑을 잘 다스리는 자가 있었다. 그러므로 淫奔한 자가 그를 두려워하여 노래하기를 이와 같이 한 것이다. 그러나 그 二南의 교화와는 거리가 머니, 여기에서도 세상의 변함을 볼 수 있다.

大車哼哼(他敦反), 毳衣如璊(音門). 豈不爾思, 畏子不奔.

大車哼哼하니　　大夫의 수레가 哼哼히 가니
毳衣如璊이로다　　毳衣가 옥처럼 붉도다
豈不爾思리오마는　　어찌 그대를 그리워하지 않으리오마는
畏子不奔이니라　　저 분이 두려워 달려가지 못하느니라

賦也라 哼哼은 重遲之貌라 璊은 玉赤色이니 五色備則有赤이라

賦이다. 哼哼은 무겁고 더디게 가는 모양이다. 璊은 옥의 赤色이니, 五色이 갖추어져 있으면 적색도 있는 것이다.

穀則異室, 死則同穴(叶戶橘反). 謂予不信, 有如皦(古了反)日.

穀則異室이나　　살아서는 집을 달리하나
死則同穴호리라　　죽어서는 墓穴을 함께 하리라
謂予不信인댄　　나더러 거짓말 한다고 이를진댄
有如皦日이니라　　밝은 해를 두고 맹세하리라

蘆 : 갈대 로　繪 : 그림 회　繡 : 수놓을 수　哼 : 느럭느럭할 톤　璊 : 붉은옥 문　穀 : 살 곡
穴 : 구멍 혈　皦 : 밝을 교

賦也라 穀은 生이요 穴은 壙이요 皦는 白也라
○ 民之欲相奔者 畏其大夫하여 自以終身不得如其志也라 故로 曰 生不得相奔以同室하니 庶幾死得合葬以同穴而已라 謂予不信, 有如皦日은 約誓之辭也라

賦이다. 穀은 삶이요, 穴은 구덩이요, 皦는 환한 것이다.
○ 백성 중에 서로 淫奔하고자 하는 자가 그 大夫를 두려워하여, 스스로 생각하기를 종신토록 자기 뜻과 같이 할 수 없다고 여겼다. 그러므로 말하기를 "살아서는 서로 달려가 한 방에서 살 수가 없으니, 행여 죽어 合葬하여 墓穴을 함께 하기를 바랄 뿐이다." 한 것이다. 나더러 거짓말 한다고 이를진댄 밝은 해를 두고 맹세한다는 것은 서로 약속하고 맹세하는 말이다.

大車三章이니 章四句라

毛序 大車는 刺周大夫也라 禮儀陵遲하여 男女淫奔이라 故로 陳古以刺今大夫不能聽男女之訟焉하니라

《大車》는 周나라 大夫를 풍자한 詩이다. 禮儀가 陵遲(침체함)하여 男女가 淫奔하였다. 그러므로 옛날을 말하여 지금의 大夫들이 男女의 송사를 다스리지 못함을 풍자한 것이다.

丘中有麻, 彼留子嗟. 彼留子嗟, 將(七羊反)其來施施(叶時遮反).

丘中有麻하니	언덕 가운데 삼이 있으니
彼留子嗟로다	저기에서 子嗟를 만류하도다
彼留子嗟니	저기에서 子嗟를 만류하니
將其來施施아	원한들 그 오기를 施施히 하랴

賦也라 麻는 穀名이니 子可食이요 皮可績爲布者라 子嗟는 男子之字也라 將은 願也라 施施는 喜悅之意라
○ 婦人이 望其所與私者而不來라 故로 疑丘中有麻之處에 復有與之私而留之者하니 今安得其施施然而來乎아

賦이다. 麻는 곡식 이름이니, 씨는 먹을 수 있고, 껍질은 길쌈하여 布를 만들 수 있다. 子嗟는 남자의 字이다. 將은 원함이다. 施施는 喜悅의 뜻이다.
○ 婦人이 더불어 私通하는 자를 바랐으나 오지 않았다. 그러므로 아마도 언덕 가운데 삼이 있는 곳에 다시 그와 더불어 私通하여 머물게 하는 자가 있는 듯하니, 지금 어찌 그 施施하게 오겠는가.

壙：뫼구덩이 광 將：원할 장 施：기뻐할 시 績：길쌈 적

丘中有麥, 彼留子國. 彼留子國, 將其來食.

丘中有麥하니	언덕 가운데 보리밭이 있으니
彼留子國이로다	저기에서 子國을 만류하도다
彼留子國이니	저기에서 子國을 만류하니
將其來食가	원한들 그 나에게 와서 밥을 먹겠는가

賦也라 子國은 亦男子字也라 來食은 就我而食也라

賦이다. 子國은 또한 남자의 字이다. 來食은 나에게 와서 먹는 것이다.

丘中有李, 彼留之子(叶奬里反). 彼留之子, 貽我佩玖(叶擧里反).

丘中有李하니	언덕 가운데에 오얏이 있으니
彼留之子로다	저기에서 그 분을 만류하도다
彼留之子하니	저기에서 그 분을 만류하니
貽我佩玖아	나에게 佩玉을 주겠는가

賦也라 之子는 並指前二人也라 貽我佩玖는 冀其有以贈己也라

賦이다. 之子는 앞의 두 사람을 함께 가리킨 것이다. 나에게 佩玉을 준다는 것은 자기에게 선물함이 있기를 바라는 것이다.

丘中有麻三章이니 章四句라

毛序 丘中有麻는 思賢也라 莊王不明하여 賢人放逐하니 國人思之하여 而作是詩也라

《丘中有麻》는 賢者를 그리워한 詩이다. 莊王이 밝지 못하여 賢人이 추방을 당하니, 國人들이 현인을 그리워하여 이 詩를 지은 것이다.

王國은 十篇에 二十八章이요 百六十二句라

鄭一之七

鄭은 邑名이니 本在西都畿內咸林之地라 宣王이 以封其弟友하여 爲采地러니 後爲幽王司徒하여 而死於犬戎之難하니 是爲桓公이라 其子武公掘突이 定平王於東都하고 亦爲司徒하여 又得

貽：줄 이 玖：패옥 구 冀：바랄 기 掘：팔 굴 突：부딪칠 돌

虢檜之地하여 乃徙其封而施舊號於新邑하니 是爲新鄭이라 咸林은 在今華州鄭縣이요 新鄭은 卽今之鄭州是也라 其封域山川은 詳見檜風하니라

鄭은 고을 이름이니, 본래 西都의 畿內인 咸林의 땅에 있었다. 宣王이 이 곳을 아우인 友에게 봉해주어 采邑으로 만들었었는데, 뒤에 幽王의 司徒가 되어 犬戎의 難(亂)에 죽으니, 이가 桓公이다. 그의 아들인 武公 掘突이 平王을 東都에 안정시키고 또한 司徒가 되어 虢과 檜의 땅을 얻고는 마침내 그 封邑을 옮기고 옛 칭호를 새 고을에 시행하니, 이것이 新鄭이다. 咸林은 지금의 華州 鄭縣에 있었고, 新鄭은 바로 지금의 鄭州가 이 곳이다. 그 봉한 경계내의 山川은 檜風에 자세히 보인다.

緇衣之宜兮, 敝, 予又改爲兮. 適子之館(마古玩反)兮, 還, 予授子之粲兮.

緇衣之宜兮여	緇衣의 걸맞음이여
敝予又改爲兮호리라	해지면 내 또다시 만들어 주리라
適子之館兮라	그대의 館舍에 가는지라
還(선)予授子之粲兮호리라	돌아와 내 그대에게 음식을 주리라

賦也라 緇는 黑色이니 緇衣는 卿大夫居私朝之服也라 宜는 稱이요 改는 更이요 適은 之요 館은 舍라 粲은 餐也니 或曰 粲은 粟之精鑿者라

○ 舊說에 鄭桓公武公이 相繼爲周司徒하여 善於其職하니 周人愛之라 故로 作是詩라 言子之服緇衣也甚宜하니 敝則我將爲子更爲之호리라 且將適子之館하고 旣還而又授子以粲이라하니 言好之無已也라

賦이다. 緇는 黑色이니, 緇衣는 卿大夫가 私朝에 거처할 때 입는 의복이다. 宜는 걸맞음이요, 改는 다시요, 適은 감이요, 館은 館舍이다. 粲은 음식이니, 혹자는 "粲은 곡식을 깨끗이 쓿은 것이다." 한다.

○ 舊說에 "鄭나라 桓公과 武公이 서로 이어 周나라의 司徒가 되어서 그 직책을 잘 수행하니, 周나라 사람들이 그를 사랑하였다. 그러므로 이 詩를 지었다" 하였다. "그대가 緇衣를 입음이 매우 걸맞으니, 해지면 장차 그대를 위하여 또다시 만들어 주리라. 또 장차 그대의 館舍에 가고, 이미 돌아와서는 또다시 그대에게 음식을 주리라." 하였으니, 좋아하기를 마지 않음을 말한 것이다.

緇衣之好兮, 敝, 予又改造(마在早反)兮. 適子之館兮, 還, 予授子之粲兮.

緇衣之好兮여	緇衣의 걸맞음이여
敝予又改造兮호리라	해지면 내 또다시 만들어 주리라

虢 : 괵나라 괵　檜 : 회나라 회　緇 : 검을 치　敝 : 해질 폐　適 : 갈 적　還 : 돌 선
粲 : 밥 찬

適子之館兮라	그대의 館舍에 가는지라
還予授子之粲兮호리라	돌아와 내 그대에게 음식을 주리라

賦也라 好는 猶宜也라

賦이다. 好는 宜와 같다.

緇衣之蓆叶祥龠反**兮, 敝, 予又改作兮. 適子之館兮, 還, 予授子之粲兮.**

緇衣之蓆兮여	緇衣의 넉넉함이여
敝予又改作兮호리라	해지면 내 또다시 만들어 주리라
適子之館兮라	그대의 館舍에 가는지라
還予授子之粲兮호리라	돌아와 내 그대에게 음식을 주리라

賦也라 蓆은 大也라 程子曰 蓆有安舒之義하니 服稱其德則安舒也라

賦이다. 蓆은 큼이다. 程子가 말씀하였다. "蓆은 편안하고 펴진 뜻이 있으니, 의복이 그 德에 걸맞으면 安舒한 것이다."

緇衣三章이니 章四句라

記曰 好賢如緇衣라하고 又曰 於緇衣에 見好賢之至라하니라

「禮記」에 이르기를 "賢者를 좋아하기를 《緇衣》와 같이 한다." 하였고, 또 말하기를 "《緇衣》에서 賢者를 좋아함이 지극함을 볼 수 있다." 하였다.

毛序 緇衣는 美武公也라 父子並爲周司徒하여 善於其職하니 國人宜之라 故로 美其德하여 以明有國善善之功焉하니라

《緇衣》는 武公을 찬미한 詩이다. 父子가 모두 周나라의 司徒가 되어 그 직책을 잘 수행하니, 國人이 이를 마땅하게 생각하였다. 그러므로 그 德을 찬미하여 나라를 소유하고 좋은 직책을 잘 닦은 功이 있음을 밝힌 것이다.

將七羊反**仲子兮, 無踰我里, 無折**之舌反**我樹杞. 豈敢愛之, 畏我父母**叶滿彼反**. 仲可懷**叶胡威反**也, 父母之言, 亦可畏**叶於非反**也.**

將仲子兮는	청컨대 仲子는

稱：걸맞을 칭　餐：밥 찬　鑿：대길 착　蓆：클 석　舒：펼 서　將：원할 장
踰：넘을 유　杞：나무이름 기

無踰我里하여	내 마을을 넘어오지 말아
無折我樹杞어다	내가 심어놓은 버드나무를 꺾지 말지어다
豈敢愛之리오	어찌 감히 이것을 아껴서이리오
畏我父母니라	우리 父母를 두려워해서이니라
仲可懷也나	仲을 그리워할 만하나
父母之言이	父母의 말씀이
亦可畏也니라	또한 두려울 만하니라

賦也라 將은 請也라 仲子는 男子之字也라 我는 女子自我也라 里는 二十五家所居也라 杞는 柳屬也니 生水傍하고 樹如柳하며 葉麤而白하고 色理微赤하니 蓋里之地域溝樹也라
○ 莆田鄭氏曰 此는 淫奔者之辭라

賦이다. 將은 청함이다. 仲子는 남자의 字이다. 我는 여자 자신이다. 里는 25家가 거주하는 곳이다. 杞는 버들의 등속이니 물가에 자라고, 나무는 버들과 같으며 잎이 거칠고 희며, 나무결이 약간 붉으니, 마을의 경계와 도랑에 심는 나무이다.
○ 莆田鄭氏가 말하였다. "이는 淫奔한 자의 말이다."

將仲子兮, 無踰我墻, 無折我樹桑. 豈敢愛之, 畏我諸兄(叶虛陽反). 仲可懷也, 諸兄之言, 亦可畏也.

將仲子兮는	청컨대 仲子는
無踰我墻하여	내 담장을 넘어오지 말아
無折我樹桑이어다	내가 심어놓은 뽕나무를 꺾지 말지어다
豈敢愛之리오	어찌 감히 이것을 아껴서이리오
畏我諸兄이니라	우리 여러 형을 두려워해서이니라
仲可懷也나	仲을 그리워할 만하나
諸兄之言이	여러 형의 말씀이
亦可畏也니라	또한 두려울 만하니라

賦也라 墻은 垣也니 古者에 樹墻下以桑하니라

賦이다. 墻은 담이니, 옛날에 담 밑에 뽕나무를 심었었다.

將仲子兮, 無踰我園, 無折我樹檀(叶徒沿反). 豈敢愛之, 畏人之多言. 仲可懷也, 人之多言, 亦可畏也.

麤 : 거칠 추　理 : 결 리　溝 : 도랑 구　莆 : 삽보풀 포　垣 : 담 원

將仲子兮는	청컨대 仲子는
無踰我園하여	내 동산을 넘어오지 말아
無折我樹檀이어다	내가 심어놓은 박달나무를 꺾지 말지어다
豈敢愛之리오	어찌 감히 이것을 아껴서이리오
畏人之多言이니라	남의 많은 말을 두려워해서이니라
仲可懷也나	仲을 그리워할 만하나
人之多言이	남의 많은 말이
亦可畏也니라	또한 두려울 만하니라

賦也라 園者는 圃之藩이니 其內可種木也라 檀은 皮靑, 滑澤이요 材彊韌하여 可爲車라

賦이다. 園은 菜田의 울타리이니, 그 안에 나무를 심을 수 있다. 檀은 껍질이 푸르고 매끄럽고 윤택하며, 재목이 강하고 질겨서 수레를 만들 수 있다.

將仲子三章이니 章八句라

毛序 將仲子는 刺莊公也라 不勝其母하여 以害其弟라 弟叔失道而公弗制하고 祭仲諫而公弗聽하여 小不忍하여 以致大亂焉하니라

《將仲子》는 莊公을 풍자한 詩이다. 그 어머니가 아우만을 사랑함을 이겨내지 못하여 그 아우를 해쳤다. 아우인 共叔이 道理를 잃었는데 公은 이를 제지하지 못하였고, 祭仲이 이를 諫하였으나 公이 듣지 아니하여, 작은 일을 참지 못하여 큰 난리를 이룬 것이다.

叔于田(叶地因反), 巷無居人. 豈無居人, 不如叔也, 洵美且仁.

叔于田하니	叔이 사냥을 나가니
巷無居人이로다	골목에 사는 사람이 없도다
豈無居人이리오마는	어찌 사는 사람이 없으리오마는
不如叔也의	叔과 같이
洵美且仁이니라	진실로 아름답고 또 仁하지 못하기 때문이니라

賦也라 叔은 莊公弟共叔段也니 事見春秋하니라 田은 取禽也라 巷은 里塗也라 洵은 信이요 美는 好也라 仁은 愛人也라

○ 段不義而得衆하니 國人愛之라 故로 作此詩라 言叔出而田이면 則所居之巷에 若無居人矣니 非實無居人也요 雖有而不如叔之美且仁이라 是以로 若無人耳라 或疑此亦民間男女相說

藩：울타리 번 滑：미끄러울 활 韌：질길 인 田：사냥할 전 巷：골목 항
洵：진실로 순

之詞也라

賦이다. 叔은 莊公의 아우인 共叔段이니, 일이 「春秋」에 보인다. 田은 짐승을 잡는 것이다. 巷은 마을 안의 길이다. 洵은 진실로요, 美는 아름다움이다. 仁은 사람을 사랑하는 것이다.

○ 段이 의롭지 못하면서 뭇사람들의 인심을 얻으니, 國人들이 그를 사랑하였다. 그러므로 이 詩를 지은 것이다. 말하기를 "叔이 나가서 사냥하면 사람들이 사는 골목에 사는 사람이 없는 듯하니, 이는 실제로 사는 사람이 없는 것이 아니요, 비록 있으나 叔과 같이 아름답고 또 인하지 못해서이다. 이 때문에 사람이 없는 것과 같을 뿐이다."라고 한 것이다. 혹자는 의심하기를 이 또한 民間의 男女가 서로 좋아하는 말인 듯하다고 한다.

叔于狩叶始九反, 巷無飮酒. 豈無飮酒, 不如叔也, 洵美且好叶許厚反.

叔于狩하니	叔이 사냥을 나가니
巷無飮酒로다	골목에 술 마시는 사람이 없도다
豈無飮酒리오마는	어찌 술 마시는 사람이 없으리오마는
不如叔也의	叔과 같이
洵美且好니라	진실로 아름답고 또 좋지 못하기 때문이니라

賦也라 冬獵曰狩라

賦이다. 겨울 사냥을 狩라고 한다.

叔適野叶上與反, 巷無服馬叶滿補反. 豈無服馬. 不如叔也, 洵美且武.

叔適野하니	叔이 들에 나가니
巷無服馬로다	골목에 말을 타는 이가 없도다
豈無服馬리오마는	어찌 말을 타는 이가 없으리오마는
不如叔也의	叔과 같이
洵美且武니라	진실로 아름답고 또 굳세지 못하기 때문이니라

賦也라 適은 之也라 郊外曰野라 服은 乘也라

賦이다. 適은 감이다. 郊外를 野라고 한다. 服은 탐이다.

叔于田三章이니 章五句라

毛序 叔于田은 刺莊公也라 叔處于京에 繕甲治兵하여 以出于田하니 國人說而歸之하니라

狩：사냥할 수　獵：사냥할 렵　服：탈 복

《叔于田》은 莊公을 풍자한 詩이다. 共叔이 京에 거처할 적에 갑옷을 수선하고 군대를 다스려 사냥하러 나가니, 國人들이 기뻐하여 그에게 돌아간 것이다.

叔于田, 乘乘(下繩證反)馬(叶滿補反). 執轡如組(音祖), 兩驂如舞. 叔在藪(素口反 叶素苦反), 火烈具擧. 襢(音但)裼(素歷反)暴虎, 獻于公所. 將(七羊反)叔無狃(女九反 叶女古反), 戒其傷女(音汝).

叔于田하니	叔이 사냥을 나가니
乘乘馬로다	네 마리 말을 탔도다
執轡如組하니	고삐를 잡기를 실끈같이 하니
兩驂如舞로다	두 마리 驂馬가 춤추는 듯하도다
叔在藪하니	叔이 수풀에 있으니
火烈具擧로다	불이 타오름에 일제히 일어나도다
襢裼暴虎하여	옷을 벗고 맨손으로 범을 때려잡아
獻于公所로다	公所에 바치도다
將叔無狃어다	청컨대 叔은 이것을 익히지 말지어다
戒其傷女(汝)하노라	그대를 상할까 경계하노라

賦也라 叔은 亦段也라 車衡外兩馬曰驂이라 如舞는 謂諧和中節이니 皆言御之善也라 藪는 澤也라 火는 焚而射也라 烈은 熾盛貌라 具는 俱也라 襢裼은 肉袒也라 暴는 空手搏獸也라 公은 莊公也라 狃는 習也라 國人戒之曰 請叔無習此事어다 恐其或傷汝也라하니 蓋叔多材好勇하여 而鄭人愛之如此하니라

賦이다. 叔은 또한 段이다. 수레의 衡(멍에) 밖에 있는 두 마리 말을 驂이라 한다. 如舞는 和하여 절도에 맞음을 이르니, 이는 모두 말을 잘 모는 것을 이른다. 藪는 澤이다. 火는 불을 지르고 쏘는 것이다. 烈은 불꽃이 성한 모양이다. 具는 모두이다. 襢裼은 살을 드러내고 옷을 벗는 것이다. 暴는 맨손으로 짐승을 때려잡는 것이다. 公은 莊公이다. 狃는 익힘이다. 國人들이 경계하기를 "청컨대 叔은 이 일을 익히지 말지어다. 혹시라도 그대를 상할까 두렵다."고 하였으니, 叔이 재주가 많고 용맹을 좋아하므로 鄭나라 사람들이 사랑하기를 이와 같이 한 것이다.

叔于田, 乘乘黃. 兩服上襄, 兩驂鴈行(戶郎反). 叔在藪, 火烈具揚. 叔善射忌(音記), 又良御(叶魚駕反)忌, 抑磬(苦定反)控(口貢反)忌, 抑縱送忌.

叔于田하니	叔이 사냥을 나가니

乘：탈 승, 넷 승　轡：고삐 비　組：끈 조　藪：수풀 수　襢：옷벗어맬 단
裼：웃통벗을 석　暴：맨손으로칠 포　狃：익힐 뉴　驂：곁말 참　諧：화할 해
熾：성할 치　袒：웃통벗을 단　搏：칠 박　襄：멍에 양　磬：말달릴 경　控：경마잡을 공
縱：풀어놓을 종　送：활고자덮을 송

乘乘黃이로다	네 마리 黃馬를 탔도다
兩服上襄이요	두 마리 服馬는 가장 좋은 말이요
兩驂雁行이로다	두 마리 驂馬는 기러기처럼 뒤따라 가도다
叔在藪하나	叔이 수풀에 있으니
火烈具揚이로다	불이 타오름에 일제히 일어나도다
叔善射忌며	叔이 활쏘기를 잘하며
又良御忌로소니	또 말몰기를 잘하니
抑磬控忌며	말을 달리고 경마를 잡히며
抑縱送忌로다	오늬를 놓아 활을 쏘고 활고자를 덮도다

賦也라 乘黃은 四馬皆黃也라 衡下夾轅兩馬曰服이라 襄은 駕也니 馬之上者爲上駕니 猶言上駟也라 雁行者는 驂少次服後하여 如雁行也라 揚은 起也라 忌, 抑은 皆語助辭라 騁馬曰磬이요 止馬曰控이라 舍拔曰縱이요 覆彇曰送이라

賦이다. 乘黃은 네 마리 말이 모두 黃色인 것이다. 衡의 아래 轅의 좌우에 있는 두 마리 말을 服이라 한다. 襄은 멍에이니, 말의 上品을 上駕라 하니, 上駟라는 말과 같다. 雁行은 驂馬가 服馬의 뒤에 조금 처져 차례로 있어서 기러기 행렬과 같은 것이다. 揚은 일어남이다. 忌와 抑은 모두 어조사이다. 말을 달리는 것을 磬이라 하고, 말을 멈추는 것을 控이라 한다. 오늬를 놓는 것을 縱이라 하고, 활고자를 덮는 것을 送이라 한다.

叔于田, 乘乘鴇(音保 叶補苟反). 兩服齊首, 兩驂如手. 叔在藪, 火烈具阜(符有反). 叔馬慢(叶黃半反)忌, 叔發罕(叶盧旰反)忌, 抑釋掤(音冰)忌, 抑鬯(敕亮反)弓(叶姑弘反)忌.

叔于田하니	叔이 사냥을 나가니
乘乘鴇로다	네 마리 오추말을 탔도다
兩服齊首요	두 마리 服馬는 머리를 나란히 하고
兩驂如手로다	두 마리 驂馬는 손처럼 조금 뒤에 있도다
叔在藪하니	叔이 수풀에 있으니
火烈具阜로다	불이 타오름에 모두 성하도다
叔馬慢忌며	叔의 말이 느릿느릿 달리며
叔發罕忌로소니	叔이 활쏘기를 드문드문 하니
抑釋掤忌며	화살통 뚜껑을 풀어 놓으며
抑鬯弓忌로다	활을 활집에 넣도다

賦也라 驪白雜毛曰鴇니 今所謂烏驄也라 齊首, 如手는 兩服竝首在前하고 而兩驂在旁하여

轅 : 멍에 원 駟 : 사마 사 騁 : 달릴 빙 拔 : 오늬 발 覆 : 덮을 부 彇 : 활고자머리 소
鴇 : 너새 보, 오추말 보 阜 : 성할 부 罕 : 드물 한 掤 : 전통뚜껑 붕 鬯 : 활집 창
驪 : 가라말 려 驄 : 총이말 총

稍次其後하여 如人之兩手也라 阜는 盛이요 慢은 遲也라 發은 發矢也라 罕은 希요 釋은 解也라 掤은 矢箙蓋니 春秋傳作冰이라 鬯은 弓囊也니 與韔同이라 言其田事將畢에 而從容整暇如此하니 亦喜其無傷之詞也라

賦이다. 검은 털과 흰 털이 섞여 있는 것을 鴇라고 하니, 지금의 이른바 烏驄이다. 齊首와 如手는 두 마리 服馬는 머리를 나란히 하여 앞에 있고, 두 마리 驂馬는 곁에 있어 약간 그 뒤에 처져 차례로 있어 사람의 두 손과 같은 것이다. 阜는 성함이요, 慢은 느림이다. 發은 화살을 발사하는 것이다. 罕은 드묾이요, 釋은 풀어놓는 것이다. 掤은 화살통 뚜껑이니, 「春秋傳」에는 冰으로 되어 있다. 鬯은 활집이니, 韔과 같다. 이는 사냥하는 일이 장차 끝나려 함에 조용하고 한가함이 이와 같음을 말한 것이니, 또한 그 상함이 없음을 기뻐한 말이다.

大叔于田三章이니 章十句라

陸氏曰 首章作大叔于田者誤라 蘇氏曰 二詩皆曰叔于田이라 故로 加大以別之어늘 不知者乃以段有大叔之號라하여 而讀曰泰하고 又加大于首章하니 失之矣라

陸氏가 말하였다. "首章이 大叔于田으로 되어 있는 것은 잘못이다."
蘇氏가 말하였다. "두 詩가 모두 제목을 叔于田이라고 하였기 때문에 大字를 加하여 구별하였거늘, 이것을 알지 못하는 자들이 마침내 段이 太叔의 칭호가 있었다고 하여 大를 泰로 읽고, 또 大를 首章에 加하니, 이는 잘못이다."

毛序 大叔于田은 刺莊公也라 叔多才而好勇하여 不義而得衆也하니라

《大叔于田》은 莊公을 풍자한 詩이다. 共叔이 재주가 많고 용맹을 좋아하여 義롭지 못하면서 여러 사람의 마음을 얻은 것이다.

淸人在彭(叶普郎反), 駟介旁旁(補彭反 叶補岡反), 二矛重(直龍反)英(叶於良反), 河上乎翺翔.

淸人在彭(방)하니	淸邑 사람이 彭땅에 있으니
駟介旁旁이로다	네 마리 갑옷 입힌 말들이 달려가도다
二矛重英으로	두 자루 창에 중첩된 창 꾸밈으로
河上乎翺翔이로다	河水 위에서 翺翔하도다

賦也라 淸은 邑名이니 淸人은 淸邑之人也라 彭은 河上地名이라 駟介는 四馬而被甲也라 旁旁은 馳驅不息之貌라 二矛는 酋矛, 夷矛也라 英은 以朱羽爲矛飾也라 酋矛는 長二丈이요 夷矛

希 : 드물 희　箙 : 전통 용, 대통 통　囊 : 자루 낭　韔 : 활집 창　彭 : 땅이름 방
介 : 갑옷 개　旁 : 달릴 방　矛 : 창 모　翺 : 날 고　翔 : 날 상　酋 : 괴수 추

는 長二丈四尺이니 竝建於車上이면 則其英重疊而見이라 翺翔은 遊戲之貌라

○ 鄭文公이 惡高克하여 使將淸邑之兵하여 禦狄于河上하고 久而不召한대 師散而歸하니 鄭人이 爲之賦此詩라 言其師出之久에 無事而不得歸하고 但相與遊戲如此하니 其勢必至於潰散而後已爾라

賦이다. 淸은 고을 이름이니, 淸人은 淸邑의 사람이다. 彭은 河水가에 있는 地名이다. 駟介는 네 마리 말에 갑옷을 입힌 것이다. 旁旁은 말을 달리기를 쉬지 않는 모양이다. 두 창은 酋矛와 夷矛이다. 英은 붉은 깃털로 창의 꾸밈을 만든 것이다. 酋矛는 길이가 두 길이요, 夷矛는 길이가 두 길 네 자이니, 이것을 나란히 수레 위에 세우면 그 英이 중첩되어 보인다. 翺翔은 遊戲하는 모양이다.

○ 鄭文公이 高克을 미워하여, 淸邑의 군대를 거느리고 가서 狄을 河水가에서 막게 하고는 오랫동안 부르지 않자, 군사들이 흩어져 돌아오니, 鄭나라 사람들이 이 때문에 이 詩를 지은 것이다. 그 군대가 나간 지가 오래됨에 일이 없는데도 돌아가지 못하고, 다만 서로 더불어 遊戲하기를 이와 같이 하니, 그 형세가 반드시 潰散함에 이르고야 말 것임을 말한 것이다.

淸人在消, 駟介麃麃(素驕反), 二矛重喬, 河上乎逍遙.

淸人在消하니	淸邑 사람이 消땅에 있으니
駟介麃麃로다	네 마리 갑옷 입힌 말이 굳세고 굳세도다
二矛重喬로	두 자루 창에 중첩된 창갈고리로
河上乎逍遙로다	河水가에서 逍遙하도다

賦也라 消는 亦河上地名이라 麃麃는 武貌라 矛之上句曰喬니 所以懸英也라 英弊而盡하여 所存者喬而已라

賦이다. 消는 또한 河水가에 있는 地名이다. 麃麃는 굳센 모양이다. 창의 위에 갈고리를 喬라 하니, 英을 매다는 것이다. 英이 해져 다하여 남은 것은 喬일 뿐이다.

淸人在軸(叶音胄), 駟介陶陶(徒報反 叶徒候反), 左旋右抽(叶勅救反), 中軍作好(呼報反 叶許候反).

淸人在軸(추)하니	淸邑 사람이 軸땅에 있으니
駟介陶陶로다	네 마리 갑옷 입힌 말이 유유자적하도다
左旋右抽어늘	왼쪽 사람은 수레를 돌리며 오른쪽 사람은 칼을 뽑거늘
中軍作好로다	中軍은 아름답게 있도다

賦也라 軸은 亦河上地名이라 陶陶는 樂而自適之貌라 左는 謂御在將軍之左니 執轡而御馬者也라 旋은 還車也라 右는 謂勇力之士在將軍之右니 執兵以擊刺者也라 抽는 拔刃也라 中軍은

將 : 거느릴 장　潰 : 무너질 궤　麃 : 위엄스러울 표　喬 : 창갈구리 교　逍 : 거닐 소
遙 : 거닐 요　懸 : 매달 현　軸 : 굴대 축　陶 : 기뻐할 도　抽 : 뽑을 추

謂將在鼓下하여 居車之中이니 卽高克也라 好는 謂容好也라

○ 東萊呂氏曰 言師久而不歸하여 無所聊賴하여 姑遊戲以自樂하니 必潰之勢也라 不言已潰而言將潰하니 其詞深이요 其情危矣라

賦이다. 軸는 또한 河水가에 있는 지명이다. 陶陶는 즐거워하여 유유자적한 모양이다. 左는 將軍의 왼쪽에 있는 御者를 이르니 고삐를 잡고 말을 모는 자이다. 旋은 수레를 돌리는 것이다. 右는 將軍의 오른쪽에 있는 勇力이 있는 壯士를 이르니, 병기를 잡고서 적을 치고 찌르는 자이다. 抽는 칼날을 뽑는 것이다. 中軍은 북 아래에 있어 수레의 한 가운데에 있는 將軍을 이르니, 바로 高克이다. 好는 용모가 아름다움을 이른다.

○ 東萊呂氏가 말하였다. "군대가 나간 지 오래되었는데도 돌아가지 못하여 無聊하자, 우선 遊戲하여 스스로 즐거워하니, 반드시 潰散할 형세임을 말한 것이다. 이미 潰散했다고 말하지 않고 장차 潰散할 것이라고 말하였으니, 그 말이 깊고 그 情이 위태롭다.

淸人三章이니 章四句라

事見春秋하니라

○ 胡氏曰 人君이 擅一國之名寵하여 生殺予奪을 惟我所制耳니 使高克不臣之罪已著인댄 按而誅之可也요 情狀未明인댄 黜而退之可也요 愛惜其才하여 以禮馭之亦可也니 烏可假以兵權하여 委諸竟(境)上하여 坐視其離散而莫之邺乎아 春秋에 書曰鄭棄其師라하니 其責之深矣로다

이 일은 「春秋」에 보인다.

○ 胡氏가 말하였다. "人君은 한 나라의 명예와 은총을 독단하여 生殺과 予奪을 자신의 마음대로 제어하니, 가령 高克이 신하노릇하지 않은 죄가 이미 드러났다면 조사하여 죽이는 것이 可할 것이요, 情狀이 분명치 않을진댄 내쫓아 물러가게 하는 것이 可할 것이요, 그 재주를 애석히 여겨 禮로써 어거함도 또한 可하니, 어찌 兵權을 빌려주고 국경 위에 버려두어서 군사들이 離散하는 것을 坐視하고 걱정하지 않는단 말인가. 「春秋」에 "鄭나라가 그 군대를 버렸다."고 썼으니, 그 꾸짖음이 깊도다."

毛序 淸人은 刺文公也라 高克이 好利而不顧其君하니 文公이 惡而欲遠之로되 不能일새 使高克 將兵而禦狄于竟하여 陳其師旅하여 翺翔河上이러니 久而不召한대 衆散而歸하니 高克奔陳이라 公子素惡高克進之不以禮하고 文公退之不以道하여 危國亡師之本이라 故로 作是詩也라

《淸人》은 文公을 풍자한 詩이다. 高克이 이익을 좋아하고 그 군주를 돌보지 않으니, 文公이 그를 미워하여 멀리하려 하였으나 할 수가 없었다. 이에 高克으로 하여금 군사를

聊：즐길 료 潰：무너질 궤 擅：멋대로할 천 黜：내칠 출 馭：부릴 어, 어거할 어
烏：어찌 오 委：버릴 위 邺：구휼할 휼

거느리고 국경에서 오랑캐를 막게 하여 군사들을 진열하고 하수가에서 翱翔(하는 일 없이 놀며 돌아다님)하였는데, 오래도록 부르지 않자, 군사들이 해산하여 돌아가니 高克은 陳나라로 도망하였다. 公子 素가 高克이 進用되기를 禮로써 하지 않고 文公이 退黜하기를 道로써 하지 아니하여 나라를 위태롭게 하고 군대를 멸망시키는 근본이 됨을 미워하였다. 그러므로 이 詩를 지은 것이다.

羔裘如濡(叶而朱而由二反), 洵直且侯(叶洪姑洪鉤二反). 彼其(音記)之子, 舍(音赦)命不渝(叶容朱容周二反).

羔裘如濡하니	염소 갖옷이 촉촉히 젖은 듯하니
洵直且侯로다	진실로 순하고 또 아름답도다
彼其之子여	저 그 사람이여
舍命不渝로다	命에 처하여 변치 않도다

賦也라 羔裘는 大夫服也라 如濡는 潤澤也라 洵은 信이요 直은 順이요 侯는 美也라 其는 語助辭라 舍는 處요 渝는 變也라

○ 言此羔裘潤澤하니 毛順而美하며 彼服此者當生死之際하여 又能以身居其所受之理而不可奪하니 蓋美其大夫之詞라 然이나 不知其所指矣라

賦이다. 羔裘는 大夫의 의복이다. 如濡는 윤택함이다. 洵은 진실로요, 直은 順함이요, 侯는 아름다움이다. 其는 어조사이다. 舍는 처함이요, 渝는 변함이다.

○ 이 염소 갖옷이 윤택하니 털이 순하고 아름다우며, 저 이 옷을 입은 자가 生死의 즈음을 당하여 또 능히 몸으로써 그 받은 바의 이치에 처하여 〈그 뜻을〉 빼앗을 수 없음을 말한 것이다. 이는 大夫를 찬미한 말이나, 그 누구를 가리킨 것인지는 알지 못하겠다.

羔裘豹飾, 孔武有力. 彼其之子, 邦之司直.

羔裘豹飾이로소니	염소 갖옷에 표범 가죽으로 선을 둘렀으니
孔武有力이로다	심히 굳세고 힘이 있도다
彼其之子여	저 그 사람이여
邦之司直이로다	나라의 司直이로다

賦也라 飾은 緣袖也라 禮에 君用純物하니 臣은 下之라 故로 羔裘而以豹皮爲飾也라 孔은 甚也라 豹甚武而有力이라 故로 服其所飾之裘者如之라 司는 主也라

賦이다. 飾은 소매에 선을 두르는 것이다. 禮에 군주는 순수한 물건(한 가지 물건)을 사용하니, 신하는 그보다 낮기 때문에 염소 갖옷에 표범 가죽으로 꾸밈을 하는 것이다. 孔은 심함이다.

濡：젖을 유　侯：아름다울 후　渝：변할 유(투)　司：맡을 사　緣：선두를 연
袖：소매 수　豹：표범 표

표범은 심히 굳세고 힘이 있으므로 이것으로 선을 두른 갖옷을 입은 자도 그와 같은 것이다. 司는 주관함이다.

羔裘晏兮, 三英粲兮. 彼其之子, 邦之彥叶魚肝反兮.

羔裘晏兮요	염소 갖옷이 곱고 성하고
三英粲兮로다	三英이 찬란하도다
彼其之子여	저 그 사람이여
邦之彥兮로다	나라의 아름다운 선비로다

賦也라 晏은 鮮盛也라 三英은 裘飾也니 未詳其制라 粲은 光明也라 彥者는 士之美稱이라

賦이다. 晏은 곱고 성함이다. 三英은 갖옷의 꾸밈이니, 그 제도는 상세하지 않다. 粲은 光明함이다. 彥은 선비의 아름다운 호칭이다.

羔裘三章이니 章四句라

毛序 羔裘는 刺朝也니 言古之君子하여 以風其朝焉하니라

《羔裘》는 조정을 풍자한 詩이니, 옛날의 君子를 말하여 그 조정을 풍자한 것이다.

遵大路兮, 摻所覽反執子之袪叶起據反兮. 無我惡烏路反兮, 不寁市坎反故也.

遵大路兮하여	큰 길을 따라가
摻執子之袪兮호라	그대의 소매를 잡노라
無我惡兮어다	나를 미워하지 말지어다
不寁故也니라	옛 사람을 급히 끊어서는 안되느니라

賦也라 遵은 循이요 摻은 擥이요 袪는 袂요 寁은 速이요 故는 舊也라
○ 淫婦爲人所棄라 故로 於其去也에 擥其袪而留之曰 子無惡我而不留어다 故舊를 不可以遽絶也라하니라 宋玉賦에 有遵大路兮攬子袪之句하니 亦男女相說之詞也니라

賦이다. 遵은 따름이요, 摻은 잡음이요, 袪는 소매요, 寁은 速히 함이요, 故는 故舊이다.
○ 음탕한 婦人이 남에게 버림을 받았다. 그러므로 그가 떠나갈 때에 그의 소매를 잡고 만류하기를 "그대는 나를 미워하여 머물지 않지 말지어다. 故舊를 대번에 끊어서는 안된다."고 말한 것이다. 宋玉의 賦(登徒子好色賦)에 "큰 길을 따라 그대의 옷소매를 잡는다."는 句가 있으니, 이것도 또한 男女가 서로 좋아하는 말이다.

晏 : 고울 안 彥 : 선비 언 摻 : 잡을 삼 袪 : 소매 거 寁 : 빠를 삼 擥 : 잡을 람 袂 : 소매 몌

遵大路兮, 摻執子之手兮. 無我魗市由反 齒九反 叶兮, 不寁好叶許 口反也.

遵大路兮하여	큰 길을 따라
摻執子之手兮호라	그대의 손을 잡노라
無我魗兮어다	나를 추하게 여기지 말지어다
不寁好也니라	좋아하던 사람을 급히 끊어서는 안되느니라

賦也라 魗는 與醜同하니 欲其不以己爲醜而棄之也라 好는 情好也라

賦이다. 魗는 醜와 같으니, 자기를 醜하다고 여겨 버리지 않기를 바란 것이다. 好는 정이 좋은 것이다.

遵大路二章이니 章四句라

毛序 遵大路는 思君子也라 莊公失道하여 君子去之하니 國人思望焉하니라

《遵大路》는 君子를 그리워한 詩이다. 莊公이 道理를 잃어 君子가 떠나가니, 國人들이 君子를 그리워한 것이다.

女曰雞鳴, 士曰昧旦. 子興視夜, 明星有爛. 將翺將翔, 弋鳧音符與鴈.

女曰雞鳴이어늘	여자가 닭이 울었다고 말하거늘
士曰昧旦이어니라	남자는 昧旦이 되었다고 말하네
子興視夜하라	그대는 일어나 밤을 보라
明星有爛이어니	啓明星이 찬란할 것이니
將翺將翔하여	장차 翺翔하여
弋鳧與鴈이어다	오리와 기러기를 주살로 잡아올지어다

賦也라 昧는 晦요 旦은 明也니 昧旦은 天欲旦하여 昧晦未辨之際也라 明星은 啓明之星이니 先日而出者也라 弋은 繳射니 謂以生絲繫矢而射也라 鳧는 水鳥니 如鴨, 靑色이요 背上有文이라 ○ 此는 詩人述賢夫婦相警戒之詞라 言女曰雞鳴이라하여 以警其夫어든 而士曰昧旦이라하니 則不止於雞鳴矣라 婦人又語其夫曰 若是則子可以起而視夜之如何하라 意者컨대 明星已出而爛然하리니 則當翺翔而往하여 弋取鳧鴈而歸矣라하니라 其相與警戒之言이 如此하니 則不留於宴昵之私를 可知矣로다

魗 : 추할 추 弋 : 주살질할 익 鳧 : 오리 부 繳 : 주살 작 鴨 : 오리 압 宴 : 즐길 연
昵 : 친할 닐

賦이다. 昧는 어두움이요, 旦은 밝음이니, 昧旦은 날이 새려고 하여 어두워서 색을 분별할 수 없을 즈음이다. 明星은 啓明星이니, 해보다 먼저 나오는 것이다. 弋은 주살로 쏘는 것이니 生絲를 화살에 매달아 쏘는 것을 이른다. 鳧는 水鳥이니, 집오리와 비슷한데 청색이고 등 위에 무늬가 있다.

○ 이는 詩人이 어진 夫婦가 서로 경계하는 말을 기록한 것이다. 여자가 "닭이 울었다."고 하여 그 남편을 경계하자, 남편은 "昧旦이 되었다."고 말하였으니, 이는 닭이 우는데만 그치지 않은 것이다. 婦人이 또 그 남편에게 말하기를 "이와 같거든 그대는 일어나서 밤이 어떠한지를 보라. 생각하건대 啓明星이 이미 나와 찬란할 것이니, 그렇다면 마땅히 翺翔하고 가서 오리와 기러기를 주살로 잡아 돌아오라."라고 한 것이다. 그 서로 더불어 경계한 말이 이와 같으니, 宴昵의 사사로움에 얽매이지 않음을 알 수 있다.

弋言加叶居之居何二反之, 與子宜叶魚奇魚何二反之. 宜言飮酒, 與子偕老叶呂吼反. 琴瑟在御, 莫不靜好叶許厚反.

弋言加之어든	주살로 쏘아 맞추거든
與子宜之하여	그대와 맛있게 요리하여
宜言飮酒하여	맛이 있거든 술을 마셔서
與子偕老호리라	그대와 함께 백년해로하리라
琴瑟在御	자리에 있는 琴瑟도
莫不靜好로다	고요하고 아름답지 않음이 없도다

賦也라 加는 中也니 史記所謂以弱弓微繳加諸鳧雁之上이 是也라 宜는 和其所宜也니 內則所謂雁宜麥之屬이 是也라

○ 射者는 男子之事요 而中饋는 婦人之職이라 故로 婦謂其夫호되 旣得鳧雁以歸어든 則我當爲子하여 和其滋味之所宜하여 以之飮酒相樂하여 期於偕老요 而琴瑟之在御者 亦莫不安靜而和好라하니 其和樂而不淫을 可見矣로다

賦이다. 加는 맞힘이니, 「史記」에 이른바 "약한 활과 작은 주살을 오리와 기러기 위에 맞힌다." 한 것이 이것이다. 宜는 그 마땅한 바를 조화시킴이니, 《內則》에 이른바 "기러기는 보리가 마땅하다."는 따위가 이것이다.

○ 활쏘는 것은 남자의 일이요, 부엌에서 음식을 장만함은 婦人의 직분이다. 그러므로 婦人이 그 남편에게 이르기를 "이미 오리와 기러기를 잡아 돌아오거든 내 마땅히 그대를 위하여 滋味의 마땅한 바를 조화시켜 이것으로써 술을 마시고 서로 즐거워하여 백년해로를 기약할 것이요, 琴瑟로서 쓰는 자리에 있는 것들도 또한 安靜하고 和好하지 않음이 없다." 하였으니, 그 和樂하면서도 지나치지 않음을 볼 수 있도다.

知子之來叶六直反之, 雜佩以贈叶音則之. 知子之順之, 雜佩以問之. 知子之好呼報反

中：맞을 중 饋：음식 궤 佩：찰 패 贈：줄 증

之, 雜佩以報之.

知子之來之인댄(란)	그대가 오게 하신 분임을 알진댄
雜佩以贈之며	雜佩를 풀어 선물할 것이며
知子之順之인댄(란)	그대가 사랑하는 분임을 알진댄
雜佩以問之며	雜佩를 줄 것이며
知子之好之인댄(란)	그대가 좋아하는 분임을 알진댄
雜佩以報之호리라	雜佩로 보답하리라

賦也라 來之는 致其來者니 如所謂修文德以來之라 雜佩者는 左右佩玉也라 上橫曰珩이요 下繫三組하여 貫以蠙珠하며 中組之半에 貫一大珠하니 曰瑀요 末懸一玉하니 兩端皆銳하니 曰衝牙요 兩旁組半에 各懸一玉하니 長博而方하니 曰琚요 其末에 各懸一玉하니 如半璧而內向하니 曰璜이요 又以兩組貫珠하여 上繫珩하고 兩端은 下交貫於瑀而下繫於兩璜하니 行則衝牙觸璜而有聲也라 呂氏曰 非獨玉也요 觿燧箴(針)管凡可佩者皆是也라하니라 贈은 送이요 順은 愛요 問은 遺也라

○ 婦又語其夫曰 我苟知子之所致而來와 及所親愛者인댄 則當解此雜佩하여 以送遺報答之라하니 蓋不惟治其門內之職이라 又欲其君子親賢友善하여 結其驩心하여 而無所愛於服飾之玩也니라

賦이다. 來之는 그가 오도록 만드는 것이니, 〈「論語」에〉 이른바 "文德을 닦아서 오게 한다."는 것과 같다. 雜佩는 左右의 佩玉이다. 위에 가로댄 것을 珩이라 하니, 아래에 세 개의 끈을 매달고 진주조개를 꿰며, 가운데 끈의 중간에 하나의 큰 구슬을 꿰니, 이것을 瑀라 한다. 끝에 하나의 옥을 매다는데 두 끝이 모두 뾰족하니, 이것을 衝牙라 한다. 양 곁의 끈 중간에 각기 하나씩 옥을 매다는데, 길쭉하고 넓적하며 네모지니, 이것을 琚라 한다. 그 끝에 각각 한 옥을 매다는데, 半璧과 같으며 안으로 향했으니, 이것을 璜이라 한다. 또 두 개의 끈으로 구슬을 꿰어 위로 珩에 매달고, 양 끝은 아래로 瑀에 교차시켜 꿰고 아래로 두 璜에 매다니, 사람이 걸어가면 衝牙가 璜에 부딪쳐 소리가 난다. 呂氏가 말하기를 "비단 옥 뿐만이 아니요 뿔송곳과 화경, 바늘과 대통 등 모든 찰만 한 것은 모두 이것이다." 하였다. 贈은 보내주는 것이요, 順은 사랑함이요, 問은 주는 것이다.

○ 婦人이 또 그 남편에게 말하기를 "내 만일 그대가 초치하여 온 분인 것과 친애하는 분인 줄을 알진댄 내 마땅히 장차 이 雜佩를 풀어서 그에게 보내주고 보답하겠다." 하였으니, 이는 다만 閨門 안의 직분을 다스릴 뿐만이 아니라, 또 그 君子가 賢者를 친히 하고 善人을 벗삼아 그 歡心을 맺게 하고자 하여, 服飾의 노리개에 아끼는 바가 없는 것이다.

珩 : 패옥 형　蠙 : 진주조개 빈　瑀 : 옥돌 우　銳 : 뾰족할 예　琚 : 패옥 거
璜 : 반쪽둥근패옥 황　觸 : 부딪칠 촉　觿 : 뿔송곳 휴　燧 : 화경 수　箴 : 바늘 침
驩 : 기쁠 환　玩 : 노리개 완

女曰雞鳴三章이니 章六句라

毛序　女曰雞鳴은 刺不說德也니 陳古義하여 以刺今不說德而好色也라

《女曰雞鳴》은 德을 좋아하지 않음을 풍자한 詩이니, 옛 義를 말하여 지금에 德을 좋아하지 않고 女色을 좋아함을 풍자한 것이다.

有女同車, 顔如舜華(叶芳無反). 將翺將翔, 佩玉瓊琚. 彼美孟姜, 洵美且都.

有女同車하니	여자가 수레를 함께 타니
顔如舜華로다	얼굴이 무궁화꽃 같도다
將翺將翔하나니	장차 翺翔하나니
佩玉瓊琚로다	佩玉이 瓊琚로다
彼美孟姜이여	저 아름다운 孟姜이여
洵美且都로다	진실로 아름답고 또 閑雅하도다

賦也라 舜은 木槿也니 樹如李하며 其華朝生暮落이라 孟은 字요 姜은 姓이라 洵은 信이요 都는 閑雅也라

○ 此疑亦淫奔之詩라 言所與同車之女 其美如此하고 而又歎之曰 彼美色之孟姜이여 信美矣而又都也라하니라

賦이다. 舜은 무궁화나무이니, 나무는 오얏나무와 같으며 그 꽃은 아침에 피었다가 저녁에 떨어진다. 孟은 字요, 姜은 姓이다. 洵은 진실로요, 都는 閑雅(얌전)한 것이다.

○ 이는 의심컨대 또한 淫奔의 詩인 듯하다. 수레를 함께 타고 간 여인이 그 아름다움이 이와 같음을 말하고, 또 감탄하기를 "저 美色의 孟姜이여! 진실로 아름답고 또 閑雅하다."고 한 것이다.

有女同行(叶戶郞反), 顔如舜英(叶於良反). 將翺將翔. 佩玉將將(七羊反). 彼美孟姜. 德音不忘.

有女同行하니	여자가 함께 길을 걸어가니
顔如舜英이로다	얼굴이 무궁화꽃 같도다
將翺將翔하나니	장차 翺翔하나니
佩玉將將이로다	佩玉소리가 將將히 울리도다
彼美孟姜이여	저 아름다운 孟姜이여
德音不忘이로다	德音을 잊지 못하리로다

舜：무궁화 순　瓊：붉은옥 경　琚：패옥 거　都：아름다울 도　槿：무궁화 근

賦也라 英은 猶華也라 將將은 聲也라 德音不忘은 言其賢也라

賦이다. 英은 華(꽃)와 같다. 將將은 소리이다. 德音不忘은 그 어짊을 말한 것이다.

有女同車二章이니 章六句라

毛序 有女同車는 刺忽也니 鄭人이 刺忽之不昏于齊라 太子忽이 嘗有功于齊어늘 齊侯請妻之러니 齊女賢而不取라가 卒以無大國之助하여 至於見逐이라 故로 國人刺之하니라

《有女同車》는 太子 忽을 풍자한 詩이다. 鄭나라 사람들이 太子 忽이 齊나라와 혼인하지 않음을 풍자한 것이다. 太子 忽이 일찍이 齊나라에 功이 있었으므로 齊나라 임금이 딸을 시집보내겠다고 청하였는데, 齊나라 임금의 딸이 어질었는데도 太子 忽이 取하지 않았다가 마침내 強大國의 援助가 없게 되어 축출을 당함에 이르렀다. 그러므로 國人이 이를 풍자한 것이다.

山有扶蘇, 隰有荷華(叶芳無反). 不見子都, 乃見狂且(子餘反).

山有扶蘇며	산에는 扶蘇가 있고
隰有荷華어늘	습지에는 연꽃이 있거늘
不見子都요	子都를 만나지 못하고
乃見狂且(저)아	마침내 狂人을 만난단 말인가

興也라 扶蘇는 扶胥이니 小木也라 荷華는 芙蕖也라 子都는 男子之美者也라 狂은 狂人也라 且는 語辭也라

○ 淫女戲其所私者曰 山則有扶蘇矣요 隰則有荷華矣어늘 今乃不見子都하고 而見此狂人은 何哉오하니라

興이다. 扶蘇는 扶胥이니 작은 나무이다. 荷華는 芙蕖(연꽃)이다. 子都는 남자 중에 아름다운 자이다. 狂은 狂人이다. 且는 어조사이다.

○ 음탕한 여자가 그 사통하는 자를 놀리기를 "산에는 扶蘇가 있고, 습지에는 연꽃이 있거늘, 지금 내가 마침내 子都를 만나지 못하고 이 狂人을 만남은 어째서인가?"한 것이다.

山有橋松, 隰有游龍. 不見子充, 乃見狡童.

山有橋松이며	산에는 우뚝한 소나무가 있고
隰有游龍이어늘	습지에는 너울거리는 紅草가 있거늘
不見子充이요	子充을 만나지 못하고

荷 : 연꽃 하 胥 : 도울 서 芙 : 연꽃 부 蕖 : 연꽃 거 橋 : 높을 교

乃見狡童가 　　　마침내 교활한 아이를 만난단 말인가

興也라 上竦無枝曰橋니 亦作喬라 游는 枝葉放縱也라 龍은 紅草也니 一名馬蓼이니 葉大而色白이요 生水澤中하며 高丈餘라 子充은 猶子都也라 狡童은 狡獪之小兒也라

興이다. 나무가 위로 쑥 올라가고 가지가 없는 것을 橋라 하니, 또한 喬로 쓰기도 한다. 游는 가지와 잎이 放縱한 것이다. 龍은 紅草이니, 일명은 馬蓼라고도 하니, 잎이 크고 색이 희며, 水澤 가운데서 자라고 높이가 한 길 남짓하다. 子充은 子都와 같다. 狡童은 교활하고 간교한 작은 아이이다.

山有扶蘇二章이니 章四句라

毛序　山有扶蘇는 刺忽也니 所美非美然이라

《山有扶蘇》는 太子 忽을 풍자한 詩이니, 아름답게 여긴 것이 아름다운 것이 아니었기 때문이다.

蘀[他落反]兮蘀兮, 風其吹女[音汝]. 叔兮伯兮, 倡[昌亮反]予和[胡臥反 叶戶圭反]女.

蘀兮蘀兮여 　　　잎이 떨어지려 함이여 떨어지려 함이여
風其吹女(汝)리라 　　　바람이 너를 불어 떨어뜨리리라
叔兮伯兮여 　　　叔이여 伯이여
倡予和女호리라 　　　나를 부르면 내 너에게 화답하리라

興也라 蘀은 木槁而將落者也라 女는 指蘀而言也라 叔, 伯은 男子之字也라 予는 女子自予也라 女는 叔伯也라
○ 此는 淫女之詞라 言蘀兮蘀兮여 則風將吹女矣요 叔兮伯兮여 則盍倡予오 而予將和女矣라하니라

興이다. 蘀은 나무가 말라 잎이 장차 떨어지려 하는 것이다. 女[너]는 蘀을 가리켜 말한 것이다. 叔, 伯은 남자의 字이다. 予는 여자 자신이다. 女는 叔, 伯이다.
○ 이는 음탕한 여자의 말이다. 잎이 말라 떨어지려 함이여. 바람이 장차 너를 불어 떨어뜨릴 것이요, 叔이여 伯이여. 어찌 나를 부르지 않는가. 내 장차 너에게 화답할 것이라고 말한 것이다.

蘀兮蘀兮, 風其漂[匹遙反]女. 叔兮伯兮, 倡予要[於遙反]女.

竦 : 우뚝솟을 송　蓼 : 여뀌 료　獪 : 간교할 회　蘀 : 마를 탁　倡 : 부를 창　槁 : 마를 고
漂 : 나부낄 표

蘀兮蘀兮여	잎이 떨어지려 함이여 떨어지려 함이여
風其漂(飄)女리라	바람이 너를 날려보내리라
叔兮伯兮여	叔이여 伯이여
倡予要女호리라	나를 부르면 내 너의 뜻을 이루어 주리라

興也라 漂는 飄同이라 要는 成也라

興이다. 漂는 飄와 같다. 要는 이룸이다.

蘀兮二章이니 章四句라

毛序　蘀兮는 刺忽也니 君弱臣強하여 不倡而和也라

《蘀兮》는 太子 忽을 풍자한 詩이니, 군주는 약하고 신하는 강하여 〈군주가 선창하면 신하가 화답해야 하는데 지금은 君臣간이 서로〉 선창하여도 화답하지 않은 것이다.

彼狡童兮, 不與我言兮. 維子之故, 使我不能餐七丹反 七宣反 叶兮.

彼狡童兮	저 교활한 아이가
不與我言兮하나다	나와 더불어 말도 하지 않는구나
維子之故	그대 때문에
使我不能餐兮아	내가 밥을 먹지 못하랴

賦也라 此亦淫女見絕而戲其人之詞라 言悅己者衆하니 子雖見絕이나 未至於使我不能餐也라

賦이다. 이 또한 淫女가 거절을 당하고서 그 사람을 희롱한 말이다. 나를 좋아하는 자가 많으니, 그대가 비록 거절하나 나로 하여금 밥을 먹지 못함에 이르게 할 수는 없다고 말한 것이다.

彼狡童兮, 不與我食兮. 維子之故, 使我不能息兮.

彼狡童兮	저 교활한 아이가
不與我食兮하나다	나와 더불어 밥도 먹지 않는구나
維子之故	그대 때문에
使我不能息兮아	내가 편안히 쉬지 못하랴

賦也라 息은 安也라

餐 : 먹을 찬

賦이다. 息은 편안함이다.

狡童二章이니 章四句라

毛序 狡童은 刺忽也니 不能與賢人圖事하여 權臣擅命也라

《狡童》은 太子 忽을 풍자한 詩이니, 賢人과 國事를 도모하지 아니하여 權臣이 명령을 독단한 것이다.

子惠思我, 褰裳涉溱(側巾反). 子不我思, 豈無他人. 狂童之狂也且(子餘反).

子惠思我인댄	그대가 사랑하여 나를 그리워할진댄
褰裳涉溱이어니와	내 치마를 걷고 溱水를 건너가려니와
子不我思인댄	그대가 나를 그리워하지 않을진댄
豈無他人이리오	어찌 타인이 없으리오
狂童之狂也且(저)로다	狂童이 미쳤도다

賦也라 惠는 愛也라 溱은 鄭水名이라 狂童은 猶狂且狡童也라 且는 語辭也라
○ 淫女語其所私者曰 子惠然而思我인댄 則將褰裳而涉溱以從子어니와 子不我思인댄 則豈無他人之可從而必於子哉리오 狂童之狂也且는 亦謔之之辭라

賦이다. 惠는 사랑함이다. 溱은 鄭나라의 물 이름이다. 狂童은 〈《山有扶蘇》의〉 狂且, 狡童이라는 말과 같다. 且는 어조사이다.
○ 淫女가 그 사통하는 자에게 말하기를 "그대가 惠然이 나를 그리워할진댄 내 장차 치마를 걷고 溱水를 건너가 그대를 따르려니와, 그대가 나를 그리워하지 않을진댄 어찌 따를 만한 다른 사람이 없어서 반드시 그대를 따르겠는가." 한 것이다. 狂童之狂也且라는 것은 또한 그를 놀리는 말이다.

子惠思我, 褰裳涉洧(叶于已反). 子不我思, 豈無他士(鉏里反). 狂童之狂也且.

子惠思我인댄	그대가 사랑하여 나를 그리워할진댄
褰裳涉洧어니와	내 치마를 걷고 洧水를 건너가려니와
子不我思인댄	그대가 나를 그리워하지 않을진댄
豈無他士리오	어찌 다른 선비가 없으리오
狂童之狂也且로다	狂童이 미쳤도다

賦也라 洧亦鄭水名이라 士는 未娶者之稱이라

褰 : 걷을 건　溱 : 물이름 진　洧 : 물이름 유

賦이다. 洧 또한 鄭나라의 물 이름이다. 士는 아직 장가들지 않은 자의 칭호이다.

褰裳二章이니 章五句라

毛序 褰裳은 思見正也니 狂童恣行에 國人이 思大國之正己也하니라

《褰裳》은 바로잡아주기를 생각한 詩이니, 狂童이 멋대로 행동하자, 國人들이 強大國에서 자기 나라를 바로잡아주기를 생각한 것이다.

子之丰(芳容反 叶芳用反)兮, 俟我乎巷(叶胡貢反)兮. 悔予不送兮.

子之丰兮	풍채좋은 그대가
俟我乎巷兮러니	나를 골목에서 기다리더니
悔予不送兮하노라	내 전송하지 않음을 후회하노라

賦也라 丰은 豊滿也라 巷은 門外也라
○ 婦人所期之男子已俟乎巷이러니 而婦人以有異志하여 不從이라가 既則悔之하여 而作是詩也라

賦이다. 丰은 풍만함이다. 巷은 문 밖이다.
○ 婦人이 만나기로 약속한 남자가 이미 골목에서 기다리고 있었는데, 婦人이 딴 마음이 있어 따르지 않았다가 이윽고 그것을 뉘우쳐 이 詩를 지은 것이다.

子之昌兮, 俟我乎堂兮. 悔予不將兮.

子之昌兮	건장한 그대가
俟我乎堂兮러니	나를 堂에서 기다리더니
悔予不將兮하노라	내 전송하지 않음을 후회하노라

賦也라 昌은 盛壯貌라 將亦送也라

賦이다. 昌은 성하고 건장한 모양이다. 將 또한 전송함이다.

衣(於既反)錦褧(苦迥反)衣, 裳錦褧裳. 叔兮伯兮, 駕予與行(叶戶郎反).

衣錦褧衣코	비단옷에 홑옷을 덧입고
裳錦褧裳호니	비단치마에 홑치마를 덧입으니
叔兮伯兮	叔이여 伯이여

丰 : 성할 봉　將 : 보낼 장　褧 : 홑옷 경

駕予與行이리라	말을 멍에하여 나를 데려가리라

賦也라 褧은 禪也라 叔, 伯은 或人之字也라
○ 婦人이 旣悔其始之不送而失此人也하여 則曰 我之服飾이 旣盛備矣니 豈無駕車以迎我而偕行者乎아하니라

賦이다. 褧은 홑옷이다. 叔, 伯은 或人의 字이다.
○ 婦人이 이미 그 처음에 전송하지 아니하여 이 사람을 놓친 것을 뉘우쳐 말하기를 "나의 服飾이 이미 성대하게 갖추어졌으니, 어찌 수레를 멍에하여 나를 맞이해 함께 갈 자가 없겠는가." 한 것이다.

裳錦褧裳, 衣錦褧衣. 叔兮伯兮, 駕予與歸.

裳錦褧裳코	비단치마에 홑치마를 덧입고
衣錦褧衣호니	비단옷에 홑옷을 덧입으니
叔兮伯兮	叔이여 伯이여
駕予與歸리라	말을 멍에하여 나를 데려가리라

賦也라 婦人謂嫁曰歸라

賦이다. 婦人이 시집가는 것을 歸라 한다.

丰四章이니 二章은 章三句요 二章은 章四句라

毛序 丰은 刺亂也니 昏姻之道缺하여 陽倡而陰不和하고 男行而女不隨하니라

《丰》은 혼탁함을 풍자한 詩이니, 혼인의 道가 폐지되어 陽이 선창하는데도 陰이 화답하지 않고, 男子가 가는데도 女子가 따라가지 않은 것이다.

東門之墠(音善 叶上演反). 茹(音如)藘(力於反)在阪(音反 叶孚臠反). 其室則邇, 其人甚遠.

東門之墠에	東門의 터닦은 곳에
茹藘在阪이로다	꼭두서니가 산비탈에 있도다
其室則邇나	그 집은 가까우나
其人甚遠이로다	그 사람은 매우 멀도다

賦也라 東門은 城東門也라 墠은 除地町町者라 茹藘는 茅蒐也니 一名茜이니 可以染絳이라 陂

禪 : 홑옷 단　墠 : 터닦을 선　茹 : 꼭두서니 여　藘 : 꼭두서니 려　阪 : 산비탈 판
邇 : 가까울 이　町 : 밭두둑 정　蒐 : 꼭두서니 수　茜 : 꼭두서니 천　絳 : 붉을 강

者曰阪이라 門之旁有墠하고 墠之外有阪하고 阪之上有草하니 識(지)其所與淫者之居也라 室邇人遠者는 思之而未得見之詞也라

賦이다. 東門은 城의 東門이다. 墠은 땅을 골라 町町[판판]하게 만든 것이다. 茹藘는 茅蒐이니, 일명은 꼭두서니라고도 하는데 붉은 색을 물들일 수 있다. 비탈을 阪이라 한다. 門의 곁에 판판히 터닦은 자리가 있고, 터닦은 자리 밖에 비탈이 있고, 비탈 위에 풀이 있으니, 그 더불어 간음하는 자의 사는 곳을 표시한 것이다. 집은 가깝고 사람은 멀다는 것은 그리워도 만나지 못한다는 말이다.

東門之栗, 有踐家室. 豈不爾思, 子不我卽.

東門之栗에	東門의 밤나무에
有踐家室이로다	즐비한 집이로다
豈不爾思리오마는	어찌 그대를 생각하지 않으리오마는
子不我卽이니라	그대가 나에게 오지 않기 때문이니라

賦也라 踐은 行列貌라 門之旁에 有栗하고 栗之下에 有成行列之家室하니 亦識其處也라 卽은 就也라

賦이다. 踐은 行列을 지은 모양이다. 문 곁에 밤나무가 있고, 밤나무 아래에 행렬을 이룬 家室이 있는 것이니, 또한 그의 사는 곳을 표시한 것이다. 卽은 나아감이다.

東門之墠二章이니 章四句라

毛序 東門之墠은 刺亂也니 男女不待禮而相奔者也라

《東門之墠》은 혼란함을 풍자한 詩이니, 男女가 禮를 기다리지 않고 서로 淫奔하였기 때문이다.

風雨凄凄(子西反), 雞鳴喈喈(音皆 叶居奚反), 旣見君子, 云胡不夷.

風雨凄凄어늘	비바람이 凄凄하거늘
雞鳴喈喈로다	닭은 喈喈히 울도다
旣見君子호니	이미 君子를 만나보니
云胡不夷리오	어찌 마음이 和平하지 않으리오

阪 : 비탈 파, 기울 피　識 : 표할 지　踐 : 차례있을 천　卽 : 나아갈 즉　凄 : 쓸쓸할 처
喈 : 새소리 개　夷 : 평할 이

賦也라 淒淒는 寒涼之氣요 喈喈는 雞鳴之聲이라 風雨晦冥은 蓋淫奔之時라 君子는 指所期之男子也라 夷는 平也라
○ 淫奔之女 言當此之時하여 見其所期之人而心悅也라

賦이다. 淒淒는 차가운 기운이요, 喈喈는 닭우는 소리이다. 비바람이 불고 날이 어두움은 아마도 淫奔하는 때일 것이다. 君子는 만나기로 기약한 남자를 가리킨다. 夷는 平함이다.
○ 淫奔한 女子가 이 때를 당하여 만나기로 약속한 사람을 만나보고는 마음에 기뻐함을 말한 것이다.

風雨瀟瀟, 雞鳴膠膠(叶音驕). 旣見君子, 云胡不瘳(叶憐蕭反).

風雨瀟瀟어늘	비바람이 瀟瀟하거늘
雞鳴膠膠로다	닭은 膠膠히 울도다
旣見君子호니	이미 君子를 만나보니
云胡不瘳리오	어찌 병이 낫지 않으리오

賦也라 瀟瀟는 風雨之聲이라 膠膠는 猶喈喈也라 瘳는 病愈也니 言積思之病이 至此而愈也라

賦이다. 瀟瀟는 비바람이 부는 소리이다. 膠膠는 喈喈와 같다. 瘳는 병이 나음이니, 그리움이 쌓인 병이 이에 이르러 나음을 말한 것이다.

風雨如晦(叶呼洧反), 雞鳴不已. 旣見君子, 云胡不喜.

風雨如晦어늘	비바람이 몰아쳐 어둡거늘
雞鳴不已로다	닭울음소리 그치지 않도다
旣見君子호니	이미 君子를 만나보니
云胡不喜리오	어찌 기쁘지 않으리오

賦也라 晦는 昏이요 已는 止也라

賦이다. 晦는 어두움이요, 已는 그침이다.

風雨三章이니 章四句라

毛序 風雨는 思君子也니 亂世則思君子不改其度焉하나니라

《風雨》는 君子를 그리워한 詩이니, 亂世가 되면 君子가 그 법도를 변치 않음을 그리

晦 : 어둘 회 冥 : 어둘 명 奔 : 달려갈 분 瀟 : 비바람칠 소 膠 : 닭울 교
瘳 : 병나을 추 愈 : 나을 유

워하게 된다.

青青子衿音金, 悠悠我心. 縱我不往, 子寧不嗣音.

青青子衿이여	푸르고 푸른 그대의 옷깃이여
悠悠我心이로다	아득하고 아득한 나의 그리움이로다
縱我不往이나	내 비록 가지 못하나
子寧不嗣音고	그대는 어이하여 소식을 잇지 않는고

賦也라 青青은 純(준) 緣之色이니 [1]具父母면 衣純以青이라 子는 男子也라 衿은 領也라 悠悠는 思之長也라 我는 女子自我也라 嗣音은 繼續其聲問也라 此亦淫奔之詩라

賦이다. 青青은 옷에 선두른 색깔이니, 父母가 모두 살아 계시면 青色으로 옷에 선을 두른다. 子는 男子이다. 衿은 옷깃이다. 悠悠는 그리움이 긴 것이다. 我는 여자 자신이다. 嗣音은 소식을 계속 전하는 것이다. 이 또한 淫奔의 詩이다.

譯註 1. 具父母 衣純以青:「禮記」《曲禮》에 "爲人子者 父母存 冠衣不純素 孤子當室 冠衣不純采"라 하였는바, 父母가 생존해 계시면 青色으로 옷에 선을 두르고, 父母가 별세하면 흰색으로 옷에 선을 두른다.

青青子佩叶蒲眉反, 悠悠我思叶新齋反. 縱我不往, 子寧不來叶陵之反.

青青子佩여	푸르고 푸른 그대의 佩玉이여
悠悠我思로다	아득하고 아득한 나의 그리움이로다
縱我不往이나	내 비록 가지 못하나
子寧不來오	그대는 어이하여 오지 않는고

賦也라 青青은 組綬之色이라 佩는 佩玉也라

賦이다. 青青은 組綬(패옥의 끈)의 색깔이다. 佩는 佩玉이다.

挑他狙反兮達他末反 他悅反 叶兮, 在城闕兮. 一日不見, 如三月兮.

挑兮達兮하니	몸이 가볍고 방자하니
在城闕兮로다	城闕에 있도다
一日不見이	하루동안 보지 못함이
如三月兮로다	석 달과도 같도다

衿 : 옷깃 금　縱 : 비록 종　寧 : 어찌 녕　嗣 : 이을 사　純 : 선두를 준　緣 : 선두를 연
綬 : 끈 수　挑 : 까불거릴 조(도)

賦也라 挑는 輕儇跳躍之貌라 達은 放恣也라

賦이다. 挑는 몸이 가볍고 빠르며 뛰는 모양이다. 達은 방자함이다.

子衿三章이니 章四句라

毛序 子衿은 刺學校廢也니 世亂則學校不修焉하나니라

《子衿》은 學校가 폐지됨을 풍자한 詩이니, 세상이 혼란해지면 學校의 정사가 닦여지지 않게 된다.

揚之水, 不流束楚. 終鮮(息淺反)兄弟, 維予與女(女汝同). 無信人之言, 人實迋(居望反)女.

揚之水여	느릿느릿 흐르는 물이여
不流束楚로다	묶어놓은 나뭇단도 떠내려보내지 못하도다
終鮮兄弟라	끝내 兄弟가 적은지라
維予與女(汝)로니	나와 너 뿐이니
無信人之言이어다	남의 말을 믿지 말지어다
人實迋女니라	사람들이 실로 너를 속이느니라

興也라 兄弟는 婚姻之稱이니 [1)]禮所謂不得嗣爲兄弟是也라 予, 女는 男女自相謂也라 人은 他人也라 迋은 與誑同이라

○ 淫者相謂하여 言揚之水는 則不流束楚矣요 終鮮兄弟면 則維予與女矣니 豈可以他人離間之言而疑之哉아 彼人之言이 特誑女耳라하니라

興이다. 兄弟는 婚姻한 사람 사이의 칭호이니, 「禮記」에 이른바 "계속하여 兄弟(혼인관계)가 될 수 없다."는 것이 이것이다. 予, 女는 남녀가 자기들끼리 서로 말한 것이다. 人은 타인이다. 迋은 誑과 같다.

○ 음탕한 자가 서로 일러 말하기를 "느릿느릿 흐르는 물은 묶어 놓은 나뭇단도 떠내려보내지 못한다. 끝내 兄弟가 적다면 나와 너 뿐이니, 어찌 타인의 離間하는 말 때문에 나를 의심한단 말인가. 저 사람의 말은 다만 너를 속일 뿐이다."라고 한 것이다.

譯註 1. 不得嗣爲兄弟 : 약혼을 하여 婚日을 정해놓은 상태에서 신랑의 父母가 죽으면 장례를 마친 다음 신랑의 伯父나 叔父가 신부측에게 알리는 말로, 全文은 "某之子有父母之喪 不得嗣爲兄弟 使某致命"인바, 「禮記」《曾子問》에 보인다.

儇 : 빠를 현 跳 : 뛸 도 迋 : 속일 광 誑 : 속일 광

揚之水, 不流束薪. 終鮮兄弟, 維予二人. 無信人之言, 人實不信叶斯人反.

揚之水여	느릿느릿 흐르는 물이여
不流束薪이로다	묶어놓은 나무섶도 흘려보내지 못하도다
終鮮兄弟라	끝내 兄弟가 적은지라
維予二人이로니	우리 두 사람 뿐이니
無信人之言이어다	남의 말을 믿지 말지어다
人實不信이니라	사람들이 실로 거짓말하느니라

興也라

興이다.

揚之水二章이니 章六句라

毛序 揚之水는 閔無臣也니 君子閔忽之無忠臣良士하여 終以死亡而作是詩也하니라

《揚之水》는 훌륭한 신하가 없음을 민망히 여긴 것이니, 君子가 太子 忽이 忠臣·良士가 없어 끝내 死亡하였음을 민망히 여겨 이 詩를 지은 것이다.

出其東門, 有女如雲. 雖則如雲, 匪我思存. 縞古老反衣綦巨基反巾, 聊樂音洛我員于云反.

出其東門호니	東門을 나가니
有女如雲이로다	여자들이 구름처럼 많도다
雖則如雲이나	비록 구름처럼 많으나
匪我思存이로다	내 마음 그들에게 있지 않도다
縞衣綦巾이여	흰 옷에 쑥색 수건을 쓴 女人이여
聊樂我員(云)이로다	그런대로 나를 즐겁게 하도다

賦也라 如雲은 美且衆也라 縞는 白色이요 綦는 蒼艾色이라 縞衣綦巾은 女服之貧陋者니 此人이 自目其室家也라 員은 與云同하니 語辭也라

○ 人見淫奔之女而作此詩하여 以爲此女 雖美且衆이나 [1]而非我思之所存이니 不如己之室家 雖貧且陋나 而聊可自樂也라 是時에 淫風大行이로되 而其間에 乃有如此之人하니 亦可謂能自好而不爲習俗所移矣로다 羞惡之心을 人皆有之가 豈不信哉리오

縞 : 흴 호 綦 : 쑥빛비단 기 員 : 이를 운 陋 : 누추할 루

賦이다. 구름과 같다는 것은 아름답고 또 많은 것이다. 縞는 백색이요, 綦는 푸른 쑥색이다. 縞衣綦巾은 여자의 의복 중에 가난하고 누추한 것이니, 이 사람이 스스로 자기의 室家를 지목한 것이다. 員은 云과 같으니, 어조사이다.

○ 사람이 淫奔한 여자를 보고 이 詩를 지어 말하기를 "이 여자들이 아름답고 또 많으나 내 생각이 있는 바가 아니니, 자기의 室家가 비록 가난하고 누추하나 그런대로 스스로 즐길 수 있음만 못하다."고 한 것이다. 이때에 淫風이 크게 유행하였는데도 그 사이에 마침내 이와 같은 사람이 있었으니, 또한 스스로 지조를 아껴서 習俗에 변화되지 않았다고 이를 만하다. 羞惡의 마음을 사람들이 모두 가지고 있다는 것이 어찌 진실이 아니겠는가.

譯註 1. 而非我思之所存 不如己之室家: 內閣本에는 "而非我思之所存也 如己之室家"로 잘못되어 있다.

出其闉(音因)闍(音都), 有女如荼(音徒). 雖則如荼, 匪我思且(子餘反). 縞衣茹藘, 聊可與娛.

出其闉闍호니	闉闍를 나가니
有女如荼로다	여자들이 삘기처럼 아름답도다
雖則如荼나	비록 삘기처럼 아름다우나
匪我思且(저)로다	내 마음에 생각하는 사람이 아니로다
縞衣茹藘여	흰 옷에 붉은 수건을 쓴 女人이여
聊可與娛로다	그런대로 더불어 즐길 만하도다.

賦也라 闉은 曲城也요 闍는 城臺也라 荼는 茅華니 輕白可愛者也라 且는 語助辭라 茹藘는 可以染絳이라 故로 以名衣服之色이라 娛는 樂也라

賦이다. 闉은 굽은 城이요 闍는 城의 臺이다. 荼는 띠꽃이니, 가볍고 희어서 사랑할 만하다. 且는 어조사이다. 茹藘는 붉은 색을 물들일 수 있기 때문에 이것으로 의복의 색깔을 이름한 것이다. 娛는 즐거워함이다.

出其東門二章이니 章六句라

毛序 出其東門은 閔亂也라 公子五爭하여 兵革不息하여 男女相棄하니 民人이 思保其室家焉하니라

《出其東門》은 난리를 민망히 여긴 詩이다. 公子 다섯이 임금의 자리를 다투어 兵革(전쟁)이 쉬지 아니하여 男女가 서로 버리니, 人民들이 그 室家를 보전할 것을 생각한 것이다.

闉 : 성문 인　闍 : 성문층대 도　荼 : 띠 도　茹 : 꼭두서니 여　藘 : 꼭두서니 려

野有蔓草, 零露漙(徒端反 上兗反 叶)兮. 有美一人, 淸揚婉兮. 邂逅相遇, 適我願(叶五遠反)兮.

野有蔓草호니	들에 蔓草가 있으니
零露漙(단)兮로다	내린 이슬이 흠뻑 맺혀 있도다
有美一人이여	아름다운 한 사람이여
淸揚婉兮로다	淸揚이 예쁘기도 하도다
邂逅相遇호니	우연히 서로 만나니
適我願兮로다	나의 소원에 맞도다

賦而興也라 蔓은 延也라 漙은 露多貌라 淸揚은 眉目之間이 婉然美也라 邂逅는 不期而會也라 ○ 男女相遇於野田草露之間이라 故로 賦其所在以起興하여 言野有蔓草하니 則零露漙矣요 有美一人이여 則淸揚婉矣라 邂逅相遇하니 則得以適我願矣라하니라

賦而興이다. 蔓은 뻗어남이다. 漙은 이슬이 많은 모양이다. 淸揚은 눈썹과 눈 사이가 婉然히 아름다운 것이다. 邂逅는 기약하지 않고 우연히 만나는 것이다.

○ 男女가 서로 들밭 草露의 사이에서 만났다. 그러므로 그 있는 곳을 읊어 起興하여 말하기를 "들에 蔓草가 있으니 내린 이슬이 흠뻑 맺혀 있으며, 아름다운 한 사람이여! 淸揚이 예쁘기도 하도다. 우연히 서로 만나니, 나의 소원에 맞도다."라고 한 것이다.

野有蔓草, 零露瀼瀼. 有美一人, 婉如淸揚. 邂逅相遇, 與子偕臧.

野有蔓草하니	들에 蔓草가 있으니
零露瀼瀼이로다	내린 이슬이 많고 많도다
有美一人이여	아름다운 한 사람이여
婉如淸揚이로다	예쁘기도 한 淸揚이로다
邂逅相遇호니	우연히 서로 만나니
與子偕臧이로다	그대와 함께 모두 좋도다

賦而興也라 瀼瀼은 亦露多貌라 臧은 美也라 與子偕臧은 言各得其所欲也라

賦而興이다. 瀼瀼은 또한 이슬이 많은 모양이다. 臧은 아름다움이다. 그대와 함께 좋다는 것은 각기 그 원하는 바를 얻었음을 말한 것이다.

野有蔓草二章이니 章六句라

零 : 떨어질 령　漙 : 이슬방울맺힐 단　婉 : 예쁠 완　邂 : 우연히만날 해
逅 : 우연히만날 후　適 : 맞을 적　瀼 : 이슬맺힐 양　臧 : 착할 장

毛序 野有蔓草는 思遇時也라 君子之澤이 不下流하여 民窮於兵革하고 男女失時하니 思不期而會焉하니라

《野有蔓草》는 좋은 때를 만나기를 생각한 詩이다. 君子의 은택이 아래로 흐르지 않아 백성들이 兵革에 곤궁하고 男女가 혼인할 시기를 잃으니, 기약하지 않고 만날 것을 생각한 것이다.

溱與洧, 方渙渙(叶于元反)兮. 士與女, 方秉蕑(古顔反 古賢反 叶)兮. 女曰觀乎. 士曰既且(子餘反). 且往觀乎. 洧之外, 洵訏(況于反)且樂(音洛). 維士與女, 伊其相謔, 贈之以勺藥.

溱與洧	溱水와 洧水가
方渙渙兮어늘	봄물이 막 성하거늘
士與女	남자와 여자가
方秉蕑兮로다	막 난초를 잡고 있도다
女曰觀乎인저	여자가 "구경가자"고 하자
士曰既且(저)로다	남자가 "이미 하였노라" 하도다
且(차)往觀乎인저	"또 가서 구경할진저
洧之外는	洧水 밖은
洵訏且樂이라하여	진실로 넓고 또 즐겁다" 하여
維士與女	남자와 여자가
伊其相謔하여	서로 희학을 하면서
贈之以勺藥이로다	勺藥을 선물하도다

賦而興也라 渙渙은 春水盛貌니 蓋冰解而水散之時也라 蕑은 蘭也니 其莖葉似澤蘭이요 廣而長節하며 節中赤이요 高四五尺이라 且(저)는 語辭라 洵은 信이요 訏는 大也라 勺藥은 亦香草也니 三月開花하니 芳色可愛라
○ 鄭國之俗은 三月上巳之辰에 采蘭水上하여 以祓除不祥이라 故로 其女問於士曰 盍往觀乎아 士曰 吾既往矣로라 女復要之曰 且往觀乎인저 蓋洧水之外는 其地信寬大而可樂也라하니 於是에 士女相與戲謔하고 且以勺藥爲贈而結恩情之厚也라 此詩는 淫奔者自敍之詞라

賦而興이다. 渙渙은 봄물이 성한 모양이니, 얼음이 풀려서 물이 흩어지는 때이다. 蕑은 난초이니, 줄기와 잎이 澤蘭과 같고, 넓적하고 마디가 길며 마디 가운데는 붉고 높이가 4~5尺이 된다. 且는 어조사이다. 洵은 진실로요, 訏는 큼이다. 勺藥 또한 香草이니, 3월에 피는데 향기와

渙 : 풀릴 환　蕑 : 난초 간　訏 : 클 우　勺 : 술잔 작　辰 : 때 신　祓 : 제액할 불
盍 : 어찌아니 합

색깔이 사랑할 만하다.

○ 鄭나라의 풍속은 3월 上巳의 때에 물가에서 澤蘭을 캐어 不祥(不吉)한 것을 제거하였다. 그러므로 여자가 남자에게 묻기를 "어찌 구경가지 않는가." 하자, 남자가 말하기를 "나는 이미 가보았노라." 하였다. 여자가 다시 남자를 꾀기를 "또 가서 구경하자, 洧水의 밖은 그 땅이 진실로 크고 넓어 즐거울 만하다." 하였다. 이에 남자와 여자가 서로 戲謔을 하고, 또 勺藥을 선물하여 은혜로운 정의 두터움을 맺은 것이다. 이 詩는 淫奔한 자가 스스로 서술한 말이다.

溱與洧, 瀏(音留)其淸矣. 士與女, 殷其盈矣. 女曰觀乎. 士曰旣且. 且往觀乎. 洧之外, 洵訏且樂. 維士與女, 伊其將謔, 贈之以勺藥.

溱與洧	溱水와 洧水가
瀏其淸矣어늘	깊고 맑거늘
士與女	남자와 여자가
殷其盈矣로다	많이 모여 꽉찼도다
女曰觀乎인저	여자가 "구경가자"고 하자
士曰旣且(저)로다	남자가 "이미 하였노라" 하도다
且往觀乎인저	"또 가서 구경할진저
洧之外는	洧水 밖은
洵訏且樂이라하여	진실로 넓고 또 즐겁다" 하여
維士與女	남자와 여자가
伊其將〔相〕謔하여	서로 희학을 하며
贈之以勺藥이로다	勺藥을 선물하도다

賦而興也라 瀏는 深貌라 殷은 衆也라 將은 當作相이니 聲之誤也라

賦而興이다. 瀏는 깊은 모양이다. 殷은 많음이다. 將은 마땅히 相이 되어야 하니, 음이 잘못된 것이다.

溱洧二章이니 章十二句라

毛序 溱洧는 刺亂也라 兵革不息하니 男女相棄하여 淫風大行하여 莫之能救焉하니라

《溱洧》는 혼란함을 풍자한 詩이다. 兵革이 그치지 않으니, 男女가 서로 버려 淫風이 크게 유행해서 바로잡을 수가 없었다.

瀏 : 물맑을 류　殷 : 성할 은

鄭國은 二十一篇에 五十三章이요 二百八十三句라

鄭衛之樂이 皆爲淫聲이라 然이나 以詩考之하면 衛詩는 三十有九에 而淫奔之詩才(纔)四之一이어늘 鄭詩는 二十有一에 而淫奔之詩已不翅七之五며 衛猶爲男悅女之詞어늘 而鄭皆爲女惑男之語며 衛人은 猶多刺譏懲創之意어늘 而鄭人은 幾於蕩然無復羞愧悔悟之萌하니 是則鄭聲之淫이 有甚於衛矣라 故로 夫子論爲邦하시되 獨以鄭聲爲戒而不及衛하시니 蓋擧重而言이니 固自有次第也라 [1]詩可以觀이 豈不信哉리오

鄭·衛의 음악은 모두 음탕한 음악이다. 그러나 詩를 가지고 상고해 보면 衛나라 詩는 39篇 중에 淫奔의 詩가 겨우 4분의 1인데, 鄭나라 詩는 21篇 중에 淫奔의 詩가 이미 7분의 5가 넘으며, 衛나라는 그래도 남자가 여자를 좋아하는 내용인데, 鄭나라는 모두 여자가 남자를 유혹하는 말이며, 衛나라 사람들은 오히려 풍자하고 징계하는 뜻이 많은데, 鄭나라 사람들은 거의 蕩然하여 다시는 부끄러워하고 悔悟하는 싹이 없으니, 이는 鄭나라 음악의 음탕함이 衛나라보다 심한 것이다. 그러므로 夫子께서 나라를 다스리는 것을 논하시되 유독 鄭나라의 음악을 경계하시고 衛나라에 대해서는 언급하지 않으셨으니, 이는 重함을 들어 말씀한 것이니, 진실로 자연히 차례가 있는 것이다. 詩를 가지고 〈정치의 得失을〉 관찰한다는 것이 어찌 사실이 아니겠는가.

譯註 1. 詩可以觀:「論語」《陽貨》에 "詩可以興 可以觀 可以群 可以怨"이라고 보인다.

才:겨우 재 翅:뿐 시 譏:기롱할 기 創:징계할 창 蕩:방자할 탕

詩經集傳 卷五

齊一之八

齊는 國名이라 本少昊時爽鳩氏所居之地니 在禹貢에 爲靑州之域이라 周武王이 以封太公望하시니 東至于海하고 西至于河하고 南至于穆陵하고 北至于無棣하니라 太公은 姜姓이니 本四岳之後라 旣封於齊에 通工商之業하고 便魚鹽之利하여 民多歸之라 故로 爲大國하니 今靑齊淄濰德棣等州 是其地也라

齊는 國名이다. 본래 少昊 때에 爽鳩氏가 거주하던 지역이니, 《禹貢》의 靑州지역이다. 周武王이 太公望을 봉해주시니, 東으로는 바다에 이르고, 西로는 黃河에 이르고, 南으로는 穆陵에 이르고, 北으로는 無棣에 이르렀다. 太公은 姜姓이니, 본래 四岳의 후손이다. 이미 齊나라에 봉해지자, 工業과 商業을 통하게 하고 魚鹽의 이익을 편리하게 활용하여 백성들이 많이 귀의하였다. 그러므로 大國이 되었으니, 지금 靑州·齊州·淄州·濰州·德州·棣州 등지가 바로 이 지역이다.

雞旣鳴矣, 朝(音潮)旣盈矣. 匪雞則鳴, 蒼蠅之聲.

雞旣鳴矣라	닭이 이미 울었으니
朝旣盈矣라하니	조정에 이미 신하들이 가득합니다 하였더니
匪雞則鳴이라	닭이 운 것이 아니라
蒼蠅之聲이로다	蒼蠅의 소리로다

賦也라 言古之賢妃 御於君所하여 至於將旦之時면 必告君曰 雞旣鳴矣라 會朝之臣이 旣已盈矣라하니 欲令君早起而視朝也라 然이나 其實은 非雞之鳴也요 乃蒼蠅之聲也라 蓋賢妃當夙興之時하여 心常恐晩이라 故로 聞其似者而以爲眞하니 非其心存警畏而不留於逸欲이면 何以能此리오 故로 詩人이 敍其事而美之也라

賦이다. 옛날 어진 后妃가 人君의 처소에서 모시고 있으면서 날이 새려고 할 때에 이르면 반드시 人君에게 아뢰기를 "닭이 이미 울었으니, 조정에 모인 신하들이 가득할 것입니다."라고 하였으니, 이는 군주로 하여금 일찍 일어나 조회를 보게 하고자 해서이다. 그러나 실제는 닭이 운 것이 아니요, 바로 蒼蠅의 소리임을 말한 것이다. 賢妃가 일찍 일어날 때를 당하여 마음에 항상 늦을까 두려워하였다. 그러므로 그와 비슷한 것을 듣고는 참으로 닭의 울음소리라고 여긴 것이

爽 : 시원할 상　棣 : 산앵도나무 체　淄 : 물이름 치　濰 : 물이름 유　蠅 : 파리 승

니, 마음에 警畏를 두어 逸欲에 머물지 않은 자가 아니면 어찌 이에 능할 수 있겠는가. 그러므로 詩人이 그 일을 서술하고 찬미한 것이다.

東方明(叶謨郞反)矣, 朝旣昌矣. 匪東方則明(同上), 月出之光.

東方明矣라	東方이 밝은지라
朝旣昌矣라하니	조정에 이미 신하들이 많습니다 하였더니
匪東方則明이라	東方이 밝은 것이 아니라
月出之光이로다	달이 떠서 빛남이로다

賦也라 東方明則日將出矣라 昌은 盛也라 此는 再告也라

賦이다. 東方이 밝으면 해가 장차 뜨게 된다. 昌은 성함이다. 이는 두 번째 아뢴 것이다.

蟲飛薨薨, 甘與子同夢(叶莫滕反). 會且歸矣, 無庶予子憎.

蟲飛薨薨이어든	벌레가 날아 윙윙거리거든
甘與子同夢이언마는	그대와 함께 꿈꾸기를 좋아하건만
會且歸矣인댄(란)	모였다가 장차 돌아가게 되면
無庶予子憎가	행여 나 때문에 당신조차 미워하지 않을까

賦也라 蟲飛는 夜將旦而百蟲作也라 甘은 樂이요 會는 朝也라
○ 此는 三告也라 言當此時하여 我豈不樂與子同寢而夢哉리오 然이나 群臣之會於朝者 俟君不出하여 將散而歸矣면 無乃以我之故而幷以子爲憎乎아

賦이다. 蟲飛는 날이 장차 밝으려 하여 온갖 벌레가 나오는 것이다. 甘은 즐거움이요, 會는 조회에 모이는 것이다.
○ 이는 세 번째 아뢴 것이다. "이 때를 당하여 내 어찌 그대와 함께 잠을 자며 꿈꾸는 것을 좋아하지 않겠는가. 그러나 조회에 모인 群臣들이 군주를 기다리다가 나오지 아니하여 장차 흩어져 돌아가게 되면, 나의 연고 때문에 아울러 그대까지 미워하지 않겠는가."한 것이다.

雞鳴三章이니 章四句라

毛序 雞鳴은 思賢妃也라 哀公이 荒淫怠慢이라 故로 陳賢妃貞女 夙夜警戒相成之道焉하니라

《雞鳴》은 어진 后妃를 생각한 詩이다. 哀公이 荒淫(女色에 빠짐)하고 怠慢하였다. 그러므로 어진 后妃와 貞女가 밤낮으로 경계하여 서로 이루어준 道를 읊은 것이다.

薨 : 떼지어나는소리 훙　荒 : 빠질 황

子之還(音旋)兮, 遭我乎猺(乃刀反)之間(叶居賢反)兮. 竝驅從兩肩兮, 揖我謂我儇(許全反)兮.

子之還(선)兮　몸이 재빠른 그대가
遭我乎猺之間兮라　나와 猺山의 사이에서 만난지라
竝驅從兩肩兮하소니　함께 수레를 몰아 두 짐승을 뒤쫓더니
揖我謂我儇兮라하나다　나에게 揖하면서 나더러 날렵하다고 이르는구나

賦也라 還은 便捷之貌라 猺는 山名也라 從은 逐也라 獸三歲曰肩이라 儇은 利也라
○ 獵者交錯於道路에 且以便捷輕利로 相稱譽如此하여 而不自知其非也하니 則其俗之不美를 可見이요 而其來亦必有所自矣리라

賦이다. 還은 便捷(빠름)한 모양이다. 猺는 산 이름이다. 從은 뒤쫓음이다. 짐승이 3년 된 것을 肩이라 한다. 儇은 재빠름이다.
○ 사냥하는 자가 道路에서 交錯하면서 또 몸놀림이 재빠르고 날렵함으로써 서로 칭찬하기를 이와 같이 하여, 스스로 그 나쁨을 알지 못하였으니, 그렇다면 그 풍속의 아름답지 못함을 볼 수가 있고, 이렇게 해옴이 또한 반드시 유래가 있을 것이다.

子之茂(叶莫口反)兮, 遭我乎猺之道(叶徒厚反)兮. 竝驅從兩牡兮, 揖我謂我好(叶許厚反)兮.

子之茂兮　아름다운 그대가
遭我乎猺之道兮라　나와 猺山의 길에서 만난지라
竝驅從兩牡兮하소니　함께 수레를 몰아 두 짐승을 뒤쫓더니
揖我謂我好兮라하나다　나에게 揖하면서 나더러 아름답다 이르는구나

賦也라 茂는 美也라

賦이다. 茂는 아름다움이다.

子之昌兮, 遭我乎猺之陽兮. 竝驅從兩狼兮, 揖我謂我臧兮.

子之昌兮　성대한 그대가
遭我乎猺之陽兮라　나와 猺山의 남쪽에서 만난지라
竝驅從兩狼兮하소니　함께 수레를 몰아 두 승냥이를 뒤쫓더니
揖我謂我臧兮라하나다　나에게 揖하며 나더러 잘한다고 이르는구나

賦也라 昌은 盛也라 山南曰陽이라 狼은 似犬하니 銳頭白頰이요 高前廣後라 臧은 善也라

還 : 재빠를 선　遭 : 만날 조　猺 : 산이름 노　儇 : 날랠 현　便 : 빠를 편
錯 : 섞일 착, 갈마들 착　茂 : 빼어날 무　牡 : 수컷 모(무)　狼 : 이리 랑　臧 : 착할 장
頰 : 뺨 협

賦이다. 昌은 성대함이다. 산의 남쪽을 陽이라 한다. 狼은 개와 같으니, 머리가 뾰족하고 볼이 희며, 앞이 높고 뒤가 넓다. 臧은 잘함이다.

還三章이니 章四句라

毛序　還은 刺荒也라 哀公이 好田獵하여 從禽獸而無厭하니 國人化之하여 遂成風俗하여 習於田獵을 謂之賢하고 閑於馳逐을 謂之好焉하니라

《還》은 荒(사냥에 빠짐)을 풍자한 詩이다. 哀公이 田獵을 좋아하여 禽獸를 사냥하는데 종사하여 만족함이 없으니, 國人들이 敎化되어 마침내 풍속을 이루어 田獵에 익숙함을 어질다 이르고, 말을 달려 짐승을 좇는데 익숙함을 아름답다 이르게 된 것이다.

俟我於著(直據反 直居反 叶)乎而, 充耳以素(叶孫租反)乎而, 尙之以瓊華(叶芳無反)乎而.

俟我於著(宁)乎而하나니	나를 문간에서 기다리나니
充耳以素乎而요	充耳를 흰 실로 하였고
尙之以瓊華乎而로다	그 위에 瓊華를 더하였도다

賦也라 俟는 待也라 我는 嫁者自謂也라 著는 門屛之間也라 充耳는 以纊懸瑱하니 所謂紞也라 尙은 加也라 瓊華는 美石似玉者니 卽所以爲瑱也라
○ 東萊呂氏曰 婚禮에 壻往婦家親迎할새 旣奠鴈하고 御輪而先歸하여 俟于門外라가 婦至則揖以入하나니 時에 齊俗不親迎이라 故로 女至壻門하여 始見其俟己也라

賦이다. 俟는 기다림이다. 我는 시집가는 자가 자신을 말한 것이다. 著는 門屛의 사이이다. 充耳는 솜을 귀막이 옥에 매단 것이니, 이른바 紞이라는 것이다. 尙은 더함이다. 瓊華는 아름다운 보석으로 옥과 같은 것이니, 바로 귀막이옥을 만드는 것이다.
○ 東萊呂氏가 말하였다. "婚禮에 신랑이 신부의 집에 가서 親迎할 적에 奠鴈을 마친 다음 수레를 타고 먼저 돌아와 문 밖에서 기다리다가 신부가 도착하면 揖하고 들어간다. 그런데 이때 齊나라 풍속은 親迎을 하지 않았기 때문에 시집가는 여자가 신랑 집의 문에 이르러서야 비로소 그가 자기를 기다림을 본 것이다."

俟我於庭乎而, 充耳以靑乎而, 尙之以瓊瑩(音榮)乎而.

俟我於庭乎而하나니	나를 뜰에서 기다리나니

俟：기다릴 사　著：자리 저　尙：더할 상　瓊：옥 경　宁：뜰 저　屛：병풍 병
纊：솜 광　瑱：귀막이옥 진　紞：면류관늘임 담　壻：사위 서, 신랑 서　奠：올릴 전
揖：읍할 읍　瑩：옥돌 영

充耳以青乎而요	充耳를 푸른 실로 하였고
尙之以瓊瑩乎而로다	그 위에 瓊瑩을 더하였도다

賦也라 庭은 在大門之內, 寢門之外라 瓊瑩은 亦美石似玉者라
○ 呂氏曰 此는 婚禮所謂壻道婦及寢門하여 揖入之時也라

賦이다. 庭은 大門의 안, 寢門의 밖에 있다. 瓊瑩 또한 아름다운 보석으로 옥과 같은 것이다.
○ 呂氏가 말하였다. "이는 婚禮에 이른바 '신랑이 신부를 인도하여 寢門에 미쳐서 揖하고 들어간다.'는 때이다."

俟我於堂乎而, 充耳以黃乎而, 尙之以瓊英[叶於良反]乎而.

俟我於堂乎而하나니	나를 堂에서 기다리나니
充耳以黃乎而요	充耳를 누런 실로 하였고
尙之以瓊英乎而로다	그 위에 瓊英을 더하였도다

賦也라 瓊英은 亦美石似玉者라
○ 呂氏曰 升階而後至堂하니 此는 婚禮所謂升自西階之時也라

賦이다. 瓊英은 또한 아름다운 보석으로 옥과 같은 것이다.
○ 呂氏가 말하였다. "계단을 오른 뒤에 堂에 이르니, 이는 婚禮에 이른바 '〈신부는〉 西階로부터 올라간다.'는 때이다."

著三章이니 章三句라

毛序 著는 刺時也니 時不親迎也라

《著》는 시속을 풍자한 것이니, 당시에 親迎을 하지 않았다.

東方之日兮. 彼姝[赤朱反]者子, 在我室兮. 在我室兮, 履我卽兮.

東方之日兮여	東方의 해여
彼姝者子	저 아름다운 그대가
在我室兮로다	내 방에 있도다
在我室兮하니	내 방에 있으니
履我卽兮로다	내 발자취를 밟아 따라오도다

階 : 층계 계　姝 : 예쁠 주　卽 : 나아갈 즉

興也라 履는 躡이요 卽은 就也니 言此女躡我之跡而相就也라

興이다. 履는 밟음이요, 卽은 나아감이니, 이 女子가 나의 발자취를 따라 서로 찾아옴을 말한 것이다.

東方之月兮. 彼姝者子, 在我闥(叶佗悅反)兮. 在我闥兮, 履我發(叶方月反)兮.

東方之月兮여	東方의 달이여
彼姝者子	저 아름다운 그대가
在我闥兮로다	내 문 안에 있도다
在我闥兮하니	내 문 안에 있으니
履我發兮로다	내 발자취를 따라 출발하도다

興也라 闥은 門內也라 發은 行去也니 言躡我而行去也라

興이다. 闥은 문 안이다. 發은 길을 떠남이니, 내 발자취를 따라 떠나감을 말한 것이다.

東方之日二章이니 章五句라

毛序　東方之日은 刺衰也라 君臣失道하고 男女淫奔하여 不能以禮化也라

《東方之日》은 衰함을 풍자한 詩이다. 君臣이 道理를 잃고 男女가 淫奔하여 禮로써 敎化하지 못해서였다.

東方未明(叶謨郎反), 顚倒(都老反)衣裳. 顚之倒(叶都妙反)之, 自公召之.

東方未明이어늘	東方이 아직 밝지 못하였거늘
顚倒衣裳호라	衣裳을 顚倒하여 입노라
顚之倒之어늘	넘어지고 엎어지거늘
自公召之로다	公所로부터 부르도다

賦也라 自는 從也라 群臣之朝에 別色始入이라

○ 此는 詩人刺其君興居無節하고 號令不時라 言東方未明而顚倒其衣裳이면 則既早矣어늘 而又已有從君所而來召之者焉하니 蓋猶以爲晩也라 或曰 所以然者는 以有自公所而召之者故也라

賦이다. 自는 부터이다. 群臣들이 조회할 때에 〈날이 훤하게 밝아〉 색깔을 구별할 수 있어야

躡：밟을 섭　闥：문지방 달　倒：넘어질 도

비로소 조정에 들어간다.

○ 이는 詩人이 그 군주가 일어나고 앉음이 절도가 없고 호령이 때에 맞지 않음을 풍자한 것이다. "東方이 아직 밝지 않아 그 衣裳을 顚倒하여 입는다면 때가 이미 이르거늘, 또 이미 人君이 계신 곳으로부터 와서 부르는 자가 있다." 하였으니, 이것은 오히려 늦다고 여긴 것이다. 혹자는 말하기를 "그러한 (衣裳을 顚倒하여 입는) 이유는 公所로부터 부르는 자가 있기 때문이다."라고 한다.

東方未晞, 顚倒裳衣. 倒之顚(叶典因反)之, 自公令(力證反 叶力呈反)之.

東方未晞어늘	東方에 아직 햇살이 퍼지지 않았거늘
顚倒裳衣호라	衣裳을 顚倒하여 입노라
倒之顚之어늘	넘어지며 엎어지거늘
自公令之로다	公所로부터 호령하도다

賦也라 晞는 明之始升也라 令은 號令也라

賦이다. 晞는 햇빛이 처음 올라오는 것이다. 令은 호령이다.

折(音切)柳樊圃(叶博故反), 狂夫瞿瞿(俱具反). 不能晨夜(叶羊茹反), 不夙則莫(音暮).

折柳樊圃를	버들가지를 꺾어 菜田에 울타리친 것을
狂夫瞿瞿어늘	狂夫도 두려워하거늘
不能晨夜하여	새벽과 밤을 구별하지 못하여
不夙則莫(暮)로다	이르지 않으면 너무 늦도다

比也라 柳는 楊之下垂者니 柔脆之木也라 樊은 藩也라 圃는 菜園也라 瞿瞿는 驚顧之貌라 夙은 早也라

○ 折柳樊圃는 雖不足恃나 然狂夫見之하고 猶驚顧而不敢越하니 以比晨夜之限甚明하여 人所易知어늘 今乃不能知하여 而不失之早면 則失之莫也라

比이다. 柳는 버들이 아래로 늘어진 것이니, 부드러운 나무이다. 樊은 울타리이다. 圃는 菜園이다. 瞿瞿는 놀라 돌아보는 모양이다. 夙은 이름이다.

○ 버드나무를 꺾어 菜田에 울타리를 친 것은 비록 믿을 만한 것이 못되나, 狂夫가 이것을 보고 오히려 놀라서 돌아보고 감히 넘지 못한다. 이것으로써 새벽과 밤의 한계가 매우 분명하여 사람들이 알기 쉬운 것인데, 지금 마침내 이것을 알지 못해서 너무 이름에 잘못되지 않으면 너무 늦음에 잘못됨을 비유한 것이다.

晞 : 햇살치밀 희 樊 : 울타리 번 圃 : 남새밭 포 瞿 : 두려울 구 脆 : 연할 취
藩 : 울타리 번 恃 : 믿을 시 越 : 넘을 월

東方未明三章이니 章四句라

毛序　東方未明은 刺無節也라 朝廷이 興居無節하고 號令不時하여 挈壺氏不能掌其職焉하니라

《東方未明》은 절도가 없음을 풍자한 詩이다. 朝廷이 일어나고 거처함이 절도가 없고 호령이 제때에 맞지 않아 挈壺氏(時刻을 맡은 관원)가 그 직책을 관장하지 못한 것이다

南山崔崔子雖反, 雄狐綏綏. 魯道有蕩, 齊子由歸. 旣曰歸止, 曷又懷叶胡威反止.

南山崔崔어늘	南山이 높고 높거늘
雄狐綏綏로다	숫여우가 제 짝을 찾도다
魯道有蕩이어늘	魯나라 길이 평탄하거늘
齊子由歸로다	齊子가 이 길을 따라 시집왔도다
旣曰歸止어시니	이미 시집을 왔으니
曷又懷止오	어찌하여 또 그리워하는고

比也라 南山은 齊南山也라 崔崔는 高大貌라 狐는 邪媚之獸라 綏綏는 求匹之貌라 魯道는 適魯之道也라 蕩은 平易也라 齊子는 襄公之妹로 魯桓公夫人文姜이니 襄公通焉者也라 由는 從也라 婦人謂嫁曰歸라 懷는 思也라 止는 語辭라

○ 言南山有狐하여 以比襄公居高位而行邪行하고 且文姜旣從此道하여 歸乎魯矣어늘 襄公何爲而復思之乎아하니라

比이다. 南山은 齊나라 南山이다. 崔崔는 高大한 모양이다. 여우는 사특하고 홀리는 짐승이다. 綏綏는 짝을 찾는 모양이다. 魯道는 魯나라로 가는 길이다. 蕩은 平易함이다. 齊子는 襄公의 누이로, 魯桓公의 夫人인 文姜이니, 襄公이 간통한 자이다. 由는 따름이다. 婦人이 시집가는 것을 歸라 한다. 懷는 그리워함이다. 止는 어조사이다.

○ 南山에 여우가 있음으로써 襄公이 높은 지위에 있으면서 사특한 행실을 행함을 比하였고, 또 "文姜이 이미 이 길을 따라 魯나라로 시집왔거늘, 襄公은 어찌하여 다시 그를 그리워하는가."라고 한 것이다.

葛屨五兩如字又音亮, 冠緌如誰反雙叶所終反止. 魯道有蕩, 齊子庸止. 旣曰庸止, 曷又從止.

葛屨五兩이며	칡신은 다섯 켤레이며

挈：끌 설　崔：높을 최　狐：여우 호　蕩：평탄할 탕　屨：신 구　緌：갓끈 유
庸：쓸 용

冠緌雙止니라	갓끈은 한 쌍이니라
魯道有蕩이어늘	魯나라 길이 평탄하거늘
齊子庸止로다	齊子가 이 길을 사용하여 시집왔도다
既曰庸止어시니	이미 이 길을 사용하여 시집왔으니
曷又從止오	어찌하여 또 서로 따르는고

比也라 兩은 二屨也라 緌는 冠上飾也라 屨必兩이요 緌必雙하여 物各有耦하니 不可亂也라 庸은 用也니 用此道以嫁于魯也라 從은 相從也라

比이다. 兩은 신 두 짝(한 켤레)이다. 緌는 관 위에 꾸민 것이다. 신은 반드시 두 짝이요, 갓끈은 반드시 한 쌍이어서 물건이 각각 짝이 있으니, 어지럽힐 수 없는 것이다. 庸은 사용함이니, 이 길을 사용하여 魯나라로 시집온 것이다. 從은 서로 따름이다.

藝麻如之何, 衡(音橫)從(子容反)其畝(莫後反). 取(七喻反)妻如之何, 必告(工毒反)父母(莫後反). 既曰告(同上)止, 曷又鞠(居六反)止

藝麻如之何오	삼을 심을 때에 어찌해야 하는가
衡從(橫縱)其畝니라	그 이랑을 橫으로 하고 縱으로 하느니라
取妻如之何오	아내를 취하려면 어찌해야 하는가
必告父母니라	반드시 父母에게 아뢰어야 하느니라
既曰告止어시니	이미 父母에게 아뢰었거니
曷又鞠止오	어찌하여 또 욕심을 극에 달하게 하는고

興也라 藝는 樹요 鞠은 窮也라
○ 欲樹麻者는 必先縱橫耕治其田畝하고 欲取妻者는 必先告其父母하나니 今魯桓公이 既告父母而娶矣어늘 又曷爲使之得窮其欲而至此哉오

興이다. 藝는 심음이요, 鞠은 궁극함이다.
○ 삼을 심고자 하는 자는 반드시 먼저 縱橫으로 그 田畝를 갈고 다스리며, 아내를 얻고자 하는 자는 반드시 먼저 父母에게 아뢰나니, 이제 魯桓公이 이미 父母에게 아뢰고 장가들었거늘, 또 어찌하여 文姜으로 하여금 그 욕심을 극에 달하게 하여 이에 이르게 하는가.

析薪如之何, 匪斧不克. 取妻如之何, 匪媒不得. 既曰得止, 曷又極止.

析薪如之何오	장작을 패려면 어찌해야 하는가

藝：심을 예　畝：밭이랑 무(묘)　鞠：다할 국　析：쪼갤 석　斧：도끼 부　媒：중매 매

匪斧不克이니라	도끼가 아니면 하지 못하느니라
取妻如之何오	아내를 취하려면 어찌해야 하는가
匪媒不得이니라	중매가 아니면 얻지 못하느니라
旣曰得止어시니	이미 얻었거니
曷又極止오	어찌하여 또 욕심을 극에 달하게 하는고

興也라 克은 能也라 極亦窮也라

興이다. 克은 능함이다. 極 또한 궁극이다.

南山四章이니 章六句라

春秋에 桓公十八年에 公與夫人姜氏如齊라가 公薨于齊하다 傳曰 公將有行할새 遂與姜氏如齊하니 申繻曰 女有家, 男有室하여 無相瀆也를 謂之有禮니 易此면 必敗니이다 公會齊侯于濼하고 遂及文姜如齊러니 齊侯通焉한대 公謫之하니 以告하다 夏四月에 享公할새 使公子彭生乘公이러니 公薨于車하니라 此詩前二章은 刺齊襄이요 後二章은 刺魯桓也라

「春秋」에 "桓公 18년에 公이 夫人 姜氏와 함께 齊나라에 갔다가 公이 齊나라에서 죽었다." 하였다. 傳에 이르기를 "公이 장차 길을 떠날 적에 마침내 姜氏와 함께 齊나라에 가려 하니, 申繻가 아뢰기를 '여자는 남편이 있고 남자는 아내가 있어서 서로 어지럽히지 않음을 禮가 있다 이르나니, 이것을 바꾸면 반드시 패합니다.' 하였다. 公이 齊侯와 濼땅에서 만나고, 마침내 文姜과 함께 齊나라에 가니, 齊侯가 文姜과 간통하였다. 公이 이를 꾸짖자, 〈文姜이〉 襄公에게 이것을 말하였다. 여름 4月에 公에게 연향을 베풀 적에 齊나라 公子인 彭生으로 하여금 公을 수레에 태우게 하였는데, 公이 수레에서 죽었다." 하였다. 이 詩는 앞의 두 章은 齊襄公을 풍자한 것이요, 뒤의 두 章은 魯桓公을 풍자한 것이다.

毛序 南山은 刺襄公也라 鳥獸之行으로 淫乎其妹하니 大夫遇是惡하여 作詩而去之하니라

《南山》은 襄公을 풍자한 詩이다. 禽獸의 행실로 그 누이와 간음하니, 大夫가 이 악행을 만나 詩를 짓고 떠나간 것이다.

無田(音佃)甫田, 維莠(羊九反)驕驕(叶音高). 無思遠人, 勞心忉忉(音刀).

無田(佃)甫田이어다	큰 밭을 농사짓지 말지어다
維莠驕驕리라	잡초가 무성하고 무성하리라

如：갈 여　薨：죽을 홍　繻：비단 수　瀆：문란할 독　濼：물이름 락　謫：꾸짖을 적
彭：성 팽　田：밭갈 전, 밭 전　甫：클 보　莠：가라지 유　忉：근심할 도

無思遠人이어다　　멀리 있는 사람을 그리워하지 말지어다
勞心忉忉리라　　마음에 애닳기를 忉忉히 하리라

比也라 田은 謂耕治之也라 甫는 大也라 莠는 害苗之草也라 驕驕는 張王(旺)之意라 忉忉는 憂勞也라
○ 言無田甫田也어다 田甫田而力不給이면 則草盛矣요 無思遠人也어다 思遠人而人不至면 則心勞矣라하니 以戒時人厭小而務大하고 忽近而圖遠하여 將徒勞而無功也라

比이다. 田은 갈고 다스림을 이른다. 甫는 큼이다. 莠는 벼싹을 해치는 풀이다. 驕驕는 張王(旺)의 뜻이요, 忉忉는 근심하고 수고로워함이다.
○ "큰 밭을 농사짓지 말지어다. 큰 밭을 농사짓는데 힘이 부족하면 잡초가 무성할 것이요, 멀리 있는 사람을 그리워하지 말지어다. 멀리 있는 사람을 그리워하는데 그 사람이 이르지 않으면 마음에 수고롭다."고 한 것이다. 이로써 당시 사람들이 작은 것을 싫어하고 큰 것을 힘쓰며, 가까운 것을 소홀히 하고 먼 것을 도모하여, 장차 한갓 수고롭기만 하고 功이 없음을 경계한 것이다.

無田甫田, 維莠桀桀. 無思遠人, 勞心怛怛(叶旦悅反).

無田甫田이어다　　큰 밭을 농사짓지 말지어다
維莠桀桀이리라　　잡초가 무성하고 무성하리라
無思遠人이어다　　멀리 있는 사람을 그리워하지 말지어다
勞心怛怛이리라　　마음에 애닳기를 怛怛히 하리라

比也라 桀桀은 猶驕驕也요 怛怛은 猶忉忉라

比이다. 桀桀은 驕驕와 같고, 怛怛은 忉忉와 같다.

婉兮孌(叶龍眷反)兮, 總角丱(古患反 叶古縣反)兮. 未幾(居豈反)見兮, 突而弁兮.

婉兮孌兮　　예쁘고 아름다운
總角丱兮를　　總角이 쌍상투한 것을
未幾見兮면　　얼마 안 있다가 만나보면
突而弁兮하나니라　　우뚝히 관을 쓰고 있느니라

比也라 婉, 孌은 少好貌요 丱은 兩角貌라 未幾는 未多時也라 突은 忽然高出之貌라 弁은 冠名이라

王 : 왕성할 왕　怛 : 슬퍼할 달　婉 : 예쁠 완　孌 : 예쁠 련　丱 : 쌍상투 관
突 : 갑작스러울 돌　弁 : 고깔 변

○ 言總角之童을 見之未久에 而忽然戴弁以出者는 非其躐等而強求之也요 蓋循其序而勢有必至耳라 此는 又以明小之可大, 邇之可遠하니 能循其序而脩之면 則可以忽然而至其極이어니와 若躐等而欲速이면 則反有所不達矣라

比이다. 婉·孌은 어리고 예쁜 모양이요, 丱은 두 뿔의 모양이다. 未幾는 많지 않은 시간이다. 突은 홀연히 높게 나온 모양이다. 弁은 冠名이다.

○ 總角한 아이를 본 지가 오래지 않은데 홀연히 관을 쓰고 나오는 것은, 등급을 건너 뛰어 억지로 구해서가 아니요, 순서를 따르면 勢가 반드시 이르기 마련인 것이다. 이는 또 작은 것이 크게 될 수 있고, 가까운 것이 멀리까지 이를 수 있으니, 능히 그 순서를 따라 닦으면 홀연히 지극한 경지에 이를 수 있거니와 만일 등급을 건너뛰어 속히 도달하고자 하면 도리어 달성하지 못하는 바가 있음을 밝힌 것이다.

甫田三章이니 章四句라

毛序 甫田은 大夫刺襄公也라 無禮義而求大功하고 不修其德而求諸侯하여 志大心勞하니 所以求者 非其道也라

《甫田》은 大夫가 襄公을 풍자한 詩이다. 禮義가 없으면서 큰 功을 구하고 德을 닦지 않으면서 諸侯들의 호응을 구하여 뜻만 크고 마음만 수고로우니, 구한 것이 그 道가 아니기 때문이다.

盧令令(音零), 其人美且仁.

盧令令이로소니	사냥개의 방울이 딸랑딸랑 하니
其人美且仁이로다	그 사람 아름답고 또 인자하도다

賦也라 盧는 田犬也라 令令은 犬頷下環聲이라

○ 此詩는 大意與還略同이라

賦이다. 盧는 사냥개이다. 令令은 개의 턱 밑에 있는 방울 소리이다.

○ 이 詩는 大意가 《還》과 대략 같다.

盧重(直龍反)環, 其人美且鬈(音權),

盧重環이로소니	사냥개의 방울이 겹이니
其人美且鬈이로다	그 사람 아름답고 또 수염이 많도다

躐 : 넘을 렵　循 : 따를 순　盧 : 사냥개 로　田 : 사냥할 전　頷 : 턱 함　環 : 고리 환
鬈 : 수염좋을 권

賦也라 重環은 子母環也라 鬈은 鬚鬢好貌라

賦이다. 重環은 작은 고리와 큰 고리이다. 鬈은 수염과 구렛나룻이 아름다운 모양이다.

盧重鋂音梅, 其人美且偲七才反.

盧重鋂로소니	사냥개의 사슬고리가 이중이니
其人美且偲로다	그 사람 아름답고 또 수염이 많도다

賦也라 鋂는 一環貫二也라 偲는 多鬚之貌니 春秋傳所謂于思 卽此字니 古通用耳라

賦이다. 鋂는 한 개의 고리가 두 개의 고리를 꿰고 있는 것이다. 偲는 수염이 많은 모양이니, 「春秋傳」에 이른바 '于思'가 바로 이 字이니, 옛날에 통용되었다.

盧令三章이니 章二句라

毛序 盧令은 刺荒也라 襄公이 好田獵畢弋하여 而不修民事하니 百姓苦之라 故로 陳古以風焉이라

《盧令》은 荒(사냥에 빠짐)을 풍자한 詩이다. 襄公이 田獵하여 그물치고 주살질하는 것을 좋아하고 백성의 일을 닦지 않으니, 百姓들이 이를 괴롭게 여겼다. 그러므로 옛날을 말하여 풍자한 것이다.

敝笱在梁, 其魚魴鰥古頑反 古倫反 叶. 齊子歸止, 其從才用反如雲.

敝笱在梁하니	해진 통발이 魚梁에 있으니
其魚魴鰥이로다	그 고기는 魴魚와 鰥魚로다
齊子歸止하니	齊子가 齊나라로 돌아가니
其從如雲이로다	따르는 자들이 구름처럼 많도다

比也라 敝는 壞요 笱는 罟也라 魴鰥은 大魚也라 歸는 歸齊也라 如雲은 言衆也라
○ 齊人以敝笱不能制大魚로 比魯莊公不能防閑文姜이라 故로 歸齊而從之者衆也라

比이다. 敝는 파괴된 것이요, 笱는 그물이다. 魴, 鰥은 큰 고기이다. 歸는 齊나라로 돌아가는 것이다. 如雲은 많음을 말한다.

鬚 : 수염 수　鬢 : 구렛나루 빈　重 : 거듭 중　鋂 : 사슬고리 매　偲 : 수염많은모양 시
敝 : 해질 폐　笱 : 통발 구　魴 : 방어 방　鰥 : 고기이름 환　罟 : 그물 고
閑 : 우리 한, 막을 한　鱮 : 연어 서

○ 齊나라 사람이 해진 통발이 큰 고기를 제어할 수 없음으로써 魯莊公이 〈어머니인〉 文姜을 防閑(제어)하지 못함을 비유한 것이다. 그러므로 〈文姜이〉 齊나라로 돌아감에 그를 따르는 자들이 많은 것이다.

敝笱在梁, 其魚魴鱮才呂反. 齊子歸止, 其從如雨.

敝笱在梁하니	해진 통발이 魚梁에 있으니
其魚魴鱮로다	그 고기는 魴魚와 鰱魚로다
齊子歸止하니	齊子가 齊나라로 돌아가니
其從如雨로다	따르는 자들이 비처럼 많도다

比也라 鱮는 似魴하고 厚而頭大하니 或謂之鰱이라 如雨는 亦多也라

比이다. 鱮는 魴魚와 같고, 두껍고 머리가 크니, 혹은 鰱魚라고도 한다. 如雨 또한 많음이다.

敝笱在梁, 其魚唯唯唯癸反. 齊子歸止, 其從如水.

敝笱在梁하니	해진 통발이 魚梁에 있으니
其魚唯唯로다	그 고기가 들락날락하도다
齊子歸止하니	齊子가 齊나라로 돌아가니
其從如水로다	따르는 자들이 물처럼 많도다

比也라 唯唯는 行出入之貌라 如水는 亦多也라

比이다. 唯唯는 다니면서 出入하는 모양이다. 如水 또한 많음이다.

敝笱三章이니 章四句라

按春秋컨대 魯莊公二年에 夫人姜氏會齊侯于禚하고 四年에 夫人姜氏享齊侯于祝丘하고 五年에 夫人姜氏如齊師하고 七年에 夫人姜氏會齊侯于防하고 又會齊侯于穀하니라

「春秋」를 살펴보건대 "魯莊公 2년에 夫人 姜氏가 禚땅에서 齊侯와 만났고, 4년에 夫人 姜氏가 祝丘땅에서 齊侯에게 연향을 베풀어 주었고, 5년에 夫人 姜氏가 齊나라 군대가 있는 곳에 갔고, 7년에 夫人 姜氏가 防땅에서 齊侯와 만났고, 또 穀땅에서 齊侯와 만났다." 하였다.

毛序 敝笱는 刺文姜也라 齊人이 惡魯桓公微弱하여 不能防閑文姜하여 使至淫亂하여 爲二國患焉이라

鰱 : 연어 련 禚 : 땅이름 작

《敝笱》는 文姜을 풍자한 詩이다. 齊나라 사람들이 魯나라 桓公이 미약하여 文姜을 防閑(막고 제어함)하지 못하여 두 나라의 병폐가 되게 함을 미워한 것이다.

載驅薄薄(普各反), 簟茀朱鞹(苦郭反). 魯道有蕩, 齊子發夕(叶祥龠反).

載驅薄薄하니	수레를 몰기를 급히 하니
簟茀朱鞹이로다	方文席으로 만든 가리개며 붉은 칠한 가죽이로다
魯道有蕩이어늘	魯나라 길이 평탄하거늘
齊子發夕이로다	齊子가 유숙한 곳에서 출발하도다

賦也라 薄薄은 疾驅聲이라 簟은 方文席也라 茀은 車後戶也라 朱는 朱漆也요 鞹은 獸皮之去毛者니 蓋車革質而朱漆也라 夕은 猶宿也니 發夕은 謂離於所宿之舍라
○ 齊人이 刺文姜乘此車而來會襄公也라

賦이다. 薄薄은 수레를 빨리 모는 소리이다. 簟은 方文席이다. 茀은 수레 뒤의 창문이다. 朱는 붉은 칠이요, 鞹은 짐승 가죽에 털을 제거한 것이니, 수레의 가죽 바탕에 붉은 칠을 한 것이다. 夕은 宿과 같으니, 發夕은 유숙했던 집에서 떠남을 말한다.
○ 齊나라 사람이 文姜이 이 수레를 타고 와서 襄公과 만남을 풍자한 것이다.

四驪(力馳反)濟濟(子禮反), 垂轡濔濔(乃禮反). 魯道有蕩, 齊子豈(開改反 後同)弟(叶待禮反).

四驪濟濟하니	네 마리 검은 말이 아름다우니
垂轡濔濔로다	드리운 고삐가 부드럽고 부드럽도다
魯道有蕩이어늘	魯나라 길이 평탄하거늘
齊子豈(愷)弟로다	齊子가 즐겁고 화평하도다

賦也라 驪는 馬黑色也라 濟濟는 美貌요 濔濔는 柔貌라 豈弟는 樂易也니 言無忌憚羞恥之意也라

賦이다. 驪는 흑색 말이다. 濟濟는 아름다운 모양이요, 濔濔는 부드러운 모양이다. 豈弟는 즐겁고 화평한 것이니, 거리끼거나 부끄러워하는 뜻이 없음을 말한 것이다.

汶(音問)水湯湯(失章反), 行人彭彭(必亡反). 魯道有蕩, 齊子翺翔.

汶水湯湯이어늘	汶水가 넘실넘실대거늘
行人彭彭이로다	길가는 사람들이 많고 많도다
魯道有蕩이어늘	魯나라 길이 평탄하거늘

簟 : 방문석 담　茀 : 수레가림 불　鞹 : 다룬가죽 곽　驪 : 가라말 려(리)　濟 : 많을 제
濔 : 물넘칠 녜(니)　豈 : 화락할 개　汶 : 물이름 문　湯 : 물세차게흐를 상　彭 : 많을 방

齊子翶翔이로다 齊子가 翶翔하도다

賦也라 汶은 水名이니 在齊南魯北二國之境이라 湯湯은 水盛貌요 彭彭은 多貌라 言行人之多는 亦以見其無恥也라

賦이다. 汶은 물 이름이니, 齊나라 남쪽, 魯나라 북쪽 두 나라의 경계에 있다. 湯湯은 물이 성한 모양이요, 彭彭은 많은 모양이다. 行人이 많음을 말한 것은 또한 그 부끄러움이 없음을 나타내려 한 것이다.

汶水滔滔(吐刀反), 行人儦儦(表驕反 協音褒). 魯道有蕩, 齊子遊敖.

汶水滔滔어늘 汶水가 滔滔히 흐르거늘
行人儦儦로다 길 가는 사람들이 많고 많도다
魯道有蕩이어늘 魯나라 길이 평탄하거늘
齊子遊敖로다 齊子가 遊敖하도다

賦也라 滔滔는 流貌요 儦儦는 衆貌라 遊敖는 猶翶翔也라

賦이다. 滔滔는 흐르는 모양이요, 儦儦는 많은 모양이다. 遊敖는 翶翔과 같다.

載驅四章이니 章四句라

毛序 載驅는 齊人이 刺襄公也라 無禮義라 故로 盛其車服하여 疾驅於通道大都하여 與文姜淫하여 播其惡於萬民焉이라

《載驅》는 齊나라 사람이 襄公을 풍자한 詩이다. 禮義가 없기 때문에 車服을 성대히 하여 통한 길, 큰 도읍에서 빨리 달리면서 文姜과 간음하여 그 惡을 萬民에 전파하였기 때문이다.

猗嗟昌兮, 頎(音祈)而長兮, 抑若揚兮, 美目揚兮. 巧趨蹌兮, 射則臧兮.

猗嗟昌兮여 아, 성대함이여
頎而長兮며 키가 훤칠하게 크며
抑若揚兮며 억제하되 드날리는 듯하며
美目揚兮며 아름다운 눈이 빛나며
巧趨蹌兮로소니 공교로운 걸음걸이가 예쁘기도 하니
射則臧兮로다 활쏘기도 잘하도다

滔：물흐를 도 儦：많을 표 猗：어조사 의 頎：헌걸찰 기 蹌：추창할 창

賦也라 猗嗟는 歎辭라 昌은 盛也라 頎는 長貌라 抑而若揚은 美之盛也라 揚은 目之動也라 蹌은 趨翼如也라 臧은 善也라

○ 齊人이 極道魯莊公威儀技藝之美如此하니 所以刺其不能以禮防閑其母니 若曰惜乎其獨少此耳라

賦이다. 猗嗟는 감탄사이다. 昌은 성함이다. 頎는 키가 큰 모양이다. 억제하되 드날리는 듯하다는 것은 아름다움이 성한 것이다. 揚은 눈의 움직임이다. 蹌은 걸어나감에 새가 날개를 편 듯한 것이다. 臧은 잘함이다.

○ 齊나라 사람이 魯莊公의 威儀와 技藝의 아름다움이 이와 같음을 지극히 말하였으니, 이는 능히 禮로써 그 어머니를 防閑하지 못함을 풍자한 것이다. "애석하다. 〈威儀와 技藝는 저러한데〉 그 오직 이 점만이 부족하다."고 말한 것과 같다.

猗嗟名兮, 美目淸兮. 儀旣成兮. 終日射(食亦反)侯, 不出正(音征)兮. 展我甥(叶桑經反)兮.

猗嗟名兮여	아, 칭찬할 만함이여
美目淸兮요	아름다운 눈이 맑고
儀旣成兮로소니	威儀가 이미 이루어졌으니
終日射(석)侯호되	종일토록 侯에 활을 쏘아 맞히되
不出正兮하나니	正鵠을 벗어나지 않나니
展我甥兮로다	진실로 우리 齊나라의 생질이로다

賦也라 名은 猶稱也니 言其威儀技藝之可名也라 淸은 目淸明也라 儀旣成은 言其終事而禮無違也라 侯는 張布而射之者也요 正은 設的於侯中而射之者也니 大射則張皮侯而設鵠하고 賓射則張布侯而設正이라 展은 誠也라 姊妹之子曰甥이니 言稱其爲齊之甥하고 而又以明非齊侯之子니 此는 詩人之微詞也라 按春秋컨대 桓公三年에 夫人姜氏至自齊하고 六年九月에 子同生하니 卽莊公也요 十八年에 桓公乃與夫人如齊하니 則莊公은 誠非齊侯之子矣라

賦이다. 名은 稱과 같으니, 그 威儀와 技藝가 이름날 만함을 말한 것이다. 淸은 눈이 淸明함이다. 威儀가 이미 이루어졌다는 것은 그 일을 마치도록 禮에 어긋남이 없음을 말한 것이다. 侯는 삼베를 펼쳐놓고 쏘는 것이요, 正은 侯 가운데에 과녁을 설치하고 쏘는 것이니, 大射에는 皮侯를 펼쳐놓고 鵠을 설치하며, 賓射에는 布侯를 펼쳐놓고 正을 설치한다. 展은 진실로이다. 姊妹의 아들을 甥이라 하니, 齊나라의 생질이 된다고 칭하고, 또 齊侯의 아들이 아님을 밝힌 것이니, 이는 詩人의 은미한 말이다. 「春秋」를 살펴보면, 桓公 3년에 夫人 姜氏가 齊나라에서 시집왔고, 6년 9월에 아들 同이 출생하였으니, 바로 莊公이요, 18년에 桓公이 이에 夫人과 더불어 齊나라에 갔으니, 그렇다면 莊公은 진실로 齊侯의 아들이 아닌 것이다.

射 : 맞힐 석　侯 : 과녁 후　正 : 과녁 정　展 : 진실로 전　甥 : 생질 생　鵠 : 과녁 곡

猗嗟孌叶龍春反兮，淸揚婉叶許願反兮．舞則選雪戀反兮，射則貫叶扃縣反兮．四矢反叶孚絢反兮，以禦亂叶靈春反兮．

猗嗟孌兮여	아, 예쁨이여
淸揚婉兮로다	눈과 눈썹이 아름답도다
舞則選兮며	춤을 춤에 빼어나며
射則貫兮며	활을 쏨에 과녁을 꿰뚫으며
四矢反兮로소니	네 화살이 반복하여 한 곳을 맞히니
以禦亂兮로다	亂을 막으리로다

賦也라 孌은 好貌라 淸은 目之美也요 揚은 眉之美也라 婉은 亦好貌라 選은 異於衆也니 或曰 齊於樂節也라 貫은 中而貫革也라 四矢는 禮射에 每發四矢라 反은 復也니 中皆得其故處也라 言莊公射藝之精하여 可以禦亂하니 [1]如以金僕姑射南宮長萬에 可見矣라

賦이다. 孌은 아름다운 모양이다. 淸은 눈이 아름다움이요, 揚은 눈썹이 아름다운 것이다. 婉 또한 아름다운 모양이다. 選은 뭇 사람보다 특이한 것이니, 혹자는 "음악의 節奏(가락)에 맞는 것이다." 한다. 貫은 적중하여 과녁의 가죽을 꿰뚫는 것이다. 四矢는 禮에 따라 활을 쏠 때에는 매양 네 개의 화살을 발사하는 것이다. 反은 반복함이니, 맞힌 것이 모두 그 옛 자리를 맞힌 것이다. 莊公이 활쏘는 재주가 정교하여 亂을 막을 수 있음을 말한 것이니, 金僕姑로 南宮長萬을 쏘아 맞힌 것에서 이것을 볼 수 있다.

譯註 1. 如以金僕姑射南宮長萬: 金僕姑는 화살 이름이며 南宮長萬은 宋나라 大夫로, 이 내용은 「春秋左傳」《莊公十一年》條에 보인다.

猗嗟三章이니 章六句라

或曰 子可以制母乎아 趙子曰 夫死從子는 通乎其下어든 況國君乎아 君者는 人神之主요 風敎之本也니 不能正家면 如正國何리오 若莊公者는 哀痛以思父하고 誠敬以事母하며 威刑以馭下하여 車馬僕從이 莫不俟命이면 夫人徒往乎아 夫人之往也는 則公哀敬之不至요 威命之不行耳니라 東萊呂氏曰 此詩三章은 譏刺之意 皆在言外라 嗟歎再三하니 則莊公所大闕者를 不言可見矣니라

혹자가 말하기를 "아들이 어머니를 제재할 수 있습니까?" 하자, 趙子(趙匡)가 다음과 같이 말하였다. "남편이 죽으면 아들을 따르는 것은 그 아랫사람에게도 통하는 것인데, 하물며 國君에 있어서랴! 군주는 人民과 神의 주인이요, 風敎의 근본이니, 군주가 집안을 바루지 못한다면 어떻게 나라를 바로잡을 수 있겠는가. 莊公이 애통함으로써 아버지를 생각하고, 정성과 공경으로써 어머니를 섬기며, 위엄과 형벌로써 아래사람을 어거하여 車馬와 僕從이 命을 따르지 않음

孌 : 예쁠 련　中 : 맞힐 중　馭 : 어거할 어

이 없게 하였다면, 夫人이 자기 혼자 걸어서 갈 수 있었겠는가. 夫人이 간 것은 莊公의 애통함과 공경이 지극하지 못하고, 위엄과 명령이 행해지지 못해서이다."

東萊呂氏가 말하였다. "이 詩의 세 章은 기롱하고 풍자한 뜻이 모두 말 밖에 있다. 감탄하기를 두 번 세 번 하였으니, 그렇다면 莊公의 크게 부족한 점을 말하지 않아도 볼 수 있을 것이다."

毛序 猗嗟는 刺魯莊公也라 齊人이 傷魯莊公이 有威儀技藝나 然而不能以禮防閑其母하여 失子之道하여 人以爲齊侯之子焉하니라

《猗嗟》는 魯나라 莊公을 풍자한 詩이다. 齊나라 사람들이 魯나라 莊公이 威儀와 技藝가 있으나 禮로써 그 어머니를 防閑하지 못하여 자식의 도리를 잃어 사람들이 齊侯의 아들이라고 말하는 것을 서글퍼한 것이다.

齊國은 十一篇에 三十四章이요 一百四十三句라

魏一之九

魏는 國名이라 本舜禹故都니 在禹貢冀州雷首之北, 析城之西하니 南枕河曲하고 北涉汾水라 其地陿隘하여 而民貧俗儉하여 蓋有聖賢之遺風焉이라 周初에 以封同姓이러니 後爲晉獻公所滅而取其地하니 今河中府解州 卽其地也라 蘇氏曰 魏地入晉이 久矣니 其詩疑皆爲晉而作이라 故로 列於唐風之前하니 猶邶鄘之於衞也라 今按篇中에 公行, 公路, 公族은 皆晉官이니 疑實晉詩며 又恐魏亦嘗有此官이니 蓋不可考矣라

魏는 國名이다. 본래 舜·禹의 옛 도읍이니, 《禹貢》의 冀州지역으로 雷首의 북쪽, 析城의 서쪽에 있었으니, 남쪽으로는 河曲까지 걸쳐졌고, 북쪽으로는 汾水를 건너갔다. 그 땅이 좁고 협소해서 백성들이 가난하고 풍속이 검소하여 聖賢의 遺風이 있었다. 周나라가 처음에는 同姓을 봉해주었는데, 뒤에 晉獻公에게 멸망당하여 진헌공이 그 땅을 취했으니, 지금의 河中府, 解州가 바로 그 지역이다.

蘇氏가 말하였다. "魏나라 땅이 晉나라에 들어간 지가 오래되었으니, 그 詩는 아마도 모두 晉나라가 된 뒤에 지어진 것인 듯하다. 그러므로 唐風의 앞에 진열된 것이니, 邶風과 鄘風이 衞나라에 있어서와 같다."

지금 살펴보건대, 篇 가운데 公行·公路·公族은 모두 晉나라 벼슬이니, 의심컨대 실로 晉나라 詩인 듯하며, 아마도 또 魏나라에도 일찍이 이러한 벼슬이 있었던 듯하니, 상고할 수가 없다.

糾糾(吉黝反)葛屨, 可以履霜, 摻摻(所銜反)女手, 可以縫裳. 要(於遙反)之襋(紀力反)之, 好人

陿 : 좁을 협 隘 : 좁을 애 糾 : 엉성할 규 屨 : 신 구 摻 : 가늘 삼 縫 : 꿰맬 봉
襋 : 옷깃 극

服叶蒲北反之.

糾糾葛屨여	썰렁한 칡신이여
可以履霜이로다	서리를 밟을 수 있도다
摻摻女手여	섬섬한 女人의 손이여
可以縫裳이로다	치마를 꿰맬 수 있도다
要之襋之하여	허리를 달고 옷깃을 달아
好人服之로다	좋은 님이 입도다

興也라 糾糾는 繚戾寒凉之意라 夏葛屨요 冬皮屨라 摻摻은 猶纖纖也라 女는 婦未廟見之稱也니 娶婦三月廟見然後에야 [1]執婦功이라 要는 裳要요 襋은 衣領이라 好人은 猶大人也라
○ 魏地陿隘하여 其俗이 儉嗇而褊急이라 故로 以葛屨履霜起興하여 而刺其使女縫裳하고 又使治其要襋而遂服之也라 此詩는 疑卽縫裳之女所作이라

興이다. 糾糾는 엉성하게 얽어서 썰렁하다는 뜻이다. 여름에는 칡신을 신고, 겨울에는 가죽신을 신는다. 摻摻은 纖纖과 같다. 女는 新婦가 시집와서 아직 사당에 뵙지 않았을 때의 칭호이니, 新婦를 데려온 지 3개월이 되어서 사당에 뵌 뒤에야 婦功을 잡는다. 要는 치마의 허리요, 襋은 옷의 옷깃이다. 好人은 大人과 같다.

○ 魏나라 땅이 협소하고 좁아서 그 풍속이 검소하고 인색하며 편협하고 조급하였다. 그러므로 칡신을 신고 서리를 밟음으로 起興하여, 〈시집온 지 석달도 안된〉 新婦로 하여금 치마를 꿰매게 하고 또 그 허리와 옷깃을 달게 하여 마침내 입음을 풍자한 것이다. 이 詩는 의심컨대 바로 치마를 꿰맨 新婦가 지은 것인 듯하다.

譯註 1. 執婦功 : 婦功은 婦工과 같은 말로, 女人의 길쌈이나 바느질 따위를 이른다. 옛날에는 新婦가 시집온 지 3개월이 지나 先祖의 사당에 뵌 뒤에야 완벽한 며느리가 될 수 있었는바, 「禮記」《曾子問》에 "取婦之家 三日不擧樂 思嗣親也 三月而廟見 稱來婦也"라고 보인다.

好人提提徒兮反, 宛於阮反然左辟音避, 佩其象揥勅帝反. 維是褊心, 是以爲刺叶音砌.

好人提提하여	아름다운 임이 한가로워
宛然左辟(避)하나니	宛然히 사양하여 왼쪽으로 피하나니
佩其象揥로다	상아로 만든 빗을 찼도다
維是褊心이라	다만 마음이 너무 좁고 급한지라
是以爲刺하노라	이 때문에 풍자하노라

繚 : 얽을 료　戾 : 어그러질 려　纖 : 고울 섬　嗇 : 인색할 색　褊 : 좁을 편
提 : 가만가만걸을 제　宛 : 완연할 완　辟 : 피할 피　揥 : 쪽집게 제(체)

賦也라 提提는 安舒之意라 宛然은 讓之貌也니 讓而辟者必左라 揥는 所以摘髮이니 用象爲之는 貴者之飾也라 其人如此면 若無有可刺矣로되 所以刺之者는 以其褊迫急促하여 如前章之云耳라

賦이다. 提提는 편안하고 펴진 뜻이다. 宛然은 사양하는 모양이니, 사양하여 피하는 자는 반드시 왼쪽으로 한다. 揥는 가리마를 타는 것이니, 象牙로 만든 것은 귀한 자의 꾸밈이다. 그 사람이 이와 같다면 풍자할 만한 것이 없을 듯한데, 풍자하는 까닭은 그 褊迫하고 急促하여 前章에서 말한 것과 같기 때문이다.

葛屨二章이니 一章은 六句요 一章은 五句라

廣漢張氏曰 夫子謂與其奢也론 寧儉이라하시니 則儉雖失中이나 本非惡德이라 然而儉之過면 則至於吝嗇迫隘하여 計較分毫之間하여 而謀利之心始急矣라 葛屨, 汾沮洳, 園有桃三詩는 皆言急迫瑣碎之意하니라

廣漢張氏가 말하였다. "夫子께서 '사치하기보다는 차라리 검소한 것이 낫다.' 하셨으니, 검소함은 비록 中道를 잃은 것이나, 본래 惡德이 아니다. 그러나 검소함이 지나치면 인색하고 急迫하며 협소한 데에 이르러, 일푼 일호의 사이를 計較하여 이익을 계산하는 마음이 비로소 급해지게 된다. 《葛屨》, 《汾沮洳》, 《園有桃》 3편의 詩는 모두 急迫하고 瑣碎한 뜻을 말하였다."

毛序 葛屨는 刺褊也라 魏地陜隘하여 其民은 機巧趨利하고 其君은 儉嗇褊急하여 而無德以將之하니라

《葛屨》는 褊急함을 풍자한 詩이다. 魏나라는 땅이 좁아 백성들은 機變에 따라 약삭빠르게 利益을 따르고, 군주는 儉嗇하고 褊急하여 德으로써 이어감이 없었다.

彼汾(扶云反)沮(子豫反)洳(如豫反), 言采其莫(音暮). 彼其(音記)之子, 美無度. 美無度, 殊異乎公路.

彼汾沮洳에	저 汾水의 물가에
言采其莫(모)로다	그 나물을 캐도다
彼其之子여	저 그 사람이여
美無度(도)로다	아름다움을 헤아릴 수 없도다
美無度나	아름다움을 헤아릴 수 없으나
殊異乎公路로다	자못 公路와는 다르도다

摘 : 뽑을 적 促 : 재촉할 촉 吝 : 인색할 린 瑣 : 잘 쇄 碎 : 부술 쇄 汾 : 물이름 분
沮 : 물번질 저 洳 : 물번질 여 莫 : 나물 모

興也라 汾은 水名이니 出太原晉陽山하여 西南入河라 沮洳는 水浸處下濕之地라 莫는 菜也니 似柳하고 葉厚而長하며 有毛刺하니 可爲羹이라 無度는 言不可以尺寸量也라 公路者는 掌公之路車니 晉以卿大夫之庶子爲之하니라

○ 此亦刺儉不中禮之詩라 言若此人者는 美則美矣나 然其儉嗇褊急之態가 殊不似貴人也라

興이다. 汾은 물 이름이니, 太原府의 晉陽山에서 나와 서남쪽으로 黃河로 들어간다. 沮洳는 물에 잠기는 下濕한 땅이다. 莫는 나물이니, 버들과 같고, 잎이 두껍고 길며, 털과 가시가 있는데, 국을 끓여 먹을 수 있다. 無度는 자와 칫수로써 헤아릴 수 없음을 말한 것이다. 公路는 公의 路車를 맡으니, 晉나라에서는 卿大夫의 庶子로 임명하였다.

○ 이 또한 검소함이 禮에 맞지 못함을 풍자한 詩이다. 이와 같은 사람이 아름답기는 아름다우나, 그 儉嗇하고 褊急한 태도가 자못 貴人 같지 않음을 말한 것이다.

彼汾一方, 言采其桑. 彼其之子, 美如英(於良反). 美如英, 殊異乎公行(戶郞反).

彼汾一方에	저 汾水 한 쪽에
言采其桑이로다	뽕을 따도다
彼其之子여	저 그 사람이여
美如英이로다	아름답기가 꽃과 같도다
美如英이나	아름답기가 꽃과 같으나
殊異乎公行이로다	자못 公行과는 다르도다

興也라 一方은 彼一方也니 [1]史記에 扁鵲視見垣一方人이라하니라 英은 華也라 公行은 卽公路也니 以其主兵車之行列이라 故로 謂之公行也라

興이다. 一方은 저 한쪽이니, 「史記」에 "扁鵲이 담의 저 편에 있는 사람을 보았다." 하였다. 英은 꽃이다. 公行은 바로 公路이니, 兵車의 行列을 주관하기 때문에 公行이라 이른 것이다.

譯註 1. 「史記」《扁鵲列傳》에 보이는 내용으로, 扁鵲이 長桑君으로부터 神秘한 藥을 복용한 지 30일만에 눈이 밝아져 담 너머에 있는 사람까지도 환히 꿰뚫어 보았다 한다.

彼汾一曲, 言采其藚(音續). 彼其之子, 美如玉. 美如玉, 殊異乎公族.

彼汾一曲에	저 汾水 한 굽이에
言采其藚이로다	쇠귀나물을 뜯도다
彼其之子여	저 그 사람이여
美如玉이로다	아름다움이 옥과 같도다
美如玉이나	아름다움이 옥과 같으나

扁 : 작을 편 藚 : 쇠귀나물 속

殊異乎公族이로다	자못 公族과는 다르도다

興也라 一曲은 謂水曲流處라 藚은 水舄〔蕮〕也니 葉如車前草라 公族은 掌公之宗族이니 晉以卿大夫之適子爲之하니라

興이다. 一曲은 물이 굽이쳐 흐르는 곳을 이른다. 藚은 水蕮이니, 잎이 車前草와 같다. 公族은 公의 宗族을 관장하니, 晉나라에서는 卿大夫의 適子로 임명하였다.

汾沮洳三章이니 章六句라

毛序 汾沮洳는 刺儉也라 其君이 儉以能勤이나 刺不得禮也라

《汾沮洳》는 검소함을 풍자한 詩이다. 그 군주가 검소하고 부지런하였으나 禮에 맞지 못함을 풍자한 것이다.

園有桃, 其實之殽. 心之憂矣, 我歌且謠音遙. 不知我者, 謂我士也驕. 彼人是哉叶將黎反, 子曰何其音基. 心之憂矣, 其誰知之. 其誰知之, 蓋亦勿思叶新齋反.

園有桃하니	동산에 복숭아나무가 있으니
其實之殽로다	그 열매를 먹도다
心之憂矣라	마음에 근심하는지라
我歌且謠호라	내 노래부르고 또 흥얼거리노라
不知我者는	이내마음 알지 못하는 자들은
謂我士也驕로다	나더러 선비가 교만하다 하도다
彼人是哉어늘	저 사람이 옳거늘
子曰何其오하나니	그대는 어이하여 그러는고 하나니
心之憂矣여	마음에 근심함이여
其誰知之리오	그 누가 이것을 알리오
其誰知之리오	그 누가 이것을 알리오
蓋亦勿思로다	또한 생각하지 않아서로다

興也라 殽는 食也라 合曲曰歌요 徒歌曰謠라 其는 語辭라
○ 詩人이 憂其國小而無政이라 故로 作是詩라 言園有桃면 則其實之殽矣요 心有憂면 則我歌且謠矣라 然이나 不知我之心者는 見其歌謠而反以爲驕하고 且曰 彼之所爲已是矣어늘 而子之言은 獨何爲哉오하니 蓋擧國之人이 莫覺其非하여 而反以憂之者爲驕也라 於是에 憂者

蕮 : 나물이름 석 殽 : 먹을 효

重嗟歎之하여 以爲此之可憂는 初不難知어늘 彼之非我는 特未之思耳라 誠思之면 則將不暇非我而自憂矣라하니라

興이다. 殽는 먹음이다. 음악의 곡조에 맞추어 부름을 歌라 하고, 혼자 노래함을 謠라 한다. 其는 어조사이다.

○ 詩人이 나라가 작고 훌륭한 政事가 없음을 걱정하였다. 그러므로 이 詩를 지었다. 동산에 복숭아나무가 있으면 그 열매를 먹고, 마음에 근심하면 내 노래부르고 또 흥얼거린다. 그러나 내 마음을 알지 못하는 자들은 내가 歌謠함을 보고는 도리어 교만하다 하며, 또 말하기를 "저 사람이 하는 바가 이미 옳거늘, 그대의 말은 홀로 어찌된 것인가?" 하니, 온 나라 사람이 그 그름을 깨닫지 못하여 도리어 근심하는 자를 교만하다고 한 것이다. 이에 근심하는 자가 거듭 嗟歎하여 이르기를, 이것이 근심스러울 만함은 애당초 알기가 어렵지 않거늘, 저들이 나를 비난함은 다만 생각하지 않아서이다. 진실로 생각한다면 장차 나를 비난할 겨를이 없이 스스로 근심할 것이라고 한 것이다.

園有棘, 其實之食. 心之憂矣, 聊以行國叶于逼反. 不知我者, 謂我士也罔極. 彼人是哉, 子曰何其. 心之憂矣, 其誰知之. 其誰知之, 蓋亦勿思.

園有棘하니	동산에 작은 대추나무가 있으니
其實之食이로다	그 열매를 먹도다
心之憂矣라	마음에 근심하는지라
聊以行國호라	애오라지 國中에 다니노라
不知我者는	이내마음 알지 못하는 자들은
謂我士也罔極이로다	나더러 선비가 極이 없다 하도다
彼人是哉어늘	저 사람이 옳거늘
子曰何其오하나니	그대는 어이하여 그러는고 하나니
心之憂矣여	마음에 근심함이여
其誰知之리오	그 누가 이것을 알리오
其誰知之리오	그 누가 이것을 알리오
蓋亦勿思로다	또한 생각하지 않아서로다

興也라 棘은 棗之短者라 聊는 且略之辭也라 歌謠之不足이면 則出遊於國中而寫(瀉)憂也라 極은 至也니 罔極은 言其心縱恣하여 無所至極이라

興이다. 棘은 대추나무 중에 키가 작은 것이다. 聊는 且略(우선 그런대로)이라는 말이다. 歌謠로도 부족하면 國中에 나가 놀아 근심을 쏟는 것이다. 極은 이름이니, 罔極은 그 마음이 방자하여 끝닿은 데가 없음을 말한 것이다.

棘 : 작은대추나무 극　罔 : 없을 망　寫 : 쏟을 사

園有桃二章이니 章十二句라

毛序 園有桃는 刺時也라 大夫憂其君國小而迫하고 而儉以嗇하여 不能用其民而無德敎하여 日以侵削이라 故로 作是詩也라

《園有桃》는 時代를 풍자한 詩이다. 大夫가 그 군주가 나라가 작고 좁으며 검소하고 인색하여 백성을 제대로 쓰지 못하고 德敎가 없어 날로 侵削함을 걱정하였다. 그러므로 이 詩를 지은 것이다.

陟彼岵音戶兮, 瞻望父兮. 父曰嗟予子行役, 夙夜無已. 上愼旃哉, 猶來無止.

陟彼岵兮하여	저 민둥산에 올라가
瞻望父兮호라	아버지를 바라보노라
父曰嗟予子行役하여	아버지께서 말씀하시기를 "아, 내 아들 부역가서
夙夜無已로다	밤낮으로 쉬지 못하리로다
上(尙)愼旃哉어다	행여 몸조심 할지어다
猶來無止니라	부디 돌아오고 그치지 말지니라." 하시겠지

賦也라 1)山無草木曰岵라 上은 猶尙也라
○ 孝子行役하여 不忘其親이라 故로 登山以望其父之所在하고 因想像其父念己之言曰 嗟乎라 我之子行役하여 夙夜勤勞하여 不得止息이라하고 又祝之曰 庶幾愼之哉어다 猶可以來歸요 無止於彼而不來也라하니 蓋生則必歸요 死則止而不來矣라 或曰 止는 獲也니 言無爲人所獲也라

賦이다. 산에 草木이 없는 것을 岵라 한다. 上은 尙과 같다.
○ 孝子가 부역을 가서 그 어버이를 잊지 못하였다. 그러므로 산에 올라가 아버지가 계신 곳을 바라보고, 인하여 아버지가 자기를 생각하는 말을 상상하여 이르기를 "아! 내 아들이 부역가서 밤낮으로 근로하여 쉬지 못할 것이다." 하고, 또 축원하기를 "행여 몸조심 할지어다. 그리하여 부디 살아 돌아오고 저 곳에 그쳐 안오지 말라." 하였으니, 살면 반드시 돌아오고 죽으면 그쳐 오지 못하는 것이다. 혹자는 말하기를 "止는 잡힘이니, 남에게 잡히지 말라고 한 것이다." 한다.

譯註 1. 山無草木曰岵:「爾雅」《釋山》에는 '山多草木岵'라 하였고 「廣韻」에도 '岵山多草木'이라 하였으며, 우리 字典에도 '산숲질호'로 되어 있어 毛傳・集傳과 相反된다. 아래의 屺는 峐로도 쓰는 바, 이 역시 「說文」과 「爾雅」에 모두 '山無草木也'라 하였고, 우

岵 : 산에숲질 호(민둥산 호) 旃 : 말그칠 전

리 字典에도 '민둥산기'로 되어 있어 毛傳·集傳과 相反된다. 다만 여기서는 集傳을 위주로 하여 字義를 달았음을 밝혀둔다.

陟彼屺(音起)兮, 瞻望母(叶滿彼反)兮. 母曰嗟予季行役, 夙夜無寐. 上愼旃哉, 猶來無棄.

陟彼屺兮하여	저 숲진 산에 올라가
瞻望母兮호라	어머니를 바라보노라
母曰嗟予季行役하여	어머니께서 말씀하시기를 "아, 내 막내아들 부역가서
夙夜無寐로다	밤낮으로 자지 못하리로다
上愼旃哉어다	행여 몸조심 할지어다
猶來無棄니라	부디 돌아오고 버려지지 말지니라." 하시겠지

賦也라 山有草木曰屺라 季는 少子也니 尤憐愛少子者는 婦人之情也라 無寐는 亦言其勞之甚也라 棄는 謂死而棄其尸也라

賦이다. 산에 草木이 있는 것을 屺라 한다. 季는 작은 아들이니, 특히 작은 아들을 사랑하는 것은 婦人의 情이다. 자지 못한다는 것은 또한 그 수고로움이 심함을 말한 것이다. 棄는 죽어서 그 시신을 버림을 말한다.

陟彼岡兮, 瞻望兄(叶虛王反)兮. 兄曰嗟予弟行役, 夙夜必偕(叶擧里反). 上愼旃哉, 猶來無死(叶想止反).

陟彼岡兮하여	저 산등성이에 올라가
瞻望兄兮호라	형님을 바라보노라
兄曰嗟予弟行役하여	형님께서 말씀하기를 "아 내 아우 부역가서
夙夜必偕로다	밤낮으로 반드시 동무들과 함께 행동하리로다
上愼旃哉어다	행여 몸조심 할지어다
猶來無死니라	부디 돌아오고 죽지 말지니라." 하시겠지

賦也라 山脊曰岡이라 必偕는 言與其儕同作同止하여 不得自如也라

賦이다. 산등성이를 岡이라 한다. 반드시 함께 한다는 것은 동료들과 함께 일하고 함께 그쳐서 자유롭지 못함을 말한 것이다.

陟岵三章이니 章六句라

屺 : 민둥산 기(산에숲질 기) 脊 : 등성마루 척 儕 : 무리 제

毛序 陟岵는 孝子行役하여 思念父母也라 國迫而數見侵削하여 役乎大國하니 父母兄弟離散而作是詩也라

《陟岵》는 孝子가 부역을 가서 父母를 생각한 詩이다. 나라가 좁아 자주 侵削을 당하여 大國에 사역되니, 父母·兄弟가 離散되어 이 詩를 지은 것이다.

十畝之間(叶居賢反)兮, 桑者閑閑(叶胡田反)兮. 行與子還(叶音旋)兮.

十畝之間兮여	十畝의 사이에
桑者閑閑兮니	뽕을 따는 자가 한가하고 한가하니
行與子還(旋)兮호리라	장차 그대와 더불어 돌아가리라

賦也라 十畝之間은 郊外所受場圃之地也라 閑閑은 往來者自得之貌라 行은 猶將也요 還은 猶歸也라

○ 政亂國危하니 賢者不樂仕於其朝하여 而思與其友歸於農圃라 故로 其詞如此라

賦이다. 十畝의 사이는 郊外에 받은 바 場圃의 땅이다. 閑閑은 왕래하는 자가 自得한 모양이다. 行은 將(장차)과 같고, 還은 歸와 같다.

○ 정사가 혼란하고 나라가 위태로우니, 賢者가 조정에서 벼슬하는 것을 즐거워하지 아니하여 그 벗과 더불어 農圃에 돌아갈 것을 생각하였다. 그러므로 그 말이 이와 같은 것이다.

十畝之外(叶五墜反)兮, 桑者泄泄(以世反)兮, 行與子逝兮.

十畝之外兮여	十畝의 밖이여
桑者泄泄兮니	뽕을 따는 자가 한가하고 한가하니
行與子逝兮호리라	장차 그대와 더불어 가리라

賦也라 十畝之外는 隣圃也라 泄泄는 猶閑閑也라 逝는 往也라

賦이다. 十畝의 밖은 이웃 채전이다. 泄泄는 閑閑과 같다. 逝는 감이다.

十畝之間二章이니 章三句라

毛序 十畝之間은 刺時也니 言其國削小하여 民無所居焉하니라

《十畝之間》은 時代를 풍자한 詩이니, 그 나라가 侵削되어 작아져서 백성들이 거처할 곳이 없음을 말한 것이다.

泄 : 한가할 예

坎坎伐檀(叶徒沿反)兮, 寘之河之干(叶居焉反)兮, 河水清且漣(力廛反)猗(於宜反). 不稼不穡, 胡取禾三百廛(直連反)兮. 不狩不獵, 胡瞻爾庭有縣(音玄)貆(音暄)兮. 彼君子兮, 不素餐(七丹反 叶七宣反)兮.

坎坎伐檀兮어늘	끙끙 박달나무를 베어왔거늘
치之河之干兮하니	河水 물가에 버려두니
河水清且漣猗로다	河水가 맑고 또 물결이 일도다
不稼不穡이면	심지 않고 거두지 않으면
胡取禾三百廛兮며	어찌 벼 三百廛을 취할 것이며
不狩不獵이면	狩獵하지 않으면
胡瞻爾庭有縣貆兮리오하나니	어찌 너의 뜰에 매달려 있는 담비를 보리오 하니
彼君子兮여	저 君子여
不素餐兮로다	공밥을 먹지 않도다

賦也라 坎坎은 用力之聲이라 檀木은 可爲車者라 寘는 與置同이라 干은 厓也라 漣은 風行水成文也라 猗는 與兮同하니 語詞也라 書斷斷猗를 大學作兮하고 莊子亦云 而我猶爲人猗 是也라 種之曰稼요 斂之曰穡이라 胡는 何也라 一夫所居曰廛이라 狩亦獵也라 貆은 貉類라 素는 空이요 餐은 食也라

○ 詩人이 言有人於此하니 用力伐檀은 將以爲車而行陸也어늘 今乃寘之河干하니 則河水清漣而無所用이니 雖欲自食其力이나 而不可得矣라 然이나 其志則自以爲不耕則不可以得禾요 不獵則不可以得獸라 是以로 甘心窮餓而不悔也라 詩人이 述其事而歎之하여 以爲是眞能不空食者라하니 後世若徐穉之流 非其力不食하니 其厲志蓋如此라

賦이다. 坎坎은 힘을 쓰는 소리이다. 박달나무는 수레를 만들 수 있는 나무이다. 寘는 置와 같다. 干은 물가이다. 漣은 바람이 지나감에 물결이 무늬를 이루는 것이다. 猗는 兮와 같으니, 어조사이다. 「書經」에 '斷斷猗'를 「大學」에는 '兮'라 하였고, 「莊子」《大宗師》에도 이르기를 "내 오히려 사람이다. 〔我猶爲人猗〕"한 것이 이것이다. 심는 것을 稼라 하고, 거두는 것을 穡이라 한다. 胡는 어찌이다. 한 家長이 거처하는 곳을 廛이라 한다. 狩 또한 사냥이다. 貆은 담비의 무리이다. 素는 空이요, 餐은 밥이다.

○ 詩人이 말하기를 "여기에 사람이 있는데 힘을 써서 박달나무를 베어온 것은 장차 수레를 만들어 육지를 다니고자 해서인데, 이제 마침내 黃河의 물가에 버려두고 있으니, 河水가 맑으며 무늬를 이루어 쓰여질 곳이 없다. 그렇다면 비록 자기의 능력으로 먹고자 하나 될 수가 없는 것이다. 그러나 그 뜻에는 스스로 생각하기를 '밭을 갈지 않으면 벼를 얻을 수 없고, 사냥을 하지 않으면 짐승을 얻을 수 없다.'고 여겼다. 이 때문에 궁하고 굶주림을 마음에 달게 여기고 후회하

坎 : 힘쓰는소리 감　寘 : 둘 치　干 : 물가 간　漣 : 잔물결 련　稼 : 심을 가　穡 : 거둘 색
廛 : 무더기 전　縣 : 매달 현　貆 : 담비새끼 환　餐 : 음식 찬　貉 : 담비 학

지 않는다."한 것이다. 詩人이 그 일을 서술하고 탄식하여 이르기를 "이는 참으로 공밥을 먹지 않는 자이다."라고 하였으니, 후세에 徐穉 같은 무리들은 자기 힘이 아니면 먹지 않았으니, 그 뜻을 힘씀이 이와 같은 것이다.

坎坎伐輻(音福 叶筆力反)兮, 寘之河之側(叶莊力反)兮, 河水清且直猗. 不稼不穡, 胡取禾三百億兮. 不狩不獵, 胡瞻爾庭有縣特兮. 彼君子兮, 不素食兮.

坎坎伐輻兮어늘	꿍꿍 수레바퀴살을 베어왔거늘
치之河之側兮하니	河水 가에 버려두니
河水清且直猗로다	河水가 맑고 또 물결이 곧도다
不稼不穡이면	심지 않고 거두지 않으면
胡取禾三百億兮며	어찌 벼 三百億을 취할 것이며
不狩不獵이면	수렵하지 않으면
胡瞻爾庭有縣特兮리오하나니	어찌 네 뜰에 매달려 있는 짐승을 보리오 하니
彼君子兮여	저 君子여
不素食兮로다	공밥을 먹지 않도다

賦也라 輻은 車輻也니 伐木以爲輻也라 直은 波文之直也라 十萬曰億이니 蓋言禾秉之數也라 獸三歲曰特이라

賦이다. 輻은 수레바퀴살이니, 나무를 베어서 輻을 만든 것이다. 直은 물결의 무늬가 곧은 것이다. 十萬을 億이라 하니, 禾秉(볏단)의 수를 말한 것이다. 짐승이 3년된 것을 特이라 한다.

坎坎伐輪兮, 寘之河之漘(順倫反)兮, 河水清且淪猗. 不稼不穡, 胡取禾三百囷(丘倫反)兮. 不狩不獵, 胡瞻爾庭有縣鶉(音純)兮. 彼君子兮, 不素飧(素門反 叶素倫反)兮.

坎坎伐輪兮어늘	坎坎히 수레바퀴를 베어왔거늘
寘之河之漘兮하니	河水 가에 버려두니
河水清且淪猗로다	河水가 맑고 또 물결이 둥글게 일도다
不稼不穡이면	심지 않고 거두지 않으면
胡取禾三百囷兮며	어찌 벼 三百囷을 취할 것이며
不狩不獵이면	수렵하지 않으면
胡瞻爾庭有縣鶉兮리오하나니	어찌 네 뜰에 매달려 있는 메추리를 보리오 하니
彼君子兮여	저 君子여
不素飧兮로다	공밥을 먹지 않도다

輻 : 바퀴살통 복　特 : 수컷 특　漘 : 물가 순　囷 : 둥근곳집 균　鶉 : 메추라기 순
飧 : 밥 손

賦也라 輪은 車輪也니 伐木以爲輪也라 淪은 小風에 水成文하여 轉如輪也라 囷은 圓倉也라 鶉은 鵪屬이라 熟食曰飧이라

賦이다. 輪은 수레바퀴이니 나무를 베어서 수레바퀴를 만든 것이다. 淪은 작은 바람에 물이 무늬를 이루어 둥글이 바퀴와 같은 것이다. 囷은 둥근 창고이다. 鶉은 메추라기의 등속이다. 익은 밥을 飧이라 한다.

伐檀三章이니 章九句라

毛序 伐檀은 刺貪也라 在位貪鄙하여 無功而受祿하여 君子不得進仕爾라

《伐檀》은 탐욕스러움을 풍자한 詩이다. 지위에 있는 자가 탐욕스럽고 비루하여 功이 없으면서 祿을 받아 君子가 나아가 벼슬하지 못하였다.

碩鼠碩鼠, 無食我黍. 三歲貫古亂反女音汝, 莫我肯顧叶果五反. 逝將去女, 適彼樂音洛下同土. 樂土樂土, 爰得我所.

碩鼠碩鼠아	큰 쥐야, 큰 쥐야
無食我黍어다	내 기장을 먹지 말지어다
三歲貫女(汝)어늘	3년 동안 너와 알고 지냈거늘
莫我肯顧인댄(란대)	나를 즐겨 돌아보지 않을진댄
逝將去女하고	떠나서 장차 너를 버리고
適彼樂土호리라	저 樂土로 가리라
樂土樂土여	樂土여, 樂土여
爰得我所로다	이에 내 살 곳을 얻으리로다

比也라 碩은 大也라 三歲는 言其久也라 貫은 習이요 顧는 念이요 逝는 往也라 樂土는 有道之國也라 爰은 於也라
○ 民困於貪殘之政이라 故로 託言大鼠害己而去之也라

比이다. 碩은 큼이다. 三歲는 그 오래됨을 말한 것이다. 貫은 익힘이요, 顧는 생각함이요, 逝는 감이다. 樂土는 道가 있는 나라이다. 爰은 이에이다.
○ 백성이 탐욕스럽고 잔혹한 정사에 곤궁하였다. 그러므로 큰 쥐가 자기를 해친다고 가탁하여 말하고 떠나간 것이다.

碩鼠碩鼠, 無食我麥叶訖力反. 三歲貫女, 莫我肯德. 逝將去女, 適彼樂國叶于逼反.

鵪 : 메추라기 암 碩 : 클 석 鼠 : 쥐 서 貫 : 익숙할 관 適 : 갈 적 爰 : 이에 원

樂國樂國, 爰得我直.

碩鼠碩鼠아	큰 쥐야, 큰 쥐야
無食我麥이어다	내 보리를 먹지 말지어다
三歲貫女어늘	3년 동안 너와 알고 지냈거늘
莫我肯德인댄(이란대)	나에게 즐겨 은덕을 베풀지 않을진댄
逝將去女하고	떠나서 장차 너를 버리고
適彼樂國호리라	저 樂國으로 가리라
樂國樂國이여	樂國이여, 樂國이여
爰得我直이로다	이에 나의 좋은 곳을 얻으리로다

比也라 德은 歸恩也라 直은 猶宜也라

比이다. 德은 은혜를 돌려줌이다. 直은 宜와 같다.

碩鼠碩鼠, 無食我苗叶音毛. 三歲貫女, 莫我肯勞. 逝將去女, 適彼樂郊叶音高. 樂郊樂郊, 誰之永號戶毛反.

碩鼠碩鼠아	큰 쥐야, 큰 쥐야
無食我苗어다	내 苗를 먹지 말지어다
三歲貫女어늘	3년 동안 너와 알고 지냈거늘
莫我肯勞인댄(란대)	나를 위로하려 하지 않을진댄
逝將去女하고	떠나서 장차 너를 버리고
適彼樂郊호리라	저 樂郊로 가리라
樂郊樂郊여	樂郊여, 樂郊여
誰之永號리오	누구 때문에 길이 부르짖으리오

比也라 勞는 勤苦也니 謂不以我爲勤勞也라 永號는 長呼也라 言旣往樂郊면 則無復有害己者리니 當復爲誰而永號乎리오

比이다. 勞는 勤苦함이니, 나를 근로한다고 여기지 않음을 이른다. 永號는 길게 부르짖는 것이다. "이미 樂郊로 가면 다시는 나를 해칠 자가 없을 것이니, 마땅히 다시 누구 때문에 길이 부르짖겠는가."라고 한 것이다.

碩鼠三章이니 章八句라

號 : 부르짖을 호

毛序 碩鼠는 刺重斂也라 國人이 刺其君重斂하여 蠶食於民하여 不修其政하고 貪而畏人하여 若大鼠也라

《碩鼠》는 과중하게 세금을 거두는 것을 풍자한 詩이다. 國人들이 그 군주가 과중하게 세금을 거두어 백성들을 蠶食하여 그 정사를 닦지 않고 탐욕스러우며 사람들을 두려워하여 큰 쥐와 같음을 풍자한 것이다.

魏國은 七篇에 十八章이요 一百二十八句라

詩經集傳 卷六

唐一之十

唐은 國名이니 本帝堯舊都라 在禹貢冀州之域하니 太行恒山之西요 太原太岳之野라 周成王이 以封弟叔虞爲唐侯러니 南有晉水라 至子燮하여 乃改國號曰晉이라하니라 後徙曲沃하고 又徙居絳하니라 其地土瘠民貧하여 勤儉質朴하고 憂深思遠하여 有堯之遺風焉하니라 其詩를 不謂之晉而謂之唐은 蓋仍其始封之舊號耳라 唐叔所都는 在今太原府요 曲沃及絳은 皆在今絳州하니라

唐은 國名이니, 본래 帝堯의 옛 도읍이었다. 《禹貢》의 冀州 경내에 있었으니 太行山과 恒山의 서쪽이요, 太原과 太岳의 들이다. 周成王이 아우 叔虞를 봉하여 唐侯로 삼았는데, 남쪽에 晉水가 있었다. 그리하여 아들 燮에 이르러 마침내 國號를 晉이라 고쳤다. 뒤에 도읍을 曲沃으로 옮겼고, 또다시 옮겨 絳땅에 居하였다. 이 지역은 토지가 척박하고 백성들이 가난하여, 勤儉하고 質朴하며 걱정이 깊고 생각이 멀어서, 堯임금의 遺風이 있었다. 이 詩를 晉이라고 하지 않고 唐이라고 이른 것은 처음 봉했을 때의 옛 이름을 그대로 따른 것이다. 唐叔이 도읍했던 곳은 지금의 太原府에 있었고, 曲沃과 絳땅은 모두 지금의 絳州에 있었다.

蟋蟀在堂, 歲聿(允橘反)其莫(音暮). 今我不樂(音洛下同), 日月其除(直慮反). 無已大(音泰)康, 職思其居(叶音據). 好(呼報反)樂無荒, 良士瞿瞿(俱具反).

蟋蟀在堂하니	귀뚜라미가 堂에 있으니
歲聿其莫(暮)엇다	이 해가 드디어 저물었도다
今我不樂이면	지금 우리가 즐거워하지 않으면
日月其除리라	日月(세월)이 가버리리라
無已大(太)康가	그러나 너무 편안하지 않겠는가
職思其居하여	직분에 맡은 것을 생각하여
好樂無荒이	樂을 좋아하되 너무 지나침이 없게 함이
良士瞿瞿니라	良士가 돌아보고 돌아보는 바이니라

賦也라 蟋蟀은 蟲名이니 似蝗而小하고 正黑有光澤如漆하며 有角翅하니 或謂之促織이니 九月

絳 : 붉을 강 瘠 : 메마를 척 仍 : 따를 잉 蟋 : 귀뚜라미 실 蟀 : 귀뚜라미 솔
聿 : 드디어 율 職 : 진실로 직, 주장할 직 荒 : 지나칠 황, 빠질 황 瞿 : 두려워할 구
蝗 : 메뚜기 황 翅 : 날개 시

在堂이라 聿은 遂요 莫는 晩이요 除는 去也라 大康은 過於樂也라 職은 主也라 瞿瞿는 却顧之貌라

○ 唐俗勤儉이라 故로 其民間終歲勞苦하여 不敢少休라가 及其歲晩務閒之時하여 乃敢相與燕飮爲樂하고 而言 今蟋蟀在堂하니 而歲忽已晩矣라 當此之時而不爲樂이면 則日月將舍我而去矣리라 然이나 其憂深而思遠也라 故로 方燕樂而又遽相戒曰 今雖不可以不爲樂이나 然不已過於樂乎아 蓋亦顧念其職之所居者하여 使其雖好樂而無荒하여 若彼良士之長慮而却顧焉이면 則可以不至於危亡也라하니 蓋其民俗之厚하여 而前聖遺風之遠이 如此하니라

賦이다. 蟋蟀은 벌레 이름이니, 메뚜기와 같은데, 작고 까맣고 광택이 있어 옻칠한 듯하며, 觸角과 날개가 있으니, 혹은 促織이라 하는바, 9월에 堂에 있다. 聿은 드디어이고, 莫는 저묾이고, 除는 감이다. 太康은 즐거움에 지나침이다. 職은 주장함이다. 瞿瞿는 뒤를 돌아보는 모양이다.

○ 唐나라 풍속이 부지런하고 검소하였다. 그러므로 그 民間들이 1년내내 勞苦하여 감히 조금도 쉬지 못하다가, 해가 저물어 일이 한가할 때에 이르러서야 이에 감히 서로 잔치하고 술을 마셔 즐거워하면서 말하기를 "이제 귀뚜라미가 堂에 있으니, 해가 어느덧 이미 저물었다. 이때를 당하여 즐거워하지 않는다면 세월이 장차 우리를 버리고 흘러갈 것이다." 하였다. 그러나 걱정이 깊고 생각이 멀기 때문에 막 燕樂을 하면서도 또 갑자기 서로 경계하기를 "지금 비록 즐거워하지 않을 수 없으나 너무 즐거움에 지나치지 않겠는가. 또한 그 직분에 맡은 것을 돌아보고 생각하여, 비록 樂을 좋아하더라도 너무 지나치게 하지 말아서, 저 훌륭한 선비들이 길이 염려하고 뒤를 돌아보듯이 한다면 危亡에 이르지 않을 것이다."라고 한 것이다. 民俗이 厚하여 前聖의 遺風이 유구함이 이와 같았다.

蟋蟀在堂, 歲聿其逝. 今我不樂, 日月其邁(叶力制反). 無已大康, 職思其外(叶五墜反). 好樂無荒, 良士蹶蹶(俱衛反).

蟋蟀在堂하니	귀뚜라미가 堂에 있으니
歲聿其逝엇다	이 해가 드디어 가는도다
今我不樂이면	지금 우리들이 즐거워하지 않으면
日月其邁리라	日月이 가버리리라
無已大康가	너무 편안하지 않겠는가
職思其外하여	직분 밖의 일도 생각하여
好樂無荒이	樂을 좋아하되 너무 지나침이 없게 함이
良士의 蹶蹶니라	良士가 부지런히 힘쓰는 바이니라

賦也라 逝, 邁는 皆去也라 外는 餘也라 其所治之事를 固當思之요 而所治之餘도 亦不敢忽이니 蓋其事變이 或出於平常思慮之所不及이라 故로 當過而備之也라 蹶蹶는 動而敏於事也라

却 : 뒤 각　務 : 일 무　邁 : 갈 매　蹶 : 움직일 궤

賦이다. 逝, 邁는 모두 감이다. 外는 나머지이다. 그 다스려야 할 바의 일을 진실로 마땅히 생각해야 할 것이요, 다스리는 바 이외의 나머지 일도 또한 감히 소홀히 하지 못하는 것이니, 事變이 혹 평상시의 思慮가 미치지 못하는 바에서 나오기도 하기 때문에 마땅히 過하게 대비해야 하는 것이다. 蹶蹶는 움직여 일에 민첩히 하는 것이다.

蟋蟀在堂, 役車其休. 今我不樂, 日月其慆吐刀反 叶佗侯反. 無已大康, 職思其憂. 好樂無荒, 良士休休.

蟋蟀在堂하니	귀뚜라미가 堂에 있으니
役車其休엇다	짐수레가 쉬게 되었도다
今我不樂이면	지금 우리들이 즐거워하지 않으면
日月其慆리라	日月이 가버리리라
無已大康가	너무 편안하지 않겠는가
職思其憂하여	직분에 걱정할 것을 생각하여
好樂無荒이	樂을 좋아하되 지나침이 없게 함이
良士의 休休니라	良士의 편안한 바이니라

賦也라 庶人은 乘役車하니 歲晩則百工皆休矣라 慆는 過也라 休休는 安閑之貌라 樂而有節하여 不至於淫하니 所以安也라

賦이다. 庶人은 役車(짐수레)를 타니, 해가 저물면 百工이 모두 쉬게 된다. 慆는 지나감이다. 休休는 편안하고 한가로운 모양이다. 즐거워하되 절도가 있어 너무 지나침에 이르지 않으니, 이 때문에 편안한 것이다.

蟋蟀三章이니 章八句라

毛序 蟋蟀은 刺晉僖公也니 儉不中禮라 故로 作是詩以閔之하여 欲其及時以禮自虞樂也라 此晉也而謂之唐은 本其風俗하여 憂深思遠하고 儉而用禮하며 及有堯之遺風焉일새니라

《蟋蟀》은 晉나라 僖公을 풍자한 詩이니, 너무 검소하여 禮에 맞지 못하였다. 그러므로 이 詩를 지어 민망히 여겨 그 때에 미쳐 禮로써 스스로 즐거워하고자 한 것이다. 이것은 晉나라 詩인데 唐風이라 칭하였으니, 이는 그 風俗을 근본하여 근심이 깊고 생각이 遠大하며 검소하면서도 禮를 따르고 堯帝의 遺風이 있었기 때문이다.

山有樞烏侯昌朱二反, 隰有楡夷周以朱二反, 子有衣裳, 弗曳弗婁力侯力俱二反. 子有車馬, 弗馳弗驅祛尤虧于二反, 宛於阮反其死矣, 他人是愉他侯以朱二反.

慆 : 지날 도　樞 : 느릅나무 추　楡 : 느릅나무 유　曳 : 끌 예　婁 : 끌 루　愉 : 기뻐할 유

山有樞며	산에는 느릅나무가 있으며
隰有楡니라	진펄에는 흰느릅나무가 있느니라
子有衣裳호되	그대가 衣裳이 있으되
弗曳弗婁며	입지 않고 끌지 않으며
子有車馬호되	그대가 車馬가 있으되
弗馳弗驅면	달리지 않고 몰지 않으면
宛其死矣어든	宛然히 죽거든
他人是愉리라	他人들이 이에 즐거워하리라

興也라 樞는 荎也니 今刺楡也라 楡는 白枌也라 婁亦曳也라 馳는 走요 驅는 策也라 宛은 坐見貌라 愉는 樂也라

○ 此詩는 蓋亦答前篇之意而解其憂라 故로 言山則有樞矣요 隰則有楡矣라 子有衣裳車馬로되 而不服不乘이면 則一旦宛然以死어든 而他人取之하여 以爲己樂矣라하니 蓋言不可不及時爲樂이라 然이나 其憂愈深而意愈蹙矣니라

興이다. 樞는 느릅나무이니, 지금의 刺楡이다. 楡는 흰느릅나무이다. 婁 또한 끎이다. 馳는 달림이요, 驅는 채찍질함이다. 宛은 앉아서 보는 모양이다. 愉는 즐거움이다.

○ 이 詩는 아마도 또한 前篇의 뜻에 답하여 그 근심을 풀어준 듯하다. 그러므로 "산에는 느릅나무가 있고 진펄에는 흰느릅나무가 있다. 그대에게 衣裳과 車馬가 있으되 입지 않고 타지 않으면 하루아침에 宛然히 죽거든 他人이 취하여 자기의 樂으로 삼을 것이다."라고 말하였으니, 이는 때에 미쳐 즐거워하지 않을 수 없음을 말한 것이다. 그러나 그 근심이 더욱 깊고 뜻이 더욱 위축되었다.

山有栲(音考 叶去九反), 隰有杻(女九反). 子有廷內, 弗洒弗埽(叶蘇后反). 子有鐘鼓, 弗鼓弗考(叶去九反). 宛其死矣, 他人是保(叶補苟反).

山有栲며	산에는 북나무가 있으며
隰有杻니라	진펄에는 싸리나무가 있느니라
子有廷內호되	그대가 뜰이 있으되
弗洒弗埽며	물뿌리지 않고 쓸지 않으며
子有鍾鼓호되	그대가 鍾鼓가 있으되
弗鼓弗考면	두들기지 않고 치지 않으면
宛其死矣어든	宛然히 죽거든
他人是保리라	他人이 이에 차지하리라

荎 : 느릅나무 질　枌 : 흰느릅나무 분　策 : 채찍질할 책　栲 : 북나무 고　杻 : 싸리나무 뉴
洒 : 씻을 세　埽 : 쓸 소　考 : 칠 고　保 : 차지할 보

興也라 栲는 山樗也니 似樗하고 色小白, 葉差狹이라 杻는 檍也니 葉似杏而尖하고 白色, 皮正赤이요 其理多曲少直하니 材可爲弓弩幹者也라 考는 擊也라 保는 居有也라

興이다. 栲는 산 가죽나무이니, 가죽나무와 같고 색이 조금 희고 잎이 조금 좁다. 杻는 싸리나무이니, 잎이 살구나무와 같은데 뾰족하며 백색이고 껍질이 붉으며 나무결이 굽은 것은 많고 곧은 것이 적으니, 材木은 弓弩의 몸통을 만들 만하다. 考는 침이다. 保는 차지하여 소유하는 것이다.

山有漆(音七), 隰有栗. 子有酒食, 何不日鼓瑟. 且以喜樂(音洛), 且以永日. 宛其死矣, 他人入室.

山有漆이며	산에는 옻나무가 있으며
隰有栗이니라	진펄에는 밤나무가 있느니라
子有酒食호되	그대가 술과 밥이 있으되
何不日鼓瑟하여	어찌 날로 비파를 타면서
且以喜樂하며	기뻐하고 즐거워하지 않으며
且以永日고	또 날을 길게 보내지 않는고
宛其死矣어든	宛然히 죽거든
他人入室하리라	他人이 집에 들어오리라

興也라 君子無故면 琴瑟不離於側이라 永은 長也라 人多憂則覺日短하니 飮食作樂이면 可以永長此日也라

興이다. 君子는 연고가 없으면 琴瑟을 곁에서 떼어놓지 않는다. 永은 긺이다. 사람은 근심이 많으면 날이 짧음을 느끼니, 음식을 먹고 마시며 풍악을 일으키면 이 날을 길게 보낼 수 있는 것이다.

山有樞三章이니 章八句라

毛序 山有樞는 刺晉昭公也라 不能修道以正其國하여 有財不能用하고 有鍾鼓不能以自樂하며 有朝廷不能洒埽하여 政荒民散하여 將以危亡하여 四隣이 謀取其國家로되 而不知하니 國人이 作詩以刺之也하니라

《山有樞》는 晉나라 昭公을 풍자한 詩이다. 道를 닦아 나라를 바로잡지 못하여, 재물이 있어도 쓰지 못하고 鍾鼓가 있어도 스스로 즐기지 못하며 朝廷이 있어도 灑掃하지 못

樗 : 가죽나무 저　差 : 조금 차　狹 : 좁을 협　檍 : 싸리나무 억　尖 : 뾰족할 첨　理 : 결 리
弩 : 쇠뇌 노　幹 : 줄기 간　隰 : 습지 습

하여 정사가 황폐하고 백성이 흩어져 장차 危亡하게 되어서 四方의 이웃나라들이 그 國家를 취할 것을 도모하는데도 알지 못하니, 國人이 詩를 지어 이것을 풍자한 것이다.

揚之水, 白石鑿鑿(子洛反). 素衣朱襮(音博), 從子于沃(叶鬱鎛反). 旣見君子, 云何不樂(音洛).

揚之水여	느릿느릿 흘러가는 물이여
白石鑿鑿이로다	흰돌이 뾰족뾰족하도다
素衣朱襮으로	흰 옷에 붉은 옷깃으로
從子于沃호리라	그대를 따라 曲沃으로 가리라
旣見君子호니	이미 君子를 만나보니
云何不樂이리오	어찌 즐겁지 않으리오

比也라 鑿鑿은 巉巖貌라 襮은 領也니 諸侯之服은 繡黼領而丹朱純(준)也라 子는 指桓叔也라 沃은 曲沃也라

○ 晉昭侯封其叔父成師于曲沃하니 是爲桓叔이라 其後沃盛強而晉微弱한대 國人將叛而歸之라 故로 作此詩라 言水緩弱而石巉巖하여 以比晉衰而沃盛이라 故로 欲以諸侯之服으로 從桓叔于曲沃하고 且自喜其見君子而無不樂也라

比이다. 鑿鑿은 돌이 뾰족하게 쌓여 있는 모양이다. 襮은 옷깃이니, 諸侯의 옷은 보를 수놓은 동정에다가 붉은 색으로 선을 두른다. 子는 桓叔을 가리킨 것이다. 沃은 曲沃이다.

○ 晉昭侯가 그 叔父인 成師를 曲沃에 봉하니, 이가 桓叔이다. 그 뒤에 沃은 강성하고 晉나라는 미약하자, 國人들이 장차 晉나라를 배반하고 曲沃으로 돌아가려 하였다. 그러므로 이 詩를 지은 것이다. 물살은 느리고 약한데 돌은 뾰족함을 말하여 晉나라는 쇠약하고 沃은 강성함을 비유하였다. 그러므로 諸侯의 의복을 가지고 桓叔을 따라 曲沃으로 가고자 하고, 또 君子를 만나보고 즐겁지 않음이 없음을 스스로 기뻐한 것이다.

揚之水, 白石皓皓(胡老反 叶胡暴反). 素衣朱繡(叶先妙反), 從子于鵠(叶居號反). 旣見君子, 云何其憂(叶一笑反).

揚之水여	느릿느릿 흘러가는 물이여
白石皓皓로다	흰돌이 희고 희도다
素衣朱繡로	흰 옷에 붉은 수를 놓은 옷으로
從子于鵠호리라	그대를 따라 鵠으로 가리라
旣見君子호니	이미 君子를 만나보니

鑿：뾰족할 착 襮：수놓은옷깃 박 沃：비옥할 옥 巉：산갂아지른듯할 참
黼：보불 보 純：선두를 준 皓：흴 호 鵠：고니 곡

云何其憂리오	어찌 근심하리오

比也라 朱繡는 卽朱襮也라 鵠은 曲沃邑也라

比이다. 朱繡는 바로 朱襮이다. 鵠은 曲沃의 邑이다.

揚之水, 白石粼粼(利新反). 我聞有命(叶彌幷反), 不敢以告人.

揚之水여	느릿느릿 흘러가는 물이여
白石粼粼이로다	흰돌이 깨끗하고 깨끗하도다
我聞有命이요	내 명령이 있음을 듣고도
不敢以告人호라	감히 남에게 말하지 못하노라

比也라 粼粼은 水淸石見之貌라 聞其命而不敢以告人者는 爲之隱也라 桓叔이 將以傾晉이어늘 而民爲之隱하니 蓋欲其成矣라
○ 李氏曰 古者에 不軌之臣이 欲行其志인댄 必先施小惠하여 以收衆情하나니 然後에 民翕然從之라 [1]田氏之於齊에 亦猶是也라 故로 其召公子陽生於魯에 國人皆知其已至而不言하니 所謂我聞有命이요 不敢以告人也라

比이다. 粼粼은 물이 맑아서 돌이 들여다 보이는 모양이다. 그 命令을 듣고도 감히 남에게 말하지 못한다는 것은 그를 위하여 숨겨주는 것이다. 桓叔이 장차 晉나라를 전복시키려 하였는데, 백성들이 그를 위하여 숨겨 주었으니, 그가 성공하기를 바란 것이다.

○ 李氏가 말하였다. "옛날에 不軌(모반을 꾀하는)의 신하가 그 뜻을 행하고자 하면 반드시 먼저 작은 은혜를 베풀어서 사람들의 마음을 자기에게로 거두어 들이니, 그런 뒤에 백성들이 翕然히 따른다. 田氏가 齊나라에 있어서도 또한 이와 같았다. 그러므로 公子 陽生을 魯나라에서 불러올 때에 國人들이 모두 이미 그가 이르름을 알고도 말하지 않았으니, 이른바 "내 명령이 있음을 듣고도 감히 남에게 말하지 못한다."는 것이다."

譯註 1. 田氏之於齊: 田氏는 陳乞을 가리킨다. 춘추시대 齊나라는 景公이 죽은 뒤에 晏孺子가 즉위하자, 公子 陽生은 魯나라로 亡命해 있었는데, 田乞은 은밀히 公子 陽生을 데려다가 자기 집에 숨겨 놓았으며 끝내 그를 임금으로 세우고 晏孺子를 시해한 다음 國政을 독단하였다. 그의 아들 陳恒 역시 國政을 독단하여 簡公을 시해하였으며, 曾孫인 和에 이르러 齊나라를 簒奪하였는 바, 陳乞은 원래 陳나라 厲公의 後孫으로 본래 姓이 陳氏였으나 뒤에 田氏로 고쳤으며, 「史記」에는 또 恒을 諱하여 '田常'으로 표기하였다.

揚之水三章이니 二章은 章六句요 一章은 四句라

毛序 揚之水는 刺晉昭公也라 昭公이 分國以封沃이러니 沃盛彊하고 昭公微弱하니 國人이 將

粼: 물맑을 린 軌: 법도 궤 翕: 합할 흡

叛而歸沃焉하나라

《揚之水》는 晉나라 昭公을 풍자한 詩이다. 昭公이 나라를 나누어 沃을 봉해주었는데 沃은 강성해지고 昭公의 나라는 미약해지니, 國人이 장차 昭公을 배반하고 沃으로 돌아가려 한 것이다.

椒聊之實, 蕃衍盈升. 彼其(音記)之子, 碩大無朋. 椒聊且(子餘反), 遠條且.

椒聊之實이여	후추의 열매여
蕃衍盈升이로다	蕃衍(번성)하여 한 되에 가득차도다
彼其之子여	저 그 사람이여
碩大無朋이로다	碩大(큼)하여 짝할 이가 없도다
椒聊且(저)여	후추여
遠條且로다	가지가 멀리 뻗었도다

興而比也라 椒는 樹似茱萸하니 有針刺하고 其實은 味辛而香烈이라 聊는 語助也라 朋은 比也라 且는 歎詞라 遠條는 長枝也라

○ 椒之蕃盛則采之盈升矣요 彼其之子則碩大而無朋矣라 椒聊且, 遠條且는 歎其枝遠而實益蕃也라 此는 不知其所指하니 序亦以爲沃也라하니라

興而比이다. 椒는 나무가 茱萸와 같은데 찌르는 가시가 있고, 그 열매는 맛이 맵고 향기가 짙다. 聊는 어조사이다. 朋은 比함이다. 且는 歎詞이다. 遠條는 가지가 긴 것이다.

○ 후추가 번성하면 채집함에 한 되에 가득하며, 저 그 사람은 碩大하여 짝할 이가 없다. 후추여 가지가 멀리 뻗었다는 것은 그 가지가 멀리 뻗고 열매가 더욱 많음을 감탄한 것이다. 이는 그 무엇을 가리킨 것인지 알지 못하니, 序에는 또한 曲沃을 말한 것이라고 하였다.

椒聊之實, 蕃衍盈匊(九六反). 彼其之子, 碩大且篤. 椒聊且, 遠條且.

椒聊之實이여	후추의 열매여
蕃衍盈匊이로다	蕃衍하여 한 움큼에 가득하도다
彼其之子여	저 그 사람이여
碩大且篤이로다	碩大하고 또 厚하도다
椒聊且여	후추여
遠條且로다	가지가 멀리 뻗었도다

興而比也라 兩手曰匊이라 篤은 厚也라

椒 : 후추 초　衍 : 남을 연　朋 : 쌍 붕　茱 : 수유나무 수　萸 : 수유나무 유
匊 : 움킬 국

興而比이다. 두 손의 웅큼을 匊이라 한다. 篤은 厚함이다.

椒聊二章이니 章六句라

毛序 椒聊는 刺晉昭公也라 君子見沃之盛彊하며 能修其政하고 知其蕃衍盛大하여 子孫將有晉國焉하니라

《椒聊》는 晉나라 昭公을 풍자한 詩이다. 君子는 沃이 강성하며 그 정사를 잘 닦는 것을 보고는 그 蕃衍하고 盛大해져 子孫이 장차 晉國을 소유하게 될 줄을 안 것이다.

綢(直留反)繆(芒侯反)束薪, 三星在天(叶鐵因反). 今夕何夕, 見此良人. 子兮子兮, 如此良人何.

綢繆束薪일새	칭칭감아 섶을 묶을 적에
三星在天이로다	三星이 하늘에 떠있도다
今夕何夕고	오늘밤은 어떤 밤인고
見此良人호라	이 良人을 만났노라
子兮子兮여	그대여 그대여
如此良人何오	이 良人에 어쩌리오

興也라 綢繆는 猶纏綿也라 三星은 心也요 在天은 昏始見於東方이니 建辰之月也라 良人은 夫稱也라

○ 國亂民貧하여 男女有失其時而後에 得遂其婚姻之禮者하니 詩人이 敍其婦語夫之詞曰 方綢繆以束薪也에 而仰見三星之在天하니 今夕不知其何夕也어늘 而忽見良人之在此라하고 旣又自謂曰 子兮子兮여 其將奈此良人何哉오하니 喜之甚而自慶之詞也라

興이다. 綢繆는 纏綿과 같다. 三星은 心星이요, 在天은 이 별이 어둘 때에 처음 東方에 나타나는 것이니, 북두칠성 자루가 辰方을 가리키는 달이다. 良人은 남편을 칭한 것이다.

○ 나라가 혼란하고 백성들이 가난하여 男女가 제때를 잃은 뒤에 婚姻의 禮를 이룬 자가 있었다. 詩人이 그 婦人이 남편에게 이르는 말을 서술하기를 "막 칭칭감아 섶을 묶을 적에 하늘에 있는 三星을 우러러보니, 오늘밤이 어떤 밤인지 알지 못하였는데, 갑자기 良人이 이에 있음을 보았다." 하고, 또 스스로 말하기를 "그대여 그대여, 장차 이 良人에 어쩌리오." 하였으니, 그 기쁨이 심하여 스스로 慶賀하는 말이다.

綢繆束芻(叶側九反), 三星在隅(叶語口反). 今夕何夕, 見此邂(戶懈反)逅(胡豆反 叶狠口反). 子兮子兮, 如

綢 : 얽을 주 繆 : 얽을 무(규) 纏 : 얽을 전 綿 : 얽힐 면 芻 : 꼴 추 邂 : 만날 해
逅 : 만날 후

此邂逅何.

綢繆束芻일새	칭칭감아 꼴을 묶을 적에
三星在隅로다	三星이 동남쪽 귀퉁이에 있도다
今夕何夕고	오늘밤은 어떤 밤인고
見此邂逅호라	이 邂逅함을 만났노라
子兮子兮여	그대여 그대여
如此邂逅何오	이 邂逅함에 어쩌리오

興也라 隅는 東南隅也니 昏見之星이 至此면 則夜久矣라 邂逅는 相遇之意라 此는 爲夫婦相語之詞也라

興이다. 隅는 동남쪽 귀퉁이이니, 어두울 때에 나타난 별이 이에 이르렀으면 밤이 오랜 것이다. 邂逅는 서로 만난다는 뜻이다. 이것은 夫婦가 서로 말하는 내용이다.

綢繆束楚, 三星在戶(侯古反). 今夕何夕, 見此粲(采旦反)者(叶章與反). 子兮子兮, 如此粲者何.

綢繆束楚일새	칭칭감아 나뭇단을 묶을 적에
三星在戶로다	三星이 문에 있도다
今夕何夕고	오늘밤은 어떤 밤인고
見此粲者호라	이 아름다운 분을 만났노라
子兮子兮여	그대여 그대여
如此粲者何오	이 아름다운 분에 어쩌리오

興也라 戶는 室戶也라 戶必南出하니 昏見之星이 至此면 則夜分矣라 粲은 美也라 此는 爲夫語婦之詞也라 或曰 女三爲粲이니 一妻二妾也라

興이다. 戶는 집의 문이다. 문은 반드시 남쪽으로 내니, 어둘 때에 나타난 별이 이에 이르렀으면 밤이 깊은 것이다. 粲은 아름다움이다. 이것은 남편이 婦人에게 말하는 내용이다. 혹자는 말하기를 "여자 셋을 粲이라 하니, 한 아내에 두 첩이다." 한다.

綢繆三章이니 章六句라

毛序 綢繆는 刺晉亂也니 國亂이면 則昏姻不得其時焉하나니라

《綢繆》는 晉나라가 혼란함을 풍자한 詩이니, 나라가 혼란하면 혼인을 제때에 하지 못

粲 : 아름다울 찬

하게 된다.

有杕(徒細反)之杜, 其葉湑湑(私敍反). 獨行踽踽(俱禹反). 豈無他人, 不如我同父(扶雨反). 嗟行之人, 胡不比(毗志反)焉. 人無兄弟, 胡不佽(七利反)焉.

有杕之杜여	우뚝선 아가위나무여
其葉湑湑로다	그 잎이 무성하고 무성하도다
獨行踽踽호니	홀로 가기를 외로이하니
豈無他人이리오마는	어찌 他人이 없으리오마는
不如我同父니라	내 형제만 못하니라
嗟行之人은	아 길가는 사람들은
胡不比焉고	어찌 도와주지 않는고
人無兄弟어늘	사람이 兄弟가 없거늘
胡不佽焉고	어찌 도와주지 않는고

興也라 杕는 特也요 杜는 赤棠也라 湑湑는 盛貌요 踽踽는 無所親之貌라 同父는 兄弟也라 比는 輔요 佽는 助也라

○ 此는 無兄弟者 自傷其孤特而求助於人之詞라 言杕然之杜가 其葉猶湑湑然이어늘 人無兄弟면 則獨行踽踽하니 曾杜之不如矣라 然이나 豈無他人之可與同行也哉리오 特以其不如我兄弟라 是以로 不免於踽踽耳라 於是에 嗟嘆行路之人은 何不閔我之獨行而見親이며 憐我之無兄弟而見助乎아하니라

興이다. 杕는 우뚝함이요, 杜는 붉은 아가위나무이다. 湑湑는 성한 모양이요, 踽踽는 친한 사람이 없는 모양이다. 同父는 兄弟이다. 比는 도움이요, 佽는 도움이다.

○ 이것은 兄弟가 없는 자가 스스로 그 외로움을 서글퍼하여 남에게 도움을 구하는 말이다. "우뚝선 아가위나무는 그 잎이 오히려 무성하고 무성하거늘, 사람이 兄弟가 없으면 홀로 가기를 외로이 하여, 일찍이 아가위나무만도 못한 것이다. 그러나 어찌 함께 同行할 만한 他人이 없겠는가. 다만 나의 兄弟만 못하기 때문에 우우함을 면치 못한다." 하였다. 이에 탄식하기를 "길가는 사람들은 어찌 내가 홀로 가는 것을 민망히 여겨 친해주지 않으며, 나의 兄弟가 없음을 불쌍히 여겨 도와주지 않는가."한 것이다.

有杕之杜, 其葉菁菁(子零反). 獨行睘睘(求螢反). 豈無他人, 不如我同姓(叶桑經反). 嗟行之人, 胡不比焉. 人無兄弟, 胡不佽焉.

有杕之杜여	우뚝선 아가위나무여

杕 : 나무우뚝할 체　杜 : 팥배나무 두　湑 : 성할 서　踽 : 외로울 우　比 : 도울 비
佽 : 도울 차　棠 : 아가위 당　菁 : 무성할 청　睘 : 외로울 경

其葉菁菁이로다 　 그 잎이 푸르고 푸르도다
獨行睘睘호니 　 홀로 가기를 외로이 하니
豈無他人이리오마는 　 어찌 他人이 없으리오마는
不如我同姓이니라 　 나의 同姓만 못하니라
嗟行之人은 　 아 길가는 사람은
胡不比焉고 　 어찌 도와주지 않는고
人無兄弟어늘 　 사람이 兄弟가 없거늘
胡不佽焉고 　 어찌 도와주지 않는고

興也라 菁菁은 亦盛貌라 睘睘은 無所依貌라

興이다. 菁菁은 또한 성한 모양이다. 睘睘은 의지할 바가 없는 모양이다.

杕杜二章이니 章九句라

毛序 杕杜는 刺時也라 君不能親其宗族하여 骨肉離散하여 獨居而無兄弟하여 將爲沃所幷爾니라

《杕杜》는 시대를 풍자한 詩이다. 군주가 그 宗族을 親愛하지 못하여 骨肉之親이 이산되어 홀로 거처하고 兄弟가 없어서 장차 沃에게 겸병당하게 되었다.

羔裘豹祛(起居起據二反), 自我人居居(斤於斤御二反). 豈無他人, 維子之故(攻乎古慕二反).

羔裘豹祛로소니 　 염소 갖옷에 豹皮로 단 소매이니
自我人居居로다 　 우리 사람의 居居로다
豈無他人이리오마는 　 어찌 他人이 없으리오마는
維子之故니라 　 그대의 연고 때문이니라

賦也라 羔裘는 君純羔요 大夫以豹飾이라 祛는 袂也라 居居는 未詳이라

賦이다. 羔裘는 인군은 〈옷 전체를〉 순전히 염소가죽으로 만들고, 大夫는 표범가죽으로 선을 두른다. 祛는 소매이다. 居居는 未詳이다.

羔裘豹褎(徐救反), 自我人究究. 豈無他人, 維子之好(呼報反 呼侯反 叶).

羔裘豹褎로소니 　 염소 갖옷에 豹皮로 단 소매이니
自我人究究로다 　 우리 사람의 究究로다

羔 : 염소 고　裘 : 갖옷 구　祛 : 소매 거　袂 : 소매 몌　褎 : 옷깃 유

豈無他人이리오마는 어찌 他人이 없으리오마는
維子之好니라 그대를 좋아하기 때문이니라

賦也라 褎는 猶袪也라 究究는 亦未詳이라

賦이다. 褎는 袪와 같다. 究究 또한 未詳이다.

羔裘二章이니 章四句라

此詩는 不知所謂하니 不敢強解로라

이 詩는 무엇을 말한 것인지 알지 못하니, 감히 억지로 해석하지 못하노라.

毛序 羔裘는 刺時也니 晉人이 刺其在位하여 不恤其民也하니라

《羔裘》는 세상을 풍자한 詩이니, 晉나라 사람들이 그 지위에 있으면서 백성을 구휼하지 않음을 풍자한 것이다.

肅肅鴇羽, 集于苞栩(況禹反). 王事靡盬(音古), 不能蓺稷黍, 父母何怙(候古反). 悠悠蒼天, 曷其有所.

肅肅鴇羽여 푸드덕 날으는 너새의 깃이여
集于苞栩로다 叢生한 상수리나무에 앉았도다
王事靡盬라 王事를 견고히 하지 않을 수 없는지라
不能蓺稷黍호니 黍稷을 심지 못하니
父母何怙오 父母가 무엇을 믿으실꼬
悠悠蒼天아 아득하고 아득한 蒼天아
曷其有所오 언제나 그 살 곳이 있을꼬

比也라 肅肅은 羽聲이라 鴇는 鳥名이니 似雁而大하고 無後趾라 集은 止也라 苞는 叢生也라 栩는 柞櫟也니 其子爲皂斗니 殼可以染皂者是也라 盬는 不攻緻也라 蓺는 樹요 怙는 恃也라
○ 民從征役而不得養其父母라 故로 作此詩라 言鴇之性은 不樹止어늘 而今乃飛集于苞栩之上하니 如民之性은 本不便於勞苦어늘 今乃久從征役하여 而不得耕田以供子職也라 悠悠蒼天아 何時使我得其所乎아하니라

鴇 : 너새 보 集 : 앉을 집 苞 : 다북할 포 栩 : 도토리 허(우) 盬 : 견고하지못할 고
蓺 : 심을 예 怙 : 믿을 호 柞 : 갈참나무 작 櫟 : 상수리 력 皂 : 검을 조 殼 : 껍질 각
緻 : 치밀할 치

比이다. 肅肅은 깃의 소리이다. 鴇는 새 이름이니, 기러기와 비슷한데 크고 뒷발가락이 없다. 集은 앉음이다. 苞는 叢生하는 것이다. 栩는 상수리나무이니, 그 열매는 皂斗라 하니, 껍질은 검정물을 들일 수 있다. 盬는 견고하지 못함이다. 蓺는 심음이요, 怙는 믿음이다.

○ 백성들이 征役에 종사하여 그 父母를 봉양할 수 없으므로 이 詩를 지은 것이다. 너새의 성품은 나무에 앉지 않거늘 이제 마침내 날아서 叢生하는 상수리나무 위에 앉았으니, 이는 마치 백성의 성품이 본래 勞苦를 편히 여기지 않거늘 이제 마침내 오랫동안 征役에 종사하여 밭을 갈아 자식의 직분을 바치지 못함과 같은 것이다. 아득하고 아득한 蒼天아! 어느 때에나 나로 하여금 그 살 곳을 얻게 할꼬 라고 한 것이다.

肅肅鴇翼, 集于苞棘. 王事靡盬, 不能蓺黍稷, 父母何食. 悠悠蒼天, 曷其有極.

肅肅鴇翼이여	푸드덕 날으는 너새의 깃이여
集于苞棘이로다	叢生한 가시나무에 앉았도다
王事靡盬라	王事를 견고히 하지 않을 수 없는지라
不能蓺黍稷호니	黍稷을 심지 못하니
父母何食고	父母가 무엇을 잡수실꼬
悠悠蒼天아	아득하고 아득한 蒼天아
曷其有極고	언제나 그 그침이 있을꼬

比也라 極은 已也라

比이다. 極은 그침이다.

肅肅鴇行(戶郎反), 集于苞桑. 王事靡盬, 不能蓺稻粱, 父母何嘗. 悠悠蒼天, 曷其有常.

肅肅鴇行이여	푸드덕 날으는 너새의 행렬이여
集于苞桑이로다	叢生한 뽕나무에 앉았도다
王事靡盬라	王事를 견고히 하지 않을 수 없는지라
不能蓺稻粱호니	稻粱을 심지 못하니
父母何嘗고	父母가 무엇을 맛보실꼬
悠悠蒼天아	아득하고 아득한 蒼天아
曷其有常고	언제나 그 正常으로 돌아갈꼬

比也라 行은 列也라 稻는 卽今南方所食稻米니 水生而色白者也라 粱은 粟類也니 有數色이라 嘗은 食也라 常은 復其常也라

棘：가시나무 극　極：다할 극　行：줄 항　粱：조 량　嘗：맛볼 상

比이다. 行은 행렬이다. 稻는 바로 지금 南方에서 먹는 벼 쌀이니, 물에서 자라며 색이 흰 것이다. 粱은 粟(조)의 종류이니, 여러가지 색깔이 있다. 嘗은 먹음이다. 常은 그 正常을 회복함이다.

鴇羽三章이니 章七句라

毛序 鴇羽는 刺時也라 昭公之後에 [1]大亂五世하니 君子下從征役하여 不得養其父母하여 而作是詩也하니라

《鴇羽》는 세상을 풍자한 詩이다. 昭公의 뒤에 큰 혼란이 5代에 이어지니, 君子가 아래로 征役에 종사하여 그 父母를 봉양하지 못하여 이 詩를 지은 것이다.

譯註 1. 大亂五世: 昭公·孝侯·鄂侯·哀侯·小子侯의 5대에 걸쳐 큰 혼란이 이어짐을 말한 것이다.

豈曰無衣七兮, 不如子之衣, 安且吉兮.

豈曰無衣七兮리오	어찌 七章의 옷이 없어서이리오
不如子之衣	天子가 주신 옷이
安且吉兮니라	편안하고 또 길함만 못해서이니라

賦也라 侯伯七命이니 其車旗衣服을 皆以七爲節이라 子는 天子也라

○ 史記에 曲沃桓叔之孫武公이 伐晉滅之하고 盡以其寶器로 賂周釐(희)王한대 王以武公爲晉君하여 列於諸侯하니 此詩는 蓋述其請命之意라 言我非無是七章之衣也로되 而必請命者는 蓋以不如天子之命服之 爲安且吉也라 蓋當是時하여 周室雖衰나 典刑猶在하니 武公이 旣負弑君簒國之罪면 則人得討之하여 而無以自立於天地之間이라 故로 賂王請命而爲說如此라 然이나 其倨慢無禮 亦已甚矣라 釐王이 貪其寶玩하여 而不思天理民彝之不可廢라 是以로 誅討不加하고 而爵命行焉하니 則王綱於是乎不振하고 而人紀或幾乎絶矣라 嗚呼痛哉로다

賦이다. 侯伯은 七命이니, 그 수레와 깃발과 의복을 모두 일곱으로 제한한다. 子는 天子이다.

○「史記」에 "曲沃 桓叔의 손자인 武公이 晉나라를 정벌하여 멸망시키고는 그 寶器를 모두다 周나라 釐王에게 뇌물로 바치자, 王은 武公을 晉나라의 군주로 삼아 諸侯에 班列하였다." 하였으니, 이 詩는 〈天子에게〉 그 命을 청한 뜻을 서술한 것이다. 내가 이 七章의 옷이 없어서가 아닌데도 반드시 命을 청하는 것은 天子의 命으로 입는 것이 편안하고 또 길함만 못해서라고 말한 것이다. 이 때를 당하여 周나라 왕실이 비록 쇠하였으나 典刑이 아직 남아 있었으니, 武公이 이미 군주를 시해하고 나라를 찬탈하는 죄를 지었다면, 사람들마다 그를 토벌하여 天地의 사이에 스스로 설 수가 없다. 그러므로 王에게 뇌물을 주어 命을 청하고는 말하기를 이와 같이 한 것이

賂 : 줄 뢰, 뇌물 뢰　釐 : 복 희　簒 : 빼앗을 찬　彝 : 떳떳할 이

다. 그러나 그 거만하고 무례함이 또한 너무 심하다. 鳌王은 그의 보물을 탐하여, 天理와 民彝의 폐할 수 없음을 생각하지 않았다. 이 때문에 토벌을 가하지 않고 爵命을 행하였으니, 王의 기강이 이에 떨쳐지지 못하고, 人倫의 기강이 혹 거의 끊어지게 된 것이다. 아! 애통하다.

豈曰無衣六兮, 不如子之衣, 安且燠於六反兮.

豈曰無衣六兮리오	어찌 六章의 옷이 없어서이리오
不如子之衣	天子가 주신 옷이
安且燠兮니라	편안하고 또 따뜻함만 못해서이니라

賦也라 天子之卿은 六命이니 變七言六者는 謙也라 不敢以當侯伯之命하여 得受六命之服하여 比於天子之卿도 亦幸矣라 燠은 煖也니 言其可以久也라

賦이다. 天子의 卿은 六命이니, 七을 변하여 六이라고 말한 것은 겸사이다. 감히 侯伯의 命을 감당할 수가 없어서 六命의 의복을 받아 天子의 卿에 비할 수만 있어도 또한 다행이라고 한 것이다. 燠은 따뜻함이니, 오래 입을 수 있음을 말한 것이다.

無衣二章이니 章三句라

毛序 無衣는 美晉武公也라 武公이 始幷晉國하니 其大夫爲之請命乎天子之使하여 而作是詩也라

《無衣》는 晉나라 武公을 찬미한 詩이다. 武公이 비로소 晉國을 겸병하니, 그 大夫가 武公을 위하여 天子의 使臣에게 命을 청하면서 이 詩를 지은 것이다.

有杕之杜, 生于道左. 彼君子兮, 噬韓詩作逝肯適我. 中心好呼報反之, 曷飮於鴆反食音嗣之.

有杕之杜여	우뚝선 아가위나무여
生于道左로다	길 동쪽에 났도다
彼君子兮	저 君子여
噬(逝)肯適我아	기꺼이 나에게 오시려나
中心好之나	中心으로 그를 좋아하나
曷飮食(임사)之오	어떻게 하면 음식을 자시게 할꼬

燠：따뜻할 욱 比：나란할 비 杕：나무우뚝할 체 噬：깨물 서 飮：마시게할 임
食：먹일 사

比也라 左는 東也라 噬는 發語詞라 曷은 何也라
○ 此는 人好賢而恐不足以致之라 故로 言此杕然之杜 生于道左하여 其蔭不足以休息이 如己之寡弱하여 不足恃賴하니 則彼君子者 亦安肯顧而適我哉리오 然이나 其中心好之는 則不已也로되 但無自而得飮食之耳라 夫以好賢之心如此면 則賢者安有不至하여 而何寡弱之足患哉리오

比이다. 左는 동쪽이다. 噬는 發語詞이다. 曷은 어찌이다.
○ 이는 사람이 賢人을 좋아하되 그를 초치하지 못할까 두려워하였다. 그러므로 말하기를 "이 우뚝선 아가위나무가 길 동쪽에 자라서 그늘이 족히 휴식할 수가 없음이 마치 자기가 寡弱하여 족히 의뢰할 수 없음과 같으니, 그렇다면 저 君子가 또한 어찌 즐겨 돌아보고 나에게 오겠는가. 그러나 中心으로 좋아함이 그치지 않는데, 다만 그에게 음식을 마시고 먹게 할 길이 없을 뿐이다."한 것이다. 賢者를 좋아하는 마음이 이와 같다면 賢者가 어찌 이르지 않음이 있어 어찌 寡弱함을 족히 걱정하겠는가.

有杕之杜, 生于道周. 彼君子兮, 噬肯來遊. 中心好之, 曷飮食之.

有杕之杜여	우뚝선 아가위나무여
生于道周로다	길굽이에 났도다
彼君子兮	저 君子여
噬肯來遊아	기꺼이 나에게 와서 노시려나
中心好之나	中心으로 그를 좋아하나
曷飮食之오	어떻게 하면 음식을 자시게 할꼬

比也라 周는 曲也라

比이다. 周는 굽이이다.

有杕之杜二章이니 章六句라

毛序 有杕之杜는 刺晉武公也니 武公寡特하여 兼其宗族하고 而不求賢以自輔焉하니라

《有杕之杜》는 晉나라 武公을 풍자한 詩이다. 武公이 寡特(독불장군)하여 그 宗族을 겸병하고 賢者를 구하여 자신을 돕게 하지 않아서였다.

葛生蒙楚, 蘞(音廉)蔓于野(叶上與反). 予美亡此, 誰與獨處.

葛生蒙楚하며	칡이 자라 가시나무에 덮이며

蔭 : 덮을 음　周 : 모퉁이 주　蒙 : 덮을 몽　蘞 : 덩굴진풀 렴　亡 : 없을 무

蘞蔓于野로다	덩쿨이 들에 뻗었도다
予美亡(無)此하니	내 아름다운 분은 여기에 없으니
[1]誰與獨處오	누구와 더불어 혼자 지낼까

興也라 蘞은 草名이니 似栝樓하고 葉盛而細라 蔓은 延也라 予美는 婦人指其夫也라
○ 婦人以其夫久從征役而不歸라 故로 言葛生而蒙于楚하고 蘞生而蔓于野하여 各有所依託이어늘 而予之所美者는 獨不在是하니 [1]則誰與而獨處於此乎아하니라

興이다. 蘞은 풀 이름이니, 栝樓와 비슷한데 잎이 무성하고 가늘다. 蔓은 뻗어남이다. 予美는 婦人이 그 남편을 가리킨 것이다.

○ 婦人이 그 남편이 오랫동안 征役에 종사하여 돌아오지 못하므로 말하기를 "칡이 자라 가시나무에 덮이고 덩쿨이 자라 들에 뻗어서 각각 의탁할 바가 있거늘, 내 아름답게 여기는 분은 홀로 여기에 있지 않으니, 누구와 더불어 여기에서 혼자 지낼까." 한 것이다.

譯註 1. 誰與獨處: 集傳에 따라 '누구와 더불어 혼자 지낼까'로 풀이하였으나 '誰與오 獨處로다'로 보아 '누구와 더불꼬, 홀로 거처한다'로 해석하는 것이 타당할 듯하다. 아래의 '誰與獨息'과 '誰與獨旦'의 경우도 이와 같다.

葛生蒙棘, 蘞蔓于域. 予美亡此, 誰與獨息.

葛生蒙棘하며	칡이 자라 가시나무에 덮이며
蘞蔓于域이로다	덩쿨이 墓域에 뻗었도다
予美亡此하니	내 아름다운 분은 여기에 없으니
誰與獨息고	누구와 더불어 혼자 머물까

興也라 域은 塋域也라 息은 止也라

興이다. 域은 塋域(墓域)이다. 息은 그침이다.

角枕粲兮, 錦衾爛兮. 予美亡此, 誰與獨旦.

角枕粲兮며	角枕이 찬란하며
錦衾爛兮로다	비단이불이 곱도다
予美亡此하니	내 아름다운 분은 여기에 없으니
誰與獨旦고	누구와 더불어 날을 샐꼬

賦也라 粲, 爛은 華美鮮明之貌라 獨旦은 獨處至旦也라

賦이다. 粲, 爛은 華美하고 선명한 모양이다. 獨旦은 홀로 거처하여 아침에 이른 것이다.

栝 : 하눌타리 괄　樓 : 누대 루　域 : 지경 역　塋 : 무덤 영

夏之日, 冬之夜叶羊茹反, 百歲之後, 歸于其居叶姬御反.

夏之日과	여름의 긴 해와
冬之夜여	겨울의 긴 밤이여
百歲之後에나	百歲의 뒤에나
歸于其居호리라	그 무덤으로 돌아가리라

賦也라 夏日永하고 冬夜永이라 居는 墳墓也라
○ 夏日冬夜에 獨居憂思가 於是爲切이라 然이나 君子之歸無期하여 不可得而見矣니 要死而相從耳라 鄭氏曰 言此者는 婦人專一하니 義之至요 情之盡이니라 蘇氏曰 思之深而無異心하니 此는 唐風之厚也니라

賦이다. 여름엔 낮이 길고 겨울엔 밤이 길다. 居는 墳墓이다.
○ 여름 해와 겨울 밤에 홀로 거처하여 근심함이 이에 간절하였다. 그러나 君子의 돌아옴이 기약이 없어 만나볼 수가 없으니, 요컨대 죽어서 서로 따를 뿐이다.
鄭氏가 말하였다. "이것을 말한 것은 婦人은 專一(한 지아비만을 섬김)하니, 義가 지극하고 情이 극진한 것이다."
蘇氏가 말하였다. "그리움이 깊고 다른 마음이 없으니, 이는 唐風의 후함이다."

冬之夜同上, 夏之日, 百歲之後叶胡故反, 歸于其室.

冬之夜와	겨울의 긴 밤과
夏之日이여	여름의 긴 해여
百歲之後에나	百歲의 뒤에나
歸于其室호리라	그 무덤 속으로 돌아가리라

賦也라 室은 壙也라

賦이다. 室은 무덤 속이다.

葛生五章이니 章四句라

毛序　葛生은 刺晉獻公也라 獻公이 好攻戰하니 則國人多喪矣하니라

《葛生》은 晉나라 獻公을 풍자한 詩이다. 獻公이 공격과 전쟁을 좋아하니, 國人들이 죽는 이가 많았다.

壙 : 구덩이 광

采苓采苓, 首陽之巓叶典因反. 人之爲言, 苟亦無信叶斯人反. 舍音捨下同旃之然反舍旃, 苟亦無然. 人之爲言, 胡得焉.

采苓采苓을	감초를 캐고 감초를 캐기를
首陽之巓가	首山 남쪽의 산마루에서 하려는가
人之爲言을	남이 하는 말을
苟亦無信이어다	진실로 또한 믿지 말지어다
舍旃舍旃하여	버려두고 버려두어
苟亦無然이면	또한 옳게 여기지 않는다면
人之爲言이	참소하는 사람의 말이
胡得焉이리오	어찌 먹혀들 수 있으리오

比也라 首陽은 首山之南也라 巓은 山頂也라 旃은 之也라
○ 此는 刺聽讒之詩라 言子欲采苓於首陽之巓乎아 然이나 人之爲是言以告子者를 未可遽以爲信也라 姑舍置之하여 而無遽以爲然하고 徐察而審聽之면 則造言者無所得而讒止矣리라 或曰 興也라하니 下章放此하니라

比이다. 首陽은 首山의 남쪽이다. 巓은 산마루이다. 旃은 之(助辭)이다.
○ 이것은 참소하는 말을 들어줌을 풍자한 詩이다. "그대는 首山 남쪽의 산마루에서 감초를 캐고자 하는가. 그러나 사람들이 이러한 말을 하여 그대에게 告해주는 것을 대번에 믿어서는 안 된다. 우선 그 말을 버려두어 대번에 옳게 여기지 말고, 서서히 살피고 자세히 들어본다면 날조한 자의 말이 먹혀들 수가 없어 참소가 그쳐질 것이다."라고 한 것이다. 혹자는 말하기를 "興이다."하니, 下章도 이와 같다.

采苦采苦, 首陽之下叶後五反. 人之爲言, 苟亦無與. 舍旃舍旃, 苟亦無然. 人之爲言, 胡得焉.

采苦采苦를	씀바귀를 뜯고 씀바귀를 뜯기를
首陽之下아	首山 남쪽의 아래에서 하려는가
人之爲言을	남이 하는 말을
苟亦無與어다	진실로 또한 許與하지 말지어다
舍旃舍旃하여	버려두고 버려두어
苟亦無然이면	또한 옳게 여기지 않는다면
人之爲言이	참소하는 사람의 말이
胡得焉이리오	어찌 먹혀들 수 있으리오

苓 : 감초 령　巓 : 산꼭대기 전　旃 : 어조사 전　讒 : 참소할 참

比也라 苦는 苦菜也니 生山田及澤中하니 得霜이면 甜脆而美라 與는 許也라

比이다. 苦는 쓴나물이니, 山田과 澤中에서 자라는 바, 서리를 맞으면 달고 연하여 맛이 좋아진다. 與는 허여함이다.

采葑采葑, 首陽之東. 人之爲言, 苟亦無從. 舍旃舍旃, 苟亦無然. 人之爲言, 胡得焉.

采葑采葑을	순무를 캐고 순무를 캐기를
首陽之東가	首山 남쪽의 동편에서 하려는가
人之爲言을	남이 하는 말을
苟亦無從이어다	진실로 또한 따르지 말지어다
舍旃舍旃하여	버려두고 버려두어
苟亦無然이면	또한 옳게 여기지 않는다면
人之爲言이	참소하는 사람의 말이
胡得焉이리오	어찌 먹혀들 수 있으리오

比也라 從은 聽也라

比이다. 從은 들어줌이다.

采苓三章이니 章八句라

毛序 采苓은 刺晉獻公也니 獻公이 好聽讒焉하니라

《采苓》은 晉나라 獻公을 풍자한 詩이니, 獻公이 讒言을 듣기 좋아해서였다.

唐國은 十二篇에 三十三章이요 二百三句라

秦一之十一

秦은 國名이니 其地在禹貢雍州之域하니 近鳥鼠山하니라 初에 伯益이 佐禹治水有功하여 賜姓嬴氏러니 其後에 中潏이 居西戎以保西垂하니라 六世孫大駱이 生成及非子러니 非子事周孝王

甜 : 달 첨　脆 : 연할 취　葑 : 순무 봉　嬴 : 성 영　潏 : 물흐를 결　垂 : 변방 수
駱 : 낙대 락

하여 養馬於汧渭之間하여 馬大繁息한대 孝王이 封爲附庸而邑之秦하니라 至宣王時하여 犬戎이 滅成之族한대 宣王이 遂命非子曾孫秦仲爲大夫하여 誅西戎이러니 不克하여 見殺하니라 及幽王爲西戎犬戎所殺하고 平王東遷에 秦仲孫襄公이 以兵送之한대 王封襄公爲諸侯하고 曰 能逐犬戎이면 卽有岐豐之地라하니 襄公이 遂有周西都畿內八百里之地하고 至玄孫德公하여 又徙於雍하니라 秦은 卽今之秦州요 雍은 今京兆府興平縣이 是也니라

秦은 國名이니, 그 지역은《禹貢》의 雍州 경내에 있었으니, 鳥鼠山과 가깝다. 처음에 伯益이 禹王을 도와 홍수를 다스려 공이 있어 姓을 嬴氏로 하사 받았는데, 그 후 中潏이 西戎에 거하여 서쪽 변방을 차지하였다. 6세손 大駱이 成과 非子를 낳았는데, 非子가 周孝王을 섬겨 汧水와 渭水 사이에서 말을 길러 말이 크게 번식하자, 孝王이 그를 附庸國으로 봉하고 秦땅에 도읍을 정하게 하였다. 宣王 때에 이르러 犬戎이 成의 종족을 멸하자, 宣王은 마침내 非子의 증손인 秦仲에게 명하여 大夫로 삼아 西戎을 주벌하게 하였는데 이기지 못하여 적에게 살해당하였다. 幽王이 西戎의 犬戎에게 살해되고 平王이 동쪽으로 천도하자, 秦仲의 손자인 襄公이 군대를 동원하여 호송하니, 平王은 襄公을 봉하여 諸侯로 삼고 말하기를 "능히 犬戎을 축출하면, 곧 岐州와 豐땅을 소유하게 하겠다." 하였다. 그리하여 襄公은 마침내 周나라 西都의 畿內에 8백리의 땅을 소유하게 되었고, 玄孫인 德公에 이르러 또다시 도읍을 雍땅으로 옮겼다. 秦은 바로 지금의 秦州이며, 雍은 지금의 京兆府 興平縣이 이 곳이다.

有車鄰鄰, 有馬白顚(都田反 典因反 叶). 未見君子, 寺人之令(力呈反).

有車鄰鄰이며	수레소리 덜컹거리며
有馬白顚이로다	말은 이마가 희도다
未見君子호니	君子를 만나보지 못하니
寺(시)人之令이로다	寺人을 명령하도다

賦也라 鄰鄰은 衆車之聲이라 白顚은 額有白毛니 今謂之的顙이라 君子는 指秦君이라 寺人은 內小臣也라 令은 使也라

○ 是時에 秦君이 始有車馬及此寺人之官하니 將見者 必先使寺人通之라 故로 國人創見而誇美之也라

賦이다. 鄰鄰은 여러 대의 수레가 지나가는 소리이다. 白顚은 이마에 흰 털이 있는 것이니, 지금은 的顙이라 이른다. 君子는 秦나라 군주를 가리킨 것이다. 寺人은 宮內의 작은 신하이다. 令은 부림이다.

○ 이 때에 秦나라 군주가 처음으로 車馬와 이 寺人의 관직을 두니, 장차 군주를 뵈려는 자는 반드시 먼저 寺人으로 하여금 군주에게 통하게 하였다. 그러므로 國人들이 이것을 처음 보고는 과시하고 찬미한 것이다.

汧 : 물이름 견 渭 : 물이름 위 顚 : 이마 전 寺 : 내시 시 的 : 표적 적 顙 : 이마 상
創 : 비롯할 창 誇 : 자랑할 과

阪音反有漆, 隰有栗. 旣見君子, 竝坐鼓瑟. 今者不樂音洛, 逝者其耋田節反 叶地一反.

阪有漆이며	산비탈에는 옻나무가 있으며
隰有栗이로다	진펄에는 밤나무가 있도다
旣見君子라	이미 君子를 만났기에
竝坐鼓瑟호라	함께 앉아 비파를 타노라
今者不樂이면	지금 즐거워하지 않으면
逝者其耋이리라	세월이 흘러가 늙어지리라

興也라 八十曰耋이라
○ 阪則有漆矣요 隰則有栗矣라 旣見君子면 則竝坐鼓瑟矣니 失今不樂이면 則逝者其耋矣리라

興이다. 80歲를 耋이라 한다.
○ 산비탈에는 옻나무가 있고, 습지에는 밤나무가 있다. 이미 君子를 만났으면 함께 앉아 비파를 타야 하니, 지금 기회를 놓치고 즐거워하지 않으면 세월이 흘러가서 늙어질 것이다.

阪有桑, 隰有楊. 旣見君子, 竝坐鼓簧音黃. 今者不樂, 逝者其亡.

阪有桑이며	산비탈에는 뽕나무가 있으며
隰有楊이로다	진펄에는 버드나무가 있도다
旣見君子라	이미 君子를 만났기에
竝坐鼓簧호라	함께 앉아 笙簧을 타노라
今者不樂이면	지금 즐거워하지 않으면
逝者其亡이리라	세월이 흘러가 죽으리라

興也라 簧은 笙中金葉이니 吹笙則鼓動之以出聲者也라

興이다. 簧은 笙가운데에 쇠로 된 잎이니, 笙을 불면 〈金葉이〉 鼓動하여 소리를 내는 것이다.

車鄰三章이니 一章은 四句요 二章은 章六句라

毛序 車鄰은 美秦仲也니 秦仲始大하여 有車馬禮樂侍御之好焉하니라

《車鄰》은 秦仲을 찬미한 詩이니, 秦仲이 비로소 나라를 強大하게 만들어 車馬와 禮樂과 侍御의 아름다움이 있었다.

阪 : 산비탈 판　耋 : 늙은이 질　簧 : 생황 황

駟驖(田結反)孔阜(符有反), 六轡在手. 公之媚(眉冀反)子, 從公于狩(叶始九反).

駟驖孔阜하니	駟驖이 심히 비대하니
六轡在手로다	여섯 고삐가 손에 있도다
公之媚子	公의 사랑하는 사람이
從公于狩로다	公을 따라 사냥하도다

賦也라 駟驖은 四馬皆黑色如鐵也라 孔은 甚也라 阜는 肥大也라 六轡者는 兩服兩驂이 各兩轡로되 而驂馬兩轡는 納之於觖이라 故로 惟六轡在手也라 媚子는 所親愛之人也라 [1]此亦前篇之意也라

賦이다. 駟驖은 네 필이 모두 흑색이어서 쇠빛과 같은 것이다. 孔은 심함이다. 阜는 肥大함이다. 六轡는 두 服馬와 두 驂馬가 각각 고삐가 둘씩이나, 驂馬의 두 고삐는 고리에 넣었기 때문에 오직 여섯 고삐만이 손에 있는 것이다. 媚子는 친애하는 사람이다. 이 또한 前篇의 뜻이다.

譯註 1. 此亦前篇之意: 앞의 《車鄰》과 마찬가지로 秦나라가 처음으로 車馬를 구비하여 사냥하였으므로 사람들이 이를 처음 보고 자랑하였음을 뜻한다.

奉時辰牡. 辰牡孔碩(叶常灼反). 公曰左之, 舍(音捨)拔(蒲末反)則獲(叶黃郭反).

奉時辰牡하니	이 辰牡를 받들어 모니
辰牡孔碩이로다	辰牡가 매우 크도다
公曰左之하시니	公께서 왼쪽으로 몰라 하시니
舍拔則獲이로다	화살을 쏠 적마다 곧 잡도다

賦也라 時는 是라 辰은 時也요 牡는 獸之牡者니 辰牡者는 冬獻狼, 夏獻麋, 春秋獻鹿豕之類라 奉之者는 虞人翼以待射也라 碩은 肥大也라 公曰左之者는 命御者하여 使左其車하여 以射獸之左也라 [1]蓋射必中其左라야 乃爲中殺이니 五御所謂逐禽左者는 爲是故也라 拔은 矢括也라 曰左之而舍拔無不獲者는 言獸之多而射御之善也라

賦이다. 時는 이것이다. 辰은 때이고, 牡는 짐승의 수컷이니, 辰牡는 겨울에는 이리를 바치고, 여름에는 고라니를 바치고, 봄과 가을에는 사슴과 멧돼지를 바치는 따위이다. 받든다는 것은 虞人이 좌우에서 날개를 펼치듯이 몰이하여 쏘아 맞추기를 기다리는 것이다. 碩은 비대함이다. 公曰左之는 御者에게 명하여 수레를 왼쪽으로 몰게 하여 짐승의 왼쪽을 쏘는 것이다. 활을 쏠 때에는 반드시 그 왼쪽(심장)을 맞혀야 가장 알맞게 죽임이 되니, 〈「周禮」의〉 五御에 이른바 "짐승을 왼쪽으로 좇는다."는 것은 이 때문이다. 拔은 화살의 오늬이다. 왼쪽으로 몰라 하시니, 화살을 쏨에 잡지 않음이 없다는 것은 짐승이 많고 射御를 잘함을 말한 것이다.

驖 : 검붉은말 철　阜 : 성할 부　媚 : 사랑할 미　狩 : 사냥할 수　觖 : 고리 결　拔 : 오늬 발
狼 : 이리 랑　麋 : 고라니 미　括 : 화살촉 괄, 오늬 괄

譯註 1. 中殺은 짐승의 심장부를 쏘아 맞추어 빨리 죽임을 이르며, 五御는 다섯 가지 수레를 모는 법으로 첫째는 和鸞의 방울을 울리는 것이고〔鳴和鸞〕, 둘째는 水勢의 屈曲에 따라 달리는 것이고〔逐水曲〕, 세째는 군주의 자리를 표시한 곳을 지날 때의 의식이고〔過君表〕, 네째는 길거리에서 달릴 적에 춤추는 절도에 맞추어 도는 것이고〔舞交衢〕, 다섯째는 짐승을 왼쪽으로 모는 것이다〔逐禽左〕

遊于北園, 四馬既閑(叶胡田反). 輶(音由)車鸞鑣(彼驕反), 載獫(力驗反)歇(許竭反)驕(許喬反).

遊于北園하니	북쪽 동산에 노니
四馬既閑이로다	四馬가 잘 길들여졌도다
輶車鸞鑣로소니	가벼운 수레에 방울단 재갈로
載獫歇驕로다	獫과 歇驕를 싣고 가도다

賦也라 田事已畢이라 故로 遊于北園이라 閑은 調習也라 輶는 輕也라 鸞은 鈴也니 效鸞鳥之聲이라 鑣는 馬銜也라 驅逆之車는 置鸞於馬銜之兩旁하며 乘車則鸞在衡하고 和在軾也라 獫, 歇驕는 皆田犬名이니 長喙曰獫이요 短喙曰歇驕라 以車載犬은 蓋以休其足力也라 韓愈畫記에 有騎擁田犬者하니 亦此類라

賦이다. 사냥하는 일이 이미 끝났기 때문에 北園에서 노는 것이다. 閑은 길들고 익숙한 것이다. 輶는 가벼움이다. 鸞은 방울이니, 난새의 소리를 본딴 것이다. 鑣는 말재갈이다. 짐승을 몰고 맞이하는 수레는 방울을 말재갈의 양 옆에 두고, 타는 수레는 鸞이 衡에 있고 和가 軾에 있다. 獫, 歇驕는 모두 사냥개의 이름이니, 주둥이가 긴 것을 獫이라 하고, 주둥이가 짧은 것을 歇驕라 한다. 수레에 개를 싣고 가는 것은 발의 힘을 쉬게 하고자 해서이다. 韓愈의 《畫記》에 말을 타면서 사냥개를 끼고 간다는 것이 있으니, 또한 이러한 따위이다.

駟驖三章이니 章四句라

毛序 駟驖은 美襄公也니 始命하여 有田狩之事, 園囿之樂焉하니라

《駟驖》은 襄公을 찬미한 詩이니, 비로소 명하여 사냥하는 일과 동산의 즐거움이 있어서였다.

小戎俴(錢淺反)收, 五楘(音木)梁輈(陟留反), 游環脅驅(叶俱懼反 又居錄反), 陰靷(音引)鋈(音沃)續(叶辭屢反 又如字), 文茵(音因)

閑 : 익숙할 한　輶 : 가벼울 유　鸞 : 방울 란　鑣 : 재갈 표　獫 : 부리긴개 험
歇 : 사냥개 갈(흘)　鈴 : 방울 령　銜 : 재갈 함　喙 : 부리 훼　擁 : 낄 옹　俴 : 얕을 천
收 : 수레뒤턱나무 수　楘 : 묶을 목, 빛날 목　梁 : 들보 량　輈 : 끌채 주　環 : 고리 환
脅 : 겨드랑이 협　靷 : 가슴걸이 인　鋈 : 도금할 옥　茵 : 자리 인

暢(敕亮反)轂(叶又去聲), 駕我騏(音其)馵(之樹反 又 之錄反). 言念君子, 溫其如玉. 在其板屋, 亂我心曲.

小戎俴收로소니	兵車라 수레 뒤턱이 얕으니
五楘梁輈로다	다섯 곳을 묶은 굽은 끌채로다
游環脅驅며	돌아다니는 고리이며 가슴에 끈이며
陰靷鋈續이며	속에 끈을 매되 이음새에 도금을 하였으며
文茵暢轂이로소니	문채나는 호피방석이며 긴 곡이로소니
駕我騏馵로다	나의 騏馵를 멍에하도다
言念君子호니	君子를 생각하니
溫其如玉이로다	온화함이 玉과 같도다
在其板屋하여	板屋에 있어
亂我心曲이로다	나의 心曲을 어지럽히도다

賦也라 小戎은 兵車也라 俴은 淺也라 收는 軫也니 謂車前後兩端橫木이니 所以收斂所載者也라 凡車之制는 廣皆六尺六寸이며 其平地任載者는 爲大車니 則軫深八尺이요 兵車則軫深四尺四寸이라 故로 曰小戎俴收也라 五는 五束也라 楘은 歷錄然文章之貌也라 梁輈는 從前軫以前하여 稍曲而上하여 至衡則向下鉤之하여 橫衡於輈下하니 而輈形穹隆上曲하여 如屋之梁이요 又以皮革으로 五處束之하여 其文章이 歷錄然也라 游環은 靷環也라 以皮爲環하여 當兩服馬之背上하니 游移前却無定處하여 引兩驂馬之外轡하여 貫其中而執之하니 所以制驂馬하여 使不得外出이라 左傳曰 如驂之有靷[靳]이 是也라 脅驅는 亦以皮爲之하니 前係於衡之兩端하고 後係於軫之兩端하여 當服馬脅之外하니 所以驅驂馬하여 使不得內入也라 陰은 揜軓也니 軓在軾前而以板橫側揜之하니 以其陰映此軓이라 故로 謂之陰也라 靷은 以皮二條로 前係驂馬之頸하고 後係陰版之上也라 鋈續은 陰板之上有續靷之處에 消白金하여 沃灌其環하여 以爲飾也라 蓋車衡之長이 六尺六寸이라 止容二服하니 驂馬之頸이 不當於衡이라 故로 別爲二靷以引車하니 亦謂之靳이라 左傳曰 兩靷將絶이 是也라 文茵은 車中所坐虎皮褥也라 暢은 長也라 轂者는 車輪之中이니 外持輻, 內受軸者也라 大車之轂은 一尺有半이요 兵車之轂은 長三尺二寸이라 故로 兵車曰暢轂이라 騏는 騏文也라 馬左足白曰馵라 君子는 婦人目其夫也라 溫其如玉은 美之之詞也라 板屋者는 西戎之俗은 以板爲屋이라 心曲은 心中委曲之處也라

○ 西戎者는 秦之臣子所與不共戴天之讐也라 襄公이 上承天子之命하여 率其國人하여 往而征之라 故로 其從役者之家人이 先誇車甲之盛如此하고 而後及其私情하니 蓋以義興師면 則雖婦人이라도 亦知勇於赴敵而無所怨矣니라

暢 : 통할 창, 길 창　轂 : 바퀴통 곡　騏 : 얼룩말 기　馵 : 왼발흰말 주　板 : 널조각 판
軫 : 수레뒤턱나무 진　鉤 : 걸 구　輈 : 끌채 주　穹 : 높을 궁　靳 : 가슴걸이 근
揜 : 가릴 엄　軓 : 차앞턱나무 범　消 : 녹일 소　沃 : 물댈 옥　灌 : 물댈 관
止 : 다만 지　褥 : 요 욕　輻 : 바퀴살 복　軸 : 속바퀴 축　目 : 지목할 목　師 : 군대 사

賦이다. 小戎은 兵車이다. 俴은 얕음이다. 收는 수레의 뒤턱나무이니, 수레의 앞뒤 두 끝에 가로댄 나무를 이르는 바, 수레에 실은 것을 거두어 들이는 것이다. 수레의 제도는 너비가 모두 6尺 6寸이며, 평지에 짐을 싣는 것은 大車이니, 大車는 軫의 깊이가 8尺이요, 兵車는 軫의 깊이가 4尺 4寸이다. 그러므로 小戎俴收라고 말한 것이다. 五는 다섯 곳을 묶은 것이다. 楘은 歷錄然히 문장(문채)이 드러나는 모양이다. 梁輈는 앞의 軫으로부터 앞으로 점점 구부러져 올라가 衡에 이르면 아래를 향하여 갈고리를 걸어서 衡을 輈(끌채)의 아래에 가로대니, 輈의 형상이 높이 솟아 위가 굽은 것이 지붕의 들보와 같으며, 또 가죽으로 다섯 곳을 묶어서 그 문장이 歷錄然한 것이다. 游環은 끈으로 만든 고리이다. 가죽으로 고리를 만들어, 두 服馬의 등 위에 닿게 하니, 앞뒤로 옮겨다니고 일정한 곳이 없어 두 驂馬의 바깥 고삐를 잡아당겨 고삐를 고리로 그 가운데에 꿰어 잡으니, 驂馬를 제재해서 밖으로 나가지 못하게 하는 것이다. 「左傳」에 이르기를 "驂馬에 靷[靳]이 있는 것과 같다."는 것이 이것이다. 脅驅 또한 가죽으로 만드니, 앞은 衡의 양 끝에 매고, 뒤는 軫의 양 끝에 매어서 服馬의 가슴 밖에 닿게 하니, 驂馬를 몰아서 안으로 들어오지 못하게 하는 것이다. 陰은 앞에 있는 軓(뒤턱나무)이다. 軓은 軾 앞에 있는데, 판자로 옆을 가로대어 가려서 이 軓을 은은히 비추기 때문에 陰이라고 이른 것이다. 靷은 두 가닥의 가죽으로써 앞은 두 驂馬의 목에 매고 뒤는 陰版의 위에 매는 것이다. 鋈續은 陰板의 위에 靷을 이은 곳이 있는데, 여기에 白金을 녹여서 그 고리에 부어 꾸밈을 만든 것이다. 車衡의 길이는 6尺 6寸이라서 다만 두 服馬를 용납하여, 驂馬의 목은 衡에 닿지 못한다. 그러므로 별도로 두 끈을 만들어 수레를 끌게 하는 바, 이 또한 靳이라 이른다. 「左傳」에 이르기를 "두 靷이 장차 끊어지려 한다."는 것이 이것이다. 文茵은 수레 가운데 깔고 앉는 바의 虎皮褥이다. 暢은 깊이다. 轂은 車輪의 가운데에 있는 것이니, 밖으로는 輻을 지탱하고 안으로는 軸을 받는 것이다. 大車의 轂은 1尺 반이요, 兵車의 轂은 3尺 2寸이다. 그러므로 兵車를 暢轂이라 한 것이다. 騏는 얼룩무늬 말이다. 말의 왼쪽 발이 흰 것을 馵라 한다. 君子는 婦人이 그 남편을 지목한 것이다. 溫其如玉은 그를 찬미한 말이다. 板屋은 西戎의 풍속에 판자로써 지붕을 만드는 것이다. 心曲은 마음 속의 깊은 곳이다.

○ 西戎은 秦나라의 臣子들이 더불어 같은 하늘 아래에서 살 수 없는 원수이다. 襄公이 위로 天子의 명령을 받들어 國人들을 거느리고 가서 정벌하였다. 그러므로 그 從役하는 자의 家人들이 먼저 수레와 갑옷의 성함을 과시하기를 이와 같이 하고, 뒤에 그 私情에 미쳤으니, 義로써 군대를 일으키면 비록 婦人이라도 또한 적에게 달려들기를 용감하게 해야 함을 알아 원망하는 바가 없는 것이다.

四牡孔阜(扶有反), 六轡在手, 騏駵(音留)是中(叶諸仍反), 騧(古花反)驪是驂(叶疏簪反), 龍盾(順允反)之合, 鋈以觼(古穴反)軜(音納). 言念君子, 溫其在邑(叶烏合反). 方何爲期, 胡然我念之.

四牡孔阜하니	四牡가 매우 비대하니
六轡在手로다	여섯 고삐가 손에 있도다
騏駵是中이요	騏駵가 가운데 있고
騧驪是驂이로소니	騧驪가 驂馬이니

駵 : 월다말 류　騧 : 공골마 와　盾 : 방패 순　觼 : 고리 결　軜 : 속고삐 납

龍盾之合이요	龍을 그린 방패를 합해 싣고
鋈以觼軜이로다	고리가 있는 속고삐를 도금하였도다
言念君子호니	君子를 생각하니
溫其在邑이로다	온화하게 邑에 있도다
方何爲期오	장차 언제로 기약을 할꼬
胡然我念之오	어찌하여 나로 하여금 그리워하게 하는고

賦也라 赤馬黑鬣曰騮라 中은 兩服馬也라 黃馬黑喙曰騧라 驪는 黑色也라 盾은 干也라 畫龍於盾하고 合而載之하여 以爲車上之衛하니 必載二者는 備破毁也라 觼은 環之有舌也요 軜은 驂內轡也니 置觼於軾前以係軜이라 故로 謂之觼軜이니 亦消沃白金以爲飾也라 邑은 西鄙之邑也라 方은 將也라 將以何時爲歸期乎아 何爲使我思念之極也오

賦이다. 赤馬에 검은 갈기가 있는 것을 騮라 한다. 中은 두 服馬이다. 黃馬에 주둥이가 검은 것을 騧라 한다. 驪는 흑색이다. 盾은 방패이니, 龍을 방패에 그리고 두 개를 합하여 실어서 수레 위의 호위로 삼으니, 반드시 두 개를 싣는 것은 파손을 대비해서이다. 觼은 고리에 혀가 있는 것이요, 軜은 驂馬의 속 고삐이니, 觼을 軾 앞에 설치하여 軜에 매단다. 그러므로 觼軜이라고 이르니, 또한 白金을 녹여 부어서 장식한다. 邑은 西鄙(서쪽 변방)의 邑이다. 方은 장차이다. "장차 어느 때로 돌아올 기약을 할꼬. 어찌하여 나로 하여금 思念하기를 지극하게 하는고."라고 한 것이다.

俴駟孔群, 厹(音求)矛鋈錞(徒對反 朱倫反 叶), 蒙伐有苑(叶音氳), 虎韔(敕亮反)鏤(音漏)膺, 交韔二弓(叶姑弘反), 竹閉緄(古本反)縢(直登反). 言念君子, 載寢載興. 厭厭(於鹽反)良人, 秩秩德音(叶一陵反).

俴駟孔群이어늘	얇은 鐵甲을 입힌 駟馬가 매우 和하거늘
厹矛鋈錞로다	세모진 창에 창고달을 도금하였도다
蒙伐有苑이어늘	여러가지 깃털을 그린 방패가 빛나거늘
虎韔鏤膺이로다	虎皮 활집이며 강철로 만든 가슴걸이로다
交韔二弓하니	두 활을 활집에 마주 넣으니
竹閉緄縢이로다	대나무 도지개를 끈으로 묶었도다
言念君子하여	君子를 생각하여
載寢載興호라	곧 자며 곧 일어나노라
厭厭良人이여	편안하고 편안한 良人이여
秩秩德音이로다	德音이 질서정연하도다

鬣 : 갈기 렵　鄙 : 마을 비　俴 : 얕을 천　厹 : 세모난창 구　錞 : 창고달 대　蒙 : 섞일 몽
伐 : 방패 벌　苑 : 문채날 원　韔 : 활집 창　鏤 : 새길 루　膺 : 가슴걸이 응　交 : 엇갈릴 교
閉 : 도지개 폐　緄 : 노끈 곤　縢 : 묶을 등

賦也라 俴駟는 四馬皆以淺薄之金爲甲이니 欲其輕而易於馬之旋習也라 孔은 甚이요 群은 和也라 厹矛는 三隅矛也라 鋈錞는 以白金沃矛之下端平底者也라 蒙은 雜也라 伐은 中干也니 盾之別名이라 苑은 文貌니 畫雜羽之文於盾上也라 虎韔은 以虎皮爲弓室也라 鏤膺은 鏤金以飾馬當胸帶也라 交韔은 交二弓於韔中이니 謂顚倒安置之라 必二弓은 以備壞也라 閉는 弓檠也니 儀禮에 作䩛라 緄은 繩이요 縢은 約也니 以竹爲閉하고 而以繩約之於弛弓之裏하여 檠弓體하여 使正也라 載寢載興은 言思之深而起居不寧也라 厭厭은 安也요 秩秩은 有序也라

賦이다. 俴駟는 네 필의 말에 모두 얇은 쇠로 갑옷을 만들어 입힌 것이니, 가벼워서 말이 돌고 익힘에 쉽게 하고자 한 것이다. 孔은 심함이요, 群은 和함이다. 厹矛는 세모진 창이다. 鋈錞는 白金을 창의 下端의 편편한 밑부분에 부어 만든 것이다. 蒙은 섞임이다. 伐은 중간의 방패이니, 盾의 별명이다. 苑은 문채나는 모양이니, 여러 깃털의 무늬를 방패 위에 그린 것이다. 虎韔은 虎皮로 활집을 만든 것이다. 鏤膺은 강철에 金箔을 새겨 말의 가슴띠에 닿는 부분을 꾸민 것이다. 交韔은 두 활을 활집 가운데에 마주 넣는 것이니, 거꾸로 安置함을 이른다. 반드시 두 활을 넣는 것은 파손에 대비해서이다. 閉는 활의 도지개이니, 「儀禮」에는 䩛로 되어 있다. 緄은 노끈이요, 縢은 묶는 것이니, 대나무로 도지개를 만들고, 노끈으로써 풀어놓은 활의 안을 묶어서 활몸통을 도지개에 묶어 놓아 활을 바르게 하는 것이다. 載寢載興은 생각이 깊어서 起居가 편안하지 못함을 말한 것이다. 厭厭은 편안함이요, 秩秩은 차례가 있는 것이다.

小戎三章이니 章十句라

毛序 小戎은 美襄公也라 備其兵甲하여 以討西戎호되 西戎方強하여 而征伐不休하니 國人은 則矜其車甲하고 婦人은 能閔其君子焉하니라

《小戎》은 襄公을 찬미한 詩이다. 兵甲을 장만하여 西戎을 토벌하였는데, 西戎이 강성하여 정벌이 그치지 않으니, 國人들은 수레와 갑옷을 자랑하고 婦人은 그 君子를 민망하게 여긴 것이다.

兼(古恬反)葭(音加)蒼蒼, 白露爲霜. 所謂伊人, 在水一方. 遡(所路反)洄(音回)從之, 道阻且長. 遡游從之, 宛在水中央.

蒹葭蒼蒼하니	갈대가 蒼蒼하니
白露爲霜이로다	흰 이슬이 서리가 되었도다
所謂伊人이	이른바 저 분이
在水一方이로다	저 물가의 한쪽에 있도다

盾 : 방패 순　胸 : 가슴 흉　檠 : 도지개 경　䩛 : 활도지개끈 비　約 : 묶을 약
弛 : 풀어놓을 이　蒹 : 갈대 겸　葭 : 갈대 가　遡 : 거스를 소　洄 : 물거슬러흐를 회

遡洄從之나	물결을 거슬러 올라가 따르려 하나
道阻且長이며	길이 막히고 또 길며
遡游從之나	물결을 따라 내려가 따르려 하나
宛在水中央이로다	宛然히 물의 중앙에 있도다

賦也라 蒹은 似萑而細하고 高數尺이니 又謂之蒹이라 葭는 蘆也라 蒹葭未敗에 而露始爲霜하니 秋水時至하여 百川灌河之時也라 伊人은 猶言彼人也라 一方은 彼一方也라 遡洄는 逆流而上也요 遡游는 順流而下也라 宛然은 坐見貌라 在水之中央은 言近而不可至也라
○ 言秋水方盛之時에 所謂彼人者 乃在水之一方하여 上下求之而皆不可得이라 然이나 不知其何所指也니라

賦이다. 蒹은 萑과 비슷한데 가늘고, 높이가 몇 자나 되니, 또 蒹이라고도 이른다. 葭는 蘆이다. 蒹葭가 아직 죽지 않았을 때에 이슬이 비로소 서리가 되었으니, 이는 가을 홍수가 제때에 이르러 온갖 냇물이 河水로 흘러들어가는 때이다. 伊人은 彼人이란 말과 같다. 一方은 저 한쪽이다. 遡洄는 물결을 거슬러 올라감이요, 遡游는 물결을 順히 따라 내려감이다. 宛然은 앉아서 보는 모양이다. 물의 중앙에 있다는 것은 가까워도 이를 수 없음을 말한 것이다.

○ 秋水가 한창 성할 때에 이른바 彼人이라는 자가 마침내 물가의 한쪽에 있어서 上下로 구하려 해도 다 얻을 수 없음을 말한 것이다. 그러나 그 무엇을 가리킨 것인지는 알지 못하겠다.

蒹葭凄凄, 白露未晞. 所謂伊人, 在水之湄. 遡洄從之, 道阻且躋. 遡游從之, 宛在水中坻(直尸反).

蒹葭凄凄하니	갈대가 凄凄하니
白露未晞로다	흰 이슬이 마르지 않았도다
所謂伊人이	이른바 저 분이
在水之湄로다	저 물가의 한쪽에 있도다
遡洄從之나	물결을 거슬러 올라가 따르려 하나
道阻且躋며	길이 막히고 또 높으며
遡游從之나	물결을 따라 내려가 따르려 하나
宛在水中坻로다	宛然히 물의 모래섬에 있도다

賦也라 凄凄는 猶蒼蒼也라 晞는 乾也라 湄는 水草之交也라 躋는 升也니 言難至也라 小渚曰坻라

賦이다. 凄凄는 蒼蒼과 같다. 晞는 마름이다. 湄는 물과 풀이 교차하는 곳이다. 躋는 오름이니, 이르기 어려움을 말한 것이다. 작은 모래섬을 坻라 한다.

萑：갈대 환 凄：써늘할 처 晞：마를 희 湄：물가 미 躋：오를 제 坻：모래섬 지
渚：물가 저

蒹葭采采叶此禮反, 白露未已. 所謂伊人, 在水之涘叶以始二音. 遡洄從之, 道阻且右叶羽軌反, 遡游從之, 宛在水中沚.

蒹葭采采하니	갈대를 베고 베니
白露未已로다	흰 이슬이 다하지 않았도다
所謂伊人이	이른바 저 분이
在水之涘로다	물가에 있도다
遡洄從之나	물결을 거슬러 올라가 따르려 하나
道阻且右며	길이 막히고 또 오른쪽으로 빗나가며
遡游從之나	물결을 따라 내려가 따르려 하나
宛在水中沚로다	宛然히 물의 모래섬에 있도다

賦也라 采采는 言其盛而可采也라 已는 止也라 右는 不相直(値)而出其右也라 小渚曰沚라

賦이다. 采采는 무성하여 벨 만함을 말한 것이다. 已는 그침이다. 右는 서로 만나지 못하여 오른쪽으로 빗나간 것이다. 작은 모래섬을 沚라 한다.

蒹葭三章이니 章八句라

毛序 蒹葭는 刺襄公也니 未能用周禮하여 將無以固其國焉하니라

《蒹葭》는 襄公을 풍자한 詩이니, 周나라 禮를 쓰지 아니하여 장차 그 나라를 견고하게 할 수가 없어서였다.

終南何有, 有條有梅叶莫悲反. 君子至止, 錦衣狐裘叶渠之反. 顏如渥於角反丹, 其君也哉叶將黎反,

終南何有오	終南山에 무엇이 있는고
有條有梅로다	가래나무가 있고 매화나무가 있도다
君子至止하시니	君子가 이르시니
錦衣狐裘샷다	여우갖옷에 비단옷을 입으셨도다
顏如渥丹하시니	얼굴이 붉고도 윤택하시니
其君也哉샷다	그 인군다우시도다

興也라 終南은 山名이니 在今京兆府南이라 條는 山楸也니 皮葉白, 色亦白하며 材理好하여 宜

涘 : 물가 사　沚 : 물가 지　渥 : 담글 악　楸 : 가래나무 추　理 : 결 리

爲車板이라 君子는 指其君也라 至止는 至終南之下也라 錦衣狐裘는 諸侯之服也니 玉藻曰 君衣狐白裘하고 錦衣以裼之라하니라 渥은 漬也라 其君也哉는 言容貌衣服이 稱其爲君也라 此는 秦人美其君之詞니 亦車鄰駟驖之意也라

興이다. 終南은 산 이름이니, 지금의 京兆府 남쪽에 있었다. 條는 산 추자나무이니, 껍질과 잎이 희고 나무 색깔도 희며, 목재와 나무결이 좋아서 수레의 판자를 만들기에 마땅하다. 君子는 그 군주를 가리킨 것이다. 至止는 終南山의 아래에 이른 것이다. 錦衣狐裘는 諸侯의 의복이니, 「禮記」의 《玉藻》에 이르기를 "군주는 狐白裘를 입는데, 비단옷을 갖옷 위에 덧입는다." 하였다. 渥은 담금이다. 其君也哉는 용모와 의복이 그 인군됨에 걸맞음을 말한 것이다. 이는 秦나라 사람들이 그 군주를 찬미한 말이니, 또한 《車鄰》과 《駟驖》의 뜻이다.

終南何有, 有紀有堂. 君子至止, 黻音弗衣繡裳, 佩玉將將七羊反, 壽考不忘.

終南何有오	終南山에 무엇이 있는고
有紀有堂이로다	모퉁이가 있으며 평평한 곳이 있도다
君子至止하시니	君子가 이르시니
黻衣繡裳이로다	黻衣와 수놓은 치마로다
佩玉將將하시니	佩玉소리 將將히 울리시니
壽考不忘이로다	壽考하기를 원하여 잊지 못하리로다

興也라 紀는 山之廉角也요 堂은 山之寬平處也라 黻之狀은 亞니 兩己相戾也라 繡는 刺繡也라 將將은 佩玉聲也라 壽考不忘者는 欲其居此位, 服此服하여 長久而安寧也라

興이다. 紀는 산의 모서리요, 堂은 산의 평평한 곳이다. 黻의 모양은 亞이니, 두 己자가 서로 등지고 있다. 繡는 刺繡이다. 將將은 佩玉의 소리이다. 壽考不忘은 이 지위에 처하고 이 옷을 입어서 장구히 安寧하기를 바란 것이다.

終南二章이니 章六句라

毛序 終南은 戒襄公也라 能取周地하여 始爲諸侯하여 受顯服하니 大夫美之라 故로 作是詩以戒勸之하니라

《終南》은 襄公을 경계한 詩이다. 周나라 땅을 취하여 비로소 諸侯가 되어 훌륭한 衣服을 받으니, 大夫가 이를 아름답게 여겼다. 그러므로 이 詩를 지어 경계하고 권면한 것이다.

藻 : 마름 조　裼 : 덧입을 석　漬 : 담글 지　紀 : 산모서리 기　黻 : 보불 불　廉 : 모날 렴
刺 : 찌를 자

交交黃鳥, 止于棘. 誰從穆公, 子車奄息. 維此奄息, 百夫之特. 臨其穴叶戶橘反, 惴惴其慄. 彼蒼者天叶鐵因反, 殲子廉反我良人. 如可贖兮, 人百其身.

交交黃鳥여	이리저리 날으는 黃鳥여
止于棘이로다	가시나무에 앉았도다
誰從穆公고	누가 穆公을 따르는고
子車奄息이로다	子車奄息이로다
維此奄息이여	이 奄息이여
百夫之特이로다	百夫 중에 뛰어난 자로다
臨其穴하여	그 구덩이에 임하여
惴惴其慄이로다	惴惴히 두려워하도다
彼蒼者天이여	저 푸른 하늘이여
殲我良人이로다	우리 훌륭한 사람을 죽이도다
如可贖兮인댄	만일 바꿀 수 있을진댄
人百其身이로다	사람마다 그 몸을 백 번이라도 바치리로다

興也라 交交는 飛而往來之貌라 從穆公은 從死也라 子車는 氏요 奄息은 名이라 特은 傑出之稱이라 穴은 壙也라 惴惴는 懼貌라 慄은 懼요 殲은 盡이요 良은 善이요 贖은 貿也라

○ 秦穆公卒에 以子車氏之三子爲殉하니 皆秦之良也라 國人哀之하여 爲之賦黃鳥하니 事見春秋傳하니 卽此詩也라 言交交黃鳥는 則止于棘矣라 誰從穆公고 則子車奄息也라하니 蓋以所見起興也라 臨穴而惴惴는 蓋生納之壙中也라 三子는 皆國之良이어늘 而一旦殺之하니 若可貿以他人인댄 則人皆願百其身以易之矣리라

興이다. 交交는 날아 왕래하는 모양이다. 穆公을 따른다는 것은 따라 죽는 것이다. 子車는 氏요, 奄息은 이름이다. 特은 걸출한 이의 칭호이다. 穴은 묘구덩이[墓穴]이다. 惴惴는 두려워하는 모양이다. 慄은 두려워함이요, 殲은 다함이요, 良은 善이요, 贖은 바꾸는 것이다.

○ 秦穆公이 죽자, 子車氏의 세 아들을 殉葬하니, 이들은 모두 秦나라의 훌륭한 사람이었다. 그러므로 國人들이 그를 슬퍼하여 《黃鳥》를 읊었으니, 이 사실이 「春秋傳」에 보이는 바, 바로 이 詩이다. "이리저리 날으는 黃鳥는 가시나무에 앉아 있다. 누가 穆公을 따르는가. 子車奄息이다." 하였으니, 이는 보이는 것을 가지고 起興한 것이다. 구덩이에 임하여 두려워함은 그를 산 채로 墓穴 속에 넣은 것이다. 세 사람은 모두 나라의 훌륭한 사람이었는데, 하루아침에 죽였으니, 만일 다른 사람으로 바꿀 수 있다면 사람들이 모두 그 몸을 백번이라도 바꾸기를 원할 것이다.

交交黃鳥, 止于桑. 誰從穆公, 子車仲行戶郎反. 維此仲行, 百夫之防. 臨其

奄 : 가릴 엄 惴 : 두려울 췌 慄 : 두려울 률 殲 : 죽일 섬 贖 : 살 속 貿 : 바꿀 무
殉 : 따라죽을 순

穴, 惴惴其慄. 彼蒼者天, 殲我良人. 如可贖兮, 人百其身.

交交黃鳥여	이러저리 날으는 黃鳥여
止于桑이로다	뽕나무에 앉았도다
誰從穆公고	누가 穆公을 따르는고
子車仲行이로다	子車仲行이로다
維此仲行이여	이 仲行이여
百夫之防이로다	百夫를 당해낼 만하도다
臨其穴하여	그 구덩이에 임하여
惴惴其慄이로다	惴惴히 두려워하도다
彼蒼者天이여	저 푸른 하늘이여
殲我良人이로다	우리 훌륭한 사람을 죽이도다
如可贖兮인댄	만일 바꿀 수 있을진댄
人百其身이로다	사람마다 그 몸을 백번이라도 바치리로다

興也라 防은 當也니 言一人可以當百夫也라

興이다. 防은 당함이니, 한 사람이 百夫를 당할 수 있음을 말한 것이다.

交交黃鳥, 止于楚. 誰從穆公, 子車鍼(其廉反)虎. 維此鍼虎, 百夫之禦. 臨其穴, 惴惴其慄. 彼蒼者天, 殲我良人. 如可贖兮, 人百其身.

交交黃鳥여	이러저리 날으는 黃鳥여
止于楚로다	가시나무에 앉았도다
誰從穆公고	누가 穆公을 따르는고
子車鍼虎로다	子車鍼虎로다
維此鍼虎여	이 鍼虎여
百夫之禦로다	百夫를 당해낼 만하도다
臨其穴하여	그 구덩이에 임하여
惴惴其慄이로다	惴惴히 두려워하도다
彼蒼者天이여	저 푸른 하늘이여
殲我良人이로다	우리 훌륭한 사람을 죽이도다
如可贖兮인댄	만일 바꿀 수 있을진댄
人百其身이로다	사람마다 그 몸을 백번이라도 바치리로다

鍼 : 이름 겸

興也라 禦는 猶當也라

興이다. 禦는 當과 같다.

黃鳥三章이니 章十二句라

春秋傳曰 君子曰 秦穆公之不爲盟主也 宜哉인저 死而棄民이로다 先王은 違世에 猶貽之法이어늘 而況奪之善人乎아 今縱無法하여 以遺後嗣하고 而又收其良以死하니 難以在上矣라 君子是以로 知秦之不復東征也라하니라 愚按 穆公於此에 其罪不可逃矣라 但或以爲穆公遺命如此어늘 而三子自殺以從이라하니 則三子亦不得爲無罪어니와 今觀臨穴惴慄之言하면 則是康公從父之亂命하여 迫而納之於壙이니 其罪有所歸矣라 又按史記컨대 秦武公卒에 初以人從死하여 死者六十六人이러니 至穆公하여 遂用百七十七人하여 而三良與焉하니 蓋其初特出於戎狄之俗이어늘 而無明王賢伯이 以討其罪라 於是에 習以爲常하니 則雖以穆公之賢而不免이라 論其事者 亦徒閔三良之不幸하고 而歎秦之衰요 至於王政不綱하여 諸侯擅命하여 殺人不忌 至於如此하여는 則莫知其爲非也하니 嗚呼라 俗之弊也 久矣로다 其後始皇之葬에 後宮을 皆令從死하고 工匠을 生閉墓中하니 尙何怪哉리오

「春秋傳」에 이르기를 "君子가 말하기를 '秦穆公은 盟主가 되지 못함이 당연하다. 죽으면서 백성을 버렸으니 말이다. 先王은 세상을 떠날 때에도 오히려 법을 남겨 주는데, 하물며 善人을 빼앗아감에 있어서랴.' 이제 無法한 일을 방종히 행하여 後嗣에게 물려주고, 또 그 선량한 사람을 거두어 죽게 하였으니, 윗자리에 있기가 어렵다. 君子가 이 때문에 秦나라가 다시 동쪽으로 정벌하지 못할 줄을 알았다 했다." 하였다.

내가 살펴보건대, 穆公은 이에 대하여 그 죄를 피할 수가 없다. 다만 혹자가 이르기를 "穆公이 遺命하기를 이와 같이 하였는데, 三子가 자살하여 따라 죽었다."하니, 그렇다면 三子도 또한 죄가 없지 않다. 그러나 이제 구덩이에 임하여 두려워하였다는 말을 보면, 이는 康公이 아버지의 亂命을 따라 핍박해서 구덩이 속에 들어가게 한 것이니, 그 죄가 돌아갈 곳이 있는 것이다.

또 「史記」를 살펴보면, 秦武公이 죽음에 처음으로 사람을 따라 죽게 하여 죽은 자가 66명이었는데, 穆公 때에 이르러는 마침내 1백 77명을 사용하여 三良이 거기에 끼었으니, 처음에는 다만 戎狄의 풍속에서 나온 것이었는데, 明王과 賢伯이 그 죄를 토벌하는 자가 없었다. 이에 이것을 익혀 보통으로 여겼으니, 비록 穆公 같은 賢君으로도 殉葬시킴을 면하지 못하였다. 그 일을 논하는 자 또한 三良의 불행함을 민망히 여기고 秦나라의 쇠함을 탄식했을 뿐이요, 王政의 기강이 떨치지 못해서 諸侯가 명령을 제멋대로 행하여 사람을 죽이기를 꺼려하지 않음이 이와 같음에 이른데 대해서는 그것이 잘못임을 알지 못하였으니, 아! 풍속의 병폐가 오래되었다. 그 후 始皇을 장사할 때에 後宮들을 모두 따라 죽게 하고, 工匠들을 산 채로 무덤 속에 묻었으니, 이것을 어찌 괴이하게 여길 것이 있겠는가.

貽 : 줄 이　縱 : 방종할 종　迫 : 핍박할 박　狄 : 오랑캐 적　擅 : 멋대로할 천

毛序 黃鳥는 哀三良也니 國人이 刺穆公以人從死하여 而作是詩也하니라

《黃鳥》는 三良을 슬퍼한 것이니, 國人들이 穆公이 사람을 따라 죽게 함을 풍자하여 이 詩를 지은 것이다.

鴥伊橘反彼晨風叶孚愔反, 鬱彼北林. 未見君子, 憂心欽欽. 如何如何, 忘我實多.

鴥彼晨風이여	휙휙 날으는 저 새매여
鬱彼北林이로다	울창한 북쪽 숲에 앉았도다
未見君子라	君子를 만나보지 못한지라
憂心欽欽호라	마음에 근심하기를 欽欽히 하노라
如何如何로	어쩐 일로 어쩐 일로
忘我實多오	나를 잊기를 실로 많이 하는고

興也라 鴥은 疾飛貌라 晨風은 鸇也라 鬱은 茂盛貌라 君子는 指其夫也라 欽欽은 憂而不忘之貌라

○ 婦人以夫不在하여 而言 鴥彼晨風은 則歸于鬱然之北林矣라 故로 我未見君子하여 而憂心欽欽也라 彼君子者 如之何而忘我之多乎아하니 [1]此與扊扅之歌同意하니 蓋秦俗也라

興이다. 鴥은 빨리 날으는 모양이다. 晨風은 새매이다. 鬱은 무성한 모양이다. 君子는 그 남편을 가리킨 것이다. 欽欽은 근심하여 잊지 못하는 모양이다.

○ 婦人이 남편이 집에 있지 않으므로 말하기를 "휙휙 날으는 저 새매는 울창한 북쪽 숲으로 돌아간다. 그러므로 내 君子를 보지 못하여 마음에 근심하기를 欽欽히 하는 것이다. 저 君子는 어쩐 일로 나를 잊기를 많이 하는가?" 한 것이니, 이는 扊扅歌와 뜻이 같으니, 秦나라의 풍속이다.

譯註 1. 扊扅之歌: 扊扅는 문의 빗장으로 염이의 노래는 거문고 곡조의 이름인데, 춘추시대 百里奚의 아내가 지은 것이다. 모두 세 편으로 되어 있는데, 그 첫번째에 "百里奚야! 다섯 장의 羊가죽으로 작별할 때를 기억하는가? 씨암탉 삶아 주고 문빗장으로 불때서 밥지어 드렸는데, 오늘날 富貴하게 되자 나를 잊는가.〔百里奚 五羊皮 憶別時 烹伏雌 炊扊扅 今日富貴忘我爲〕" 하였다. 이는 百里奚의 아내가 곤궁하여 헤어질 때에 씨암탉을 잡고 문빗장으로 불을 때서 밥을 지어 드렸는데, 그후 百里奚는 다섯 장의 羊가죽을 밑천으로 秦나라 穆公을 섬겨 재상이 되었으나 자신을 잊고 찾지 않으므로 남편을 찾아가 이 노래를 불렀다 한다. 이에 百里奚는 옛날 아내임을 알고 다시 그를 맞아들였다 한다.

山有苞櫟盧狄反 歷各反 마, 隰有六駁邦角反. 未見君子, 憂心靡樂音洛. 如何如何, 忘我

鴥: 휙날 율　鸇: 새매 전　扊: 문빗장 염　扅: 문빗장 이　櫟: 상수리 력
駁: 얼룩말 박　靡: 아닐 미

實多.

山有苞櫟이며	산에는 叢生하는 떡갈나무가 있으며
隰有六駁이로다	진펄에는 여섯 그루의 가래나무가 있도다
未見君子라	君子를 만나보지 못한지라
憂心靡樂호라	마음에 근심하여 즐겁지 못하노라
如何如何로	어쩐 일로 어쩐 일로
忘我實多오	나를 잊기를 실로 많이 하는고

興也라 駁은 梓楡也니 其皮青白如駁이라
○ 山則有苞櫟矣요 隰則有六駁矣어늘 未見君子하니 則憂心靡樂矣라 靡樂이면 則憂之甚也라

興이다. 駁은 梓楡이니, 그 껍질이 청백색이어서 얼룩말과 같다.
○ 산에는 叢生하는 떡갈나무가 있고, 진펄에는 六駁이 있는데, 君子를 보지 못하니, 마음에 근심하여 즐겁지 못하다. 즐겁지 못하다면 근심이 심한 것이다.

山有苞棣(音悌), 隰有樹檖. 未見君子, 憂心如醉. 如何如何, 忘我實多.

山有苞棣며	산에는 총생하는 아가위나무가 있으며
隰有樹檖로다	진펄에는 심어놓은 팥배나무가 있도다
未見君子라	君子를 만나보지 못한지라
憂心如醉호라	마음에 근심하여 술취한 듯하노라
如何如何로	어쩐 일로 어쩐 일로
忘我實多오	나를 잊기를 실로 많이 하는고

興也라 棣는 唐棣라 檖는 赤羅也니 實似梨而小하고 酢可食이라 如醉면 則憂又甚矣라

興이다 棣는 唐棣이다. 檖는 赤羅이니, 열매는 배와 비슷한데 작고 시며 먹을 수 있다. 술취한 듯하다면 근심이 더 심한 것이다.

晨風三章이니 章六句라

毛序 晨風은 刺康公也니 忘穆公之業하여 始棄其賢臣焉하니라

《晨風》은 康公을 풍자한 詩이니, 穆公의 基業을 잊어 비로소 어진 신하를 버려서였다.

梓 : 가래나무 자(재)　楡 : 느릅나무 유　棣 : 산앵도나무 체　檖 : 팥배나무 수　酢 : 실 초

豈曰無衣, 與子同袍抱毛反 步謀反 叶. 王于興師, 修我戈矛, 與子同仇.

豈曰無衣라	어찌 옷이 없어
與子同袍리오	그대와 솜옷을 함께 입으리오
王于興師어시든	王命으로 군대를 일으키시거든
修我戈矛하여	우리 戈矛를 수선하여
與子同仇(逑)호리라	그대와 한 짝이 되리라

賦也라 袍는 襺也라 戈는 長六尺六寸이요 矛는 長二丈이라 王于興師는 以天子之命而興師也라

○ 秦俗強悍하여 樂於戰鬪라 故로 其人이 平居而相謂曰 豈以子之無衣하여 而與子同袍乎아 蓋以王于興師어시든 則將修我戈矛하여 而與子同仇也라하니 其懽愛之心이 足以相死如此하니라 蘇氏曰 秦本周地라 故로 其民이 猶思周之盛時而稱先王焉하니라 或曰 興也니 取與子同三字爲義라하니 後章放此하니라

賦이다. 袍는 핫솜을 둔 것이다. 戈는 길이가 6尺 6寸이요, 矛는 길이가 二丈이다. 王于興師는 天子의 명령에 따라 군대를 일으키는 것이다.

○ 秦나라 풍속이 강하고 사나워 전투를 좋아하였다. 그러므로 그 백성들이 평소에 서로 말하기를 "어찌 그대가 옷이 없어 그대와 솜옷을 같이 입겠는가. 王命으로 군대를 일으키시거든 장차 우리 戈矛를 수선하여 그대와 함께 한 짝이 되겠다." 하였으니, 그 기뻐하고 사랑하는 마음이 서로를 위하여 죽을 수 있음이 이와 같았다.

蘇氏가 말하였다. "秦나라는 본래 周나라 땅이었다. 그러므로 그 백성들이 아직도 周나라의 융성했을 때를 생각하여 先王이라 칭한 것이다."

혹자는 말하기를 "興이니, 與子同 세 字를 취하여 뜻을 삼았다."하니, 後章도 이와 같다.

豈曰無衣, 與子同澤叶徒 洛反. 王于興師, 修我矛戟叶訖 約反, 與子偕作.

豈曰無衣라	어찌 옷이 없어
與子同澤이리오	그대와 속옷을 함께 입으리오
王于興師어시든	王命으로 군대를 일으키시거든
修我矛戟하여	우리 矛戟을 수선하여
與子偕作호리라	그대와 함께 나가리라

賦也라 澤은 褻衣也니 以其親膚하여 近於垢澤이라 故로 謂之澤이라 戟은 車戟也니 長丈六尺이라

賦이다. 澤은 속옷이니, 살갗에 직접 닿아서 때와 기름을 가까이 한다. 그러므로 澤이라 이른

仇 : 짝 구 襺 : 핫솜옷에둘 견 悍 : 사나울 한 澤 : 기름 택 戟 : 창 극

것이다. 戟은 수레의 창이니, 길이가 1丈 6尺이다.

豈曰無衣, 與子同裳. 王于興師, 修我甲兵叶晡茫反, 與子偕行叶戶郎反,

豈曰無衣라	어찌 옷이 없어
與子同裳이리오	그대와 치마를 함께 입으리오
王于興師어시든	王命으로 군대를 일으키시거든
修我甲兵하여	우리 甲兵을 수선하여
與子偕行하리라	그대와 함께 가리라

賦也라 行은 往也라

賦이다. 行은 감이다.

無衣三章이니 章五句라

秦人之俗이 大抵尙氣槪하고 先勇力하여 忘生輕死라 故로 其見於詩如此라 然이나 本其初而論之하면 岐豊之地를 文王用之하여 以興二南之化하여 如彼其忠且厚也러니 秦人用之未幾에 而一變其俗이 至於如此하니 則已悍然有招(교)八州而朝同列之氣矣니 何哉오 雍州는 土厚水深하여 其民厚重質直하여 無鄭衛驕惰浮靡之習하니 以善導之면 則易興起而篤於仁義요 以猛驅之면 則其強毅果敢之資가 亦足以強兵力農而成富強之業이니 非山東諸國所及也라 嗚呼라 後世欲爲定都立國之計者는 誠不可不監乎此요 而凡爲國者는 其於導民之路에 尤不可不審其所之也니라

秦나라 사람들의 풍속은 대개 氣槪를 숭상하고 勇力을 앞세워, 삶을 잊고 죽음을 가볍게 여겼다. 그러므로 그 詩에 나타남이 이와 같았다. 그러나 그 처음을 근본하여 논한다면 岐豊의 땅을 文王이 사용하여 二南의 교화를 일으켜서 저와 같이 忠厚하였는데, 秦나라 사람이 사용한 지 얼마되지 않아 한 번 그 풍속을 변화시킴이 이와 같음에 이르렀으니, 이미 사나워 八州를 차지하고 同列에게 조회받으려는 기상이 있었다. 이는 어째서인가? 雍州는 땅이 후하고 물이 깊어서 그 백성들이 厚重하고 質直하여, 鄭·衛처럼 교만하고 게으르며 浮靡한 풍습이 없으니, 善으로써 인도하면 쉽게 흥기하여 仁義에 독실하고, 사나움으로써 몰면 強毅하고 果敢한 자질이 또한 족히 군대를 강성하게 하고 농사를 힘써 富強의 業을 이룰 수 있으니, 山東의 여러 나라가 미칠 수 있는 바가 아니었다. 아! 후세에 도읍을 정하고 나라를 세울 계책을 하고자 하는 자는 진실로 이것을 살펴보지 않을 수 없으며, 나라를 다스리는 자들은 백성을 인도하는 길에 더더욱 그 갈 바를 살피지 않을 수 없다.

毛序 無衣는 刺用兵也라 秦人이 刺其君好攻戰하여 亟用兵하여 而不與民同欲焉하니라

岐 : 갈래 기　招 : 들 교　靡 : 사치할 미　毅 : 굳셀 의

《無衣》는 用兵을 풍자한 詩이다. 秦나라 사람들이 그 군주가 攻擊과 戰爭을 좋아하여 자주 用兵을 해서 백성들과 하고자함을 함께 하지 않음을 풍자한 것이다.

我送舅氏, 曰至渭陽. 何以贈之, 路車乘(繩證反)黃.

我送舅氏하여	내 외삼촌을 전송하여
曰至渭陽호라	渭陽에 이르노라
何以贈之오	무엇을 선물하는고
路車乘黃이로다	路車와 乘黃이로다

賦也라 舅氏는 秦康公之舅니 晉公子重耳也라 出亡在外러니 穆公召而納之하니 時康公爲太子하여 送之渭陽而作此詩라 渭는 水名이라 秦時都雍하니 至渭陽者는 蓋東行하여 送之於咸陽之地也라 路車는 諸侯之車也라 乘黃은 四馬皆黃也라

賦이다. 舅氏는 秦康公의 외삼촌이니 晉나라 公子 重耳이다. 망명하여 밖에 있었는데, 穆公이 불러 본국으로 들여보내니, 이때 康公이 太子가 되어 그를 渭陽에서 전송하면서 이 詩를 지은 것이다. 渭는 물 이름이다. 秦나라가 이때 雍에 도읍하였으니, 渭陽에 이른 것은 동쪽으로 가서 그를 咸陽의 땅에서 전송한 것이다. 路車는 諸侯의 수레이다. 乘黃은 네 마리 말이 모두 黃色인 것이다.

我送舅氏, 悠悠我思(叶新齋反). 何以贈之, 瓊瑰(古回反)玉佩(叶蒲眉反).

我送舅氏호니	내 외삼촌을 전송하니
悠悠我思로다	아득하고 아득한 내 그리움이로다
何以贈之오	무엇을 선물하는고
瓊瑰玉佩로다	瓊瑰와 佩玉이로다

賦也라 悠悠는 長也라 序에 以爲時康公之母穆姬已卒이라 故로 康公이 送其舅而念母之不見也라 或曰 穆姬之卒을 不可考니 此但別其舅而懷思耳라 瓊瑰는 石而次玉이라

賦이다. 悠悠는 긺이다. 序에 이르기를 "이때 康公의 어머니인 穆姬가 이미 별세하였다. 그러므로 康公이 그 외삼촌을 전송하면서 어머니를 볼 수 없음을 생각한 것이다." 하였다. 혹자는 말하기를 "穆姬가 죽은 것을 상고할 수 없으니, 이는 다만 그 외삼촌을 작별하면서 그리워한 것이다." 한다. 瓊瑰는 돌로서 玉의 다음가는 것이다.

渭陽二章이니 章四句라

乘 : 넷 승　瓊 : 옥 경　瑰 : 구슬 괴

按春秋傳컨대 晉獻公이 烝於齊姜하여 生秦穆夫人, 太子申生하고 娶犬戎胡姬하여 生重耳하고 小戎子生夷吾하고 驪姬生奚齊하고 其娣生卓子러니 驪姬譖申生한대 申生自殺하고 又譖二公子한대 二公子皆出奔하다 獻公卒에 奚齊卓子繼立이라가 皆爲大夫里克所弑한대 秦穆公이 納夷吾하니 是爲惠公이요 卒에 子圉立하니 是爲懷公이라 立之明年에 秦穆公이 又召重耳而納之하니 是爲文公이라 王氏曰 至渭陽者는 送之遠也요 悠悠我思者는 思之長也요 路車乘黃, 瓊瑰玉佩者는 贈之厚也니라 廣漢張氏曰 康公爲太子하여 送舅氏而念母之不見하니 是固良心也로되 而卒不能自克於[1]令狐之役하니 怨欲이 害乎良心也라 使康公知循是心하여 養其端而充之런들 則怨欲可消矣리라

「春秋傳」을 살펴보면 晉獻公이 齊姜을 간음하여 秦나라 穆夫人과 太子 申生을 낳았고, 犬戎의 胡姬를 아내로 맞이하여 重耳를 낳았고, 小戎子는 夷吾를 낳았고, 驪姬는 奚齊를 낳았고, 그 여동생은 卓子를 낳았다. 驪姬가 申生를 참소하니, 申生은 자살하였고, 또 두 公子를 참소하니, 두 公子가 모두 國外로 도망하였다. 獻公이 죽자, 奚齊와 卓子가 뒤를 이어 즉위하였다가 모두 大夫 里克에게 시해당하였다. 秦穆公이 夷吾를 본국으로 들여보내니, 이가 惠公이요, 그가 죽자 아들 圉가 즉위하니, 이가 懷公이다. 그가 즉위한 다음해에 秦穆公이 또다시 重耳를 불러 본국으로 들여보내니, 이가 文公이다.

王氏가 말하였다. "渭陽에 이른 것은 전송하기를 멀리 한 것이요, 아득하고 아득한 내 생각이라는 것은 그리움이 긴 것이요, 路車乘黃과 瓊瑰玉佩는 선물을 후히 한 것이다."

廣漢張氏가 말하였다. "康公이 太子가 되어 외삼촌을 전송하면서 어머니를 보지 못함을 생각하였으니, 이는 진실로 良心이었다. 그런데도 끝내 令狐의 戰役을 이겨내지(피하지) 못하였으니, 이는 원망과 욕심이 良心을 해친 것이다. 가령 康公이 이 마음을 따를줄 알아 그 단서를 길러 채웠더라면 원망과 욕심을 사라지게 할 수 있었을 것이다."

譯註 1. 令狐之役: 令狐는 山西省에 있었던 地名으로 晉·秦 두 나라가 이 곳에서 싸운 일을 가리키는바, 「春秋左傳」《文公七年條》에 보인다.

毛序 渭陽은 康公이 念母也라 康公之母는 晉獻公之女니 文公이 遭驪姬之難하여 未反而秦姬卒하니라 穆公이 納文公하니 康公이 時爲太子하여 贈送文公于渭之陽할새 念母之不見也하여 我見舅氏하니 如母存焉이라 及其卽位하여 思而作是詩也하니라

《渭陽》은 康公이 어머니를 생각한 詩이다. 康公의 어머니(秦姬)는 晉나라 獻公의 딸이었는데, 文公이 驪姬의 難을 만나 본국으로 돌아가지 못하고 秦姬가 죽었다. 그후 穆公이 文公을 본국으로 들여보내니, 康公이 이때 太子가 되어 文公을 渭水 북쪽에서 전송하면서 어머니를 볼 수 없음을 생각하여 내 舅氏를 보니 어머니가 생존해 계신 듯하다 하였다. 康公이 卽位하게 되자, 이를 생각하여 이 詩를 지은 것이다.

烝 : 위로간통할 증　圉 : 마부 어

於我乎, 夏屋渠渠, 今也每食無餘. 于(音吁)嗟乎, 不承權輿.

於我乎에	나에게
夏屋渠渠러니	큰 집이 깊고 넓더니
今也엔 每食無餘로다	지금에는 밥먹을 때마다 남음이 없도다
于嗟乎라	아
不承[1]權輿여	權輿를 잇지 못함이여

譯註 1. 權輿: 저울을 만들 때에는 저울대〔權〕부터 만들고, 수레를 만들 때에는 수레의 판자〔輿〕부터 만들기 때문에 모든 일의 처음을 일컫는 말로 쓰이게 된 것이다.

賦也라 夏는 大也라 渠渠는 深廣貌라 承은 繼也라 權輿는 始也라
○ 此는 言其君始有渠渠之夏屋하여 以待賢者러니 而其後에 禮意寖衰하고 供億寖薄하여 至於賢者每食而無餘라 於是嘆之하여 言不能繼其始也라

賦이다. 夏는 큼이다. 渠渠는 깊고 넓은 모양이다. 承은 이음이다. 權輿는 처음이다.
○ 이는 그 군주가 처음에는 渠渠한 큰 집을 소유하여 賢者를 대우했었는데, 그 뒤에는 예우하는 뜻이 점점 쇠해지고 공급하는 것이 점점 박해져서 賢者가 매양 밥을 먹을 때에 남음이 없음에 이르렀다. 이에 탄식하여 그 처음을 잇지 못한다고 말한 것이다.

於我乎, 每食四簋(叶巳有反), 今也每食不飽(叶補苟反). 于嗟乎, 不承權輿.

於我乎에	나에게
每食四簋러니	매양 밥먹을 때에 네 그릇을 주더니
今也엔 每食不飽로다	지금에는 밥먹을 때마다 배부르지 못하도다
于嗟乎라	아
不承權輿여	權輿를 잇지 못함이여

賦也라 簋는 瓦器니 容斗二升이라 方曰簠요 圓曰簋니 簠盛稻粱하고 簋盛黍稷이라 四簋는 禮食之盛也라

賦이다. 簋는 질그릇이니, 1斗 2升이 들어간다. 네모진 것을 簠라 하고, 둥근 것을 簋라 하니, 簠에는 벼와 수수를 담고, 簋에는 기장과 피를 담는다. 四簋는 禮食의 성함이다.

權輿二章이니 章五句라

夏 : 클 하　渠 : 클 거　權 : 저울대 권　輿 : 수레판자 여　億 : 편안할 억　簋 : 보궤 궤
簠 : 대제기 보　稻 : 벼 도

漢楚元王이 敬禮申公, 白公, 穆生하여 穆生이 不嗜酒어늘 元王每置酒에 嘗爲穆生設醴러니 及王戊卽位에 常設이라가 後忘設焉한대 穆生退曰 可以逝矣로다 醴酒不設하니 王之意怠라 不去면 楚人이 將鉗我於市라하고 遂稱疾하다 申公, 白公이 強起之曰 獨不念先王之德歟아 今王이 一旦失小禮어늘 何足至此오한대 穆生曰 先王之所以禮吾三人者는 爲道之存故也니 今而忽之하니 是는 忘道也라 忘道之人을 胡可與久處하여 豈爲區區之禮哉리오하고 遂謝病去하니 亦此詩之意也니라

漢나라 때 楚元王이 申公·白公·穆生을 공경하여 예우하였다. 穆生이 술을 좋아하지 않자, 元王은 술자리를 베풀 때마다 항상 穆生을 위하여 단술을 놓았었는데, 王戊가 즉위하자, 항상 단술을 놓다가, 뒤에는 놓는 것을 잊었다. 穆生이 물러가면서 말하기를 "떠날 만하다. 단술을 놓지 않으니, 王의 뜻이 태만해진 것이다. 지금 떠나가지 않으면 楚나라 사람들이 장차 나의 목에 사슬을 씌워 시장에 끌고 다닐 것이다." 하고는 마침내 병을 칭탁하였다. 申公·白公이 억지로 나와서 벼슬하라고 하면서 말하기를 "홀로 先王의 은덕을 생각하지 않는가. 지금 王이 하루아침에 작은 禮를 실수하였거늘, 어찌 족히 이에 이르는가?" 하자, 穆生이 말하기를 "先王이 우리 세 사람을 예우한 까닭은 우리에게 道가 있기 때문이었다. 그런데 이제 우리를 소홀히 하니, 이는 道를 잊은 것이다. 道를 잊은 사람과 어찌 함께 오래 처하여, 어찌 區區한 禮를 할 수 있으리오." 하고는 마침내 병으로 사양하고 떠나갔으니, 또한 이 詩의 뜻이다.

毛序　權輿는 刺康公也니 忘先君之舊臣하여 與賢者에 人有始而無終也하니라

《權輿》는 康公을 풍자한 詩이니, 先君의 옛 신하를 잊어 賢者와 더불에 처음만 있고 끝이 없어서였다.

秦國은 十篇에 二十七章이요 一百八十一句라

嘗：항상 상　醴：단술 례　鉗：목사슬 겸

詩經集傳 卷七

陳一之十二

陳은 國名이니 大(太)皞伏羲氏之墟니 在禹貢豫州之東이라 其地廣平하여 無名山大川하여 西望外方하고 東不及孟諸라 周武王時에 帝舜之冑有虞閼父(보)爲周陶正하니 武王이 賴其利器用하고 與其神明之後라하여 以元女大姬로 妻其子滿하고 而封之于陳하여 都於宛丘之側하여 與黃帝帝堯之後로 [1]共爲三恪하니 是爲胡公이라 大姬婦人尊貴하여 好樂(요)巫覡歌舞之事하니 其民化之하니라 今之陳州 卽其地也니라

陳은 國名이니, 太皞 伏羲氏의 옛 터이니, 《禹貢》의 豫州 동쪽에 있었다. 그 지역은 넓고 평평하여 名山 大川이 없어서 서쪽으로는 外方山을 바라보고, 동쪽으로는 孟諸에 미치지 못하였다. 周武王 때에 帝舜의 후손인 有虞 閼父가 周나라 陶正이 되니, 武王은 그가 器用를 잘 만들고, 또 神明의 후손이라는 것으로 인하여 元女인 太姬를 그의 아들인 滿에게 시집보내고, 陳나라에 봉해서 宛丘의 곁에 도읍하여 黃帝·帝堯의 후손과 함께 三恪이 되게 하였으니, 이가 胡公이다. 太姬婦人은 尊貴하여 巫覡과 歌舞의 일을 좋아하니, 백성들이 이에 교화되었다. 지금의 陳州가 바로 그 지역이다.

譯註 1. 共爲三恪 : 三恪은 周나라에서 공경하는 諸侯國으로, 「禮記」《樂記》에 "武王은 殷나라를 정벌한 다음 수레에서 내리기도 전에 黃帝의 후손을 薊에, 帝堯의 후손을 祝에, 帝舜의 후손을 陳에 봉했으며, 수레에서 내린 뒤에 夏后氏의 후손을 杞에, 殷의 후손을 宋에 봉했다." 하였으며, 「春秋左傳」《襄公二十五年條》에도 三恪이 보이는데, 그 註에 "周나라는 天下를 통일한 뒤에 夏의 후손을 杞에, 殷의 후손을 宋에 봉하였으며, 다시 帝舜·帝堯·黃帝의 후손을 봉하고 이들을 三恪이라 하였는데, 이는 이들 三國은 杞·宋 두 나라에 비하여 예우가 다소 낮아 존경하지 않고 단지 공경함을 보일 뿐이기 때문이다." 하였다. 그러므로 三恪을 三降으로 쓰기도 하며, 恪을 客의 뜻으로 해석하기도 한다. 그러나 虞·夏·殷의 후손을 三恪으로 보는 것이 일반적인 견해이기도 하다.

子之湯(他郞他浪二反)兮, 宛丘之上(辰羊辰亮二反)兮. 洵(音荀)有情兮, 而無望(武方武放二反)兮.

子之湯兮여	그대의 遊蕩함이여
宛丘之上兮로다	宛丘의 위에서 하도다

皞 : 휠 호 羲 : 복희 희 墟 : 옛터 허 閼 : 막을 알 父 : 남자이름 보 恪 : 공경할 각
覡 : 무당 격 湯 : 방탕할 탕

洵有情兮나	진실로 情感이 있으나
而無望兮로다	우러러볼 것이 없도다

賦也라 子는 指遊蕩之人也라 湯은 蕩也라 四方高, 中央下曰宛丘라 洵은 信也라 望은 人所瞻望也라
○ 國人이 見此人常遊蕩於宛丘之上이라 故로 敍其事以刺之라 言雖信有情思而可樂矣나 然無威儀可瞻望也라

賦이다. 子는 遊蕩하는 사람을 가리킨 것이다. 湯은 遊蕩(놀고 방탕함)이다. 四方이 높고 中央이 낮은 것을 宛丘라 한다. 洵은 진실로이다. 望은 사람들이 바라보고 우러르는 것이다.
○ 國人들이 이 사람이 항상 宛丘의 위에서 遊蕩하는 것을 보았다. 그러므로 그 일을 서술하여 풍자한 것이다. 비록 진실로 情思가 있어 즐거울 만하나, 우러러볼 만한 威儀가 없음을 말한 것이다.

坎其擊鼓, 宛丘之下(叶後五反). 無冬無夏(叶與下同), 値(直置反)其鷺羽.

坎其擊鼓여	둥둥 북을 침이여
宛丘之下로다	宛丘의 아래에서 하도다
無冬無夏히	겨울도 없고 여름도 없이
値其鷺羽로다	백로 깃을 꽂고 있도다

賦也라 坎은 擊鼓聲이라 値는 植(치)也라 鷺는 舂鉏니 今鷺鷥니 好而潔白하고 頭上有長毛十數枚라 羽는 以其羽爲翳하니 舞者持以指麾也라 言無時不出遊而鼓舞於是也라

賦이다. 坎은 북을 치는 소리이다. 値는 꽂음이다. 鷺는 舂鉏이니, 지금의 鷺鷥인데, 아름답고 潔白하며, 머리 위에 긴 털 十數 개가 있다. 羽는 그 깃털로 일산을 만든 것이니, 춤추는 자가 잡고서 지휘하는 것이다. 때마다 놀러 나와 여기에서 북치고 춤추지 않음이 없음을 말한 것이다.

坎其擊缶(方有反), 宛丘之道(叶徒厚反). 無冬無夏, 値其鷺翿(音導 叶殖有反).

坎其擊缶여	둥둥 질장구를 침이여
宛丘之道로다	宛丘의 길에서 하도다
無冬無夏히	겨울도 없고 여름도 없이
値其鷺翿로다	백로 일산을 꽂고 있도다

賦也라 缶는 瓦器니 可以節樂이라 翿는 翳也라

坎：북치는소리 감　値：꽂을 치　鷺：백로 로　植：꽂을 치　舂：방아찧을 용
鉏：호미 서　鷥：해오라기 사　翳：깃일산 예　麾：두를 휘　缶：질장구 부
翿：깃일산 도

賦이다. 缶는 질그릇이니, 〈두드려서〉 음악을 節奏할 수 있다. 翿는 깃일산이다.

宛丘三章이니 章四句라

毛序 宛丘는 刺幽公也니 淫荒昏亂하고 游蕩無度焉하니라

《宛丘》는 幽公을 풍자한 詩이니, 淫荒(방탕)하고 혼란하며 游蕩하여 법도가 없어서였다.

東門之枌(符云反), 宛丘之栩(況浦反). 子仲之子, 婆娑(素何反)其下(叶後五反).

東門之枌과	東門의 흰느릅나무와
宛丘之栩에	宛丘의 상수리나무에
子仲之子	子仲氏의 딸이
婆娑其下로다	그 아래에서 너울너울 춤추도다

賦也라 枌은 白楡也니 先生葉하고 郤著(착)莢하며 皮色白이라 子仲之子는 子仲氏之女也라 婆娑는 舞貌라

○ 此는 男女聚會歌舞하고 而賦其事以相樂也라

賦이다. 枌은 흰느릅나무이니, 먼저 잎이 나오고, 틈새에 꼬투리가 붙으며, 껍질 색깔이 희다. 子仲之子는 子仲氏의 딸이다. 婆娑는 춤추는 모양이다.

○ 이는 男女가 모여 歌舞하고 그 일을 읊어 서로 즐거워한 것이다.

穀旦于差(初佳反 七何反 叶), 南方之原(無韻未詳). 不績其麻(叶謨婆反), 市也婆娑.

穀旦于差하니	좋은 아침을 선택하니
南方之原이로다	南方의 언덕에 모이도다
不績其麻요	삼을 길쌈하지 않고
市也婆娑로다	시장에서 너울너울 춤추도다

賦也라 穀은 善이요 差는 擇也라

○ 旣差擇善旦하여 以會于南方之原이라 於是에 棄其業以舞於市而往會也라

賦이다. 穀은 좋음이요, 差는 가림이다.

枌 : 흰느릅나무 분 栩 : 상수리나무 허(우) 婆 : 춤출 파 娑 : 춤출 사 郤 : 틈 극
著 : 붙을 착 莢 : 꼬투리 협 穀 : 좋을 곡 差 : 가릴 차

○ 이미 좋은 아침을 가려 南方의 언덕에서 모였다. 이에 그 일을 버려두고 시장에서 춤추려고 가서 모인 것이다.

穀旦于逝, 越以鬷(子公反)邁(叶力制反). 視爾如荍(祁饒反), 貽我握椒.

穀旦于逝하니	좋은 아침에 가니
越以鬷邁로다	이에 많은 무리를 데리고 가도다
視爾如荍호니	그대 보기를 금규화처럼 여기니
貽我握椒로다	나에게 한 줌의 川椒를 주도다

賦也라 逝는 往이요 越은 於라 鬷은 衆也요 邁는 行也라 荍는 芘芣也니 又名荊葵니 紫色이라 椒는 芬芳之物也라

○ 言又以善旦而往하니 於是에 以其衆行而男女相與道其慕悅之詞曰 我視爾顔色之美를 如芘芣之華라 於是에 遺我以一握之椒하여 而交情好也라

賦이다. 逝는 감이요, 越은 於(이에)이다. 鬷은 많음이요, 邁는 감이다. 荍는 芘芣인데, 또 荊葵라고도 하니, 자주색이다. 椒는 향기나는 물건이다.

○ 또 좋은 아침에 만나러 가니, 이에 무리로 떼지어 가면서 男女가 서로 사모하고 좋아하는 말을 이르기를 "내 그대의 얼굴빛이 아름다움을 보기를 마치 芘芣의 꽃처럼 여기도다. 이에 나에게 한 줌의 川椒를 선물하여 사귀는 情이 좋다." 한 것이다.

東門之枌三章이니 章四句라

毛序 東門之枌은 疾亂也라 幽公淫荒하니 風化之所行에 男女棄其舊業하고 亟(기)會於道路하여 歌舞於市井爾라

《東門之枌》은 혼란함을 미워한 詩이다. 幽公이 淫荒하니, 風化가 행하는 바에 男女가 옛날의 業(일)을 버리고 자주 道路에 모여 市井에서 歌舞하였기 때문이다.

衡門之下, 可以棲(音西)遲. 泌(悲位反)之洋洋, 可以樂(音洛)飢.

衡(橫)門之下여	衡門의 아래여
可以棲遲로다	쉬고 놀 수 있도다
泌之洋洋이여	샘물이 졸졸 흐름이여
可以樂飢로다	굶주림을 즐길 수 있도다

越 : 이에 월 鬷 : 많을 종 荍 : 금규화 교 握 : 한줌 악, 쥘 악 芘 : 풀이름 비
芣 : 질경이 부 葵 : 아욱 규 芬 : 향기날 분 棲 : 쉴 서 泌 : 샘물졸졸흐를 비

賦也라 衡門은 橫木爲門也라 門之深者는 有阿塾堂宇어늘 此惟衡(橫)木爲之라 棲遲는 遊息也라 泌는 泉水也라 洋洋은 水流貌라

○ 此는 隱居自樂而無求者之詞라 言衡門雖淺陋나 然이나 亦可以遊息이요 泌水雖不可飽나 然이나 亦可以玩樂而忘飢也라

賦이다. 衡門은 나무를 가로대어 문을 만든 것이다. 문의 깊은 것은 기둥과 글방, 마루와 지붕이 있는데, 이것은 오직 나무를 가로대어 만든 것이다. 棲遲는 놀고 쉼이다. 泌는 샘물이다. 洋洋은 물이 흐르는 모양이다.

○ 이는 隱居하면서 스스로 즐거워하여 구함이 없는 자의 말이다. 衡門이 비록 얕고 누추하나 또한 놀고 쉴 수 있으며, 샘물이 비록 배불릴 수 없으나 또한 구경하고 즐거워하면서 굶주림을 잊을 수 있음을 말한 것이다.

豈其食魚, 必河之魴(音房). 豈其取(音娶)妻, 必齊之姜.

豈其食魚를	어찌 고기를 먹음에
必河之魴이리오	반드시 河水의 魴魚라야 하리오
豈其取(娶)妻를	어찌 아내를 얻음에
必齊之姜이리오	반드시 齊나라의 姜氏라야 하리오

賦也라 姜은 齊姓이라

賦이다. 姜은 齊나라의 姓氏이다.

豈其食魚, 必河之鯉. 豈其取妻, 必宋之子(叶奬里反).

豈其食魚를	어찌 고기를 먹음에
必河之鯉리오	반드시 河水의 잉어라야 하리오
豈其取妻를	어찌 아내를 얻음에
必宋之子리오	반드시 宋나라의 子氏라야 하리오

賦也라 子는 宋姓이라

賦이다. 子는 宋나라의 姓氏이다.

衡門三章이니 章四句라

毛序　衡門은 誘僖公也니 愿而無立志라 故로 作是詩하여 以誘掖其君也라

阿 : 마룻대 아　塾 : 문옆방 숙　魴 : 방어 방

《衡門》은 僖公을 타이른 詩이니, 謹厚하기만 하고 뜻을 세움이 없었다. 그러므로 이 詩를 지어 그 군주를 誘掖(이끌어 도와줌)한 것이다.

東門之池, 可以漚(烏豆反)麻(叶謨婆反). 彼美淑姬, 可與晤(五故反)歌.

東門之池여	東門의 못이여
可以漚麻로다	삼을 담글 수 있도다
彼美淑姬여	저 아름다운 淑姬여
可與晤歌로다	더불어 노래할 수 있도다

興也라 池는 城池也라 漚는 漬也니 治麻者는 必先以水漬之라 晤는 猶解也라
○ 此亦男女會遇之詞니 蓋因其會遇之地의 所見之物하여 以起興也라

興이다. 池는 城에 있는 못이다. 漚는 담금이니, 삼을 다스리는 자는 반드시 먼저 물로써 삼을 담근다. 晤는 解(앎)와 같다.
○ 이 또한 男女가 모여서 하는 말이니, 그 만난 곳에서 보이는 바의 물건을 인하여 起興한 것이다.

東門之池, 可以漚紵(直呂反). 彼美淑姬, 可與晤語.

東門之池여	東門의 못이여
可以漚紵로다	모시를 담글 수 있도다
彼美淑姬여	저 아름다운 淑姬여
可與晤語로다	더불어 말할 수 있도다

興也라 紵는 麻屬이라

興이다. 紵는 삼의 등속이다.

東門之池, 可以漚菅(古顔反 叶居賢反). 彼美淑姬, 可與晤言.

東門之池여	東門의 못이여
可以漚菅이로다	왕골을 담글 수 있도다
彼美淑姬여	저 아름다운 淑姬여
可與晤言이로다	더불어 말할 수 있도다

興也라 菅은 葉似茅而滑澤하고 莖有白粉하니 柔韌하여 宜爲索也라

漚 : 담글 구, 마전할 구　晤 : 알 오　漬 : 담글 지　紵 : 모시 저　菅 : 왕골 간
韌 : 질길 인

興이다. 菅은 잎이 띠풀과 비슷한데, 매끄럽고 윤택하며, 줄기에 흰 가루가 있으니, 부드럽고 질겨 새끼줄을 만들기에 적당하다.

東門之池三章이니 章四句라

毛序 東門之池는 刺時也니 疾其君之淫昏하여 而思賢女以配君子也라

《東門之池》는 세상을 풍자한 詩이니, 그 군주가 음탕하고 어두움을 미워하여 賢女로 써 君子에 짝할 것을 생각한 것이다.

東門之楊, 其葉牂牂子桑反. 昏以爲期, 明星煌煌.

東門之楊이여	東門의 버들이여
其葉牂牂이로다	그 잎이 무성하고 무성하도다
昏以爲期호니	어둘 때에 만나기로 약속하였는데
明星煌煌이로다	啓明星이 빛나고 빛나도다

興也라 東門은 相期之地也라 楊은 柳之揚起者也라 牂牂은 盛貌라 明星은 啓明也라 煌煌은 大明貌라
○ 此亦男女期會而有負約不至者라 故로 因其所見以起興也라

興이다. 東門은 서로 만나기로 약속한 장소이다. 楊은 버들 중에 가지가 위로 올라간 것이다. 牂牂은 성한 모양이다. 明星은 啓明星이다. 煌煌은 크게 밝은 모양이다.
○ 이 또한 男女가 만나기로 약속하였는데, 약속을 저버리고 이르지 않은 자가 있었다. 그러므로 그 보이는 바를 인하여 起興한 것이다.

東門之楊, 其葉肺肺普計反. 昏以爲期, 明星晢晢之世反.

東門之楊이여	東門의 버들이여
其葉肺肺로다	그 잎이 무성하고 무성하도다
昏以爲期호니	어둘 때에 만나기로 약속하였는데
明星晢晢로다	啓明星이 밝고 밝도다

興也라 肺肺는 猶牂牂也요 晢晢는 猶煌煌也라

興이다. 肺肺는 牂牂과 같고, 晢晢는 煌煌과 같다.

牂 : 성할 장　煌 : 빛날 황　肺 : 성할 패　晢 : 별반짝일 제

東門之楊二章이니 章四句라

毛序 東門之楊은 刺時也라 昏姻失時하여 男女多違하여 親迎女猶有不至者也라

《東門之楊》은 시속을 풍자한 詩이다. 혼인이 제때를 잃어 男女가 會合의 약속을 어기는 경우가 많아, 親迎의 禮를 행한 女人도 오히려 이르지 않는 자가 있었던 것이다.

墓門有棘, 斧以斯(所宜反)之. 夫也不良, 國人知之. 知而不已, 誰昔然矣.

墓門有棘이어늘	墓門에 가시나무가 있거늘
斧以斯之로다	도끼로 쪼개도다
夫也不良이어늘	그 사람이 不良하거늘
國人知之로다	國人들이 모두 알도다
知而不已하나니	알아도 그만두지 않나니
誰昔然矣로다	옛부터 그러했도다

興也라 墓門은 凶僻之地니 多生荊棘이라 斯는 析也라 夫는 指所刺之人也라 誰昔은 昔也니 猶言疇昔也라

○ 言墓門有棘하니 則斧以斯之矣요 此人不良하니 則國人知之矣라 國人知之로되 猶不自改하니 則自疇昔而已然이요 非一日之積矣라 所謂不良之人은 亦不知其何所指也라

興이다. 墓門은 흉하고 궁벽한 지역이니, 荊棘이 많이 자란다. 斯는 쪼갬이다. 夫는 풍자하려는 사람을 가리킨 것이다. 誰昔은 옛이니, 疇昔이란 말과 같다.

○ "墓門에 가시나무가 있으니 도끼로 쪼개며, 이 사람이 不良하니 國人들이 모두 알고 있다. 國人들이 아는데도 그래도 스스로 고치지 아니하니, 이는 옛부터 이미 그랬던 것이요, 하루에 쌓인 것이 아니다."라고 말한 것이다. 이른바 不良한 사람이란 또한 그 어느 사람을 가리킨 것인지 알지 못하겠다.

墓門有梅, 有鴞萃止. 夫也不良, 歌以訊(叶息悴反)之. 訊予不顧(叶果五反), 顚倒思予(叶演女反).

墓門有梅어늘	墓門에 매화나무가 있거늘
有鴞萃止로다	올빼미가 모여 앉았도다
夫也不良이어늘	그 사람이 不良하거늘
歌以訊之로다	노래하여 알려주도다
訊予不顧하나니	알려주어도 나를 돌아보지 않나니

斯 : 쪼갤 사　僻 : 궁벽할 벽　疇 : 누구 주　鴞 : 올빼미 효　萃 : 모일 췌　訊 : 고할 신

顚倒思予리라 顚倒하고서야 나를 생각하리라

興也라 鴟鴞는 惡聲之鳥也라 萃는 集이요 訊은 告也라 顚倒는 狼狽之狀이라
○ 墓門有梅하니 則有鴞萃之矣요 夫也不良하니 則有歌其惡以訊之者矣라 訊之而不予顧하니 至於顚倒然後思予면 則豈有所及哉리오 或曰 訊予之予는 疑當依前章作而字라

興이다. 鴟鴞는 소리가 나쁜 새이다. 萃는 모임이요, 訊은 告함이다. 顚倒는 狼狽한 모양이다.
○ 墓門에 매화나무가 있으니 올빼미가 모여 앉으며, 그 사람이 不良하니 그의 惡함을 노래하여 알려주는 자가 있다. 알려주어도 나를 돌아보지 않으니, 顚倒함에 이른 뒤에 나를 생각한다면 어찌 미칠 수 있겠는가. 혹자는 말하기를 "訊予의 予는 마땅히 前章에 따라 而字가 되어야 할 듯하다."고 한다.

墓門二章이니 章六句라

毛序 墓門은 刺陳佗也라 陳佗無良師傅하여 以至於不義하여 惡加於萬民焉하니라

《墓門》은 陳佗를 풍자한 詩이다. 陳佗가 훌륭한 스승이 없어 不義에 이르러서 惡이 萬民에 加해졌던 것이다.

防有鵲巢, 邛其恭反有旨苕徒雕反徒刀反마. 誰侜陟留反予美, 心焉忉忉都勞反.

防有鵲巢며 제방에는 까치집이 있고
邛有旨苕로다 언덕에는 맛있는 능초풀이 있도다
誰侜予美하여 누가 나의 美人(임)을 속여서
心焉忉忉오 마음에 근심하게 하는고

興也라 防은 人所築以捍水者라 邛은 丘요 旨는 美也라 苕는 苕饒也니 莖如勞豆而細하고 葉似蒺藜而青하며 其莖葉綠色이요 可生食하니 如小豆藿也라 侜는 侜張也니 猶鄭風之所謂迋也라 予美는 指所與私者也라 忉忉는 憂貌라
○ 此는 男女之有私而憂或間之之詞라 故로 曰防則有鵲巢矣요 邛則有旨苕矣어늘 今此何人이 而侜張予之所美하여 使我憂之而至於忉忉乎아하니라

興이다. 防은 사람이 쌓아서 물을 막는 것이다. 邛은 언덕이요, 旨는 아름다움이다. 苕는 苕饒이니, 줄기는 勞豆와 비슷한데 가늘고, 잎은 蒺藜와 비슷한데 푸르며, 그 줄기와 잎은 綠色이고

鴟 : 올빼미 치 狼 : 이리 랑 狽 : 이리 패 邛 : 언덕 공 苕 : 능초풀 초 侜 : 속일 주
忉 : 근심할 도 捍 : 막을 한 蒺 : 납가새 질 藜 : 명아주 려(리) 藿 : 콩잎 곽
張 : 속일장 迋 : 속일 광

生食할 수 있으니, 팥잎과 같다. 侜는 侜張(속이고 과장함)이니, 鄭風의 〈《揚之水》에〉 이른바 迋(속임)이라는 것과 같다. 予美는 더불어 私通하는 자를 가리킨 것이다. 忉忉는 근심하는 모양이다.

○ 이는 私通하는 男女가 혹시라도 이간을 당할까 걱정하는 말이다. 그러므로 말하기를 "제방에는 까치집이 있고, 언덕에는 맛있는 능초풀이 있다. 그런데 지금 어떤 사람이 내가 아름답게 여기는 사람을 侜張해서 나로 하여금 근심하여 도도함에 이르게 하는가." 한 것이다.

中唐有甓(蒲歷反), 邛有旨鷊(五歷反). 誰侜予美, 心焉惕惕(吐歷反).

中唐有甓하며	사당 길에는 벽돌이 있고
邛有旨鷊이로다	언덕에는 맛있는 칠면조풀이 있도다
誰侜予美하여	누가 나의 美人을 속여서
心焉惕惕고	마음에 근심하게 하는고

興也라 廟中路를 謂之唐이라 甓은 瓴甋也라 鷊은 小草니 雜色如綬라 惕惕은 猶忉忉也라

興이다. 사당 가운데의 길을 唐이라 이른다. 甓은 벽돌이다. 鷊은 작은 풀이니, 색깔이 섞여 있어 인끈과 같다. 惕惕은 忉忉와 같다.

防有鵲巢二章이니 章四句라

毛序 防有鵲巢는 憂讒賊也라 宣公이 多信讒하니 君子憂懼焉하니라

《防有鵲巢》는 참소하여 해침을 걱정한 詩이다. 宣公이 讒言을 믿음이 많으니, 君子가 이를 걱정하고 두려워하였다.

月出皎兮, 佼(古卯反)人僚(音了)兮. 舒窈(烏了反)糾(己小反)兮. 勞心悄(七小反)兮.

月出皎兮어늘	달이 떠서 환하거늘
佼人僚兮로다	아름다운 사람 예쁘기도 하도다
舒窈糾兮어뇨	어이하면 그윽한 시름을 펼꼬
勞心悄兮호라	마음에 애태우기를 심히 하노라

興也라 皎는 月光也라 佼人은 美人也라 僚는 好貌라 窈는 幽遠也요 糾는 愁結也라 悄는 憂也라

甓 : 벽돌 벽 鷊 : 칠면조 역 惕 : 근심할 척 瓴 : 암기와 령 甋 : 벽돌 적 綬 : 끈 수
皎 : 달밝을 교 佼 : 예쁠 교 僚 : 예쁠 료 窈 : 그윽할 요 糾 : 맺힐 교 悄 : 근심할 초

○ 此亦男女相悅而相念之詞라 言月出則皎然矣요 佼人則僚然矣니 安得見之而舒窈糾之情乎아 是以로 爲之勞心而悄然也라

興이다. 皎는 달빛이다. 佼人은 아름다운 사람이다. 僚는 아름다운 모양이다. 窈는 그윽하고 멂이요, 糾는 근심이 맺힌 것이다. 悄는 근심함이다.

○ 이 또한 男女가 서로 좋아하면서 서로 그리워하는 말이다. 달이 나오면 환하며, 아름다운 사람은 예쁘기도 하니, 어떻게 하면 그를 만나 가슴 속에 쌓인 情을 펼 수 있겠는가. 이 때문에 勞心하여 悄悄하다고 말한 것이다.

月出皓(胡老反)兮, 佼人懰(力久反 叶朗老反)兮. 舒懮(於久反)受(叶時倒反)兮, 勞心慅(七老反)兮.

月出皓兮어늘	달이 떠서 환하거늘
佼人懰兮로다	아름다운 사람 예쁘기도 하도다
舒懮受兮어뇨	어이하면 근심스러운 생각을 펼꼬
勞心慅兮호라	마음에 애태우기를 심히 하노라

興也라 懰는 好貌라 懮受는 憂思也라 慅는 猶悄也라

興이다. 懰는 아름다운 모양이다. 懮受는 근심하는 생각이다. 慅는 悄와 같다.

月出照兮, 佼人燎(力召反)兮. 舒夭(於表反)紹(實照反)兮, 勞心慘(當作懆 七弔反)兮.

月出照兮어늘	달이 떠서 비추거늘
佼人燎兮로다	아름다운 사람 환하기도 하도다
舒夭紹兮어뇨	어이하면 맺힌 시름을 펼꼬
勞心慘(懆)兮호라	마음에 애태우기를 심히 하노라

興也라 燎는 明也라 夭紹는 糾緊之意라 慘는 憂也라

興이다. 燎는 밝음이다. 夭紹는 맺혀 있는 뜻이다. 慘는 근심이다.

月出三章이니 章四句라

毛序 月出은 刺好色也니 在位不好德而說美色焉하니라

《月出》은 女色을 좋아함을 풍자한 詩이니, 지위에 있는 자들이 德을 좋아하지 않고

懰 : 좋아할 류　懮 : 옹용스러울 우　慅 : 근심할 초　燎 : 밝을 료　紹 : 이을 소
懆 : 근심할 조　糾 : 맺힐 교　緊 : 급할 긴

아름다운 女色을 좋아하였기 때문이다.

胡爲乎株林, 從夏(戶雅反)南(叶尼心反 下同). 匪適株林, 從夏南.

胡爲乎株林고	어찌하여 株林에 왔는고
從夏南이니라	夏南을 따라왔느니라
匪適株林이라	株林에 온 것이 아니라
從夏南이니라	夏南을 따라온 것이니라

賦也라 株林은 夏氏邑也라 夏南은 徵舒의 字也라
○ 靈公이 淫於夏徵舒之母하여 朝夕而往夏氏之邑이라 故로 其民相與語曰 君胡爲乎株林乎아 曰從夏南耳라 然則非適株林也요 特以從夏南故耳라하니 蓋淫乎夏姬를 不可言也라 故로 以從其子言之하니 詩人之忠厚如此니라

賦이다. 株林은 夏氏의 邑이다. 夏南은 徵舒의 字이다.
○ 陳靈公이 夏徵舒의 어머니와 姦淫하여 朝夕으로 夏氏의 邑에 갔다. 그러므로 그 백성들이 서로 말하기를 "임금이 어찌하여 株林에 왔는가? 夏南을 따라온 것이다. 그렇다면 株林에 온 것이 아니요, 다만 夏南을 따라왔을 뿐이다."라고 한 것이다. 〈靈公이〉 夏姬와 姦淫함을 말할 수 없었다. 그러므로 그 아들을 따른다고 말한 것이니, 詩人의 忠厚함이 이와 같다.

駕我乘(繩證反)馬(叶滿補反), 說(音稅)于株野(叶上與反). 乘(平聲)我乘駒. 朝食于株.

駕我乘馬하여	내 네 마리 말을 타고서
說(세)于株野로다	株林의 들에 머물러 있도다
乘我乘駒하여	내 네 마리 망아지를 타고서
朝食于株로다	아침에 株林에서 밥을 먹도다

賦也라 說는 舍也라 馬六尺以下曰駒라

賦이다. 說는 머무름이다. 말이 6尺 이하인 것을 駒라 한다.

株林二章이니 章四句라

春秋傳에 夏姬는 鄭穆公之女也라 嫁於陳大夫夏御叔이러니 靈公이 與其大夫孔寧儀行父通焉하다 洩冶諫호되 不聽而殺之러니 後卒爲其子徵舒所弑하고 而徵舒는 復爲楚莊王所誅하니라

「春秋傳」에 "夏姬는 鄭穆公의 딸인데, 陳나라 大夫인 夏御叔에게 시집을 갔었다. 靈公이 大

說：머무를 세　洩：샐 설　冶：대장간 야

夫인 孔寧, 儀行父와 함께 夏姬와 간통하자, 洩冶가 간하였으나 듣지 않고 그를 죽였다. 靈公은 뒤에 마침내 그 아들인 徵舒에게 시해를 당하였고, 徵舒는 다시 楚莊王에게 죽임을 당했다.”하였다.

毛序 株林은 刺靈公也니 淫乎夏姬하여 驅馳而往하여 朝夕不休息焉하니라

《株林》은 靈公을 풍자한 詩이니, 夏姬와 간음하여 수레를 달려가서 朝夕으로 쉬지 않았다.

彼澤之陂[叶音波], 有蒲與荷[音何]. 有美一人, 傷如之何. 寤寐無爲, 涕[他弟反]泗[音四]滂[普光反]沱[徒何反].

彼澤之陂에	저 못의 둑에
有蒲與荷로다	부들과 연꽃이 있도다
有美一人이여	아름다운 한 사람이여
傷如之何오	서글퍼한들 어쩌리오
寤寐無爲하여	자나 깨나 하염없이
涕泗滂沱호라	눈물과 콧물만 흘리노라

興也라 陂는 澤障也라 蒲는 水草니 可爲席者라 荷는 芙蕖也라 自目曰涕요 自鼻曰泗라
○ 此詩之旨는 與月出相類라 言彼澤之陂엔 則有蒲與荷矣어늘 有美一人而不可見하니 則雖憂傷而如之何哉오 寤寐無爲하여 涕泗滂沱而已矣라하니라

興이다. 陂는 못을 막은 둑이다. 蒲는 水草이니, 자리를 만들 수 있다. 荷는 芙蕖이다. 눈에서 나오는 것을 涕라 하고, 코에서 나오는 것을 泗라 한다.
○ 이 詩의 뜻은《月出》과 서로 유사하다. “저 못의 둑에는 부들과 연꽃이 있는데, 아름다운 한 사람이 있으나 만나볼 수가 없으니, 비록 근심하고 서글퍼한들 어쩌겠는가. 자나깨나 하염없이 눈물과 콧물만 줄줄 흘릴 뿐이다.”라고 말한 것이다.

彼澤之陂, 有蒲與蕑[古顔反 居賢反 叶]. 有美一人, 碩大且卷[其員反]. 寤寐無爲, 中心悁悁[烏玄反].

彼澤之陂에	저 못의 둑에
有蒲與蕑이로다	부들과 난초가 있도다

陂 : 언덕 피(파) 荷 : 연꽃 하 涕 : 눈물 체 泗 : 콧물 사 滂 : 비퍼부을 방
沱 : 큰비 타 芙 : 연꽃 부 蕖 : 연꽃 거 蕑 : 난초 간 卷 : 수염아름다울 권
悁 : 근심할 연

有美一人이여	아름다운 한 사람이여
碩大且卷이로다	碩大하고 또 수염이 잘 났도다
寤寐無爲하여	자나 깨나 하염없이
中心悁悁호라	中心에 근심하노라

興也라 蕑은 蘭也라 卷은 鬢髮之美也라 悁悁은 猶悒悒也라

興이다. 蕑은 난초이다. 卷은 수염과 머리털이 아름다운 것이다. 悁悁은 悒悒과 같다.

彼澤之陂，有蒲菡(戶感反)萏(大感反 待檢反 마)．有美一人，碩大且儼(魚檢反)．寤寐無爲，輾轉伏枕(叶知險反)．

彼澤之陂에	저 못의 둑에
有蒲菡萏이로다	부들과 연꽃이 있도다
有美一人이여	아름다운 한 사람이여
碩大且儼이로다	碩大하고 또 엄숙하도다
寤寐無爲하여	자나 깨나 하염없이
輾轉伏枕호라	輾轉하며 베개에 엎드려 있노라

興也라 菡萏은 荷華也라 儼은 矜莊貌라 輾轉伏枕은 臥而不寐니 思之深且久也라

興이다. 菡萏은 연꽃이다. 儼은 씩씩한 모양이다. 輾轉伏枕은 누웠어도 잠을 못이루는 것이니, 생각함이 깊고 또 오랜 것이다.

澤陂三章이니 章六句라

毛序　澤陂는 刺時也라 言靈公君臣이 淫於其國하니 男女相說하여 憂思感傷焉하니라

《澤陂》는 세상을 풍자한 詩이다. 靈公의 君臣이 그 나라에서 음탕한 짓을 하니, 男女가 서로 좋아하여 근심하고 그리워하며 感傷한 것이다.

陳國은 十篇에 二十六章이요 一百二十四句라

東萊呂氏曰 變風이 終於陳靈하니 其間男女夫婦之詩 一何多邪오 曰 有天地然後有萬物하고 有萬物然後有男女하고 有男女然後有夫婦하고 有夫婦然後有父子하고 有父子然後有君臣하고 有君臣然後有上下하고 有上下然後禮義有所錯하니 男女者는 三綱之本이요 萬事之先也라

悒：근심할 읍　菡：연꽃봉우리 함　萏：연꽃봉우리 담　儼：엄숙할 엄　矜：씩씩할 긍
錯：둘 조

正風之所以爲正者는 擧其正者以勸之也요 變風之所以爲變者는 擧其不正者以戒之也라 道之升降과 時之治亂과 俗之汙隆과 民之死生이 於是乎在하니 錄之煩悉과 篇之重複을 亦何疑哉리오

東萊呂氏가 말하였다. "變風이 陳靈公에서 끝났으니, 그 사이에 男女間과 夫婦間의 詩가 한결같이 어쩌면 이리도 많은가. 天地가 있은 연후에 萬物이 있고, 萬物이 있은 연후에 男女가 있고, 男女가 있은 연후에 夫婦가 있고, 夫婦가 있은 연후에 父子가 있고, 父子가 있은 연후에 君臣이 있고, 君臣이 있은 연후에 上下가 있고 上下가 있은 연후에 禮義를 시행할 곳이 있는 것이니, 男女는 三綱의 근본이요, 萬事의 우선이다. 正風이 正風이 된 까닭은 그 바른 것을 들어서 권면했기 때문이요, 變風이 變風이 된 까닭은 그 바르지 못한 것을 들어서 징계했기 때문이다. 世道의 오르고 내림과 時代의 다스려지고 어지러움과 풍속의 높고 낮음과 백성의 죽고 사는 것이 여기(男女)에 달려 있으니, 기록하기를 번거롭고 상세히 함과 篇의 중복됨을 또한 어찌 의심할 것이 있겠는가."

檜一之十三

檜는 國名이니 高辛氏火正祝融之墟니 在禹貢豫州外方之北, 滎波之南하여 居溱洧之間이라 其君은 妘姓이니 祝融之後라 周衰에 爲鄭桓公所滅而遷國焉하니 今之鄭州 卽其地也라 蘇氏以爲 檜詩는 皆爲鄭作이니 如邶鄘之於衛也라하니 未知是否로라

檜는 國名이니, 高辛氏의 火正인 祝融의 옛 터이니, ≪禹貢≫의 豫州로서 外方山의 북쪽, 滎水와 波水의 남쪽에 있어, 溱水와 洧水의 사이에 자리잡고 있었다. 그 군주는 妘氏 姓이니, 祝融의 후손이다. 周나라가 쇠함에 鄭桓公에게 멸망을 당하고, 鄭나라가 수도를 그 곳으로 옮겼으니, 지금의 鄭州가 바로 그 지역이다. 蘇氏는 이르기를 "檜詩는 모두 鄭나라가 된 뒤에 지어진 것이니, 邶風과 鄘風이 衛나라에 있어서와 같다." 하니, 그 말이 옳은지는 알지 못하겠다.

羔裘逍遙, 狐裘以朝(直遙反 直劳反 마). 豈不爾思, 勞心忉忉(音刀).

羔裘逍遙하며	염소 갖옷으로 逍遙하며
狐裘以朝로다	여우 갖옷으로 조회하도다
豈不爾思리오	어찌 그대를 생각하지 않으리오
勞心忉忉호라	勞心하기를 도도히 하노라

賦也라 緇衣羔裘는 諸侯之朝服이요 錦衣狐裘는 其朝天子之服也라

○ 舊說에 檜君이 好潔其衣服하여 逍遙遊宴하고 而不能自強於政治라 故로 詩人憂之라

汙 : 낮을 와 檜 : 회나라 회 滎 : 물이름 형 溱 : 물이름 진 洧 : 물이름 유 妘 : 성 운

賦이다. 검은 옷에 염소 갖옷은 諸侯의 朝服이요, 비단옷에 여우 갖옷은 天子에게 조회하는 옷이다.

○ 舊說에 "檜나라 군주가 의복을 깨끗이 하여, 逍遙하고 놀며 잔치하기를 좋아하고, 스스로 정치에 힘쓰지 못하였다. 그러므로 詩人이 근심한 것이다." 하였다.

羔裘翱翔, 狐裘在堂. 豈不爾思, 我心憂傷.

羔裘翱翔하며	염소 갖옷으로 翱翔하며
狐裘在堂이로다	여우 갖옷으로 公堂에 있도다
豈不爾思리오	어찌 그대를 생각하지 않으리오
我心憂傷호라	내 마음에 근심하고 서글퍼하노라

賦也라 翱翔은 猶逍遙也라 堂은 公堂也라

賦이다. 翱翔은 逍遙와 같다. 堂은 公堂이다.

羔裘如膏古報反, 日出有曜羊照反 羊號反 叶. 豈不爾思, 中心是悼.

羔裘如膏하니	염소 갖옷이 기름칠한 듯하니
日出有曜로다	해가 나옴에 빛나도다
豈不爾思리오	어찌 그대를 생각하지 않으리오
中心是悼호라	中心에 서글퍼하노라

賦也라 膏는 脂所漬也라 日出有曜는 日照之則有光也라

賦이다. 膏는 기름에 담근 것이다. 해가 나옴에 빛난다는 것은 해가 비치면 광택이 있는 것이다.

羔裘三章이니 章四句라

毛序 羔裘는 大夫以道去其君也라 國小而迫이어늘 君不用道하고 好潔其衣服하여 逍遙遊燕而不能自強於政治라 故로 作是詩也라

《羔裘》는 大夫가 道에 따라 그 군주를 버리고 떠나감을 읊은 것이다. 나라가 작고 좁은데도 군주가 道를 따르지 않고 그 衣服을 깨끗이 하고서 逍遙하고 놀며 잔치하기를 좋아하여 스스로 政治에 힘쓰지 못하였다. 그러므로 이 詩를 지은 것이다.

翱 : 날 고 翔 : 날 상 膏 : 기름 고 曜 : 빛날 요

庶見素冠兮, 棘人欒欒力端反兮, 勞心慱慱徒端反兮.

庶見素冠兮	행여 흰 관을 쓴
棘人欒欒兮아	棘人의 수척함을 볼 수 있을까
勞心慱慱兮호라	勞心하기를 慱慱히 하노라

賦也라 庶는 幸也라 縞冠素紕는 既祥之冠也니 黑經白緯曰縞요 緣邊曰紕라 棘은 急也라 喪事는 欲其總總爾니 哀遽之狀也라 欒欒은 瘠貌요 慱慱은 憂勞之貌라
○ 祥冠은 祥則冠之하고 禫則除之하나니 今人이 皆不能行三年之喪矣니 安得見此服乎아 當時賢者 庶幾見之하여 至於憂勞也라

賦이다. 庶는 행여이다. 흰 관에 흰 테를 두른 것은 이미 大祥을 지낸 冠이니, 검은 날줄에 흰 씨줄이 있는 것을 縞라 하고, 가장자리에 선두르는 것을 紕라 한다. 棘은 급함이다. 喪事는 그 總總히 하고자 하니, 슬프고 급한 모양이다. 欒欒은 수척한 모양이요, 慱慱은 근심하고 애태우는 모양이다.

○ 祥冠은 大祥이면 쓰고, 禫祭를 지내면 벗는다. 그런데 지금 사람들은 모두 三年喪을 행하지 아니하니, 어떻게 하면 이 喪服을 입은 사람을 볼 수 있을까. 당시에 賢者가 행여나 이러한 사람을 만나볼 수 있을까 하여 근심하고 애태움에 이른 것이다.

庶見素衣兮, 我心傷悲兮, 聊與子同歸兮.

庶見素衣兮아	행여 흰 옷을 입은 사람을 볼 수 있을까
我心傷悲兮로니	내 마음에 서글퍼하고 슬퍼하노니
聊與子同歸兮호리라	애오라지 그대와 함께 돌아가리라

賦也라 素冠則素衣矣라 與子同歸는 愛慕之詞也라

賦이다. 흰 관을 쓰면 흰 옷을 입는다. 與子同歸는 사랑하고 사모하는 말이다.

庶見素韠音畢兮, 我心蘊於粉反結叶訖力反兮, 聊與子如一兮.

庶見素韠兮아	행여 흰 슬갑을 찬 사람을 볼 수 있을까
我心蘊結兮로니	내 마음에 단단히 맺혀 있으니
聊與子如一兮호리라	애오라지 그대와 함께 하나같이 하리라

賦也라 韠은 蔽膝也라 以韋爲之하니 冕服謂之韍이요 其餘曰韠이라 韠從裳色하니 素衣素裳이면 則素韠矣라 蘊結은 思之不解也라 與子如一은 甚於同歸矣라

欒 : 파리할 란　慱 : 근심할 단　縞 : 흰깁 호　紕 : 선두를 비　經 : 날실 경　緯 : 씨실 위
總 : 바쁠 총　禫 : 담제사 담　韠 : 슬갑 필　蘊 : 쌓일 온　韍 : 슬갑 불

賦이다. 韠은 무릎을 가리는 것이다. 가죽으로 만드니, 冕服에 하는 것을 韍이라 하고, 그 나머지에 하는 것을 韠이라 한다. 韠은 치마의 색깔을 따르니, 흰 옷에 흰 치마를 입었다면 흰 슬갑을 하는 것이다. 蘊結은 생각이 풀리지 않음이다. 그대와 더불어 하나와 같이 한다는 것은 함께 돌아감보다 심한 것이다.

素冠三章이니 章三句라

按喪禮컨대 爲父爲君하여 斬衰三年이라 昔에 宰予欲短喪한대 夫子曰 子生三年然後에 免於父母之懷하나니 予也 有三年之愛於其父母乎아하시니 三年之喪은 天下之通喪也라 傳曰 子夏三年之喪畢하고 見於夫子하여 援琴而弦할새 衎衎而樂하고 作而曰 先王制禮라 不敢不及이로이다 夫子曰 君子也로다 閔子騫이 三年之喪畢하고 見於夫子하여 援琴而弦할새 切切而哀하고 作而曰 先王制禮라 不敢過也로이다 夫子曰 君子也로다 子路曰 敢問何謂也잇고 夫子曰 子夏는 哀已盡이어늘 能引而致之於禮라 故로 曰君子也요 閔子騫은 哀未盡이어늘 能自割以禮라 故로 曰君子也라하시니 夫三年之喪은 賢者之所輕이요 不肖者之所勉이니라

喪禮를 살펴보면, "父를 위하고 君主를 위하여 斬衰 三年服을 입는다." 하였다. 옛날에 宰予가 喪期를 단축하려고 하자, 夫子께서 말씀하시기를 "자식이 태어난 지 3년이 지난 뒤에야 父母의 품에서 벗어나니, 宰予는 3년 동안의 사랑이 그 父母에 있었는가." 하셨으니, 三年喪은 天下에 공통되는 喪이다. 毛傳에 이르기를 "子夏가 三年喪을 마치고 夫子를 뵙고는 거문고를 당겨 타는데, 衎衎히 즐거워하고는 일어나 말하기를 '先王이 만든 禮이기 때문에 감히 미치지 않을 수 없었습니다.'하자, 夫子는 '君子이다.' 하셨다. 閔子騫이 三年喪을 마치고 夫子를 뵙고는 거문고를 당겨 타는데, 切切히 슬퍼하고는 일어나 말하기를 '先王이 만든 禮이기 때문에 감히 지나칠 수 없었습니다.' 하자, 夫子는 '君子이다.' 하셨다. 子路가 '감히 묻겠습니다. 어째서입니까?' 하고 묻자, 夫子께서 말씀하시기를 '子夏는 슬픔이 이미 다했으되, 능히 연장하여 禮에 이르게 하였다. 그러므로 君子라 한 것이요, 閔子騫은 슬픔이 다하지 않았으되, 능히 禮로써 베어냈다. 그러므로 君子라 한 것이다.' 하셨으니, 三年喪은 賢者는 가볍게 여기는 바요, 不肖한 자는 힘써서 하는 바이다."라고 하였다.

毛序 素冠은 刺不能三年也라

《素冠》은 三年喪을 행하지 않음을 풍자한 詩이다.

隰有萇(丈羊反)楚, 猗(於可反)儺(乃可反)其枝. 夭(於驕反)之沃沃(烏毒反), 樂(音洛)子之無知.

隰有萇楚하니 　　진펄에 보리수나무가 있으니

衎 : 즐길 간　騫 : 이지러질 건　萇 : 보리수 장　猗 : 야들야들할 아　儺 : 부드러울 나
沃 : 기름질 옥

猗儺其枝로다	야들야들한 그 가지로다
夭之沃沃하니	어리고 예쁘며 반들거리니
樂子之無知하노라	너의 無知함을 즐거워하노라

賦也라 萇楚는 銚弋이니 今羊桃也니 子如小麥하고 亦似桃라 猗儺는 柔順也라 夭는 少好貌요 沃沃은 光澤貌라 子는 指萇楚也라
○ 政煩賦重하니 人不堪其苦하여 嘆其不如草木之無知而無憂也라

賦이다. 萇楚는 銚弋이니, 지금의 羊桃인데, 열매는 小麥과 비슷하고, 또한 복숭아와 비슷하다. 猗儺는 유순함이다. 夭는 어리고 예쁜 모양이요, 沃沃은 광택이 나는 모양이다. 子는 萇楚를 가리킨 것이다.

○ 정사가 번거롭고 부역이 무거우니, 사람들이 그 고통을 견디지 못하여, 草木이 無知하여 근심이 없음만 못함을 탄식한 것이다.

隰有萇楚, 猗儺其華(芳無胡瓜二反). 夭之沃沃, 樂子之無家(古胡古牙二反).

隰有萇楚하니	진펄에 보리수나무가 있으니
猗儺其華로다	야들야들한 그 꽃이로다
夭之沃沃하니	어리고 예쁘며 반들거리니
樂子之無家하노라	너의 집없음을 즐거워하노라

賦也라 無家는 言無累也라

賦이다. 無家는 家累가 없음을 말한 것이다.

隰有萇楚, 猗儺其實. 夭之沃沃, 樂子之無室.

隰有萇楚하니	진펄에 보리수나무가 있으니
猗儺其實이로다	야들야들한 그 열매로다
夭之沃沃하니	어리고 예쁘며 반들거리니
樂子之無室하노라	너의 室家 없음을 즐거워하노라

賦也라 無室은 猶無家也라

賦이다. 無室은 無家와 같다.

隰有萇楚三章이니 章四句라

銚 : 쟁개비 요

毛序　隰有萇楚는 疾恣也니 國人이 疾其君之淫恣하여 而思無情慾者也라

《隰有萇楚》는 방자함을 미워한 詩이니, 國人들이 그 군주가 음탕하고 방자함을 미워하여 情慾이 없는 자를 그리워한 것이다.

匪風發(叶方月反)兮, 匪車偈(起竭反)兮, 顧瞻周道, 中心怛(都達反 叶旦悅反)兮.

匪風發兮며　　바람이 몰아쳐서도 아니요
匪車偈兮라　　수레가 급히 달려서도 아니라
顧瞻周道요　　周나라로 가는 길 돌아보고는
中心怛兮호라　　中心에 서글퍼하노라

賦也라 發은 飄揚貌요 偈은 疾驅貌라 周道는 適周之路也라 怛은 傷也라
○ 周室衰微하니 賢人憂歎而作此詩라 言常時엔 風發而車偈이면 則中心怛然이러니 今非風發也며 非車偈也요 特顧瞻周道而思王室之陵遲라 故로 中心爲之怛然耳라

賦이다. 發은 바람이 나부끼고 드날리는 모양이요, 偈은 수레를 빨리 모는 모양이다. 周道는 周나라로 가는 길이다. 怛은 서글퍼함이다.
○ 周나라 왕실이 衰微하니, 賢人이 근심하고 탄식하여 이 詩를 지은 것이다. 평상시에는 바람이 몹시 불고 수레를 급히 몰면 中心이 두근거렸었는데, 지금은 바람이 몰아쳐서도 아니며, 수레가 빨리 달려서도 아니요, 다만 周나라로 가는 길을 돌아보고는 王室이 침체함을 생각하므로 中心이 이 때문에 두근거린다고 말한 것이다.

匪風飄(符遙反 叶匹妙反)兮, 匪車嘌(匹遙反 叶匹妙反)兮. 顧瞻周道, 中心弔兮.

匪風飄兮며　　바람이 몰아쳐서도 아니요
匪車嘌兮라　　수레가 흔들려서도 아니라
顧瞻周道요　　周나라로 가는 길 돌아보고는
中心弔兮호라　　中心에 서글퍼하노라

賦也라 回風을 謂之飄라 嘌는 漂搖不安之貌라 弔는 亦傷也라

賦이다. 회오리바람을 飄라 이른다. 嘌는 漂搖하여 편안하지 못한 모양이다. 弔 또한 서글퍼함이다.

誰能亨(普庚反)魚, 漑(古愛反)之釜(符甫反)鬵(音尋). 誰將西歸, 懷之好音.

偈 : 빠를 걸　怛 : 슬퍼할 달　嘌 : 몰아갈 표　弔 : 상심할 조　亨 : 삶을 팽　漑 : 씻을 개
鬵 : 큰가마솥 심

誰能亨(烹)魚오	누가 고기를 요리하는고
漑之釜鬵호리라	작은 가마솥과 큰가마솥을 씻어주리라
誰將西歸오	누가 장차 서쪽으로 돌아갈꼬
懷之好音호리라	그를 좋은 목소리로 위로하리라

興也라 漑는 滌也라 鬵은 釜屬이라 西歸는 歸于周也라
○ 誰能亨魚乎아 有則我願爲之漑其釜鬵이요 誰將西歸乎아 有則我願慰之以好音이라하니 以見思之之甚하여 但有西歸之人이면 卽思有以厚之也라

興이다. 漑는 씻음이다. 鬵은 가마솥의 등속이다. 西歸는 周나라로 돌아감이다.
○ "누가 능히 고기를 요리하겠는가, 요리하는 자가 있으면 내 그를 위하여 그 가마솥과 큰가마솥을 씻어주기를 원하노라. 누가 장차 서쪽으로 돌아가겠는가, 돌아가는 자가 있으면 내 좋은 목소리로 위로하기를 원하노라." 하였으니, 생각함이 심하여 다만 서쪽으로 돌아가는 사람이 있으면 곧 그를 厚待할 것을 생각함을 나타낸 것이다.

匪風三章이니 章四句라

毛序 匪風은 思周道也라 國小政亂하니 憂及禍難하여 而思周道焉하니라

《匪風》은 周나라 道(政敎)를 생각한 詩이다. 나라가 작고 정사가 혼란하니, 禍難에 미칠까 근심하여 周나라 道를 생각한 것이다.

檜國은 四篇에 十二章이요 四十五句라

曹一之十四

曹는 國名이니 其地在禹貢兗州陶丘之北, 雷夏何〔荷〕澤之野라 周武王이 以封其弟振鐸하니 今之曹州 卽其地也라

曹는 國名이니, 그 지역은 《禹貢》의 兗州인 陶丘의 북쪽, 雷夏·荷澤의 들에 있었다. 周武王이 이 곳으로써 아우 振鐸을 봉했으니, 지금의 曹州가 바로 그 지역이다.

蜉蝣之羽, 衣裳楚楚(叶創擧反). 心之憂矣, 於我歸處.

蜉蝣之羽여	하루살이의 깃이여

荷 : 물이름 가 鐸 : 방울 탁 蜉 : 하루살이 부 蝣 : 하루살이 유 楚 : 고울 초

衣裳楚楚로다	衣裳이 선명하도다
心之憂矣로니	마음에 근심하노니
於我歸處어다	나에게 돌아와 처할지어다

比也라 蜉蝣는 渠略也니 似蛣蜣하니 身狹而長角이요 黃黑色이니 朝生暮死라 楚楚는 鮮明貌라 ○ 此詩는 蓋以時人有玩細娛而忘遠慮者라 故로 以蜉蝣爲比而刺之라 言蜉蝣之羽翼은 猶衣裳之楚楚可愛也라 然이나 其朝生暮死하여 不能久存이라 故로 我心憂之하여 而欲其於我歸處耳라 序以爲刺其君이라하니 或然而未有考也니라

比이다. 蜉蝣는 渠略이니, 말똥구리와 비슷한데, 몸이 좁고 촉각이 길며, 黃黑色이니, 아침에 났다가 저녁에 죽는다. 楚楚는 鮮明한 모양이다.

○ 이 詩는 그 당시 사람 중에 작은 즐거움을 좋아하고 遠大한 생각을 잊은 자가 있었다. 그러므로 하루살이로써 비유하여 풍자한 것이다. "하루살이의 깃과 날개는 衣裳이 楚楚하여 사랑할 만함과 같다. 그러나 아침에 났다가 저녁에 죽어 오래 생존하지 못한다. 그러므로 내 마음에 이를 근심하여 나에게 돌아와 처하게 하고자 한다."고 말한 것이다. 序에 이르기를 "그 군주를 풍자한 것이다." 하였으니, 혹 그럴 듯하나 분명한 고증이 있지 않다.

蜉蝣之翼, 采采衣服(叶蒲北反). 心之憂矣, 於我歸息.

蜉蝣之翼이여	하루살이의 날개여
采采衣服이로다	화려하고 화려한 의복이로다
心之憂矣로니	마음에 근심하노니
於我歸息이어다	나에게 돌아와 쉴지어다

比也라 采采는 華飾也라 息은 止也라

比이다. 采采는 화려하게 꾸밈이다. 息은 그침이다.

蜉蝣掘(求勿反)閱, 麻衣如雪. 心之憂矣, 於我歸說(音稅 叶輸爇反).

蜉蝣掘閱하니	하루살이가 처음 나오니
麻衣如雪이로다	삼베옷이 눈처럼 깨끗하도다
心之憂矣로니	마음에 근심하노니
於我歸說(세)어다	나에게 돌아와 머물지어다

比也라 掘閱은 未詳이라 說는 舍息也라

蛣 : 말똥구리 길　蜣 : 말똥구리 강　掘 : 팔 굴　閱 : 볼 열　說 : 머무를 세

比이다. 掘閱은 未詳이다. 說는 머물러 쉬는 것이다.

蜉蝣三章이니 章四句라

毛序 蜉蝣는 刺奢也라 昭公이 國小而迫이어늘 無法以自守하고 好奢而任小人하여 將無所依焉하니라

《蜉蝣》는 사치함을 풍자한 詩이다. 昭公은 나라가 작고 좁은데도 法을 스스로 지킴이 없고 사치함을 좋아하며 小人을 任用하여 장차 의지할 곳이 없게 되었다.

彼候人兮, 何(何可反)戈與祋(都律都外二反). 彼其(音記)之子, 三百赤芾(芳勿蒲昧二反).

彼候人兮는	저 候人은
何(荷)戈與祋이어니와	창과 창대를 메려니와
彼其之子는	저 그 사람은
三百赤芾이로다	赤芾한 자가 3백 명이나 되도다

興也라 候人은 道路迎送賓客之官이라 何는 揭요 祋은 殳也라 之子는 指小人이라 芾은 冕服之韠也라 一命은 縕芾黝珩이요 再命은 赤芾黝珩이요 三命은 赤芾蔥珩이며 大夫以上은 赤芾乘軒이라

○ 此는 刺其君遠君子而近小人之詞라 言彼候人而何戈與祋者는 宜也어니와 彼其之子而三百赤芾은 何哉오 晉文公入曹에 數其不用僖負羈하고 而乘軒者三百人하니 其謂是歟인저

興이다. 候人은 道路에서 손님을 맞이하고 전송하는 관원이다. 何는 멤이요, 祋은 창이다. 之子는 小人을 가리킨 것이다. 芾은 冕服의 슬갑이다. 一命은 朱黃色 슬갑에 검은 패옥을 차고, 再命은 붉은 슬갑에 검은 패옥을 차고, 三命은 붉은 슬갑에 푸른 패옥을 차며, 大夫 이상은 붉은 슬갑에 수레를 탄다.

○ 이는 군주가 君子를 멀리하고 小人을 가까이함을 풍자한 말이다. "저 候人으로서 창과 창대를 멤은 당연하거니와, 저 小人으로서 赤芾한 자가 3백 명이나 됨은 어째서인가?"라고 말한 것이다. 晉文公이 曹나라에 쳐들어갔을 때 〈曹나라 임금에게〉 僖負羈를 등용하지 않은 것과 수레를 타는 자가 3백 명이나 됨을 數罪하였으니, 이것을 말함일 것이다.

維鵜(徒低反)在梁, 不濡其翼. 彼其之子, 不稱(尺證反)其服(叶蒲北反).

維鵜在梁하니	도요새가 魚梁에 있으니

何 : 멜 하　祋 : 창대 돌　芾 : 슬갑 불　揭 : 등에멜 게　殳 : 창 수　黝 : 검을 유
珩 : 패옥 형　蔥 : 푸를 총　僖 : 즐거울 희　羈 : 맬 기　鵜 : 사다새 제　濡 : 젖을 유
稱 : 걸맞을 칭

不濡其翼이로다	그 날개를 적시지 않도다
彼其之子여	저 그 사람이여
不稱其服이로다	그 의복에 걸맞지 않도다

興也라 鵜는 洿澤이니 水鳥也니 俗所謂淘河也라

興이다. 鵜는 洿澤이니 물새이니, 세속에 이른바 淘河라는 것이다.

維鵜在梁, 不濡其咮(陟救反). 彼其之子, 不遂其媾(古豆反).

維鵜在梁하니	도요새가 魚梁에 있으니
不濡其咮로다	그 부리를 적시지 않도다
彼其之子여	저 그 사람이여
不遂其媾로다	그 총애에 걸맞지 않도다

興也라 咮는 喙라 遂는 稱이요 媾는 寵也라 遂之曰稱은 猶今人謂遂意曰稱意라

興이다. 咮는 부리이다. 遂는 걸맞음이요, 媾는 총애함이다. 이루는 것을 稱이라 함은 지금 사람들이 뜻을 이룸을 稱意라고 말하는 것과 같다.

薈(烏會反)兮蔚(於貴反)兮, 南山朝隮(子兮反). 婉(於阮反)兮孌(力轉反)兮, 季女斯飢.

薈兮蔚兮	울창하고 무성한 南山에
南山朝隮로다	아침에 구름기운이 올라가도다
婉兮孌兮	어리고 예쁜 소녀가
季女斯飢로다	이에 굶주리도다

比也라 薈, 蔚는 草木盛多之貌라 朝隮는 雲氣升騰也라 婉은 少貌요 孌은 好貌라
○ 薈蔚朝隮는 言小人衆多而氣燄盛也요 季女婉孌自保하여 不妄從人이어늘 而反飢困은 言賢者守道而反貧賤也라

比이다. 薈, 蔚는 초목이 성하고 많은 모양이다. 朝隮는 구름기운이 위로 올라가는 것이다. 婉은 어린 모양이요, 孌은 아름다운 모양이다.

○ 초목이 울창한 南山에 아침에 구름기운이 올라감은 小人이 많아 氣燄이 성함을 말한 것이요, 소녀가 어리고 예쁘며 스스로 보전하여 망령되이 남을 따르지 않는데 도리어 굶주리고 곤궁함은 賢者가 道를 지키다가 도리어 貧賤해짐을 말한 것이다.

洿：웅덩이 오　淘：물흐를 도　咮：새부리 주　媾：총애할 구　喙：부리 훼
薈：풀우거질 회　蔚：풀우거질 위　隮：노을 제　婉：아름다울 완　孌：예쁠 련
燄：불꽃 염

候人四章이니 章四句라

毛序 候人은 刺近小人也니 共公이 遠君子而好近小人焉하니라

《候人》은 小人을 가까이 함을 풍자한 詩이니, 共公이 君子를 멀리하고 小人을 가까이 하기를 좋아하였다.

鳲鳩在桑, 其子七兮. 淑人君子, 其儀一兮. 其儀一兮, 心如結叶訖力反兮.

鳲鳩在桑하니	뻐꾸기가 뽕나무에 있으니
其子七兮로다	그 새끼가 일곱이로다
淑人君子여	淑人君子여
其儀一兮로다	그 威儀가 한결같도다
其儀一兮하니	그 威儀가 한결같으니
心如結兮로다	마음이 맺혀 있는 듯하도다

興也라 鳲鳩는 秸鞠也니 亦名戴勝이니 今之布穀也라 飼子에 朝從上下하고 暮從下上하여 平均如一也라 如結은 如物之固結而不散也라
○ 詩人이 美君子之用心均平專一이라 故로 言鳲鳩在桑하니 則其子七矣요 淑人君子는 則其儀一矣니 其儀一이면 則心如結矣라 然이나 不知其何所指也로라 陳氏曰 君子動容貌에 斯遠暴慢하며 正顏色에 斯近信하며 出辭氣에 斯遠鄙倍하여 其見於威儀動作之間者 有常度矣니 豈固爲是拘拘者哉리오 蓋和順積中하여 而英華發外라 是以로 由其威儀一於外하여 而心如結於內者를 從可知也니라

興이다. 鳲鳩는 秸鞠이니, 또한 戴勝이라고도 하니, 지금의 布穀이다. 새끼를 먹일 때에 먹이는 순서가 아침에는 위로부터 아래로 내려오고, 저녁에는 아래로부터 위로 올라가, 均一하여 똑같다. 如結은 물건이 굳게 맺혀서 흩어지지 않음과 같은 것이다.

○ 詩人이 君子의 마음씀이 均平하고 專一함을 찬미하였다. 그러므로 "뻐꾸기가 뽕나무에 있는데 그 새끼가 일곱이며 淑人君子는 그 威儀가 한결같으니, 그 威儀가 한결같으면 마음이 맺혀 있는 것과 같다."고 말한 것이다. 그러나 그 무엇을 가리킨 것인지는 알지 못하겠다.

陳氏가 말하였다. "君子는 용모를 움직임에 포악하고 태만함을 멀리하며, 얼굴빛을 바룸에 성실함에 가깝게 하며, 말을 냄에 비루하고 이치에 어그러짐을 멀리하여, 그 威儀와 動作의 사이에 나타나는 것이 떳떳한 법도가 있으니, 이 어찌 진실로 拘拘히 이것을 하겠는가. 이는 和順이 가슴 속에 쌓임에 英華가 외모에 나타나는 것이다. 이 때문에 그 威儀가 외모에 한결같음으로 말미암아 마음이 안에 맺혀 있는 것 같음을 따라서 알 수 있는 것이다."

鳲 : 버꾸기 시　秸 : 볏짚 갈

鳲鳩在桑, 其子在梅叶莫悲反. 淑人君子, 其帶伊絲叶新齋反. 其帶伊絲, 其弁伊騏音其.

鳲鳩在桑하니	뻐꾸기가 뽕나무에 있으니
其子在梅로다	그 새끼는 매화나무에 있도다
淑人君子여	淑人君子여
其帶伊絲로다	그 띠를 실로 만들었도다
其帶伊絲니	그 띠를 실로 만들었으니
其弁伊騏로다	그 皮弁은 얼룩무늬로다

興也라 鳲鳩는 常言在桑하고 其子는 每章異木하니 子自飛去호되 母常不移也라 帶는 大帶也라 大帶는 用素絲하니 有雜色飾焉이라 弁은 皮弁也라 騏는 馬之靑黑色者니 弁之色이 亦如此也라 書云 四人騏弁이라하니 今作綦하니라

○ 言鳲鳩在桑하니 則其子在梅矣요 淑人君子는 則其帶伊絲矣니 其帶伊絲면 則其弁伊騏矣라하니 言有常度하여 不差忒也라

興이다. 鳲鳩는 항상 뽕나무에 있다고 말하고, 그 새끼는 매 章마다 나무를 달리하였으니, 이는 새끼는 제 스스로 날아가되, 어미는 항상 옮겨가지 않은 것이다. 帶는 大帶이다. 大帶는 흰 실을 사용하는데, 여러 색깔로 꾸밈이 있다. 弁은 皮弁이다. 騏는 말이 靑黑色인 것이니, 皮弁의 색깔이 또한 이와 같은 것이다. 「書經」《顧命》에 '四人騏弁'이라고 하였는데, 지금에 綦로 되어 있다.

○ "鳲鳩가 뽕나무에 있는데, 그 새끼는 매화나무에 있으며, 淑人君子는 그 띠를 실로 만들었으니, 그 띠를 실로 만들었으면 그 皮弁은 얼룩색이다."라고 말한 것이다. 이는 떳떳한 법도가 있어 어그러지지 않음을 말한 것이다.

鳲鳩在桑, 其子在棘. 淑人君子, 其儀不忒它得反, 其儀不忒, 正是四國叶于逼反.

鳲鳩在桑하니	뻐꾸기가 뽕나무에 있으니
其子在棘이로다	그 새끼는 가시나무에 있도다
淑人君子여	淑人君子여
其儀不忒이로다	그 威儀가 어그러지지 않도다
其儀不忒하니	그 威儀가 어그러지지 않으니
正是四國이로다	사방 나라를 바로잡으리로다

興也라 有常度而其心一이라 故로 儀不忒이니 儀不忒이면 則足以正四國矣라 大學傳曰 其爲父子兄弟足法而後에 民法之也라하니라

弁 : 고깔 변 騏 : 얼룩말 기 綦 : 얼룩빛 기 忒 : 어그러질 특

興이다. 떳떳한 법도가 있어서 그 마음이 專一하기 때문에 威儀가 어그러지지 않으니, 威儀가 어그러지지 않았으면 족히 四國을 바로잡을 수 있는 것이다. 「大學傳」에 이르기를 "그 父子와 兄弟된 자가 족히 본받을 만한 뒤에야 백성이 본받는다." 하였다.

鳲鳩在桑, 其子在榛(側巾反). 淑人君子, 正是國人. 正是國人, 胡不萬年(叶尼因反).

鳲鳩在桑하니	뻐꾸기가 뽕나무에 있으니
其子在榛이로다	그 새끼는 개암나무에 있도다
淑人君子여	淑人君子여
正是國人이로다	이 國人을 바로잡으리로다
正是國人하니	이 國人을 바로잡으니
胡不萬年이리오	어찌 萬年을 누리지 않으리오

興也라 儀不忒이라 故로 能正國人이라 胡不萬年은 願其壽考之詞也라

興이다. 威儀가 어그러지지 않기 때문에 國人을 바로잡을 수 있는 것이다. 胡不萬年은 그 壽考하기를 원하는 말이다.

鳲鳩四章이니 章六句라

毛序 鳲鳩는 刺不壹也니 在位無君子하여 用心之不壹也라

《鳲鳩》는 마음이 한결같지 않음을 풍자한 詩이니, 지위에 있는 자들이 君子가 없어 마음을 씀이 한결같지 못하였다.

冽(音列)彼下泉, 浸彼苞稂(音郎). 愾(苦愛反)我寤嘆, 念彼周京(叶居良反).

冽彼下泉이여	차가운 저 下泉이여
浸彼苞稂이로다	우북히 자라는 잡초를 잠기게 하도다
愾我寤嘆하여	愾然히 내 잠깨어 탄식하여
念彼周京호라	저 周나라 서울을 생각하노라

比而興也라 冽은 寒也라 下泉은 泉下流者也라 苞는 草叢生也라 稂은 童粱이니 莠屬也라 愾는 歎息之聲也라 周京은 天子所居也라

○ 王室陵夷하여 而小國困弊라 故로 以寒泉下流而苞稂見傷爲比하고 遂興其愾然以念周京

榛 : 개암나무 진 冽 : 차가울 렬 苞 : 더부룩이날 포 稂 : 가라지 랑 愾 : 성낼 개
莠 : 가라지 유

也라

比而興이다. 冽은 차가움이다. 下泉은 샘물이 아래로 흐르는 것이다. 苞는 풀이 叢生합이다. 稂은 童粱이니, 가라지의 등속이다. 愾는 탄식하는 소리이다. 周京은 天子가 거처하는 곳이다.
○ 王室이 陵夷하여 弱小國이 困弊를 당하였다. 그러므로 차가운 샘물이 아래로 흘러 우북히 자란 가라지가 해로움을 당함으로써 比하고 마침내 愾然히 周나라 서울을 생각함을 興한 것이다.

冽彼下泉, 浸彼苞蕭(叶踈鳩反). 愾我寤嘆, 念彼京周.

冽彼下泉이여	차가운 저 下泉이여
浸彼苞蕭로다	우북히 자라는 쑥을 잠기게 하도다
愾我寤嘆하여	愾然히 내 잠깨어 탄식하여
念彼京周호라	저 周나라 서울을 생각하노라

比而興也라 蕭는 蒿也라 京周는 猶周京也라

比而興이다. 蕭는 쑥이다. 京周는 周京과 같다.

冽彼下泉, 浸彼苞蓍(音尸). 愾我寤歎, 念彼京師(叶霜夷反).

冽彼下泉이여	차가운 저 下泉이여
浸彼苞蓍로다	우북히 자라는 蓍草를 잠기게 하도다
愾我寤嘆하여	愾然히 내 잠깨어 탄식하여
念彼京師호라	저 京師를 생각하노라

比而興也라 蓍는 筮草也라 京師는 猶京周也니 詳見大雅公劉篇하니라

比而興이다. 蓍는 점치는 풀이다. 京師는 京周와 같으니, 자세한 내용은 大雅《公劉篇》에 보인다.

芃芃(薄工反)黍苗, 陰雨膏(古報反)之. 四國有王, 郇(音荀)伯勞(力報反)之.

芃芃黍苗를	무성히 자라는 기장 싹을
陰雨膏之니라	陰雨가 적셔주도다
四國有王이어시늘	四國에 王이 계시거늘
郇伯勞之러니라	郇伯이 또 위로하셨더니라

蕭 : 쑥 소　蓍 : 시초풀 시　筮 : 시초점 서　芃 : 우거질 봉　郇 : 순나라 순

比而興也라 芃芃은 美貌라 郇伯은 郇侯니 文王之後니 嘗爲州伯하여 治諸侯有功하니라
○ 言黍苗旣芃芃然矣어늘 又有陰雨以膏之요 四國旣有王矣어늘 而又有郇伯以勞之하니 傷今之不然也라

比而興이다. 芃芃은 아름다운 모양이다. 郇伯은 郇侯이니, 文王의 후손으로 일찍이 州伯이 되어 諸侯를 다스려 功이 있었다.
○ 기장 싹이 이미 무성히 자랐는데, 또 陰雨가 적셔줌이 있고, 四國에 이미 王이 있는데, 또 郇伯이 위로함이 있음을 말하였으니, 지금은 그렇지 못함을 서글퍼한 것이다.

下泉四章이니 章四句라

程子曰 易剝之爲卦也 諸陽消剝已盡하고 獨有上九一爻尙存하니 如碩大之果不見食하여 將有復生之理하니 上九亦變이면 則純陰矣라 然이나 陽無可盡之理하니 變於上則生於下하여 無間可容息也라 陰道極盛之時엔 其亂을 可知니 亂極則自當思治라 故로 衆心願戴於君子하니 [1]君子得輿也라 詩匪風下泉이 所以居變風之終也니라
○ 陳氏曰 亂極而不治하고 變極而不正이면 則天理滅矣요 人道絶矣라 聖人於變風之極에 則係以思治之詩하여 以示循環之理하시니 以言亂之可治, 變之可正也니라

程子가 말씀하셨다. "「周易」의 剝卦는 모든 陽이 消剝하여 이미 다하고, 홀로 上九 한 爻만이 아직도 남아 있으니, 이는 마치 큰 과일이 먹힘을 당하지 않아서 장차 다시 생겨날 이치가 있는 것과 같다. 上九 또한 변하면 純陰이 된다. 그러나 陽은 다하는 이치가 없으니, 위에서 변하면 아래에서 생겨나서, 한 순간도 쉴 수가 없는 것이다. 陰道가 지극히 성한 때에는 그 혼란함을 알 수 있으니, 亂이 극에 달하면 스스로 마땅히 다스려지기를 생각한다. 그러므로 여러 사람들의 마음이 君子를 떠받들기를 원하니, 이는 君子가 수레를 얻은 것이다. 「詩經」의 《匪風》·《下泉》이 이 때문에 變風의 맨마지막에 있는 것이다."
○ 陳氏가 말하였다. "亂이 극에 이르러도 다스려지지 못하고, 變이 극에 이르러도 바루어지지 못한다면 天理가 滅하고 人道가 끊어지게 된다. 聖人이 變風의 마지막에 다스려지기를 생각하는 詩를 달아서, 循環하는 이치를 보여주셨으니, 亂을 다스릴 수 있고, 變을 바로잡을 수 있음을 말씀한 것이다."

譯註 1. 君子得輿 : 君子가 높은 지위에 오름을 뜻하는 바, 「周易」《剝卦 上九爻辭》에 "上九碩果不食 君子得輿 小人剝廬"라고 보인다.

毛序 下泉은 思治也라 曹人이 疾共公侵刻其下民하여 不得其所하여 憂而思明王賢伯也라

《下泉》은 나라가 다스려짐을 생각한 詩이다. 曹나라 사람들은 共人이 아래 백성들을 侵害하여 살 곳을 얻지 못함을 미워하여, 근심해서 明王과 賢伯(어진 方伯)을 생각한 것

剝 : 깎을 박

이다.

曹國은 四篇에 十五章이요 六十八句라

詩經集傳 卷八

豳一之十五

豳은 國名이니 在禹貢雍州岐山之北, 原隰之野라 虞夏之際에 棄爲后稷하여 而封於邰러니 及夏之衰하여 棄稷不務한대 棄子不窋이 失其官守하고 而自竄於戎狄之間하니라 不窋生鞠陶하고 鞠陶生公劉하니 能復修后稷之業하여 民以富實이라 乃相土地之宜하여 而立國於豳之谷焉이러니 十世而大(太)王이 徙居岐山之陽하고 十二世而文王이 始受天命하고 十三世而武王이 遂爲天子하시니라 武王崩하고 成王立에 年幼하여 不能涖阼어늘 周公旦이 以冢宰攝政하여 乃述后稷公劉之化하여 作詩一篇하여 以戒成王하시니 謂之豳風이요 而後人又取周公所作과 及凡爲周公而作之詩하여 以附焉하니라 豳은 在今邠州三水縣이요 邰는 在今京兆府武功縣하니라

豳은 國名이니, 《禹貢》의 雍州로서 岐山의 북쪽, 原隰의 들에 있었다. 虞夏의 즈음에 棄가 后稷이 되어 邰나라에 봉해졌었는데, 夏나라가 쇠함에 미쳐 稷의 임무를 버리고 힘쓰지 않자, 棄의 아들 不窋이 마침내 官守를 잃고 스스로 戎狄의 사이로 도망하였다. 不窋이 鞠陶를 낳고, 鞠陶가 公劉를 낳았는데, 公劉가 다시 后稷의 業을 닦아서 백성들이 이로 말미암아 부유해지고 충실해졌다. 이에 토지의 마땅함을 살펴 豳 땅의 골짜기에 나라를 세웠다. 十世에 太王이 岐山의 남쪽으로 옮기고, 十二世에 文王이 처음으로 天命을 받고, 十三世에 武王이 마침내 天子가 되었다. 武王이 崩하고 成王이 즉위하였는데, 나이가 어려서 동쪽 뜰에 임하여 임금의 일을 행하지 못하자, 周公 旦이 冢宰로서 攝政하면서 마침내 后稷과 公劉의 교화를 서술하여 詩 한 편을 지어 成王을 경계하였으니, 이것을 豳風이라 하고, 後人들이 또 周公이 지은 것과 모든 周公을 위하여 지은 詩를 취해서 뒤에 붙였다. 豳은 지금의 邠州 三水縣에 있었고, 邰는 지금의 京兆府 武功縣에 있었다.

七月流火(叶虎委反), 九月授衣(叶上聲). 一之日觱(音必)發(叶方吠反), 二之日栗烈(叶力制反). 無衣無褐(音曷 叶許例反), 何以卒歲(或曰 發烈褐皆如字 而歲讀如雪). 三之日于耜(叶羊里反), 四之日擧趾. 同我婦子(叶獎里反), 饁(炎輒反)彼南畝(叶滿彼反). 田畯(音俊)至喜.

七月流火어든	七月에 大火心星이 서쪽으로 내려가거든
九月授衣하나니라	九月에는 옷을 만들어 주느니라

豳 : 나라이름 빈 邰 : 나라이름 태 窋 : 산뾰족히내밀 줄 竄 : 숨을 찬 冢 : 맏 총
邠 : 나라이름 빈 觱 : 바람쌀쌀할 필 栗 : 추울 률 褐 : 털옷 갈 于 : 갈 우 耜 : 보습 사
趾 : 발 지 饁 : 들점심 엽 畯 : 권농관 준

一之日觱發하고	一陽의 날에는 바람이 차갑고
二之日栗烈하나니	二陽의 날에는 기온이 차가우니
無衣無褐이면	옷이 없고 갈옷이 없으면
何以卒歲리오	어떻게 해를 마치리오
三之日于耜요	三陽의 날에 가서 쟁기를 수선하고
四之日擧趾어든	四陽의 날에 발꿈치를 들고 밭갈러 가거든
同我婦子하여	우리 처자식과 함께
饁彼南畝하니(커든)	저 남쪽 이랑으로 밥을 내가니
田畯至喜하나니라	田畯이 와서 기뻐하느니라

賦也라 七月은 斗建申之月이니 夏之七月也라 後凡言月者放此하니라 流는 下也라 火는 大火心星也니 以六月之昏에 加於地之南方하나니 至七月之昏이면 則下而西流矣라 九月에 霜降始寒이요 而蠶績之功亦成이라 故로 授人以衣하여 使禦寒也라 一之日은 謂斗建子니 1)一陽之月이요 二之日은 謂斗建丑이니 二陽之月也라 變月言日은 言是月之日也니 後凡言日者放此하니라 蓋周之先公이 已用此以紀候라 故로 周有天下에 遂以爲一代之正朔也라 觱發은 風寒也요 栗烈은 氣寒也라 褐은 毛布也라 歲는 夏正之歲也라 于는 往也요 耜는 田器也니 于耜는 言往修田器也라 擧趾는 擧足而耕也라 我는 家長自我也라 饁은 餉田也라 田畯은 田大夫니 勸農之官也라

○ 周公以成王未知稼穡之艱難이라 故로 陳后稷公劉風化之所由하여 使瞽矇朝夕諷誦以敎之라 此章은 首言七月暑退將寒이라 故로 九月而授衣以禦之하니 蓋十一月以後엔 風氣日寒하여 不如是면 則無以卒歲也라 正月則往修田器하고 二月則擧趾而耕하여 少者旣皆出而在田이라 故로 老者率婦子而餉之하니 治田早而用力齊라 是以로 田畯至而喜之也라 此章前段은 言衣之始하고 後段은 言食之始하며 二章至五章은 終前段之意하고 六章至八章은 終後段之意하니라

賦이다. 七月은 斗柄(北斗七星 자루)이 申方을 가리키는 달이니, 夏나라의 七月이다. 뒤에 모두 月이라고 말한 것은 이와 같다. 流는 아래로 내려감이다. 火는 大火心星이니, 六月의 저녁에 땅의 南方에 加하니, 七月의 저녁에 이르면 아래로 내려가 서쪽으로 처진다. 九月에는 서리가 내려 비로소 추워지고, 누에치고 길쌈하는 일이 또한 이루어진다. 그러므로 사람에게 옷을 만들어 주어 추위를 막게 하는 것이다. 一之日은 斗柄이 子方을 가리키는 달을 이르니 一陽의 달(동짓달)이요, 二之日은 斗柄이 丑方을 가리키는 달을 이르니 二陽의 달(섣달)이다. 月을 변하여 日이라고 말한 것은 이달의 날을 말한 것이니, 뒤에 모든 日을 말한 것은 이와 같다. 周나라의 先公이 이미 이것을 사용하여 節候를 기록하였다. 그러므로 周나라가 천하를 소유하고는 마침내 一代의 正朔으로 삼은 것이다. 觱發은 바람이 차가운 것이요, 栗烈은 기운이 차가운 것이다. 褐은 毛布이다. 歲는 夏正의 歲이다. 于는 감이요, 耜는 농기구이니, 于耜는 가서 농기구

餉 : 먹일 향　瞽 : 소경 고　矇 : 소경 몽

를 수선함을 이른다. 擧趾는 발을 들고 발갈러 가는 것이다. 我는 家長 자신이다. 饁은 밭에 밥을 내가는 것이다. 田畯은 田大夫이니, 勸農官이다.

○ 周公은 成王이 농사의 어려움을 알지 못하므로 后稷과 公劉의 風化가 말미암은 바를 말하여, 봉사인 樂師로 하여금 朝夕으로 이 詩를 외어 가르치게 한 것이다. 이 章은 첫번째로 '七月에는 더위가 물러가고 장차 추워지기 때문에 九月에는 옷을 만들어 주어 추위를 막게 하여야 함'을 말하였으니, 十一月 이후에는 바람과 기온이 날로 차가워져, 이렇게 하지 않으면 해를 마칠 수 없다. 正月에는 가서 농기구를 수선하고, 二月에는 발꿈치를 들고 밭을 갈러 가는데, 젊은 자들이 이미 모두 나가 밭에 있기 때문에 늙은 자가 妻子를 거느리고 밥을 내가니, 밭을 다스리기를 일찍하고 힘쓰기를 똑같이 한 것이다. 이 때문에 田畯이 와서 보고 기뻐한 것이다. 이 章의 前段에서는 옷의 시초를 말하였고, 後段에서는 밥의 시초를 말하였으며, 第二章에서 第五章까지는 前段의 뜻을 끝맺고, 第六章에서 第八章까지는 後段의 뜻을 끝맺은 것이다.

譯註 1. 一陽之月 : 1년 12개월을 「周易」의 卦에 맞춘 것으로 冬至에 陽爻(⚊) 하나가 처음 생기기 때문에 동짓달을 가리킨 것이다. 月別로 보면 동짓달은 一陽之月로 復卦(䷗), 섣달은 二陽之月로 臨卦(䷒), 正月은 三陽之月로 泰卦(䷊), 二月은 大壯卦(䷡), 三月은 夬卦(䷪), 四月은 純陽之月로 乾卦(䷀)이며, 夏至가 있는 五月에는 陰爻(⚋), 하나가 처음 생기는 姤卦(䷫)이고, 六月은 遯卦(䷠), 七月은 否卦(䷋), 八月은 觀卦(䷓), 九月은 剝卦(䷖), 十月은 純陰之月로 坤卦(䷁)이다.

七月流火, 九月授衣. 春日載陽, 有鳴倉庚叶古郎反. 女執懿筐, 遵彼微行叶戶郎反, 爰求柔桑. 春日遲遲, 采蘩祁祁巨之反. 女心傷悲, 殆及公子同歸.

七月流火어든	七月에 大火心星이 서쪽으로 내려가거든
九月授衣하나니라	九月에 옷을 만들어 주느니라
春日載陽하여	봄에 햇볕이 비로소 따뜻해져
有鳴倉庚이어든	꾀꼬리가 울거든
女執懿筐하여	아가씨 아름다운 광주리를 잡고
遵彼微行하여	저 오솔길을 따라
爰求柔桑하며	이에 부드러운 뽕잎을 구하며
春日遲遲어든	봄에 해가 길고 길거든
采蘩祁祁하나니	흰 쑥을 캐기를 많이도 하니
女心傷悲여	아가씨의 마음 서글퍼함이여
殆及公子同歸로다	장차 公子와 함께 돌아가리로다

賦也라 載는 始也요 陽은 溫和也라 倉庚은 黃鸝也라 懿는 深美也라 遵은 循也라 微行은 小徑

載 : 비로소 재　懿 : 아름다울 의　筐 : 광주리 광　蘩 : 쑥 번　祁 : 많을 기　鸝 : 꾀꼬리 리
徑 : 지름길 경

也라 柔桑은 穉桑也라 遲遲는 日長而暄也라 蘩은 白蒿也니 所以生蠶이니 今人猶用之라 蓋蠶生未齊하여 未可食桑이라 故로 以此啖之也라 祁祁는 衆多也라 或曰 徐也라 公子는 豳公之子也라

○ 再言流火授衣者는 將言女功之始라 故로 又本於此하여 遂言春日始和하여 有鳴倉庚之時에 而蠶始生이어든 則執深筐하여 以求穉桑이라 然이나 又有生而未齊者하여 則采蘩者衆하니 而此治蠶之女 感時而傷悲라 蓋是時에 [1]公子猶娶於國中하여 而貴家大族連姻公室者 亦無不力於蠶桑之務라 故로 其許嫁之女 預以將及公子同歸而遠其父母로 爲悲也라 其風俗之厚하여 而上下之情이 交相忠愛如此하니라 後章凡言公子者放此하니라

賦이다. 載는 시작이요, 陽은 온화함이다. 倉庚은 黃鸝(꾀꼬리)이다. 懿는 깊고 아름다움이다. 遵은 따름이다. 微行은 작은 지름길이다. 柔桑은 어린 뽕이다. 遲遲는 날이 길고 따뜻한 것이다. 蘩은 흰쑥이니, 누에를 자라게 하는 것이니, 지금 사람들도 아직 사용한다. 누에가 태어남이 똑같지 않아 〈일찍 태어난 것은〉 뽕을 먹일 수 없기 때문에 이것을 먹이는 것이다. 祁祁는 많음이다. 혹자는 더딤이라 한다. 公子는 豳公의 아들이다.

○ '大火心星이 서쪽으로 내려가거든 옷을 만들어 준다.'고 두번 말한 것은, 장차 女子 일의 시작을 말하려 하기 때문에 또 이에 근본해서 마침내 '봄에 날씨가 처음으로 온화해져 꾀꼬리가 우는 때에 누에가 처음으로 나오거든, 큰 광주리를 잡고 어린 뽕을 구한다.'고 말한 것이다. 그러나 또 누에가 나오는 것이 똑같지 아니하여, 흰쑥을 캐기를 많이 하니, 이 누에를 치는 여자가 때에 감동하여 서글퍼한 것이다. 이때에는 公子가 아직도 國中에서 장가들어 貴家와 大族으로 公室과 혼인한 자들이 또한 누에치고 뽕을 가꾸는 일에 힘쓰지 않는 자가 없었다. 그러므로 시집가기로 허락한 여자가 미리 장차 公子와 함께 돌아가 父母를 멀리하게 됨을 서글퍼한 것이다. 그 풍속이 厚하여 上下의 情이 서로서로 忠愛함이 이와 같았다. 後章에 모두 公子라고 말한 것은 이와 같다.

譯註 1. 公子猶娶於國中 : 周代 中期以後에는 公子들이 國中에서 장가들지 않고 반드시 外姓(異姓) 諸侯의 딸에게 장가들었으므로 한 말이다.

七月流火, 八月萑(戶官反)葦(韋鬼反). 蠶月條(宅彫反)桑, 取彼斧斨(七羊反), 以伐遠揚, 猗(於宜反)彼女桑. 七月鳴鵙(圭覓反), 八月載績. 載玄載黃, 我朱孔陽, 爲公子裳.

七月流火어든	七月에 大火心星이 서쪽으로 내려가거든
八月萑葦니라	八月에 갈대를 베느니라
蠶月條桑이라	누에치는 달에 가지치기를 하는지라
取彼斧斨하여	저 도끼와 네모진 도끼를 취하여
以伐遠揚이요	멀리 뻗어난 가지는 베고

暄 : 따뜻할 훤　啖 : 먹일 담　萑 : 갈대 환　斨 : 모난도끼 장　猗 : 부드러울 의
鵙 : 왜가리 격

猗彼女桑이니라	저 여린 뽕은 잎만 따느니라
七月鳴鵙이어든	七月에 왜가리가 울거든
八月載績하나니	八月에 길쌈을 하나니
載玄載黃하여	검정색을 물들이고 노랑색을 물들여
我朱孔陽이어든	우리 붉은 색이 심히 빛나거든
爲公子裳하나니라	公子의 치마를 만드느니라

賦也라 萑葦는 卽蒹葭也라 蠶月은 治蠶之月이라 條桑은 枝落之하여 采其葉也라 斧는 隋(橢)銎이요 斨은 方銎이라 遠揚은 遠枝揚起者也라 取葉存條曰猗라 女桑은 小桑也니 小桑은 不可條取라 故로 取其葉而存其條하여 猗猗然耳라 鵙은 伯勞也라 績은 緝也라 玄은 黑而有赤之色이요 朱는 赤色이라 陽은 明也라

○ 言七月暑退將寒이어든 而是歲禦冬之備 亦庶幾其成矣니 又當預擬來歲治蠶之用이라 故로 於八月萑葦旣成之際而收蓄之하여 將以爲曲薄이라 至來歲治蠶之月이면 則采桑以供蠶食하되 而大小畢取하니 見蠶盛而人力至也라 蠶事旣備어든 又於鳴鵙之後에 麻熟而可績之時면 則績其麻以爲布하니 而凡此蠶績之所成者를 皆染之하여 或玄或黃하되 而其朱者 尤爲鮮明하니 皆以供上而爲公子之裳이라 言勞於其事而不自愛하여 以奉其上하니 蓋至誠慘怛之意를 上以是施之면 下以是報之也라 以上二章은 專言蠶績之事하여 以終首章前段無衣之意하니라

賦이다. 萑葦는 바로 蒹葭이다. 蠶月은 누에를 치는 달이다. 條桑은 가지를 떨어뜨려 그 잎을 따는 것이다. 斧는 도끼 구멍이 타원형인 것이요, 斨은 도끼 구멍이 네모진 것이다. 遠揚은 먼 가지가 위로 올라간 것이다. 잎은 취하고 가지는 남겨두는 것을 猗라 한다. 女桑은 작은 뽕나무이니, 작은 뽕은 가지째 취할 수 없으므로 그 잎만 취하고 가지는 남겨두어 猗猗然한 것이다. 鵙은 白勞이다. 績은 길쌈이다. 玄은 검으면서 붉은 기운을 띤 색이요, 朱는 赤色이다. 陽은 선명함이다.

○ 七月에 더위가 물러가고 장차 추워지려 하거든 이 해 겨울을 막는 대비가 또한 거의 이루어지니, 또 마땅히 내년에 누에칠 때에 사용할 것을 미리 대비하여야 한다. 그러므로 八月에 갈대가 이미 성장하였을 때에 이것을 거두어 저축해서 장차 曲薄(蠶箔)을 만들려 하는 것이다. 그리하여 다음 해 누에치는 달에 이르면 뽕잎을 따서 누에의 먹이를 공급하되 크고 작은 것을 모두 취하니, 누에가 많고 人力이 지극함을 나타낸 것이다. 누에치는 일이 이미 구비되거든 또 왜가리가 운 뒤에 삼이 익어서 길쌈할 수 있을 때가 되면 그 삼을 길쌈하여 베를 만드니, 무릇 누에치고 길쌈하여 이루어진 것들을 모두 물들여서, 혹은 검게 하고 혹은 누렇게 하되 그 중에서도 붉은 것이 더욱 선명하니, 이것을 모두 윗사람에게 바쳐 公子의 치마를 만든다. 그 일에 수고로우면서도 스스로 아끼지 아니하여 그 윗사람을 받듦을 말한 것이니, 至誠스럽고 慘달한 뜻을 위에서 이것으로써 베풀면 아래에서 이것으로써 보답하는 것이다. 이상의 두 章은 오로지 누에치고 길쌈하는 일을 말하여, 首章 前段의 '옷이 없다.'는 뜻을 끝맺은 것이다.

隋：길 타　銎：도끼구멍 공　緝：실이을 집, 길쌈할 집　擬：헤아릴 의　薄：발 박

四月秀葽於遙反，五月鳴蜩徒彫反．八月其穫戶郭反，十月隕于敏反蘀音託，一之日于貉戶各反，取彼狐貍力之反，爲公子裘叶渠之反．二之日其同，載纘子管反武功，言私其豵子公反，獻豜古年反于公．

四月秀葽어든	四月에 아기풀이 패거든
五月鳴蜩며	五月에 말매미가 울며
八月其穫이어든	八月에 곡식을 수확하거든
十月隕蘀이니라	十月에 초목이 말라 떨어지느니라
一之日于貉하여	一陽의 날에 狐貍 사냥을 가서
取彼狐貍하여	저 狐貍를 취하여
爲公子裘하고	公子의 갖옷을 만들고
二之日其同하여	二陽의 날에 큰 사냥을 하여
載纘武功하여	武功을 계속하여
言私其豵이요	햇돼지는 자기가 갖고
獻豜于公하나니라	세 살된 돼지는 公所에 바치느니라

賦也라 不榮而實曰秀라 葽는 草名이라 蜩는 蟬也라 穫은 禾之早者可穫也라 隕은 墜요 蘀은 落也니 謂草木隕落也라 貉은 狐貍也라 于貉은 猶言于耜니 謂往取狐貍也라 同은 竭作以狩也라 纘은 習而繼之也라 豵은 一歲豕요 豜은 三歲豕라

○ 言自四月純陽으로 而歷一陰四陰하여 以至純陰之月이면 則大寒之候將至하니 雖蠶桑之功이 無所不備나 猶恐其不足以禦寒이라 故로 于貉而取狐貍之皮하여 以爲公子之裘也라 獸之小者는 私之以爲己有하고 而大者則獻之於上하니 亦愛其上之無已也라 此章은 專言狩獵하여 以終首章前段無褐之意하니라

賦이다. 꽃이 피지 않고 영그는 것을 秀라 한다. 葽는 풀 이름이다. 蜩는 매미이다. 穫은 벼중에 早生種을 수확할 수 있는 것이다. 隕은 떨어짐이요 蘀은 떨어짐이니, 草木의 잎이 말라 떨어짐을 이른다. 貉은 狐貍이다. 于貉은 于耜라는 말과 같으니, 가서 狐貍를 취함을 이른다. 同은 모두 일어나 사냥하는 것이다. 纘은 익혀서 계승함이다. 豵은 1년된 돼지요, 豜은 3년된 돼지이다.

○ 四月의 純陽으로부터 一陰(5月)과 四陰(8月)을 지나 純陰의 달(10月)에 이르면 大寒의 節候가 장차 이르니, 비록 蠶桑의 일이 구비되지 않음이 없으나 그래도 추위를 막기에 부족할까 두렵다. 그러므로 가서 狐貍를 잡아 狐貍의 가죽을 취하여 公子의 갖옷을 만든 것이다. 잡은 짐승 중에 작은 것은 사사로이 하여 자기의 소유로 삼고, 큰 것은 웃사람에게 바치니, 또한 웃사람을 사랑하여 마지 않는 것이다. 이 章은 오로지 狩獵하는 것을 말하여 首章 前段의 '갈옷이 없

秀：이삭팰 수　葽：원지 요　蜩：말매미 조　隕：떨어질 운　蘀：떨어질 탁　貉：담비 학
貍：살쾡이 리　纘：이을 찬　豵：햇돼지 종　豜：세살돼지 견　蟬：매미 선

다.'는 뜻을 끝맺은 것이다.

五月斯螽[音終]動股, 六月莎[素和反]雞振羽. 七月在野[叶上與反], 八月在宇, 九月在戶[後五反]. 十月蟋蟀入我牀下[叶後五反 八字一句]. 穹[起弓反]窒[珍悉反]熏[許云反]鼠. 塞向墐[音覲]戶[同上]. 嗟我婦子[叶玆五反], 曰爲改歲, 入此室處.

五月斯螽動股요	五月에는 斯螽이 다리를 부벼 울고
六月莎雞振羽요	六月에는 莎雞가 깃을 떨어 울며
七月在野요	七月에는 들에 있고
八月在宇요	八月에는 처마 밑에 있고
九月在戶요	九月에는 문에 있고
十月蟋蟀이 入我牀下하나니라	十月에는 蟋蟀이 牀 아래로 들어온다
穹窒熏鼠하며	구멍을 막고 쥐구멍에 불을 놓으며
塞向墐戶하고	북쪽 창을 막고 창문을 바르고
嗟我婦子아	아, 우리 妻子들아
曰爲改歲어니	해가 바뀌게 되었으니
入此室處어다	이 집에 들어와 거처할지어다

賦也라 斯螽, 莎雞, 蟋蟀은 一物이니 隨時變化而異其名이라 動股는 始躍而以股鳴也요 振羽는 能飛而以翅鳴也라 宇는 簷下也니 暑則在野하고 寒則依人이라 穹은 空隙也라 窒은 塞也라 向은 北出牖也라 墐은 塗也라 庶人蓽戶하니 冬則塗之라 東萊呂氏曰 十月而曰改歲하니 三正之通於民俗이 尙矣니 周特擧而迭用之耳니라

○ 言覩蟋蟀之依人이면 則知寒之將至矣라 於是에 室中空隙者를 塞之하고 熏鼠하여 使不得穴於其中하며 塞向以當北風하고 墐戶以禦寒氣하고 而語其婦子曰 歲將改矣라 天旣寒而事亦已하니 可以入此室處矣라하니 此見老者之愛也라 此章은 亦以終首章前段禦寒之意하니라

賦이다. 斯螽, 莎雞, 蟋蟀은 한 물건인데, 때에 따라 변화하여 그 이름을 달리한다. 動股는 처음 뛰면서 다리로 우는 것이요, 振羽는 날면서 날개로 우는 것이다. 宇는 簷下이니, 더우면 들에 있고 추우면 사람에 의지하는 것이다. 穹은 빈 틈이다. 窒은 막음이다. 向은 북쪽으로 난 창문이다. 墐은 바름이다. 庶人은 창문을 대나무로 만드는데, 겨울에는 이를 바른다.

東萊呂氏가 말하였다. "十月에 해가 바뀐다 하였으니, 三正이 民俗에 통용됨이 오래 되었으니, 周나라가 다만 들어서 차례로 썼을 뿐이다."

螽 : 메뚜기 종 股 : 다리 고 莎 : 베짱이 사, 귀뚜라미 사 穹 : 막을 궁, 구멍 궁
窒 : 막을 질 熏 : 태울 훈 墐 : 바를 근 翅 : 날개 시 簷 : 처마 첨 隙 : 틈 극
牖 : 들창 유 塗 : 바를 도 蓽 : 대사립문 필 覩 : 볼 도

○ 蟋蟀이 사람에게 의지함을 보면 추위가 장차 닥쳐옴을 알 수 있다. 이에 방안의 빈 틈을 막고 쥐구멍에 불을 놓아 그 가운데에 구멍을 뚫지 못하게 하며, 북쪽 창문을 막아 北風을 막고, 창문을 발라 찬 기운을 막고는 처자식들에게 말하기를 "해가 장차 바뀌게 되었다. 하늘(날씨)이 이미 추워지고 일도 끝났으니, 이 집에 들어와 편안히 거처하라." 하였으니, 이는 늙은 자의 사랑을 나타낸 것이다. 이 章은 또한 首章 前段의 '추위를 막는다.'는 뜻을 끝맺은 것이다.

六月食鬱及薁[於六反], 七月亨[普庚反]葵及菽[音叔], 八月剝[普卜反]棗[叶音走], 十月穫稻[叶徒苟反]. 爲此春酒, 以介眉壽[叶殖酉反]. 七月食瓜[叶音孤], 八月斷壺, 九月叔苴[七餘反], 采荼[音徒]薪樗[勅書反]. 食[音嗣]我農夫.

六月食鬱及薁하며	六月에는 아가위와 머루를 먹으며
七月亨(烹)葵及菽하며	七月에는 아욱과 콩을 삶고
八月剝棗하며	八月에는 대추를 털며
十月穫稻하여	十月에는 벼를 수확하여
爲此春酒하여	봄 술을 만들어서
以介眉壽하나니라	眉壽를 돕느니라
七月食瓜하며	七月에는 오이를 먹고
八月斷壺하며	八月에는 박을 타며
九月叔苴하며	九月에는 깨를 털며
采荼薪樗하여	씀바귀를 뜯고 가죽나무를 베어서
食(사)我農夫하나니라	우리 농부들을 먹이느니라

賦也라 鬱은 棣屬이요 薁은 蘡薁也라 葵는 菜名이라 菽은 豆也라 剝은 擊也라 穫稻以釀酒也라 介는 助也니 介眉壽者는 頌禱之辭也라 壺는 瓠也라 食瓜斷壺는 亦去圃爲場之漸也라 叔은 拾也요 苴는 麻子也라 荼는 苦菜也요 樗는 惡木也라
○ 自此至卒章은 皆言農圃飮食祭祀燕樂하여 以終首章後段之意라 而此章은 果酒嘉蔬로 以供老疾, 奉賓祭하고 瓜瓠苴荼로 以爲常食하니 少長之義와 豐儉之節이 然也니라

賦이다. 鬱은 아가위 등속이요, 薁은 머루이다. 葵는 나물 이름이다. 菽은 콩이다. 剝은 치는 것이다. 벼를 수확하여 술을 빚은 것이다. 介는 도움이니, 眉壽를 돕는다는 것은 頌祝하는 말이다. 壺는 박이다. 오이를 먹고 박을 타는 것은 또한 채전을 없애고 타작 마당을 만드는 차례이다. 叔은 주음이요, 苴는 胡麻子이다. 荼는 쓴 나물이요, 樗는 나쁜 나무이다.

○ 이로부터 끝 章까지는 모두 農圃와 飮食, 祭祀와 燕樂을 말하여 首章 後段의 뜻을 마쳤다. 그런데 이 章은 과일과 술과 아름다운 채소로써 늙은 자와 병든 자를 대접하고 빈객과 제사에

鬱 : 아가위 울　薁 : 새머루 욱　葵 : 아욱 규　剝 : 털 박　介 : 도울 개　壺 : 박 호
叔 : 주울 숙　苴 : 암삼 저　樗 : 가죽나무 저　蘡 : 머루 앵　薁 : 새머루 욱　釀 : 술빚을 양
瓠 : 박 호　拾 : 주울 습, 거둘 습　麻 : 참깨 마

받들며, 오이와 박, 깨와 씀바귀로써 평상시의 음식을 삼았으니, 젊은이와 어른 사이의 義와 풍부하고 검박한 예절에 당연한 것이다.

九月築場圃(博故反), 十月納禾稼(叶古護反). 黍稷重(直容反)穋(音六 叶六直反), 禾麻菽麥(叶訖力反). 嗟我農夫, 我稼既同, 上入執宮功. 晝爾于茅, 宵爾索綯(徒刀反). 亟(紀力反)其乘屋, 其始播百穀.

九月築場圃요	九月에는 場圃를 다지고
十月納禾稼하나니	十月에는 벼를 거둬들이나니
黍稷重穋과	黍稷에는 늦벼와 올벼가 있으며
禾麻菽麥이니라	벼와 삼, 콩과 보리이니라
嗟我農夫아	아, 우리 농부들아
我稼既同이어니	우리 농사가 이미 모여졌으니
上入執宮功이니	위로 邑에 들어가 궁실의 일을 해야 하니
晝爾于茅요	낮이면 가서 띠풀을 베어오고
宵爾索綯하여	밤이면 새끼꼬아
亟其乘屋이오사	빨리 그 지붕을 해 이어야
其始播百穀이니라	내년에 다시 百穀을 파종하느니라

賦也라 場圃는 同地하니 物生之時엔 則耕治以爲圃하여 而種菜茹라가 物成之際엔 則築堅之以爲場하여 而納禾稼하니 蓋自田而納之於場也라 禾者는 穀連藁秸之總名이라 禾之秀實而在野曰稼라 先種後熟曰重이요 後種先熟曰穋이라 再言禾者는 稻秫苽粱之屬이 皆禾也라 同은 聚也라 宮은 邑居之宅也라 古者에 民受五畝之宅하여 二畝半은 爲廬在田하니 春夏居之하고 二畝半은 爲宅在邑하니 秋冬居之라 功은 葺治之事也라 或曰 公室官府之役也니 古者用民之力하되 歲不過三日이 是也라 索은 絞也요 綯는 索也라 乘은 升也라
○ 言納於場者無所不備면 則我稼同矣니 可以上入都邑而執治宮室之事矣라 故로 晝往取茅하고 夜而絞索하여 亟升其屋而治之하니 蓋以來歲에 將復始播百穀하여 而不暇於此故也라 不待督責而自相警戒하여 不敢休息이 如此하니라 呂氏曰 此章은 終始農事하여 以極憂勤艱難之意니라

賦이다. 場, 圃는 같은 땅이니, 물건이 자랄 때에는 갈고 다스려 채전을 만들어 채소를 심었다가 물건이 이루어질 때에는 다져서 단단하게 하여 마당을 만들어서 벼를 거두어 들이니, 밭으로부터 마당에 거두어 들이는 것이다. 禾는 곡식에 짚이 연결된 것의 총칭이다. 벼가 패어 영글어

築 : 다질 축　重 : 늦벼 중　穋 : 올벼 륙　于 : 갈 우　宵 : 밤 소
索 : 새끼줄 삭, 새끼꼬을 삭　綯 : 새끼줄 도　亟 : 빠를 극　茹 : 나물 여, 마늘 여
秸 : 볏짚 갈　秫 : 차조 출　苽 : 교미 고　葺 : 지붕이을 집　絞 : 새끼꼴 교

서 들에 있는 것을 稼라 한다. 먼저 심어 뒤늦게 익는 것을 重이라 하고, 뒤늦게 심어 먼저 거두는 것을 穋이라 한다. 두번 禾를 말한 것은 벼와 차조, 교미와 수수 같은 등속이 모두 禾[벼]인 것이다. 同은 모임이다. 宮은 읍내에 거주하는 집이다. 옛날에 백성들은 五畝의 택지를 받아서 2畝 半은 여막을 만들어 농토에 있었으니, 봄과 여름에 거주하고, 2畝 半은 집을 만들어 읍내에 있었으니 가을과 겨울에 거주하였다. 功은 지붕을 해이고 다스리는 일이다. 혹자는 말하기를, "公室, 官府의 부역이니, 옛날에 백성의 힘을 쓰되 1년에 3일을 넘기지 않는다는 것이 이것이다." 한다. 索은 새끼를 꼬는 것이요, 綯는 새끼줄이다. 乘은 오름이다.

○ 마당에 거두어 들인 것이 구비되지 않음이 없으면 내 농사가 이미 모여진 것이니, 위로 都邑에 들어가서 宮室의 일을 잡아 다스릴 수 있다. 그러므로 낮이면 가서 띠풀을 베어오고 밤이면 새끼꼬아 빨리 지붕에 올라가서 지붕을 해이어야 하니, 이는 내년에 장차 다시 百穀을 파종하여 이것을 할 겨를이 없기 때문이다. 督責하기를 기다리지 않고도 스스로 경계하여 감히 휴식하지 못함이 이와 같은 것이다.

呂氏가 말하였다. "이 章은 시종 농사를 말하여 憂勤 艱難의 뜻을 지극히 하였다."

二之日鑿冰冲冲, 三之日納于凌(力證反)陰(叶於容反). 四之日其蚤(音早), 獻羔祭韭(音九 叶己小反). 九月肅霜, 十月滌(徒力反)場. 朋酒斯饗(叶虛良反), 曰殺羔羊. 躋(子奚反)彼公堂, 稱彼兕觥(虢彭反 叶古黃反), 萬壽無疆.

二之日鑿冰冲冲하여	二陽의 날에 얼음을 쿵쿵 깨어
三之日納于凌陰하나니	三陽의 날에 冰庫에 넣나니
四之日其蚤(早)에	四陽의 날 아침에
獻羔祭韭하나니라	염소를 바치고 부추로 제사하느니라
九月肅霜이어든	九月에 서리가 내리거든
十月滌場하고	十月에 마당을 깨끗이 쓸고
朋酒斯饗하여	두 동이의 술로 연향을 베풀어
曰殺羔羊하여	羔羊을 잡아
躋彼公堂하여	저 公堂으로 올라가서
稱彼兕觥하니	저 뿔잔을 드니
萬壽無疆이로다	萬壽無疆하리로다

賦也라 鑿冰은 謂取冰於山也라 冲冲은 鑿冰之意라 周禮에 正歲十二月에 令斬冰이 是也라 納은 藏也니 藏冰은 所以備暑也라 凌陰은 冰室也라 豳土寒多하여 正月에 風未解凍이라 故로 冰猶可藏也라 蚤는 蚤朝也라 韭는 菜名이니 獻羔祭韭而後啓之라 月令에 仲春獻羔開冰하여 先薦寢廟 是也라 蘇氏曰 古者藏冰發冰은 以節陽氣之盛이라 夫陽氣之在天地는 譬如火之

蚤 : 이를 조, 아침 조　韭 : 부추 구　朋 : 두단지 붕　饗 : 먹일 향　躋 : 오를 제
稱 : 들 칭　兕 : 외뿔소 시　觥 : 술잔 굉

著於物也라 故로 常有以解之라 十二月엔 陽氣蘊伏하여 錮而未發하여 其盛在下어든 則納冰於地中이라가 至於二月하여 四陽作하고 蟄蟲起하여 陽始用事어든 則亦始啓冰而廟薦之하며 至於四月하여 陽氣畢達하고 陰氣將絕이어든 則冰於是大發하여 食肉之祿의 老病喪浴에 冰無不及이라 是以로 冬無愆陽하고 夏無伏陰하고 春無凄風하고 秋無苦雨하며 雷出不震하고 無災霜雹하며 癘疾不降하여 民不夭札也하나니라 胡氏曰 藏冰開冰은 亦聖人輔相燮調之一事耳요 不專恃此以爲治也라 肅霜은 氣肅而霜降也라 滌場者는 農事畢而掃場地也라 兩尊(樽)曰朋이니 鄕飮酒之禮에 兩尊壺于房戶間이 是也라 躋는 升也라 公堂은 君之堂也라 稱은 擧也라 疆은 竟也라

○ 張子曰 此章은 見民忠愛其君之甚이라 旣勸趨其藏冰之役하고 又相戒速畢場功하여 殺羊以獻于公하고 擧酒而祝其壽也라

賦이다. 鑿冰은 산에서 얼음을 취해옴을 이른 것이다. 冲冲은 얼음을 캔다는 뜻이다. 「周禮」에 "正歲 十二月에 얼음을 베어오게 한다."는 것이 이것이다. 納은 보관함이니, 얼음을 보관하는 것은 더위를 대비하는 것이다. 凌陰은 얼음집이다. 豳 땅은 추위가 심해서 正月에도 바람이 解凍하지 않기 때문에 얼음을 보관할 수 있다. 蚤는 이른 아침이다. 韭는 나물 이름이니, 염소를 바치고 부추로 제사한 뒤에 冰庫를 연다. 「禮記」의 《月令》에 "仲春에 염소를 바치고 얼음집을 열어서 먼저 寢廟에 올린다."는 것이 이것이다.

蘇氏가 말하였다. "옛날에 얼음을 보관하고 얼음을 꺼낸 것은 陽氣의 성함을 조절하기 위해서였다. 陽氣가 天地에 있음은 비유하면 불이 물건에 붙어 있는 것과 같다. 그러므로 이것을 항상 풀어줌이 있었으니, 十二月에 陽氣가 속에 쌓여 잠겨서 발하지 못하여 그 성함이 땅 밑에 있거든 얼음을 땅속에 넣어 두었다가, 二月에 이르러 四陽이 일어나고 땅 속에 있던 벌레가 나와 陽이 처음 用事하거든 또한 비로소 얼음집을 열어 사당에 올리며, 四月에 이르러 陽氣가 모두 도달하고 陰氣가 장차 끊어지게 되거든 얼음을 이에 크게 꺼내어 肉食하는 大夫 집안의 늙은 자와 병든 자, 초상과 屍身을 목욕시킬 때에 얼음이 미치지 않음이 없었다. 이 때문에 겨울에는 지나친 陽이 없고 여름에는 잠복해 있는 陰이 없으며, 봄에는 추운 바람이 없고 가을에는 지나친 비가 없으며, 우뢰가 쳐도 벼락을 치지 아니하고 서리와 우박의 재앙이 없으며, 염병이 내리지 않아 백성들이 요절하지 않는 것이다."

胡氏가 말하였다. "얼음을 보관하고 얼음을 꺼내는 것은 또한 聖人이 輔相하고 燮調하는 한 가지 일일 뿐이요, 오로지 이것을 믿고 정사를 한 것은 아니다." 肅霜은 기후가 추워져 서리가 내리는 것이다. 滌場은 농사를 마치고 마당을 깨끗이 쓰는 것이다. 두 동이를 朋이라 하니, 「儀禮」의 《鄕飮酒禮》에 '두 술동이와 병을 房戶의 사이에 나란히 놓는다.'는 것이 이것이다. 躋는 오름이다. 公堂은 군주의 堂이다. 稱은 듦이다. 疆은 다함이다.

○ 張子가 말씀하였다. "이 章은 백성들이 그 군주를 忠愛함이 심함을 볼 수 있으니, 이미 그 얼음을 보관하는 부역에 권면하여 달려가고, 또 서로 빨리 마당 일을 끝내고 羊을 잡아 公所에 바치고는 술을 들어 祝壽하자고 경계한 것이다."

錮 : 닫힐 고　蟄 : 숨을 칩　愆 : 허물 건　雹 : 우박 박　癘 : 염병 려　札 : 일찍죽을 찰
燮 : 화할 섭　尊 : 술단지 준

七月八章이니 章十一句라

周禮籥章에 中(仲)春晝에 擊土鼓, 歈豳詩하여 以逆暑하며 中秋夜迎寒에도 亦如之라하니 卽謂此詩也라 王氏曰 仰觀星日霜露之變하고 俯察昆蟲草木之化하여 以知天時하여 以授民事라 女服事乎內하고 男服事乎外하며 上以誠愛下하고 下以忠利上하며 父父子子하고 夫夫婦婦하며 養老而慈幼하고 食力而助弱하며 其祭祀也時하고 其燕饗也節하니 此七月之義也니라

「周禮」《籥章》에 "仲春의 낮에 土鼓를 치고 피리로 豳詩를 불어서 더위를 맞이하며, 仲秋의 밤에 추위를 맞이할 때에도 또한 이와같이 한다." 하였으니, 바로 이 詩를 말한 것이다.

王氏가 말하였다. "위로는 星日, 霜露의 변화를 관찰하고, 아래로는 곤충, 초목의 변화를 살펴서 天時를 알아 백성들에게 농사일을 일러준다. 그리하여 여자는 안에서 일하고 남자는 밖에서 일하며, 윗사람은 정성으로 아랫사람을 사랑하고 아랫사람은 충성으로 윗사람을 이롭게 하며, 아버지는 아버지 노릇하고 자식은 자식 노릇하며, 남편은 남편 노릇하고 부인은 부인 노릇하며, 노인을 봉양하고 어린이를 사랑하며, 자기 능력에 따라 먹고 약한 자를 도와주며, 제사를 때에 맞게 하고 연향을 절도에 맞게 하였으니, 이는《七月》의 義이다."

毛序 七月은 陳王業也라 周公遭變이라 故로 陳后稷先公의 風化之所由하여 致王業之艱難也라

《七月》은 王業을 말한 詩이다. 周公이 變을 만났기 때문에 后稷과 先公의 風化가 말미암은 바와 王業을 이룩하기 어려웠음을 말한 것이다.

鴟鴞鴟鴞, 旣取我子(又叶入聲), 無毁我室(又叶上聲). 恩斯勤斯, 鬻(由六反)子之閔(叶眉貧反)斯.

鴟鴞鴟鴞아	올빼미야 올빼미야
旣取我子어니	이미 내 새끼를 잡아갔으니
無毁我室이어다	내 집을 부수지 말지어다
恩斯勤斯하여	사랑하고 독실히 하여
鬻子之閔斯러니라	자식을 기르느라 매우 근심하였노라

比也니 爲鳥言以自比也라 鴟鴞는 鵂鶹니 惡鳥니 攫鳥子而食者也라 室은 鳥自名其巢也라 恩은 情愛也요 勤은 篤厚也라 鬻은 養이요 閔은 憂也라

○ 武王克商하시고 使弟管叔鮮, 蔡叔度로 監于紂子武庚之國이러니 武王崩하고 成王立하여 周公相之한대 而二叔以武庚叛하고 且流言於國曰 周公이 將不利於孺子라 故로 周公東征二年에 乃得管叔武庚而誅之로되 而成王이 猶未知公之意也일새 公乃作此詩以貽王이라 託爲鳥之愛巢者하여 呼鴟鴞而謂之曰 鴟鴞鴟鴞아 爾旣取我之子矣니 無更毁我之室也어다 以我

籥 : 피리 약 歈 : 불 취 逆 : 맞을 역 鴟 : 솔개 치 鴞 : 올빼미 효 鬻 : 기를 육(국)
鵂 : 부엉이 휴 鶹 : 부엉이 류 攫 : 움킬 확 孺 : 어릴 유

情愛之心과 篤厚之意로 鬻養此子에 誠可憐憫이어늘 今旣取之하니 其毒甚矣라 況又毁我室乎아하니 以比武庚旣敗管蔡하니 不可更毁我王室也라

比이니, 새의 말을 하여 스스로 비유한 것이다. 鴟鴞는 鵂鶹이니, 나쁜 새로 새의 새끼를 잡아먹는 것이다. 室은 새가 그 둥지를 스스로 이름한 것이다. 恩은 情으로 사랑함이요, 勤은 篤厚함이다. 鬻은 기름이요, 閔은 근심함이다.

○ 武王이 商나라를 이기시고, 아우인 管叔 鮮과 蔡叔 度로 하여금 紂王의 아들인 武庚의 나라를 감시하게 하였는데, 武王이 崩하고 成王이 즉위하여 周公이 돕자, 管叔과 蔡叔은 武庚을 데리고 배반하였으며, 또 國中에 流言을 퍼뜨리기를 '周公이 장차 孺子에게 不利하게 할 것이다.' 하였다. 그러므로 周公이 동쪽지방을 정벌한 지 2년만에 마침내 管叔과 武庚을 잡아 誅罰하였으나, 成王은 아직도 周公의 뜻을 알지 못하였다. 그러므로 公이 마침내 이 詩를 지어 王에게 준 것이다. 새가 둥지를 사랑함을 가탁하여 鴟鴞를 불러 이르기를 "올빼미야! 올빼미야! 네가 이미 내 새끼를 잡아갔으니, 다시 내 집을 부수지 말지어다. 내 사랑하는 마음과 篤厚한 뜻으로써 이 새끼를 기름에 진실로 가련하고 근심할 만하거늘 이제 이미 잡아갔으니, 그 폐해가 심하다. 하물며 또다시 내 집을 부순단 말인가." 하였으니, 이로써 武庚이 이미 管叔과 蔡叔을 실패하게 하였으니, 다시 우리 王室을 훼손해서는 안됨을 比한 것이다.

迨天之未陰雨, 徹彼桑土(音杜 徒古反), 綢(直留反)繆(莫侯反)牖戶(叶後五反). 今女(音汝)下民, 或敢侮予(叶演女反).

迨天之未陰雨하여	하늘이 陰雨하지 않을 때에 미쳐
徹彼桑土(두)하여	저 뽕나무 뿌리를 주워다가
綢繆牖戶면	牖戶를 칭칭 감는다면
今女(汝)下民이	이제 네 下民들이
或敢侮予아	혹시라도 나를 업신여기랴

比也라 迨는 及이요 徹은 取也라 桑土는 桑根也라 綢繆는 纏綿也라 牖는 巢之通氣處요 戶는 其出入處也라

○ 亦爲鳥言호되 我及天未陰雨之時하여 而往取桑根하여 以纏綿巢之隙穴하여 使之堅固하여 以備陰雨之患이면 則此下土之民이 誰敢有侮予者아하니 亦以比己深愛王室而預防其患難之意라 故로 孔子贊之曰 爲此詩者는 其知道乎인저 能治其國家면 誰敢侮之리오하시니라

比이다. 迨는 미침이요, 徹은 취함이다. 桑土는 뽕나무 뿌리이다. 綢繆는 감는 것이다. 牖는 둥지의 공기를 통하는 곳이요, 戶는 그 출입하는 곳이다.

○ 또한 새의 말을 하되 "내 하늘이 陰雨하지 않을 때에 미쳐, 가서 뽕나무 뿌리를 취하여 둥지의 틈과 구멍을 칭칭 감아 견고하게 만들어서 陰雨의 患을 대비한다면, 이 下土에 있는 사람

迨 : 미칠 태 徹 : 거둘 철 土 : 뿌리 두 綢 : 얽을 주 繆 : 얽을 무(규) 纏 : 얽을 전
綿 : 얽힐 면

들이 누가 감히 나를 업신여길 자가 있겠는가." 하였으니, 또한 이로써 자신이 王室을 깊이 사랑하여 그 患難을 미리 방비하려는 뜻을 비유한 것이다. 그러므로 孔子께서 이 詩를 읽고 칭찬하시기를 "이 詩를 지은 자는 그 道를 알 것이다. 자기 국가를 잘 다스린다면 누가 감히 업신여기겠는가." 하셨다.

予手拮(音吉)据(音居), 予所捋(力活反)荼, 予所蓄租(子胡反), 予口卒瘏(音徒), 曰予未有室家(叶古胡反).

予手拮据하여	내 손을 부지런히 움직여
予所捋荼며	내 갈대를 취해오며
予所蓄租라	내 물건을 쌓고 모으느라
予口卒瘏는	내 입이 모두 병든 것은
曰予未有室家니라	내 아직 室家가 없어서였느니라

比也라 拮据는 手口共作之貌라 捋은 取也라 荼는 萑苕니 可藉巢者也라 蓄은 積이요 租는 聚요 卒은 盡이요 瘏는 病也라 室家는 巢也라

○ 亦爲鳥言호되 作巢之始에 所以拮据以捋荼蓄租하여 勞苦而至於盡病者는 以巢之未成也라하니 以比己之前日所以勤勞如此者는 以王室之新造而未集故也라

比이다. 拮据는 손과 입을 함께 움직여 일하는 모양이다. 捋은 취함이다. 荼는 萑苕이니, 둥지에 깔 수 있는 것이다. 蓄은 쌓음이요, 租는 모음이요, 卒은 다함이요, 瘏는 병듦이다. 室家는 둥지이다.

○ 또한 새의 말을 하되 "둥지를 만드는 초기에 손과 입을 함께 움직여 갈대를 취해오고 물건을 저축하느라 勞苦하여 모두 병듦에 이른 까닭은 둥지가 완성되지 않았기 때문이다." 하였으니, 이로써 자기가 前日에 근로하기를 이와 같이 한 까닭은 王室이 새로 만들어져서 아직 安集되지 못했기 때문임을 비유한 것이다.

予羽譙譙(在消反), 予尾翛翛(素彫反), 予室翹翹(祈消反), 風雨所漂(匹遙反)搖, 予維音嘵嘵(呼堯反).

予羽譙譙하며	내 깃이 모지라지며
予尾翛翛하여	내 꼬리가 망가졌는데도
予室翹翹어늘	내 둥지가 위태롭고 위태롭거늘
風雨所漂搖라	비바람이 뒤흔드는지라
予維音嘵嘵호라	내 울부짖는 소리를 급히 하노라

拮 : 열심히일할 길　据 : 열심히일할 거　捋 : 취할 랄　荼 : 갈대 도　租 : 모을 조
瘏 : 병들 도　萑 : 갈대 환　苕 : 갈대꽃 초　藉 : 깔 자　譙 : 깃모지라질 초
翛 : 깃모지라질 소　翹 : 위태할 교　漂 : 나부낄 표　嘵 : 급할 요

比也라 譙譙는 殺(쇄)也요 翛翛는 敝也라 翹翹는 危也요 嘵嘵는 急也라

○ 亦爲鳥言호되 羽殺尾敝하여 以成其室하되 而未定也어늘 風雨又從而漂[飄]搖之하니 則我之哀鳴이 安得而不急哉아하니 以比已旣勞悴로되 王室又未安하고 而多難乘之하니 則其作詩以喩王을 亦不得而不汲汲也라

比이다. 譙譙는 깃이 모지라짐이요, 翛翛는 해짐이다. 翹翹는 위태로움이요, 嘵嘵는 급함이다.

○ 또한 새의 말을 하되 "깃의 끝이 모지라지고 꼬리가 해져가면서 그 둥지를 이루었으나 아직 안정되지 못하였거늘, 비바람이 또 따라서 飄搖하니, 내 슬피 울부짖기를 어찌 급히 하지 않을 수 있겠는가." 하였으니, 이로써 자기가 이미 수고로웠으나 王室이 또 편안하지 못하고 多事多難함이 〈기회를〉 타고 있으니, 詩를 지어 王을 깨우치기를 또한 汲汲히 하지 않을 수 없음을 비유한 것이다.

鴟鴞四章이니 章五句라

事見書金縢篇하니라

이 사실은 「書經」《金縢篇》에 보인다.

毛序 鴟鴞는 周公救亂也라 成王이 未知周公之志일새 公乃爲詩以遺王하고 名之曰鴟鴞焉이라

《鴟鴞》는 周公이 亂을 구원한 詩이다. 成王이 周公의 뜻을 모르므로 周公이 마침내 詩를 지어 王에게 주고 이름을 '鴟鴞'라 하였다.

我徂東山, 慆慆(叶刀反)不歸(無韻未詳). 我來自東, 零雨其濛. 我東曰歸, 我心西悲. 制彼裳衣, 勿士行(戶郎反)枚(叶謨悲反). 蜎蜎(烏玄反)者蠋(音蜀), 烝在桑野(叶上與反). 敦(都廻反)彼獨宿, 亦在車下(叶後五反).

我徂東山하여	내 東山에 가서
慆慆不歸호라	오랫동안 돌아오지 못했노라
我來自東일새	내 동쪽에서 올제
零雨其濛이러라	내리는 비 부슬부슬 하더니라
我東曰歸에	내 동쪽에서 돌아올제
我心西悲호라	내 마음 서쪽을 향해 슬퍼하였노라

殺 : 줄어들 쇄　悴 : 파리할 췌　慆 : 오랠 도　濛 : 비부슬부슬내릴 몽　枚 : 재갈 매
蜎 : 꿈틀거릴 연　蠋 : 뽕나무벌레 촉　敦 : 혼자잘 퇴

制彼裳衣하여	저 衣裳을 만들어
勿士行枚로다	行枚를 일삼지 말지로다
蜎蜎者蠋이여	꿈틀거리는 뽕나무벌레여
烝在桑野로다	뽕나무 들에 있도다
敦(퇴)彼獨宿이여	외로이 저 홀로 잠듦이여
亦在車下로다	또한 수레 밑에 있도다

賦也라 東山은 所征之地也라 慆慆는 言久也라 零은 落也라 濛은 雨貌라 裳衣는 平居之服也라 勿士行枚는 未詳其義라 鄭氏曰 士는 事也요 行은 陣也라 枚는 如箸하니 銜之하되 有繣結項中하여 以止語也라 蜎蜎은 動貌라 蠋은 桑蟲如蠶者也라 烝은 發語辭라 敦는 獨處不移之貌라 此則興也라

○ 成王이 旣得鴟鴞之詩하고 又感雷風之變하여 始悟而迎周公하니 於是에 周公東征이 已三年矣라 旣歸에 因作此詩以勞歸士라 蓋爲之述其意而言曰 我之東征旣久어늘 而歸塗(途)에 又有遇雨之勞라 因追言其在東而言歸之時에 心已西嚮而悲라 於是에 制其平居之服하여 而以爲自今可以勿爲行陳銜枚之事矣라하고 及其在塗하여는 則又覩物起興而自嘆曰 彼蜎蜎者蠋은 則在彼桑野矣요 此敦然而獨宿者는 則亦在此車下矣라하니라

賦이다. 東山은 征伐한 지역이다. 慆慆는 오램을 말한 것이다. 零은 떨어짐이다. 濛은 비가 오는 모양이다. 裳衣는 평상시 거처할 때의 의복이다. 勿士行枚는 그 뜻이 자세하지 않다. 鄭氏는 말하기를 "士는 일삼음이요, 行은 行陣이다. 枚는 젓가락과 비슷하니, 이것을 입에 물되, 노끈이 달려 있어서 목 가운데에 묶어 말을 못하게 하는 것이다." 하였다. 蜎蜎은 움직이는 모양이다. 蠋은 뽕나무벌레로 누에와 비슷하다. 烝은 發語辭이다. 敦는 홀로 거처하고 옮기지 않는 모양이다. 이것은 興이다.

○ 成王이 이미 《鴟鴞》의 詩를 얻고, 또 雷風의 변고에 감동되어 비로소 깨닫고 周公을 맞이하였다. 이에 周公이 동쪽으로 정벌간 지가 이미 3년이었다. 周公이 돌아온 뒤에 인하여 이 詩를 지어 돌아오는 장병들을 위로한 것이다. 군사들을 위하여 그들의 뜻을 서술하여 말하기를 "내 동쪽으로 정벌간 지가 이미 오래거늘, 돌아오는 길에 또 비를 만난 수고로움이 있었다." 하였다. 인하여 追言하기를 "동쪽에 있다가 돌아올 때에 마음이 이미 서쪽을 향하여 슬퍼하였다. 이에 평상시의 의복을 만들고는 '지금부터는 行陣과 銜枚(군졸들이 소리를 내지 못하게 입에 재갈을 물리는 것)하는 일을 하지 말아야 되겠다.'고 했다." 하였다. 돌아오는 途中에 있을 때에는 또 물건을 보고 起興하여 스스로 탄식하기를 "저 꾸물거리는 뽕나무벌레는 저 뽕나무 들에 있고, 이 敦然히 홀로 잠자는 자는 홀로 이 수레 아래에 있다." 한 것이다.

我徂東山, 慆慆不歸. 我來自東, 零雨其濛. 果蠃(力果反)之實, 亦施(羊豉反)于宇. 伊威在室, 蠨(音蕭)蛸(所交反)在戶(後五反). 町(他頂反)畽(他短反)鹿場, 熠(以執反)燿(以照反)宵行(叶戶郎反). 不可畏

箸 : 젓가락 저　銜 : 재갈 함　繣 : 노끈 회　覩 : 볼 도　蠃 : 과라나무 라, 나나니벌 라
蠨 : 납거미 소　蛸 : 거미알 소　町 : 밭두둑 정　畽 : 마당 탄　熠 : 반딧불반짝거릴 습
燿 : 환할 요

叶於非反也, 伊可懷叶胡威反也.

我徂東山하여	내 東山에 가서
慆慆不歸호라	오랫동안 돌아오지 못했노라
我來自東일새	내 동쪽에서 돌아올제
零雨其濛이러라	내리는 비 부슬부슬 하더니라
果贏之實이	果贏의 열매가
亦施(이)于宇며	집에 뻗어 있으며
伊威在室이며	쥐며느리가 방에 있으며
蠨蛸在戶며	납거미가 문에 있으며
町畽鹿場이며	집곁의 빈 땅은 사슴마당이 되었으며
熠燿宵行이로소니	반짝거리는 반딧불이로소니
不可畏也라	두려워할 것이 아니라
伊可懷也로다	그립도다

賦也라 果贏는 括樓也라 施는 延也니 蔓生하여 延施于宇下也라 伊威는 鼠婦也니 室不掃則有之라 蠨蛸는 小蜘蛛也니 戶無人出入이면 則結網當之라 町畽은 舍旁隙地也니 無人焉이라 故로 鹿以爲場也라 熠燿는 明不定貌라 宵行은 蟲名이니 如蠶, 夜行하고 喉下有光如螢이라
○ 章首四句는 言其往來之勞, 在外之久라 故로 每章重言하여 見其感念之深이라 遂言已東征而室廬荒廢가 至於如此하니 亦可畏矣라 然이나 豈可畏而不歸哉리오 亦可懷思而已라하니 此則述其歸未至而思家之情也라

賦이다. 果贏는 括樓이다. 施는 뻗음이니, 蔓生하여 지붕 아래에 뻗어 있는 것이다. 伊威는 쥐며느리이니, 방을 청소하지 않으면 있다. 蠨蛸는 작은 거미이니, 문에 출입하는 사람이 없으면 그물을 쳐 막는다. 町畽은 집 곁의 빈 땅이니, 사람이 없기 때문에 사슴들이 마당으로 삼은 것이다. 熠燿는 밝음이 일정하지 않은 모양이다. 宵行은 벌레 이름이니, 누에와 같이 생겼는데, 밤에 다니고 목 밑에 빛이 있어 반딧불과 같다.
○ 章 첫머리 네 句는 그 往來하는 수고로움과 밖에 있은 지 오램을 말하였다. 그러므로 매 章마다 거듭 말하여 감동과 생각함의 깊음을 나타낸 것이다. 마침내 말하기를, "자기가 동쪽으로 정벌을 나감에 집의 황폐함이 이와 같음에 이르렀으니, 이 또한 두려워할 만하다. 그러나 어찌 두려워하여 돌아가지 않을 수 있겠는가. 또한 그리울 뿐이다."라고 하였다. 이것은 돌아올 적에 아직 도착하지 못하여 집을 그리워하는 情을 서술한 것이다.

我徂東山, 慆慆不歸. 我來自東, 零雨其濛. 鸛古玩反鳴于垤田節反 叶地一反, 婦歎于室. 洒掃穹窒, 我征聿至叶入聲, 有敦都迴反瓜苦, 烝在栗薪. 自我不見, 于今三

括 : 묶을 괄　蜘 : 거미 지　蛛 : 거미 주　喉 : 목구멍 후　螢 : 반딧불 형　廬 : 집 려
鸛 : 황새 관　垤 : 개미둑 질　穹 : 막을 궁　窒 : 막을 질　敦 : 열매주렁주렁달릴 퇴

年叶尼因反.

我徂東山하여	내 東山에 가서
慆慆不歸호라	오랫동안 돌아오지 못했노라
我來自東일새	내 동쪽에서 돌아올제
零雨其濛이러라	내리는 비 부슬부슬 하더니라
鸛鳴于垤이어늘	황새는 개밋둑에서 우는데
婦歎于室하여	婦人은 집에서 탄식하여
洒掃穹窒하니	집안을 청소하고 구멍을 막으니
我征聿至로다	내 걸음이 때마침 이르렀도다
有敦(퇴)瓜苦여	주렁주렁 달린 쓴 오이여
烝在栗薪이로다	저 밤나무 섶에 있도다
自我不見이	내 이것을 보지 못한 지가
于今三年이엇다	지금 三年이 되었도다

賦也라 鸛은 水鳥니 似鶴者也라 垤은 蟻塚也라 穹窒은 見七月하니라
○ 將陰雨則穴處者先知라 故로 蟻出垤而鸛就食之하고 遂鳴于其上也라 行者之妻亦思其夫之勞苦하여 而歎息於家라 於是에 洒掃穹窒하여 以待其歸러니 而其夫之行이 忽已至矣라 因見苦瓜繫於栗薪之上하고 而曰 自我之不見此가 亦已三年矣라하니라 栗은 周土所宜木이니 與苦瓜皆微物也로되 見之而喜하니 則其行久而感深을 可知矣로다

賦이다. 鸛은 水鳥이니, 鶴과 비슷하다. 垤은 개미의 둑이다. 穹窒은《七月》에 보인다.
○ 장차 날씨가 흐려져 비가 내리려 하면 구멍에 사는 것들이 먼저 안다. 그러므로 개미가 둑에 나와 있음에 황새가 가서 잡아먹고는 마침내 그 위에서 우는 것이다. 부역을 간 자의 아내가 또한 그 남편의 勞苦함을 생각하여 집에서 탄식하였다. 이에 집안을 청소하고 구멍을 막아 그가 돌아오기를 기다리고 있었는데, 남편의 걸음이 갑자기 이르렀다. 인하여 쓴 오이가 밤나무 섶 위에 매달려 있음을 보고 말하기를 "내 이것을 보지 못한 지가 이미 3년이나 되었다" 한 것이다. 밤나무는 周나라 토질에 적당한 나무이니, 쓴 오이와 함께 모두 하찮은 물건인데도 이것을 보고 기뻐하였으니, 부역을 간 지가 오래되어 감회가 깊음을 알 수 있도다.

我徂東山, 慆慆不歸. 我來自東, 零雨其濛. 倉庚于飛, 熠燿其羽. 之子于歸, 皇駁邦角反其馬叶滿補反. 親結其縭叶離羅二音, 九十其儀叶宜俄二音. 其新孔嘉叶居宜居何二反, 其舊如之何叶奚河二音.

我徂東山하여	내 東山에 가서

蟻 : 개미 의　塚 : 무덤 총　駁 : 얼룩말 박　縭 : 향주머니 리

慆慆不歸호라	오랫동안 돌아오지 못했노라
我來自東일새	내 동쪽에서 돌아올제
零雨其濛이러라	내리는 비 부슬부슬 하더니라
倉庚于飛여	꾀꼬리가 날이여
熠燿其羽로다	선명한 그 깃이로다
之子于歸여	之子가 시집감이여
皇駁其馬로다	황백색과 얼룩무늬 말이로다
親結其縭하니	친히 그 향주머니를 매주니
九十其儀로다	아홉이며 열인 그 威儀로다
其新孔嘉하니	新婚이 매우 아름다우니
其舊如之何오	舊婚이야 어떠하겠는고

賦而興也라 倉庚飛는 昏姻時也라 熠燿는 鮮明也라 黃白曰皇이요 駵白曰駁이라 縭는 婦人之褘也니 [1]母戒女而爲之施衿結帨也라 九其儀, 十其儀는 言其儀之多也라

○ 賦時物以起興하여 而言 東征之歸士 未有室家者 及時而昏姻하여 旣甚美矣니 其舊有室家者 相見而喜는 當如何邪오하니라

賦而興이다. 倉庚이 날음은 昏姻할 때이다. 熠燿는 선명함이다. 黃白色을 皇이라 하고, 얼룩무늬가 있고 흰무늬가 있는 것을 駁이라 한다. 縭는 婦人의 주머니이니, 〈딸이 시집갈 때에〉 어머니가 딸을 경계하고 딸을 위하여 작은 띠를 채워주고 향주머니를 매주는 것이다. 그 威儀가 아홉이요 열이라는 것은 그 威儀의 많음을 말한 것이다.

○ 時物을 읊어 起興하여 말하기를 "동쪽으로 정벌하러 갔다가 돌아온 군사로서 室家가 있지 않았던 자들이 제때에 미쳐 혼인하여 이미 매우 아름다우니, 그 전부터 室家가 있던 자들이야 서로 만나보고 기뻐함이 어떠하겠는가." 한 것이다.

譯註 1. 母戒女而爲之施衿結帨 : 衿은 작은 띠이며 帨는 향주머니로, 「儀禮」《士昏禮》에 "母施衿結帨曰 勉之敬之 夙夜無違宮事"라고 보인다.

東山四章이니 章十二句라

序曰 一章은 言其完也요 二章은 言其思也요 三章은 言其室家之望女也요 四章은 樂男女之得及時也라 君子之於人에 序其情而閔其勞하니 所以說也라 說以使民하여 民忘其死는 其唯東山乎인저 愚謂 完은 謂全師而歸하여 無死傷之苦요 思는 謂未至而思하여 有愴恨之懷라 至於室家望女와 男女及時하여는 亦皆其心之所願而不敢言者어늘 上之人이 乃先其未發而歌詠以勞苦之하니 則其歡欣感激之情이 爲如何哉아 蓋古之勞詩皆如此라 其上下之際에 情志交

駵 : 월다말 류　褘 : 향낭 위　衿 : 작은띠 금　帨 : 수건 세　序 : 서술할 서
愴 : 슬퍼할 창

孚하여 雖家人父子之相語라도 無以過之하니 此其所以維持鞏固數十百年하여 而無一旦土崩之患也니라

序에 이르기를 "第一章은 완전함[完]을 말한 것이요, 第二章은 그리워함[思]을 말한 것이요, 第三章은 室家가 자기를 바라는 것을 말한 것이요, 第四章은 남녀의 혼인이 제때에 미친 것을 즐거워한 것이다. 君子가 백성에 대하여 그 情을 서술하고 그 수고로움을 민망히 여겼으니, 이 때문에 백성들이 기뻐한 것이다. 기뻐하도록 백성들을 부려서 백성들이 그 죽음을 잊은 것은 그 오직 《東山》일 것이다." 하였다.

내 생각컨대 完은 군대를 온전히 보존하고 돌아와 죽거나 부상한 괴로움이 없음을 말한 것이요, 思는 집에 이르기 전에 그리워하여 愴恨의 회포가 있음을 말한 것이다. 室家가 자기를 바란 것과 남녀의 婚姻이 제때에 미친 것으로 말하면, 이 또한 모두 마음 속에 원하는 바이나 감히 말하지 못하는 것인데, 윗사람이 마침내 그들이 말하기 전에 먼저 노래로 읊어서 그들의 수고로움을 위로하였으니, 그렇다면 그 기뻐하고 감격하는 情이 어떠하겠는가. 옛날에 위로하는 詩는 모두 이와 같았다. 그리하여 上下의 사이에 情과 뜻이 서로 믿어져서 비록 家人과 父子間에 서로 말하는 것이라도 이보다 더할 수가 없었으니, 이 때문에 維持하고 鞏固하기를 수십백 년 동안 하여 하루아침에 土崩하는 병폐가 없었던 것이다.

毛序　東山은 周公東征也라 周公東征하여 三年而歸할새 勞歸士하니 大夫美之라 故로 作是詩也라 一章은 言其完也요 二章은 言其思也요 三章은 言其室家之望女也요 四章은 樂男女之得及時也라 君子之於人에 序其情而閔其勞하니 所以說也니 說以使民하여 民忘其死는 其唯東山乎인저

《東山》은 周公이 東征함을 읊은 것이다. 周公이 東征하여 3년만에 돌아왔는데, 돌아오는 군사들을 위로하니, 大夫가 이를 찬미하였다. 그러므로 이 詩를 지은 것이다. 第一章은 그 완전함을 말한 것이요, 第二章은 그리워함을 말한 것이요, 第三章은 室家가 자신을 바라는 것을 말한 것이요, 第四章은 男女의 혼인이 제때에 미침을 즐거워한 것이다. 君子가 백성에 대하여 그 情을 서술하고 그 수고로움을 민망히 여겼으니, 이 때문에 백성들이 기뻐한 것이다. 기뻐하도록 백성들을 부려서 백성들이 그 죽음을 잊은 것은 그 오직 《東山》일 것이다.

旣破我斧, 又缺我斨(七羊反). 周公東征, 四國是皇. 哀我人斯, 亦孔之將.

旣破我斧요	이미 내 도끼를 부수고
又缺我斨이나	또 내 도끼를 망가뜨렸으나
周公東征은	周公이 동쪽으로 정벌하심은
四國是皇이시니	四國을 바로잡으려 해서이니

孚 : 믿을 부　鞏 : 굳을 공　缺 : 이지러질 결　斨 : 모난도끼 장　皇 : 바로잡을 황

哀我人斯　　　　　　　　우리 백성들을 가엾게 여기심이
亦孔之將이샷다　　　　　　또한 심히 크시도다

賦也라 隋銎曰斧요 方銎曰斨이니 征伐之用也라 四國은 四方之國也라 皇은 匡也요 將은 大也라

○ 從軍之士以前篇周公勞己之勤이라 故로 言此以答其意曰 東征之役에 旣破我斧而缺我斨하여 其勞甚矣라 然이나 周公之爲此擧는 蓋將使四方莫敢不一於正而後已시니 其哀我人也 豈不大哉아하니라 然則雖有破斧缺斨之勞나 而義有所不得辭矣라 夫管蔡流言하여 以謗周公이어늘 而公이 以六軍之衆으로 往而征之하시니 使其心에 一有出於自私而不在於天下면 則撫之雖勤하고 勞之雖至나 而從役之士 豈能不怨也哉리오 今觀此詩하면 固足以見周公之心이 大公至正하여 天下信其無有一毫自愛之私요 抑又以見當是之時하여 雖被堅執銳之人이라도 亦皆能以周公之心爲心하여 而不自爲一身一家之計하니 蓋亦莫非聖人之徒也라 學者於此에 熟玩而有得焉이면 則其心正大하여 而天地之情을 眞可見矣리라

賦이다. 도끼 구멍이 타원형인 것을 斧라 하고, 도끼 구멍이 네모진 것을 斨이라 하니, 征伐할 때에 쓰는 기구이다. 四國은 사방의 나라이다. 皇은 바로잡음이요, 將은 큼이다.

○ 從軍한 군사들이 前篇에 周公이 자기들의 수고로움을 위로하였으므로 이를 말하여 그 뜻에 답하기를 "동쪽으로 정벌가는 부역에 이미 내 도끼를 부수고 또 내 도끼를 망가뜨려 그 수고로움이 심하다. 그러나 周公이 이러한 일을 하심은 장차 四方으로 하여금 감히 바름에 한결같이 하지 않을 수가 없게 한 뒤에 그만두려 하심이니, 우리 백성들을 가엾게 여기심이 어찌 크지 않겠는가." 한 것이다. 그렇다면 비록 도끼를 부수고 도끼를 망가뜨리는 수고로움이 있으나 의리상 사양할 수 없는 것이다. 管叔과 蔡叔이 유언비어를 퍼뜨려 周公을 비방하거늘 周公이 六軍의 군대를 거느리고 가서 정벌하였으니, 가령 그 마음이 하나라도 스스로 사사로이 하려는 데서 나와 天下에 있지 않았다면, 어루만지기를 비록 부지런히 하고 위로하기를 비록 지극히 하더라도 부역에 종사하는 군사들이 어찌 원망하지 않을 수 있겠는가. 이제 이 詩를 보면 진실로 周公의 마음이 크게 공변되고 지극히 정당하여 天下 사람들이 一毫라도 자신을 아끼는 사사로움이 없음을 믿었음을 볼 수 있고, 또한 이때를 당하여 비록 견고한 갑옷을 입고 예리한 병기를 잡은 사람들이라도 또한 모두 周公의 마음을 자기의 마음으로 삼아서, 스스로 一身과 一家를 위한 계책을 하지 않았음을 볼 수 있으니, 또한 聖人의 무리 아님이 없는 것이다. 배우는 자가 이에 대하여 익숙히 완미하여 터득함이 있으면 그 마음이 正大하여 天地의 情을 참으로 볼 수 있을 것이다.

既破我斧, 又缺我錡(巨宜反 巨何反 叶). 周公東征, 四國是吪(五戈反). 哀我人斯, 亦孔之嘉(叶居何反).

隋：둥글고길쭉할 타　銎：도끼구멍 공　謗：비방할 방　銳：날카로울 예　錡：끌 의
吪：움직일 와, 변화할 와

既破我斧요　　이미 내 도끼를 부수고
又缺我錡나　　또 내 끌을 망가뜨렸으나
周公東征은　　周公이 동쪽으로 정벌하심은
四國是吪시니　　四國을 교화하려 해서이니
哀我人斯　　우리 백성들을 가엾게 여기심이
亦孔之嘉샷다　　또한 심히 가상하시도다

賦也라 錡는 鑿屬이라 吪는 化요 嘉는 善也라

賦이다. 錡는 끌의 등속이다. 吪는 교화함이요, 嘉는 좋음이다.

既破我斧, 又缺我銶(音求). 周公東征, 四國是遒(在羞反). 哀我人斯, 亦孔之休.

既破我斧요　　이미 내 도끼를 부수고
又缺我銶나　　또 내 끌을 망가뜨렸으나
周公東征은　　周公이 동쪽으로 정벌하심은
四國是遒시니　　四國을 견고히 하시려 해서이니
哀我人斯　　우리 백성들을 가엾게 여기심이
亦孔之休샷다　　또한 심히 아름다우시도다

賦也라 銶는 木屬이라 遒는 斂而固之也라 休는 美也라

賦이다. 銶는 나무 등속이다. 遒는 거두어 견고히 함이다. 休는 아름다움이다.

破斧三章이니 章六句라

范氏曰 象은 日以殺舜爲事어늘 舜爲天子也則封之하시고 管蔡는 啓商以叛이어늘 周公之爲相也則誅之하시니 迹雖不同이나 其道則一也라 蓋象之禍는 及於舜而已라 故로 舜封之요 管蔡流言은 將危周公以間王室하여 得罪於天下라 故로 周公誅之하시니 非周公誅之요 天下之所當誅也라 周公이 豈得而私之哉시리오

范氏가 말하였다. "象은 날마다 舜임금을 죽이는 것으로 일을 삼았는데 舜임금이 天子가 되어서는 그를 封하셨고, 管叔과 蔡叔은 商나라를 계도하여 배반하였는데 周公이 정승이 되어서는 이들을 죽이셨으니, 행적은 비록 같지 않으나 그 道는 같다. 象의 禍는 舜임금에게 미쳤을 뿐이었다. 그러므로 舜임금이 그를 봉해주신 것이요, 管叔과 蔡叔이 유언비어를 퍼뜨린 것은 장차 周公을 위태롭게 하여 王室을 엿보려 해서 天下에 죄를 얻었다. 그러므로 周公이 죽이신 것이니, 周公이 죽인 것이 아니요, 天下가 마땅히 죽여야 할 것이었다. 周公이 어찌 그들을 사사로이

鑿 : 끌 착　銶 : 끌 구　遒 : 견고할 주

봐주실 수 있었겠는가."

毛序 破斧는 美周公也니 周大夫以惡四國焉하니라

《破斧》는 周公을 찬미한 詩이니, 周나라 大夫가 四國에서 유언비어를 퍼뜨린 것을 미워한 것이다.

伐柯如何, 匪斧不克. 取七喩反妻如何, 匪媒不得.

伐柯如何오	도끼자루를 베기를 어찌해야 하는가
匪斧不克이니라	도끼가 아니면 하지 못하느니라
取(娶)妻如何오	아내를 얻으려면 어찌해야 하는가
匪媒不得이니라	중매가 아니면 얻지 못하느니라

比也라 柯는 斧柄也라 克은 能也라 媒는 通二姓之言者也라
○ 周公居東之時에 東人言此하여 以比平日欲見周公之難이라

比이다. 柯는 도끼자루이다. 克은 능함이다. 媒는 두 姓의 말을 통하는 자이다.
○ 周公이 동쪽에 거처할 때에 東人(동쪽지방 사람)들이 이를 말하여, 平日에 周公을 뵙고자 하였으나 뵙기가 어려움을 비유한 것이다.

伐柯伐柯, 其則不遠. 我覯古豆反之子, 籩豆有踐賤淺反.

伐柯伐柯여	도끼자루를 베고 도끼자루를 벰이여
其則(칙)不遠이로다	그 법이 멀리 있지 않도다
我覯之子호니	내 이 아가씨를 만나니
籩豆有踐이로다	籩豆가 질서정연하도다

比也라 則은 法也라 我는 東人自我也라 之子는 指其妻而言也라 籩은 竹豆也요 豆는 木豆也라 踐은 行列之貌라
○ 言伐柯而有斧면 則不過卽此舊斧之柯하여 而得其新柯之法이요 娶妻而有媒면 則亦不過卽此見之하여 [1]而成其同牢之禮矣라 東人言此하여 以比今日得見周公之易하니 深喜之之詞也라

比이다. 則은 법이다. 我는 東人 자신이다. 之子는 그 아내를 가리켜 말한 것이다. 籩은 대나무로 만든 그릇이요, 豆는 나무로 만든 그릇이다. 踐은 行列이 있는 모양이다.

柯 : 도끼자루 가　覯 : 만날 구　籩 : 제기 변　豆 : 제기 두　踐 : 차려놓을 천
牢 : 희생 뢰

○ 도끼자루를 벨 때에 도끼가 있으면 옛 도끼자루를 가지고 그 새로운 도끼자루를 만드는 법을 얻음에 지나지 않고, 아내를 얻음에 중매가 있으면 또한 이에 나아가 그를 만나보아 同牢의 禮를 이룸에 지나지 않음을 말한 것이다. 東人들이 이를 말하여 今日에 周公을 만나봄이 매우 쉬움을 비유하였으니, 깊이 기뻐한 말이다.

譯註 1. 同牢之禮: 牢는 밥으로, 夫婦가 함께 밥을 먹는 것을 이른다.

伐柯二章이니 章四句라

毛序 伐柯는 美周公也니 周大夫刺朝廷之不知也라

《伐柯》는 周公을 찬미한 詩이니, 周나라 大夫가 朝廷의 신하들이 周公의 聖德을 알지 못함을 풍자한 것이다.

九罭(于逼反)之魚, 鱒(才損反)魴(音房). 我覯之子, 袞(古本反)衣繡裳.

九罭之魚여	아홉 주머니의 그물에 걸린 고기여
鱒魴이로다	송어와 방어로다
我覯之子호니	내 그 분을 만나보니
袞衣繡裳이로다	袞衣와 繡裳을 입었도다

興也라 九罭은 九囊之網也라 鱒은 似鯶而鱗細眼赤이요 魴은 已見上하니 皆魚之美者也라 我는 東人自我也요 之子는 指周公也라 袞衣裳은 九章이니 一曰龍이요 二曰山이요 三曰華蟲이니 雉也요 四曰火요 五曰宗彝니 虎蜼也니 皆繢於衣하며 六曰藻요 七曰粉米요 八曰黼요 九曰黻이니 皆繡於裳이라 天子之龍은 一升一降하고 上公은 但有降龍하니 [1]以龍首卷然이라 故로 謂之袞也라
○ 此亦周公居東之時에 東人喜得見之하여 而言 九罭之網엔 則有鱒魴之魚矣요 我遘之子하니 則見其袞衣繡裳之服矣라하니라

興이다. 九罭은 아홉 주머니가 달린 그물이다. 鱒은 잉어와 비슷한데, 비늘이 가늘고 눈이 붉으며, 魴은 이미 위에 보이니, 모두 아름다운 고기이다. 我는 東人 자신이요, 之子는 周公을 가리킨 것이다. 袞衣裳은 九章이니, 첫째는 龍이요, 둘째는 山이요, 셋째는 華蟲이니 꿩이요, 넷째는 불이요, 다섯째는 宗彝인데 虎蜼이니, 이상은 모두 上衣에 그리며, 여섯째는 마름이요, 일곱째는 粉米요, 여덟째는 黼요, 아홉째는 黻이니, 이상은 모두 아래 치마에 수를 놓는다. 天子의 龍은 한 마리는 올라가고 한 마리는 내려가며, 上公은 다만 내려오는 龍만 있으니, [1]龍의 머리가 숙여 있기 때문에 袞이라고 이른 것이다.

罭 : 그물 역　鱒 : 송어 존(준)　袞 : 곤룡포 곤　鯶 : 잉어 훈　鱗 : 비늘 린　彝 : 술그릇 이
蜼 : 원숭이 유　繢 : 그림 회　黼 : 보불 보　黻 : 보불 불　卷 : 고개숙일 권

○ 이 또한 周公이 동쪽 지방에 거처하실 때에 東人들이 만나봄을 기뻐하여 말하기를 "九罭의 그물에는 송어와 방어의 고기가 있으며, 내 그 분을 만나보니 袞衣繡裳의 의복을 보게 되었다."고 한 것이다.

譯註 1. 以龍首卷然 故謂之袞: 袞은 卷과 音이 서로 비슷하므로 말한 것이다.

鴻飛遵渚, 公歸無所, 於女音汝下同信處.

鴻飛遵渚하나니	기러기가 날아감에 물가를 따르나니
公歸無所아	公이 돌아가심에 갈 곳이 없겠는가
於女(汝)信處시니라	너에게만 이틀밤을 묵어가신 것이니라

興也라 遵은 循也라 渚는 小洲也라 女는 東人自相女也라 再宿曰信이라
○ 東人이 聞成王將迎周公하고 又自相謂而言호되 鴻飛則遵渚矣니 公歸豈無所乎아 今特於女信處而已라하니라

興이다. 遵은 따름이다. 渚는 작은 모래섬이다. 女는 東人이 자기들끼리 서로 너라고 한 것이다. 이틀밤을 자고 가는 것을 信이라 한다.
○ 東人이 成王이 장차 周公을 맞이하려 한다는 말을 듣고 또 자기들끼리 서로 이르기를 "기러기가 날아감에 물가를 따르나니, 公이 돌아가심에 어찌 돌아갈 곳이 없겠는가. 이제 다만 너에게만 이틀 밤을 묵어가셨을 뿐이다." 한 것이다.

鴻飛遵陸, 公歸不復, 於女信宿.

鴻飛遵陸하나니	기러기가 날아감에 육지를 따르나니
公歸不復(복)이리시니	公이 돌아가시면 돌아오지 않으시리니
於女信宿이시니라	너에게만 이틀밤을 묵어가신 것이니라

興也라 高平曰陸이라 不復은 言將留相王室而不復來東也라

興이다. 높고 평평한 것을 陸이라 한다. 不復은 장차 머물러 王室을 도와서 다시는 동쪽으로 오지 못함을 말한 것이다.

是以有袞衣兮, 無以我公歸兮, 無使我心悲兮.

是以有袞衣兮러니	이 때문에 袞衣를 입은 분이 계시더니
無以我公歸兮하여	우리 公을 데리고 돌아가지 말아
無使我心悲兮어다	내 마음 슬프게 하지 말지어다

信 : 이틀밤잘 신

賦也라 承上二章하여 言周公信處信宿於此라 是以로 東方有此服衮衣之人이라하고 又願其且留於此하여 無遽迎公以歸하니 歸則將不復來하여 而使我心悲也라하니라

賦이다. 위의 두 章을 이어 말하기를 "周公이 이 곳에서 이틀밤을 묵고 이틀밤을 유숙하셨다. 이 때문에 東方에 이 衮衣를 입은 분이 계시게 되었다." 하고, 또 우선 이 곳에 머물러서 급히 公을 맞이해 돌아가지 말기를 원했으니, 돌아가면 장차 다시 오시지 못하여 내 마음을 슬프게 한다고 말한 것이다.

九罭四章이니 一章은 四句요 三章은 章三句라

毛序 九罭은 美周公也니 周大夫刺朝廷之不知也라

《九罭》은 周公을 찬미한 詩이니, 周나라 大夫가 朝廷에서 周公을 몰라줌을 풍자한 것이다.

狼跋(蒲末反)其胡, 載疐(丁四反)其尾. 公孫(音遜)碩膚, 赤舃(音昔)几几

狼跋其胡요	이리가 앞으로 나아가면 턱살이 밟히고
載疐其尾로다	뒤로 물러나면 꼬리가 밟히도다
公孫碩膚하시니	公이 큰 아름다움을 사양하시니
赤舃几几샷다	붉은 신이 편안하시도다

興也라 跋은 躐也라 胡는 頷下懸肉也라 載는 則이요 疐는 跲也라 老狼有胡하여 進而躐其胡하고 則退而跲其尾라 公은 周公也라 孫은 讓이요 碩은 大요 膚는 美也라 赤舃은 冕服之舃也라 几几는 安重貌라

○ 周公이 雖遭疑謗이나 然所以處之 不失其常이라 故로 詩人美之라 言狼跋其胡하고 則疐其尾矣어늘 公遭流言之變호되 而其安肆自得이 乃如此하시니 蓋其道隆德盛하여 而安土樂天을 有不足言者니 所以遭大變而不失其常也라 夫公之被毁는 以管蔡之流言也어늘 而詩人以爲此非四國之所爲요 乃公自讓其大美而不居耳라하니 蓋不使讒邪之口로 得以加乎公之忠聖이니 此可見其愛公之深, 敬公之至요 而其立言이 亦有法矣로다

興이다. 跋은 밟힘이다. 胡는 턱 아래에 매달려 있는 살이다. 載는 則이요, 疐는 넘어짐이다. 늙은 이리는 턱 밑에 매달린 胡가 있어서 나아가면 그 胡가 밟히고, 물러나면 그 꼬리가 밟혀 넘어진다. 公은 周公이다. 孫은 겸양함이요, 碩은 큼이요, 膚는 아름다움이다. 赤舃은 冕服에 신는 신이다. 几几는 安重한 모양이다.

跋 : 밟을 발　胡 : 목줄떠 호　疐 : 미끄러질 치　孫 : 사양할 손　膚 : 아름다울 부
舃 : 신 석　几 : 진중할 궤　頷 : 턱 함　跲 : 넘어질 겁(겹)

○ 周公이 비록 비방과 의심을 만났으나 이에 대처함에 떳떳함을 잃지 않았다. 그러므로 詩人이 찬미한 것이다. "이리는 나아가면 그 胡가 밟히고 뒤로 물러나면 그 꼬리가 밟혀 넘어진다. 그런데 公은 유언비어의 변고를 만났으나 편안하고 自得함이 이와 같다."고 말하였으니, 道德이 높고 성하여 처한 곳을 편안히 여기고 天命을 즐거워함을 이루 말할 수 없으니, 이 때문에 큰 변고를 당하여도 그 떳떳함을 잃지 않은 것이다. 公이 비방을 당한 것은 管叔과 蔡叔의 유언비어 때문이었는데, 詩人이 말하기를 "이는 四國에서 한 것이 아니요, 바로 公이 큰 아름다움을 겸양하여 자처하지 않은 것일 뿐이다."라고 하였으니, 이는 참소하고 간사한 사람의 입으로 하여금 公의 忠聖함에 가해지지 않게 하려고 한 것이니, 이는 公을 사랑함이 깊고 公을 공경함이 지극함을 볼 수 있으며, 그 글을 지음이 또한 법도가 있는 것이다.

狼疐其尾, 載跋其胡. 公孫碩膚, 德音不瑕叶洪孤反.

狼疐其尾요	이리가 물러나면 꼬리가 밟히고
載跋其胡로다	나아가면 턱살이 밟히도다
公孫碩膚하시니	公이 큰 아름다움을 사양하시니
德音不瑕샷다	德音에 하자가 없으시도다

興也라 德音은 猶令聞也라 瑕는 疵病也라
○ 程子曰 周公之處已也에 夔夔然存恭畏之心하시고 其存誠也에 蕩蕩然無顧慮之意하시니 所以不失其聖而德音不瑕也시니라

興이다. 德音은 令聞과 같다. 瑕는 하자와 병통이다.
○ 程子가 말씀하였다. "周公이 처신함에 공경하고 공경하여 恭畏의 마음을 보존하셨고, 정성을 보존함에 蕩蕩하여 돌아보고 염려하는 뜻이 없으셨으니, 이 때문에 그 聖스러움을 잃지 아니하여 德音에 하자가 없으셨던 것이다."

狼跋二章이니 章四句라

范氏曰 神龍이 或潛或飛하고 能大能小하여 其變化不測이라 然이나 得而畜之를 若犬羊然은 有欲故也라 唯其可以畜之라 是以로 [1]亦得醢而食之하나니 凡有欲之類는 莫不可制焉이라 唯聖人無欲이라 故로 天地萬物이 不能易也라 富貴貧賤死生이 如寒暑晝夜相代乎前이니 吾豈有二其心乎哉아 亦順受之而已矣니라 舜은 受堯之天下하시되 不以爲泰하시고 孔子는 阨於陳蔡하시되 而不以爲戚하시며 周公은 遠則四國流言하고 近則王不知로되 而赤舃几几하여 德音不瑕하시니 其致一也니라

范氏가 말하였다. "神龍이 혹은 물속에 잠기고 혹은 하늘을 날며, 능히 커지기도 하고 능히 작아지기도 하여 변화가 측량할 수 없으나, 사람이 이것을 기르기를 개와 양처럼 할 수 있는 것

瑕 : 흠 하　疵 : 흠 자　夔 : 공경할 기　醢 : 육장 해

은 욕심이 있기 때문이다. 龍을 기를 수 있기 때문에 또한 龍을 잡아서 젓담아 먹을 수 있는 것이니, 모든 욕심이 있는 종류는 제어할 수 없는 것이 없다. 오직 聖人은 욕심이 없기 때문에 천지만물이 능히 바꾸지 못한다. 富貴와 貧賤과 死生은 寒暑와 晝夜가 目前에서 서로 대신함과 같으니, 내 어찌 그 마음을 변함이 있겠는가. 또한 順히 그것을 받아들일 뿐이다. 舜은 堯의 天下를 받으시되 크다고 여기지 않으셨고, 孔子는 陳·蔡에서 곤액을 당하셨으되 근심스럽게 여기지 않으셨으며, 周公은 멀리는 사방 나라에서 유언비어를 퍼뜨렸고 가까이는 成王이 알아주지 못하였는데도 붉은 신을 신고 편안히 계셔서 德音에 하자가 없었으니, 그 이치가 하나이다."

譯註 1. 亦得醢而食之: 夏나라 때 劉累가 기르던 암 龍이 죽자, 이것을 젓담아 군주인 孔甲에게 바친 일이 있다 한다.

毛序 狼跋은 美周公也라 周公攝政에 遠則四國流言하고 近則王不知하니 周大夫美其不失其聖也라

《狼跋》은 周公을 찬미한 詩이다. 周公이 攝政함에 멀리는 四國에서 유언비어를 퍼뜨리고 가까이는 成王이 몰라주니, 周나라 大夫가 周公이 그런데도 그 聖스러움을 잃지 않음을 찬미한 것이다.

豳國은 七篇에 二十七章이요 二百三句라

程元이 問於文中子曰 敢問豳風은 何風也잇고 曰 變風也니라 元曰 周公之際에도 亦有變風乎잇가 曰 君臣相誚하니 其能正乎아 成王終疑周公이면 則風遂變矣리니 非周公至誠이면 其孰卒正之哉리오 元曰 居變風之末은 何也잇고 曰 夷王以下는 變風不復正矣니 夫子蓋傷之也라 故로 終之以豳風하시니 言變之可正也는 惟周公能之라 故로 係之以正이니 變而克正하고 危而克扶하여 始終不失其本은 其惟周公乎인저 係之豳이 遠矣哉인저
○ 籥章에 歙豳詩以逆暑迎寒하니 已見於七月之篇矣라 又曰 祈年于田祖면 則歙豳雅以樂田畯하고 祭蜡면 則歙豳頌以息老物이라하니 則考之於詩컨대 未見其篇章之所在라 故로 鄭氏三分七月之詩以當之하여 其道情思者를 爲風하고 正禮節者를 爲雅하고 樂成功者를 爲頌이라 然이나 一篇之詩 首尾相應이어늘 乃剟取其一節而偏用之는 恐無此理라 故로 王氏不取하고 而但謂本有是詩而亡之라하니 其說近是라 或者는 又疑但以七月全篇을 隨事而變其音節하여 或以爲風하고 或以爲雅하고 或以爲頌이라하니 則於理爲通而事亦可行이라 如又不然이면 則雅頌之中에 凡爲農事而作者를 皆可冠以豳號라 其說이 具於大田良耜諸篇하니 讀者擇焉이 可也니라

程元이 文中子에게 "감히 묻겠습니다. 豳風은 어떤 風입니까?" 하고 묻자, 文中子는 "變風이다." 하고 대답하였다. 程元이 "周公의 때에도 또한 變風이 있었습니까?" 하고 묻자, 文中子가

誚 : 나무랄 초 歙 : 불 취 蜡 : 납향제사 사 剟 : 벨 철 耜 : 보습 사

"君臣間에 서로 꾸짖었으니, 正이라고 할 수 있겠는가. 成王이 끝내 周公을 의심하였다면 風이 마침내 변했을 것이다. 周公의 至誠이 아니었다면 그 누가 끝내 이것을 바로잡을 수 있었겠는가." 하였다. 程元이 "變風의 맨 끝에 있음은 어째서입니까?" 하고 묻자, 文中子는 다음과 같이 말하였다. "夷王 이후로 變風이 다시 바루어지지 못했으니, 夫子께서 이것을 서글퍼하신 것이다. 그러므로 豳風으로써 끝을 마치셨으니, 變을 바로잡을 수 있음은 오직 周公만이 능함을 말한 것이다. 그러므로 正에 붙인 것이니, 변하되 능히 바루고 위태롭되 능히 붙들어서 시종 그 근본을 잃지 않은 것은 오직 周公이실 것이니, 豳風에 붙인 것이 뜻이 원대하다."

○「周禮」《籥章》에 "豳詩를 관악기로 불어서 더위를 맞이하고 추위를 맞이한다." 하였으니, 이 내용은 이미 《七月》에 보인다. 또 이르기를 "田祖(神農)에게 풍년을 기원할 때에는 豳雅를 관악기로 불어서 田畯을 즐겁게 하고, 납향제사에는 豳頌을 관악기로 불어서 늙은 물건을 쉬게 한다." 하였는데, 詩에 상고해보면 〈豳雅과 豳頌의〉 篇章의 소재를 볼 수가 없다. 그러므로 鄭氏는 《七月》의 詩를 3등분하여 여기에 해당시켜, 情思를 말한 것을 風이라 하고, 예절을 바르게 한 것을 雅라 하고, 成功을 즐거워한 것을 頌이라 하였다. 그러나 한 편의 詩는 머리와 꼬리가 서로 응하는 것인데, 마침내 그 一節을 잘라 하나만을 사용함은 이러할 리가 없을 듯하다. 그러므로 王氏는 그의 말을 취하지 않고, 다만 이르기를 "본래 이러한 詩가 있었는데 없어졌다." 하였으니, 그 말이 옳을 듯하다. 혹자는 또 의심하기를 "다만 《七月》의 全篇을 일에 따라 그 音節을 변화시켜 혹은 風이라 하고, 혹은 雅라 하고, 혹은 頌이라 했을 것이다." 하였으니, 이렇게 하면 이치에도 통하고 일이 또한 행해질 수 있다. 만일 또 그렇지 않다면 雅 · 頌의 가운데에 모든 농사를 위하여 지은 것은 모두 豳이라는 칭호를 앞에 놓을 수 있을 것이다. 그 해설이 《大田》과 《良耜》의 여러 편에 자세히 보이니, 讀者가 선택하는 것이 可할 것이다.

詩經集傳 卷九

小雅 二

雅者는 正也니 正樂之歌也라 其篇이 本有大小之殊요 而先儒說이 又各有正變之別이라 以今考之컨대 正小雅는 [1]燕饗之樂也요 正大雅는 會朝之樂과 受釐(禧)陳戒之辭也라 故로 或歡欣和說하여 以盡群下之情하고 或恭敬齊莊하여 以發先王之德하여 詞氣不同하고 音節亦異하니 多周公制作時所定也라 及其變也하여는 則事未必同이요 而各以其聲附之하니 其次序時世는 則有不可考者矣니라

雅는 바름이니, 正樂의 노래이다. 그 篇이 본래 大雅·小雅의 구별이 있고, 先儒의 말이 또 각각 正·變의 구별을 두었다. 지금 상고해 보건대 正小雅는 燕饗할 때의 음악이요, 正大雅는 朝會할 때의 음악과 제사의 음복에 복을 받고 경계를 아뢰는 내용이다. 그러므로 혹은 기뻐하고 和悅하여 아랫사람들의 情을 다하고, 혹은 공경하고 齊莊하여 先王의 德을 드러내어, 詞氣가 똑같지 않고 音節 또한 다르니, 이는 周公이 禮樂을 제정할 때에 정한 바가 많다. 變(變大雅, 變小雅)에 이르러는 일이 반드시 똑같지는 않고, 각기 그 聲調를 가지고 붙였으니, 그 차례와 時世는 상고할 수 없다.

譯註 1. 燕饗: 옛날 사당은 앞에는 廟가 있고 뒤에 寢이 있었는바, 燕은 寢에서 하고 饗은 廟에서 행하였는데, 饗은 군주가 친히 술을 따라 권하지만 燕은 신하들이 代行하기도 하여, 饗을 더 중하게 여겨왔다.

鹿鳴之什二之一

雅頌은 無諸國別이라 故로 以十篇爲一卷하여 而謂之什하니 猶軍法에 以十人爲什也라

雅와 頌은 諸國의 구별이 없으므로 10篇을 1卷으로 하여 그것을 什이라 일렀으니, 軍法에 十人을 什이라 한 것과 같다.

呦呦(音幽)鹿鳴(叶音芒), 食野之苹(叶音旁). 我有嘉賓, 鼓瑟吹笙(叶師莊反). 吹笙鼓簧(音黃), 承筐是將. 人之好(呼報反)我, 示我周行(叶戶郎反).

釐: 복 희　呦: 사슴우는소리 유　苹: 맑은대쑥 평　笙: 생황 생　簧: 혀 황
將: 행할 장, 받들 장

呦呦鹿鳴이여	呦呦히 우는 사슴의 울음소리여
食野之苹이로다	들의 대쑥을 뜯도다
我有嘉賓하여	내 아름다운 손님이 있어
鼓瑟吹笙호라	비파를 타며 젓대를 부노라
吹笙鼓簧하여	젓대를 불며 생황을 울려
承筐是將호니	광주리를 받들어 폐백을 올리니
人之好我	나를 좋아하는 사람은
示我周行이엇다	나에게 大道를 보여줄지어다

興也라 呦呦는 聲之和也라 苹은 藾蕭也니 青色이요 白莖如筯라 我는 主人也라 賓은 所燕之客이니 或本國之臣, 或諸侯之使也라 瑟, 笙은 燕禮所用之樂也요 簧은 笙中之簧也라 承은 奉也라 筐은 所以盛幣帛者也라 將은 行也라 奉筐而行幣帛하여 飮則以酬賓送酒하고 食則以侑賓勸飽也라 周行은 大道也라 古者에 [1]於旅也語라 故로 欲於此에 聞其言也라

○ 此는 燕饗賓客之詩也라 蓋君臣之分은 以嚴爲主하고 朝廷之禮는 以敬爲主라 然이나 一於嚴敬이면 則情或不通하여 而無以盡其忠告之益이라 故로 先王이 因其飮食聚會하여 而制爲燕饗之禮하여 以通上下之情하고 而其樂歌는 又以鹿鳴起興하여 而言其禮意之厚如此하니 庶乎人之好我而示我以大道也라 [2]記曰 私惠不歸德이면 君子不自留焉이라하니 蓋其所望於群臣嘉賓者 唯在於示我以大道면 則必不以私惠爲德而自留矣리라 嗚呼라 此其所以和樂而不淫也與인저

興이다. 呦呦는 소리가 和함이다. 苹은 대쑥이니, 青色이고 줄기가 희며, 〈모양이〉 젓가락과 비슷하다. 我는 주인이다. 賓은 잔치를 받는 손님이니, 혹은 本國의 신하이거나 혹은 諸侯의 사신이다. 瑟과 笙은 燕禮에 사용하는 악기요, 簧은 笙 가운데에 있는 簧(울림판)이다. 承은 받듦이다. 筐은 폐백을 담는 그릇이다. 將은 행함이다. 광주리를 받들어 폐백을 올려, 술을 마실 때에는 손님에게 권하여 술을 보내고, 밥을 먹을 때에는 손님에게 권하여 배불리 먹기를 권한다. 周行은 大道이다. 옛날에는 旅酬할 때에 말을 하였다. 그러므로 이때 그의 말을 듣고자 한 것이다.

○ 이는 賓客을 燕饗하는 것을 읊은 詩이다. 君臣의 분별은 엄함을 위주로 하고, 朝廷의 禮는 공경을 위주로 한다. 그러나 엄함과 공경 일변도로만 하면 情이 혹 통하지 못하여 忠告하는 유익함을 다할 수 없다. 그러므로 先王이 먹고 마시고 聚會할 때를 인하여 燕饗의 禮를 제정해서 上下의 情을 통하게 하였고, 그 樂歌는 또 사슴이 우는 것으로 起興하여 "禮意의 후함이 이와 같으니, 행여 나를 좋아하는 사람은 나에게 大道를 보여달라."고 말한 것이다. 「禮記」에 이르기를 "사사로이 은혜를 베풀고 德으로 돌아가지 않으면 君子가 스스로 머물지 않는다." 하였으니, 群臣과 아름다운 손님에게 소망하는 것이 오직 자신에게 大道를 보여줌에 있다면 반드시 사사로운 은혜를 德으로 여겨 스스로 머물지 않을 것이다. 아! 이 때문에 和樂하면서도 지나치지 않은 것일 것이다.

藾 : 맑은대쑥 뢰　筯 : 젓가락 저　盛 : 담을 성　酬 : 술권할 수　侑 : 권할 유

譯註 1. 於旅也語: 旅는 旅酬의 줄임말로, 옛날에 제사가 끝나면 손님들에게 잔치를 베풀어 술잔을 서로 권한 의식을 가리킨다. 「儀禮」《燕禮》에 '賓以旅酬於西階上'이라고 보이는데, 鄭玄은 旅를 序의 뜻으로 보아 "차례에 따라 卿大夫에게 술을 권하는 것이다." 하였고, 또 「中庸」에 '旅酬下爲上 所以逮賤也'라고 보이는데, 朱子는 "旅는 衆의 뜻이며 酬는 인도하여 술을 마시도록 하는 것이다." 하였다.

2. 私惠不歸德: 「禮記」《緇衣》에 보이는 내용으로, 私惠는 개인의 환심을 사기 위하여 베푸는 賂物性의 은혜를 가리킨다.

呦呦鹿鳴, 食野之蒿. 我有嘉賓, 德音孔昭叶側豪反. 視民不恌他彫反 叶音洮, 君子是則是傚胡教反 叶胡高反. 我有旨酒, 嘉賓式燕以敖牛刀反.

呦呦鹿鳴이여	呦呦히 우는 사슴의 울음소리여
食野之蒿로다	들의 제비쑥을 먹도다
我有嘉賓호니	내 아름다운 손님이 있으니
德音孔昭하여	德音이 매우 밝아
視民不恌니	백성들에게 보여주어 경박하지 않게 하니
君子是則是傚로다	君子가 이것을 본받도다
我有旨酒하니	내 맛있는 술이 있으니
嘉賓式燕以敖로다	아름다운 손님 잔치에 참여하여 노시도다

興也라 蒿는 菣也니 卽靑蒿也라 孔은 甚이요 昭는 明也라 視는 與示同이라 恌는 偸薄也라 敖는 游也라

○ 言嘉賓之德音甚明하여 足以示民하여 使不偸薄하니 而君子所當則傚니 則亦不待言語之間이요 而其所以示我者深矣라

興이다. 蒿는 제비쑥이니, 바로 靑蒿이다. 孔은 심함이요, 昭는 밝음이다. 視는 示와 같다. 恌는 경박함이다. 敖는 노는 것이다.

○ 아름다운 손님의 德音이 심히 밝아 백성들에게 보여주어 경박하지 않게 하니, 君子가 마땅히 이것을 법받고 본받아야 할 것이다. 그렇다면 또한 言語의 사이(旅酬에서 충고의 말을 해주는 것)를 기다리지 않고도 나에게 보여줌이 깊은 것이다.

呦呦鹿鳴, 食野之芩其今反. 我有嘉賓, 鼓瑟鼓琴. 鼓瑟鼓琴, 和樂音洛且湛都南反 叶持林反. 我有旨酒, 以燕樂嘉賓之心.

呦呦鹿鳴이여	呦呦히 우는 사슴의 울음소리여

蒿 : 쑥 호 恌 : 경박할 조 傚 : 본받을 효 敖 : 놀 오 菣 : 제비쑥 긴 偸 : 경박할 투
芩 : 금풀 금 湛 : 즐길 담

食野之芩이로다	들의 금풀을 먹도다
我有嘉賓하여	내 아름다운 손님이 있어
鼓瑟鼓琴호니	비파를 타고 거문고를 타니
鼓瑟鼓琴이여	비파를 타고 거문고를 탐이여
和樂且湛이로다	화락하고 또 즐겁도다
我有旨酒하여	내 맛있는 술을 두어
以燕樂嘉賓之心이로다	嘉賓의 마음을 안락하게 하도다

興也라 芩은 草名이니 莖如釵股하고 葉如竹이요 蔓生이라 湛은 樂之久也라 燕은 安也라
○ 言安樂其心이면 則非止養其體, 娛其外而已라 蓋所以致其殷勤之厚하여 而欲其教示之無已也라

興이다. 芩은 풀 이름이니, 줄기는 비녀 다리와 비슷하고 잎은 대나무와 비슷하며 蔓生한다. 湛은 즐거움이 오랜 것이다. 燕은 편안함이다.

○ 그 마음을 安樂하게 했다고 말하였다면 다만 그 몸을 기르고 그 밖을 즐겁게 할 뿐만이 아닌 것이다. 그 殷勤함(간곡한 뜻)의 후함을 지극히 하여 가르쳐주고 보여줌이 그침이 없고자 한 것이다.

鹿鳴三章이니 章八句라

按 序에 以此爲燕群臣嘉賓之詩라하고 而燕禮亦云 工歌鹿鳴, 四牡, 皇皇者華라하니 卽謂此也라 鄕飮酒用樂에 亦然이요 而學記言大學始教에 宵雅肄三이라하니 亦謂此三詩니 然則又爲上下通用之樂矣라 豈本爲燕群臣嘉賓而作이러니 其後에 乃推而用之鄕人也與아 然이나 於朝曰君臣焉이라하고 於燕曰賓主焉이라하니 先王以禮使臣之厚를 於此見矣니라
○ 范氏曰 食之以禮하고 樂之以樂하고 將之以實하고 求之以誠하니 此所以得其心也라 賢者豈以飮食幣帛爲悅哉리오마는 夫婚姻不備면 則貞女不行也요 禮樂不備면 則賢者不處也니 賢者不處면 則豈得樂而盡其心乎아

상고해보건대, 序에 이 詩를 群臣과 嘉賓을 燕饗하는 詩라 하였고, 「儀禮」의 《燕禮》에 또한 이르기를 "樂工이 《鹿鳴》·《四牡》·《皇皇者華》를 노래로 읊는다." 하였으니, 바로 이 詩를 말한 것이다. 《鄕飮酒》에 음악을 쓸 때에도 또한 그러하였고, 「禮記」의 《學記》에는 "大學에서 처음 가르칠 때에 宵雅(小雅)의 三章을 익힌다." 하였으니, 또한 이 세 詩를 말한 것이다. 그렇다면 또 上下에 통용했던 음악인 것이니, 아마도 본래는 群臣과 嘉賓을 燕饗하기 위하여 지었는데, 그 뒤에 마침내 미루어 鄕人에게까지 썼나보다. 그러나 조정에서는 君臣이라 말하였고, 잔치할 때에는 賓主라 말하였으니, 先王이 禮로써 신하를 부린 厚함을 여기에서 볼 수 있다.

釵 : 비녀 차　蔓 : 덩굴 만　殷 : 은근할 은　勤 : 은근할 근　宵 : 밤 소　肄 : 익힐 이
將 : 받들 장　實 : 채울 실

○ 范氏가 말하였다. "禮로써 먹이고 音樂으로써 즐겁게 하고, 폐백[實]으로 받들고 정성으로 구하였으니, 이 때문에 그 마음을 얻은 것이다. 賢者가 어찌 음식과 폐백을 가지고 기뻐하겠는가마는 婚姻의 禮가 갖추어지지 않으면 貞女가 가지 않고, 禮樂이 갖추어지지 않으면 賢者가 처하지 않나니, 賢者가 처하지 않는다면 어찌 賢者를 즐겁게 하여 그 마음을 다할 수 있겠는가."

毛序 鹿鳴은 燕群臣嘉賓也라 旣飮食之하고 又實幣帛筐篚하여 以將其厚意하니 然後에 忠臣嘉賓이 得盡其心矣라

《鹿鳴》은 여러 신하들과 아름다운 손님을 연향하는 詩이다. 이미 飮食을 먹이고 또 폐백을 광주리에 담아서 그 厚意를 받들어야 하니, 그러한 뒤에야 忠臣과 아름다운 손님이 그 마음을 다할 수 있는 것이다.

四牡騑騑(芳非反), 周道倭(於危反)遲. 豈不懷歸, 王事靡盬(音古), 我心傷悲.

四牡騑騑하니	네 필의 말이 끊임없이 달려가니
周道倭(위)遲로다	큰 길이 굽어 있도다
豈不懷歸리오마는	어찌 돌아감을 생각하지 않으리오마는
王事靡盬라	王事를 견고히 하지 않을 수 없는지라
我心傷悲호라	내 마음 서글퍼하노라

賦也라 騑騑는 行不止之貌라 周道는 大路也라 倭遲는 回遠之貌라 盬는 不堅固也라
○ 此는 勞使臣之詩也라 夫君之使臣과 臣之事君은 禮也라 故로 爲臣者奔走於王事하여 特以盡其職分之所當爲而已니 何敢自以爲勞哉리오 然이나 君之心則不敢以是而自安也라 故로 燕饗之際에 敍其情而閔其勞라 言駕此四牡而出使於外에 其道路之回遠이 如此하니 當是時하여 豈不思歸乎리오마는 特以王事不可以不堅固하니 不敢徇私以廢公이라 是以로 內顧而傷悲也라 臣勞於事而不自言이어늘 君探其情而代之言하니 上下之間에 可謂各盡其道矣로다[1] 傳曰 思歸者는 私恩也요 靡盬者는 公義也요 傷悲者는 情思也니 無私恩이면 非孝子也요 無公義면 非忠臣也라 君子는 不以私害公하며 不以家事辭王事라하니라 范氏曰 臣之事上也엔 必先公而後私하고 君之勞臣也엔 必先恩而後義니라

賦이다. 騑騑는 가고 그치지 않는 모양이다. 周道는 大路이다. 倭遲는 돌아서 먼 모양이다. 盬는 견고하지 않음이다.

○ 이것은 使臣을 위로하는 것을 읊은 詩이다. 군주가 신하를 부림과 신하가 군주를 섬김은 禮이다. 그러므로 신하된 자는 王事에 분주하여 다만 그 직분의 당연히 해야 할 바를 다할 뿐이니, 어찌 감히 스스로 수고롭다 하겠는가. 그러나 군주의 마음은 감히 이 때문에 스스로 편안하지 못하다. 그러므로 燕饗하는 즈음에 그 〈신하의〉 情을 서술하고 그 수고로움을 민망히 여기는

騑 : 말달릴 비　倭 : 삥돌 위　盬 : 견고하지못할 고　勞 : 위로할 로

것이다. "이 네 필의 말을 타고서 밖으로 使臣감에 그 도로의 回遠함이 이와 같으니, 이 때를 당하여 어찌 돌아감을 생각하지 않으리오마는 다만 王事를 견고히 하지 않을 수 없으니, 감히 사사로운 情을 따라 公義를 폐할 수 없다. 이 때문에 안을 돌아보고 서글퍼한다."고 말한 것이다. 신하가 일에 수고롭되 스스로 말하지 않거늘 군주가 그 情을 더듬어 대신 말하였으니, 上下의 사이에 각기 그 도리를 다했다고 말할 만하다. 傳에 이르기를 "돌아감을 생각함은 사사로운 은혜요, 王事를 견고히 하지 않을 수 없음은 公義요, 서글퍼함은 情의 그리움이니, 私恩이 없으면 孝子가 아니요, 公義가 없으면 忠臣이 아니다. 君子는 사사로운 은혜로써 公義를 해치지 아니하며, 家事로써 王事를 사양하지 않는다." 하였다.

范氏가 말하였다. "신하가 군주를 섬길 때에는 반드시 公을 먼저 하고 私를 뒤에 하며, 군주가 신하를 위로할 때에는 반드시 은혜를 먼저 하고 義를 뒤에 하는 것이다."

譯註 1. 傳曰 思歸者私恩 : 傳은 「毛詩傳」을 가리키며, 思歸는 집으로 돌아가 父母를 섬길 것을 생각함을 이른다.

四牡騑騑, 嘽嘽(他丹反)駱(音洛)馬(叶滿補反), 豈不懷歸, 王事靡盬, 不遑啓處.

四牡騑騑하니	네 필의 말이 끊임없이 달려가니
嘽嘽駱馬로다	많고 많은 駱馬로다
豈不懷歸리오마는	어찌 돌아감을 생각하지 않으리오마는
王事靡盬라	王事를 견고히 하지 않을 수 없는지라
不遑啓處호라	편안히 거처할 겨를이 없노라

賦也라 嘽嘽은 衆盛之貌라 白馬黑鬣曰駱이라 遑은 暇요 啓는 跪요 處는 居也라

賦이다. 嘽嘽은 많고 성한 모양이다. 흰 말에 갈기가 검은 것을 駱이라 한다. 遑은 겨를이요, 啓는 무릎을 꿇음이요, 處는 편안히 거처함이다.

翩翩(音篇)者 鵻(當作隹 朱惟反), 載飛載下(叶後五反), 集于苞栩(況甫反). 王事靡盬, 不遑將父(扶雨反).

翩翩者鵻여	翩翩히 나는 비둘기여
載飛載下하여	곧 날며 곧 내려앉아
集于苞栩로다	叢生하는 도토리나무에 앉도다
王事靡盬라	王事를 견고히 하지 않을 수 없는지라
不遑將父호라	아버지를 봉양할 겨를이 없노라

嘽 : 성할 탄　駱 : 약대 락　啓 : 책상다리할 계, 무릎꿇을 궤　鬣 : 갈기 렵　翩 : 훌쩍날 편
鵻 : 아롱비둘기 추　集 : 앉을 집　苞 : 떨기 포　栩 : 도토리나무 허(우)　遑 : 한가할 황
將 : 받들 장

興也라 翩翩은 飛貌라 鵻는 夫不也니 今鵓鳩也라 凡鳥之短尾者는 皆隹屬이라 將은 養也라
○ 翩翩者鵻는 猶或飛或下하여 而集於所安之處어늘 今使人은 乃勞苦於外하여 而不遑養其父하니 此君人者所以不能自安하여 而深以爲憂也라 范氏曰 忠臣孝子之行役에 未嘗不念其親하나니 君之使臣에 豈待其勞苦而自傷哉리오 亦憂其憂를 如己而已矣니 此聖人所以感人心也니라

興이다. 翩翩은 나는 모양이다. 鵻는 夫不(부불)이니, 지금의 鵓鳩이다. 모든 새 중에 꼬리가 짧은 것은 모두 隹의 등속이다. 將은 봉양함이다.

○ 翩翩히 나는 비둘기도 오히려 혹 날기도 하고 혹 내려앉기도 하여 편안한 곳에 앉거늘, 지금 사신가는 사람은 마침내 밖에 勞苦하여 그 아버지를 봉양할 겨를이 없으니, 이는 인군이 스스로 편안하지 못하여 깊이 근심하는 이유인 것이다.

范氏가 말하였다. "忠臣과 孝子가 부역을 갈 때에 일찍이 그 어버이를 생각하지 않는 적이 없나니, 군주가 신하를 부릴 때에 어찌 그 勞苦하여 스스로 서글퍼하기를 기다리겠는가. 또한 그의 걱정을 걱정하기를 자기 일 같이 할 뿐이니, 이것이 聖人이 사람의 마음을 감동시키는 이유이다."

翩翩者鵻, 載飛載止, 集于苞杞(音起). 王事靡盬, 不遑將母(叶滿彼反).

翩翩者鵻여	翩翩히 나는 비둘기여
載飛載止하여	곧 날며 곧 내려앉아
集于苞杞로다	叢生하는 구기자나무에 앉도다
王事靡盬라	王事를 견고히 하지 않을 수 없는지라
不遑將母호라	어머니를 봉양할 겨를이 없노라

興也라 杞는 枸檵也라

興이다. 杞는 枸檵이다.

駕彼四駱, 載驟(助救反)駸駸(侵寢二音). 豈不懷歸, 是用作歌, 將母來諗(深審二音).

駕彼四駱하여	저 네 필의 駱馬를 멍에하여
載驟駸駸호니	달리기를 급히 하니
豈不懷歸리오	어찌 돌아감을 생각하지 않으리오
是用作歌하여	이 때문에 노래를 지어
將母來諗하노라	어머니를 봉양함을 와서 말하노라

賦也라 駸駸은 驟貌라 諗은 告也니 以其不獲養父母之情으로 而來告於君也라 非使人作是歌

鵓 : 집비둘기 발　隹 : 새 추　杞 : 구기자나무 기　枸 : 구기자나무 구　檵 : 구기자나무 계
驟 : 말달릴 취　駸 : 달릴 침　諗 : 고할 심

也요 設言其情而勞之耳라 獨言將母者는 因上章之文也라

賦이다. 駸駸은 급히 달려가는 모양이다. 諗은 고함이니, 父母를 봉양할 수 없는 심정을 가지고 와서 人君에게 말한 것이다. 이는 사신가는 사람이 이 노래를 지은 것이 아니요, 그 情을 가설하여 말해서 위로했을 뿐이다. 홀로 將母라고만 말한 것은 上章의 글을 인한 것이다.

四牡五章이니 章五句라

按 序에 言此詩는 所以勞使臣之來라하니 甚協詩意라 故로 春秋傳亦云이요 [1]而外傳以爲章使臣之勤이라하니 所謂使臣은 雖叔孫之自稱이나 亦正合其本事也라 但儀禮에 又以爲上下通用之樂이라하니 疑亦本爲勞使臣而作이러니 其後에 乃移以他用耳라

상고해 보건대, 序에 이르기를 "이 詩는 使臣의 옴을 위로한 詩이다." 하였으니, 매우 詩의 뜻에 합한다. 그러므로 「春秋傳」에 또한 이렇게 말하였고, 「外傳」에 이르기를 "使臣의 수고로움을 밝힌 것이다." 하였으니, 이른바 使臣이란 비록 叔孫이 자기를 칭한 것이나 또한 바로 그 본래의 일에 합한다. 다만 「儀禮」에 또 "上下에 통용하는 음악이다." 하였으니, 의심컨대 이 詩 또한 본래 使臣을 위로하기 위하여 지었는데, 그 뒤에 마침내 옮겨 다른 데에 쓴 듯하다.

譯註 1. 外傳:「國語」를 가리킨다. 옛날 左丘明이 당시의 역사를 기록하여, 「春秋左傳」과 「國語」를 지었는데, 「春秋左傳」을 '內傳', 「國語」를 '外傳'이라 했다 한다.

毛序 四牡는 勞使臣之來也니 有功而見知면 則說矣라

《四牡》는 使臣이 옴을 위로한 詩이니, 功이 있음에 인정을 받으면 기뻐하게 된다.

皇皇者華(芳無反 與夫叶), 于彼原隰. 駪駪(所巾反)征夫, 每懷靡及.

皇皇者華여	휘황한 꽃이여
于彼原隰이로다	저 언덕과 습지에 있도다
駪駪征夫여	달려가는 征夫여
每懷靡及이로다	매양 미치지 못할듯이 생각하도다

興也라 皇皇은 猶煌煌也라 華는 草木之華也라 高平曰原이요 下濕曰隰이라 駪駪은 衆多疾行之貌라 征夫는 使臣與其屬也라 懷는 思也라

○ 此는 遣使臣之詩也라 君之使臣에 固欲其宣上德而達下情이요 而臣之受命에 亦惟恐其無以副君之意也라 故로 先王之遣使臣也에 美其行道之勤하고 而述其心之所懷曰 彼煌煌之華는 則于彼原隰矣요 此駪駪然之征夫는 則其所懷思가 常若有所不及矣라하니 蓋亦因以爲戒

駪 : 말우물거릴 선

라 然이나 其辭之婉而不迫이 如此하니 詩之忠厚를 亦可見矣로다

興이다. 皇皇은 煌煌과 같다. 華는 草木의 꽃이다. 높고 평평한 것을 原이라 하고, 낮고 습한 것을 隰이라 한다. 駪駪은 많은 무리가 빨리 가는 모양이다. 征夫는 使臣과 그 관속이다. 懷는 생각함이다.

○ 이는 군주가 使臣을 보내는 것을 읊은 詩이다. 군주가 신하를 부릴 때에는 진실로 윗사람의 德을 아래에 베풀고 아랫사람의 情을 위에 도달되게 하고자 하며, 신하가 命을 받을 때에는 또한 군주의 뜻에 부응하지 못할까 두려워한다. 그러므로 先王이 使臣을 보낼 때에 길을 가는 수고로움을 찬미하고 그 마음의 所懷를 서술하기를 "저 휘황한 꽃은 저 언덕과 습지에 있고, 이 駪駪히 달려가는 征夫는 그 생각하는 것이 항상 미치지 못하는 바가 있는 듯이 여긴다." 하였으니, 또한 인하여 경계한 것이다. 그러나 그 말이 婉曲하고 迫切하지 않음이 이와 같으니, 詩의 忠厚함을 또한 볼 수 있다.

我馬維駒(恭于恭侯二反), 六轡如濡(如朱如由二反). 載馳載驅(虧于虧由二反), 周爰咨諏(子須子侯二反).

我馬維駒니	내 말이 망아지이니
六轡如濡로다	여섯 고삐가 물에 젖은 듯 윤택하도다
載馳載驅하여	말을 달리며 채찍질하여
周爰咨諏로다(하놋다)	이에 두루 咨諏(자문함)하도다

賦也라 如濡는 鮮澤也라 周는 徧이요 爰은 於也라 咨諏는 訪問也라
○ 使臣이 自以每懷靡及이라 故로 廣詢博訪하여 以補其不及而盡其職也라 程子曰 咨訪은 使臣之大務니라

賦이다. 如濡는 곱고 윤택한 것이다. 周는 두루요, 爰은 이에이다. 咨諏는 방문함이다.
○ 使臣이 스스로 매양 미치지 못할듯이 생각하였다. 그러므로 널리 묻고 방문하여 미치지 못함을 보충해서 그 직책을 다한 것이다.
程子가 말씀하였다. "자문하고 방문함은 使臣의 큰 임무이다."

我馬維騏(音其), 六轡如絲(叶新齋反). 載馳載驅, 周爰咨謀(叶莫悲反).

我馬維騏니	내 말이 얼룩말이니
六轡如絲로다	여섯 고삐가 고르도다
載馳載驅하여	말을 달리며 채찍질하여
周爰咨謀로다(하놋다)	이에 두루 咨謀하도다

賦也라 如絲는 調忍也라 謀는 猶諏也니 變文以叶韻爾니 下章放此하니라

婉 : 곡진할 완 濡 : 젖을 유 諏 : 물을 추, 꾀할 추 徧 : 두루 변(편) 忍 : 곧을 인

賦이다. 如絲는 고르고 곧음이다. 諆는 諏와 같으니, 글자를 변하여 韻에 맞춘 것이니, 下章도 이와 같다.

我馬維駱, 六轡沃(烏毒反)若. 載馳載驅, 周爰咨度(待洛反).

我馬維駱이니	내 말이 駱馬이니
六轡沃若이로다	여섯 고삐가 윤택하도다
載馳載驅하여	말을 달리며 채찍질하여
周爰咨度(탁)이로다	이에 두루 咨度하도다

賦也라 沃若은 猶如濡也라 度은 猶謀也라

賦이다. 沃若은 如濡와 같다. 度은 謀와 같다.

我馬維駰(音因), 六轡旣均. 載馳載驅, 周爰咨詢.

我馬維駰이니	내 말이 駰馬이니
六轡旣均이로다	여섯 고삐가 이미 고르도다
載馳載驅하여	말을 달리며 채찍질하여
周爰咨詢이로다	이에 두루 咨詢하도다

賦也라 陰白雜毛曰駰이라 均은 調也라 詢은 猶度(탁)也라

賦이다. 은백색에 잡털이 있는 것을 駰이라 한다. 均은 고름이다. 詢은 度과 같다.

皇皇者華五章이니 章四句라

按 序에 以此詩爲君遣使臣이라하고 春秋內外傳에 皆云君教使臣이라하니 其說이 已見前篇이라 儀禮에 亦見鹿鳴하니 疑亦本爲遣使臣而作이러니 其後에 乃移以他用也라 然이나 叔孫穆子所謂君教使臣曰 每懷靡及하여 諏謀度詢하여 必咨於周라하시니 敢不拜教릿가하니 可謂得詩之意矣니라 范氏曰 王者遣使於四方에 教之以咨諏善道는 將以廣聰明也라 夫臣欲助其君之德인댄 必求賢以自助라 故로 臣能從善이면 則可以善君矣요 臣能聽諫이면 則可以諫君矣니 未有不自治而能正君者也니라

상고해 보건대, 序에 이 詩를 군주가 使臣을 보내는 것을 읊은 詩라 하였고, 「春秋」의 內外傳에 모두 이르기를 "君主가 使臣을 가르친 것이다." 하였으니, 그 말이 이미 前篇에 보인다. 「儀禮」에도 《鹿鳴》이 보이니, 의심컨대 또한 본래 使臣을 보내기 위하여 지었는데, 그 뒤에 마침내

駰 : 은총이 인

옮겨서 다른 데에 쓴 듯하다. 그러나 叔孫穆子의 이른바 "군주가 使臣을 가르치기를 "매양 미치지 못할듯이 생각하여 咨謀하고 度詢하여 반드시 여러 사람에게 자문하라." 하시니, 감히 가르침에 감사하지 않겠습니까." 하였으니, 詩의 뜻을 알았다고 이를 만하다.

范氏가 말하였다. "王者가 사방에 使臣을 보낼 때에 善道를 자문할 것을 가르침은 장차 자기의 聰明을 넓히고자 해서이다. 신하가 군주의 德을 돕고자 한다면 반드시 賢者를 구하여 스스로 돕게 하여야 한다. 그러므로 신하가 능히 남의 善言을 따르면 군주를 善하게 할 수 있고, 신하가 능히 남의 諫言을 받아들이면 군주에게 諫할 수 있으니, 자기 몸을 다스리지 못하고서 군주를 바로잡는 자는 있지 않다."

毛序 皇皇者華는 君遣使臣也니 送之以禮樂하여 言遠而有光華也라

《皇皇者華》는 군주가 使臣을 보내는 것을 읊은 詩이니, 禮樂으로써 전송하면서 멀리 나가 國家를 빛냄을 말한 것이다.

常棣之華, 鄂(五各反)不韡韡(韋鬼反). 凡今之人, 莫如兄弟(待禮反).

常棣之華여	常棣의 꽃이여
1)鄂不韡韡아	鄂然히 선명하지 않겠는가
凡今之人은	무릇 지금 사람들은
莫如兄弟니라	兄弟만한 이가 없느니라

譯註 1. 鄂不韡韡: 集傳에는 '不'을 反語로 보아 '않겠는가'로 해석하였으나 鄂不는 '萼跗'의 假借로 보아야 한다는 說이 타당할 듯하다. 萼跗는 꽃받침을 뜻하는데, 常棣는 여러 개의 작은 花瓣이 모여 꽃을 이루었으므로 꽃받침이 환하게 빛난다고 말한 것이다.

興也라 常棣는 棣也니 子如櫻桃하여 可食이라 鄂은 鄂然外見之貌라 不은 猶豈不也라 韡韡는 光明貌라

○ 此는 燕兄弟之樂歌라 故로 言常棣之華는 則其鄂然而外見者 豈不韡韡乎아 凡今之人은 則豈有如兄弟者乎아하니라

興이다. 常棣는 아가위이니, 열매가 앵두와 비슷하여 먹을 수 있다. 鄂은 鄂然히 밖으로 드러나는 모양이다. 不은 豈不과 같다. 韡韡는 光明한 모양이다.

○ 이는 兄弟를 연향하는 樂歌이다. 그러므로 "常棣의 꽃은 鄂然히 밖으로 드러남이 어찌 韡韡하지 않겠는가. 무릇 지금 사람들은 어찌 兄弟만한 자가 있겠는가."라고 말한 것이다.

死喪之威, 兄弟孔懷(叶胡威反). 原隰裒(薄侯反)矣, 兄弟求矣.

棣 : 산앵도나무 체　鄂 : 드러날 악　韡 : 꽃환히필 위　裒 : 모을 부

死喪之威에	死喪의 두려움에
兄弟孔懷하며	兄弟間이 심히 걱정하며
原隰裒矣에	언덕과 습지에 시신이 쌓여 있을 때에
兄弟求矣하나니라	兄弟間이 찾아나서느니라

賦也라 威는 畏요 懷는 思요 裒는 聚也라

○ 言死喪之禍는 他人所畏惡(오)로되 惟兄弟爲相恤耳요 至於積尸裒聚於原野之間하여도 亦惟兄弟爲相求也라 此詩는 蓋周公旣誅管蔡而作이라 故로 此章以下는 專以死喪急難鬪鬩之事爲言하니 其志切하고 其情哀하니 乃處兄弟之變이니 [1]如孟子所謂其兄關(彎)弓而射之어든 則已垂涕泣而道之者라 序에 以爲閔管蔡之失道者得之요 [2]而又以爲文武之詩則誤矣라 大抵舊說은 詩之時世를 皆不足信이니 擧此自相矛盾者하여 以見其一端이요 後不能悉辨也로라

賦이다. 威는 두려움이요, 懷는 생각함이요, 裒는 모여 있는 것이다.

○ 死喪의 禍는 他人들이 두려워하고 싫어하는 바이나 오직 兄弟만이 서로 구휼해주며, 시신이 쌓여 언덕과 습지에 쌓여 있더라도 또한 兄弟만이 서로 찾아나섬을 말한 것이다. 이 詩는 아마도 周公이 이미 管叔과 蔡叔을 처형하고나서 지은 듯하다. 그러므로 이 章 이하는 오로지 死喪과 急難과 싸우는 일을 말하였으니, 그 뜻이 간절하고 그 情이 서글프다. 이는 바로 兄弟의 變에 처한 것이니, 「孟子」에 이른바 "그 兄이 활을 당겨 쏘거든 자기가 눈물을 떨구며 타이른다."는 것이다. 序에 "管叔과 蔡叔이 도리를 잃은 것을 민망히 여겼다." 한 것은 맞으며, 또 "文王·武王의 詩이다."라고 한 것은 잘못이다. 대저 舊說은 詩의 時世를 다 믿을 수 없으니, 여기에 스스로 모순되는 것을 들어 그 一端을 나타내었고, 뒤에는 다 분변하지 못하였노라.

譯註 1. 「孟子」《告子下》에 보이는 내용으로 "여기에 어떤 사람이 있는데, 越나라 사람이 활을 당겨 그를 쏘려 하면 자신이 談笑하면서 만류하니, 이는 다름이 아니라 越나라 사람을 소원히 여기기 때문이요, 자기 兄이 활을 당겨 그를 쏘려 하면 자신이 눈물을 떨구면서 만류하니, 이는 다름이 아니라 그 兄을 친하게 여기기 때문이다.〔有人於此 越人關弓而而射之 則已談笑而道之 無他 疏之也 其兄關弓而射之 則已垂涕泣而道之 無他 戚之也〕"하였다.

2. 又以爲文武之詩則誤矣 : 鄭玄의 大小雅譜에 小雅의 ≪鹿鳴≫부터 ≪魚麗≫까지를 文王·武王의 詩라 하고, ≪南有嘉魚≫ 以下를 成王의 詩라 하였는데, ≪常棣≫는 成王이 卽位한 뒤에 유언비어를 퍼뜨려 王室을 이간질시킨 管叔·蔡叔을 처형하고 지은 것이므로 서로 모순되기 때문에 말한 것이다.

脊(井益反)令(音零)在原, 兄弟急難(叶泥沿反). 每有良朋, 況也永歎(吐丹反 叶它涓反).

脊令在原하니	脊令이 언덕에 있으니
兄弟急難이로다	兄弟가 急難을 구원하도다

鬩 : 싸울 혁 關 : 당길 만

每有良朋이나	매양 좋은 벗이 있으나
況也永歎이니라	길게 탄식할 뿐이니라

興也라 脊令은 雝渠니 水鳥也라 況은 發語詞라 或曰 當作怳이라

○ 脊令은 飛則鳴하고 行則搖하여 有急難之意라 故로 以起興而言호되 當此之時하여 雖有良朋이나 不過爲之長歎息而已요 力或不能相及也라 東萊呂氏曰 疏其所親而親其所疏는 此失其本心者也라 故로 此詩反覆言朋友之不如兄弟하니 蓋示之以親疏之分하여 使之反循其本也라 本心旣得이면 則由親及疏하여 秩然有序하니 兄弟之親旣篤이면 朋友之義亦敦矣니 初非薄於朋友也라 苟雜施而不孫이면 雖曰厚於朋友나 如無源之水 朝滿夕除하니 胡可保哉리오 或曰 人之在難에 朋友亦可以坐視與아 曰 每有良朋이나 況也永歎이라하니 則非不憂憫이요 但視兄弟急難에 爲有差等耳라 詩人之詞는 容有抑揚이나 然常棣는 周公作也니 聖人之言은 小大高下皆宜하고 而前後左右不相悖니라

興이다. 脊令은 雝渠이니, 水鳥이다. 況은 發語詞이다. 혹자는 "마땅히 怳이 되어야 한다."고 한다.

○ 脊令은 날 때에는 울고, 걸을 때에는 몸을 흔들어 急難의 뜻이 있다. 그러므로 起興하여 말하되, "이 때를 당하여 비록 좋은 벗이 있으나 그를 위하여 길게 탄식함에 불과할 뿐이요, 힘이 혹 서로 미치지 못한다."고 한 것이다.

東萊呂氏가 말하였다. "친히 할 사람을 소원히 하고 소원히 할 사람을 친히 함은, 이는 그 本心을 잃은 것이다. 그러므로 이 詩는 반복하여 朋友가 兄弟만 못함을 말하였으니, 親疏의 분별을 보여주어 그로 하여금 그 근본을 돌이켜 따르게 한 것이다. 本心이 이미 얻어지면 친함으로 말미암아 소원함에 미쳐서 질서정연하게 순서가 있으니, 兄弟의 친함이 이미 돈독하면 朋友의 義도 또한 돈독할 수 있으니, 애당초 朋友에게 박하게 하는 것이 아니다. 만일 뒤섞어 시행하여 순서가 없으면 비록 朋友에게 厚하다 하더라도 근원이 없는 물이 아침에 가득하나 저녁에 없어지는 것과 같을 것이니, 어찌 보전할 수 있겠는가." 혹자가 묻기를 '사람이 患難에 있음을 朋友가 또한 그대로 앉아서 보기만 한단 말입니까?' 하기에 나는 대답하기를 '매양 좋은 벗이 있으나 길게 탄식할 뿐이라고 하였으니, 그렇다면 이는 근심하고 민망히 여기지 않음이 아니요, 다만 兄弟의 急難에 비함에 차등이 있을 뿐이다. 詩人의 말은 혹 抑揚이 있을 수 있으나 《常棣》는 周公이 지은 것이니, 聖人의 말씀은 大小와 高下가 모두 마땅하고, 前後와 左右가 서로 어그러지지 않는다.'고 하였다."

兄弟鬩[許歷反]于牆, 外禦其務[春秋傳作侮 罔甫反]. 每有良朋, 烝[之承反]也無戎[叶而主反].

兄弟鬩于牆이나	兄弟가 담 안에서는 싸우나
外禦其務(侮)니라	밖으로는 남의 업신여김을 막느니라
每有良朋이나	매양 좋은 벗이 있으나
烝也無戎이니라	돕는 바가 없느니라

雝：화락할 옹　渠：클 거　怳：실심할 황　容：혹시 용　戎：도울 융

賦也라 鬩은 鬪狠也라 禦는 禁也라 烝은 發語聲이라 戎은 助也라

○ 言兄弟設有不幸하여 鬪狠于內나 然有外侮면 則同心禦之矣라 雖有良朋이나 豈能有所助乎아 富辰曰 兄弟雖有小忿이나 不廢懿親이라하니라

賦이다. 鬩은 싸움이다. 禦는 금지함이다. 烝은 發語聲이다. 戎은 도움이다.

○ "兄弟가 혹 불행한 일이 있어 안에서 싸우나, 밖에 업신여기는 자가 있으면 마음을 함께 하여 막아낸다. 비록 좋은 벗이 있으나 어찌 돕는 바가 있겠는가."라고 말한 것이다.

富辰이 말하였다. "兄弟間에는 비록 작은 분함이 있으나 懿親을 폐하지 않아야 한다."

喪亂旣平, 旣安且寧. 雖有兄弟, 不如友生叶桑經反.

喪亂旣平하여	喪亂이 이미 평정되어
旣安且寧하면	이미 安寧해지면
雖有兄弟나	비록 兄弟가 있으나
不如友生이로다	友生만 못하게 여기도다

賦也라 上章은 言患難之時에 兄弟相救 非朋友可比하고 此章은 遂言安寧之後에 乃有視兄弟不如友生者하니 悖理之甚也라

賦이다. 上章에서는 患難의 때에 兄弟間에 서로 구원해줌이 朋友에 비할 바가 아님을 말하였고, 이 章은 마침내 安寧한 뒤에 兄弟를 보기를 友生만 못하게 여기는 자가 있음을 말하였으니, 이는 도리에 어그러짐이 심한 것이다.

儐賓胤反爾籩豆, 飮酒之飫於慮反. 兄弟旣具, 和樂音洛且孺.

儐爾籩豆하여	네 籩豆를 늘어놓아
飮酒之飫라도	술마시기를 실컷 하더라도
兄弟旣具라야	兄弟間이 모두 있어야
和樂且孺니라	和樂하고 또 사모할 수 있느니라

賦也라 儐은 陳이요 飫는 饜이요 具는 俱也라 孺는 小兒之慕父母也라

○ 言陳籩豆以醉飽라도 而兄弟有不具焉이면 則無與共享其樂矣라

賦이다. 儐은 진열함이요, 飫는 배부름이요, 具는 모두이다. 孺는 小兒가 父母를 사모하는 것이다.

○ 籩豆(盛饌)를 진열하여 실컷 취하고 배불리 먹더라도 형제간이 모두 있지 않으면 함께 그 樂을 누릴 수 없음을 말한 것이다.

狠 : 사나울 한(완) 儐 : 베풀 빈 飫 : 배부를 어 孺 : 사모할 유 饜 : 싫컷먹을 염

妻子好(呼報反)合, 如鼓瑟琴. 兄弟既翕(許及反), 和樂且湛(答南反 叶持林反).

妻子好合이	妻子間에 좋고 화합함이
如鼓瑟琴이라도	琴瑟을 타는 듯하더라도
兄弟既翕이라야	兄弟間이 화합하여야
和樂且湛이니라	화락하고 또 길이 즐길 수 있느니라

賦也라 翕은 合也라
○ 言妻子好合이 如琴瑟之和라도 而兄弟有不合焉이면 則無以久其樂矣라

賦이다. 翕은 합함이다.
○ 妻子間에 정이 좋고 뜻이 합함이 琴瑟의 조화와 같더라도 兄弟間에 화합하지 못함이 있으면 그 樂을 오래 누릴 수 없음을 말한 것이다.

宜爾室家(叶古胡反), 樂爾妻帑(音奴). 是究是圖, 亶其然乎(就用乎字爲韻).

宜爾室家하며	네 室家를 화순하게 하며
樂爾妻帑를	네 妻子를 즐겁게 하는 것을
是究是圖면	이것을 연구하고 이것을 도모하면
亶其然乎인저	그 그러함을 믿게 될 것이다.

賦也라 帑는 子요 究는 窮이요 圖는 謀요 亶은 信也라
○ 宜爾室家者는 兄弟具而後樂且孺也요 樂爾妻帑者는 兄弟翕而後樂且湛也라 兄弟於人에 其重如此하니 試以是究而圖之면 豈不信其然乎아 東萊呂氏曰 告人以兄弟之當親이면 未有不以爲然者也로되 苟非是究是圖하여 實從事於此면 則亦未有誠知其然者也니 不誠知其然이면 則所知者特其名而已矣라 凡學이 蓋莫不然이니라

賦이다. 帑는 자식이요, 究는 궁구함이요, 圖는 도모함이요, 亶은 믿음이다.
○ 宜爾室家하는 자는 兄弟가 모두 있은 뒤에 즐겁고 또 사모할 수 있으며, 樂爾妻帑하는 자는 兄弟가 화합한 뒤에 즐겁고 또 오래도록 누릴 수 있다. 兄弟가 인간에 있어 그 중함이 이와 같으니, 시험삼아 이것을 가지고 연구하고 도모해 보면 어찌 그 그러함을 믿지 않겠는가.
東萊呂氏가 말하였다. "사람들에게 兄弟間에 마땅히 친해야 함을 말하면 옳게 여기지 않는 자가 없으나, 만일 이것을 연구하고 이것을 도모하여 실제로 이에 종사하지 않는다면 또한 진실로 그 그러함을 아는 자가 있지 않으니, 진실로 그 그러함을 알지 못한다면 알고 있는 것은 다만 그 이름일 뿐이다. 모든 학문이 다 그러하지 않음이 없다."

常棣八章이니 章四句라

翕 : 화할 흡 湛 : 즐거울 담 帑 : 처자 노 亶 : 진실로 단

此詩首章은 略言至親莫如兄弟之意요 次章은 乃以意外不測之事言之하여 以明兄弟之情이 其切如此요 三章은 但言急難하니 則淺於死喪矣요 至於四章하여는 則又以其情義之甚薄호되 而猶有所不能已者言之하니 其序若曰 不待死喪然後相收요 但有急難이면 便當相助라 言又不幸而至於或有小忿이라도 猶必共禦外侮하니 其所以言之者雖若益輕以約이나 而所以著夫兄弟之義者 益深且切矣라 至於五章하여는 遂言安寧之後에 乃謂兄弟不如友生하니 則是至親反爲路人하여 而人道或幾乎息(熄)矣라 故로 下兩章은 乃復極言兄弟之恩은 異形同氣라 死生苦樂에 無適而不相須之意하고 卒章엔 又申告之하여 使反覆窮極而驗其信然하니 可謂委曲漸次하여 說盡人情矣라 讀者宜深味之니라

이 詩의 首章은 至親이 兄弟만 못하다는 뜻을 대략 말하였고, 다음 章은 意外의 측량할 수 없는 일로써 말하여 兄弟間의 情이 그 간절함이 이와 같음을 밝혔고, 三章은 다만 急難을 말하였으니, 이것은 死喪보다는 禍가 얕은 것이요, 四章에 이르러서는 또 그 情義가 심히 薄하되 오히려 그칠 수 없는 것으로써 말하였으니, 그 차례는 대략 死喪을 기다린 뒤에 서로 거두어주는 것이 아니요, 다만 急難이 있으면 마땅히 서로 도와야 함을 말한 것이다. 또 불행하여 혹 작은 忿이 있음에 이를지라도 오히려 반드시 함께 밖의 업신여김을 막아야 함을 말하였으니, 그 말한 것이 비록 더욱 가볍고 간략한 듯하나 兄弟間의 의리를 드러냄이 더욱 깊고 간절하다. 五章에 이르러는 마침내 安寧한 뒤에 兄弟間을 友生만 못하게 여김을 말하였으니, 이는 至親이 도리어 路人이 되어서 人道가 혹 거의 끊어지게 되는 것이다. 그러므로 아래 두 章은 다시 兄弟間의 은혜는 형체는 다르나 기운은 같으니, 死生과 苦樂에 가는 곳마다 서로 의뢰하지 않음이 없는 뜻을 말하였고, 마지막 章에서는 또 거듭 이것을 말하여 반복하고 지극히 하여 그 진실로 그러함을 징험하게 하였으니, 차례로 곡진히 하여 人情을 다 말했다고 이를 만하다. 읽는 자가 마땅히 깊이 吟味해야 할 것이다.

毛序 常棣는 燕兄弟也니 閔管蔡之失道라 故로 作常棣焉하니라

《常棣》는 兄弟를 燕樂한 詩이니, 管叔과 蔡叔이 道를 잃었음을 민망히 여겼다. 그러므로 《常棣》를 지은 것이다.

伐木丁丁(陟耕反), 鳥鳴嚶嚶(於耕反). 出自幽谷, 遷于喬木. 嚶其鳴矣, 求其友聲. 相(息亮反)彼鳥矣, 猶求友聲. 矧伊人矣, 不求友生(叶桑經反). 神之聽之, 終和且平.

伐木丁丁이어늘	나무를 베기를 丁丁히 하거늘
鳥鳴嚶嚶하나니	새가 울기를 嚶嚶히 하도다
出自幽谷하여	깊은 골짜기에서 나와

息 : 그칠 식 適 : 갈 적 須 : 필요할 수 嚶 : 꾀꼬리소리 앵 喬 : 높을 교 相 : 볼 상
矧 : 하물며 신

遷于喬木하나다	높은 나무로 올라가도다
嚶其鳴矣여	嚶嚶히 욺이여
求其友聲이로다	그 벗을 찾는 소리로다
相彼鳥矣혼대	저 새를 보건대
猶求友聲이온	오히려 벗을 찾는 소리를 하는데
矧伊人矣	하물며 사람이
不求友生가	벗을 찾지 않는단 말인가
神之聽之하여	벗을 친히 하면 神이 들어주어
終和且平이니라	마침내 화평하게 되느니라

興也라 丁丁은 伐木聲이라 嚶嚶은 鳥聲之和也라 幽는 深이요 遷은 升이요 喬는 高요 相은 視요 矧은 況也라

○ 此는 燕朋友故舊之樂歌라 故로 以伐木之丁丁으로 興鳥鳴之嚶嚶하여 而言鳥之求友하고 遂以鳥之求友로 喩人之不可無友也라 人能篤朋友之好면 則神之聽之하여 終和且平矣리라

興이다. 丁丁은 나무를 베는 소리이다. 嚶嚶은 새소리가 和한 것이다. 幽는 깊음이요, 遷은 오름이요, 喬는 높음이요, 相은 봄이요, 矧은 하물며이다.

○ 이는 朋友와 故舊를 연향하는 樂歌이다. 그러므로 나무 베기를 丁丁히 함으로써 새의 울음이 嚶嚶함을 興하여 새가 벗을 찾음을 말하였고, 마침내 새가 벗을 찾음으로써 사람이 벗이 없어서는 안됨을 비유하였다. 사람이 朋友間의 우호를 돈독히 하면 神이 소원을 들어주어 마침내 和平하게 될 것이다.

伐木許許(呼古反), 釃(所宜反)酒有藇(象呂反). 既有肥羜(直呂反), 以速諸父(扶雨反). 寧適不來, 微我弗顧(叶居五反). 於(音烏)粲洒(所懈反)埽(蘇報反 蘇吼反 叶), 陳饋八簋(叶己有反). 既有肥牡, 以速諸舅(其九反). 寧適不來, 微我有咎(其九反).

伐木許許어늘	나무를 베기를 許許히 하거늘
釃酒有藇로다	거른 술이 아름답기도 하도다
既有肥羜하여	이미 살찐 양을 장만하여
以速諸父호니	諸父들을 부르니
寧適不來언정	차라리 마침 일이 있어 오지 못할지언정
微我不顧니라	내가 돌보지 않은 것은 아니니라
於(오)粲洒埽요	아, 깨끗이 청소하고
陳饋八簋호라	음식을 八簋에 진열하노라

釃 : 술거를 시　藇 : 아름다울 서　羜 : 어린양 저　速 : 부를 속　微 : 아닐 미, 없을 미
饋 : 음식 궤, 먹일 궤　簋 : 보궤 궤　適 : 마침 적

既有肥牡하여	이미 살찐 짐승을 장만하여
以速諸舅호니	諸舅들을 부르니
寧適不來언정	차라리 마침 일이 있어 오지 못할지언정
微我有咎니라	내가 잘못이 있는 것은 아니니라

興也라 許許는 衆人共力之聲이라 淮南子曰 擧大木者는 呼邪許라하니 蓋擧重勸力之歌也라 釃酒者는 或以筐, 或以草하여 泲之而去其糟也하니 禮所謂縮酌用茅是也라 藇는 美貌라 羜는 未成羊也라 速은 召也라 諸父는 朋友之同姓而尊者也라 微는 無요 顧는 念也라 於는 歎辭라 粲은 鮮明貌라 八簋는 器之盛也라 諸舅는 朋友之異姓而尊者也라 先諸父而後諸舅者는 親疎之殺(쇄)也라 咎는 過也라

○ 言具酒食以樂朋友如此하니 寧使彼適有故而不來언정 而無使我恩意之不至也라 孔子曰 所求乎朋友로 先施之를 未能也라하시니 此可謂能先施矣로다

興이다. 許許는 여러 사람이 함께 힘을 쓰는 소리이다. 「淮南子」에 이르기를 '큰 나무를 드는 자는 邪許(야호)를 부른다.' 하였으니, 무거운 것을 들 때에 힘쓰기를 권하는 노래이다. 술을 거를 때에는 혹은 광주리를 사용하고 혹은 띠풀을 사용하여 술을 걸러서 술지게미를 버리니, 「禮記」에 이른바 '술을 짤 때에 띠풀을 사용한다.'는 것이 이것이다. 藇는 아름다운 모양이다. 羜는 아직 크지 않은 양이다. 速은 부름이다. 諸父는 朋友 중에 同姓으로서 존귀한 자이다. 微는 없음이요, 顧는 생각함이다. 於(오)는 감탄사이다. 粲은 선명한 모양이다. 八簋는 그릇이 많은 것이다. 諸舅는 朋友 중에 異姓으로서 존귀한 자이다. 諸父를 먼저 하고 諸舅를 뒤에 한 것은 親疎의 차등이다. 咎는 허물이다.

○ 술과 밥을 장만하여 朋友를 즐겁게 하기를 이와 같이 하니, 차라리 저들이 마침 연고가 있어 오지 못할지언정 내 은혜로운 뜻이 지극하지 않아서는 안됨을 말한 것이다. 孔子께서 말씀하시기를 "朋友에게 요구하는 것으로 내가 먼저 朋友에게 베푸는 것을 능히 하지 못한다." 하셨는데, 이는 먼저 朋友에게 베풀었다고 이를 만하다.

伐木于阪(叶孚臠反), 釃酒有衍. 籩豆有踐(在演反), 兄弟無遠. 民之失德, 乾餱(音侯)以愆(叶起淺反). 有酒湑(思呂反)我, 無酒酤(音古)我. 坎坎鼓我, 蹲蹲(七旬反)舞我. 迨(音待)我暇(叶後五反)矣, 飮此湑矣.

伐木于阪이어늘	나무를 산비탈에서 베거늘
釃酒有衍이로다	거른 술이 많기도 하도다
籩豆有踐하니	籩豆가 질서정연하게 놓여 있으니
兄弟無遠이로다	兄弟들이 먼 사람할 것 없이 모두 왔도다

泲 : 건질 제　糟 : 술지게미 조　縮 : 쥐어짤 축　殺 : 줄어들 쇄　阪 : 산비탈 판
衍 : 많을 연　籩 : 대나무그릇 변　餱 : 마른밥 후　愆 : 어그러질 건　湑 : 술거를 서
酤 : 술살 고　蹲 : 춤출 준

民之失德은	사람들이 德을 잃는 것은
乾餱以愆이니	마른 밥 때문에 허물이 생기는 것이니
有酒湑我며	술이 있거든 내 술을 거를 것이며
無酒酤我며	술이 없으면 내 받아올 것이며
坎坎鼓我며	둥둥 내 북을 치며
蹲蹲舞我하여	너울너울 내 춤을 추어
迨我暇矣하여	내 한가할 때에 미쳐
飮此湑矣로리라	이 거른 술을 마시리라

興也라 衍은 多也라 踐은 陳列貌라 兄弟는 朋友之同儕者라 無遠은 皆在也라 先諸舅而後兄弟者는 尊卑之等也라 乾餱는 食之薄者也라 愆은 過也라 湑亦釃也라 酤는 買也라 坎坎은 擊鼓聲이요 蹲蹲은 舞貌라 迨는 及也라

○ 言人之所以至於失朋友之義者는 非必有大故요 或但以乾餱之薄을 不以分人하여 而至於有愆耳라 故로 我於朋友에 不計有無하고 但及閑暇면 則飮酒以相樂也라

興이다. 衍은 많음이다. 踐은 진열되어 있는 모양이다. 兄弟는 朋友의 동무들이다. 無遠은 모두 있는 것이다. 諸舅를 먼저 하고 兄弟를 뒤에 한 것은 尊卑의 차등이다. 乾餱는 음식 중에 하찮은 것이다. 愆은 허물이다. 湑 또한 거르는 것이다. 酤는 사오는 것이다. 坎坎은 북을 두드리는 소리요, 蹲蹲은 춤추는 모양이다. 迨는 미침이다.

○ 사람들이 朋友의 義를 잃음에 이르는 까닭은 반드시 큰 연고가 있어서가 아니요, 혹 다만 마른 밥의 하찮은 것을 남에게 나누어주지 않기 때문에 허물이 있음에 이른다. 그러므로 내 朋友에 대하여 집안에 있고 없음을 계산하지 않고 다만 한가할 때에 미치면 술을 마셔 서로 즐거워한다고 말한 것이다.

伐木三章이니 章十二句라

劉氏曰 此詩는 每章首에 輒云伐木하니 凡三云伐木이라 故로 知當爲三章이라 舊作六章하니 誤矣라하니 今從其說하여 正之하노라

劉氏가 말하기를 "이 詩는 매 章의 첫머리마다 伐木이라고 말하였으니, 모두 伐木을 세 번 말하였다. 그러므로 마땅히 三章이 됨을 알 수 있다. 옛날에는 六章으로 되어 있었으니, 이것은 잘못이다." 하였으니, 이제 그 말을 따라 바로잡았다.

毛序 伐木은 燕朋友故舊也라 自天子至於庶人히 未有不須友以成者하니 親親以睦하고 友賢不棄하며 不遺故舊하면 則民德歸厚矣리라

《伐木》은 朋友와 故舊를 燕樂한 詩이다. 天子로부터 庶人에 이르기까지 벗을 이용하여 이루지 않는 자가 없으니, 親戚을 친애하여 화목하고 어진이를 벗삼아 버리지 않으며

故舊를 버리지 않는다면 백성의 德이 厚한 데로 돌아갈 것이다.

天保定爾, 亦孔之固. 俾爾單(音丹)厚, 何福不除(直慮反). 俾爾多益, 以莫不庶.

天保定爾	하늘이 그대를 保定함이
亦孔之固샷다	또한 심히 견고하시도다
俾爾單厚어시니	그대를 모두 후하게 하시니
何福不除리오	어느 복인들 내려주지 않으시리오
俾爾多益이라	그대로 하여금 많이 이익되게 하는지라
以莫不庶로다	풍부하지 않음이 없도다

賦也라 保는 安也라 爾는 指君也라 固는 堅이요 單은 盡也라 除는 除舊而生新也라 庶는 衆也라 ○ 人君以鹿鳴以下五詩로 燕其臣하니 臣受賜者 歌此詩以答其君이라 言天之安定我君하여 使之獲福이 如此也라

賦이다. 保는 편안함이다. 爾는 군주를 가리킨다. 固는 견고함이요, 單은 다함이다. 除는 옛 것을 제거하고 새 것을 내는 것이다. 庶는 많음이다.

○ 人君이 《鹿鳴》 이하 다섯 篇의 詩로써 그 신하에게 연향을 베푸니, 하사를 받은 신하들이 이 詩를 노래하여 군주에게 답한 것이다. 하늘이 우리 군주를 안정시켜 그로 하여금 복을 받게 함이 이와 같으라고 말한 것이다.

天保定爾, 俾爾戩(子淺反)穀. 罄無不宜, 受天百祿. 降爾遐福, 維日不足.

天保定爾하사	하늘이 그대를 保定하사
俾爾戩穀이샷다	그대를 모두 좋게 하시도다
罄無不宜하여	모두 마땅하지 않음이 없어
受天百祿이어시늘	하늘의 온갖 福을 받으셨거늘
降爾遐福하시되	그대에게 장구한 福을 내리시되
維日不足이샷다	날마다 부족하게 여기시도다

賦也라 聞人氏曰 戩은 與剪同하니 盡也요 穀은 善也니 盡善云者는 猶其曰單厚多益也라 罄은 盡이요 遐는 遠也라 爾有以受天之祿矣어늘 而又降爾以福하니 言天人之際에 交相與也라 書所謂昭受上帝하시니 天其申命用休라하니 語意正如此라

賦이다. 聞人氏가 말하기를 "戩은 剪과 같으니, 모두이고, 穀은 善함이니, 盡善이라고 말한 것은 '單厚'·'多益'이란 말과 같다." 하였다. 罄은 모두요, 遐는 멂이다. 그대가 하늘의 祿을 받음이 있거늘 또 그대에게 복을 내려주니, 이는 하늘과 사람의 사이에 서로 더불음을 말한 것이다.

單 : 모두 단　戩 : 다할 전　穀 : 좋을 곡　罄 : 다할 경

「書經」《益稷》에 이른바 "上帝께 밝게 받으시니, 하늘이 거듭 명하여 아름답게 한다." 하였으니, 말 뜻이 바로 이와 같다.

天保定爾, 以莫不興. 如山如阜, 如岡如陵, 如川之方至, 以莫不增.

天保定爾하사	하늘이 그대를 保定하사
以莫不興이라	興盛하지 않음이 없는지라
如山如阜하며	산과 같고 언덕과 같으며
如岡如陵하며	산마루와 같고 구릉과 같으며
如川之方至하여	냇물이 막 이르는 것과 같아
以莫不增이로다	불어나지 않음이 없도다

賦也라 興은 盛也라 高平曰陸이요 大陸曰阜요 大阜曰陵이니 皆高大之意라 川之方至는 言其盛長之未可量也라

賦이다. 興은 盛함이다. 높고 평평한 것을 陸이라 하고, 큰 陸을 阜라 하고, 큰 阜를 陵이라 하니, 모두 높고 크다는 뜻이다. 냇물이 막 이른다는 것은 그 성하게 자라남을 측량할 수 없음을 말한 것이다.

吉蠲(古玄反)爲饎(尺志反), 是用孝享(叶虛良反). 禴(餘若反)祠烝嘗, 于公先王. 君曰卜爾, 萬壽無疆.

吉蠲爲饎하여	吉日을 택하여 정결히 술밥을 지어
是用孝享하여	이것을 효도로 祭享하여
禴祠烝嘗을	禴, 祠와 烝, 嘗을
于公先王하시니	先公과 先王에게 올리시니
君曰卜爾하시되	君께서 너에게 기약하노라 하시되
萬壽無疆이샷다	萬壽無疆으로 하시도다

賦也라 吉은 言諏日擇士之善이요 蠲은 言齊戒滌濯之潔이라 饎는 酒食也라 享은 獻也라 宗廟之祭는 春曰祠요 夏曰禴이요 秋曰嘗이요 冬曰烝이라 公은 先公也니 1)謂后稷以下至公叔祖類也요 先王은 大(太)王以下也라 君은 通謂先公先王也라 卜은 猶期也니 此는 尸傳神意以嘏主人之詞라 2)文王時엔 周未有曰先王者하니 此必武王以後所作也라

賦이다. 吉은 좋은 날을 가리고, 좋은 사람을 가리는 것이요, 蠲은 齊戒하고 씻기를 정결히 함을 말한다. 饎는 술밥이다. 享은 올림이다. 宗廟의 제사는 봄에는 祠라 하고, 여름에는 禴이

阜 : 언덕 부　蠲 : 깨끗할 견　饎 : 술밥 치　禴 : 여름제사 약　祠 : 봄제사 사
烝 : 겨울제사 증　嘗 : 가을제사 상　諏 : 물을 추　嘏 : 복 가

라 하고, 가을에는 嘗이라 하고, 겨울에는 烝이라 한다. 公은 先公이니, 后稷 이하로부터 公叔祖類에 이르기까지를 말한 것이요, 先王은 太王 이하이다. 君은 先公과 先王을 통칭한 것이다. 卜은 期와 같으니, 이는 尸童이 神의 뜻을 전달하여 주인에게 복을 내리는 말이다. 文王 때에는 周나라에 先王이란 것이 있지 않았으니, 이는 반드시 武王 이후에 지은 것일 것이다.

譯註 1. 公叔祖類: 古公亶父(太王)의 아버지로, '組紺'으로 쓰기도 한다.
2. 文王時 周未有先王者: 당시의 王은 天子를 뜻하는바, 文王 생전에는 天子가 된 적이 없으므로 先祖를 先公이라 칭하였으며, 武王이 商나라를 정벌하고 비로소 先公들을 先王으로 追尊하여 文王·王季·太王 등의 칭호를 붙였으므로 말한 것이다.

神之弔(都歷反)矣. 詒(以之反)爾多福(叶筆力反). 民之質矣, 日用飮食. 群黎百姓, 徧爲爾德.

神之弔(적)矣라	神이 이르는지라
詒爾多福이며	그대에게 많은 복을 주며
民之質矣라	백성들이 질박한지라
日用飮食이로소니	날로 쓰고 먹고 마시기만 하나니
群黎百姓이	여러 백성들이
徧爲爾德이로다	두루 그대의 德을 실행하도다

賦也라 弔은 至也니 神之至矣는 猶言祖考來格也라 詒는 遺라 質은 實也니 言其質實無僞하여 日用飮食而已라 群은 衆也요 黎는 黑也니 猶秦言黔首也라 百姓은 庶民也라 爲爾德者는 〔言〕則而象之니 猶助爾而爲德也라

賦이다. 弔은 이름이니, 神이 이른다는 것은 祖考來格(祖考가 와서 이름)이란 말과 같다. 詒는 줌이다. 質은 진실함이니, 질박하고 진실하여 거짓이 없어서 日用飮食만 할 뿐임을 말한 것이다. 群은 많음이요, 黎는 검음이니, 秦나라 때에 黔首라고 말한 것과 같다. 百姓은 庶民이다. 그대의 德을 실행한다는 것은 그를 본받고 형상함이니, 그대를 도와 德을 실행한다는 것과 같다.

如月之恒(胡登反), 如日之升. 如南山之壽, 不騫(起虔反)不崩. 如松柏之茂, 無不爾或承.

如月之恒(긍)하며	달의 초생달과 같으며
如日之升하며	해의 떠오름과 같으며

弔 : 이를 적　詒 : 줄 이　黎 : 검을 려　格 : 이를 격　黔 : 검을 검
恒 : 활시위 긍, 반달 긍　騫 : 이지러질 건

如南山之壽하여　　南山의 장수함과 같아
不騫不崩하며　　이지러지지 않고 무너지지 않으며
如松柏之茂하여　　松柏의 무성함과 같아
無不爾或承이로다　　그대를 계승하지 않음이 없도다

賦也라 恒은 弦이요 升은 出也니 月上弦而就盈하고 日始出而就明이라 騫은 虧也라 承은 繼也니 言舊葉將落而新葉已生하여 相繼而長茂也라

賦이다. 恒은 활시위요, 升은 나옴이니, 달은 上弦에서 가득함으로 나아가고, 해는 처음 나와서 밝음으로 나아간다. 騫은 이지러짐이다. 承은 계승함이니, 옛 잎이 장차 떨어지려 하면 새 잎이 이미 나와서 서로 계속하여 자라나고 무성함을 말한 것이다.

天保六章이니 章六句라

毛序　天保는 下報上也라 君能下下하여 以成其政하고 臣能歸美하여 以報其上焉이라

《天保》는 아랫사람이 웃사람에게 보답한 詩이다. 군주는 아랫사람에게 몸을 낮추어 그 정사를 이루고, 신하는 아름다움을 군주에게 돌려 그 웃사람에게 보답한 것이다.

采薇采薇, 薇亦作(叶則故反)止. 曰歸曰歸, 歲亦莫(音暮)止. 靡室靡家(叶古乎反), 玁(音險)狁(音允)之故. 不遑啓居, 玁狁之故.

采薇采薇여　　고사리를 뜯고 고사리를 뜯음이여
薇亦作止엇다　　고사리 또한 땅에서 나왔으리로다
曰歸曰歸여　　돌아감이여, 돌아감이여
歲亦莫(暮)止리로다　　해 또한 저물리로다
靡室靡家　　室家가 없음이
玁狁之故며　　험윤의 연고이며
不遑啓居　　편안히 거처할 겨를이 없음이
玁狁之故니라　　험윤의 연고이니라

興也라 薇는 菜名이라 作은 生出地也라 莫는 晩이요 靡는 無也라 玁狁은 北狄也라 遑은 暇요 啓는 跪也라
○ 此는 遣戍役之詩라 以其出戍之時에 采薇以食하여 而念歸期之遠也라 故로 爲其自言하여

弦：활시위 현　薇：고사리 미　靡：없을 미　玁：오랑캐 험　狁：오랑캐 윤
啓：무릎꿇을 궤

而以采薇起興曰 采薇采薇則薇亦作止矣요 曰歸曰歸則歲亦莫止矣라 然이나 凡此所以使我舍其室家而不暇啓居者는 非上之人故爲是以苦我也요 直以玁狁侵陵之故로 有所不得已而然耳라 蓋敍其勤苦悲傷之情하고 而又風以義也니라 程子曰 毒民이 不由其上이면 則人懷敵愾之心矣니라 又曰 古者戍役을 兩朞而還하여 今年春莫(暮)行하면 明年夏代者至하여 復留備秋라가 至過十一月而歸하고 又明年中春至하여 春莫에 遣次戍者하여 每秋與冬初에 兩番戍者皆在疆圉하니 [1]如今之防秋也라

興이다. 薇는 나물 이름이다. 作은 땅에서 나옴이다. 莫(暮)는 저묾이요, 靡는 없음이다. 玁狁은 북쪽 오랑캐이다. 遑은 겨를이요, 啓는 무릎꿇음이다.

○ 이는 戍役을 보내는 詩이다. 수자리를 나갈 때에 고사리를 뜯어 먹으면서 돌아올 기한이 멂을 생각하였다. 그러므로 그가 스스로 말하는 것처럼 하여 采薇로써 起興하여 말하기를 "고사리를 뜯고 고사리를 뜯음이여, 고사리가 또한 나왔을 것이다. 돌아감이여, 돌아감이여. 해가 또한 저물 것이다. 그러나 무릇 나로 하여금 室家를 버리고 편안히 거처할 겨를이 없게 함은 윗사람이 故意로 이렇게 하여 나를 괴롭히려는 것이 아니요, 다만 玁狁이 침략하고 능멸하기 때문에 부득이하여 그러한 것이다."라고 말한 것이다. 이는 그 勤苦하고 悲傷한 情을 서술하고, 또 의리로써 風告한 것이다.

程子가 말씀하였다. "백성들에게 해독을 끼침이 〈부득이해서요〉 그 윗사람에게서 말미암지 않는다면 사람들이 적개심을 품게 된다."

또 말씀하였다. "옛날에 戍役은 두 돐 만에 돌아왔다. 그리하여 금년 늦봄에 길을 떠나면 다음해 여름에 교대하는 자가 이르러 다시 머물러 가을을 대비하다가 11월이 지나 돌아오고, 또 다음해 中春에 이르러, 늦봄에 다음 수자리하는 자를 보내어 매양 가을과 겨울 초기에는 두 番의 수자리하는 자가 모두 변방에 있었으니, 지금의 防秋와 같다."

譯註 1. 防秋 : 가을 수확기에 오랑캐의 약탈을 방지하기 위하여 邊境의 수비를 강화하던 제도로 唐·宋 시대에 시행되었다.

采薇采薇, 薇亦柔止. 曰歸曰歸, 心亦憂止. 憂心烈烈, 載飢載渴(마巨烈反). 我戍未定, 靡使歸聘.

采薇采薇여	고사리를 뜯고 고사리를 뜯음이여
薇亦柔止엇다	고사리가 또한 부드러우리로다
曰歸曰歸여	돌아감이여, 돌아감이여
心亦憂止로다	마음에 또한 근심하도다
憂心烈烈하여	마음에 근심하기를 烈烈히 하여
載飢載渴호라	굶주리며 목마르노라
我戍未定이니	내 수자리간 일이 끝나지 않았으니

聘 : 물을 빙

靡使歸聘이로다	돌아가 안부를 묻게 할 자가 없도다

興也라 柔는 始生而弱也라 烈烈은 憂貌라 載는 則也라 定은 止요 聘은 問也라
○ 言戍人念歸期之遠而憂勞之甚이나 然戍事未已하니 則無人可使歸而問其室家之安否也라

興이다. 柔는 처음 나와 유약한 것이다. 烈烈은 근심하는 모양이다. 載는 곧이다. 定은 그침이요, 聘은 물음이다.
○ 수자리간 사람이 돌아올 기한이 멀고 근심과 수고로움이 심함을 생각하였으나 수자리간 일이 아직 끝나지 않았으니, 돌아가 그 室家의 안부를 묻게 할 만한 사람이 없다고 말한 것이다.

采薇采薇, 薇亦剛止. 曰歸曰歸, 歲亦陽止. 王事靡盬, 不遑啓處. 憂心孔疚(叶訖力反), 我行不來(叶六直反).

采薇采薇여	고사리를 뜯고 고사리를 뜯음이여
薇亦剛止엇다	고사리가 쇠었으리로다
曰歸曰歸여	돌아감이여, 돌아감이여
歲亦陽止리로다	해가 또한 陽月이 되리로다
王事靡盬라	王事를 견고히 하지 않을 수 없는지라
不遑啓處하니	편안히 거처할 겨를이 없으니
憂心孔疚나	마음에 근심하기를 심히 병들게 하나
我行不來니라	우리 출정길은 그냥 돌아가지 않으리라

興也라 剛은 旣成而剛也라 陽은 十月也니 時純陰用事하여 嫌於無陽이라 故로 名之曰陽月也라 孔은 甚이요 疚는 病也라 來는 歸也라 此는 見士之竭力致死하여 無還心也라

興이다. 剛은 이미 다 자라서 쇤 것이다. 陽은 十月이니, 이 때에는 純陰이 用事하여 陽이 없을까 혐의되므로 이름하기를 陽月이라 한 것이다. 孔은 심함이요, 疚는 병듦이다. 來는 돌아옴이다. 이는 군사들이 힘을 다하고 목숨을 바쳐 돌아올 마음이 없음을 나타낸 것이다.

彼爾維何, 維常之華(芳無胡瓜二反). 彼路斯何, 君子之車(斤於尺奢二反). 戎車旣駕, 四牡業業. 豈敢定居, 一月三捷.

彼爾維何오	저 환한 꽃은 무엇인고
維常之華로다	常棣의 꽃이로다
彼路斯何오	저 路車는 무엇인고

疚 : 오래앓을 구　爾 : 꽃성할 이　路 : 수레 로

君子之車로다	君子가 타는 수레로다
戎車旣駕하니	戎車를 이미 멍에하니
四牡業業이로다	네 필의 말이 건장도 하도다
豈敢定居리오	어찌 감히 편안히 거처하리오
一月三捷이로다	한 달에 세 번 승리하리로다

興也라 爾는 華盛貌라 常은 常棣也라 路는 戎車也라 君子는 謂將帥也라 業業은 壯也라 捷은 勝也라

○ 彼爾然而盛者는 常棣之華也요 彼路車者는 君子之車也라 戎車旣駕에 而四牡盛矣하니 則何敢以定居乎아 庶乎一月之間에 三戰而三捷矣〔爾〕라

興이다. 爾는 꽃이 성한 모양이다. 常은 常棣이다. 路는 戎車이다. 君子는 장수를 이른다. 業業은 건장함이다. 捷은 이김이다.

○ 저 爾然히 성한 것은 常棣의 꽃이요, 저 路車는 君子가 타는 수레이다. 戎車를 이미 멍에함에 네 필의 말이 건장하니, 어찌 감히 편안히 거처하겠는가. 부디 한 달 사이에 세 번 싸워 세 번 승리했으면 한 것이다.

駕彼四牡, 四牡騤騤(求龜反). 君子所依, 小人所腓(符非反). 四牡翼翼, 象弭(彌氏反)魚服(叶蒲北反). 豈不日戒(叶訖力反), 玁狁孔棘.

駕彼四牡하니	저 四牡를 멍에하니
四牡騤騤로다	四牡가 굳세고 굳세도다
君子所依요	君子가 타는 바요
小人所腓로다	小人이 비호받는 바로다
四牡翼翼하니	四牡가 정돈되고 정돈되니
象弭魚服이로다	상아로 만든 활 끝에 魚로 만든 화살통이로다
豈不日戒리오	어찌 날마다 경계하지 않으리오
玁狁孔棘이로다	험윤의 난이 매우 급하도다

賦也라 騤騤는 强也라 依는 猶乘也요 腓는 猶芘也라 程子曰 腓는 隨動也니 如足之腓하여 足動則隨而動也라 翼翼은 行列整治之狀이라 象弭는 以象骨飾弓弰也라 魚는 獸名이니 似猪요 東海有之하니 其皮背上斑文하고 腹下純靑하니 可爲弓鞬矢服也라 戒는 警이요 棘은 急也라

○ 言戎車者는 將帥之所依乘이요 戍役之所芘倚라 且其行列整治而器械精好如此하니 豈不日相警戒乎아 玁狁之難이 甚急하니 誠不可以忘備也라

戎 : 싸움수레 융　騤 : 말건장할 규　腓 : 비호할 비, 장딴지 비　弭 : 활끝 미　服 : 전통 복
棘 : 급할 극　芘 : 비호할 비　弰 : 활끝 소　猪 : 멧돼지 저　斑 : 아롱질 반　鞬 : 활집 건

賦이다. 騤騤는 굳셈이다. 依는 乘과 같고, 腓는 芘와 같다. 程子가 말씀하기를 "腓는 따라서 움직임이니, 발의 장딴지와 같아서 발이 움직이면 따라 움직이는 것이다." 하였다. 翼翼은 행렬이 정돈되고 잘 다스려진 모양이다. 象弭는 象骨로써 활 끝을 장식한 것이다. 魚는 짐승의 이름이니, 돼지와 비슷하고 東海에 있으니, 그 가죽이 등 위에는 얼룩무늬가 있고, 배 밑은 純靑色인데, 활집과 화살통을 만들 수 있다. 戒는 경계함이요, 棘은 급함이다.

○ 戎車는 장수가 의지하고 타는 바요, 戍役하는 자들이 비호받고 의지하는 바이다. 또 그 행렬이 정돈되고 잘 다스려졌으며 기계가 정밀하고 아름다움이 이와 같으니, 어찌 날마다 서로 경계하지 않겠는가. 玁狁의 난이 심히 급하니, 진실로 대비를 잊어서는 안됨을 말한 것이다.

昔我往矣, 楊柳依依. 今我來思, 雨(于付反)雪霏霏(芳非反). 行道遲遲, 載渴載飢. 我心傷悲, 莫知我哀(叶於希反).

昔我往矣엔	옛날 내가 출정나갈 때에는
楊柳依依러니	楊柳가 依依하더니
今我來思엔	지금 내가 돌아올 때에는
雨雪霏霏로다	함박눈이 펄펄 내리도다
行道遲遲하여	길을 감이 길고 멀어
載渴載飢호라	목마르며 굶주리노라
我心傷悲어늘	내 마음 서글퍼하거늘
莫知我哀하나다	나의 슬픔을 알아주지 않도다

賦也라 楊柳는 蒲柳也라 霏霏는 雪甚貌라 遲遲는 長遠也라

○ 此章은 又設爲役人하여 預自道其歸時之事하여 以見其勤勞之甚也라 程子曰 此皆極道其勞苦憂傷之情也니 上能察其情이면 則雖勞而不怨하고 雖憂而能勵矣리라 范氏曰 予於采薇에 見先王以人道使人하니 後世則牛羊而已矣니라

賦이다. 楊柳는 蒲柳이다. 霏霏는 눈이 많이 내리는 모양이다. 遲遲는 길고 멂이다.

○ 이 章은 또 가설하여 부역을 나간 사람이 되어서 미리 스스로 돌아올 때의 일을 말하여 勤勞의 심함을 나타낸 것이다.

程子가 말씀하였다. "이는 모두 그 勞苦와 憂傷의 情을 지극히 말한 것이니, 윗사람이 능히 아랫사람의 심정을 살피면 〈아랫사람이〉 비록 수고로우나 원망하지 않고, 비록 근심하나 능히 힘쓸 것이다."

范氏가 말하였다. "나는 《采薇》에서 先王이 人道로써 사람을 부렸음을 보았으니, 後世에는 소와 양처럼 대할 뿐이다."

采薇六章이니 章八句라

霏 : 비올 비

毛序 采薇는 遣戍役也라 文王之時에 西有昆夷之患하고 北有玁狁之難일새 以天子之命으로 命將率(帥)하여 遣戍役하여 以守衛中國이라 故로 歌采薇以遣之하고 出車以勞還하고 杕杜以勤歸也라

《采薇》는 戍役을 보낸 것을 읊은 詩이다. 文王의 때에 서쪽으로는 昆夷의 患이 있고 북쪽으로는 玁狁의 亂이 있었으므로 天子의 명령에 따라 將帥를 명하여 戍役을 보내어서 中國을 守衛하였다. 그러므로《采薇》를 노래하여 보내고,《出車》를 노래하여 개선하는 장수를 위로하고,《杕杜》를 노래하여 돌아오는 군사들의 노고를 치하한 것이다.

我出我車, 于彼牧(叶莫狄反)矣. 自天子所, 謂我來(叶六直反)矣. 召彼僕夫, 謂之載(叶節力反)矣. 王事多難(乃旦反), 維其棘矣.

我出我車를	내 수레를 냄을
于彼牧矣호라	저 교외에 하노라
自天子所하여	天子가 계신 곳으로부터 와서
謂我來矣로다	나더러 오라 하도다
召彼僕夫하여	저 僕夫를 불러
謂之載矣요	짐을 실으라 이르고
王事多難이라	王事가 多難한지라
維其棘矣라호라	급히 하라 하였노라

賦也라 牧은 郊外也라 自는 從也라 天子는 周王也라 僕夫는 御夫也라
○ 此는 勞還率(帥)之詩라 追言其始受命出征之時에 出車於郊外而語其人曰 我受命於天子之所而來라하고 於是乎召僕夫하여 使之載其車以行하고 而戒之曰 王事多難하니 是行也를 不可以緩矣라하니라

賦이다. 牧은 郊外이다. 自는 부터이다. 天子는 周王이다. 僕夫는 마부이다.
○ 이는 凱旋하는 장수를 위로한 詩이다. 그 처음 명을 받고 出征할 때에 郊外에 수레를 내면서 집안 사람들에게 말하기를 "내 天子가 계신 곳으로부터 명을 받고 왔다." 하고, 이에 僕夫를 불러 수레에 짐을 싣고 떠나게 하고 경계하기를 "王事가 多難하니, 이 걸음을 늦출 수 없다."고 하였음을 追言한 것이다.

我出我車, 于彼郊(叶音高)矣, 設此旐(音兆)矣. 建彼旄(音毛)矣. 彼旟(音餘)旐斯, 胡不旆旆(叶蒲寐反). 憂心悄悄, 僕夫況瘁(似醉反).

牧 : 교외 목　率 : 장수 수　旐 : 기 조　旄 : 기 모　旟 : 새매그린기 여　旆 : 깃발날릴 패
悄 : 근심할 초　瘁 : 파리할 췌

我出我車를	내 수레를 냄을
于彼郊矣요	저 교외에 하고
設此旐矣며	이 旐를 꽂으며
建彼旄矣하니	저 旄를 세우니
彼旟旐斯	저 旟와 旐가
胡不旆旆리오	어찌 펄럭이지 않으리오
憂心悄悄하니	마음에 근심함을 悄悄히 하니
僕夫況瘁로다	僕夫가 파리하도다

賦也라 郊는 在牧內하니 蓋前軍已至牧이나 而後軍猶在郊也라 設은 陳也라 龜蛇曰旐라 建은 立也라 旄는 注旄於旗干之首也라 鳥隼曰旟라 鳥隼, 龜蛇는 曲禮所謂前朱雀而後玄武也라 楊氏曰 師行之法은 四方之星이 各隨其方하여 以爲左右前後하여 進退有度하고 各司其局하니 則士無失伍離次矣라 旆旆는 飛揚之貌요 悄悄는 憂貌라 況은 玆也라 或云 當作怳이라
○ 言出車在郊하고 建設旗幟하니 彼旗幟者 豈不旆旆而飛揚乎아 但將帥方以任大責重爲憂하니 而僕夫亦爲之恐懼而憔悴耳라 東萊呂氏曰 古者出師에 以喪禮處之하여 命下之日에 士皆泣涕하며 夫子之言行三軍에도 亦曰臨事而懼라하시니 皆此意也니라

賦이다. 郊는 牧의 안에 있으니, 前軍은 이미 牧에 이르렀으나 後軍은 아직도 郊에 있는 것이다. 設은 베풂이다. 거북과 뱀을 그린 기를 旐라 한다. 建은 세움이다. 旄는 들소 꼬리를 깃대의 머리에 매단 것이다. 새와 새매를 그린 기를 旟라 한다. 鳥隼과 龜蛇는 《曲禮》에 이른바 "朱雀이 앞에 있고 玄武가 뒤에 있다."는 것이다. 楊氏가 말하기를 "군사가 출동하는 법은 四方의 별이 각기 그 方位에 따라 左右와 前後가 되어, 進退에 절도가 있고 각기 그 부서를 맡고 있으니, 이렇게 하면 군사들이 대오를 잃거나 위치를 떠남이 없게 된다." 하였다. 旆旆는 휘날리는 모양이요, 悄悄는 근심하는 모양이다. 況은 이것이다. 혹자는 "마땅히 怳이 되어야 한다."고 한다.

○ 수레를 냄을 郊에서 하고 이 旗幟를 꽂으니, 저 旗幟들이 어찌 旆旆하여 휘날리지 않겠는가. 다만 장수가 임무가 크고 책임이 막중함을 근심하니, 僕夫 또한 이 때문에 두려워하여 초췌하다고 말한 것이다.

東萊呂氏가 말하였다. "옛날에 군대를 출동할 때에 喪禮로 대처하여 명령을 내리는 날에 군사들이 모두 눈물을 흘렸으며, 夫子가 三軍을 출동함을 말씀하실 때에도 또한 "일에 임하여 두려워한다."고 하셨으니, 모두 이러한 뜻이다."

王命南仲, 往城于方. 出車彭彭(叶鋪郞反), 旂旐央央(於良反). 天子命我, 城彼朔方. 赫赫南仲, 玁狁于襄.

隼 : 새매 준　次 : 머무를 차　怳 : 실심할 황　幟 : 깃발 치　憔 : 파리할 초　悴 : 파리할 췌
彭 : 많을 방　旂 : 용그린기 기　央 : 선명할 앙　襄 : 치울 양, 오를 양

王命南仲하사
往城于方하시니
出車彭彭하며
旂旐央央이로다
天子命我하사
城彼朔方하시니
赫赫南仲이여
玁狁于襄이로다

王이 南仲을 명하사
朔方에 가서 築城하게 하시니
수레를 냄이 많고 많으며
깃발이 선명하도다
天子가 나를 명하사
저 朔方에 築城하게 하시니
赫赫한 南仲이여
玁狁을 제거하도다

賦也라 王은 周王也라 南仲은 此時大將也라 方은 朔方이니 今靈夏等州之地라 彭彭은 衆盛貌라 交龍爲旂니 此所謂左靑龍也라 央央은 鮮明也라 赫赫은 威名光顯也라 襄은 除也라 或曰上也니 [1]與懷山襄陵之襄同이라하니 言勝之也라
○ 東萊呂氏曰 大將이 傳天子之命하여 以令軍衆하니 於是에 車馬衆盛하고 旂旐鮮明하여 威靈氣焰이 赫然動人矣라 兵事는 以哀敬爲本이나 而所尙則威니 二章之戒懼와 三章之奮揚이 竝行而不相悖也니라 程子曰 城朔方而玁狁之難除하니 禦戎狄之道는 守備爲本이니 不以攻戰爲先也니라

賦이다. 王은 周王이다. 南仲은 이 때의 大將이다. 方은 朔方이니, 지금의 靈州·夏州 등지이다. 彭彭은 많고 성한 모양이다. 용 두 마리를 그린 것을 旂라 하니, 이것은 《曲禮》에 이른바 "왼쪽에는 靑龍이 있다"는 것이다. 央央은 선명함이다. 赫赫은 위엄과 이름이 빛나고 드러남이다. 襄은 제거함이다. 혹자는 말하기를 "上(올라감)이니, 懷山襄陵의 襄과 같다." 하니, 이김을 말한 것이다.

○ 東萊呂氏가 말하였다. "大將이 天子의 명을 전달하여 군사들을 명령하였다. 이 때에 수레와 말이 많고 성하며 깃발이 선명하여 威靈과 氣焰이 赫赫하여 사람을 驚動하게 하였다. 兵事는 슬픔과 공경을 근본으로 삼으나 숭상하는 것은 위엄이니, 第二章의 戒懼함과 第三章의 奮揚함이 병행하여 서로 모순되지 않는다."

程子가 말씀하였다. "朔方에 성을 쌓자, 玁狁의 難이 제거되었으니, 戎狄을 막는 道는 守備가 근본이니, 공격과 전투를 우선으로 삼지 않는다."

譯註 1. 懷山襄陵：洪水가 져서 물이 산과 언덕까지 올라오는 것으로 「書經」《堯典》에 '湯湯洪水方割 蕩蕩懷山襄陵 浩浩滔天'이라고 보인다.

昔我往矣, 黍稷方華(叶芳無反). 今我來思, 雨(于付反)雪載塗. 王事多難, 不遑啓居. 豈不懷歸, 畏此簡書.

焰：불꽃 염　塗：진흙 도, 길 도

昔我往矣엔
黍稷方華러니
今我來思엔
雨雪載塗로다
王事多難이라
不遑啓居호니
豈不懷歸리오마는
畏此簡書니라

옛날 내가 출정갈 때에는
기장과 피가 무성하더니
지금 내가 올 때에는
함박눈이 내려 진흙탕이 되었도다
王事가 어려움이 많은지라
편안히 거처할 겨를이 없으니
어찌 돌아감을 생각지 않으리오마는
이 簡書를 두려워해서이니라

賦也라 華는 盛也라 塗는 凍釋而泥塗也라 簡書는 戒命也니 隣國有急이면 則以簡書相戒命也라 或曰 簡書는 策命臨遣之詞也라

○ 此는 言其旣歸在塗에 而本其往時所見과 與今還時所遭하여 以見其出之久也라 東萊呂氏曰 采薇之所謂往은 遣戍時也요 此詩之所謂往은 在道時也며 采薇之所謂來는 戍畢時也요 此詩之所謂來는 歸而在道時也니라

賦이다. 華는 성함이다. 塗는 얼음이 풀려 진흙탕이 된 것이다. 簡書는 경계하여 命함이니, 이웃 나라에 위급함이 있으면 簡書로써 서로 경계하여 명한다. 혹자는 말하기를 "簡書는 〈장수를〉 보낼 때에 임하여 策命하는 말이다." 한다.

○ 이것은 이미 돌아오는 도중에 갈 때에 보았던 바와 지금 돌아올 때에 만난 바를 근본하여 出征한 지가 오래되었음을 나타낸 것이다.

東萊呂氏가 말하였다. "《采薇》에 이른바 간다는 것은 수자리를 보낼 때요, 이 詩에 이른바 간다는 것은 길 가는 도중에 있을 때이며, 《采薇》에 이른바 온다는 것은 수자리를 끝내고 돌아올 때요, 이 詩에 이른바 온다는 것은 돌아오는 도중에 있을 때이다."

喓喓於遙反草蟲, 趯趯他歷反阜螽. 未見君子, 憂心忡忡敕中反. 既見君子, 我心則降戶江反 叶胡攻反. 赫赫南仲, 薄伐西戎.

喓喓草蟲이며
趯趯阜螽이로다
未見君子라
憂心忡忡호니
既見君子라야
我心則降이로다
赫赫南仲이여

喓喓히 우는 풀벌레며
이리저리 뛰는 메뚜기로다
君子를 보지 못한지라
마음에 근심함을 忡忡히 하니
君子를 만나보아야
내 마음 가라앉으리로다
赫赫한 南仲이여

戍 : 수자리 수 喓 : 벌레소리 요 趯 : 뛸 적 螽 : 메뚜기 종 忡 : 근심할 충
薄 : 잠깐 박

薄伐西戎이로다	잠깐 西戎을 정벌하도다

賦也라 此는 言將帥之出征也에 其室家感時物之變而念之하여 以爲未見而憂之如此하니 必旣見然後心可降耳라 然이나 此南仲이 今何在乎아 方往伐西戎而未歸也라하니 豈旣却玁狁而還師하여 以伐昆夷也與아 薄之爲言은 聊也니 蓋不勞餘力矣라

賦이다. 이것은 將帥가 出征함에 그 室家들이 時物의 변화에 감동하여 생각해서 말하기를 "보지 못하여 근심함이 이와 같으니, 반드시 만나본 뒤에야 마음이 가라앉을 것이다. 그러나 이 南仲이 지금 어디에 계신가? 지금 막 西戎을 정벌하러 가서 돌아오지 못한다."고 하였으니, 이는 아마도 이미 玁狁을 물리치고 回軍하면서 昆夷를 정벌한 것인 듯하다. 薄이란 말은 애오라지의 뜻이니, 남은 힘을 수고롭게 하지 않는 것이다.

春日遲遲, 卉(許貴反)木萋萋(七西反), 倉庚喈喈(音皆 마 居奚反). 采蘩祁祁(巨移反). 執訊(音信)獲醜, 薄言還(音旋)歸. 赫赫南仲, 玁狁于夷.

春日遲遲라	봄 해가 길고 긴지라
卉木萋萋며	卉木이 무성하고 무성하며
倉庚喈喈며	倉庚이 喈喈히 울며
采蘩祁祁어늘	흰쑥을 많이도 뜯거늘
執訊獲醜하여	訊問할 魁首를 잡고 무리들을 붙잡아
薄言還(선)歸하니	잠깐 돌아오니
赫赫南仲이여	赫赫한 南仲이여
玁狁于夷로다	玁狁을 평정하였도다

賦也라 卉는 草也라 萋萋는 盛貌라 倉庚은 黃鸝也라 喈喈는 聲之和也라 訊은 其魁首當訊問者也요 醜는 徒衆也라 夷는 平也라

○ 歐陽氏曰 述其歸時에 春日暄妍하고 草木榮茂하며 而禽鳥和鳴이어늘 於此之時에 執訊獲醜而歸하니 豈不樂哉아 鄭氏曰 此詩亦伐西戎이어늘 獨言平玁狁者는 玁狁大라 故로 以爲始하고 以爲終이니라

賦이다. 卉는 풀이다. 萋萋는 무성한 모양이다. 倉庚은 黃鸝(꾀꼬리)이다. 喈喈는 소리가 和함이다. 訊은 그 魁首로서 마땅히 訊問할 자요, 醜는 무리이다. 夷는 평정함이다.

○ 歐陽氏가 말하였다. "돌아올 때에 봄 해가 따뜻하고 고우며 草木이 꽃피고 무성하며, 새들이 和하게 울거늘 이때에 訊問할 魁首를 붙잡고 무리를 잡아 돌아오니, 어찌 즐겁지 않겠는가라고 서술한 것이다."

卉 : 풀 훼　萋 : 무성할 처　喈 : 화할 개, 새소리 개　蘩 : 쑥 번　祁 : 많을 기
訊 : 물을 신　醜 : 무리 추　夷 : 평할 이　鸝 : 꾀꼬리 리　暄 : 따뜻할 훤　姸 : 고울 연

鄭氏가 말하였다. "이 詩 또한 西戎을 정벌한 것인데 홀로 玁狁을 평정함을 말한 것은 玁狁이 크기 때문에 이로써 시작을 삼고 이로써 끝맺음을 삼은 것이다."

出車六章이니 章八句라

毛序 出車는 勞還率(帥)也라

《出車》는 개선하는 將帥를 위로한 詩이다.

有杕大計反之杜, 有睆華板反其實. 王事靡盬, 繼嗣我日. 日月陽止, 女心傷止, 征夫遑止.

有杕之杜여	우뚝한 아가위여
有睆其實이로다	주렁주렁 달린 그 열매로다
王事靡盬라	王事를 허술히 할 수 없는지라
繼嗣我日이로다	우리 날을 계속 잇도다
日月陽止라	세월이 흘러 陽月이 된지라
女心傷止니	女人의 마음 서글퍼지니
征夫遑止로다	征夫가 餘暇가 있으리로다

賦也라 睆은 實貌라 嗣는 續也라 陽은 十月也라 遑은 暇也라
○ 此는 勞還役之詩라 故로 追述其未還之時에 室家感於時物之變而思之曰 特生之杜여 有睆其實하니 則秋冬之交矣어늘 而征夫以王事出하여 乃以日繼日하여 而無休息之期라 至于十月이면 可以歸而猶不至라 故로 女心悲傷하여 而曰 征夫亦可以暇矣어늘 曷爲而不歸哉오하니라 或曰 興也라하니 下章倣此하니라

賦이다. 睆은 열매가 달려 있는 모양이다. 嗣는 계속함이다. 陽은 十月이다. 遑은 餘暇이다.
○ 이는 부역에서 돌아옴을 위로한 詩이다. 그러므로 돌아오지 않았을 때에 室家들이 時物의 변화에 감동하여 생각하기를 "우뚝히 자라는 아가위여, 그 열매가 주렁주렁 달려 있으니, 그렇다면 가을과 겨울이 교차되는 때이다. 그런데도 征夫는 王事 때문에 나가서 마침내 날로써 날을 이어 휴식할 때가 없다. 十月에 이르렀으면 돌아올 때인데도 아직도 이르지 않았다. 그러므로 女心이 悲傷하여 말하기를 '征夫가 또한 여가가 있을 것이어늘 어찌하여 돌아오지 않는가.' 했다." 한 것이다. 혹자는 '興이다.' 하니, 下章도 이와 같다.

有杕之杜, 其葉萋萋. 王事靡盬, 我心傷悲. 卉木萋止, 女心悲止, 征夫

杕 : 우뚝설 체 睆 : 익을 환 勞 : 위로할 로

歸止.

有杕之杜여	우뚝한 아가위여
其葉萋萋로다	그 잎이 무성하고 무성하도다
王事靡盬라	王事를 허술히 할 수 없는지라
我心傷悲호라	내 마음 서글퍼지노라
卉木萋止라	卉木이 무성한지라
女心悲止니	女人의 마음 서글퍼지니
征夫歸止로다	征夫가 돌아오시리로다

賦也라 萋萋는 盛貌니 春將莫(暮)之時也라 歸止는 可以歸也라

賦이다. 萋萋는 무성한 모양이니, 봄이 장차 저물려는 때이다. 歸止는 돌아올 수 있는 것이다.

陟彼北山, 言采其杞. 王事靡盬, 憂我父母叶滿洧反. 檀車幝幝尺善反, 四牡痯痯古緩反 叶古轉反, 征夫不遠.

陟彼北山하여	저 北山에 올라가
言采其杞호라	杞나물을 뜯노라
王事靡盬라	王事를 허술히 할 수 없는지라
憂我父母로다	우리 父母를 근심스럽게 하도다
檀車幝幝하며	박달나무 수레의 휘장이 너덜너덜하며
四牡痯痯하니	네 필의 말이 병들었으니
征夫不遠이로다	征夫가 오실 날이 멀지 않았도다

賦也라 檀은 木堅하여 宜爲車라 幝幝은 敝貌요 痯痯은 罷(피)貌라
○ 登山采杞면 則春已暮而杞可食矣니 蓋託以望其君子하여 而念其以王事詒父母之憂也라 然이나 檀車之堅而敝矣요 四牡之壯而罷矣면 則征夫之歸亦不遠矣리라

賦이다. 박달나무는 목재가 견고하여 수레를 만들기에 적당하다. 幝幝은 해진 모양이요, 痯痯은 파리한 모양이다.

○ 산에 올라가 杞나물을 뜯는다면 봄이 이미 저물어 杞나물을 먹을 수 있는 것이니, 나물을 뜯는다고 칭탁하여 그 君子를 바라보고서 王事 때문에 父母에게 근심을 끼침을 생각한 것이다. 그러나 박달나무 수레가 견고한데도 〈휘장이〉 해졌고 四牡가 건장한데도 파리해졌다면, 征夫가 돌아올 날이 또한 멀지 않은 것이다.

幝：수레휘장해질 천　痯：병들 관　詒：끼칠 이

匪載匪來(叶六直反), 憂心孔疚(叶訖力反). 期逝不至(叶朱力反), 而多爲恤. 卜筮偕(叶擧里反)止, 會言近(叶渠紀反)止, 征夫邇止.

匪載匪來라　　행장을 싣고 오시지 않는지라
憂心孔疚어늘　　마음에 근심하기를 심히 괴롭게 하거늘
期逝不至라　　期限이 지나도 오지 않는지라
而多爲恤이로다　　근심됨이 많도다
卜筮偕止하여　　거북점과 주역점을 함께 쳐보아
會言近止하니　　모두 말하되 올 날이 가깝다 하니
征夫邇止로다　　征夫가 오실 날이 가까우리로다

賦也라 載는 裝이요 疚는 病이요 逝는 往이요 恤은 憂요 偕는 俱요 會는 合也라
○ 言征夫不裝載而來歸하여 固已使我念之而甚病矣어든 況歸期已過而猶不至하니 則使我多爲憂恤이 宜如何哉아 故로 且卜且筮에 相襲俱作하여 合言於繇而皆曰近矣라하니 則征夫其亦邇而將至矣리라 范氏曰 以卜筮終之는 言思之切而無所不爲也라

賦이다. 載는 行裝이요, 疚는 병듦이요, 逝는 감이요, 恤은 근심이요, 偕는 함께요, 會는 합함이다.

○ 征夫가 行裝을 싣고 돌아오지 아니하여, 진실로 나로 하여금 생각하여 심히 병들게 하거늘 하물며 돌아올 기한이 이미 지났는데도 아직 오지 않으니, 그렇다면 나로 하여금 근심을 많게 함이 마땅히 어떠하겠는가. 그러므로 한편으로는 거북점을 쳐보고 한편으로는 주역점을 쳐봄에 서로 거듭하고 함께 나와서 점괘에 합하여 말하기를 '모두 가깝다.' 하였으니, 그렇다면 征夫가 또한 가까운 시기에 장차 이를 것이라고 말한 것이다.

范氏가 말하였다. "卜筮로써 끝맺은 것은 생각함이 간절하여 하지 않는 바가 없음을 말한 것이다."

杕杜四章이니 章七句라

鄭氏曰 遣將帥及戍役에 同歌同時는 欲其同心也요 反而勞之에 異歌異日은 殊尊卑也라 記曰 賜君子小人不同日이 此其義也니라 王氏曰 出而用兵이면 則均服同食은 一衆心也요 入而振旅면 則殊尊卑, 辨貴賤은 定衆志也니라 范氏曰 出車는 勞率(帥)라 故로 美其功이요 杕杜는 勞衆이라 故로 極其情하니 先王以己之心爲人之心이라 故로 能曲盡其情하여 使民忘其死以忠於上也니라

鄭氏가 말하였다. "將帥와 戍役을 보낼 때에 노래를 함께 하고 때를 함께 하는 것은 마음을

疚 : 오래앓을 구　筮 : 시초점 서　裝 : 차릴 장　繇 : 괘사(卦辭)주

함께 하고자 해서요, 돌아와 위로할 때에 노래를 달리하고 날짜를 달리함은 尊卑를 분별하는 것이다. 「禮記」에 '君子와 小人에게 하사함에 날짜를 같이 하지 않는다.' 한 것이 이 뜻이다."

王氏가 말하였다. "나가서 用兵하게 되면 의복을 똑같이 하고 음식을 똑같이 하는 것은 여러 사람의 마음을 통일시키려는 것이요, 들어와 군대를 정돈하게 되면 尊卑를 구별하고 貴賤을 분별함은 여러 사람의 마음을 안정시키려는 것이다."

范氏가 말하였다. "《出車》는 將帥를 위로함을 읊은 것이다. 그러므로 그 功을 찬미하였고, 《杕杜》는 군사들을 위로함을 읊은 것이다. 그러므로 그 情을 지극히 하였으니, 先王은 자기의 마음으로써 남의 마음을 삼았다. 그러므로 그 情을 곡진히 다하여 백성들로 하여금 그 죽음을 잊고 웃사람에게 충성하게 한 것이다."

毛序 杕杜는 勞還役也라

《杕杜》는 부역에서 돌아옴을 위로한 詩이다.

南陔

此는 笙詩也라 有聲無詞하니 舊在魚麗之後러니 以儀禮考之컨대 其篇次當在此일새 今正之하노니 說見華黍하니라

이는 笙詩이다. 음악(곡조)만 있고 가사가 없으니, 옛날에는 《魚麗》의 뒤에 있었는데, 「儀禮」로써 상고해 보건대, 그 篇次가 마땅히 여기에 있어야 하므로 이제 바로잡았으니, 해설이 《華黍》에 보인다.

毛序 南陔는 孝子相戒以養也라

《南陔》는 孝子가 서로 경계하여 父母를 봉양함을 읊은 것이다.

鹿鳴之什十篇에 一篇無辭하니 凡四十六章이요 二百九十七句라

鹿鳴之什은 十篇인데, 한 篇은 가사가 없으니, 모두 46章이요, 2백97句이다.

白華之什二之二

[1]毛公은 以南陔以下三篇無辭라 故로 升魚麗하여 以足(주)鹿鳴什數하고 而附笙詩三篇於其

陔 : 풍류이름 해　麗 : 걸릴 리　足 : 보탤 주

後하고 因以南有嘉魚로 爲次什之首러니 今悉依儀禮正之하노라

毛公은《南陔》이하 세 篇이 가사가 없으므로《魚麗》를 올려서 鹿鳴의 什數를 채우고, 笙詩 세 篇을 그 뒤에 붙이고는 인하여《南有嘉魚》를 다음 什의 머리로 삼았는데, 지금 모두「儀禮」에 의거하여 바로잡았다.

譯註 1. 毛詩 小雅의 본래 순서는 本書의 目次 뒤에 附記하였음을 밝혀둔다.

白華

笙詩也니 說見上下篇하니라

笙詩이니, 해설이 上下篇에 보인다.

毛序 白華는 孝子之潔白也라

《白華》는 孝子의 潔白함을 읊은 것이다.

華黍

亦笙詩也라 鄕飮酒禮에 鼓瑟而歌鹿鳴四牡皇皇者華然後에 笙入堂下하여 磬南北面立하여 樂南陔白華華黍라하고 燕禮에 亦鼓瑟而歌鹿鳴四牡皇華然後에 笙入立于縣中하여 奏南陔白華華黍라하니 南陔以下는 今無以考其名篇之義나 然曰笙, 曰樂, 曰奏하고 而不言歌하니 則有聲而無詞가 明矣라 所以知其篇第在此者는 意古經篇題之下에 必有譜焉하니 [1]如投壺魯鼓薛鼓之節而亡之耳라

이 또한 笙詩이다.「儀禮」《鄕飮酒禮》에 "비파를 타면서《鹿鳴》·《四牡》·《皇皇者華》를 노래한 다음, 笙을 부는 樂工이 堂下로 들어가 編磬의 남쪽에서 北面하고 서서《南陔》·《白華》·《華黍》를 음악으로 연주한다." 하였고,《燕禮》에도 또한 "비파를 타면서《鹿鳴》·《四牡》·《皇皇者華》를 노래한 다음, 笙을 부는 樂工이 들어가 악기를 매달아놓은 가운데에 서서《南陔》·《白華》·《華黍》를 음악으로 연주한다." 하였으니,《南陔》이하는 지금에 그 篇名을 지은 意義를 상고할 수 없으나, 笙이라 하고, 樂이라 하고, 奏라 하였고, 歌라고 말하지 않았으니, 음악(曲調)만 있고 가사가 없음이 분명하다. 그 篇次가 여기에 있어야 함을 아는 이유는, 생각하건대 古經의 篇題 아래에 반드시 樂譜가 있었으니, 예를 들면《投壺》에 魯鼓·薛鼓의 節과 같은데, 지금 없어진 것이다.

磬 : 경쇠 경 縣 : 매달 현

譯註 1. 投壺魯鼓薛鼓之節: 投壺는 「禮記」의 篇名으로 병에 화살을 던져넣는 놀이를 기록한 내용인데, 맨끝에 魯와 薛 兩國이 모여 投壺하면서 북을 치는 節(리듬)을 ○표와 □표를 사용하여 全鼓, 半鼓로 구분하였다.

毛序 華黍는 時和歲豊하여 宜黍稷也니 有其義而亡(無)其辭라

《華黍》는 時和年豊하여 黍稷에 마땅함을 읊은 것이니, 《南陔》와 《白華》, 《華黍》는 그 뜻만 있고 그 歌辭는 없다.

魚麗(力馳反)于罶(音柳 與酒叶), 鱨(音常)鯊(音沙 마 蘇何反). 君子有酒, 旨且多.

魚麗(리)于罶하니	고기가 통발에 걸렸으니
鱨鯊로다	날치와 모래무지로다
君子有酒하니	君子가 술이 있으니
旨且多로다	맛있고 또 많도다

興也라 麗는 歷也라 罶는 以曲薄爲笱하여 而承梁之空者也라 鱨은 揚也니 今黃頰魚是也라 似燕頭하며 魚身이요 形厚而長大하며 頰骨正黃하니 魚之大而有力하여 解飛者라 鯊는 鮀也니 魚狹而小하고 常張口吹沙라 故로 又名吹沙라 君子는 指主人이라 旨且多는 旨而又多也라
○ 此는 燕饗通用之樂歌니 卽燕饗所薦之羞하여 而極道其美且多하여 見主人禮意之勤以優賓也라 或曰 賦也라하니 下二章放此하니라

興이다. 麗는 걸림이다. 罶는 曲薄(굽은 발)으로 통발을 만들어 魚梁의 빈 곳에 대는 것이다. 鱨은 날치이니, 지금의 黃頰魚가 이것이다. 제비의 머리와 같고 고기의 몸이며, 형체는 두껍고 長大하며, 아가미뼈가 正黃色이니, 고기 중에 크고 힘이 있어, 날 수 있는 것이다. 鯊는 모래무지이니, 고기가 좁고 작으며, 항상 입을 벌리고 모래를 불어내기 때문에 또한 吹沙라고 이름한다. 君子는 主人을 가리킨다. 旨且多는 맛있고 또 많은 것이다.

○ 이는 燕饗에 통용하는 樂歌이니, 燕饗에 올리는 음식을 가지고서 그 아름답고 또 많음을 지극히 말하여, 主人의 禮意가 부지런하여 손님을 우대함을 나타낸 것이다. 혹자는 "賦이다." 하니. 아래 두 章도 이와 같다.

魚麗于罶, 魴鱧(音禮). 君子有酒, 多且旨.

魚麗于罶하니	고기가 통발에 걸렸으니
魴鱧로다	방어와 가물치로다
君子有酒하니	君子가 술이 있으니

罶 : 통발 류　鱨 : 날치 상　鯊 : 모래무지 사　薄 : 발 박　笱 : 통발 구　頰 : 뺨 협
鮀 : 모래무지 타　鱧 : 가물치 례

多且旨로다 　　　　　　　　　　많고 또 맛있도다

興也라 鱧는 鮦也니 又曰 鯇也라

興이다. 鱧는 鮦魚이니, 또는 잉어라고도 한다.

魚麗于罶, 鰋音偃鯉. 君子有酒, 旨且有叶羽己反.

魚麗于罶하니 　　　　　　　　　고기가 통발에 걸렸으니
鰋鯉로다 　　　　　　　　　　　메기와 잉어로다
君子有酒하니 　　　　　　　　　君子가 술이 있으니
旨且有로다 　　　　　　　　　　맛있고 또 많도다

興也라 鰋은 鮎也라 有는 猶多也라

興이다. 鰋은 메기이다. 有는 多와 같다.

物其多矣, 維其嘉叶居何反矣.

物其多矣니 　　　　　　　　　　차린 물건이 많으니
維其嘉矣로다 　　　　　　　　　아름답기도 하다

賦也라

賦이다.

物其旨矣, 維其偕叶舉里反矣.

物其旨矣니 　　　　　　　　　　차린 물건이 맛있으니
維其偕矣로다 　　　　　　　　　함께 하도다

賦也라

賦이다.

物其有叶羽己反矣, 維其時叶上紙反矣.

物其有矣니 　　　　　　　　　　차린 물건이 많이 있으니
維其時矣로다 　　　　　　　　　때에 알맞도다

鮦 : 고기이름 동　鯇 : 잉어 환　鰋 : 메기 언　鮎 : 메기 점

賦也라 蘇氏曰 多則患其不嘉하고 旨則患其不齊하고 有則患其不時하나니 今多而能嘉하고 旨而能齊하고 有而能時하니 言曲全也라

賦이다.

蘇氏가 말하였다. "많으면 그 아름답지 못함을 걱정하고, 맛있으면 그 함께 하지 못함을 걱정하고, 있으면 그 제 때에 하지 못함을 근심한다. 그런데 지금은 많고도 아름다우며, 맛있고도 함께 하며, 많이 있고도 때에 알맞으니, 곡진히 완전함을 말한 것이다."

魚麗六章이니 三章은 章四句요 三章은 章二句라

按儀禮鄉飮酒及燕禮컨대 前樂旣畢하면 皆間歌魚麗하고 笙由庚하며 歌南有嘉魚하고 笙崇丘하며 歌南山有臺하고 笙由儀라 間은 代也니 言一歌一吹也라하니 然則此六者는 蓋一時之詩로 而皆爲燕饗賓客上下通用之樂이라 毛公이 分魚麗하여 以足(주)前什이어늘 而說者不察하고 遂分魚麗以上爲文武詩하고 嘉魚以下爲成王詩라하니 其失甚矣로다

「儀禮」의《鄉飮酒》와《燕禮》를 상고해 보건대, "앞의 음악이 이미 끝나면 모두 교대하여《魚麗》를 노래로 읊고《由庚》을 笙으로 연주하며,《南有嘉魚》를 노래로 읊고《崇丘》를 笙으로 연주하며,《南山有臺》를 노래로 읊고《由儀》를 笙으로 연주한다. 間은 교대함이니, 한 번 노래로 읊고 한 번 악기를 붊을 말한다." 하였다. 그렇다면 이 여섯 가지는 한 때의 詩로 모두 賓客을 燕饗할 때에 上下에 통용하는 음악인 것이다. 毛公이《魚麗》를 나누어 앞의 什數을 채웠는데, 해설하는 자가 이것을 살피지 못하고 마침내 나누어《魚麗》이상을 文王·武王 때의 詩라 하고,《嘉魚》이하를 成王 때의 詩라 하였으니, 그 잘못이 심하다.

毛序 魚麗는 美萬物盛多하여 能備禮也라 文武以天保以上治內하고 以采薇以下治外하여 始於憂勤하여 終於逸樂이라 故로 美萬物盛多하여 可以告於神明矣라

《魚麗》는 萬物이 풍성하고 많아 禮를 갖춤을 찬미한 詩이다. 文王과 武王은《天保》以上으로써 國內를 다스리고《采薇》以下로써 外夷를 다스려 憂勤으로 시작하여 逸樂으로 마쳤다. 그러므로 萬物이 풍성하여 神明에게 告할 수 있음을 찬미한 것이다.

由庚

此亦笙詩니 說見魚麗하니라

이 또한 笙詩이니, 해설이《魚麗》에 보인다.

毛序 由庚은 萬物得由其道也라

足 : 보탤 주

《由庚》은 萬物이 그 道를 행함을 읊은 것이다.

南有嘉魚, 烝(之承反)然罩罩(張敎竹卓二反). 君子有酒, 嘉賓式燕以樂(五敎歷各二反).

南有嘉魚하니	남쪽에 嘉魚가 있으니
烝然罩罩로다	烝然히 가리질하고 가리질하도다
君子有酒하니	君子가 술이 있으니
嘉賓式燕以樂(요)로다	아름다운 손님과 잔치하여 즐기도다

興也라 南은 謂江漢之間이라 嘉魚는 鯉質이요 鱒鯽肌니 出於沔南之丙穴이라 烝然은 發語聲也라 罩는 篧也니 編細竹以罩魚者也라 重言罩罩는 非一之詞也라
○ 此亦燕饗通用之樂이라 故로 其辭曰 南有嘉魚면 則必烝然而罩罩之矣요 君子有酒면 則必與嘉賓共之하여 而式燕以樂矣라하니 此亦因所薦之物하여 而道達主人樂賓之意也니라

興이다. 南은 江漢의 사이를 이른다. 嘉魚는 잉어의 바탕에 붕어의 살이니, 沔水 남쪽의 丙穴에서 나온다. 烝然은 發語聲이다. 罩는 가리질이니, 가는 대나무를 엮어서 고기를 가리질하는 것이다. 罩罩라고 거듭 말한 것은 하나가 아니라는 말이다.
○ 이 또한 燕饗에 통용하는 음악이다. 그러므로 그 말에 이르기를 "남쪽에 嘉魚가 있으면 반드시 烝然히 가리질할 것이요, 君子가 술이 있으면 반드시 아름다운 손님과 함께 하여 잔치하고 즐거워한다." 하였으니, 이 또한 상에 올라온 물건을 인하여 주인이 손님을 즐겁게 하는 뜻을 말한 것이다.

南有嘉魚, 烝然汕汕(所諫反). 君子有酒, 嘉賓式燕以衎(苦旦反).

南有嘉魚하니	남쪽에 嘉魚가 있으니
烝然汕汕이로다	烝然히 통발질하고 통발질하도다
君子有酒하니	君子가 술이 있으니
嘉賓式燕以衎이로다	아름다운 손님과 잔치하여 즐기도다

興也라 汕은 樔也니 以薄汕魚也라 衎은 樂也라

興이다. 汕은 통발이니, 발로써 고기를 통발질하는 것이다. 衎은 즐거움이다.

南有樛(居虯反)木, 甘瓠(音護)纍(力追反)之. 君子有酒, 嘉賓式燕綏之.

南有樛木하니	남쪽에 樛木이 있으니

罩：가리 조　樂：좋아할 요　鱒：송어 준　鯽：붕어 즉　肌：살갗 기　沔：물이름 면
篧：가리 착　汕：통발 산　衎：즐길 간　樔：통발 소　樛：늘어져휠 규　纍：얽힐 루

甘瓠纍之로다	단 박이 매달려 있도다
君子有酒하니	君子가 술이 있으니
嘉賓式燕綏之로다	아름다운 손님과 잔치하여 편안하도다

興也라

○ 東萊呂氏曰 瓠有甘有苦하니 甘瓠則可食者也라 樛木下垂而美實纍之하여 固結而不可解也니라 愚謂 此興之取義者는 似比而實興也니라

興이다.

○ 東萊呂氏가 말하였다. "박은 단 것과 쓴 것이 있으니, 단 박은 먹을 수 있는 것이다. 樛木이 아래로 드리워져 있음에 아름다운 열매가 매달려 있으니, 굳게 맺혀 있어 풀 수가 없다."

내가 생각하건대 여기서 興에 뜻을 취한 것은 比와 같으나 실제는 興인 것이다.

翩翩者鵻(之誰反), 烝然來(叶六直陵之二反)思. 君子有酒, 嘉賓式燕又(叶夷昔反或如字)思.

翩翩者鵻여	翩翩히 날으는 비둘기여
烝然來思로다	烝然히 오도다
君子有酒하니	君子가 술이 있으니
嘉賓式燕又思로다	아름다운 손님과 잔치하고 또 하도다

興也니 此는 興之全不取義者也라 思는 語辭也라 又는 旣燕而又燕이니 以見其至誠有加而無已也라 或曰 又思는 言其又思念而不忘也라

興이니, 이것은 興에서 전혀 뜻을 취하지 않은 것이다. 思는 어조사이다. 又는 이미 잔치하고 또 잔치하는 것이니 그 지성스러움이 더함이 있고 끝이 없음을 나타낸 것이다. 혹자는 말하기를 "又思는 또 思念하여 잊지 않는 것이다."라고 한다.

南有嘉魚四章이니 章四句라

說見魚麗하니라

해설이《魚麗》에 보인다.

毛序 南有嘉魚는 樂與賢也니 太平之君子至誠樂與賢者共之也라

《南有嘉魚》는 賢者와 더불음을 즐거워한 詩이니, 太平의 君子가 至誠으로 賢者와 더불어 함께 함을 즐거워한 것이다.

翩 : 훌쩍날 편 鵻 : 아롱비둘기 추

崇丘

說見魚麗하니라

해설이 《魚麗》에 보인다.

毛序 崇丘는 萬物得極其高大也라

《崇丘》는 萬物이 그 高大함을 지극히 한 것을 읊은 것이다.

南山有臺叶田飴反**, 北山有萊**叶陵之反**. 樂**音洛**只**音紙**君子, 邦家之基. 樂只君子, 萬壽無期.**

南山有臺요	南山에 잔디가 있고
北山有萊로다	北山에 쑥이 있도다
樂只君子여	즐거운 君子여
邦家之基로다	국가의 터전이로다
樂只君子여	즐거운 君子여
萬壽無期로다	萬壽가 기한이 없으리로다

興也라 臺는 夫須니 卽莎草也라 萊는 草名이니 葉香可食者也라 君子는 指賓客也라
○ 此亦燕饗通用之樂이라 故로 其辭曰 南山則有臺矣요 北山則有萊矣며 樂只君子則邦家之基矣요 樂只君子則萬壽無期矣라하니 所以道達主人尊賓之意하여 美其德而祝其壽也라

興이다. 臺는 夫須이니, 莎草(띠풀)이다. 萊는 풀 이름이니, 잎이 향기로워 먹을 수 있다. 君子는 賓客을 가리킨다.
○ 이 또한 燕饗에 통용하는 음악이다. 그러므로 그 말에 이르기를 "南山에는 잔디가 있고 北山에는 쑥이 있으며, 즐거운 君子는 국가의 터전이요, 즐거운 君子는 萬壽가 기한이 없을 것이다."라고 하였으니, 주인이 손님을 높이는 뜻을 말하여 그 德을 찬미하고 그 장수하기를 축원한 것이다.

南山有桑, 北山有楊. 樂只君子, 邦家之光. 樂只君子, 萬壽無疆.

南山有桑이요	南山에는 뽕나무가 있고
北山有楊이로다	北山에는 버드나무가 있도다
樂只君子여	즐거운 君子여

臺 : 잔디 대 萊 : 명아주 래 疆 : 다할 강

邦家之光이로다	국가의 영광이로다
樂只君子여	즐거운 君子여
萬壽無疆이로다	萬壽無疆하리로다

興也라

興이다.

南山有杞, 北山有李. 樂只君子, 民之父母叶滿彼反. 樂只君子. 德音不已.

南山有杞요	南山에는 杞나무가 있고
北山有李로다	北山에는 오얏나무가 있도다
樂只君子여	즐거운 君子여
民之父母로다	백성의 父母로다
樂只君子여	즐거운 君子여
德音不已로다	德音이 그치지 않도다

興也라 杞는 樹如樗하니 一名狗骨이라

興이다. 杞는 나무가 가죽나무와 같으니, 일명 狗骨이라고도 한다.

南山有栲音考 叶音口, 北山有杻女久反. 樂只君子, 遐不眉壽叶直酉反. 樂只君子. 德音是茂叶莫口反.

南山有栲요	南山에는 산가죽나무가 있고
北山有杻로다	北山에는 싸리나무가 있도다
樂只君子여	즐거운 君子여
遐(何)不眉壽리오	어찌 眉壽하지 않으리오
樂只君子여	즐거운 君子여
德音是茂로다	德音이 이에 무성하도다

興也라 栲는 山樗요 杻는 檍也라 遐는 何通이라 眉壽는 秀眉也라

興이다. 栲는 산가죽나무요, 杻는 싸리나무이다. 遐는 何와 통한다. 眉壽는 눈썹이 빼어난 것이다.

樗 : 가죽나무 저 栲 : 북나무 고 杻 : 싸리나무 뉴

南山有枸(俱甫反). 北山有楰(音庾). 樂只君子, 遐不黃耇(音苟 叶果五反), 樂只君子, 保艾(五蓋反)爾後(叶下五反).

南山有枸요	南山에는 枸나무가 있고
北山有楰로다	北山에는 쥐똥나무가 있도다
樂只君子여	즐거운 君子여
遐不黃耇리오	어찌 黃耇하지 않으리오
樂只君子여	즐거운 君子여
保艾爾後로다	그대의 뒤에 편안하게 기르리로다

興也라 枸는 枳枸니 樹高大似白楊이요 有子著枝端하니 大如指하고 長數寸이며 噉之면 甘美如飴라 八月熟하니 亦名木蜜이라 楰는 鼠梓니 樹葉木理如楸하니 亦名苦楸라 黃은 老人髮復黃也라 耇는 老人面凍梨色하여 如浮垢也라 保는 安이요 艾는 養也라

興이다. 枸는 枳枸이니, 나무가 높고 커서 흰버드나무와 비슷하고, 열매가 가지 끝에 매달려 있으니, 크기가 손가락과 같고 길이가 몇 치쯤 되며, 씹으면 달고 아름다워 엿과 같은데, 八月에 익으니 또한 木蜜이라고도 한다. 楰는 鼠梓이니, 나뭇잎과 나뭇결이 추자나무와 같은 데, 또한 苦楸라고도 이름한다. 黃은 老人의 머리털이 다시 누렇게 되는 것이다. 耇는 老人의 얼굴이 언 배빛이어서 때가 끼어 있는 것과 같은 것이다. 保는 편안함이요, 艾는 기름이다.

南山有臺五章이니 章六句라

說見魚麗하니라

해설이 《魚麗》에 보인다.

毛序 南山有臺는 樂得賢也니 得賢則能爲邦家하여 立太平之基矣라

《南山有臺》는 賢者를 얻음을 즐거워한 詩이니, 賢者를 얻으면 國家를 잘 다스려 太平의 基礎를 세울 수 있는 것이다.

由儀

說見魚麗하니라

枸 : 탱자나무 구 楰 : 산유자나무 유 耇 : 늙을 구 艾 : 기를 애 枳 : 탱자나무 지
噉 : 먹을 감 飴 : 엿 이 蜜 : 꿀 밀 梓 : 가래나무 자(재) 楸 : 가래나무 추 垢 : 때 구

해설이 《魚麗》에 보인다.

毛序 由儀는 萬物之生이 各得其宜也니 有其義而亡其辭라

《由儀》는 萬物의 生長이 각각 그 마땅함을 얻은 것이니, 《由庚》과 《崇丘》와 《由儀》는 그 뜻만 있고 그 歌辭는 없다.

蓼音六彼蕭斯, 零露湑息呂反兮. 旣見君子, 我心寫叶想羽反兮. 燕笑語兮, 是以有譽處兮.

蓼彼蕭斯에	長大한 저 쑥에
零露湑兮로다	내린 이슬이 흠뻑 맺혔도다
旣見君子호니	이미 君子를 만나보니
[1]我心寫(瀉)兮로다	내 마음 모두 쏟아놓도다
燕笑語兮하니	잔치하여 술을 마시며 웃고 말하니
是以有譽處兮로다	이 때문에 명예와 안락함이 있도다

譯註 1. 我心寫兮 : 寫는 瀉와 통하는바, 集註에 輸寫로 訓하여 '쏟아놓다'로 해석하였으나, '속이 후련하다'·'속이 시원하다'로 해석함이 더 적절할 듯하다. 아래 小雅의 《裳裳者華》와 《車舝》의 경우도 역시 그러하다.

興也라 蓼은 長大貌라 蕭는 蒿也라 湑는 湑然蕭上露貌라 君子는 指諸侯也라 寫는 輸寫也라 燕은 謂燕飮이라 譽는 善聲也요 處는 安樂也라 蘇氏曰 譽는 豫通이니 凡詩之譽는 皆言樂也라하니 亦通이라

○ 諸侯朝于天子에 天子與之燕하여 以示慈惠라 故로 歌此詩라 言蓼彼蕭斯는 則零露湑然矣요 旣見君子하니 則我心輸寫而無留恨矣라 是以로 燕笑語而有譽處也라하니라 其曰旣見이라하니 蓋於其初燕而歌之也라

興이다. 蓼은 長大한 모양이다. 蕭는 쑥이다. 湑는 湑然히 쑥 위에 이슬이 맺혀있는 모양이다. 君子는 諸侯를 가리킨다. 寫는 쏟음이다. 燕은 燕飮을 이른다. 譽는 좋은 명성이요, 處는 安樂함이다. 蘇氏가 말하기를 "譽는 豫와 통하니, 모든 詩의 譽는 모두 즐거움을 말한다." 하였으니, 또한 통한다.

○ 諸侯가 天子에게 조회함에 天子가 그에게 잔치를 베풀어 주어 慈惠로움을 보였으므로 이 詩를 노래한 것이다. "長大한 저 쑥에는 내린 이슬이 흠뻑 맺혀 있고, 이미 君子를 만나보니 내 마음을 모두 쏟아놓아 留恨이 없다. 이 때문에 술을 마시며 웃고 말하여 명예와 안락함이 있다."고 한 것이다. 이미 만나보았다고 말하였으니, 아마도 처음 잔치할 때에 이것을 노래한 것

蓼 : 클 륙　湑 : 성할 서　寫 : 쏟을 사　輸 : 다할 수

인 듯하다.

蓼彼蕭斯, 零露瀼瀼如羊反. 旣見君子, 爲龍爲光. 其德不爽叶師莊反, 壽考不忘.

蓼彼蕭斯에	長大한 저 쑥에
零露瀼瀼이로다	내린 이슬이 많고 많도다
旣見君子호니	이미 君子를 만나보니
爲龍(寵)爲光이로다	영광스러우며 빛나도다
其德不爽하니	그 德이 어그러지지 않으니
壽考不忘이로다	壽考하기를 바라 잊지 못하리로다

興也라 瀼瀼은 露蕃貌라 龍은 寵也니 爲龍爲光은 喜其德之詞也라 爽은 差也라 其德不爽하니 則壽考不忘矣라하니 褒美而祝頌之하고 又因以勸戒之也라

興이다. 瀼瀼은 이슬이 많은 모양이다. 龍(寵)은 총애(영광)이니, 爲龍爲光은 그 德을 기뻐하는 말이다. 爽은 어그러짐이다. "그 德이 어그러지지 않으니, 壽考하고자 하여 잊지 못한다." 하였으니, 이것은 찬미하고 頌祝하며 또 인하여 勸戒한 것이다.

蓼彼蕭斯, 零露泥泥乃禮反. 旣見君子, 孔燕豈弟. 宜兄宜弟待禮反, 令德壽豈開改反 叶去禮反.

蓼彼蕭斯에	長大한 저 쑥에
零露泥泥로다	내린 이슬이 젖어 있고 젖어 있도다
旣見君子호니	이미 君子를 만나보니
孔燕豈弟(愷悌)로다	심히 편안하여 豈弟하도다
宜兄宜弟라	형에게도 마땅하고 아우에게도 마땅한지라
令德壽豈(愷)로다	훌륭한 德으로 長壽하고 즐거우리로다

興也라 泥泥는 露濡貌라 孔은 甚이요 豈는 樂이요 弟는 易也라 宜兄宜弟는 猶曰宜其家人이니 蓋諸侯繼世而立하여 多疑忌其兄弟하니 [1]如晉詛無畜(휵)群公子하고 秦鍼懼選之類라 故로 以宜兄宜弟美之하니 亦所以警戒之也라 壽豈는 壽而且樂也라

興이다. 泥泥는 이슬이 젖어 있는 모양이다. 孔은 심함이요, 豈(愷)는 즐거움이요, 弟(悌)는 화함이다. 宜兄宜弟는 宜其家人이란 말과 같다. 諸侯는 대를 이어 즉위하여 兄弟間을 의심하고 시기하는 경우가 많으니, 晋나라에서 여러 公子를 기르지 말자고 맹세한 것이나 秦나라의 鍼(겸)은 죄를 지목당할까 두려워한 것과 같은 類이다. 그러므로 宜兄宜弟라는 말로써 찬미하였

瀼 : 이슬흠치르르할 양　爽 : 어그러질 상　泥 : 많을 니　豈 : 화락할 개
詛 : 저주할 조(저)　鍼 : 칼 겸　選 : 수죄(數罪)할 선

으니, 이 또한 경계한 것이다. 壽豈는 壽하고 또 즐거운 것이다.

譯註 1. 晉나라 驪姬의 난리에 여러 公子들을 기르지 말자고 맹세하여, 公族의 大夫를 폐지하였는데 이 내용은 「春秋左傳」《宣公 二年條》에 보이며, 鍼은 秦나라 景公의 同母弟인 后子로 桓公에게 총애를 받아 景公과 똑같은 대우를 받았는데, 桓公이 죽은 뒤에 그 어머니는 后子에게 이르기를 "네가 그대로 秦나라에 있으면 罪를 數罪받아 죽을까 두렵다." 하였다. 이 때문에 后子는 晉나라로 亡命하였는데, 이 내용은 《成公 元年條》에 보인다.

蓼彼蕭斯, 零露濃濃(奴同反). 旣見君子, 鞗(徒彫反)革沖沖(敕弓反). 和鸞雝雝, 萬福攸同.

蓼彼蕭斯에	長大한 저 쑥에
零露濃濃이로다	내린 이슬이 濃濃하도다
旣見君子호니	이미 君子를 만나보니
鞗革沖沖하여	가죽 고삐가 沖沖하여
和鸞雝雝하니	和와 鸞이 雝雝히 울리니
萬福攸同이로다	萬福이 함께 모이는 바로다

興也라 濃濃은 厚貌라 鞗는 轡也요 革은 轡首也니 馬轡所把之外에 有餘而垂者也라 沖沖은 垂貌라 和, 鸞은 皆鈴也라 在軾曰和요 在鑣曰鸞이니 皆諸侯車馬之飾也라 庭燎에 亦以君子目諸侯하고 而稱其鸞旂之美하니 正此類也라 攸는 所요 同은 聚也라

興이다. 濃濃은 두터운 모양이다. 鞗는 고삐요, 革은 고삐의 머리이니, 말고삐를 잡은 부분 外에 남음이 있어서 길게 드리워진 것이다. 沖沖은 드리워진 모양이다. 和와 鸞은 모두 방울이다. 軾에 있는 것을 和라 하고, 재갈에 있는 것을 鸞이라 하니, 모두 諸侯들이 타는 車馬의 장식이다. 《庭燎》에도 또한 君子로써 諸侯를 지목하고, 그 鸞과 깃발의 아름다움을 칭찬하였으니, 바로 이러한 따위이다. 攸는 바요, 同은 모임이다.

蓼蕭四章이니 章六句라

毛序 蓼蕭는 澤及四海也라

《蓼蕭》는 恩澤이 四海에 미침을 읊은 것이다.

湛湛(直減反)露斯, 匪陽不晞(音希). 厭厭(於鹽反)夜飮, 不醉無歸.

濃 : 짙을 농　鞗 : 고삐 조　鸞 : 방울 란　雝 : 화락할 옹　把 : 잡을 파　鑣 : 재갈 표
晞 : 마를 희

湛湛露斯여　　흠뻑 맺힌 이슬이여
匪陽不晞로다　　햇볕이 아니면 마르지 않도다
厭厭夜飮이여　　厭厭히 밤에 술을 마심이여
不醉無歸로다　　취하지 않으면 돌아가지 않도다

興也라 湛湛은 露盛貌라 陽은 日이요 晞는 乾也라 厭厭은 安也니 亦久也, 足也라 夜飮은 私燕也라 燕禮에 宵則兩階及庭門에 皆設大燭焉하니라
○ 此亦天子燕諸侯之詩라 言湛湛露斯는 非日則不晞하여 以興厭厭夜飮은 不醉則不歸하니 蓋於其夜飮之終而歌之也라

興이다. 湛湛은 이슬이 성한 모양이다. 陽은 햇빛이요, 晞는 마름이다. 厭厭은 편안함이니, 또한 오래라는 뜻이며 족하다는 뜻이다. 夜飮은 사사로이 잔치하는 것이다. 「儀禮」의 《燕禮》에 "밤에는 두 뜰과 마당과 문에 모두 큰 촛불을 설치한다." 하였다.
○ 이 또한 天子가 諸侯에게 잔치를 베푸는 것을 읊은 詩이다. 湛湛한 이슬은 햇볕이 아니면 마르지 않음을 말하여, 厭厭히 밤에 술마시는 것은 취하지 않으면 돌아가지 않음을 興하였으니, 아마도 夜飮이 끝날 때에 이것을 노래한 것일 것이다.

湛湛露斯, 在彼豊草. 厭厭夜飮, 在宗載考.

湛湛露斯여　　흠뻑 맺힌 이슬이여
在彼豊草로다　　저 무성한 풀에 있도다
厭厭夜飮이여　　厭厭히 밤에 술을 마심이여
在宗載考로다　　종실에서 禮를 이루도다

興也라 豊은 茂也라 夜飮은 必於宗室하니 蓋路寢之屬也라 考는 成也라

興이다. 豊은 무성함이다. 夜飮은 반드시 宗室에서 하니, 路寢의 등속이다. 考는 이룸이다.

湛湛露斯, 在彼杞棘. 顯允君子, 莫不令德.

湛湛露斯여　　흠뻑 맺힌 이슬이여
在彼杞棘이로다　　저 杞나무와 가시나무에 있도다
顯允君子여　　밝고 진실한 君子여
莫不令德이로다　　德이 아름답지 않음이 없도다

興也라 顯은 明이요 允은 信也라 君子는 指諸侯爲賓者也라 令은 善也니 令德은 謂其飮多而不亂하여 德足以將之也라

考 : 이룰 고

興이다. 顯은 밝음이요, 允은 진실함이다. 君子는 諸侯로서 賓客이 된 자를 가리킨 것이다. 令은 좋음이니, 令德은 술을 많이 마셔도 혼란하지 않아서 德이 족히 받들만함을 말한 것이다.

其桐其椅於宜反, 其實離離. 豈弟君子, 莫不令儀.

其桐其椅여	오동나무와 가래나무여
其實離離로다	그 열매가 주렁주렁 달려 있도다
豈弟君子여	豈弟한 君子여
莫不令儀로다	威儀가 아름답지 않음이 없도다

興也라 離離는 垂也라 令儀는 言醉而不喪其威儀也라

興이다. 離離는 드리워진 것이다. 令儀는 취해도 그 威儀를 잃지 않음을 말한 것이다.

湛露四章이니 章四句라

春秋傳에 甯武子曰 [1]諸侯朝正於王이어든 王宴樂之할새 於是賦湛露라하니라 曾氏曰 前兩章은 言厭厭夜飮하고 後兩章은 言令德令儀하니 [2]雖過三爵이나 亦可謂不繼以淫矣로다

「春秋傳」에 말하였다. "甯武子가 말하기를 '諸侯가 王에게 조회하고 政敎를 받거든 王이 잔치를 베풀어 즐길 적에 이에 《湛露》를 읊는다.' 하였다."

曾氏가 말하였다. "앞의 두 章은 厭厭夜飮을 말하였고, 뒤의 두 章은 令德, 令儀를 말하였으니, 비록 술이 세 잔을 넘었으나 또한 지나침으로써 잇지 않았다고 이를 만하다."

譯註 1. 諸侯朝正於王: 이 내용은 「春秋左傳」《文公 四年條》에 보인다.
2, 雖過三爵: 신하가 군주를 모시고 잔치할 때에 술이 세 잔을 넘어서는 안되기 때문에 말한 것이다. 「春秋左傳」《宣公 二年條》에 "臣侍君宴 過三爵 非禮也"라고 보인다.

毛序 湛露는 天子燕諸侯也라

《湛露》는 天子가 諸侯에게 燕樂을 베풀어 줌을 읊은 詩이다.

白華之什十篇에 五篇無辭하니 凡二十三章이요 一百四句라

白華之什은 十篇인데, 다섯 篇은 가사가 없으니, 모두 23章이요 1백4句이다.

椅 : 가래나무 의 甯 : 편안할 녕

詩經集傳 卷十

彤弓之什二之三

彤弓弨尺昭反兮，受言藏之．我有嘉賓，中心貺叶虛王反之．鍾鼓既設，一朝饗叶虛良反之．

彤弓弨兮를	붉은 활이 풀어져 있는 것을
受言藏之러니	받아서 보관하였더니
我有嘉賓이어늘	내 아름다운 손님이 계시거늘
中心貺之라	中心으로 주려하는지라
鍾鼓既設이요	鍾鼓를 이미 설치하고
一朝饗之호라	하루아침에 燕饗을 베푸노라

賦也라 彤弓은 朱弓也라 弨는 弛貌라 貺은 與也라 大飮賓曰饗이라

○ 此는 天子燕有功諸侯而錫以弓矢之樂歌也라 東萊呂氏曰 受言藏之는 言其重也니 弓人所獻을 藏之王府하고 以待有功하여 不敢輕與人也라 中心貺之는 言其誠也니 中心實欲貺之요 非由外也라 一朝饗之는 言其速也니 以王府寶藏之弓으로 一朝擧以畀人하여 未嘗有遲留顧惜之意也라 1)後之視府藏爲已私分하여 至有以武庫兵賜弄臣者하니 則與受言藏之者異矣요 賞賜非出於利誘면 則迫於事勢하여 2)至有朝賜鐵券而暮屠戮者하니 則與中心貺之者異矣요 3)屯膏吝賞하여 功臣解體하여 4)至有印刓而不忍予者하니 則與一朝饗之者異矣니라

賦이다. 彤弓은 붉은 활이다. 弨는 활시위가 풀어져 있는 모양이다. 貺은 줌이다. 크게 손님에게 술을 마시게 함을 饗이라 한다.

○ 이는 天子가 功이 있는 諸侯에게 잔치를 베풀어주고 활과 화살을 하사하는 것을 노래한 樂歌이다.

東萊呂氏가 말하였다. "受言藏之는 그 신중히 함을 말한 것이니, 弓人이 바친 활을 王府에 보관하고 功이 있는 사람을 기다려 감히 가벼이 남에게 주지 않는 것이다. 中心貺之는 그 정성을 말한 것이니, 中心에 실제로 주고자 한 것이요, 밖에서 말미암은 것이 아니다. 一朝饗之는 그 속히 함을 말한 것이니, 王府에 寶藏했던 활을 하루아침에 들어서 남에게 주어, 일찍이 머뭇거리거나 돌아보고 애석히 여기는 뜻이 없는 것이다. 後世에 府藏을 보기를 자기의

彤：붉은칠할 동 弨：활뒤집힐 초 貺：줄 황 畀：줄 비 弄：회롱할 롱 屠：죽일 도 屯：아낄 준 膏：혜택 고 刓：닳을 완

사유물로 여겨서 심지어는 武庫의 병기를 희롱하는 신하에게 하사한 자가 있었으니, 이것은 受言藏之와 다른 것이요, 賞으로 하사하는 것이 이익으로 誘引하려는 의도에서 나오거나 그렇지 않으면 事勢에 쫓겨 심지어는 아침에 鐵券(功臣錄券)을 하사하였다가 저녁에 屠戮한 자가 있으니, 이것은 中心貺之와 다른 것이요, 은택을 아끼고 賞을 인색하게 내려서 功臣들의 마음이 解體(마음이 풀어져 離叛)하여 심지어는 印이 모서리가 닳아도 〈아까워서〉 차마 주지 못한 자가 있었으니, 이것은 一朝饗之와 다른 것이다."

譯註 1. 漢나라 哀帝가 武器庫의 兵器를 꺼내어 侍中인 董賢과 乳母인 王阿舍에게 준 故事를 가리킨 것이다.
2. 唐나라 德宗은 李懷光에게 太尉를 加하고 鐵券을 하사하였으며, 昭宗은 王行瑜를 太師로 임명하고 尙父라는 칭호를 내렸는데, 그후 모두 반란을 일으켜 죽임을 당하였다.
3. 屯膏:「周易」《屯卦 九五爻辭》의 "屯其膏"를 인용한 것이다.
4. 楚霸王인 項羽는 부하 장수들이 功을 세워 封爵하게 되면 그들에게 주려고 印符를 만들었으나 곧바로 封爵하지 아니하여 그 印이 모서리가 다 닳아도 차마 못주고 아끼다가 功臣들이 배반하여 결국 敗亡하고 말았다.

彤弓弨兮, 受言載(叶子利反)之. 我有嘉賓, 中心喜(叶去聲)之. 鍾鼓旣設, 一朝右(音又 叶于記反)之.

彤弓弨兮를	붉은 활이 풀어져 있는 것을
受言載之러니	받아서 활틀에 올려 놓았더니
我有嘉賓이어늘	내 아름다운 손님이 계시거늘
中心喜之라	中心으로 기뻐하는지라
鍾鼓旣設이요	鍾鼓를 이미 설치하고
一朝右之호라	하루아침에 높이노라

賦也라 載는 抗之也라 喜는 樂也라 右는 勸也, 尊也라

賦이다. 載는 활틀에 올려서 펴는 것이다. 喜는 즐거워함이다. 右는 권함이며, 높임이다.

彤弓弨兮, 受言櫜(古刀反 叶古號反)之. 我有嘉賓, 中心好(呼報反)之. 鍾鼓旣設, 一朝醻(市由反 叶大到反)之.

彤弓弨兮를	붉은 활이 풀어져 있는 것을
受言櫜之러니	받아서 활집에 넣어 두었더니
我有嘉賓이어늘	내 아름다운 손님이 계시거늘
中心好之라	中心으로 좋아하는지라

櫜: 전통 고 醻: 보답할 수

鍾鼓既設이요	鍾鼓를 이미 설치하고
一朝醻之호라	하루아침에 술을 권하노라

賦也라 櫜는 韜요 好는 說이요 醻는 報也라 飮酒之禮에 主人獻賓이어든 賓酢主人하고 主人又酌自飮而遂酌以飮賓을 謂之醻니 醻는 猶厚也, 勸也라

賦이다. 櫜는 활집에 넣어두는 것이요, 好는 기뻐함이요, 醻는 보답함이다. 술을 마시는 禮에 주인이 손님에게 술잔을 올리면 손님이 주인에게 술을 따라 권하고, 주인이 또 술을 따라 스스로 마시고는 마침내 술을 부어 손님에게 마시게 함을 醻라 이르니, 醻는 厚와 같으며 勸과 같다.

彤弓三章이니 章六句라

春秋傳에 甯武子曰 諸侯敵王所愾하여 而獻其功이어든 於是乎賜之彤弓一, 彤矢百, 玈弓矢千하여 以覺(교)報宴이라하니 註曰 愾는 恨怒也요 覺는 明也라 謂諸侯有四夷之功이어든 王賜之弓矢하고 又爲歌彤弓하여 以明報功宴樂이라하니라 鄭氏曰 凡諸侯賜弓矢然後專征伐이니라 東萊呂氏曰 所謂專征者는 如四夷入邊하고 臣子簒弑하여 不容待報者요[1] 其它則九伐之法은 乃大司馬所職이니 非諸侯所專也라 與後世强臣拜表輒行者로 異矣니라

「春秋傳」에 甯武子가 말하기를 "諸侯들이 王이 미워하는 바를 대적하여 그 功을 바치거든 彤弓 하나와 彤矢 백 개, 검은 활과 화살 천 개를 하사하여 밝게 보답하는 잔치를 베푼다." 하였는데, 註에 이르기를 "愾는 恨하고 노여워함이요, 覺는 밝음이다. 諸侯들이 四夷를 정벌하여 功이 있으면 王이 그에게 弓矢를 하사하고, 또 위하여 《彤弓》을 노래로 읊어서 밝게 공로에 보답하는 宴樂을 베푼다." 하였다.

鄭氏가 말하였다. "무릇 諸侯들이 天子로부터 弓矢를 하사받은 뒤에야 정벌을 오로지할 수 있다."

東萊呂氏가 말하였다. "이른바 專征이라는 것은 四夷가 변방을 침입하고 臣子들이 簒奪하고 弑害하여, 보고하기를 기다릴 필요가 없는 것과 같은 것이요, 기타인즉 九伐의 법은 바로 大司馬가 맡고 있는 것이니, 諸侯들이 오로지 할 수 있는 것이 아니다. 後世에 강한 신하들이 表文을 올리고는 〈天子의 명을 기다리지도 않고〉 즉시 출동한 것과는 다르다."

譯註 1. 九伐之法: 아홉 가지 죄가 있는 자를 정벌하는 법. 곧 약소국을 침범하면 국경을 축소시키고, 賢者를 해치거나 백성을 괴롭히면 정벌하고, 국내의 백성을 학대하거나 국외의 백성을 능멸하면 군주를 축출하고, 토지가 황폐되어 백성들이 흩어지면 작위를 내려깎고, 지형의 險固함을 믿고 복종하지 않으면 침공하고, 친척을 살해하면 그 죄를 바로잡고, 군주를 시해하면 그 나라를 멸망시키고, 천자의 명령과 정사를 능멸하면 국교를 끊

韜 : 활집 도　酢 : 술권할 작　愾 : 성낼 개　玈 : 검을 려(로)　覺 : 밝을 교
簒 : 빼앗을 찬

어 고립시키고, 남녀관계가 혼란하여 금수의 행위를 하면 멸망시키는 것으로, 「周禮」《大司馬》에 보인다.

毛序 彤弓은 天子錫有功諸侯也라

《彤弓》은 天子가 功이 있는 諸侯에게 물건을 下賜함을 읊은 것이다.

菁菁子丁反者莪五何反, 在彼中阿. 既見君子, 樂音洛且有儀叶五何反.

菁菁者莪여	무성하고 무성한 새발쑥이여
在彼中阿로다	저 언덕 가운데 있도다
既見君子호니	이미 君子를 만나보니
樂且有儀로다	즐겁고 또 禮儀가 있도다

興也라 菁菁은 盛貌라 莪는 蘿蒿也라 中阿는 阿中也니 大陵曰阿라 君子는 指賓客也라 ○ 此亦燕飮賓客之詩라 言菁菁者莪는 則在彼中阿矣요 既見君子면 則我心喜樂而有禮儀矣라 或曰 以菁菁者莪로 比君子容貌威儀之盛也라하니 下章放此하니라

興이다. 菁菁은 무성한 모양이다. 莪는 蘿蒿이다. 中阿는 언덕 가운데이니, 큰 구릉을 阿라 한다. 君子는 賓客을 가리킨다.

○ 이 또한 賓客을 燕飮하는 詩이다. 菁菁한 새발쑥은 저 언덕 가운데에 있으며, 이미 君子를 만나보면 내 마음 기쁘고 즐거우며 〈君子가〉 禮儀가 있다고 말한 것이다. 혹자는 "菁菁者莪로써 君子의 容貌와 威儀의 성함을 比하였다." 하니, 下章도 이와 같다.

菁菁者莪, 在彼中沚音止. 既見君子, 我心則喜.

菁菁者莪여	무성하고 무성한 새발쑥이여
在彼中沚로다	저 모래섬 가운데 있도다
既見君子호니	이미 君子를 만나보니
我心則喜로다	내 마음 기쁘도다

興也라 中沚는 沚中也라 喜는 樂也라

興이다. 中沚는 모래섬 가운데이다. 喜는 즐거움이다.

菁菁者我, 在彼中陵. 既見君子, 錫我百朋.

菁菁者我여	무성하고 무성한 새발쑥이여

菁 : 우거질 청　莪 : 새발쑥 아　蒿 : 다북쑥 호　沚 : 물가 지　錫 : 줄 석　朋 : 쌍조개 붕

在彼中陵이로다	저 구릉 가운데 있도다
旣見君子호니	이미 君子를 만나보니
錫我百朋이로다	나에게 百朋을 주신 듯하도다

興也라 中陵은 陵中也라 古者에 貨貝는 五貝爲朋이라 錫我百朋者는 見之而喜하여 如得重貨之多也라

興이다. 中陵은 구릉 가운데이다. 옛날에 貨貝는 五貝를 朋이라 하였다. 나에게 百朋을 주신 듯하다는 것은 만나봄에 기뻐서 많은 貴重한 寶貨를 얻음과 같은 것이다.

汎汎(芳劍反)楊舟, 載沈載浮. 旣見君子, 我心則休.

汎汎楊舟여	두둥실 떠있는 버드나무 배여
載沈載浮로다	가라앉았다 떴다 하도다
旣見君子호니	이미 君子를 만나보니
我心則休로다	내 마음 안정되도다

比也라 楊舟는 楊木爲舟也라 載는 則也라 載沈載浮는 猶言載淸載濁, 載馳載驅之類니 以比未見君子而心不定也라 休者는 休休然이니 言安定也라

比이다. 楊舟는 버드나무로 배를 만든 것이다. 載는 則이다. 載沈載浮는 載淸載濁, 載馳載驅라고 말한 것과 같은 따위이니, 君子를 보지 못하여 마음이 안정되지 못함을 比한 것이다. 休는 休休然이니 안정됨을 말한다.

菁菁者莪四章이니 章四句라

毛序 菁菁者莪는 樂育材也니 君子能長育人材하면 則天下喜樂之矣라

《菁菁者莪》는 人材를 기름을 즐거워한 詩이니, 君子가 人材를 키우고 기르면 天下가 기뻐하고 즐거워하게 된다.

六月棲棲(音西), 戎車旣飭(音勅). 四牡騤騤(求龜反), 載是常服(叶蒲北反). 玁狁孔熾(尺志反), 我是用急(叶音棘). 王于出征, 以匡王國(叶于逼反).

六月棲棲하여	六月에 서둘러서
戎車旣飭하며	戎車를 이미 정돈하며

飭 : 삼갈 칙 騤 : 건장할 규 玁 : 오랑캐 험 狁 : 오랑캐 윤

四牡騤騤어늘	四牡가 건장하고 건장하거늘
載是常服하니	이 常服을 수레에 실으니
玁狁孔熾라	玁狁이 심히 熾盛한지라
我是用急이니	내 이 때문에 급하게 여기니
王于出征하여	王이 이에 出征하여
以匡王國이시니라	王國을 바로잡으라 하시니라

賦也라 [1]六月은 建未之月也라 棲棲는 猶皇皇이니 不安之貌라 戎車는 兵車也라 飭은 整也라 騤騤는 強貌라 常服은 戎事之常服이니 以韎韋爲弁하고 又以爲衣而素裳白舄也라 玁狁은 卽獫狁이니 北狄也라 孔은 甚이요 熾는 盛이요 匡은 正也라

○ 成康旣沒에 周室寖衰하고 八世而厲王胡暴虐한대 周人逐之하여 出居于彘하니 玁狁內侵하여 逼近京邑이러니 王崩하고 子宣王靖이 卽位하여 命尹吉甫하여 帥師伐之하여 有功而歸하니 詩人作歌하여 以敍其事如此하니라 司馬法에 冬夏不興師어늘 今乃六月而出師者는 以玁狁甚熾하여 其事危急이라 故로 不得已而王命於是出征하여 以正王國也라

賦이다. 六月은 斗柄이 未方을 가리키는 달이다. 棲棲는 皇皇과 같으니, 불안한 모양이다. 戎車는 兵車이다. 飭은 정돈함이다. 騤騤는 굳센 모양이다. 常服은 兵事에 입는 평상복이니, 붉은 가죽으로 冠을 만들고 또 이것으로 上衣를 만들며, 흰 치마에 白色의 신을 신는다. 玁狁은 바로 獫狁이니, 北狄이다. 孔은 심함이요, 熾는 성함이요, 匡은 바로잡음이다.

○ 成王과 康王이 이미 별세함에 周나라 王室이 점점 쇠미해지고, 八世에 厲王 胡가 포학하자, 周나라 사람들이 그를 축출하여 彘땅에 나가서 거주하니, 이에 玁狁이 안으로 침략하여 京邑에 가까이 다달았다. 厲王이 죽고 아들 宣王 靖이 즉위한 다음, 尹吉甫를 명하여 군대를 거느리고 나가서 정벌하게 하여 공을 세우고 돌아오니, 이에 詩人이 노래를 지어 그 일을 서술하기를 이와 같이 한 것이다. 「司馬法」에 겨울과 여름철에는 군대를 일으키지 않는데, 지금은 六月인데도 군대를 출동시킨 것은 玁狁이 심히 熾盛하여 그 일이 위급하기 때문에 부득이 하여 王이 "이에 出征해서 王國을 바로잡으라."고 명령한 것이다.

譯註 1. 여기의 六月은 周正으로 계산한 것이 아니고 夏正으로 계산하였음을 뜻하는데, 周正으로 계산할 경우 六月은 立夏節에 해당하여 농사 일이 바쁘지 않기 때문에 말한 것이다.

比(毘之反)物四驪, 閑之維則. 維此六月, 旣成我服(叶蒲北反). 我服旣成, 于三十里. 王于出征, 以佐天子(叶奬里反).

比物四驪여	힘이 똑같은 네 필의 검은 말이여
閑之維則이로다	길들어 법도에 맞도다
維此六月에	이 六月에

韎 : 붉은가죽 매　舄 : 신 석　獫 : 오랑캐 험　彘 : 땅이름 체　比 : 고를 비　閑 : 익숙할 한

旣成我服하여	이미 내 戰服을 만들어
我服旣成이어늘	내 戰服이 이미 이루어지거늘
于三十里하니	하루에 三十里를 가니
王于出征하여	王이 이에 出征하여
以佐天子시니라	天子를 도우라 하시니라

賦也라 比物은 齊其力也라 凡大事인 祭祀, 朝覲, 會同엔 毛馬而頒之하고 凡軍事엔 物馬而頒之하나니 毛馬는 齊其色하고 物馬는 齊其力하니 吉事尙文하고 武事尙強也라 則은 法也라 服은 戎服也라 三十里는 一舍也라 古者에 吉行은 日五十里요 師行은 日三十里하니라
○ 旣比其物하고 而曰四驪면 則其色又齊하니 可以見馬之有餘矣요 閑習之而皆中法이면 則又可以見敎之有素矣라 於是此月之中에 卽成我服하여 旣成我服이어든 卽日引道하여 不徐不疾하여 盡舍而止하니 又見其應變之速하고 從事之敏하되 而不失其常度也라 王命於此而出征하여 欲其有以敵王所愾而佐天子耳니라

賦이다. 比物은 그 힘이 똑같은 것이다. 무릇 大事인 祭祀와 朝覲과 會同에는 말의 색깔을 구별하여 나누어 주고, 모든 軍事에는 말의 힘을 똑고르게 하여 나누어 주니, 毛馬는 그 색깔을 똑같이 하고, 物馬는 그 힘을 똑같이 하는 것이다. 이는 吉事는 文을 숭상하고 武事는 強을 숭상해서이다. 則은 법도이다. 服은 戎服이다. 三十里는 一舍이다. 옛날에 吉한 일로 갈 때에는 하루에 五十里를 가고, 군대의 행군속도는 하루에 三十里였다.

○ 이미 그 힘을 똑고르게 하였고, 또 네 필의 검은 말이라고 하였다면 그 색깔도 똑같은 것이니, 말의 有餘함을 볼 수 있으며, 익숙히 길들어 모두 법칙에 맞는다면 또 조련시킴이 본디한 바가 있음을 볼 수 있다. 이에 이 달 안에 우리 戰服을 만들어서 우리 戰服이 이미 이루어지거든 卽日로 길을 떠나 느리지도 않고 빠르지도 아니하여 一舍(30里)를 다하고 멈추었으니, 또 事變에 응하기를 신속히 하고 從事하기를 민첩히 하면서도 그 떳떳한 법도를 잃지 않았음을 볼 수 있다. 王이 이에 出征하라고 명하여, 王이 미워하는 바를 대적하여 天子를 도움이 있기를 바란 것이다.

四牡脩廣, 其大有顒玉容反. 薄伐玁狁, 以奏膚公. 有嚴有翼, 共音恭武之服叶蒲北反, 共武之服, 以定王國叶于逼反.

四牡脩廣하니	四牡가 長大하니
其大有顒이로다	그 키가 크기도 하도다
薄伐玁狁하여	잠깐 玁狁을 정벌하여
以奏膚公이로다	큰 功을 올리도다
有嚴有翼하여	엄숙히 하고 공경히 하여
共(供)武之服하니	武事를 받드니

舍 : 삼십리 사 脩 : 길 수 顒 : 클 옹 膚 : 클 부 翼 : 공경할 익 服 : 일할 복

共武之服하여	武事를 받들어
以定王國이로다	王國을 안정시키도다

賦也라 脩는 長이요 廣은 大也라 顒은 大貌라 奏는 薦이요 膚는 大요 公은 功이라 嚴은 威요 翼은 敬也라 共은 與供同이요 服은 事也니 言將帥皆嚴敬하여 以共武事也라

賦이다. 脩는 깊이요, 廣은 큼이다. 顒은 큰 모양이다. 奏는 올림이요, 膚는 큼이요, 公은 功이다. 嚴은 위엄이요, 翼은 공경이다. 共은 供과 같고 服은 일이니, 將帥가 모두 엄숙하고 공경하여 武事에 복무함을 말한 것이다.

玁狁匪茹(如豫反), 整居焦穫(音護). 侵鎬(胡老反)及方, 至于涇陽. 織(音志)文鳥章, 白旆央央(於良反). 元戎十乘(繩證反), 以先啓行(叶戶郎反).

玁狁匪茹하여	玁狁이 스스로 헤아리지 아니하여
整居焦穫(호)하여	焦땅과 穫땅에 정연하게 거처하여
侵鎬及方하여	鎬와 朔方을 침략하여
至于涇陽이어늘	涇陽에 이르거늘
織(幟)文鳥章이며	깃발의 무늬는 새를 그린 휘장이며
白旆央央하니	흰 깃발이 선명하니
元戎十乘으로	元戎 十乘으로
以先啓行이로다	먼저 길을 떠나도다

賦也라 茹는 度(탁)이요 整은 齊也라 焦, 穫, 鎬, 方은 皆地名이라 焦는 未詳所在요 穫는 郭璞以爲瓠中이라하니 則今在耀州三原縣也라 鎬는 劉向以爲千里之鎬라하니 則非鎬京之鎬矣니 亦未詳其所在也라 方은 疑卽朔方也라 涇陽은 涇水之北이니 在豊鎬之西北이니 言其深入爲寇也라 織는 幟字同이라 鳥章은 鳥隼之章也라 白旆는 繼旐者也라 央央은 鮮明貌라 元은 大也요 戎은 戎車也니 軍之前鋒也라 啓는 開요 行은 道也니 猶言發程也라

○ 言玁狁不自度量하여 深入爲寇如此라 是以로 建此旐旗하고 選鋒銳하여 進聲其罪而致討焉하니 直而壯이요 律而臧이라 有所不戰이언정 戰必勝矣리라

賦이다. 茹는 헤아림이요, 整은 가지런함이다. 焦·穫·鎬·方은 모두 地名이다. 焦는 所在가 상세하지 않으며, 穫는 郭璞이 瓠中이라 하였으니, 그렇다면 지금의 耀州 三原縣에 있었다. 鎬는 劉向은 "千里의 鎬"라 하였으니, 그렇다면 鎬京의 鎬가 아닌데, 또한 그 소재가 상세하지 않다. 方은 의심컨대 바로 朔方인 듯하다. 涇陽은 涇水의 북쪽이니, 豊, 鎬의 西北쪽에 있으니, 그 깊이 쳐들어와 침략함을 말한 것이다. 織는 幟字와 같다. 鳥章은 새와 새매를 그린 휘장이다. 白旆는 旐에 매다는 것이다. 央央은 선명한 모양이다. 元은 큼이요, 戎은 戎車이니, 軍의 先鋒이

茹：헤아릴 여 焦：태울 초 穫：지명 호 涇：물이름 경 織：기치 치 旆：기 패
璞：옥덩이 박 隼：새매 준 旐：기 조 臧：좋을 장

다. 啓는 엶이요, 行은 길이니, 發程이란 말과 같다.

○ 玁狁이 제 스스로 헤아리지 아니하여 깊이 쳐들어와 침략함이 이와 같았다. 이 때문에 이 旌旗를 세우고 先鋒과 정예병을 뽑아서 나아가 그 죄를 聲討하고 討伐하였으니, 군대의 명분이 곧아 士氣가 왕성하고, 軍律이 엄격하여 훌륭하다. 싸우지 않는 바가 있을지언정 싸우면 반드시 승리할 것이다.

戎車既安(叶於連反), 如輊(竹二反)如軒. 四牡既佶(其乙反), 既佶且閑(叶胡田反). 薄伐玁狁, 至于大(音泰)原. 文武吉甫, 萬邦爲憲(叶許言反).

戎車既安하니	戎車가 이미 편안하니
如輊如軒이며	輊와 같고 軒과 같으며
四牡既佶하니	四牡가 이미 건장하니
既佶且閑이로다	이미 건장하고 길들여졌도다
薄伐玁狁하여	잠깐 玁狁을 정벌하여
至于大(太)原하니	太原에 이르니
文武吉甫여	文武兼全한 吉甫여
萬邦爲憲이로다	萬邦이 법으로 삼도다

賦也라 輊는 車之覆而前也요 軒은 車之却而後也니 凡車從後視之如輊하고 從前視之如軒然後에 適調也라 佶은 壯健貌라 大原은 地名이라 亦曰大鹵니 今在大原府陽曲縣하니라 至于大原은 言逐出之而已요 不窮追也니 先王治戎狄之法이 如此하니라 吉甫는 尹吉甫니 此時大將也라 憲은 法也라 非文이면 無以附衆이요 非武면 無以威敵이니 能文能武면 則萬邦以之爲法矣리라

賦이다. 輊는 수레가 〈앞이 무거워 숙어져서〉 앞으로 넘어질 듯하면서 전진하는 것이요, 軒은 수레가 〈앞이 가벼워 들려서〉 뒤로 물러가는 듯하면서 후진하는 것이다. 무릇 수레는 뒤에서 보면 앞으로 넘어질 듯하고, 앞에서 보면 뒤로 물러가는 듯한 뒤에야 똑바로 맞는다. 佶은 건장한 모양이다. 太原은 地名이다. 또한 大鹵라고도 하니, 지금의 太原府 陽曲縣에 있었다. 太原에 이르렀다는 것은 축출할 뿐이요, 끝까지 추격하지 않음을 말한 것이니, 先王이 戎狄을 다스리는 법이 이와 같았다. 吉甫는 尹吉甫이니, 이 때의 大將이다. 憲은 법이다. 文이 아니면 무리를 따르게 할 수 없고, 武가 아니면 적을 두렵게 할 수 없으니, 능히 文하고 능히 武하면 萬邦이 그로써 법을 삼을 것이다,

吉甫燕喜, 既多受祉. 來歸自鎬, 我行永久(叶舉里反). 飲(於鴆反)御諸友(叶羽己反), 炰(白交反)鱉

輊 : 앞낮은수레 지 軒 : 앞높은수레 헌 佶 : 헌걸찰 길 鹵 : 염밭 로 祉 : 복 지
御 : 드릴 어 炰 : 통째로구울 포 鱉 : 자라 별

膾鯉. 侯誰在矣, 張仲孝友叶羽已反.

吉甫燕喜하니	吉甫가 잔치하여 기뻐하니
既多受祉로다	이미 福을 많이 받았도다
來歸自鎬하니	鎬땅으로부터 돌아오니
我行永久로다	우리가 길을 떠난 지 오래되었도다
飮(임)御諸友하니	여러 벗들에게 술과 음식을 올리니
炰鱉膾鯉로다	자라를 삶고 잉어를 회쳤도다
侯誰在矣오	누가 이 자리에 있는고
張仲孝友로다	효도하고 우애하는 張仲이로다

賦也라 祉는 福이요 御는 進이요 侯는 維也라 張仲은 吉甫之友也라 善父母曰孝요 善兄弟曰友라

○ 此는 言吉甫燕飮喜樂하여 多受福祉하니 蓋以其歸自鎬而行永久也라 是以로 飮酒進饌於朋友에 而孝友之張仲이 在焉이라 言其所與宴者之賢하니 所以賢吉甫而善是燕也라

賦이다. 祉는 福이요, 御는 올림이요. 侯는 維이다. 張仲은 吉甫의 벗이다. 父母에게 잘하는 것을 孝라 하고, 兄弟間에 잘하는 것을 友라 한다.

○ 이는 吉甫가 燕飮하고 喜樂하여 복을 많이 받으니, 鎬로부터 돌아옴에 길을 떠난 지가 오래되었다. 이 때문에 朋友들에게 술을 마시게 하고 음식을 올리는데 孝友하는 張仲이 이 자리에 있음을 말한 것이다. 더불어 잔치하는 자의 어짊을 말하였으니, 이는 吉甫를 어질게 여기고 이 잔치를 좋게 여긴 것이다.

六月六章이니 章八句라

毛序 六月은 宣王北伐也라 鹿鳴廢則和樂缺矣요 四牡廢則君臣缺矣요 皇皇者華廢則忠信缺矣요 常棣廢則兄弟缺矣요 伐木廢則朋友缺矣요 天保廢則福祿缺矣요 采薇廢則征伐缺矣요 出車廢則功力缺矣요 杕杜廢則師衆缺矣요 魚麗廢則法度缺矣요 南陔廢則孝友缺矣요 白華廢則廉恥缺矣요 華黍廢則蓄積缺矣요 由庚廢則陰陽失其道理矣요 南有嘉魚廢則賢者不安하고 下民不得其所矣요 崇丘廢則萬物不遂矣요 南山有臺廢則爲國之基隊(墜)矣요 由儀廢則萬物失其道理矣요 蓼蕭廢則恩澤乖矣요 湛露廢則萬國離矣요 彤弓廢則諸夏衰矣요 菁菁者莪廢則無禮儀矣요 小雅盡廢則四夷交侵하여 中國微矣리라

《六月》은 宣王이 北伐한 것을 읊은 詩이다. 《鹿鳴》이 폐해지면 和樂이 없어질 것이요, 《四牡》가 폐해지면 君臣의 義가 없어질 것이요, 《皇皇者華》가 폐해지면 忠信이 없

膾 : 회 회

어질 것이요, 《常棣》가 폐해지면 兄弟의 정이 없어질 것이요, 《伐木》이 폐해지면 朋友의 의리가 없어질 것이요, 《天保》가 폐해지면 福祿이 없어질 것이요, 《采薇》가 폐해지면 征伐이 없어질 것이요, 《出車》가 폐해지면 功力이 없어질 것이요, 《杕杜》가 폐해지면 군대가 없어질 것이요, 《魚麗》가 폐해지면 法度가 없어질 것이요, 《南陔》가 폐해지면 孝友의 행실이 없어질 것이요, 《白華》가 폐해지면 廉恥가 없어질 것이요, 《華黍》가 폐해지면 저축이 없어질 것이요, 《由庚》이 없어지면 陰陽이 그 道理를 잃을 것이요, 《南有嘉魚》가 폐해지면 賢者가 不安하고 下民들이 살 곳을 얻지 못할 것이요, 《崇丘》가 폐해지면 萬物이 이루어지지 못할 것이요, 《南山有臺》가 폐해지면 나라를 다스리는 基本이 실추될 것이요, 《由儀》가 폐해지면 萬物이 그 道理를 잃을 것이요, 《蓼蕭》가 폐해지면 恩澤이 괴리될 것이요, 《湛露》가 폐해지면 萬國이 離叛할 것이요, 《彤弓》이 폐해지면 諸夏가 쇠망할 것이요, 《菁菁者莪》가 폐해지면 禮儀가 없어질 것이며, 小雅가 모두 폐해지면 四夷가 교대로 침범하여 中國이 미약해질 것이다.

薄言采芑音起, 于彼新田, 于此菑側其反畝叶每彼反. 方叔涖音利止, 其車三千, 師干之試叶詩止反. 方叔率止, 乘其四騏, 四騏翼翼. 路車有奭許力反, 簟茀音弗魚服叶蒲北反, 鉤膺鞗音條革叶訖力反.

薄言采芑를	잠깐 쓴나물을 뜯기를
于彼新田이며	저 新田에서 하며
于此菑畝로다	이 1년 묵은 밭에서 하도다
方叔涖止하니	方叔이 임하니
其車三千이로소니	그 수레가 三千이니
師干之試로다	군사들이 적을 막는 것을 익히도다
方叔率止하니	方叔이 통솔하니
乘其四騏로다	네 필의 騏馬를 탔도다
四騏翼翼하니	네 필의 騏馬가 질서정연하니
路車有奭(혁)이로소니	路車가 붉기도 하니
簟茀魚服이며	방문석으로 만든 휘장과 魚로 만든 화살통이며
鉤膺鞗革이로다	갈고리와 가슴걸이에 가죽고삐가 있도다

興也라 芑는 苦菜也니 青白色이요 摘其葉하면 有白汁出하니 肥可生食이요 亦可蒸爲茹하니 卽今苦蕒菜라 宜馬食하니 軍行采之는 人馬皆可食也일새라 田一歲曰菑요 二歲曰新田이요 三歲曰畬라 方叔은 宣王卿士니 受命爲將者也라 涖는 臨也라 其車三千이면 法當用三十萬衆이니 蓋兵車一乘에 甲士三人이요 步卒七十二人이요 又二十五人이 將重車在後하여 凡百人也라

芑 : 상치 기　菑 : 따비밭 치　涖 : 임할 리　干 : 막을 간　奭 : 붉을 혁　簟 : 대자리 점
茀 : 수레뒤창 불　鞗 : 고삐 조　茹 : 나물 여　蕒 : 들상치 매　畬 : 새밭 여

然이나 此亦極其盛而言이요 未必實有此數也라 師는 衆이요 干은 扞也요 試는 肄習也니 言衆且練也라 率은 總率之也라 翼翼은 順序貌라 路車는 戎路也라 奭은 赤貌라 簟第은 以方文竹簟으로 爲車蔽也라 鉤膺은 馬婁는 頷有鉤하고 而在膺은 有樊(鞶)有纓也하니 樊은 馬大帶요 纓은 鞅也라 鞗革은 見蓼蕭篇하니라

○ 宣王之時에 蠻荊背叛한대 王命方叔南征하니 軍行采芑而食이라 故로 賦其事以起興曰 薄言采芑를 則于彼新田이요 于此菑畝矣라 方叔涖止하니 則其車三千이니 師干之試矣라하고 又遂言其車馬之美하여 以見軍容之盛也하니라

興이다. 芑는 쓴나물이니 靑白色이요, 그 잎을 따면 白汁이 나오는데 살져서 生食할 수 있고, 또한 삶아서 먹을 수도 있으니, 바로 지금의 苦蕒采이다. 말먹이에도 적당하니, 군사들이 행군할 때에 이것을 뜯음은 사람과 말이 모두 먹을 수 있기 때문이다. 밭이 1년된 것을 菑라 하고, 2년된 것을 新田이라 하고, 3년된 것을 畬라 한다. 方叔은 宣王의 卿士이니, 명령을 받아 장수가 된 자이다. 涖는 임함이다. 그 수레가 3천이면 법에는 마땅히 30만 명의 군대를 써야 하니, 兵車 1乘에는 甲士가 3人이요, 步卒이 72人이며, 또 25人이 重車(짐수레)를 가지고 뒤에 있어 합해서 1백人이다. 그러나 이 또한 그 성함을 지극히 말한 것이요, 반드시 실제로 이 숫자가 있었던 것은 아니다. 師는 무리요, 干은 막음이요, 試는 익힘이니, 군사들이 많고 또 훈련되었음을 말한 것이다. 率은 통솔함이다. 翼翼은 순서가 있는 모양이다. 路車는 戎路이다. 奭은 붉은 모양이다. 簟第은 方文의 대자리로 수레의 가리개를 만든 것이다. 鉤膺은 말을 매는 것은 목에는 鉤가 있고, 膺에는 樊과 纓이 있으니, 樊은 말의 큰 띠요, 纓은 고삐이다. 鞗革은《蓼蕭篇》에 보인다.

○ 宣王의 때에 蠻荊이 배반하자, 王이 方叔에게 명하여 南征하게 하니, 군사들이 행군하면서 쓴나물을 뜯어 먹었다. 그러므로 그 일을 읊어 起興하기를 "잠깐 쓴나물을 뜯기를 저 新田에서 하고 이 1년된 밭에서 하도다. 方叔이 임하니 그 수레가 3천인데, 군사들이 적을 막는 것을 시험하도다." 하였고, 또 마침내 그 車馬의 아름다움을 말하여 軍容의 성함을 나타낸 것이다.

薄言采芑, 于彼新田, 于此中鄕. 方叔涖止, 其車三千, 旂旐央央. 方叔率止, 約軧(祈支反)錯衡(叶戶郎反), 八鸞瑲瑲(七羊反). 服其命服, 朱芾(音弗)斯皇, 有瑲蔥珩(音衡 叶戶郎反).

薄言采芑를	잠깐 쓴나물을 뜯기를
于彼新田이며	저 新田에서 하며
于此中鄕이로다	이 시골 가운데에서 하도다
方叔涖止하니	方叔이 임하니
其車三千이로소니	그 수레가 三千이니
旂旐央央이로다	旂旐가 선명하도다

肄 : 익힐 이 婁 : 끌 루 頷 : 턱 함 鉤 : 갈고리 구 樊 : 띠 반 鞅 : 가슴걸이 앙
蓼 : 클 륙 軧 : 수레바퀴 기 錯 : 문채날 착 瑲 : 옥소리 창 芾 : 슬갑 불
蔥 : 푸를 총, 파 총 珩 : 패옥 형

方叔率止하니	方叔이 통솔하니
約軝錯衡이며	묶어놓은 수레바퀴통이며 문채나는 衡이며
八鸞瑲瑲이로다	여덟 방울이 창창히 울리도다
服其命服하니	命服을 입으니
朱芾斯皇이며	붉은 膝甲이 휘황찬란하며
有瑲葱珩이로다	푸른 佩玉이 창창히 울리도다

興也라 中鄉은 民居니 其田尤治라 約은 束이요 軝는 轂也니 以皮纏束兵車之轂而朱之也라 錯은 文也라 鈴在鑣曰鸞이라 馬口兩旁各一이니 四馬라 故로 八也라 瑲瑲은 聲也라 命服은 天子所命之服也라 朱芾은 黃朱之芾也라 皇은 猶煌煌也라 瑲은 玉聲이라 葱은 蒼色如葱者也라 珩은 佩首橫玉也라 禮에 三命은 赤芾葱珩이라

興이다. 中鄉은 백성들이 거주하니, 그 밭이 더욱 다스려진다. 約은 묶음이요, 軝는 수레바퀴통이니, 가죽으로 兵車의 바퀴통을 묶어서 붉게 칠한 것이다. 錯은 문채이다. 방울이 재갈에 있는 것을 鸞이라 한다. 말의 입 양 곁에 각기 한 개씩이니, 말이 네 필이기 때문에 여덟 개인 것이다. 瑲瑲은 소리이다. 命服은 天子가 명령한 관복이다. 朱芾은 주황색의 膝甲이다. 皇은 煌煌과 같다. 瑲은 佩玉의 소리이다. 葱은 푸른 색이 파와 같은 것이다. 珩은 佩玉의 맨 위에 가로댄 玉이다. 禮에 三命은 赤芾에 葱珩을 찬다.

鴥(惟必反)彼飛隼(息允反), 其飛戾天, 亦集爰止. 方叔涖止, 其車三千, 師干之試. 方叔率止, 鉦(音征)人伐鼓, 陳師鞠(居六反)旅. 顯允方叔, 伐鼓淵淵(叶於巾反), 振旅闐闐(徒顚反 叶徒隣反).

鴥彼飛隼이여	빠르게 나는 저 새매여
其飛戾天이며	날아서 하늘에 이르며
亦集爰止로다	또한 앉을 곳에 앉도다
方叔涖止하니	方叔이 임하니
其車三千이로소니	그 수레가 三千이니
師干之試로다	군사들이 적을 막는 것을 익히도다
方叔率止하니	方叔이 통솔하니
鉦人伐鼓어늘	鉦人은 북을 치거늘
陳師鞠旅로다	군사들을 진열하고 훈계하도다
顯允方叔이여	드러나고 진실한 方叔이여
伐鼓淵淵이며	북을 침에 淵淵히 하며

轂：바퀴통 곡　纏：맬 전　鑣：말재갈 표　鴥：휙날을 휼　戾：이를 려　鉦：징 정
鞠：고할 국　旅：군대 려　振：거둘 진　闐：북소리 전

振旅闐闐이로다　　군사들을 멈추게 함에 북소리 울리도다

興也라 隼은 鷂屬이니 急疾之鳥也라 戾는 至요 爰은 於也라 鉦은 鐃也, 鐲也라 伐은 擊也라 鉦以靜之하고 鼓以動之하여 鉦鼓各有人이어늘 而言鉦人伐鼓는 [1]互文也라 鞠은 告也라 二千五百人爲師요 五百人爲旅니 此는 言將戰에 陳其師旅而誓告之也라 陳師鞠旅는 亦互文耳라 淵淵은 鼓聲이니 平和하여 不暴怒也니 謂戰時進士衆也라 振은 止요 旅는 衆也니 言戰罷而止其衆以入也라 春秋傳曰 出曰治兵이요 入曰振旅라하니 是也라 闐闐은 亦鼓聲也라 或曰 盛貌라 程子曰 振旅亦以鼓行金止하나니라

○ 言隼飛戾天而亦集於所止하여 以興師衆之盛而進退有節하니 如下文所云也라

興이다. 隼은 매의 동속이니, 매우 빠른 새이다. 戾는 이름이요, 爰은 이에이다. 鉦은 징이며 방울이다. 伐은 침이다. 징소리로써 조용하게 하고 북소리로써 동작하게 하여, 징과 북이 각기 맡은 사람이 있는데, 鉦人이 북을 친다고 말한 것은 互文이다. 鞠은 고함이다. 2천5백人을 師라 하고, 5백人을 旅라 하니, 이는 장차 싸울 적에 그 師旅를 진열하고 誓告함을 말한 것이다. 陳師鞠旅 또한 互文이다. 淵淵은 북소리이니, 평화로워 급하거나 怒하지 않으니, 이는 싸울 때에 군사들을 진격시킴을 말한다. 振은 그침이요, 旅는 군사이니, 싸움을 罷하고 군사들을 그치게 하여 들어오게 함을 말한 것이다. 「春秋傳」에 이르기를 "〈군대를〉 내보내는 것을 治兵이라 하고, 〈군대를〉 들어오게 하는 것을 振旅라 한다." 하였으니 이것이다. 闐闐은 또한 북소리이다. 혹자는 "盛한 모양이다." 한다.

程子가 말씀하였다. "振旅할 때에도 또한 북소리로써 행군하고, 징소리로써 그치게 한다."

○ 새매가 날아 하늘에 이르며 또한 앉을 곳에 앉음을 말하여, 군사들이 盛하면서도 進退에 절도가 있음을 興하였으니, 下文에 말한 바와 같은 것이다.

譯註 1. 互文: 두 개 이상의 문장이나 글귀에 있어서 두 개를 모두 쓰지 않고 한쪽에 한 가지씩만을 써서 서로 뜻이 통하게 함을 이른다. 例를 들면 '鉦人伐鉦 鼓人伐鼓'라고 써야 할 것을 '鉦人伐鼓'라고 생략하여 쓴 것과 같은 따위이다.

蠢(尺允反)爾蠻荊, 大邦爲讐. 方叔元老, 克壯其猶. 方叔率止, 執訊(音信)獲醜(叶尺由反). 戎車嘽嘽(吐丹反), 嘽嘽焞焞(吐雷反), 如霆如雷. 顯允方叔, 征伐玁狁, 蠻荊來威(叶音隈).

蠢爾蠻荊이　　미련한 저 蠻荊이
大邦爲讐로다　　大國을 원수로 삼도다
方叔元老나　　方叔이 크게 늙었으나
克壯其猶(猷)로다　　그 계책은 씩씩하도다

鷂 : 새매 요　鐃 : 징 뇨　鐲 : 징 착, 방울 착　罷 : 파할 파　蠢 : 어리석을 준　猶 : 꾀 유
醜 : 무리 추　嘽 : 많을 탄　焞 : 성할 퇴　霆 : 우뢰 정

方叔率止하니	方叔이 통솔하니
執訊獲醜로다	訊問할 魁首를 붙잡고 무리들을 사로잡도다
戎車嘽嘽하니	戎車가 嘽嘽하니
嘽嘽焞焞(퇴)하여	많고 성하여
如霆如雷로다	천둥같고 우레같도다
顯允方叔이여	드러나고 진실한 方叔이여
征伐玁狁하니	玁狁을 征伐하니
蠻荊來威(畏)로다	蠻荊이 와서 畏服하도다

賦也라 蠢者는 動而無知之貌라 蠻荊은 荊州之蠻也라 大邦은 猶言中國也라 元은 大요 猶는 謀也니 言方叔雖老而謀則壯也라 嘽嘽은 衆也요 焞焞는 盛也라 霆은 疾雷也라 方叔이 蓋嘗與於北伐之功者라 是以로 蠻荊聞其名而皆來畏服也라

賦이다. 蠢은 움직이기만 하고 無知한 모양이다. 蠻荊은 荊州의 오랑캐이다. 大邦은 中國이란 말과 같다. 元은 큼이요, 猶는 謀이니, 方叔이 비록 늙었으나 계책은 씩씩함을 말한 것이다. 嘽嘽은 많음이요, 焞焞는 성함이다. 霆은 빠른 우레이다. 方叔은 일찍이 北伐의 功에 참여했던 자였다. 이 때문에 蠻荊이 그의 이름을 듣고서는 모두 와서 두려워하여 복종한 것이다.

采芑四章이니 章十二句라

毛序 采芑는 宣王南征也라

《采芑》는 宣王이 남쪽지방을 정벌한 것을 읊은 詩이다.

我車旣攻, 我馬旣同. 四牡龐龐(鹿同反), 駕言徂東.

我車旣攻하며	우리 수레가 이미 견고하며
我馬旣同하여	우리 말이 이미 똑같아
四牡龐龐하니	四牡가 充實하니
駕言徂東이로다	이것을 타고서 동쪽으로 가도다

賦也라 攻은 堅이라 同은 齊也라 傳曰 宗廟齊豪(毫)하니 尙純也요 戎事齊力하니 尙強也요 田獵齊足하니 尙疾也라하니라 龐龐은 充實也라 東은 東都洛邑也라

○ 周公이 相成王, 營洛邑하여 爲東都하여 以朝諸侯러시니 周室旣衰에 久廢其禮라가 至于宣王하여 內脩政事하고 外攘夷狄하여 復文武之竟(境)土하며 脩車馬하고 備器械하여 復會諸侯

攻：굳을 공 龐：클 방 徂：갈 조 豪：터럭 호 攘：물리칠 양

於東都하고 因田獵而選車徒焉이라 故로 詩人作此以美之하니라 首章은 汎言將往東都也라

賦이다. 攻은 견고함이다. 同은 똑고름이다. 傳에 이르기를 "宗廟에는 털의 색깔을 똑고르게 하니, 이는 순수함을 숭상하는 것이요, 軍事에는 힘을 똑고르게 하니, 이는 강함을 숭상하는 것이요, 田獵에는 발(走力)을 똑고르게 하니, 이는 빠름을 숭상하는 것이다." 하였다. 龐龐은 충실함이다. 東은 東都인 洛邑이다.

○ 周公이 成王을 도와 洛邑을 경영하여 東都를 만들어 諸侯에게 조회를 받았는데, 周나라 왕실이 이미 쇠함에 오랫동안 그 禮를 폐하였다가 宣王에 이르러 안으로 政事를 닦고 밖으로 夷狄을 물리쳐 文王·武王의 竟(境)土를 복구하였으며, 車馬를 수리하고 器械를 갖추어 다시 諸侯들을 東都에 모으고, 田獵을 통해서 車徒(車御와 步兵)를 뽑았다. 그러므로 詩人이 이 詩를 지어 찬미한 것이다. 首章은 장차 東都로 감을 汎汎히 말한 것이다.

田車既好叶許厚反, 四牡孔阜符有反. 東有甫草叶此苟反, 駕言行狩叶始九反.

田車既好하니	田車가 이미 좋으니
四牡孔阜로다	四牡가 심히 성대하도다
東有甫草어늘	東都에 甫草가 있거늘
駕言行狩로다	말을 타고 가서 사냥하도다

賦也라 田車는 田獵之車라 好는 善也라 阜는 盛大也라 甫草는 甫田也니 後爲鄭地하니 今開封府中牟縣西圃田澤이 是也라 [1]宣王之時엔 未有鄭國하여 圃田이 屬東都畿內라 故로 往田也라

○ 此章은 指言將往狩于圃田也라

賦이다. 田車는 田獵하는 수레이다. 好는 좋음이다. 阜는 성대함이다. 甫草는 甫田이니, 뒤에 鄭나라 땅이 되었으니, 지금 開封府 中牟縣의 서쪽 圃田澤이 이곳이다. 宣王의 때에는 鄭나라가 있지 아니하여 圃田이 東都의 畿內에 속하였다. 그러므로 가서 사냥한 것이다.

○ 이 章은 장차 圃田에 가서 사냥함을 가리켜 말한 것이다.

譯註 1. 鄭나라는 宣王의 아우인 友의 采地인데, 이 때에는 아직 鄭나라를 봉해주지 않아 圃田이 洛陽의 畿內에 있었으므로 말한 것이다.

之子于苗叶音毛, 選徒囂囂五刀反. 建旐設旄, 搏音博獸于敖.

之子于苗하니	之子가 사냥하니
選徒囂囂로다	車徒를 세는 소리가 시끄럽도다

甫 : 클 보　牟 : 보리 모　苗 : 사냥 묘　選 : 셀 선　囂 : 시끄러울 효　旐 : 기 조
搏 : 칠 박

建旐設旄하여　　깃발을 꽂고 깃발을 설치하여
搏獸于敖로다　　敖땅에서 짐승을 잡도다

賦也라 之子는 有司也라 苗는 狩獵之通名也라 選은 數也라 囂囂는 聲衆盛也라 數車徒者 其聲囂囂면 則車徒之衆을 可知요 且車徒不譁하고 而惟數者有聲하니 又見其靜治也라 敖는 近榮陽地名也라
○ 此章은 言至東都而選徒以獵也라

賦이다. 之子는 有司이다. 苗는 狩獵의 통칭이다. 選은 셈이다. 囂囂는 소리가 웅성거리는 것이다. 車徒를 세는 자가 그 소리가 시끄럽다면 車徒의 많음을 알 수 있으며, 또 車徒들은 떠들지 않고 오직 세는 자만이 소리를 내니, 이는 또 그 조용하고 잘 다스려짐을 볼 수 있다. 敖는 榮陽에 가까운 地名이다.
○ 이 章은 東都에 이르러 車徒를 뽑아 사냥함을 말한 것이다.

駕彼四牡, 四牡奕奕. 赤芾金舃, 會同有繹.

駕彼四牡하니　　저 四牡를 멍에하니
四牡奕奕이로다　　四牡가 奕奕하도다
赤芾金舃으로　　붉은 슬갑에 금으로 장식한 신으로
會同有繹이로다　　會同하기를 연속하여 하도다

賦也라 奕奕은 連絡布散之貌라 赤芾은 諸侯之服이요 金舃은 赤舃而加金飾이니 亦諸侯之服也라 時見(현)曰會요 殷見曰同이라 繹은 陳列聯屬之貌也라
○ 此章은 言諸侯來會하여 朝於東都也라

賦이다. 奕奕은 連絡하고 흩어져 있는 모양이다. 赤芾은 諸侯의 의복이요, 金舃은 붉은 신에 금으로 장식을 가한 것이니, 또한 諸侯의 의복이다. 때로 뵙는 것을 會라 하고, 여럿이 모여 뵙는 것을 同이라 한다. 繹은 진열함이 연속된 모양이다.
○ 이 章은 諸侯들이 東都에 와서 모여 조회함을 말한 것이다.

決拾既佽(音次 與柴叶), 弓矢既調(讀如同 與同叶). 射夫既同, 助我舉柴(子智反).

決拾既佽하며　　깍지와 팔찌가 이미 나란하며
弓矢既調하니　　弓矢가 이미 똑고르니
射夫既同하여　　射夫들이 이미 함께 하여
助我舉柴(胔)로다　　우리를 도와 쌓아놓은 짐승을 들게 하도다

譁：떠들썩할 화　榮：물이름 형　奕：많을 혁　芾：슬갑 불　舃：신 석　繹：연달을 역
殷：많을 은　決：깍지 결　拾：팔찌 습　佽：나란할 차　柴：쌓을 자

賦也라 決은 以象骨爲之하여 著於右手大指하니 所以鉤弦開體라 拾은 以皮爲之하여 著於左臂하여 以遂弦이라 故로 亦名遂라 佽는 比也라 調는 謂弓強弱이 與矢輕重相得也라 射夫는 蓋諸侯來會者라 同은 協也라 柴는 說文에 作骴하니 謂積禽也라 使諸侯之人으로 助而擧之하니 言獲多也라
○ 此章은 言既會同而田獵也라

賦이다. 決은 象骨로 만들어 오른손의 큰 손가락에 끼우니, 활시위를 당겨 활의 몸통을 여는 것이다. 拾은 가죽으로 만들어 왼쪽 팔에 차고서 활시위를 둥글게 이루는 것이다. 그러므로 또한 遂라고도 이름한다. 佽는 나란함이다. 調는 활의 強弱이 화살의 輕重과 서로 걸맞음을 말한다. 射夫는 諸侯로서 와서 모인 자이다. 同은 화함이다. 柴는 「說文」에 骴로 되어 있으니, 쌓아 놓은 짐승을 이른다. 諸侯의 사람으로 하여금 도와서 들게 하였으니, 잡은 짐승이 많음을 말한 것이다.
○ 이 章은 이미 會同하여 田獵함을 말한 것이다.

四黃既駕, 兩驂不猗(於寄於箇二反). 不失其馳(叶徒臥反), 舍(音捨)矢如破(彼奇普過二反).

四黃既駕하니	네 필의 黃馬를 이미 멍에하니
兩驂不猗로다	두 驂馬가 기울지 않도다
不失其馳어늘	馳驅하는 법을 잃지 않거늘
舍矢如破로다	화살을 발사함에 깨뜨리는 듯하도다

賦也라 猗는 偏倚不正也라 馳는 馳驅之法也라 舍矢如破는 巧而力也라 蘇氏曰 不善射御者는 詭遇則獲이요 不然이면 不能也어늘 今御者不失其馳驅之法하고 而射者舍矢如破하니 則可謂善射御矣로다
○ 此章은 言田獵而見其射御之善也라

賦이다. 猗는 기울어 바르지 못한 것이다. 馳는 馳驅하는 법이다. 舍矢如破는 재주가 공교로우면서 힘이 있는 것이다.
蘇氏가 말하였다. "射御를 잘하지 못하는 자는 不正하게 만나면 짐승을 잡고 그렇지 못하면 능하지 못한데, 지금 御者는 馳驅하는 법을 잃지 않고, 射者는 화살을 발사함에 깨뜨리는 듯하니, 射御를 잘한다고 이를 만하다."
○ 이 章은 田獵을 말하여 射御의 잘함을 나타낸 것이다.

蕭蕭馬鳴, 悠悠旆旌. 徒御不驚, 大庖(蒲交反)不盈.

蕭蕭馬鳴이며	蕭蕭한 말의 울음소리이며

著 : 길 착 鉤 : 당길 구 弦 : 활시위 현 臂 : 팔뚝 비 骴 : 쌓을 자 猗 : 기울 의
詭 : 속일 궤

悠悠旆旌이로다　　悠悠한 깃발이로다
徒御不驚이며　　徒御가 놀라지 아니하며
大庖不盈이로다　　大庖가 차지 않았도다

賦也라 蕭蕭, 悠悠는 皆閑暇之貌라 徒는 步卒也요 御는 車御也라 驚은 如漢書夜軍中驚之驚이라 不驚은 言比卒事에 不喧譁也라 大庖는 君庖也라 不盈은 言取之有度하여 不極欲也라 蓋古者田獵獲禽에 面傷不獻하고 踐(翦)毛不獻하고 不成禽不獻하며 擇取三等하여 [1]自左膘而射之하여 達于右腢를 爲上殺하여 以爲乾豆하여 奉宗廟하고 達右耳本者를 次之하여 以爲賓客하고 射左髀하여 達于右髃를 爲下殺하여 以充君庖하나니 每禽取三十焉하여 每等得十하고 其餘는 以與士大夫하여 習射於澤宮하여 中者取之라 是以로 獲雖多而君庖不盈也라 張子曰 饌雖多而無餘者는 均及於衆而有法耳라 凡事有法이면 則何患乎不均也리오 [2]舊說에 不驚은 驚也요 不盈은 盈也라하니 亦通이니라

○ 此章은 言其終事嚴而頒禽均也라

賦이다. 蕭蕭와 悠悠는 모두 한가로운 모양이다. 徒는 보졸이요, 御는 수레를 御車하는 자이다. 驚은 「漢書」에 "밤중에 軍中에서 놀란다[夜軍中驚]."는 驚字와 같다. 不驚은 일을 마침에 이르러도 떠들지 않음을 말한 것이다. 大庖는 군주의 푸줏간이다. 不盈은 취함에 법도가 있어서 욕심을 다하지 않음을 말한다. 옛날에 田獵하여 짐승을 잡을 때에 얼굴을 맞혀 부상당한 것을 바치지 않고, 옆에서 쏘아 털이 벗겨진 것을 바치지 않고, 짐승을 완성하지 못한 것(어린 짐승)을 바치지 아니하며, 세 등급을 골라 취하여 왼쪽 허구리로부터 쏘아 오른쪽 어깨뼈를 관통한 것을 上殺이라 하여 乾豆를 만들어 宗廟에 받들어 올리고, 오른쪽 귀 밑을 관통한 것을 다음(中殺)이라 하여 賓客에게 대접하고, 왼쪽 넙적다리를 쏘아 오른쪽 어깨뼈를 관통한 것을 下殺이라 하여 君庖에 채운다. 매양 짐승마다 30마리를 취하여 매 등급마다 10마리씩을 언고, 나머지는 士大夫에게 주어 澤宮에서 활쏘기를 익히게 하여 맞힌 자가 취한다. 이 때문에 짐승을 많이 잡아도 君庖가 가득 차지 않는 것이다.

張子가 말씀하였다. "饌이 비록 많으나 남음이 없는 것은 여러 사람에게 골고루 미쳐서 법도가 있기 때문이다. 모든 일이 법도가 있으면 어찌 균등하지 못함을 걱정하겠는가."

舊說에 "不驚은 놀람이요, 不盈은 가득참이다." 하니, 또한 통한다.

○ 이 章은 일을 마침이 엄격하고 짐승을 나누어줌이 균등함을 말한 것이다.

譯註 1. 짐승을 잡을 때에 왼쪽의 심장을 맞추어 곧바로 죽인 것을 제일 좋은 것으로 보아, 이것으로 上殺·中殺·下殺의 세 등급을 정한 것이다.
2. 鄭玄의 注에는 '徒御不驚 大庖不盈'을 "徒御가 놀라지 않을까. 大庖가 차지 않을까."로 해석하였음을 가리킨 것이다.

之子于征, 有聞(音問)無聲, 允矣君子, 展也大成.

喧 : 시끄러울 훤　膘 : 허구리 표　腢 : 어깨뼈 우　髀 : 넓적다리 비　髃 : 어깨뼈 요
頒 : 나눌 반

之子于征하니　　之子가 가니
有聞無聲이로다　　간다는 소문만 있고 가는 소리가 없도다
允矣君子여　　진실로 君子여
展也大成이로다　　진실로 大成하도다

賦也라 允은 信이요 展은 誠也라 聞師之行而不聞其聲은 言至肅也라 信矣其君子也여 誠哉其大成也라
○ 此章은 總敍其事之始終而深美之也라

賦이다. 允은 진실로요, 展은 진실로이다. 군사가 행군한다는 소문만 들리고 그 가는 소리를 듣지 못함은 지극히 엄숙함을 말한 것이다. 진실로 君子여, 진실로 大成하리로다.
○ 이 章은 일의 始終을 모두 서술하여 깊이 찬미한 것이다.

車攻八章이니 章四句라

以五章以下考之컨대 恐當作四章 章八句라

第五章 이하로써 상고해 보건대, 마땅히 四章에 章마다 八句가 되어야 할 듯하다.

毛序　車攻은 宣王復古也라 宣王이 能內修政事하고 外攘夷狄하여 復文武之竟土하며 修車馬하고 備器械하여 復會諸侯於東都하고 因田獵而選車徒焉하니라

《車攻》은 宣王이 옛날 제도를 회복함을 읊은 詩이다. 宣王이 안으로 정사를 닦고 밖으로 夷狄을 물리쳐 文王·武王의 국경을 收復하였으며 車馬를 닦고 器械를 구비하여 다시 諸侯들을 東都에 모으고는 인하여 사냥을 하면서 車徒를 선발한 것이다.

吉日維戊(叶莫吼反), 旣伯旣禱(叶丁口反). 田車旣好(叶許口反), 四牡孔阜(符有反). 升彼大阜, 從其羣醜.

吉日維戊에　　吉日인 戊日에
旣伯旣禱하니　　이미 馬祖에게 기도하니
田車旣好하며　　田車가 이미 좋으며
四牡孔阜어늘　　四牡가 매우 성대하거늘
升彼大阜하여　　저 큰 언덕에 올라가
從其羣醜로다　　짐승떼가 많은 곳을 찾도다

醜 : 무리 추

賦也라 [1]戊는 剛日也라 伯은 馬祖也니 謂天駟房星之神也라 醜는 衆也니 謂禽獸之羣衆也라
○ 此亦宣王之詩라 言田獵에 將用馬力이라 故로 以吉日祭馬祖而禱之하고 旣祭而車牢馬健하니 於是에 可以歷險而從禽也라 以下章推之컨대 是日也 其戊辰歟인저

賦이다. 戊는 剛日이다. 伯은 馬祖이니, 天駟 房星의 神을 이른다. 醜는 많음이니, 짐승의 떼가 많음을 이른다.

○ 이 또한 宣王의 詩이다. 田獵을 하려면 장차 말의 힘을 써야 한다. 그러므로 吉日로써 馬祖에게 제사하여 기도하였으며, 이미 제사하고 나자 수레가 견고하고 말이 건장하니, 이에 험한 곳을 지나 짐승을 좇을 수 있는 것이다. 下章으로써 미루어 보건대, 이 날은 戊辰日일 것이다.

譯註 1. 戊剛日也: 天干中 一, 三, 五, 七, 九의 위치에 해당하는 甲, 丙, 戊, 庚, 壬을 剛日이라 하며, 二, 四, 六, 八, 十의 위치에 해당하는 乙, 丁, 己, 辛, 癸를 柔日이라 한다. 「禮記」《曲禮》에 "外事以剛日 內事以柔日"이라고 보이는 바, 外事는 治兵, 巡狩, 朝聘, 會盟 등의 일을 가리키며, 內事는 宗廟의 祭祀나 冠禮, 婚禮 등의 일을 가리킨다. 喪中에도 初虞, 三虞, 卒哭은 剛日을 쓰고, 再虞는 柔日을 쓴다.

吉日庚午, 既差我馬(叶滿補反). 獸之所同, 麀(音憂)鹿麌麌(愚甫反). 漆沮(七徐反)之從, 天子之所.

吉日庚午에	吉日인 庚午日에
既差我馬하여	이미 내 말을 골라
獸之所同에	짐승들이 모여 있는 곳에
麀鹿麌麌한	麀鹿이 우글거리는
漆沮之從이여	漆沮에서 좇음이여
天子之所로다	天子께서 사냥하는 곳이로다

賦也라 庚午는 亦剛日也라 差는 擇이니 齊其足也라 同은 聚也라 鹿牝曰麀라 麌麌는 衆多也라 漆沮는 水名이니 在西都畿內涇渭之北하니 所謂洛水이니 今自延章流入鄜坊하여 至同州入河也라
○ 戊辰之日에 既禱矣요 越三日庚午에 遂擇其馬而乘之하여 視獸之所聚麀鹿最多之處而從之하니 惟漆沮之旁爲盛하여 宜爲天子田獵之所也라

賦이다. 庚午는 또한 剛日이다. 差는 가림이니, 그 발(走力)을 똑고르게 하는 것이다. 同은 모임이다. 사슴의 암컷을 麀라 한다. 麌麌는 많음이다. 漆沮는 물 이름이니, 西都의 畿內 涇水와 渭水의 북쪽에 있으니, 이른바 洛水이다. 지금은 延章로부터 鄜坊으로 흘러 들어가서 同州에 이르러 黃河로 들어간다.

○ 戊辰日에 이미 기도하였고, 3일이 지난 庚午日에 마침내 그 말을 골라 타고서 짐승들이 모

牢 : 굳을 뢰 差 : 가릴 차 麀 : 암사슴 우 麌 : 떼지을 우 沮 : 물이름 저 鄜 : 땅이름 부

여 있는 곳 중에서 麀鹿이 가장 많은 곳을 보아 좇으니, 오직 漆沮의 부근이 가장 성하여 마땅히 天子의 田獵하는 장소가 될 만하였다.

瞻彼中原, 其祁孔有(叶羽己反). 儦儦(表驕反)俟俟(叶于紀反), 或羣或友(叶羽己反). 悉率左右(叶羽己反), 以燕天子(叶奬里反).

瞻彼中原호니　저 언덕 가운데를 보니
其祁孔有로다　큰 짐승이 매우 많이 있도다
儦儦俟俟하여　빨리 도망가기도 하며 느리게 걷기도 하여
或羣或友어늘　혹은 세 마리가 가고 혹은 두 마리가 가거늘
悉率左右하여　左右를 모두 거느려
以燕天子로다　天子를 즐겁게 하도다

賦也라 中原은 原中也라 祁는 大也라 趣則儦儦하고 行則俟俟라 獸三曰羣이요 二曰友라 燕은 樂也라

○ 言從王者하여 視彼禽獸之多하고 於是에 率其同事之人하여 各共(供)其事하여 以樂天子也라

賦이다. 中原은 언덕 가운데이다. 祁는 큼이다. 빨리 달리면 儦儦하고, 느리게 걸어가면 俟俟한 것이다. 짐승 세 마리를 羣이라 하고, 두 마리를 友라 한다. 燕은 즐거움이다.

○ 王者를 따라 저 禽獸가 많음을 보고서 이에 일을 함께 하는 사람들을 거느려서 각기 그 일을 수행하여 天子를 즐겁게 함을 말한 것이다.

既張我弓, 既挾(子洽戶頰二反)我矢. 發彼小豝(音巴), 殪(於計反)此大兕(徐履反). 以御賓客, 且以酌醴.

既張我弓하고　이미 내 활을 당기고
既挾我矢하여　이미 내 화살을 끼우고서
發彼小豝하며　저 작은 멧돼지를 쏘아 맞히며
殪此大兕하여　이 큰 외뿔소를 잡아서
以御賓客하고　賓客에게 올리고
且以酌醴로다　또 단술을 떠서 올리도다

賦也라 發은 發矢也라 豕牝曰豝라 壹矢而死曰殪라 兕는 野牛也니 言能中微而制大也라 御는 進也라 醴는 酒名이라 [1]周官五齊에 二曰醴齊니 注曰 醴成而汁滓相將하니 如今甜酒也라하니

祁 : 클 기　儦 : 많을 표, 떼지어다닐 표　俟 : 떼지어갈 사　豝 : 암퇘지 파
殪 : 쓰러뜨릴 에　兕 : 외뿔소 시　醴 : 단술 례　滓 : 찌꺼기 재　甜 : 달 첨

라

○ 言射而獲禽하여 以爲俎實하여 進於賓客而酌醴也라

賦이다. 發은 화살을 발사하는 것이다. 멧돼지의 암컷을 豝라 한다. 한 발의 화살로 죽이는 것을 殪라 한다. 兕는 들소이니, 작은 것도 맞히고 큰 것도 제어함을 말한 것이다. 御는 올림이다. 醴는 술 이름이다. 「周官」의 五齊에 두번째가 醴齊이니, 注에 이르기를 "단 술이 이루어지면 즙과 찌꺼기를 함께 올리니, 지금의 甜酒와 같은 것이다." 하였다.

○ 활을 쏘아 짐승을 잡아서 俎實을 만들어 賓客에게 올리고 단술을 떠서 올림을 말한 것이다.

譯註 1. 五齊:「周禮」《天官 酒正》에 보이는 내용으로, 첫째는 泛齊, 둘째는 醴齊, 셋째는 盎齊, 네째는 緹齊, 다섯째는 沈齊인데, 이것으로 술의 淸濁을 나누는 바, 醴齊 이상은 더욱 濁하여 걸러서 짜고 盎齊 이하는 차츰 淸해진다. 杜子春은 齊를 粢로 읽었으며, 齊의 뜻을 鄭玄은 '제사할 적에 적당하게 만든다는 뜻이다.' 하였다.

吉日四章이니 章六句라

東萊呂氏曰 車攻吉日이 所以爲復古者는 何也오 蓋蒐狩之禮는 可以見王賦之復焉이요 可以見軍實之盛焉이요 可以見師律之嚴焉이요 可以見上下之情焉이요 可以見綜理之周焉이니 欲明文武之功業者는 此亦足以觀矣니라

東萊呂氏가 말하였다. "《車攻》과 《吉日》이 옛 것을 회복함이 되는 까닭은 어째서인가? 蒐狩(田獵)하는 禮는 王賦의 회복을 볼 수 있고, 軍實의 성함을 볼 수 있고, 師律의 엄함을 볼 수 있고, 上下의 情을 볼 수 있고, 綜理의 완벽함을 볼 수 있으니, 文王·武王의 功業을 밝히고자 하는 자는 여기에서 또한 족히 그것을 볼 수 있다."

毛序 吉日은 美宣王田也니 能愼微接下하여 無不自盡以奉其上焉이니라

《吉日》은 宣王의 사냥을 찬미한 詩이니, 은미한 것을 삼가고 아랫사람을 접대하여 스스로 극진히 해서 그 윗사람을 받들지 않음이 없게 한 것이다.

鴻鴈于飛, 肅肅其羽. 之子于征, 劬(其俱反)勞于野(叶上與反) 爰及矜(棘冰反)人, 哀此鰥寡(叶果五反).

鴻鴈于飛하니	鴻鴈이 날으니
肅肅其羽로다	그 깃이 肅肅하도다
之子于征하니	之子가 길을 가니

蒐:사냥 수　劬:힘쓸 구　矜:불쌍히여길 긍　鰥:홀아비 환

劬勞于野로다	들에서 몹시 수고하도다
爰及矜人하니(이)	이에 불쌍한 사람에게 미치니
哀此鰥寡로다	이 鰥寡가 가엾도다

興也라 大曰鴻이요 小曰鴈이라 肅肅은 羽聲也라 之子는 流民自相謂也라 征은 行也라 劬勞는 病苦也라 矜은 憐也라 老而無妻曰鰥이요 老而無夫曰寡라
○ 舊說에 周室中衰하여 萬民離散이러니 而宣王能勞來還定安集之라 故로 流民喜之而作此詩라 追敍其始而言曰 鴻鴈于飛하니 則肅肅其羽矣요 之子于征하니 則劬勞于野矣로다 且其劬勞者 皆鰥寡可哀憐之人也라 然이나 今亦未有以見其爲宣王之詩하니 後三篇放此하니라

興이다. 큰 것을 鴻이라 하고, 작은 것을 鴈이라 한다. 肅肅은 깃의 소리이다. 之子는 流民들이 자기들끼리 서로 가리켜 말한 것이다. 征은 길을 감이다. 劬勞는 병들고 괴로움이다. 矜은 가련함이다. 늙어 아내가 없는 것을 鰥이라 하고, 늙어 남편이 없는 것을 寡라 한다.
○ 舊說에 "周나라 왕실이 중간에 쇠하여 萬民들이 離散하였는데, 宣王이 수고로운 자를 위로하고 오는 자를 오게 하고, 간 자를 돌아오게 하고 어지러운 자를 안정시키고, 위태로운 자를 편안하게 하고 흩어진 자를 모여 살게 했다." 하였다. 그러므로 流民들이 기뻐하여 이 詩를 지은 것이다. 그 시작을 追敍하여 말하기를 "鴻鴈이 날으니 그 깃이 肅肅하고, 之子가 길을 가니 들에서 몹시 수고하도다. 또 몹시 수고로운 자들은 모두 鰥寡여서 애처롭고 가련한 사람이다." 하였다. 그러나 지금 또한 宣王의 詩가 됨을 볼 수 없으니, 뒤의 세 篇도 이와 같다.

鴻鴈于飛, 集于中澤(叶徒洛反). 之子于垣(音袁), 百堵(丁古反)皆作. 雖則劬勞, 其究安宅(叶達各反).

鴻鴈于飛하니	鴻鴈이 날으니
集于中澤이로다	못 가운데 앉았도다
之子于垣하니	之子가 담을 쌓으니
百堵皆作이로다	百堵를 모두 일으키도다
雖則劬勞나	비록 몹시 수고로우나
其究安宅이로다	끝내는 편안한 집을 얻으리로다

興也라 中澤은 澤中也라 一丈爲板이요 五板爲堵라 究는 終也라
○ 流民이 自言鴻鴈集于中澤하여 以興已之得其所止而築室以居하니 今雖勞苦나 而終獲安定也라

興이다. 中澤은 못 가운데이다. 一丈을 板이라 하고, 五板을 堵라 한다. 究는 끝이다.
○ 流民들이 鴻鴈이 못 가운데 앉아 있음을 스스로 말하여, 자기들이 살 곳을 얻어 집을 짓고 거주함을 興하였으니, 지금은 비록 勞苦하나 끝내는 안정을 얻을 것이라고 한 것이다.

堵 : 담 도　究 : 다할 구

鴻鴈于飛, 哀鳴嗸嗸[五刀反]. 維此哲人, 謂我劬勞. 維彼愚人, 謂我宣驕[叶音高].

鴻鴈于飛하니	鴻鴈이 날으니
哀鳴嗸嗸로다	슬피 울기를 嗸嗸히 하도다
維此哲人은	이 明哲한 사람은
謂我劬勞어늘	나더러 몹시 수고한다 이르거늘
維彼愚人은	저 어리석은 사람들은
謂我宣驕라하나다	나더러 교만을 떤다 이르도다

比也라 流民以鴻鴈哀鳴自比而作此歌也라 哲은 知요 宣은 示也라 知者는 聞我歌하고 知其出於劬勞어늘 不知者는 謂我閒暇而宣驕也라 韓詩云 勞者歌其事라하고 魏風亦云 我歌且謠어늘 不我知者는 謂我士也驕라하니 大抵歌多出於勞苦로되 而不知者常以爲驕也라

比이다. 流民들이 鴻鴈이 슬피 욺으로써 자신들을 비유하여 이 노래를 지은 것이다. 哲은 지혜요, 宣은 보여줌이다. 지혜로운 자는 내 노래를 듣고는 그 劬勞에서 나온 줄을 알거늘, 지혜롭지 못한 자는 나더러 한가로워 교만을 떤다고 이른다. 「韓詩」에 이르기를 "수고로운 자는 그 일을 노래한다." 하였고, 魏風의 《園有桃》에도 또한 이르기를 "내 노래하고 또 흥얼거리거늘 나를 알지 못하는 자는 나더러 선비가 교만하다고 한다." 하였으니, 대저 노래는 勞苦에서 나오는 것이 많은데, 알지 못하는 자들은 항상 교만하다고 말한다.

鴻鴈三章이니 章六句라

毛序 鴻鴈은 美宣王也라 萬民離散하여 不安其居어늘 而能勞來還定安集之하여 至于矜(鰥)寡에도 無不得其所焉하니라

《鴻鴈》은 宣王을 찬미한 詩이다. 萬民이 離散하여 살 곳을 얻지 못하였는데, 수고로운 자와 먼 곳에서 온 자를 위로하고 떠나간 자를 돌아와 定하게 하며 安集(편안히 살게 함)하여 鰥寡까지도 모두 살 곳을 얻게 하였다.

夜如何其[音基], 夜未央, 庭燎之光. 君子至止, 鸞聲將將[七羊反].

夜如何其오	밤이 얼마나 되었는고
夜未央이나	밤이 아직 한밤중이 못되었으나
庭燎之光이로다	庭燎가 빛나도다
君子至止하니	君子가 이르니
鸞聲將將이로다	방울소리가 將將히 울리도다

嗸 : 시끄러울 오　央 : 가운데 앙

賦也라 其는 語辭라 央은 中也라 庭燎는 大燭也니 諸侯將朝면 則司烜(훼)가 以物百枚로 幷而束之하여 設於門內也라 君子는 諸侯也라 將將은 鸞鑣聲이라

○ 王將起視朝하여 不安於寢하여 而問夜之早晩曰 夜如何哉오 夜雖未央이나 而庭燎光矣니 朝者至而聞其鸞聲矣라하니라

賦이다. 其는 어조사이다. 央은 가운데이다. 庭燎는 큰 촛불이니, 諸侯들이 장차 조회하려 하면 司烜가 물건 백 가지를 가지고 함께 묶어서 문 안에 설치한다. 君子는 諸侯이다. 將將은 방울소리이다.

○ 王이 장차 일어나 조회를 보려고 하여 잠을 편안히 자지 못하고 밤의 早晩을 물으며 말하기를 "밤이 얼마나 되었는고? 밤이 비록 한밤중이 못되었으나 庭燎가 빛나니, 조회하는 자들이 이르러 방울소리가 들린다."고 한 것이다.

夜如何其, 夜未艾(音乂 如字 又), 庭燎晣晣(之世反 與艾叶). 君子至止, 鸞聲噦噦(呼會反).

夜如何其오	밤이 얼마나 되었는고
夜未艾나	밤이 다하지 않았으나
庭燎晣晣로다	庭燎가 희미하도다
君子至止하니	君子가 이르니
鸞聲 噦噦로다	방울소리가 噦噦하도다

賦也라 艾는 盡也라 晣晣는 小明也라 噦噦는 近而聞其徐行聲有節也라

賦이다. 艾는 다함이다. 晣晣는 조금 밝음이다. 噦噦는 가까워져서 그 徐行함에 소리가 절도있게 들리는 것이다.

夜如何其, 夜鄕(許亮反)晨, 庭燎有煇(許云反). 君子至止, 言觀其旂(叶渠斤反).

夜如何其오	밤이 얼마나 되었는고
夜鄕晨이라	밤이 새벽을 향하는지라
庭燎有煇이로다	庭燎가 불빛이 스러지도다
君子至止하니	君子가 이르니
言觀其旂로다	그 깃발을 보도다

賦也라 鄕晨은 近曉也라 煇은 火氣也니 天欲明而見其煙光相雜也라 旣至而觀其旂면 則辨色矣라

賦이다. 鄕晨은 새벽에 가까운 것이다. 煇은 불기운이니, 하늘이 밝고자 하여 연기와 빛이 서

烜 : 횃불 훼　艾 : 다할 애　晣 : 반짝반짝할 제　噦 : 방울소리 홰　煇 : 해무리 훈

로 섞여짐을 본 것이다. 이미 이르러 그 깃발을 보았다면 〈날이 밝아〉 색깔을 분별할 수 있는 것이다.

庭燎三章이니 章五句라

毛序 庭燎는 美宣王也니 因以箴之하니라

《庭燎》는 宣王을 찬미한 詩이니, 인하여 경계한 것이다.

沔(綿善反)彼流水, 朝(直遙反)宗于海(叶虎洧反). 鴥(惟必反)彼飛隼(息允反), 載飛載止. 嗟我兄弟, 邦人諸友(叶羽軌反), 莫肯念亂, 誰無父母(叶滿洧反).

沔彼流水여	넘실넘실 흐르는 저 流水여
朝宗于海로다	바다에 朝宗하도다
鴥彼飛隼이여	빨리 날으는 저 새매여
載飛載止로다	곧 날며 곧 그치도다
嗟我兄弟와	아, 우리 兄弟와
邦人諸友가	邦人의 여러 벗들이
莫肯念亂하나니	즐겨 난리를 염려하는 자가 없으니
誰無父母오	누가 父母가 없으리오

興也라 沔은 水流滿也라 諸侯春見(현)天子曰朝요 夏見曰宗이라

○ 此는 憂亂之詩라 言流水猶朝宗于海하고 飛隼猶或有所止어늘 而我之兄弟諸友는 乃無肯念亂者하니 誰獨無父母乎오 亂則憂或及之리니 是豈可以不念哉아

興이다. 沔은 물이 가득히 흐름이다. 諸侯가 봄에 天子를 뵙는 것을 朝라 하고, 여름에 뵙는 것을 宗이라 한다.

○ 이는 난리를 걱정하는 것을 읊은 詩이다. "流水도 오히려 바다에 朝宗하고, 날으는 새매도 혹 그치는 바가 있거늘, 우리 兄弟와 여러 벗들은 즐겨 亂을 염려하는 자가 없으니, 누가 홀로 父母가 없으리오. 난리가 나면 근심이 혹 부모에게 미칠 것이니, 이 어찌 염려하지 않을 수 있겠는가."

沔彼流水, 其流湯湯(失羊反). 鴥彼飛隼, 載飛載揚. 念彼不蹟(並亦反), 載起載行(叶戶郎反). 心之憂矣, 不可弭忘.

沔彼流水여	넘실넘실 흐르는 저 流水여

沔 : 물가득히흐를 면 鴥 : 획날을 휼 湯 : 물세차게흐를 상 蹟 : 따를 적 弭 : 그칠 미

其流湯湯이로다	그 흐름이 성하고 성하도다
鴥彼飛隼이여	빨리 날으는 저 새매여
載飛載揚이로다	곧 날며 곧 솟구쳐 오르도다
念彼不蹟하여	저 道를 따르지 않음을 염려하여
載起載行호라	곧 일어나며 곧 길을 가노라
心之憂矣여	마음의 근심함이여
不可弭忘이로다	생각을 그쳐 잊을 수가 없도다

興也라 湯湯은 波流盛貌라 不蹟은 不循道也라 載起載行은 言憂念之深하여 不遑寧處也라 弭는 止也라 水盛隼揚으로 以興憂亂之不能忘也라

興이다. 湯湯은 물결이 성하게 흐르는 모양이다. 不蹟은 道를 따르지 않는 것이다. 載起載行은 염려함이 깊어서 편안히 거처할 겨를이 없음을 말한 것이다. 弭는 그침이다. 물이 성하게 흐르고 새매가 솟구쳐 오름으로써 난리를 걱정하여 잊을 수 없음을 興한 것이다.

鴥彼飛隼, 率彼中陵. 民之訛言, 寧莫之懲. 我友敬矣, 讒言其興.

鴥彼飛隼이여	빨리 날으는 저 새매여
率彼中陵이로다	저 언덕 가운데를 따르도다
民之訛言을	백성들의 유언비어를
寧莫之懲고	어찌하여 징계하는 자가 없는고
我友敬矣면	우리 벗들이 공경한다면
讒言其興가	참소하는 말이 일어날 수 있겠는가

興也라 率은 循이요 訛는 僞요 懲은 止也라

○ 隼之高飛에도 猶循彼中陵이어늘 而民之訛言을 乃無懲止之者라 然이나 我之友誠能敬以自持矣면 則讒言이 何自而興乎아 始憂於人而卒反諸己也니라

興이다. 率은 따름이요, 訛는 거짓이요, 懲은 그침이다.

○ 새매가 높이 날 때에도 오히려 저 높은 언덕 가운데를 따르거늘, 백성들의 유언비어를 마침내 징계하여 그치게 하는 자가 없다. 그러나 우리 벗들이 진실로 敬으로써 스스로를 갖는다면 참소하는 말이 어디로부터 일어나겠는가. 처음에는 남을 걱정하다가 끝내는 자기 몸에 되돌린 것이다.

沔水三章이니 二章은 章八句요 一章은 六句라

疑當作三章章八句니 [1]卒章에 脫前兩句耳라

訛 : 거짓 와

의심컨대 마땅히 三章에 章마다 八句가 되어야 하니, 마지막 章에 앞의 두 句가 빠진 듯하다.

譯註 1. 卒章脫前兩句: 앞의 두 章과 같이 '沔彼流水 □□□□'의 두 句가 빠졌음을 뜻한다.

毛序 沔水는 規宣王也라

《沔水》는 宣王을 規諫한 詩이다.

鶴鳴于九皐, 聲聞(音問)于野(叶上與反). 魚潛在淵, 或在于渚. 樂(音洛)彼之園, 爰有樹檀(叶徒沿反), 其下維蘀(音託). 他山之石, 可以爲錯(七落反).

鶴鳴于九皐어든	鶴이 九皐에서 울거든
聲聞于野니라	소리가 들에 들리느니라
魚潛在淵하나	고기가 잠겨 깊은 못 속에 있으나
或在于渚니라	혹은 물가에도 있느니라
樂彼之園에	즐거운 저 동산에
爰有樹檀하니	심어놓은 박달나무가 있는데
其下維蘀이니라	그 아래에는 낙엽이 떨어져 있느니라
他山之石이	他山의 돌이
可以爲錯이니라	숫돌이 될 수 있느니라

比也라 鶴은 鳥名이니 長頸, 竦身, 高脚이요 頂赤, 身白하고 頸尾黑하니 其鳴高亮하여 聞八九里라 皐는 澤中水溢出所爲坎이니 從外數至九는 喩深遠也라 蘀은 落也라 錯은 礪石也라
○ 此詩之作은 不可知其所由나 然必陳善納誨之辭也라 蓋鶴鳴于九皐而聲聞于野는 言誠之不可揜也요 魚潛在淵而或在于渚는 言理之無定在也요 園有樹檀而其下維蘀은 言愛當知其惡也요 他山之石而可以爲錯은 言憎當知其善也라 由是四者하여 [1]引而伸之하고 觸類而長之하면 天下之理 其庶幾乎인저

比이다. 鶴은 새 이름이니, 목이 길고 몸이 높으며 다리가 길고, 벼슬이 붉고 몸이 희며 목과 꼬리가 검으니, 우는 소리가 높고 맑아서 8, 9里까지 들린다. 皐는 못 가운데에 물이 넘쳐나와서 생긴 구덩이이니, 밖에서부터 세어 아홉에 이름은 深遠함을 비유한 것이다. 蘀은 떨어짐이다. 錯은 숫돌이다.
○ 이 詩를 지은 것은 그 所由를 알 수 없으나, 반드시 善言을 진술하여 가르침을 바친 말일 것이다. 鶴이 九皐에서 울거든 소리가 들에까지 들린다는 것은 성실함을 가릴 수 없음을 말한 것이요, 고기가 잠겨 깊은 못 속에 있으나 혹은 물가에 있다는 것은 이치가 정해진 곳(定處)이

皐 : 늪 고, 물가 고 蘀 : 떨어질 탁 錯 : 숫돌 착 竦 : 우뚝솟을 송 頂 : 이마 정
亮 : 밝을 량 礪 : 숫돌 려 觸 : 닿을 촉

없음을 말한 것이요, 동산에 심어놓은 박달나무가 있는데 그 아래에 낙엽이 떨어져 있다는 것은 사랑하면서도 마땅히 그 나쁜 점을 알아야 함을 말한 것이요, 他山의 돌이 숫돌이 될 수 있다는 것은 미워하면서도 마땅히 그 좋은 점을 알아야 함을 말한 것이다. 이 네 가지를 말미암아 이끌어 펴고 類에 따라 키워나간다면 천하의 이치를 거의 다하게 될 것이다.

譯註 1. 引而伸之 觸類而長之:「周易」《繫辭傳上》에 보이는 말로, 이것을 이끌어 펴고 類에 따라(類推하여) 伸長시킴을 이른다.

鶴鳴于九皐, 聲聞于天叶鐵因反. 魚在于渚, 或潛在淵叶一均反. 樂彼之園, 爰有樹檀, 其下維穀. 他山之石, 可以攻玉.

鶴鳴于九皐어든	鶴이 九皐에서 울거든
聲聞于天이로다	소리가 하늘에 들리도다
魚在于渚하나	고기가 물가에 있으나
或潛在淵이니라	혹은 잠겨 깊은 못에 있느니라
樂彼之園에	즐거운 저 동산에
爰有樹檀하니	심어놓은 박달나무가 있는데
其下維穀이니라	그 아래에는 닥나무가 있도다
他山之石이	他山의 돌이
可以攻玉이니라	옥을 갈 수 있느니라

比也라 穀은 一名楮이니 惡木也라 攻은 錯也라

○ 程子曰 玉之溫潤은 天下之至美也요 石之麤厲는 天下之至惡也라 然이나 兩玉相磨면 不可以成器요 以石磨之然後에 玉之爲器를 得以成焉하니 猶君子之與小人處也에 橫逆侵加然後에 脩省畏避하고 動心忍性하여 增益豫防하여 而義理生焉하고 道德成焉하니 吾聞諸邵子云이로라

比이다. 穀은 일명 楮이니, 나쁜 나무이다. 攻은 숫돌로 가는 것이다.

○ 程子가 말씀하였다. "玉의 溫潤함은 천하에 지극히 아름다운 것이요, 돌의 거침은 천하에 지극히 나쁜 것이다. 그러나 두 玉을 서로 갈면 그릇을 이룰 수가 없고, 돌로써 옥을 간 뒤에야 玉의 그릇이 이루어질 수 있으니, 君子가 小人과 더불어 거처함에 〈小人이〉 橫逆으로 침범하고 加한 뒤에 〈君子가〉 修省하고 畏避하며 마음을 분발하고 성질을 참아서, 부족함을 增益하고 禍亂을 미리 방비하여 義理가 생겨나고 道德이 이루어짐과 같으니, 나는 이 말을 邵子(邵康節)에게서 들었노라."

鶴鳴二章이니 章九句라

穀 : 닥나무 곡　楮 : 닥나무 저

毛序 鶴鳴은 誨宣王也라

《鶴鳴》은 宣王을 가르친 詩이다.

彤弓之什은 十篇에 四十章이요 二百五十九句라

[1]疑脫兩句하니 當爲二百六十一句라

의심컨대 두 句가 빠졌으니, 마땅히 二百六十一句가 되어야 할 듯하다.

譯註 1. 疑脫兩句: 앞의《沔水》第三章 머리에 "沔彼流水 □□□□"의 두 句가 빠져 있음을 가리킨 것이다.

詩傳圖

諸國譜系圖一

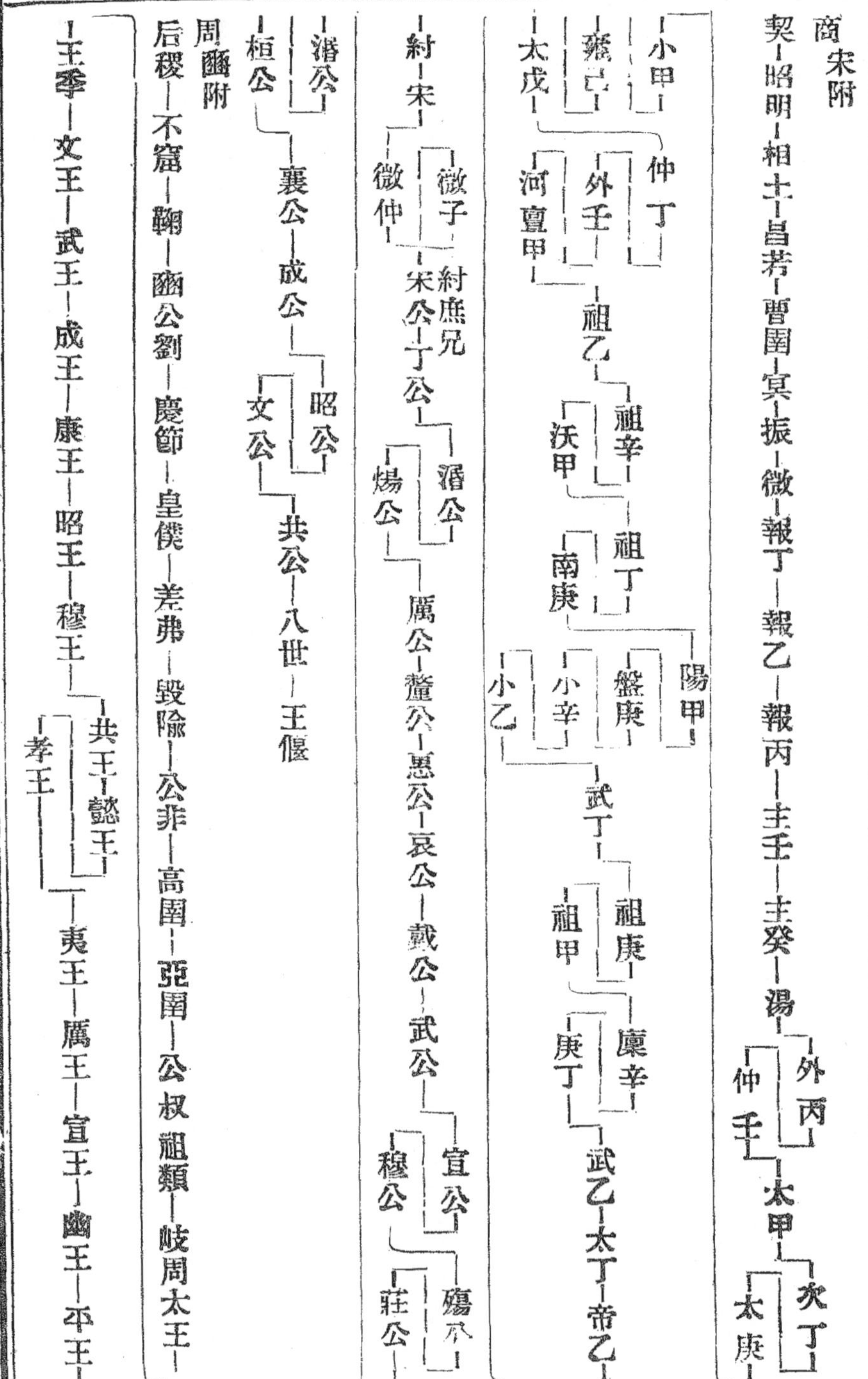
商 宋附
契—昭明—相土—昌若—曹圉—冥—振—微—報丁—報乙—報丙—主壬—主癸—湯
外丙
仲壬
太甲
沃丁
太庚
小甲
雍己
太戊
仲丁
外壬
河亶甲
祖乙
祖辛
沃甲
祖丁
南庚
陽甲
盤庚
小辛
小乙
武丁
祖庚
祖甲
廩辛
庚丁
武乙—太丁—帝乙
紂—宋
微子
微仲
紂庶兄
宋公—丁公
湣公
煬公
厲公—釐公—惠公—哀公—戴公—武公
宣公
穆公
殤公
莊公
湣公
桓公
襄公—成公
昭公
文公
共公—八世—王偃
周 豳附
后稷—不窋—鞠—豳公劉—慶節—皇僕—差弗—毀隃—公非—高圉—亞圉—公叔祖類—岐周太王
王季—文王—武王—成王—康王—昭王—穆王
共王—懿王
孝王
夷王—厲王—宣王—幽王—平王

諸國譜系圖二

桓王—莊王—釐王—惠王—襄王—頃王—匡王、定王—十五世—赧王

魯 周公封魯侯爵

周公—伯禽—考公、煬公—幽公、魏公—厲公、獻公—眞公、武公—懿公—伯御、孝公—惠公—隱公、桓公—莊公—閔公、僖公—文公—宣公—成公—十一世—頃公

燕 召公封燕侯爵

召公—九世未詳—惠侯—釐侯—頃侯—哀侯—鄭侯—繆侯—宣侯—桓侯—莊公—襄公—桓公—宣公—昭公—二十一世—王喜

邶

鄘 以上二國封爵世次未詳

衛 侯爵

康叔—康伯—考伯—嗣伯—疌伯—靖伯—貞伯—頃伯—釐侯—共伯、武公—莊公—桓公、宣公—惠公、黔牟—懿公、戴公、文公—成公—穆公—定公—十九世—君角

鄭 伯爵

諸國世系圖三

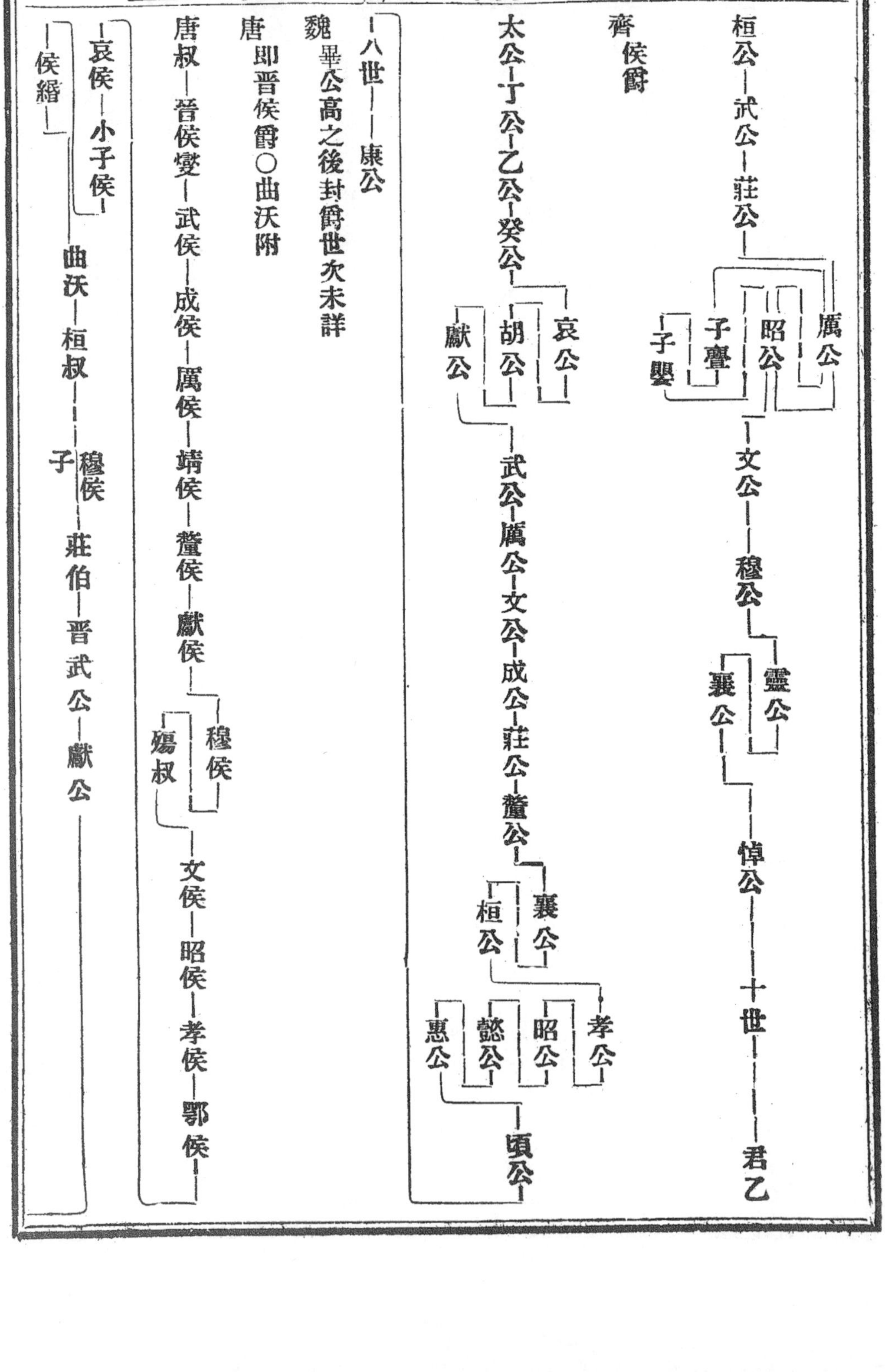
桓公
武公
莊公
厲公
昭公
子亹
子嬰
文公
穆公
靈公
襄公
悼公
十世
君乙
齊侯爵
太公
丁公
乙公
癸公
哀公
胡公
獻公
武公
厲公
文公
成公
莊公
釐公
襄公
桓公
孝公
昭公
懿公
惠公
頃公
八世
康公
魏 畢公高之後封爵世次未詳
唐 即晉侯爵○曲沃附
唐叔
晉侯燮
武侯
成侯
厲侯
靖侯
釐侯
獻侯
穆侯
殤叔
文侯
昭侯
孝侯
鄂侯
哀侯
小子侯
侯緡
曲沃
桓叔
穆侯
子
莊伯
晉武公
獻公

諸國世系圖四

奚齊　卓子　惠公　懷公　文公　襄公　成公　靈公　景公—十一世—靜公

秦伯爵

非子—秦侯—公伯—秦仲—莊公—襄公—文公—寧公—武公　出子　德公—宣公　成公　穆公—康公—共公—桓公—二十世—子嬰

陳侯爵

胡公—申公　相公—孝公—愼公—幽公—釐公—武公—夷公　平公—文公—桓公　厲公—利公　莊公　宣公—穆公—共公—靈公—成公—三世—湣公

檜

祝融之後封爵世次未詳

曹伯爵

振鐸—太伯—仲君—宮伯—孝伯—夷伯　幽伯　戴伯—惠伯—石甫　繆公—桓公—莊公—釐公—昭公—共公—文公—宣公—七世—伯陽

作詩時世圖一

- 商三篇
  - 頌
    - 太甲以後：那　烈祖　長發
    - 祖甲以後：玄鳥　殷武
- 周三百六篇
  - 國風
    - 文王之世：周南關雎　葛覃　卷耳　樛木　螽斯　麟之趾　桃夭　兎罝　漢廣　汝墳　召南鵲巢　采蘩　阜螽　采蘋　甘棠　行露　羔羊　殷其雷　摽有梅　小星　江有汜　野有死麕　騶虞
    - 武王以後：召南何彼襛矣
  - 小雅
    - 武王以後：鹿鳴　四牡　皇皇者華　常棣　伐木　天保　采薇　出車　杕杜　南陔　白華　華黍
  - 大雅
  - 頌
    - 武王之世：時邁　酌

作詩時世圖二

				魚麗	由庚	南有嘉魚				
				崇丘	南山有臺	由儀				
				蓼蕭	湛露	彤弓				
				菁菁者莪						
成王之世	豳七月	鴟鴞	東山				文王	大明	淸廟	維天之命
	破斧	伐柯	九罭				緜	棫樸	維淸	烈文
	狼跋						旱麓	思齊	天作	我將
							皇矣	靈臺	思文	臣工
							下武	文王有聲	振鷺	豐年
							生民	行葦	有瞽	潛
							既醉	鳧鷖	載見	有客
							假樂	篤公劉	武	閔予小子
							泂酌	卷阿	訪落	敬之
									小毖	載芟
									良耜	絲衣
									酌	桓
									賚	般
康王以後									昊天有成命	噫嘻
昭王以後									執競	

作詩時世圖三

厲王之世		厲王以後				宣王之世			幽王之世			幽王以後	平王之世				平王以後	
						鄘柏舟						衛淇奧	邶柏舟	終風	揚之水	唐揚之水	王君子于役	兎爰
												鄭緇衣	綠衣	衛碩人	鄭叔于田	秦小戎	君子陽陽	葛藟
													日月	王黍離	大叔于田		中谷有蓷	采葛
		鴻雁	鶴鳴	黃鳥	無羊	六月	吉日		節南山	何人斯	苕之華	正月						
		庭燎	祈父	我行其野		采芑	黍苗		十月之交	巷伯	何草不黃	雨無正						
		沔水	白駒	斯干		車攻			小弁	白華		賓之初筵						
民勞	蕩					雲漢	烝民	江漢	瞻卬				抑					
板	桑柔					崧高	韓奕	常武	召旻									

作詩世時圖四

		桓王之世		桓王以後	莊王之世		釐王之世	惠王之世		惠王以後		襄王之世		匡王以後	時世未詳			
大車	秦車鄰	邶燕燕	旄丘	鄘牆有茨	齊南山	猗嗟	唐無衣	鄘載馳	相鼠			衛河廣	曹候人	陳株林	邶凱風	谷風	北門	衛考槃
丘中有麻	駟驖	擊鼓	新臺	君子偕老	敝笱			定之方中	干旄			秦渭陽			雄雉	簡兮	靜女	氓
唐椒聊	終南	式微	二子乘舟	鶉之奔奔	載驅			蝃蝀	鄭清人			黃鳥			匏有苦葉	泉水	鄘桑中	竹竿
															小旻	谷風	四月	小明
															小宛	蓼莪	北山	鼓鍾
															巧言	大東	無將大車	楚茨
										駉	泮水							
										有駜	閟宮							

作詩時世圖五

芄蘭	伯兮	有狐	信南山	甫田	大田
木瓜	鄭將仲子	羔裘	瞻彼洛矣	裳裳者華	桑扈
遵大路	女曰鷄鳴	有女同車	鴛鴦	頍弁	車舝
山有扶蘇	蘀兮	狡童	青蠅	魚藻	采菽
褰裳	丰	東門之墠	角弓	菀柳	都人士
風雨	子衿	揚之水	采綠	隰桑	綿蠻
出其東門	野有蔓草	溱洧	瓠葉	漸漸之石	
齊鷄鳴	還	著			
東方之日	東方未明	甫田			
盧令	魏葛屨	汾沮洳			
園有桃	陟岵	十畝之間			
伐檀	碩鼠	唐蟋蟀			
山有樞	綢繆	杕杜			
羔裘	鴇羽	有杕之杜			
葛生	采苓	秦蒹葭			
晨風	無衣	權輿			
陳宛丘	東門之枌	衡門			
東門之池	東門之楊	墓門			
防有鵲巢	月出	澤陂			
檜羔裘	素冠	隰有萇楚			
匪風	曹蜉蝣	鳲鳩			
下泉					

思無邪圖

言善者可以感發人之善心○

孔子曰詩三百一言以蔽之曰(思無邪)○

言惡者可以懲創人之逸志○

情性是貼思

其用歸於使人得其(情性)之(正)

正是貼無邪

朱子曰思無邪魯頌駉篇之辭夫子讀詩至此而有合於其心焉是以取之蓋斷章摘句云耳

四始圖

關雎　鹿鳴　文王　淸廟

朱子曰詩之所以爲詩者至是無餘蘊矣後世雖有作者其孰能加於此乎邵子曰删詩之後世不復有詩者正謂此也

正變風雅圖

正風	變風	正小雅	變小雅	正大雅	變大雅
周南 召南	邶至豳十三國	鹿鳴至菁莪	六月至何草不黃	文王至卷阿	民勞至召旻
(二十五篇)	(一百三十五篇)	(二十二篇)	(五十八篇)	(一十八篇)	(一十三篇)

朱子曰先儒正變之說經無明文可考今姑從之其可疑者則具於本篇云○二南爲正風所以用之閨門鄕黨邦國而化天下也十三國爲變風則亦領在樂官以時存肄觀省而垂鑒戒耳○正小雅燕饗之樂正大雅會朝之樂受釐陳戒之辭也故或歡欣和悅以盡羣下之情或恭敬齊莊以發先王之德詞氣不同音節亦異多周公制作時所定也及其變也則事未必同而各以其聲附之其次序時世則有不可考者矣

詩有六義圖

三經			三緯			兼義					
風	雅	頌	賦	比	興	賦而比	賦而興	比而興	興而比	賦而興又比	賦其事以起興
風者如物因風之動以有聲而其聲又足以動物也	雅者正也正樂之歌也本有大小之殊而先儒說又各有正變之別	頌者美盛德之形容以其成功告於神明者也	賦者直陳其事如葛覃卷耳之類○直指其名直敘其事者賦也	比者以彼狀此如螽斯綠衣之類○引物爲說者比也	興者託物興詞如關雎兎罝之類○本專言其事而虛用兩句鉤起因而接續去者興也	小弁八章	野有蔓草 溱洧 黍離 氓六章 小弁七章	下泉 綠衣 氓三章	關雎 椒聊 漢廣 巧言四章	頍弁	泮水首三章

周禮大師教六詩曰風曰賦曰比曰興曰雅曰頌○朱子曰風雅頌聲樂部分之名賦比興則所以製作風雅頌之體也○大師之教國子必使之以是六者三經而三緯之則凡詩之節奏指歸皆將不待講說而直可吟詠以得之矣○風雅頌乃是樂中之腔調如言仲呂調大石調越調之類大抵風是民庶所作雅是朝廷之詩頌是宗廟之詩○三經是風雅頌是做詩底骨子賦比興却是裏面橫串底故謂之三緯○比興之中螽斯專於比而綠衣兼於興兎罝專於興而關雎兼於比此其例中又自有不同者學者亦不可以不考○說出那箇物事來是興不說出那箇物事來是比如南有喬木只是說漢有游女奕奕寢廟君子之作只是說他人有心予忖度之關雎亦然皆是興體比體只是從頭比下來不說破興比相近却不同

十五國風

地理之圖

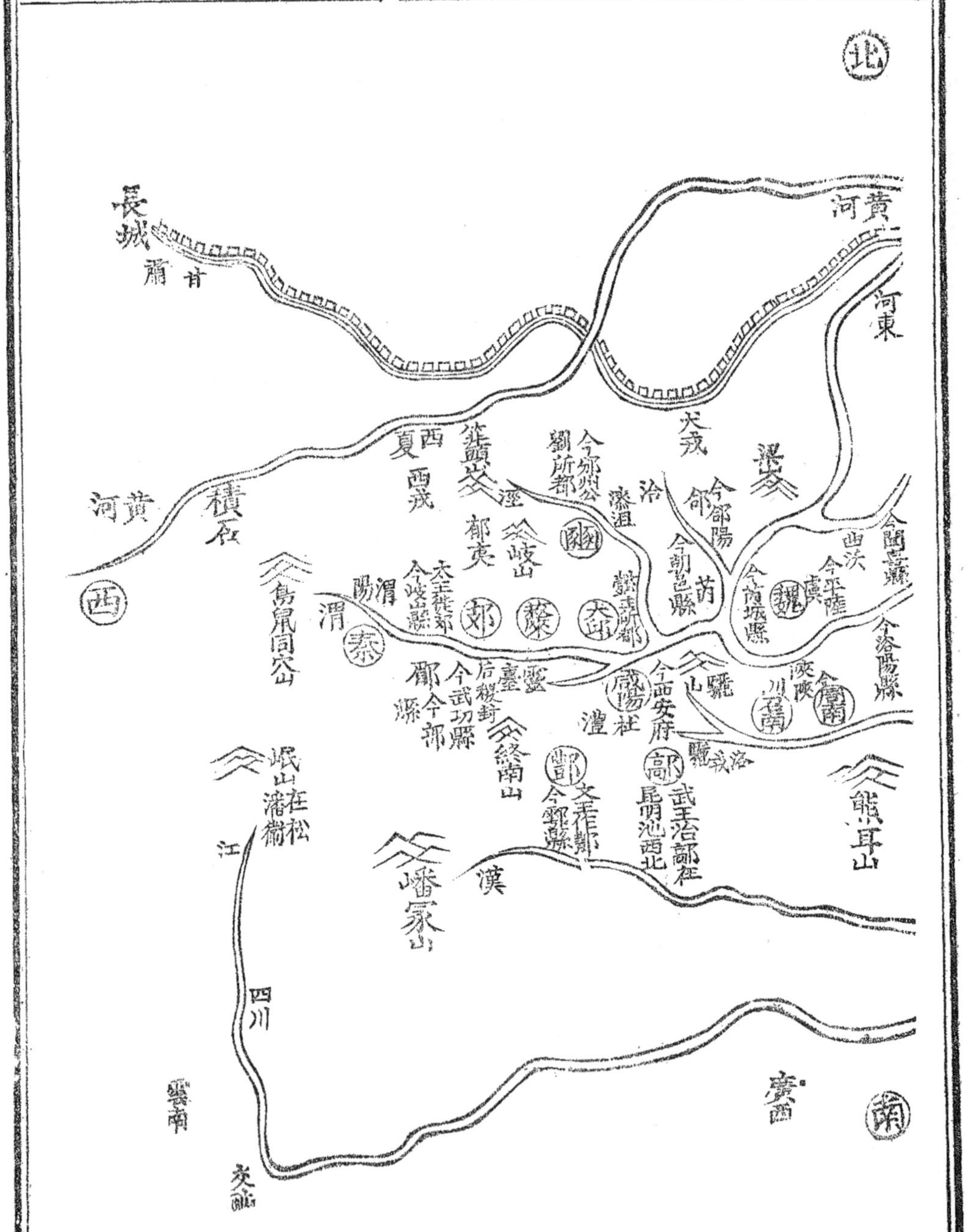

豳公七月

○謹按朱子集傳所載王氏總論七月之義一段分布爲圖○

	一之日	二之日	三之日	四之日		四月
觀仰星日 霜露之變	觱發	栗烈		春日載陽 春日遲遲		
俯察昆虫 草木之化				有鳴倉庚		秀葽
以知天時 以授民事		鑿氷冲冲	納于凌陰	蚕月條桑		
女服事乎內 男服事乎外	于貉	其同 載纘武功	于耜	擧趾 女執筐求柔桑 采蘩取 斧斨伐遠揚		
上以誠愛下 下以忠利上	取彼狐狸 爲公子裘	言私其豵 獻豜于公				
養老而慈幼 食力而助弱				同我婦子 饁彼南畝		
其祭祀也時 其燕饗也節				其蚤獻羔 祭韭		

風化之圖

五月	六月	七月	八月	九月	十月
		流火		肅霜	
鳴蜩 斯螽動股	莎雞振羽	鳴鵙 在野	萑葦 在宇	在戶	隕蘀 蟋蟀入我牀下
				授衣 築場圃	滌場 穹窒熏鼠 塞向墐戶
			載績 載玄載黃 其穫		穫稻 納禾稼 嗟我農夫 我稼既同
			我朱孔陽 爲公子裳		上八執宮功 晝爾于茅 宵爾索綯 亟其乘屋
	食鬱及薁	食瓜 烹葵及菽	斷壺 剝棗	叔苴 采荼薪樗 食我農夫	嗟我婦子曰爲改歲入此室處爲此春酒以介眉壽
					朋酒斯饗曰殺羔羊躋彼公堂稱彼兕觥萬壽無疆

一之日謂一陽之月二之日謂二陽之月變月言日言是月之日也餘放此○張氏曰七月之詩皆以夏正爲斷○曹氏曰公劉正當夏時所用者夏正也○謹按詩中載一歲事獨缺三月嘗觀二章春日載陽至公子同歸及三章蠶月條桑至猗彼女桑並不言何月今摘其辭布於二月四月之間非敢遽以爲三月也特以備見豳風春日之事

七月流火之圖

火大火心星也以六月之昏加於地之南方至七月之昏則下而西流矣○火伏於九月至十月昏朝並不見唯冬

至後朝中至正二三四皆見朝後也○左傳張趯曰火星中而寒暑退服虔注云朝中而寒退昏中而暑退

公劉相陰陽圖

經云既景乃岡又云相其陰陽度其夕陽傳云景測日景以正四方也相視也陰陽向背寒暖之宜也山西曰夕陽豳

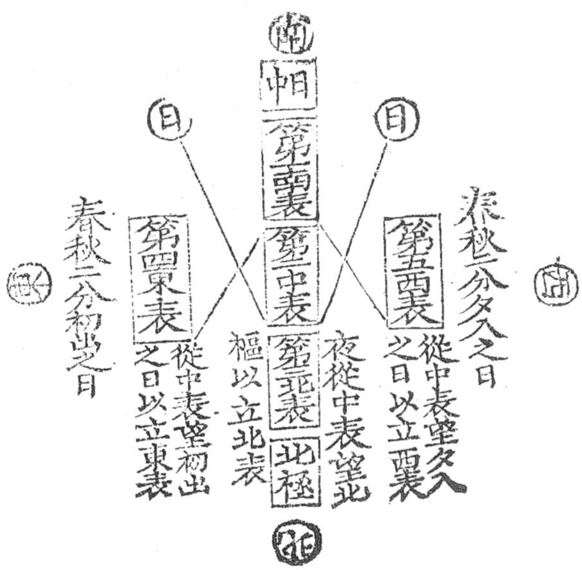

氏曰豳在梁山西公劉相此夕陽地以建豳居也今得西山眞先生儒家武庫所著公劉相陰陽圖謹按其式作圖如右以備讀詩者考焉

楚邱定之方中圖

定北方之宿營室星也此星昏而正中
夏正十月也建亥之月小雪中氣之時於是
時可以營制宮室故謂之營室衛爲狄

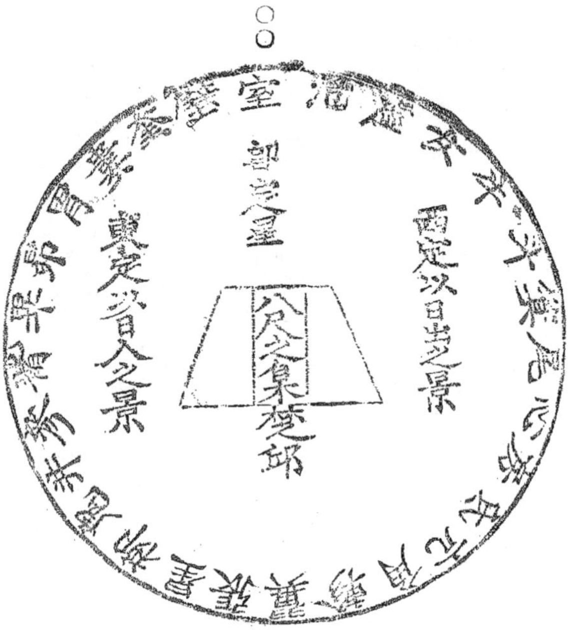

所滅文公徙居楚邱營立宮室樹八尺
之臬而度其日出入之景以定東西又
參日中之景以正南北也

大東總星之圖

織女天女也牽牛服駕也啓明長庚
皆金星也以其先日而出故謂之啓
明以其後日而入故謂之長庚天畢

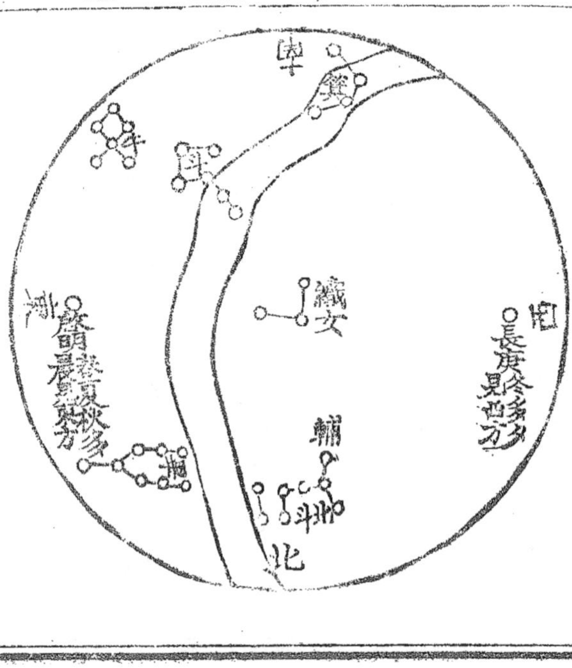

畢星也狀如掩兎之畢也箕斗二宿
以夏秋之間見於南方云北斗者以
其在箕之北也

靈臺圖

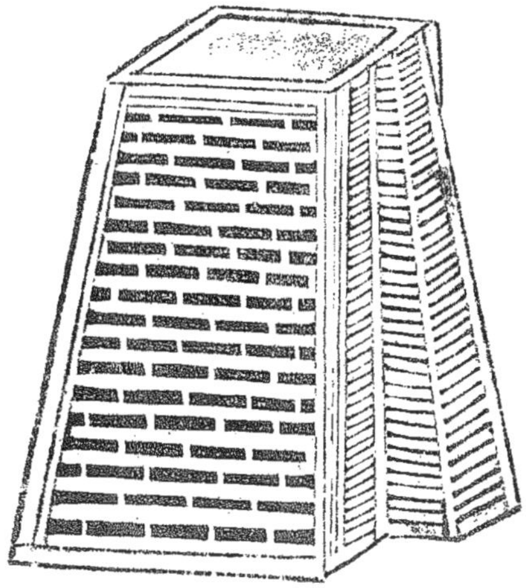

辟廱圖

靈臺文王所作所以望氛祲察災祥時觀游節勞佚也

辟廱辟璧通廱澤也天子之學大射行禮之處也水旋邱如璧以節觀者故曰辟廱

張子云辟廱古無此名則其制蓋始於此及周有天下遂以名天子之學而諸侯不得立焉

皐門應門圖

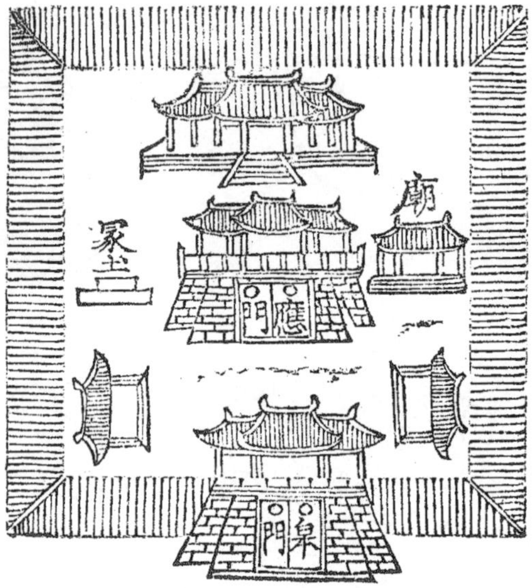

泮宮圖

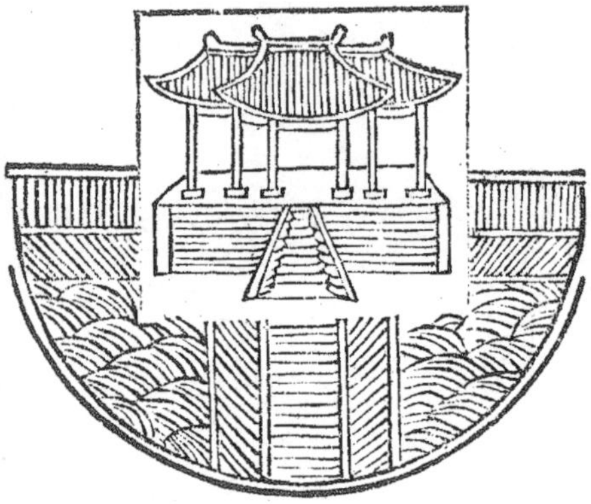

大王遷岐胥宇築室作廟立皐門應門立冢土

王之郭門曰皐門王之正門曰應門大王之時未有制度作二門如此及周有天下遂尊以爲天子之門而諸侯不得立焉

泮水泮宮之水諸侯之學鄉射之宮謂之泮宮其東西南方有水形如半璧以其半於辟廱故曰泮水而宮亦以名也

禮器諸圖上

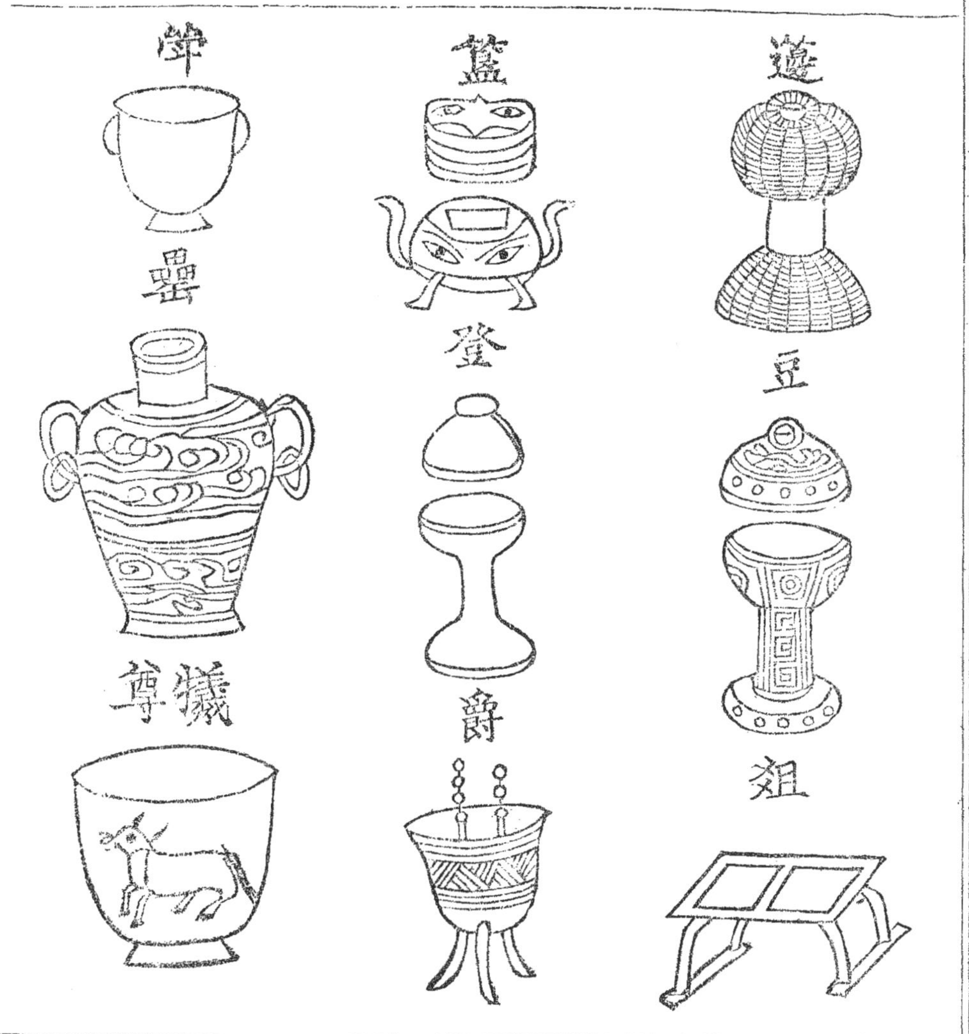

籩竹爲之以薦菓核容四升

豆木爲之以薦葅醢容四升

俎木爲之以載牲體大房半體之俎足下有跗如堂房也

簠瓦器以盛黍稷容斗二升方曰簠圓曰簋

登瓦器如豆以薦大羹徑尺八寸高二尺四寸

爵飲器受一升上兩柱取飲不盡之義戒其過也木爵玉爵同制

斝爵也夏曰醆殷曰斝周曰爵孔氏曰斝畫禾稼

罍酒器刻爲雲雷之象金罍以金飾之孔氏曰天子玉諸侯金士梓

犧尊畫牛於尊腹也或曰尊作牛形鑿其背以受酒

禮器諸圖下

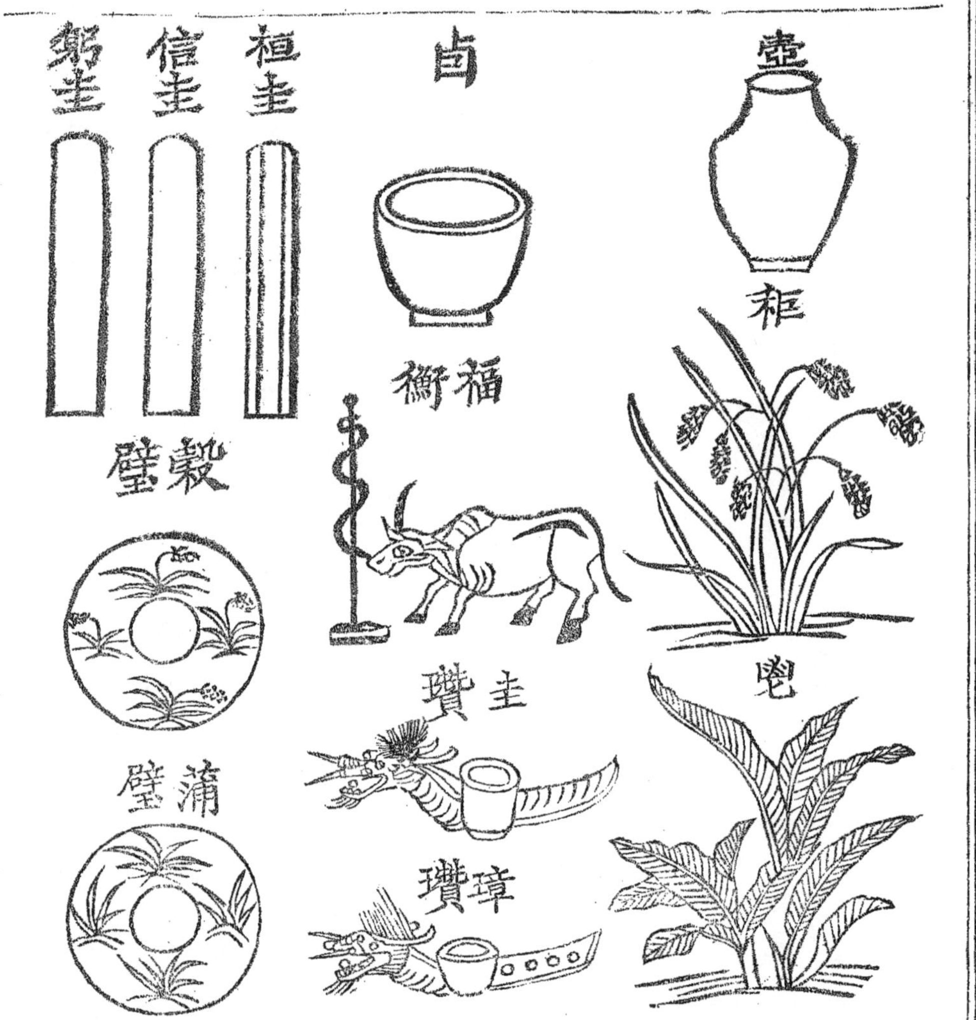

壺圖器禮器註壺大一石秬黑黍也鬱鬱金草鬯暢也釀秬黍為酒築鬱金草煮而和之使芬芳條暢酌而祼神也

卣中尊孫炎云尊彝為上罍為下卣居中郭璞云卣受五升

福衡施於牛角所以止觸周禮云凡祭飾其牛牲設其福衡

瓚有二種圭瓚以圭為柄黃金為勺璋瓚以半圭為柄皆所以酌鬯以祼也王祼以圭瓚諸臣助之亞祼以璋瓚左右奉之祭統君執圭瓚祼尸大宗執璋瓚亞祼

韓奕介圭諸侯之封圭執之為贄以合瑞於王也曹氏曰周官典瑞五等諸侯各執其圭璧公執桓圭侯執信圭伯執躬圭子執穀璧男執蒲璧以朝覲宗遇會同于王○雲漢圭璧禮神之玉也孔氏曰大宗伯以蒼璧禮天黃琮禮地青圭禮東方赤璋禮南方白琥禮西方玄璜禮北方圭璧其總稱也

樂器諸圖上

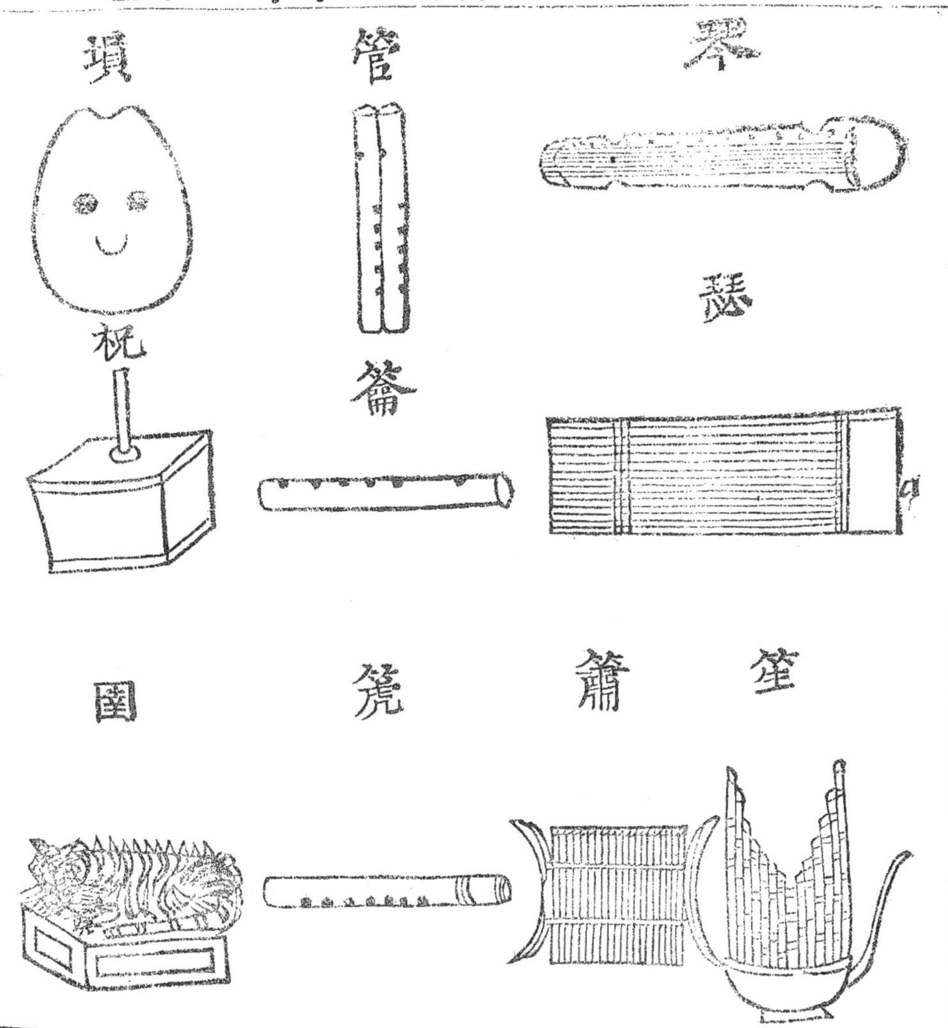

琴瑟皆絲屬琴長三尺六寸六分五絃後加文武二絃雅瑟長八尺一寸廣一尺八寸二十五絃其常用者十九絃頌瑟長七尺二寸廣一尺八寸二十五絃盡用之笙嚴氏曰以匏爲之十三管列匏中而施簧管端吹笙則鼓動其簧而發聲禮書云三十六簧大者十九簧小者十三簧簫編小竹管爲之王氏曰簫大者編二十三管長尺四寸小者編十六管長尺二寸參差象鳳翼管六孔如篴併兩而吹之者也篴今之笛也籥如笛而六孔或曰三孔而短主中聲而上下之塤土爲之大如鵝子銳上平底形似稱錘六孔篪竹爲之長尺四寸圍三寸凡八孔一孔上出徑三分蓋塤篪其竅盡合則爲黃鍾其竅盡弱則爲應鍾相應和者也柷狀如漆桶以木爲之中有椎柄連底撞之令左右擊以起樂者圉狀如虎背上有二十七鉏鋙刻以木長尺擽之以止樂

樂器諸圖下

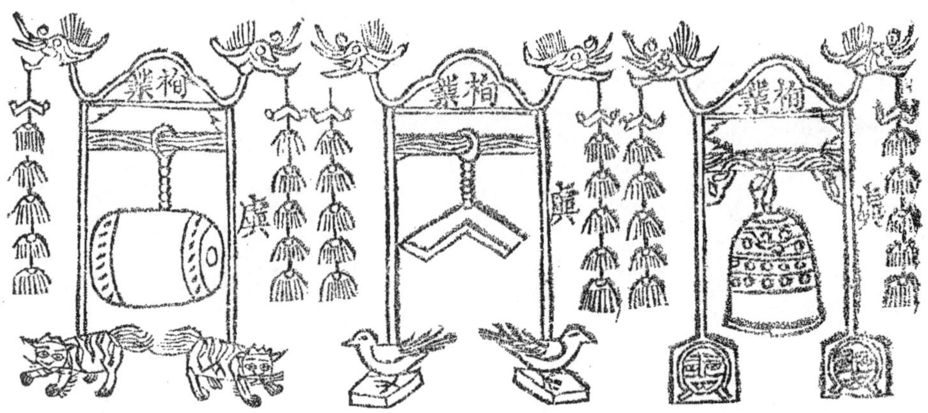

者鍾金屬其大者曰鏞考工記鳧氏爲鍾兩欒謂之銑銑間謂之于于上謂之鼓鼓上謂之鉦鉦上謂之舞舞上謂之甬甬上謂之衡鍾縣謂之旋旋蟲謂之幹鍾帶謂之篆篆間謂之枚枚謂之景于上之攠謂之隧

磬石屬後長尺八寸博九寸厚二寸前長二尺七寸博六寸厚七寸兩弦之間三尺三寸七分半

鼓革屬其大者曰鼖長八尺鼓四尺中圍加三之一即詩所稱賁鼓也其小者曰朄即詩所稱應田之田也縣鼓周制也夏后氏足鼓殷楹鼓周人縣鼓禮器曰廟堂之上縣鼓在西是也鞉鼓如鼓有柄搖其柄則兩耳還自擊周官曰凡樂事播鼗是也○何伯壽註華黍下魯鼓薛鼓云禮投壺篇鄭氏註魯鼓薛鼓其節不同○□○○□□○□○○□半○□○□○○□

○□○魯鼓○□○○○□□○□○○□□○□○○□□○半○□○

○○□□○薛鼓 此魯薛擊鼓之節也圓者擊鼙方者擊鼓古者舉事鼓必有節聞其節則知其事矣 取半以下爲投壺禮盡用之爲射禮又一說魯鼓○□○○□□○○半○□○○□○○○□

○□○薛鼓○□○○○□○□○□○○○□○□○○□○半○□

○□○○○□○ 此二者記兩家之異故兼列之

虡植木以縣鍾磬其橫者曰栒業孔氏曰植者爲虡橫者爲栒大板謂之業所以飾此栒而爲崇牙刻之如鋸齒捷業然故曰業其形卷然可以縣鼓磬樹五采之羽以爲文畫繪爲翣載以璧樹翣於栒之角也

服飾器用諸圖上

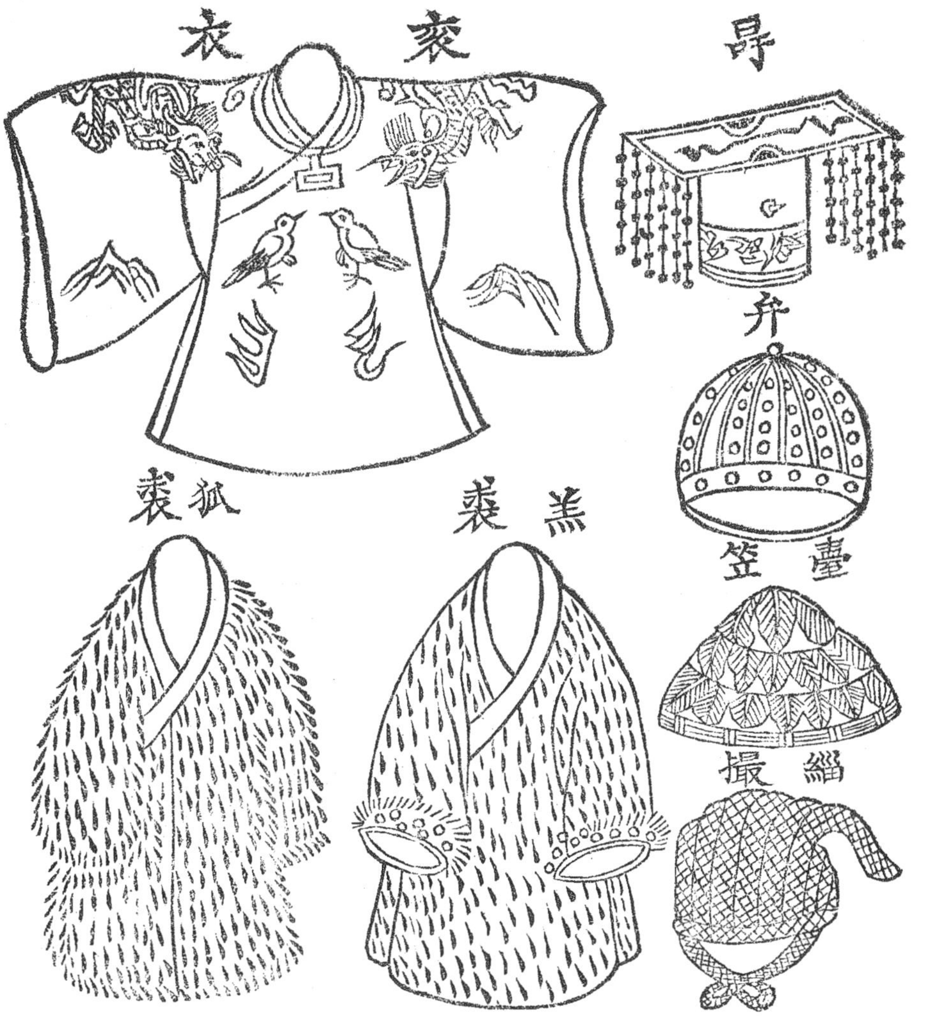

冔冠名殷曰冔周曰冕黼冔黼裳而冔冠也

會弁如星會縫中也王之皮弁縫中每貫結五采玉十二以爲飾武公諸侯則玉用三采

臺夫須也即莎草也孔氏云以夫須皮爲笠所以禦暑禦雨

緇布冠也撮者其制小僅可撮其髻也孔氏云太古冠

衮衣繪龍山華虫火宗彝五章天子之龍一升一降上公但有降龍龍首卷然故謂之衮

羔裘君純羔大夫以豹飾袪褎袪褎皆袂也然袂大而袪褎小

錦衣狐裘朝天子之服蘇氏曰此狐裘狐白裘也

服飾器用諸圖中

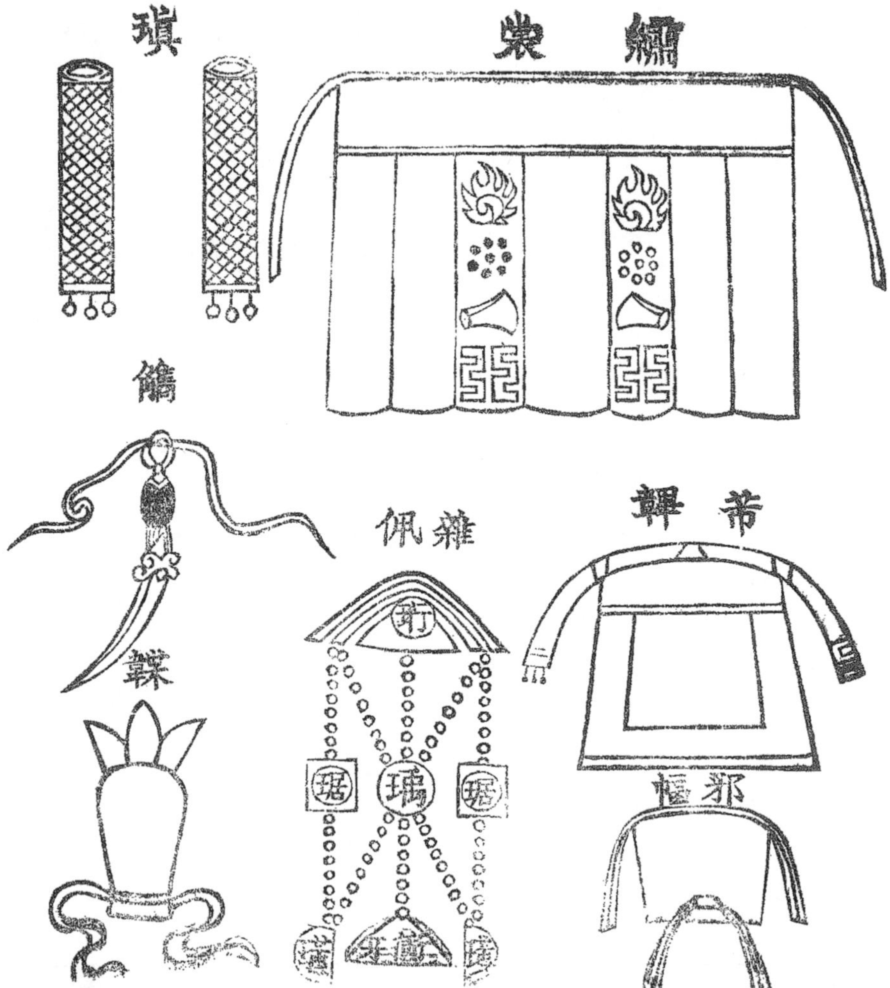

黼裳五色備謂之繡前三幅後四幅繡以藻粉米黼黻四章

芾太古蔽膝之象字當作韍古字通用冕服謂之芾其他服謂之鞸以韋爲之

邪幅偪也邪纏於足如今行縢偪束其脛

雜佩左右佩玉也上橫曰珩繫三組貫以蠙珠中組之半貫瑀末懸衝牙兩旁組各懸琚璜又兩組交貫於瑀上繫珩下繫璜行則衝牙觸璜而有聲也

瑱孔氏云塞耳也充耳是已天子以玉諸侯以石充耳者以紞懸瑱當耳也紞用綵線織之天子諸侯五色臣三色君子偕老爲瑱言夫人服飾

觿狀如錐角以象骨爲之所以解結

韘孔氏云沓也以朱韋爲之射以彄沓右手食指將指無名指以遂弦也

服飾器用諸圖下

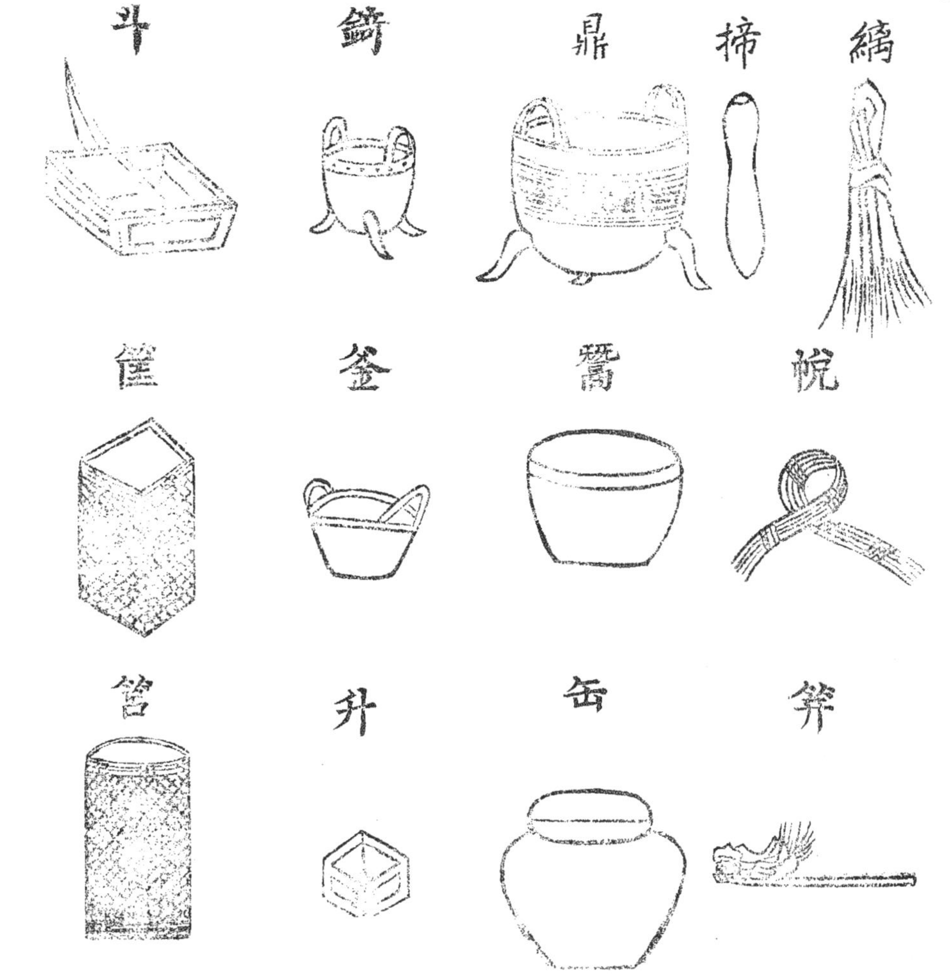

縭爾雅云婦人之褘謂之縭
孫氏註褘帨巾也故集傳曰
婦人之褘母戒女而爲之施
衿結帨也
帨禮記婦事舅姑左佩紛帨
註紛帨拭物之巾也
揥所以摘髮以象骨爲之若
今之篦兒
笄說文簪也其端刻雞形
鼎有牛羊豕三鼎皆以銅爲
之三足有鉉
鬵釜屬李氏云上大下小曰
鬵孫炎以爲甑非也
缶瓦器可以節樂又飲器易
尊酒簋貳用缶又汲器左傳
具綆缶
錡釜皆鼎屬有足曰錡無足
曰釜
升上徑二寸下徑六分其深
八分千二百黍爲龠十龠爲
合十合爲升十升爲斗
筐筥皆竹器方曰筐圓曰筥

兵器服諸圖上

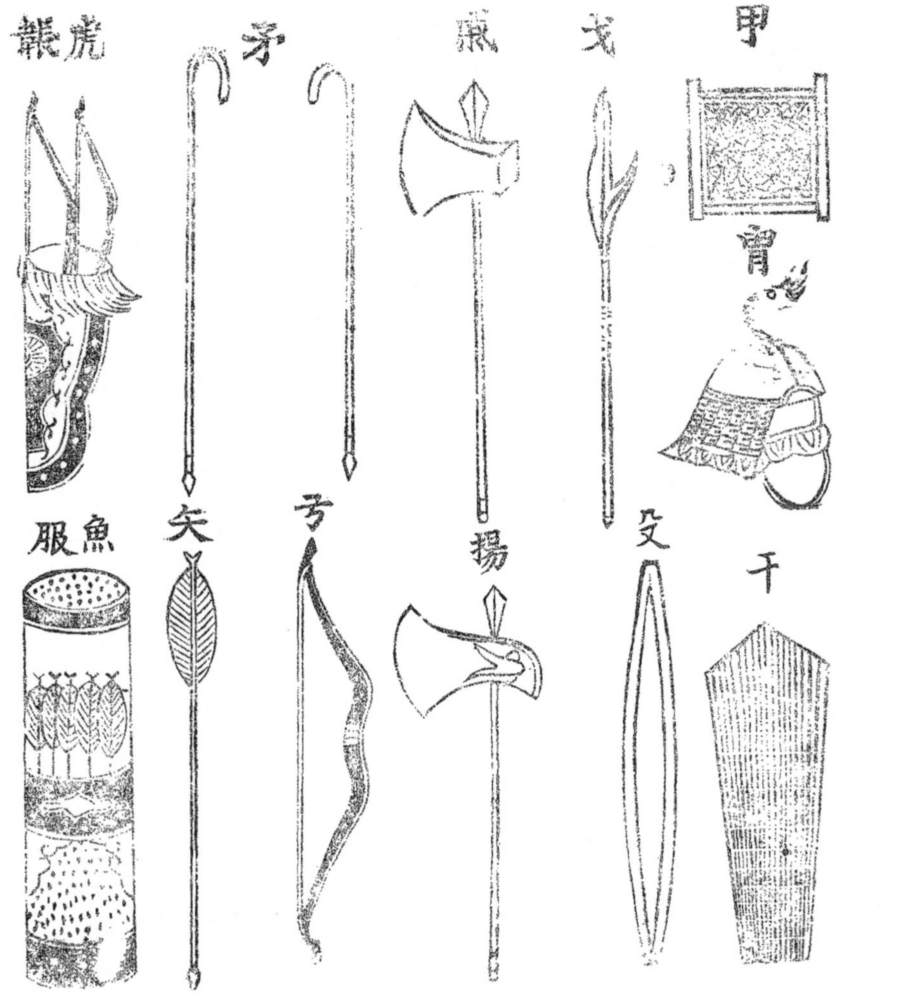

甲古者三甲以革爲之犀甲壽百年兕甲壽二百年合甲壽三百年後世乃用金耳

冑說文曰兜鍪也兜鍪首鎧也

干楯也自關而東或謂之干或謂之樐關西謂之楯

戈勾兵也主於刺秘長六尺有六寸

殳即被也主於擊長丈二尺而無刃禮圖作八觚形

戚揚二者斧鉞之別名戚爲斧揚爲鉞鉞大斧小

矛有酋矛夷矛酋矛長二丈夷矛長二丈四尺

弓天子敦弓諸侯彤弓長六尺六寸謂之上制六尺三寸謂之中制六尺謂之下制取幹角以膠漆筋絲爲之

矢說文曰弓弩矢也象鏑括羽之形釋名云矢指也有所指而迅疾也

虎韔以虎皮爲弓室也交韔二弓交二弓於韔中也

服盛矢器魚獸名其背皮斑文可爲矢服

兵器服諸圖下

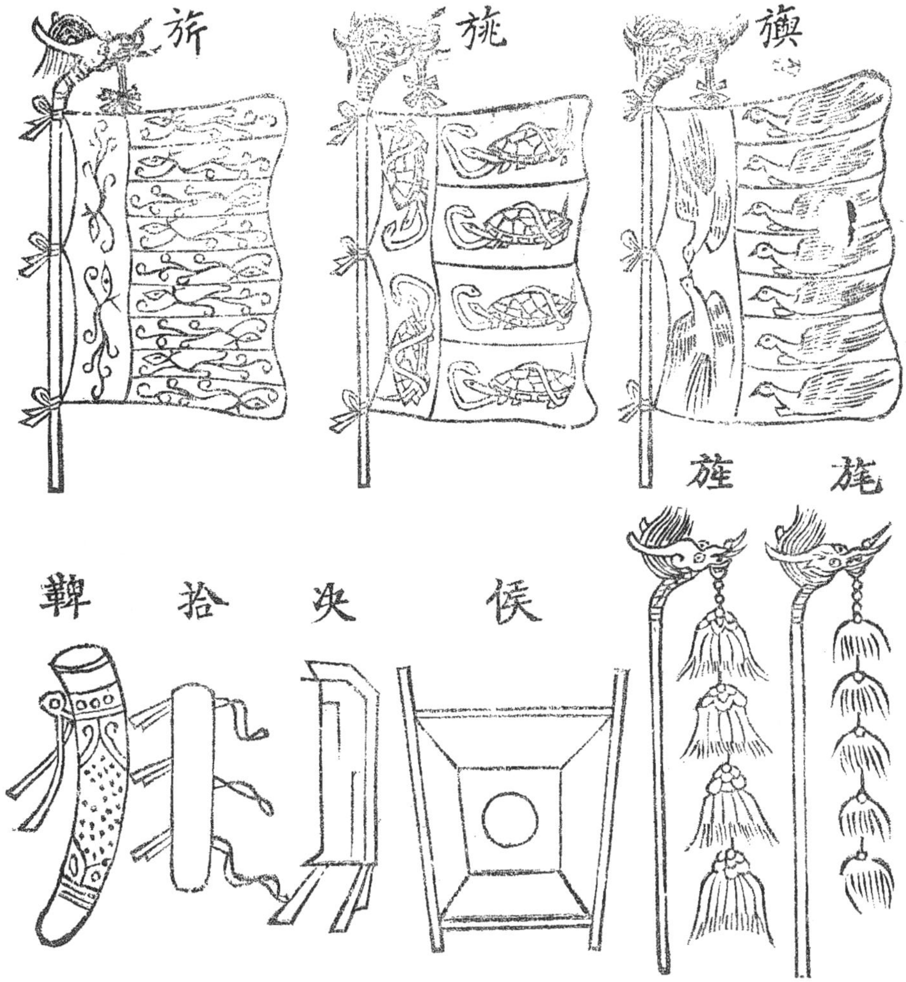

旟旐周禮司常鳥隼爲旟龜蛇爲旐曲禮所謂前朱雀而後玄武是也旂周禮司常交龍爲旂曲禮所謂左青龍是也

旄以旄牛尾注於旗干之首

旌析翟羽設於旗干之首

侯張布而射之者也侯中之的曰正大射則張皮侯而設鵠賓射則張布侯而設正五正之侯中畫朱次白次蒼次黃而玄居外三正則損玄黃二正則祇畫朱綠

決以骨爲之著於右手大指以鉤弦

拾以皮爲之著於左臂以遂弦

鞞容刀之鞞今刀鞘也琫上飾珌下飾戎服也

車制諸圖上

元大也戎戎車先軍之前鋒也元戎甲士三人同載左持弓右持矛中御戈殳戟矛揷於輢幟畫鳥隼之章

小戎兵車也大車軫淺八尺而兵車則軫淺四尺四寸所講小戎俴收也從前軫稍曲而上以勾衡者曰梁輈以皮爲環貫兩驂之外轡制驂馬使不外出者曰游環以章二條繫衡與軫驅驂馬使不內入者曰脅驅軾在軫前軓在軾前而以板橫側掩其軓即所謂陰板也兩驂之頸制係

車制諸圖下

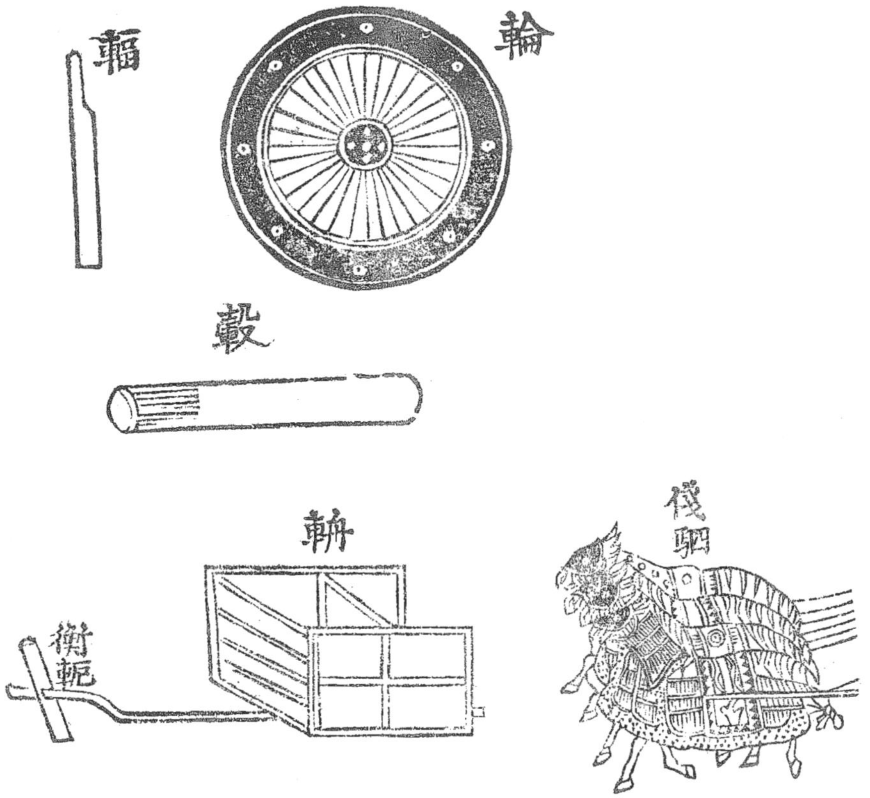

於陰上兩驂之內轡係於軾前所係之環皆消沃白金以爲飾

輪在輿之外兵車之輪六尺六寸田車之輪六尺三寸

輻三十以象日月長二尺有奇圍九寸有奇

轂在車輪之中外持輻內受軸長三尺二寸徑一尺

輈車前曲木上句衡者亦曰轅禮記車制圖輈長一丈四尺四寸

東洋古典國譯叢書 4

懸吐完譯 **詩經集傳** 上 　　정가 35,000원

1993년 4월 10일 초판 발행
2023년 1월 31일 초판 27쇄

譯　註　成百曉

編　輯
發行人　朴洪植

發行處　社團法人 傳統文化硏究會

서울시 종로구 삼일대로 428 낙원빌딩 411호
전화 : (02)762-8401　전송 : (02)747-0083
전자우편 : juntong@juntong.or.kr
홈페이지 : juntong.or.kr
사이버書堂 : cyberseodang.or.kr
온라인서점 : book.cyberseodang.or.kr
등록 : 1989. 7. 3.　제1-936호

인쇄처　한국법령정보주식회사(02-462-3860)
총　판 : 한국출판협동조합(070-7119-1750)

ISBN 978-89-91720-47-3 04140
　　　978-89-85395-48-9(세트)

전통문화연구회 도서목록

新編 基礎漢文敎材

新編 四字小學·推句 고전교육연구실 編譯 11,000원
新編 啓蒙篇·童蒙先習 고전교육연구실 編譯 11,000원
新編 明心寶鑑 李祉坤·元周用 譯註 15,000원
新編 擊蒙要訣 咸賢贊 譯註 12,000원
新編 註解千字文 李忠九 譯註 13,000원
新編 原文으로 읽는 故事成語 元周用 編譯 15,000원
新編 唐音註解選 權卿相 譯註 22,000원

漢文讀解捷徑시리즈

漢文독해 기본패턴 고전교육연구실 著 15,000원
四書독해첩경 고전교육연구실 著 20,000원
한문독해첩경 文學篇 朴相水 李和春 李祉坤 元周用 著 15,000원
한문독해첩경 史學篇 朴相水 李和春 李祉坤 元周用 著 15,000원
한문독해첩경 哲學篇 朴相水 李和春 李祉坤 元周用 著 15,000원

東洋古典國譯叢書

大學·中庸集註 - 개정증보판 成百曉 譯註 10,000원
論語集註 - 개정증보판 成百曉 譯註 27,000원
孟子集註 - 개정증보판 成百曉 譯註 30,000원
詩經集傳 上·下 成百曉 譯註 各 35,000원
書經集傳 上·下 成百曉 譯註 各 35,000원
周易傳義 上·下 成百曉 譯註 各 40,000원
小學集註 成百曉 譯註 30,000원
古文眞寶 後集 成百曉 譯註 32,000원

五書五經讀本

論語集註 上·下 鄭太鉉 譯註 各 25,000원
孟子集註 上·下 田炳秀·金東柱 譯註 各 30,000원
大學·中庸集註 李光虎·田炳秀 譯註 15,000원
小學集註 上·下 李忠九 外 譯註 各 25,000원
詩經集傳 上·中·下 朴小東 譯註 各 30,000원
書經集傳 上·中·下 金東柱 譯註 各 30,000원
周易傳義 元·亨·利·貞 崔英辰 外 譯註 各 30,000원
詳說古文眞寶大全後集 上·下 李相夏 外 譯註 各 32,000원
春秋左氏傳 上·中·下 許鎬九 外 譯註 各 36,000원~38,000원
禮記 上·中·下 成百曉 外 譯註 各 30,000원

東洋古典譯註叢書

〈經部〉

十三經注疏
周易正義 1~4 成百曉·申相厚 譯註 各 30,000원~40,000원
尙書正義 1~7 金東柱 譯註 各 25,000원~36,000원
毛詩正義 1~7 朴小東 外 譯註 各 32,000원~37,000원
禮記正義 1~2, 中庸·大學 李光虎 外 譯註 各 20,000원~30,000원
論語注疏 1~3 鄭太鉉·李聖敏 譯註 各 25,000원~40,000원
孟子注疏 1~3 崔彩基·梁基正 譯註 各 30,000원
孝經注疏 鄭太鉉·姜珉廷 譯註 35,000원
周禮注疏 1~3 金容天·朴禮慶 譯註 各 29,000원~34,000원
春秋左傳正義 1 許鎬九 外 譯註 27,000원
春秋左氏傳 1~8 鄭太鉉 譯註 各 18,000원~35,000원
禮記集說大全 1~4 辛承云 外 譯註 各 25,000원~40,000원
東萊博議 1~5 鄭太鉉·金炳愛 譯註 各 25,000원~35,000원
韓詩外傳 1~2 許敬震 外 譯註 各 29,000원~33,000원
說文解字注 1~3 李忠九 外 譯註 各 32,000원~38,000원

〈史部〉

思政殿訓義 資治通鑑綱目 1~22 辛承云 外 譯註 各 18,000원~35,000원
通鑑節要 1~9 成百曉 譯註 各 18,000원~40,000원
唐陸宣公奏議 1~2 沈慶昊·金愚政 譯註 各 35,000원~45,000원
貞觀政要集論 1~4 李忠九 外 譯註 各 25,000원~32,000원
列女傳補注 1~2 崔秉準·孔勤植 譯註 各 30,000원~38,000원
歷代君鑑 1~4 洪起殷·全百燦 譯註 各 32,000원~35,000원

〈子部〉

孔子家語 1~2 許敬震 外 譯註 各 35,000원/36,000원
管子 1~3 李錫明·金帝蘭 譯註 各 30,000원~32,000원
近思錄集解 1~3 成百曉 譯註 各 25,000원/35,000원
老子道德經注 金是天 譯註 30,000원
大學衍義 1~5 辛承云 外 譯註 各 26,000원~30,000원
墨子閒詁 1~6 李相夏 外 譯註 各 32,000원~38,000원
說苑 1~2 許鎬九 譯註 各 25,000원
世說新語補 1~5 金鎭玉 外 譯註 各 29,000원~40,000원
荀子集解 1~7 宋基采 譯註 各 25,000원~38,000원
心經附註 成百曉 譯註 35,000원
顔氏家訓 1~2 鄭在書·盧暻熙 譯註 各 22,000원/25,000원
揚子法言 1 朴勝珠 譯註 24,000원
列子鬳齋口義 崔秉準·孔勤植·權憲俊 共譯 34,000원
二程全書 1~5 崔錫起·姜導顯 譯註 各 30,000원~38,000원
莊子 1~4 安炳周·田好根 共譯 各 25,000원~30,000원
政經·牧民心鑑 洪起殷·全百燦 譯註 27,000원
韓非子集解 1~5 許鎬九 外 譯註 各 32,000원~38,000원
武經七書直解
孫武子直解·吳子直解 成百曉·李蘭洙 譯註 35,000원
六韜直解·三略直解 成百曉·李鍾德 譯註 26,000원
尉繚子直解·李衛公問對直解 成百曉·李蘭洙 譯註 26,000원
司馬法直解 成百曉·李蘭洙 譯註 26,000원

〈集部〉

古文眞寶 前集 成百曉 譯註 30,000원
唐詩三百首 1~3 宋載卲 外 譯註 各 25,000원~36,000원
唐宋八大家文抄 韓愈 1~3 鄭太鉉 譯註 各 22,000원/28,000원
〃 歐陽脩 1~7 李相夏 譯註 各 25,000원~35,000원
〃 王安石 1~2 申用浩·許鎬九 共譯 各 20,000원/25,000원
〃 蘇洵 李章佑 外 譯註 25,000원
〃 蘇軾 1~5 成百曉 譯註 各 22,000원
〃 蘇轍 1~3 金東柱 譯註 各 20,000원~22,000원
〃 曾鞏 宋基采 譯註 25,000원
〃 柳宗元 1~2 宋基采 譯註 各 22,000원
明淸八大家文鈔 1 歸有光·方苞 李相夏 外 譯註 35,000원
〃 2 劉大櫆·姚鼐 李相夏 外 譯註 35,000원
〃 3 梅曾亮·曾國藩 李相夏 外 譯註 38,000원

東洋古典新譯

당시선 송재소·최경렬·김영죽 편역 22,000원
손자병법 성백효 역주 14,000원
장자 안병주·전호근·김형석 역주 13,000원
고문진보 후집 신용호 번역 28,000원
노자도덕경 김시천 역주 15,000원
고문진보 전집 上·下 신용호 번역 각 22,000원
신식 비문척독 박상수 번역 25,000원

동양문화총서

동양사상 해설과 원전 정규훈 外 저 22,000원
화합의 길 《중용》 읽기 금장태 저 20,000원
호설과 시장 신용호 저 20,000원

문화문고

경전으로 본 세계종교 그리스도교 이정배 편저 10,000원
〃 도교 이강수 편역 10,000원
〃 천도교 윤석산·홍성엽 편저 10,000원
〃 힌두교 길희성 편역 10,000원
〃 유교 이기동 편저 10,000원
〃 불교 김용표 편저 10,000원
〃 이슬람 김영경 편역 10,000원
논어·대학·중용 / 맹자 조수익·박승주 공역 각 10,000원
소학 박승주·조수익 공역 10,000원
십구사략 1~2 정광호 저 각 12,000원
무경칠서 손자병법·오자병법 성백효 역 10,000원
〃 육도·삼략 성백효 역 10,000원
〃 사마법·울료자·이위공문대 성백효 역 10,000원
당시선 송재소·최경렬·김영죽 편역 10,000원
한문문법 이상진 저 10,000원
한자한문전통교재 조수익·이성민 공역 10,000원
士小節 선비 집안의 작은 예절 이동희 편역 12,000원
儒學이란 무엇인가 이동희 저 10,000원
동아시아의 유교와 전통문화 이동희 저 13,000원
현대인, 동양고전에서 길을 찾다 이동희 저 10,000원
100자에 담긴 한자문화 이야기 김경수 저 12,000원
우리 설화 1~2 김동주 편역 각 10,000원
대한민국 국무총리 이재원 저 10,000원
백운거사 이규보의 문학인생 신용호 저 14,000원